权威·前沿·原创

皮书系列为
“十二五”“十三五”国家重点图书出版规划项目

安徽上市公司蓝皮书

BLUE BOOK OF
LISTED COMPANIES IN ANHUI

安徽上市公司发展报告（2018）

DEVELOPMENT REPORT ON LISTED COMPANIES IN ANHUI
(2018)

主　编／陈　翔　蔡　咏　章宏韬

社会科学文献出版社
SOCIAL SCIENCES ACADEMIC PRESS (CHINA)

图书在版编目（CIP）数据

安徽上市公司发展报告. 2018 / 陈翔，蔡咏，章宏韬主编. --北京：社会科学文献出版社，2018. 9
（安徽上市公司蓝皮书）
ISBN 978-7-5201-3519-1

Ⅰ. ①安… Ⅱ. ①陈… ②蔡… ③章… Ⅲ. ①上市公司-研究报告-安徽-2018 Ⅳ. ①F279. 275. 4

中国版本图书馆 CIP 数据核字（2018）第 217419 号

安徽上市公司蓝皮书
安徽上市公司发展报告（2018）

主　　编 / 陈　翔　蔡　咏　章宏韬

出 版 人 / 谢寿光
项目统筹 / 恽　薇　陈　欣
责任编辑 / 陈　欣

出　　版 / 社会科学文献出版社 · 经济与管理分社（010）59367226
　　　　　地址：北京市北三环中路甲 29 号院华龙大厦　邮编：100029
　　　　　网址：www. ssap. com. cn
发　　行 / 市场营销中心（010）59367081　59367018
印　　装 / 三河市东方印刷有限公司

规　　格 / 开　本：787mm × 1092mm　1/16
　　　　　印　张：46　字　数：698 千字
版　　次 / 2018 年 9 月第 1 版　2018 年 9 月第 1 次印刷
书　　号 / ISBN 978-7-5201-3519-1
定　　价 / 198. 00 元

皮书序列号 / PSN B-2018-743-1/1

《安徽上市公司发展报告（2018）》
编　委　会

序　言

资本市场作为现代金融体系最富有活力的组成部分，在国民经济中占据越来越重要的位置。自 1990 年上海证券交易所和深圳证券交易所先后成立以来，中国资本市场在探索中前进，在试点中规范，在改革中创新，目前，其规模已位居全球第二，与世界各国资本市场的联系亦愈加紧密。

党的十八大以来，我国多层次资本市场体系日臻完善，基础性制度不断夯实，依法监管持续从严，市场化改革深入推进，有力地支持了实体经济发展和供给侧结构性改革。

党的十九大指出，我国经济已由高速增长阶段转向高质量发展阶段。推动经济高质量发展，重点在于推动产业结构转型升级，把实体经济做实、做强、做优。上市公司是资本市场的主体和实体经济的骨干，是现代化产业体系的集中代表，是推动经济创新发展、促进产业结构优化、不断提升经济发展质量的最重要力量。因此，促进上市公司高质量发展，是贯彻落实十九大精神、深化供给侧结构性改革、落实五大发展理念、构建创新型现代产业体系的必然要求。

安徽一直高度重视资本市场建设，主管部门和社会各界始终致力于推动企业对接多层次资本市场，一批优势皖企通过资本市场迅速做大做强，逐渐在多层次资本市场体系中形成了特色鲜明的“安徽板块”。截至 2018 年 8 月，安徽境内上市公司 104 家，位居全国第 9、中部第 1；“新三板”挂牌企业 345 家，占全国 3.11%；安徽股权托管交易中心挂牌企业 2208 家，进入全国区域性股权市场第一方阵。2017 年，安徽直接融资额、股票融资额、境内累计首发上市企业数、新增“新三板”挂牌企业数等多项指标均居中部首位；全部上市公司市值达到 11839.9 亿元，占全国 1.9%，位列第 9。

但也应看到，与近邻江苏、浙江等发达省份相比，安徽仍然存在较大差距，与既定的发展目标对照更需积极努力。因此，进一步扩大直接融资比重，提升上市公司综合发展能力和经营管理水平，提高并购重组质量，增强对区域经济协调发展的推动作用，仍然是安徽资本市场发展面临的严峻任务。

要准确把脉安徽上市公司发展的真实状况，离不开深入细致的研究分析。多年来，不断有各种机构在这方面做出努力，并取得了一些成绩，但惜未形成深入、稳定、全面、可持续的成果。这一次，安徽省投资集团决心担当这一重任，发挥自身独特的资源整合优势，在安徽省政府金融办、安徽省证监局的指导和支持下，联合国元证券、华安证券、中国科学技术大学管理学院、长盛基金等单位，全面、系统地对安徽省上市公司的发展状况开展研究，并形成系列报告，为关心安徽上市公司的学术界和业界提供了极为重要的参考资料和系统分析成果。更重要的是，在这个规模宏大的研究项目的组织过程中，安徽省投资集团牵头搭建了“共建、共享、共用”的合作研究平台，这是对“政、产、学、研”模式的有益尝试，更为我们今后开展类似大规模研究积累了可复制、可推广的经验。

整篇报告基于“总报告—分报告—专题研究”的递进式布局，系统展示了安徽上市公司总体面貌，综合评价了安徽上市公司的业绩、投融资情况、营运能力等八个关键维度，并聚焦热点问题和重大事项，开展了专题探讨。报告内容翔实、分析全面、对策有可操作性，为我国资本市场研究提供了鲜活样本和细致画像，不仅有利于政府部门把脉资本市场整体情况，提高施策的精准性和有效性，而且有利于市场找准安徽未来发展的方向和重点，进行科学理性投资。

当前，同全国一样，安徽正处于决胜全面建成小康社会，加快建设现代化美好安徽的关键时期。加快资本市场发展，充分发挥其在引导和优化资源配置中的重要作用，对于健全金融体系、完善市场经济体制、保持经济社会平稳较快发展具有重要意义。我们必须遵循金融发展的规律，牢记服务实体经济的基本宗旨，用改革的思路和市场化的办法，进一步壮大多层次资本市场，提高直接融资比重，提升资本市场服务实体经济能力；同时，建立健全系统性金融风险防范体系，提高市场规范化发展程度和风险防控水平，守住不发生系统性金融风险的底线。

我们的上市公司应与时俱进，迅速适应我国经济从高速增长转向高质量发展的大格局，顺应资本市场和商品市场发展变化的大趋势，努力规范内部治理，加强技术和产品创新，提高综合竞争能力和品牌影响力。

广大投资者坚持价值投资理念，用自己的“手”和“脚”，帮助上市公司规范公司治理、提高其投资价值。

安徽省投资集团、国元证券、华安证券等安徽资本市场的主力金融机构，应继续发挥自己的专业优势，推动安徽上市公司做优存量、做大增量。同时，联合高端智库和上市公司，进一步完善“共建、共享、共用”合作研究平台，瞄准重点、痛点和难点深化研究，着力打造资本市场研究的新品牌，为上市公司和区域经济高质量发展贡献安徽的智慧和力量。

2018 年是我国改革开放 40 周年，多年来，安徽人民以深厚的人文精神为基础，以敢为天下先的探索精神和改革勇气，开创了安徽经济社会发展的大好局面。如今，中国经济进入了新时代，在新的征程上，安徽要深刻把握主要矛盾和基本省情，深入研究上市公司发展的重大问题，找准开展各领域工作的发力点，凝心聚力，砥砺前行，为全面建设现代化五大发展美好安徽谱写新的华章，为构建新时代现代金融体系贡献安徽的智慧和经验。

中国社会科学院学部委员

国家金融与发展实验室理事长

2018 年 9 月

目 录

Ⅰ 总报告

Ⅱ 分报告

Ⅲ 专题报告

皮书数据库阅读**使用指南**

总 报 告

General Report

B.1

安徽省上市公司发展研究

企业是国民经济的细胞，是经济转型升级的主力军，是创新驱动发展的实现主体，企业发展的质量直接决定着一个国家或地区经济发展质量。上市公司作为在证券交易所上市交易的股份有限公司，是企业中的优秀成分。上市公司的数量和质量，反映区域经济发展水平，体现区域经济发展能力。

在改革开放40周年之际，在最早点燃改革火炬的安徽，企业改革发展如何，企业上市融资发展取得了哪些成绩，上市公司整体发展质量如何，各主要发展指标究竟好坏，对安徽经济发展有何影响等，既是安徽省委省政府关切的重要命题，也是上市公司自身关注的课题，更是投资者关心的话题。《安徽上市公司发展报告（2018）》由安徽省投资集团牵头，联合国元证券、华安证券和中国科学技术大学、长盛基金等机构，首次以注册地在安徽且在境内资本市场上市的公司（103家）为研究对象，分主题和专题进行了全面深入的分析研究，呈现出安徽省上市公司发展的整体镜像和各个侧面的具体表现，该成果具有开创性分析价值和研究意义。

安徽是一个发展活跃的中部新兴省份，经济增速近年来高于全国平均水平。在经济发展、社会进步和交通基础设施等方面，正全面融入长三角，成为长三角区域的广袤腹地。合肥成为长三角都市圈的副中心城市；长江经济带安徽沿江城市承东启西、生机勃勃；合芜蚌国家自主创新示范区科技创新抢眼，合肥已经成为我国第二个综合性国家科学中心。安徽经济总量在全国居中，而上市公司数量位居全国第九。改革开放以来，安徽省委省政府高度重视企业在资本市场融资，充分利用省内省外“两个市场，两种资源”，抢抓改革发展机遇，大力推进企业改革，积极组织或激励企业上市融资，高度关注并支持已上市企业发展或对外投资并购，为实现安徽快速发展打造强有力的支柱力量。

中国经济社会已经进入新时代。国民经济发展正在由“高速增长阶段转向高质量发展阶段，正处在转变发展方式、优化经济结构、转换增长动力的攻关期”。安徽经济发展的基础是企业发展，安徽经济转型必须依靠企业转型升级。安徽省委省政府深刻领会和把握新时代特征，正在积极探索和强力推进安徽经济转向高质量发展道路；安徽企业家也在顺应新时代发展需要，直面新时代的挑战，探寻企业动能转换发展之策，大力推进企业转型升级。在全国深入推进供给侧结构性改革的同时，安徽正在实施“三重一创”战略举措，推进现代产业经济体系建设。安徽的上市公司是企业中的佼佼者，是各行各业的龙头和代表，理应走在时代的前列，不仅要率先实现转型升级发展，还要肩负起带动行业和区域经济发展的重任。

那么，安徽省上市公司发展状况究竟如何，是一个亟待研究的课题。上市公司的经营业绩、创新水平、营运能力、社会贡献和社会责任担当，可以总体反映出公司发展的各个侧面和整体水平。上市公司的投融资能力及并购状况，可以反映出该区域利用资本市场实现融资和投资的能力；上市公司薪酬分配状况决定了人才的稳定性和对人才的吸引力，进而决定了未来的发展能力；多层次资本市场及安徽在多层次市场上的基本表现，反映了安徽企业在这些市场上的分布及后起之秀的发展情况；上市公司的行业结构及其对产业集群化发展的影响，体现了安徽各行各业优质公司的发展状况和分布情况，也能体现出它们对区域和产业的带动能力；安徽国有企业占比仍然较大，混合所有制改革有待继续深入，研究国有企业改革和国有上市公司的深化改革，对于进一步提升上市公司发展质量具有十分重要的研究意义和探讨价值。政策环境对区域经济发展、对上市公司发展和公司数量增加都有着重要的激励作用，研究企业上市所面临的环境和政策并针对性提出对策建议具有重要意义；探究上市公司市值管理和运作，对于上市公司实现价值具有直接指导作用。

分报告，从上市公司业绩、创新能力、投融资情况、营运能力、社会责任履行和社会贡献情况、综合能力、行业结构以及薪酬分配等八个方面，系统地考察了安徽省上市公司发展状况。将各个侧面进一步拆解为具体指标，不仅从总体上，还从行业层面、城市层面、板块层面和企业属性层面，详细分析了上市公司发展状况；最后将各个侧面的指标进行整合做出综合评价，全面展示了安徽省上市公司发展水平和质量。

专题报告，探究了安徽省上市公司对区域产业集群化发展的影响；探索性地研究了安徽省上市公司国企改革之路，提出了基于安徽省国企改革主题ETF设立意义和构想；研究了安徽省国有上市公司国资改革问题，并提出了相应的对策建议；分析了安徽省上市公司面临的政策环境，重点探讨了企业IPO的金融政策和产业政策，对政府政策优化和企业上市具有参考价值；最后，专门研究了上市公司市值运营和管理，以典型案例形式探究了市值运营，提出了上市公司市值运营的评估指标体系并做了案例分析，对上市公司市值运营具有重要参考价值。

总之，一个国家或区域经济发展和产业经济发展的水平和质量，在很大程度上，要看上市公司的发展水平和质量。安徽省经济发展要高度重视上市公司数量和质量，这不单纯是企业融资问题，更代表着利用资本市场发展安徽经济的能力。上市公司的数量和发展质量，在很大程度上决定着该区域经济在全国的竞争力。因此，进一步优化政策，激励和推进企业上市，优化上市公司发展质量，对于安徽企业发展和安徽经济发展具有重要的战略意义。

一 安徽省上市公司总体概况

安徽自古人杰地灵，人文山水荟萃，百姓生活殷实。三百年来徽商遍布大半个地球，足以说明经济繁荣；徽学成为中华三大地域显学之首，充分体现人文昌盛；长江、淮河、黄山、大别山脉等，滋润庇佑安徽人民休养生息。

中华人民共和国成立以来，特别是改革开放给安徽带来了巨大发展机遇，安徽成为改革发祥地，经济社会各个领域得到了快速发展。从经济领域看，随着资本市场的建立，省委省政府历届领导高度重视企业进入资本市场融资，不断优化政策支持企业上市和上市公司发展，取得了良好的成绩。

（一）安徽上市公司全国地位

上市公司数量代表着一个区域内优质企业数量，特别是代表着该区域企业规范经营水平，还体现了该区域能够上市的融资发展能力。自 1993 年 10 月 18 日安徽第一家上市公司美菱电器（现更名为长虹美菱，000521）上市以来，截至 2018 年 5 月，安徽省境内上市公司总数达 103 家，在全国排名第 9 位，排在安徽前面的省市有广东（578 家）、浙江（423 家）、江苏（392 家）、北京（311 家）、上海（279 家）、山东（193 家）、福建（130 家）和四川（119 家）；在中部地区与湖南省并列第 1 位，湖北省（96 家）、河南省（78 家）、江西省（40 家）和山西省（38 家）。安徽省境外上市公司共 12 家，包括远航港口、宝申控股、中国新华教育、徽商银行、飞尚非金属、海螺创业、信义光能、现代牧业、海螺水泥、皖通高速、马钢股份和华米科技，其中纽交所上市公司 1 家（华米科技），其余均在中国香港联交所上市。

上市公司市值体现企业在资本市场上的价值，也反映投资者对该企业发展的信心。重视市值运营，提升市场价值，是上市公司应该高度重视的工作。2017 年 12 月 31 日，安徽全部境内 A 股上市公司市值达到 11839. 86 亿元，在全国上市公司市值总量中占 1. 88%，全国排名第 9（见图 1）。排在安徽前面的依次有北京市、广东省、上海市、浙江省、江苏省、山东省、福建省、四川省。在中部地区排名第1，中部其他省份分别是湖北省11422.25亿元、河南省9998.17亿元、湖南省9594.23亿元、山西省6274.73亿元、江西省4286.62亿元。安徽上市公司境外（港股）市值1328亿港元，其中海螺水泥463.05亿港元、海螺创业320.7亿港元、信义光能218.37亿港元，占据前三位（见图2）。

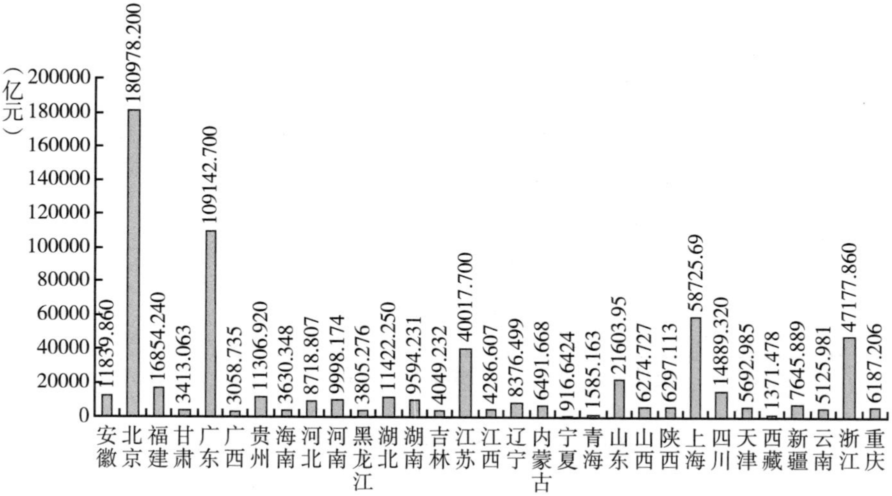

图1　2017年底中国各省市境内A股上市公司市值

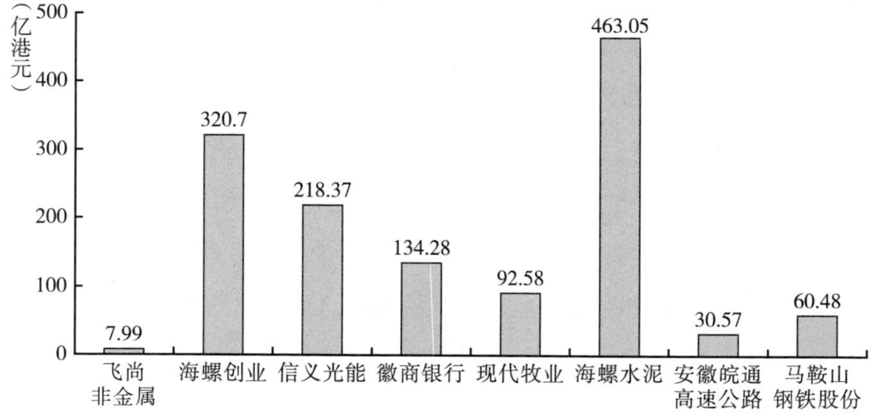

图2　2017年底安徽境外（港股）上市公司市值

（二）安徽企业近年上市速度

企业上市速度反映出优质企业成长速度，也体现出上市企业筹资发展和扩张经营的意愿，还代表着企业获得外部资金发展本地经济的能力。2010年以来，安徽省上市企业数量增长较快，累计增长了45家，近乎一半的企业是近8年上市的，说明安徽经济发展中优质企业数量在增加（见图3）。

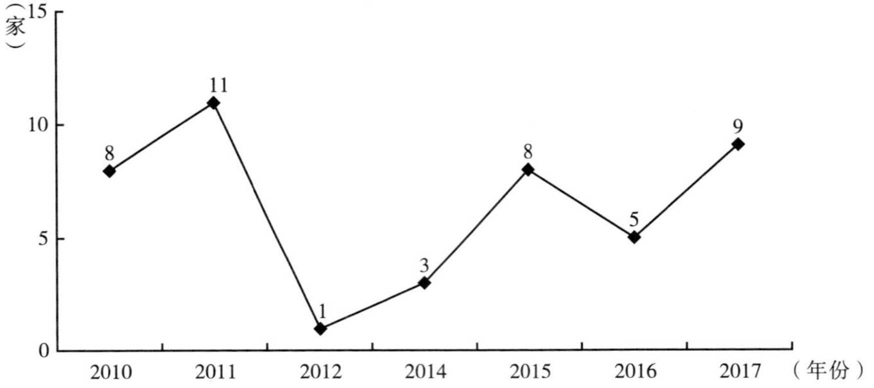

图3　2010年以来新增上市公司数量

在国家供给侧结构性改革持续推进、去杠杆信贷收紧的大形势下，2017年安徽省各地企业在资本市场上市融资发展积极性明显提升，优质企业自我完善股权结构和法人治理结构，积极按照上市公司要求规范经营行为，拟上市公司的排队数量不断攀升。2017年，安徽省共有9家IPO企业上会，其中，6家企业成功过会，过会率为66.67%（见图4）。尚在排队中的IPO企业还有19家，与山东省并列全国第6，基本上能够说明安徽省企业上市融资意识明显提高，企业融资发展动力增强；未来上市公司数量增加有潜力，也表明中介机构在服务安徽企业上市融资发展方面贡献明显（见图5）。

（三）安徽上市公司行业结构

截至2018年5月，安徽第一产业有2家上市公司，第二产业76家，第

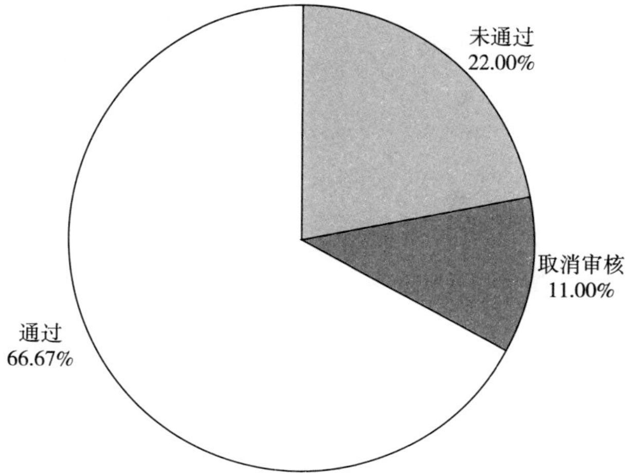

图4　2017 年安徽省 IPO 审核情况

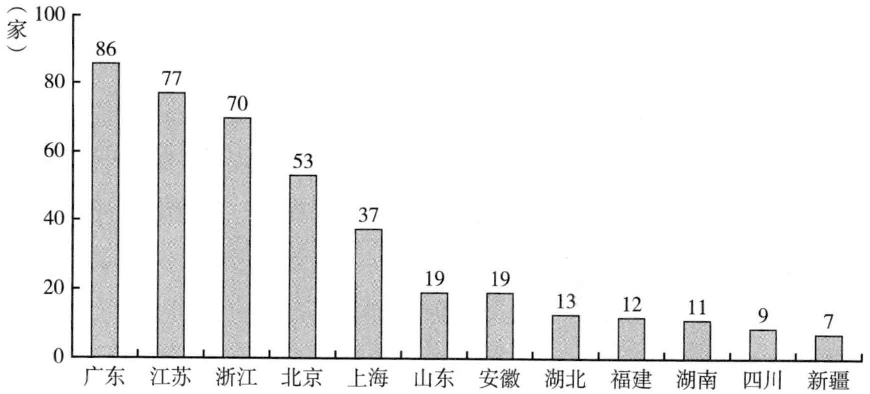

图5　正在排队申报企业数

三产业 25 家，第二产业上市公司达到 70% 以上，其中制造业 69 家，体现工业强省战略实施已呈现效果。第三产业上市公司数量占比达到 24%，说明第三产业发展取得一定进展（见图 6）。

上市公司是行业中的优秀企业或龙头企业，对行业内其他企业有标杆作用，有的还有带动作用。从各产业内部行业分布来看，第一产业 2 家上市公

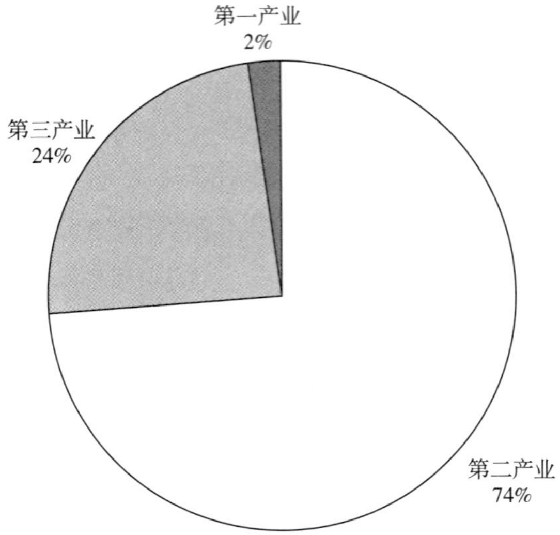

图 6　上市公司各产业结构

司都集中在种子行业。第二产业共 76 家上市公司，其中制造业 69 家，采矿业 2 家，建筑业 3 家，电力、热水、燃气及水生产供应业 2 家。制造业 69 家企业的行业分布为：化学原料及化学制品制造业 10 家，电气机械及器材制造业 7 家，汽车制造业 6 家，通用设备制造业 6 家，橡胶和塑料制品业和专用设备制造业各 5 家，计算机、通信和其他电子设备制造业、酒、饮料和精制茶制造业、医药制造业、有色金属冶炼及压延加工各 4 家，纺织业与金属制品业各 3 家，非金属矿物制品业 2 家，黑色金属冶炼及压延加工、化学纤维制造业、家具制造业、农副食品加工业、印刷和记录媒介复制业、造纸及纸制品业各 1 家（见图 7）。食品制造业、烟草制品业等行业无上市公司。

第三产业上市公司 25 家，分别是批发和零售业 5 家，信息传输、软件和信息技术服务业 5 家，水利、环境和公共设施管理业 4 家，金融业 3 家，房地产业 3 家，交通运输、仓储和邮政业 2 家，文化、体育和娱乐业 2 家，科学研究和技术服务业 1 家（见图 8）。教育行业、公共管理和社会组织、国际组织、社会保障和社会福利等行业没有上市公司。

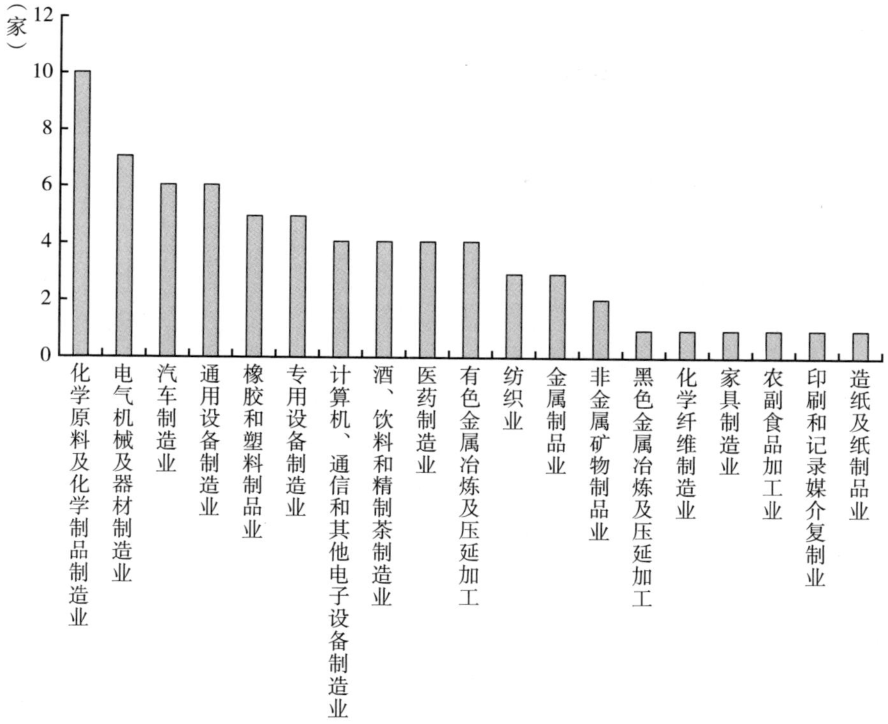

图7　制造业上市公司各行业分布

（四）安徽上市公司区域结构

城市经济发展依靠企业发展，上市公司数量和质量反映城市经济发展水平和能力。从各城市上市企业数量来看，合肥市占据安徽省上市公司总数的四成以上，达到44家，芜湖市13家，宣城市8家，马鞍山市7家，铜陵市6家，亳州、池州、阜阳和宿州等市分别只有1家上市公司，宿州市1家上市公司（中弘股份）市场表现不佳，淮南、六安、安庆、蚌埠、黄山、滁州和淮北也不理想，作为地级城市，只有2～4家上市公司，说明优质企业数量较少，且上市融资动力和意愿不足（见图9）。

从皖江城市带来看，上市公司数量达到82家，占全省上市公司80%以上，其中合肥市占皖江城市带上市公司50%以上，合芜宣马铜表现良好；

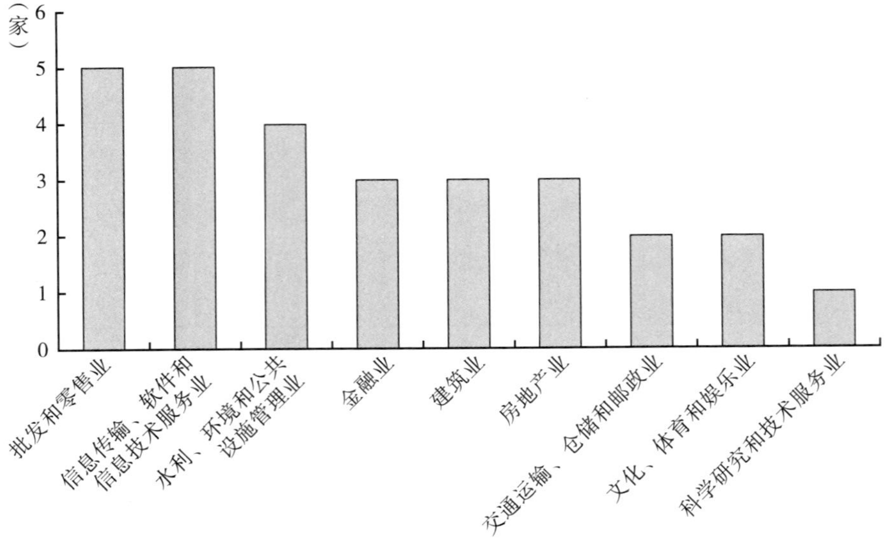

图 8　第三产业上市公司各行业分布

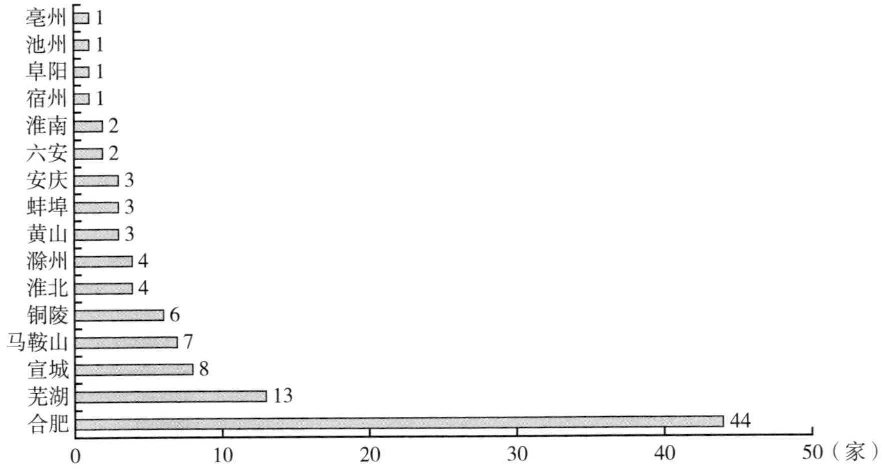

图 9　2017 年安徽省各地市上市公司数量分布

滁州市上市公司仅有 4 家；安庆市作为一个地域大市、人口大市却表现一般，仅有 3 家上市公司。

从合芜蚌国家自主创新示范区来看，上市公司总数量60家，合肥市占73%以上。芜湖虽然在合芜蚌三市中排第二位，但是与合肥市相比，差距相当大，合肥市上市公司数量是芜湖市三倍以上。蚌埠市仅有3家上市公司，又只有芜湖市的1/4，是合肥市的1/14不到。芜湖市的发展不足和蚌埠明显弱势体现得非常明显，虽然享有合芜蚌自主创新示范区相同政策，但从上市公司数量来看，发展差距明显。

从皖北振兴来看，蚌埠、淮南、淮北、阜阳、宿州和亳州6个地级市，占安徽版图一半的面积和一半以上的人口，上市公司总数却只有12家，总体不足芜湖市一个城市，是合肥市的近1/4，既反映了皖北经济薄弱，也说明了皖北振兴十分迫切。皖北振兴从根本上来看，是要依靠企业的发展，上市公司数量和质量是区域经济发展的“晴雨表”。没有优质企业，就无法真正实现振兴；没有上市公司，就难以从资本市场筹措发展资金；没有发展资金，就难以发展企业和区域经济。

（五）安徽上市公司市场结构

不同资本市场，其功能有差异，所体现的企业属性也有差异。主板市场是中国的主要资本市场，集聚了一大批在上交所和深交所上市的优质公司。中小企业板是对主板市场的重要补充，暂时无法在主板上市的创业型企业、中小企业和高科技产业企业等需要进行融资和发展的企业可在中小板市场上市，中小板市场是为其提供融资途径和成长空间的证券交易市场，在资本市场有着重要的位置。创业板市场在中国特指深圳创业板，是类似于美国的NASDAQ，地位次于主板市场的二级证券市场，最大的特点就是低门槛进入，严要求运作，有助于有潜力的中小企业获得融资机会。

就板块分布而言，安徽省上市公司主要集中在主板市场62家，中小板市场27家，创业板市场14家。由此可见，安徽省资本市场主要呈倒三角结构，一方面，安徽主板上市企业数量比重较大；另一方面，也反映了安徽省大量中小企业尚没有借助中小板和创业板融资发展，尚有一定的发展潜力（见图10）。

另外，境外市场能够帮助大型企业快速筹集大量资金，给予国际规范的

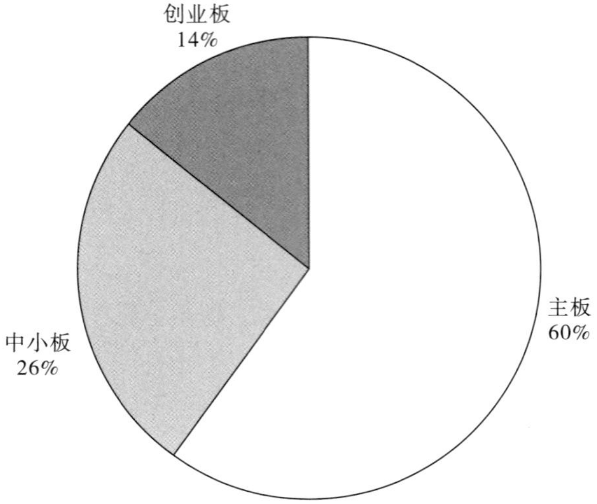

图 10　安徽省上市公司板块分布

引导，推动企业按照国际市场准则迅速发展，并帮助所处区域吸引外资。安徽省境外市场上市公司共有 12 家。在香港联交所上市的 11 家公司中，芜湖有 4 家，合肥有 3 家，马鞍山有 2 家，池州 1 家，滁州 1 家，反映了芜湖市企业在香港融资积极性较高，比合肥略胜一筹；合肥华米科技已于 2 月 8 日成功登陆纽交所，标志着安徽省企业进一步走向国际资本市场。

（六）安徽上市公司股东结构

股东结构决定了企业的具体属性，不同属性的上市公司面临的市场、政策环境都存在差异。在本报告中，央企是中央所属企业掌握上市公司控制权或占据大股东地位的企业；国企是地方国有资本掌握上市公司控制权或占大股东地位的企业；民企是指主要股东是由民营资本控制的企业；外企是指外国或境外资本控制的企业；除此之外还有少数是集体所有制资本控制的企业。从属性分布上看，民营企业占据安徽省上市公司总数五成以上（55 家），国企 34 家，央企 8 家，外资企业 2 家，其他属性 4 家（见图 11）。央企和地方国企控制的上市公司比重仍然较大，有待于进一步深化国有上市公司资本结构改革，大力发展混合所有制经济，增强上市公司活力。

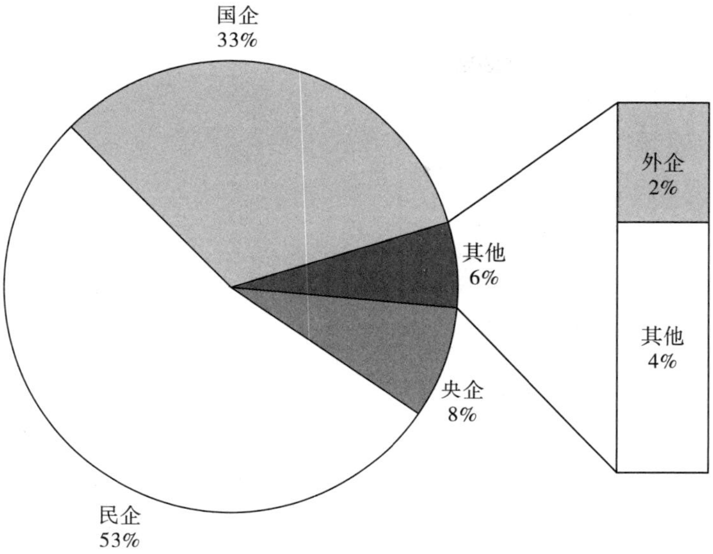

图 11　安徽省上市公司企业股东结构情况

（七）安徽上市公司融资规模

企业融资是企业筹集资金的行为与过程，融资规模反映了上市公司维持资本规模，稳定供求关系，调整资本结构的能力。企业融资分为初始融资与再融资，初始融资是指上市公司首次向社会公开发行股票并上市的行为。再融资则是指上市公司通过配股、增发等方式在证券市场上进行的直接融资。截至 2018 年 5 月底，安徽省上市公司初始融资总额为 537. 5 亿元，其中，华安证券 51. 3 亿元，马钢股份 23. 7 亿元，新集能源 20. 7 亿元，占据前三位。安徽省上市公司再融资总额为 2294. 8 亿元，其中增发总额 2249. 9 亿元，配股总额 44. 9 亿元。皖通高速、国元证券以及海螺水泥再融资总额占据前三位，分别为 244. 1 亿元、242. 9 亿元和 156 亿元。

并购是企业进行资本运作的重要形式，并购次数与规模体现了上市公司业务转型和拓展的力度。2017 年安徽省上市公司并购市场基本情况良好，但与 2015 年和 2016 年相比有所减弱。从并购次数看，近年来安徽省上市公司参与并购交易次数在 2015 年达到峰值，作为买方交易 38 次，作为卖方交易 14 次；2016 年作为买方交易 30 次，作为卖方交易 6 次；2017 年作为买方交易 16 次，作为卖方交易 4 次（见图 12）。

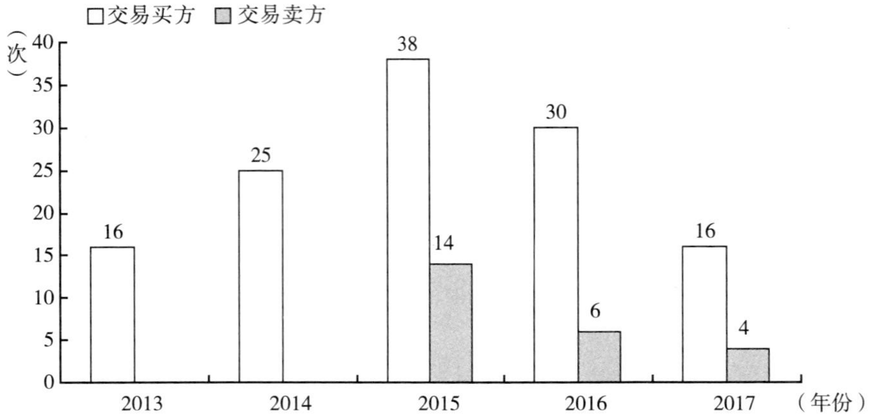

图 12　安徽省上市公司 2013 ~ 2017 年参与并购交易次数

从并购规模上看，近年来安徽省上市公司并购交易规模也在 2015 年达到峰值，随后呈显著下降趋势。2015 年安徽省上市公司作为买方的交易规模达到 313. 71 亿元，2016 年为 211. 73 亿元，2017 年降至 123. 83 亿元。这基本反映出安徽省上市企业在一系列监管和抑制政策下，特别是整体市场偏紧的形势下，企业并购重组步伐放缓（见图 13）。

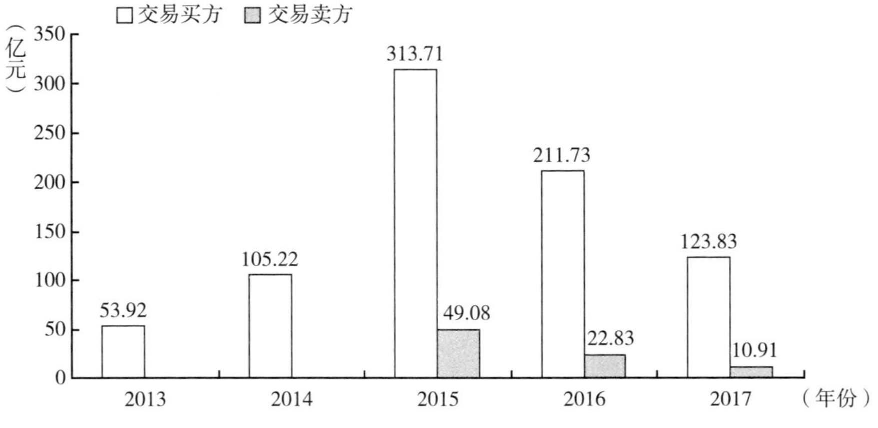

图 13　安徽省上市公司 2013 ~ 2017 年参与并购交易规模

二 推进上市公司发展的战略意义

自改革开放以来，安徽经济社会各个方面取得了长足进步，但“经济总量居中、人均水平靠后、整体发展不足”的基本状况并没有得到根本改变。在传统经济发展尚不充分的情况下，又面临着动能转换、转型升级的艰巨任务；在工业化任务尚没有完成的情况下，又迎头遇到了经济信息化、数字化的新任务；在承接产业转移如火如荼地开展之时，产能结构性过剩随之到来。多重复杂的经济形势，客观上要求安徽必须在艰难中坚持进取，在弱势中寻求突破，在低洼处奋力崛起。

区域经济要发展，就必须依靠企业发展，企业的发展必须要有资本，因此，资本投入成为一个区域或企业发展的关键要素。近三十年来，区域经济发展模式主要是依靠圈地建立园区，然后给予优惠的产业政策招商引资，吸引外地企业或资本来皖投资办厂。产能结构性过剩明显，招商引资的经济发展路径已经非常困难。而基于本地优质企业上市融资，投资新的项目或并购扩张发展，是百余年来实践经验已经证明了的理想路径。所以，加快推进安徽企业上市融资，积极支持上市公司发展对于安徽整体经济发展具有十分重要的意义。

（一）上市公司数量是区域经济发展实力的体现

从理论上来看，上市公司是一个区域具有良好成长性，投资者愿意投资以图增值回报的企业。上市公司越多，意味着该区域的企业发展意愿越强，想筹措到更多发展资金，从而该区域的经济发展更具活力。

从现有数据来看，经济越发达的省份，上市公司数量越多。广东省是我国改革开放最早，各方面发展最活跃，市场化程度领先的省份，其上市企业数量位居全国第一。浙江省在改革开放以来，民营企业“铺天盖地”，属于以“草根经济”为主发展起来的经济活跃省份，虽然早期的基础比较薄弱，但是经过了近四十年的发展，已经成长起一大批优质的民营企业，市场化程度高，发展意愿强，发展势头猛，因此，成为上市公司第二大省。江苏省是改革开放以后，苏南乡镇企业最早兴起的经济发达区域，以苏锡常为代表的城市成为江苏上市公司最为密集的区域，江苏省也成为上市公司在全国排第三位的省份。综观上市公司数量排在全国前面的省份，基本上是沿海经济发达省份，而中西部地区、东北地区的上市公司数量相对偏少。这进一步表明上市公司数量体现区域经济发展的实力。

安徽上市公司数量在全国排第九位，在中部与湖南省并列排第一位，总体上看，上市公司数量超越了经济总量在全国的排名和在中部省份的排名靠前的省份，但是，前面的“标兵”越走越远，排在第八位的四川省上市公司 119 家，而且还有 13 家在排队待上市，虽然安徽有 19 家排队上市企业，但是想要赶超四川省仍然有很大难度；后面的“追兵”越来越近，2016 年湖南省上市公司数量还落后于安徽 10 多家，2017 年就跃居为与安徽同样的数量，并排列在中部第一位，湖北省上市公司数量也十分接近安徽省。因此，加快推进安徽优质企业上市并推动安徽上市公司发展，是促进安徽经济发展的关键点，是提升区域经济发展实力的重要保障。

从安徽省内部来看，合肥市远远领先于安徽其他城市，排在第二位的是芜湖市，排在前几位的都是安徽沿江城市，这表明皖江城市带总体战略实施有效果，也体现了安徽经济发展最好的和最活跃的城市在皖江流域（合芜宣马铜）。而皖北区域上市公司很少，整体社会经济发展也较弱，虽然近几年进步较快，但是基础薄弱，优质企业或成长性较好的企业仍然偏少。推进公司上市和上市公司发展，就是推进区域经济发展，必须予以高度重视和拿出切实可行的措施。

（二）上市公司发展是安徽经济发展的需要

积极推进优质企业上市和上市公司发展，是新时代背景下安徽经济发展的战略需要。安徽省委省政府为了贯彻“五大行动计划”，出台了《支持“三重一创”建设若干政策》，紧紧围绕“三重一创”建设，谋划推进重大新兴产业基地、重大新兴产业工程、重大新兴产业专项建设，通过选拔一批骨干企业，实施一批核心产业化项目，积极打造良好产业生态，来梯次培育壮大一批战略性新兴产业。推动“三重一创”建设最为直接的抓手和依靠力量是上市公司发展或拟上市企业。可以说，上市公司是落实“三重一创”政策的骨干企业，优质的产业化项目需要嫁接优质企业来实施，战略性新兴产业的优质企业培育需要融资发展，这都需要积极推进上市公司发展，需要支持优质企业上市融资发展。

提升上市公司发展质量是实现经济由数量增长型向质量提升型转变的客观需要。一般而言，上市公司是区域或行业发展质量的代表，其法人治理结构、战略清晰程度、人才集聚能力、营运管理水平、技术创新能力和经营业绩表现等基本上可以代表该区域经济发展的质量。如果上市公司发展不好或者没有优质企业上市，也就意味着该区域或行业发展质量不佳。从安徽各区域经济发展实际来看，合芜宣马铜上市公司数量多、质量好，说明这些区域经济发展质量良好；而其他区域上市公司数量少、质量弱，区域发展质量亟待提高。从新时代党和政府的要求来看，要从单纯地追求 GDP 增速向追求经济发展质量转变，而能够体现这些转变的是优质企业的数量或上市公司的发展质量。深入到企业层面，重点推进企业高质量发展，更具有实实在在的发展意义。因此，安徽大力推进上市公司发展和有潜力的公司上市发展，是实现区域经济从“数量增长型”向“质量提升型”发展重要抓手或着力点。

安徽推进供给侧结构性改革，需要关注上市公司发展和推进优质企业上市。供给侧结构性改革是产业结构调整、发展质量提升和经济效率提高的过程，这个过程就是“盘活存量和优化增量”的过程。按照“调高、调轻、调优、调强、调绿的思路，从供给生产端入手，提高全要素生产率，提升先进产能总量，压降落后产能比重”的总体要求，优化产业结构就是让有发展潜力、有市场前景的企业进一步发展，反之就要淘汰；提升发展质量，就是让企业发展产品更优、技术更先进、市场销售更好；经济效率提高，就是要进一步提高资源的投入产出效率和配置效率。应该更多地支持上市公司通过并购重组优化产业结构和行业结构，整合优质资源发展优势产业或产品，带动和改善产业或行业整体发展，让资源集中到市场前景更好、效率更高、发展质量更好的企业。支持现在发展较好、具有较大市场空间和经营管理规范的企业上市融资发展，做强做大优质企业，是供给侧结构性改革的深刻内涵和根本要求。

（三）加快公司上市融资水平提升是安徽资本集聚能力的反映

资本市场的直接功能就是为企业提供融资的平台，是为达到证监会要求的优质企业及其投资项目提供向社会公开募集资金发展的通道。这既体现企业的发展能力和意愿，也体现一个区域面向资本市场的融资能力。资本是企业发展和区域发展的至关重要的生产要素，对于经济欠发达地区来说，集聚资本要素投入尤为重要。传统的招商引资是在实现资本集聚，但是，随着结构性过剩的矛盾越来越突出，依赖土地优惠来吸引投资者，依靠行政手段来吸引投资，依靠“全民招商”来发展区域经济，越来越困难，并且很容易造成各种新的问题和矛盾。而借助资本市场融资发展，是符合市场经济规律的资本集聚方式。企业家和地方领导应充分了解资本市场的功能和运作模式，高度重视借助资本市场实现融资，集聚资本发展本企业和本区域经济。

在资本市场融资发展也是供给侧结构性改革“去杠杆”的重要出路。长期以来，很多企业和地方依赖于银行负债等间接融资手段筹措发展资金，杠杆率不断加大，造成了严重的债务风险。企业过度依赖银行贷款发展，资金成本高，经营风险大，一旦经济形势不好，银行信贷收紧，即便是发展良好的企业，也会因为现金流问题而“就地趴下”，难以可持续发展。从安徽上市公司来看，银行信贷融资较为积极，借助资本市场融资发展能力还很薄弱，很多企业自上市以来，就没有进行过再融资，表明部分企业不善于利用资本市场融资。积极推进优质企业上市融资和上市公司在资本市场上再融资发展，意义重大，不仅仅关系到企业融资发展能力，关系到在供给侧结构性改革“去杠杆”政策下，能否获得足够资本加快发展，而且关系到一个区域经济发展的资本集聚能力。

优质企业上市融资是从全国或从国际资本市场引入资本发展本企业和区域经济的重要路径。安徽地域优势不明显，吸引外资实现绿地投资有一定难度。改革开放以来，虽然省委省政府高度重视引进外资，但总体上看，外资企业数量相对于东部沿海省份偏少，而借助于国外资本市场上市融资，就能够直接将海外资本引入安徽发展本地经济。安徽在香港联交所上市的公司已经达到10余家，也体现了这些企业在集聚海外资本发展本地经济的能力。华米科技更进一步，在纽交所上市，直接将美国投资者的资本引入安徽，具有突破性意义。安徽100多家上市公司在国内资本市场上市融资数千亿元，在集聚国内资本方面取得良好成绩，这是一般的招商引资难以达到的。安徽经济尚不发达，安徽企业发展还需要大量的资本投入，必须高度重视借助资本市场融资发展，这对安徽经济社会长期发展具有重要的战略意义。

（四）上市公司创新能力是安徽动能转换程度的呈现

经济发展动能转换就是要从依靠劳动、资本和土地投入的增加，转变成依靠创新来驱动经济发展。企业是创新的主体，经济发展动能转换必须落到企业发展动能的转换。传统依赖规模扩张来发展经济的模式已经不能适应当前经济形势；完全依赖于增加要素投入来发展企业，已经难以支撑企业的可持续发展。无论是一个区域，还是一家企业，都必须转换经济发展动能，加快技术创新，让创新成为区域经济或企业经济的内生动力。早在100多年前，著名经济学家熊彼特就说过，“依靠增加要素投入，只能够带来经济增长，而不能够实现发展，创新是驱动经济发展的根本动力”。安徽省高度重视创新动能的转换，“三重一创”政策就是转换经济动能的助推器，合芜蚌自主创新示范区也形成了良好的动能转换示范，一大批创新驱动型企业正在崛起。

上市公司创新发展在全省企业创新发展中起到带头作用。上市公司的创新能力整体上能够反映出安徽企业的创新能力，全省上市公司半数以上是高新技术企业，诸如科大讯飞、阳光电源、四创电子等一批创新型企业在资本市场上表现突出，这说明具有较强创新能力，发展动能转换比较好的企业，能够得到资本市场投资者高度认可。上市公司是安徽经济动能转换的主要依托者和具体转换的实现主体。上市公司创新行业在全省各地和各行业具有示范带动作用。因此，要推进安徽经济发展动能转换，必须高度重视上市公司的创新驱动发展。

上市公司的研发投入高于全省平均水平，对安徽经济发展动能转换具有重要支撑作用。研发强度超过2%的上市公司数量占三成，不少企业研发强度超过5%。在创新产出水平，特别是专利产出数量方面，不少企业每百人专利拥有量达到了5项以上，进一步说明上市公司总体上创新比较活跃。上市公司具有良好的经济基础，有能力投入技术研发，有实力吸引技术人才，这不仅是企业发展的需要，也是区域经济发展的需要。企业是技术创新主体，上市公司又是企业中最有能力实施创新的主体。关注上市公司的创新投入水平、专利申请量和授权量以及新产品销售收入占比，就能够总体上看出安徽企业的创新水平和能力；关注具有技术含量的中小企业，多种途径促进这些企业上市融资，对于加快安徽经济发展动能转换，实现创新驱动发展，具有重要的现实意义。

（五）上市公司市值运营可以展示安徽企业市场价值

市值运营（或管理）是上市公司经营管理工作极其重要的组成部分。市值运营（或管理）是上市公司为了坚定投资者信心，通过公司战略规划、经营管理和投资者关系管理等方式，创造价值、经营价值和实现价值，促使股价充分反映公司内在价值，并努力实现以内在价值为支撑的市值最大化。市值运营是对企业内在价值和资本市场价值的综合运营，关键在于上市公司内在价值的重构与创造。为实现内在价值在股市上的良好表现，上市公司为此必须建立相应的市值运营保障机制。上市公司忽视内在价值的创造，即使实现了较大的资本市值，对企业长远发展也是无益的，不利于塑造资本市场形象，更影响投资者信心。所以，上市公司重视市值运营就是重视资本运作，重视维护上市公司资本市场形象，就是稳定投资者信心，更是进一步在资本市场筹集资金的重要基础。

上市公司市值直接关系到公司的生存发展与利益相关者的切身利益。市值是公司综合实力的重要体现，也是评价管理层能否为股东创造价值的核心指标。全球三大商业杂志中的《福布斯》《商业周刊》均把市值作为企业排名的重要考评指标。2005年股权分置改革以后，市值管理的重要性才为上市公司和投资者所认识，有不少企业成功进行市值管理，既取得了市值运营绩效，又保障了投资者利益。但是，由于理解偏差和监管不到位，市值管理沦为部分企业操纵股价的合法外衣，也有一些企业在资本市场“浑水摸鱼”，以致扰乱了市场秩序，严重损伤了投资者利益，引起了学界和实践界的广泛争论。直到2014年5月，国务院发布了《关于进一步促进资本市场健康发展的若干意见》，首次提出“鼓励上市公司建立市值管理制度”，从资本市场顶层设计层面明确了企业市值管理的重要性，上市公司必须高度重视并且真正落实好这一要求。

安徽上市公司市值运营基本能够体现安徽企业市场价值。安徽上市公司的市值水平与安徽上市公司数量在全国的排名（第九位）一致，这说明安徽上市企业的市场价值基本上能够得到准确反映。但仍然有很多公司没有建立市值管理制度，有的建立了市值管理制度，但没有市值运营管理能力，必须予以高度重视。做好上市公司市值运营，不仅是提高安徽上市公司在二级市场上整体形象的需要，也是上市公司提高价值创造、价值经营和价值实现整体能力的需要；既是促进资本市场优化配置，实现转型发展的需要，也是上市公司完善法人治理结构，优化企业管理，实现良性发展的需要；更是上市公司增强投资者信心，在资本市场上实现资本运作，获得进一步融资，实现新发展的需要。另外，提高上市公司市值，也是降低被并购风险，提高上市公司融资效率，降低再融资成本的重要手段。

（六）国有上市公司业绩表明安徽国有资本运作能力

股权结构反映公司不同性质资本之间的关系，直接影响公司治理结构，进而决定公司的运营管理和企业业绩。国有上市公司作为国有资本相对控股或控制的企业，大多数由原来的国有企业改制上市。虽然从股本构成上看已经是混合所有制企业，但是因为国有资本的控制力，仍然带有国有企业色彩或经营管理特质，能够更多地享受到政府的相关政策支持。在上市公司的具体经营上，也必然受到国有性质的影响。也就是说，既有市场化的好处，也有国有性质带来的益处，还有各种约束造成的僵化。特别是进入新时代，国有上市公司优化体制机制迫在眉睫，如何更好地发挥国有资本作用，为上市企业股东创造价值，为地方经济发展做出贡献，是一个全新的课题，值得深入研究和特别关注。

国有上市公司是政府运用国有资本的控制力，借助市场化运作办法实现其影响力的企业组织形式。2018 年 7 月 30 日国务院出台了《关于推进国有资本投资、运营公司改革试点的实施意见》，进一步要求“通过改组组建国有资本投资、运营公司，构建国有资本投资、运营主体，改革国有资本授权经营体制，完善国有资产管理体制，实现国有资本所有权与企业经营权分离，实行国有资本市场化运作”。并强调“发挥国有资本投资、运营公司平台作用，促进国有资本合理流动，优化国有资本投向，向重点行业、关键领域和优势企业集中，推动国有经济布局优化和结构调整，提高国有资本配置和运营效率，更好服务国家战略需要”。这充分说明做优做强国有上市公司，是国家或区域经济发展的需要，要深化国有上市公司改革，提高国有资本市场化运作水平，实现国有资本保值增值，引导经济结构调整和经济社会健康发展。

安徽国有上市公司业绩水平总体体现了国有资本市场化运作水平。全省地方国企上市公司 34 家，央企上市公司 8 家，占全省上市公司 40% 以上。安徽国有上市公司在资本市场上表现良好，也在全省经济发展中起到了举足轻重的作用。这充分说明安徽国有上市公司能够适应资本市场发展要求，具有市场化运作能力，能够在全省经济发展中积极发挥产业带动、结构转型和资本运作的示范作用。在当前供给侧结构性改革的关键时期，充分发挥好国有上市公司国有资本的影响力，进一步强化国有资本对战略性核心业务的控制，强化投资融资、产业培育和资本运作等，对安徽国有资本投资引导和结构调整具有重要的作用，对推动安徽产业集聚、化解过剩产能和转型升级也具有重要的市场化运作意义；对培育安徽核心竞争力和创新能力，积极参与国际竞争，着力提升国有资本控制力、影响力具有重要的战略意义。

（七）上市公司分配机制反映安徽企业人才吸引能力

企业之间、区域之间和国家之间的竞争归根到底是人才的竞争。在生产力三要素中，人是最活跃的要素，是能够调动其他生产要素的主体要素。经济转型、产业升级和动能转换，都需要人才来推动。传统的增长模式依靠的是土地、劳动和资本三要素投入的增加。随着人口红利的逐步削弱，土地资源的日益稀缺，这种发展模式已经不具有可持续性。随着新经济新动能时代的到来，受过高等教育的人才成为经济社会发展的重要驱动因素。所以，近年来，全国各省和主要城市出台各种各样的人才战略和政策，从吸纳拔尖人才到吸纳应届毕业生落户本地，以全方位、大力度和普惠化的人才政策，极力吸引人才集聚。新经济新动能的形成，主要是优秀人才集聚而产生的新业态、新模式和新企业的不断涌现，受过高等教育的优秀青年人才在其中发挥着重要的作用。内生增长理论认为，经济能够不依赖外力推动实现持续增长，内生的技术进步是保证经济持续增长的决定因素。人力资本的积累，新知识的创新与运用，成为经济发展的主要动能。因此，凡是能够集聚大量人才的企业、省份和国家，就能够获得新的经济增长。

安徽出人才但难以聚集人才，作为一个重视教育且教育水平较高的中部省份，安徽每年培养了大量的优秀人才，也有大量的皖籍人才分布于全国乃至世界各地，这是安徽人的骄傲。然而，由于改革开放以来，东部沿海地区快速发展所产生的“虹吸效应”，使得大量人才向东部沿海城市流动，虽然安徽人才辈出，但是难以吸引和留住人才为安徽经济社会发展服务。吸引人才、集聚人才、留住人才成为困扰安徽政府和企业的难题。虽然，省委省政府高度重视人才集聚，各级政府出台了不少人才政策，但是人才集聚效应仍不明显。如何成为人才集聚大省，成为我们难以逾越的重大难题，必须高度重视并探索出有效聚集人才的措施。

上市公司是聚集人才的重要平台，其分配机制优劣决定了对人才的吸引力。优秀的人才需要能够保证其发挥才能的优质平台。上市公司是企业中优秀成分，是经济型和技术型人才集聚的主平台，是年轻大学生愿意选择或首选的优质就业企业（雇主）。安徽出台了很多人才政策，但多悬浮在空中，没有很好的平台去落实，并且大多数都是一些户籍政策、住房政策和子女教育政策，缺乏让其才能发挥和事业成长的具体平台。一个区域上市公司越多，人才集聚数量越多，从而该区域经济社会发展越快越好。所以，各地政府要高度重视上市公司人才平台建设。上市公司的内在分配制度和薪酬水平成为留住人才和吸引人才的关键。人才竞争的背后首先是人才价值信号（薪酬水平）的竞争，然后是分配制度和人才成长机制的竞争。薪酬水平是人才是否愿意进入的初始条件，是吸引人才的关键因素；分配制度和人才成长机制决定了是否用得好和留得住人才。因此，上市公司必须高度重视薪酬水平的提升，要优化分配机制和人才成长机制。

（八）社会贡献与社会责任展现安徽企业责任担当

企业社会贡献不同于企业实现的利润，是两个不同的评价维度。企业利润高低是企业对自身的评价，获得稳定合理合法的利润是任何一家企业自身生存发展的需要，是企业股东的回报要求。企业社会贡献是从社会整体角度来评价一个企业，企业使用社会共同拥有的资源从事生产经营活动，理应为社会做出应有的贡献。社会是一个有机整体，企业只是社会经济体的一个细胞，既要保持这一细胞的应有活力，还要为社会这个大的有机体做出贡献，这样才能够保证社会有机体整体功能得到发挥。企业社会贡献不是企业利润的总和，而是包含企业利润在内的超出资源消耗后所带来的总体附加，也就是企业全部活动所带来的附加价值。这种附加价值越高，即其为社会贡献越大，对经济社会健康发展越有积极意义。随着社会经济发展，各种资源的稀缺性越发明显，关注企业创造价值的社会贡献能力具有重要的意义。

企业社会责任是企业在创造利润、对股东和员工承担法律责任之外还要承担的对消费者、社区和环境的责任。企业是独立的经济组织，大多数企业是独立的法人组织，既然是法人，就应该担当起法人的社会责任。理论界已经清晰界定了企业社会责任（Corporate Social Responsibility，CSR），国际社会也建立了企业社会责任认证标准 SA8000（Social Accountability 8000）。随着我国改革进入攻坚阶段，供给侧结构性改革不断深入，企业价值的可持续性评价、社会贡献和社会责任的评价，越来越受到关注和重视。纯粹追求经济利益最大化，而不顾生态环境保护、社会公益福祉的改善，漠视公众诉求的企业，将会引起社会大众的质疑、批判甚至是指责。强化企业社会责任意识，切实担当起应该承担起的社会责任，已经成为政府和社会公众的共识，也已经成为一些优秀企业的实际行动。企业勇担社会责任，积极为社会做出贡献，将会成为令人尊敬的企业。

安徽上市公司的社会贡献和社会责任总体上高于全省企业平均水平，是各行各业的标杆或典范，充分展现安徽上市公司的社会贡献能力和社会责任担当。当然也有少数上市公司没有尽到社会责任，甚至做出不良行为，在社会上造成了极其恶劣的负面影响。在证监会相关信息披露制度下，受到了应有的惩罚。在新时代，社会公众逐步认识到企业从社会获取利益的同时，也应回馈社会、承担社会责任，对企业产生了越来越高的期望，特别是对上市公司有更高的要求。在供给侧结构性改革的大背景下，在环保攻坚战的关键时期，一些不良企业以牺牲资源和环境为代价发展自己的行为，会引起社会强烈不满，甚至会出现道德恐慌，严重的还会导致社会不稳定，影响区域乃至国家安定团结的局面，必须引起政府和上市公司的高度重视，这既是上市公司自身发展的需要，也是社会大众对上市公司更高的期望，还是维护区域经济社会健康发展的客观要求，对于提升企业社会责任担当、塑造企业市场形象具有十分重要的意义，对于提升区域经济影响力和区域社会形象具有十分重要的价值。

三　安徽省上市公司多维度评价

上市公司评价是一项非常复杂的工作，公司的发展是一个公司各层面多维度经营管理系统协调运作的结果。商业化评价机构从各自不同的角度来评价上市公司，形成了各种各样的排行榜。有的是从某一角度（如市值）评价，有的是从几个维度较为系统地评价，形成综合性的排名。理论界也有多种评价方法，如运用层次分析法、聚类分析法、回归分析法或投入产出法等，试图给出一个较为科学公正的评价。但是，任何评价都具有相对性。所有评价方式都是为了使政府、企业和投资者能够正确识别出上市公司的优良中差，以便于各自采取相应的对策。

本报告采取分合评价模式，先对各个单项指标进行排名，然后再对特定维度进行综合排名。各维度排名以后，再选择有代表性的指标进行综合系统评价，形成上市公司综合发展能力排名。在各维度和整体评价中，对各项指标赋权方法上，使用了熵值赋权法，该方法就是对所有研究对象差距越大的指标赋予权重越大，以便更加清晰地识别研究对象的差距所在。透过权重也可以基本看出 103 家上市公司各类指标中哪些指标之间的差距较大，从而能够帮助我们更好地进行比较。基于这样的研究思路和方法，形成以下基本评价结果，供读者了解参考。

（一）经营业绩总体向好，区域行业性质差异较大

业绩是上市公司在一定经营期的经营效益，是企业经营、成长、发展所取得成果的直接体现，也是彰显企业好坏的直接指标。2013 年以来，安徽省上市公司业绩总体呈下降后快速反弹的趋势，2015 年为低谷，2017 年的总体权益净利率、资产收益率与营业收入净利率三项指标均反弹至近五年最高值。其中，总体权益净利率接近 10%，高于安徽省（8.5%）与全国（6.9%）的 GDP 增速，这说明安徽省上市公司经营业绩总体向好，近两年企业经营绩效有所改善，也能说明外部经营环境有良好改进（见图 14）。

从区域上看，合肥市、芜湖市和宣城市上市公司经营业绩水平较高。芜湖市上市公司经营业绩整体表现最佳，各项指标发展较好，所辖海螺水泥和三七互娱业绩排名靠前；宣城市上市公司经营业绩整体排名较为平均，整体盈利能力较强；合肥市上市公司较多，因业绩良莠不齐，少数业绩较差的企业拉低了总体业绩水平，导致合肥市上市公司业绩表现次于芜湖市与宣城市。马鞍山市上市公司业绩水平于 2015 年后上升反弹幅度最大，有积极向好势头；铜陵、阜阳、淮南等地市上市公司整体业绩水平偏低。这说明了安徽省上市公司经营业绩水平区域差异较大（见图 15）。

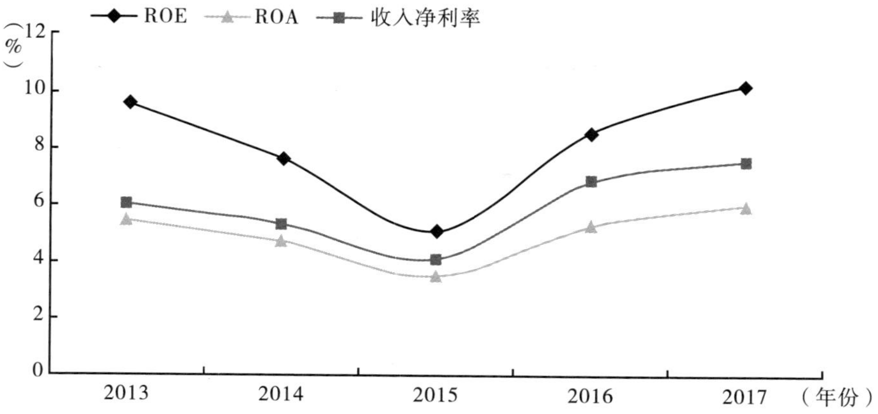

图 14　安徽省上市公司总体业绩发展趋势

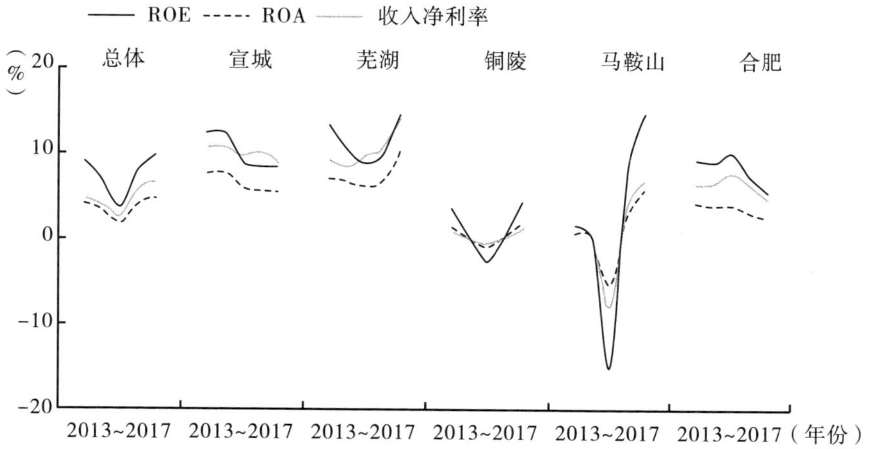

图 15　安徽省各城市上市公司总体业绩发展趋势

从行业上看，安徽省“中国制造 2025”计划有良好表现，近两年安徽省制造业上市公司经营业绩呈反弹上升趋势，整体业绩水平向好。其中，酒、饮料和精制茶制造业表现最为突出，2017 年权益净利率高达 16%，远超其他行业。信息、传输软件和信息技术服务业，水利环境和公共设施管理业经营业绩呈上升后回落趋势，说明这些行业上市公司发展不够稳定，也与经济发展大背景的波动有关。在电子商务迅猛发展的影响下，批发与零售贸易行业表现最差，各项业绩指标均呈下降趋势，以合肥百货和安德利经营业绩下降幅度最为明显（见图16）。

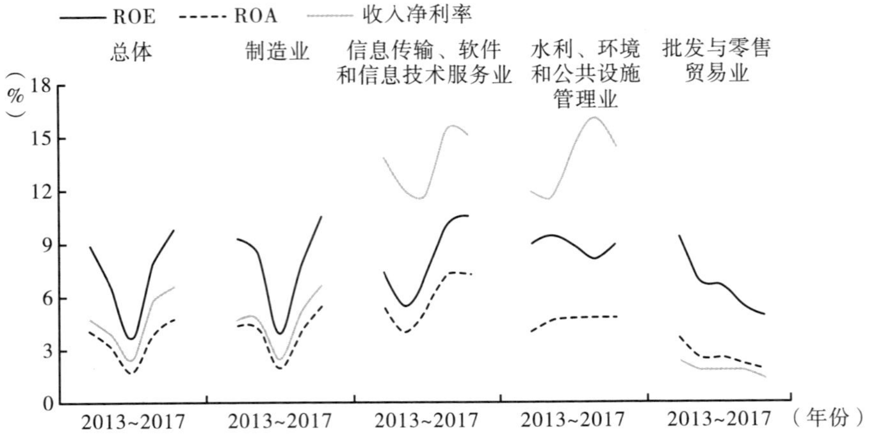

图16　安徽省各行业上市公司总体业绩发展趋势

具体从企业业绩综合排名看，前十名的上市企业分别是海螺水泥、金禾实业、国机通用、口子窖、古井贡酒、欧普康视、三七互娱、开润股份、安纳达以及志邦股份。排名后十位的企业分别为海螺型材、金种子酒、新集能源、安利股份、惠而浦、东华科技、泰尔股份、安凯客车、凤形股份、盛运环保。除了安利股份与东华科技，排名前十与后十位的上市公司皆属于制造业，制造业内部企业业绩水平两极分化现象较为突出（见表1）。

表1　安徽省上市公司业绩综合排名前十位及后十位

排名	公司名称	综合得分	分行业排名		分城市排名		权益净利率排名	营业收入净利率排名	资产收益率排名	每股盈利排名
1	海螺水泥	0.8599	制造	1	芜湖	1	14	14	9	1
2	金禾实业	0.8277	制造	2	滁州	1	2	11	4	4
3	国机通用	0.7938	制造	3	合肥	1	1	8	1	8
4	口子窖	0.7724	制造	4	淮北	1	9	6	7	3
5	古井贡酒	0.7601	制造	5	亳州	1	15	19	13	2
6	欧普康视	0.7314	制造	6	合肥	2	6	2	2	7
7	三七互娱	0.698	信息	1	芜湖	2	4	7	3	18

续表

排名	公司名称	综合得分	分行业排名		分城市排名		权益净利率排名	营业收入净利率排名	资产收益率排名	每股盈利排名
8	开润股份	0.6837	制造	7	滁州	2	8	28	12	9
9	安纳达	0.6828	制造	8	铜陵	1	5	23	5	17
10	志邦股份	0.6564	制造	9	合肥	3	12	32	14	5
89	海螺型材	0.3354	制造	62	芜湖	13	90	90	88	88
90	金种子酒	0.334	制造	63	阜阳	1	91	87	89	90
91	新集能源	0.3313	采矿	2	淮南	2	89	79	91	91
92	安利股份	0.3054	制造	64	合肥	38	92	92	92	92
93	惠而浦	0.294	制造	65	合肥	39	93	93	94	93
94	东华科技	0.293	建筑	3	合肥	40	94	94	93	94
95	泰尔股份	0.2436	制造	66	马鞍山	6	95	97	96	95
96	安凯客车	0.2134	制造	67	合肥	41	97	95	95	96
97	凤形股份	0.0597	制造	68	宣城	8	96	96	98	97
98	盛运环保	0	制造	69	安庆	3	98	98	97	98

注：因指标适用性问题，本报告剔除 3 家金融企业、*ST 华信和中弘股份。

（二）技术创新显现成绩，驱动发展动能转换不够

上市公司创新能力直接反映了企业所属区域的创新水平，是提升区域乃至国家创新能力的基础。在国家创新驱动发展战略深入推进的影响下，2015 年以来，安徽省上市公司技术创新成绩凸显。2015 ~ 2017 年，超过六成上市公司（65 家）的研发强度高于全省上市公司的平均值（1.94%）。高学历员工比例与主营业务利润率稳步上升，技术创新投入持续推进（见图 17）。值得注意的是，每百人专利数呈下降态势，安徽省上市公司技术成果有所欠缺，创新驱动战略需进一步深化，驱动发展的动能转换尚显不足。

从行业上看，高技术行业，如信息传输、软件和信息技术服务业，科学研究和技术服务业，研发强度与高学历员工比例不断上升，每百人专利数及主营业务利润率较高，创新投入与创新产出“双高”行业特征明显，技术创新载体功能发挥较好。交通运输、仓储和邮政业，批发和零售业研发强度与高学历员工比例有所下降，创新产出不尽如人意，“双低”特性明显，创新能力有待提升（见图 18）。

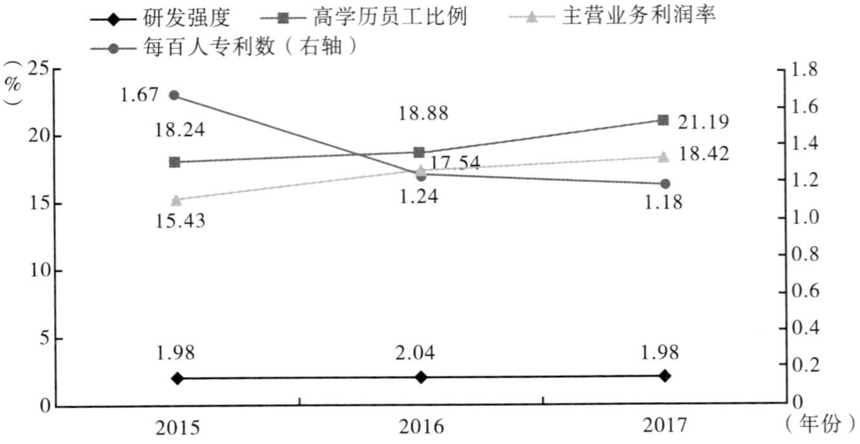

图 17　2015 ~ 2017 年安徽省上市公司创新能力各项指标发展趋势

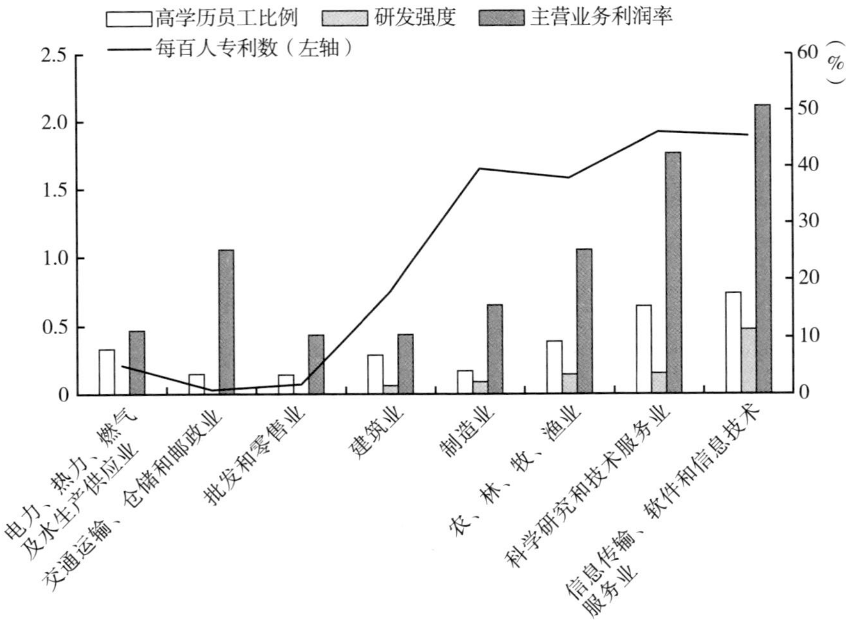

图 18　安徽省上市公司创新投入与产出突出与较差行业

从区域上看，2016 年以来，合芜蚌自主创新示范区未能充分发挥典型示范作用，创新示范区中合肥市上市公司起到区域龙头带动作用，创新能力各方面表现较好，但芜湖市与蚌埠市创新能力表现后劲不足，技术创新产出与投入不够。相比之下，虽然宣城市只有 8 家上市公司，但整体创新能力显著高于其他城市（见图 19）。

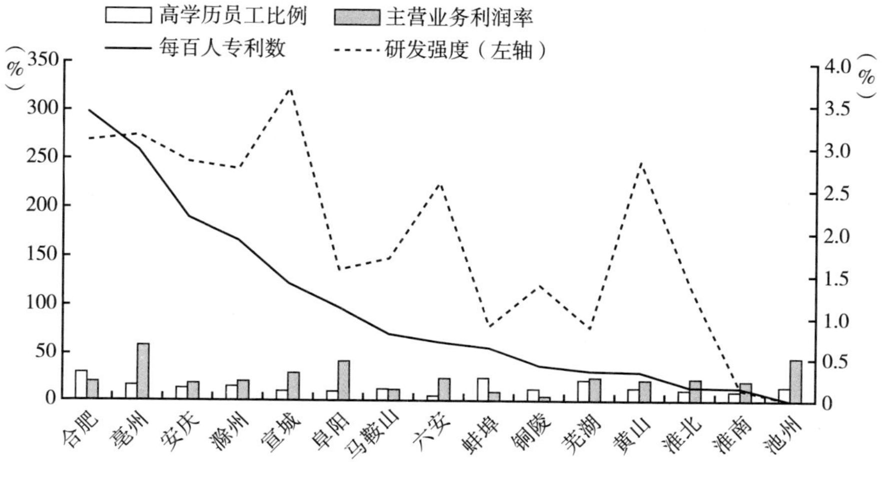

图 19　安徽省各地市上市公司创新能力指标表现

从属性上看，安徽省国资类上市公司（国企与央企）创新能力表现突出。央企上市公司研发强度与高学历员工比例在各属性上市公司中表现最好；国企上市公司每百人专利数最多。这反映央企上市公司创新投入较高，国企上市公司创新产出较多。国资类上市公司创新能力值得肯定（见图 20）。

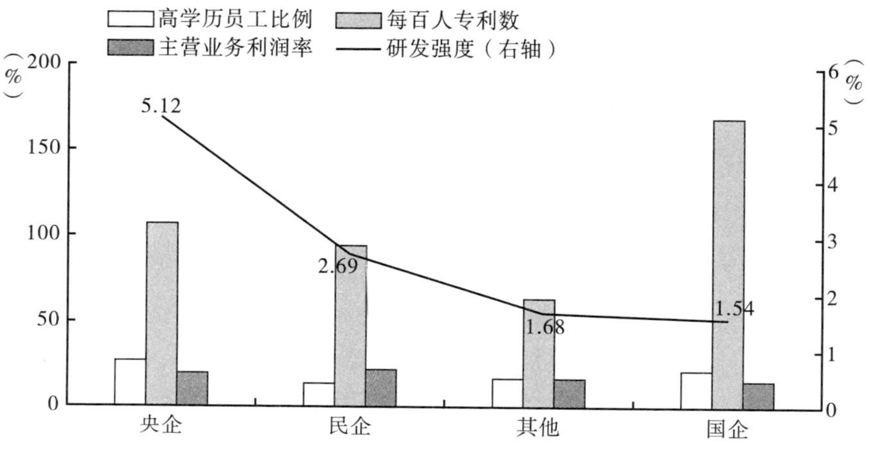

图 20　安徽省各属性上市公司创新能力指标表现

从企业综合排名看，安徽省存在创新能力较强的上市公司，但其带动能力仍然较弱，整体创新能力水平仍需提升。2015～2017 年，38 家安徽省上市公司创新能力综合得分高于平均值 0.1907，63 家低于平均值（见图 21）。这说明低创新能力的上市公司拉低了安徽省上市公司平均水平，创新能力强弱两极分化较为严重。创新能力排名突出的企业有科大讯飞、阳光电源、四创电子、安凯客车与江淮汽车；排名靠后的企业分别为新集能源、皖江物流、合肥百货、长信科技与安德利。

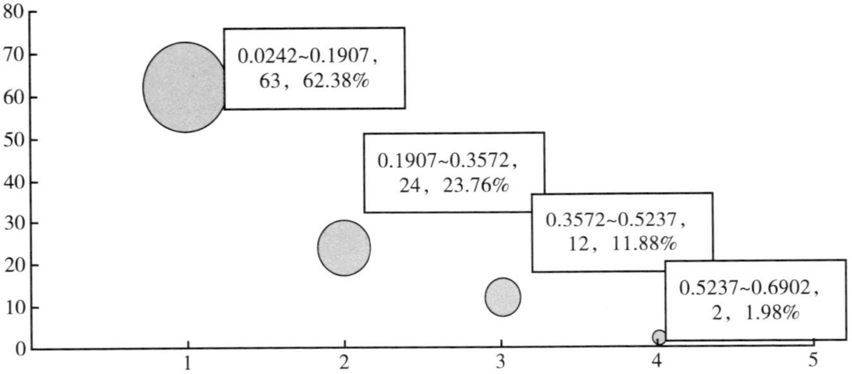

图 21　2015～2017 年安徽省上市公司三年创新能力综合得分平均数

（三）营运能力稳中有升，企业经营管理有待改善

上市公司营运能力主要指企业资产营运的效率和效益，直接反映企业的资产管理水平和资产周转情况。营运能力较强的企业，其资产管理水平与资产周转表现突出，也反映上市公司综合管理水平较高。2013 年以来，安徽省上市公司的营运能力各项指标整体平稳。总资产、固定资产及流动资产的周转能力已摆脱负增长态势，应收账款和存货的周转能力仍处下行态势，但势头已显著放缓，有望实现正向增长（见图 22）。然而，从综合营运能力看，安徽省上市公司综合营运能力平均值为 0.0375，中位数为 0.0236，不到三成（25 家）上市公司的综合营运能力高于平均水平。安徽

省上市公司营运能力具有发展潜力，但整体经营管理水平仍需进一步改善。

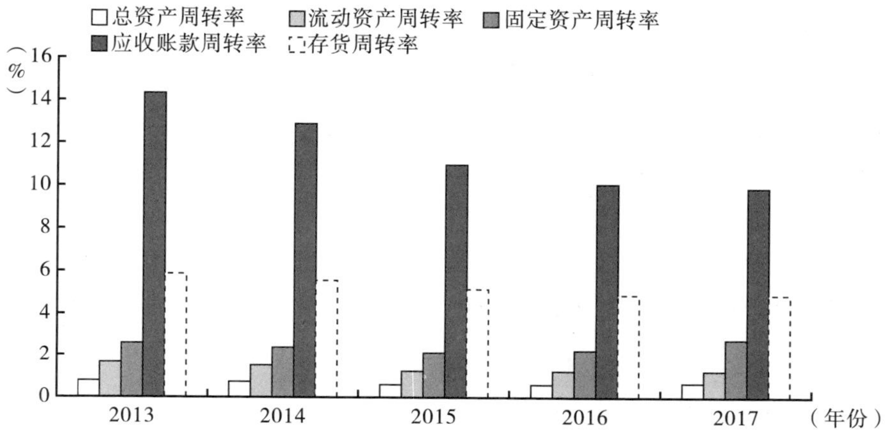

图 22　2013～2017 年安徽省上市公司营运能力各项指标变化趋势

从行业上分析，安徽省各行业上市公司在各项指标的表现千差万别，信息传输、软件和信息技术服务业与房地产业的各项指标水平都存在两极分化现象，安徽省上市公司营运能力各方面发展不均衡。鉴于上市公司数量的优势，综合营运能力排前十位的企业与后十位企业大多属于制造业，部分行业如水利环境和公共设施管理、文化体育与娱乐等行业尚没有综合营运能力比较突出的企业，说明企业管理较为薄弱。

从区域上分析，合肥市上市公司独占鳌头，在各项营运能力指标排名中，有近四成的企业高于安徽省平均水平。部分城市如六安、阜阳与安庆上市公司不仅数量少，营运能力各项指标水平皆低于安徽省一般水平。就综合营运能力而言，排名前十的企业多集中于合肥与芜湖两市，营运能力综合水平表现良好。在排名后十的上市公司中，有 3 家属于宣城市，2 家属于安庆市，分别占两市上市公司总量的 50% 和 67%；这反映了宣城市上市公司营运能力各项指标发展不均，企业管理差强人意，有待进一步提升。

从属性上分析，得益于供给侧结构性改革，国有上市公司营运能力突出的企业数量稍高于其他属性企业，资金周转和资金管理水平有一定提升。民营企业上市公司数量较多，营运能力各项指标表现突出的企业数量次于国有企业，但综合营运能力水平前十名数量大于国有企业，表明民营上市公司优质企业占比较大，资产周转和资金管理水平发展较为均衡（见表2）。

表2　安徽省上市公司综合营运能力排名前十位及后十位

总排名	公司名称	综合得分	行业	区域	板块	属性
1	设计总院	0.5360	科学	合肥	主板	国企
2	合肥城建	0.4313	房产	合肥	中小	国企
3	众源新材	0.1089	制造	芜湖	主板	民企
4	辉隆股份	0.0868	批发	合肥	中小	集企
5	楚江新材	0.0807	制造	芜湖	中小	民企
6	精达股份	0.0649	制造	铜陵	主板	民企
7	安德利	0.0632	批发	合肥	主板	民企
8	三七互娱	0.0608	信息	芜湖	中小	民企
9	亚夏汽车	0.0585	批发	芜湖	中小	民企
10	铜陵有色	0.0566	制造	铜陵	主板	国企
88	集友股份	0.0104	制造	安庆	主板	民企
89	江南化工	0.0103	制造	宣城	中小	民企
90	合锻智能	0.0095	制造	合肥	主板	民企
91	凤形股份	0.0086	制造	宣城	中小	民企
92	黄山胶囊	0.0084	制造	宣城	中小	民企
93	铜峰电子	0.0084	制造	铜陵	主板	民企
94	泰尔股份	0.0041	制造	马鞍山	中小	民企
95	应流股份	0.0038	制造	合肥	主板	民企
96	盛运环保	0.0027	制造	安庆	创业	民企
97	新光圆成	0.0022	房产	马鞍山	中小	民企

注：由于数据获得性问题，剔除皖通高速。

从板块上分析，安徽省主板上市公司营运能力优势显著。主板企业上市公司各项营运能力表现优于中小板和创业板的上市公司。从综合营运能力排名上看，主板和中小板上市公司营运能力旗鼓相当，排名前十位与后十位的上市公司中，均有5家属于中小板，同时分别有5家和4家公司属于主板。

创业板上市公司无排名靠前的企业，这反映创业板上市公司营运能力各项指标处于中等。

（四）总体社会责任良好，社会贡献能力仍待增强

上市公司社会责任的履行和社会贡献的大小，关系到上市公司的公众形象，也关系到企业的生存发展及社会环境的健康优化。近年来，安徽省上市公司社会贡献率、每股社会贡献值及社会责任均值皆有所上升。社会贡献与社会责任整体履行情况向好。从各指标综合来看，2017 年安徽省上市公司社会贡献综合得分平均值为 0. 2968，近六成（60 家）上市公司低于平均值，多数上市公司社会贡献表现欠佳。但超出五成（51 家）上市公司社会责任综合得分高于平均值，一成左右（13 家）高于 7. 5，这说明安徽省上市公司社会责任履行意识强于社会贡献能力。总体上看，社会贡献能力和社会责任意识均有待进一步加强（见图 23）。

从行业上看，大多数行业社会贡献及社会责任综合得分高于平均值，其中科学研究和技术服务业及采矿业兼顾社会贡献与社会责任，两方面表现都较为突出。文化、体育和娱乐业与房地产业顾此失彼，责任与贡献未能两全，前者社会责任强，贡献一般；后者社会贡献大，社会责任，表现最差。就企业而言，安徽省上市公司综合社会贡献排名前五的企业中有三家是酒水

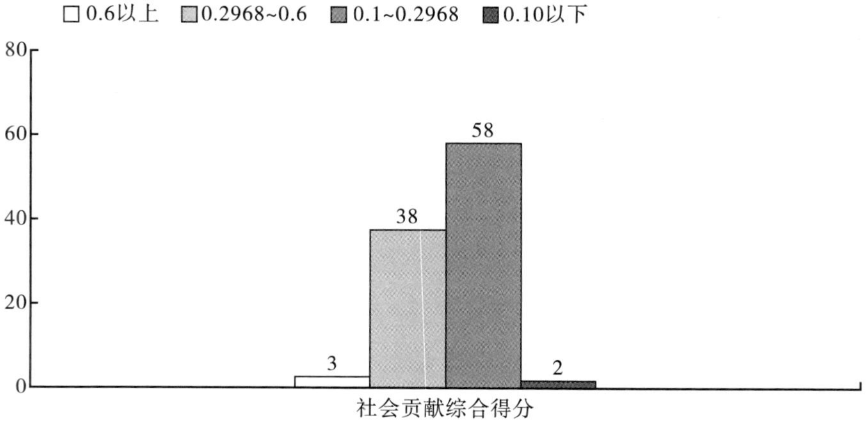

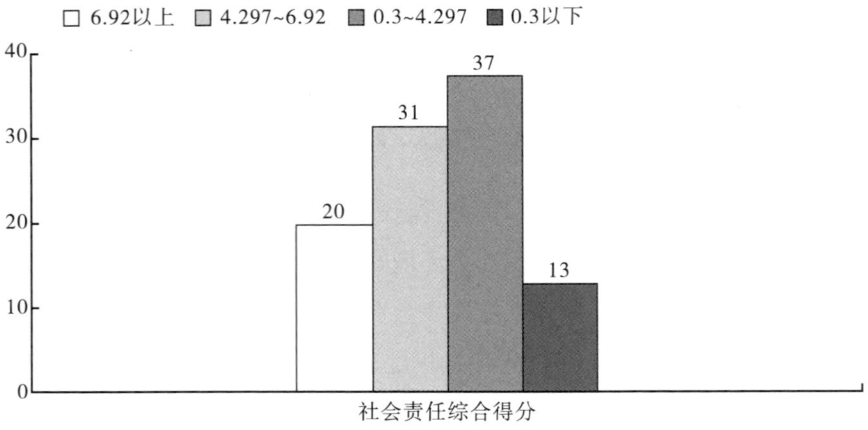

图 23　安徽省上市公司社会贡献与责任综合得分分布

企业：古井贡酒、口子窖以及迎驾贡酒。一方面是因为酒水行业纳税高，另一方面是因为高管和员工薪酬高，其中，古井贡酒员工平均年薪最高（17.22 万元），口子窖前三名高管年薪总和最高（508.70 万元）。综合社会责任排名前五的公司多为制造业，这反映部分制造业企业社会责任意识较强（见图 24）。

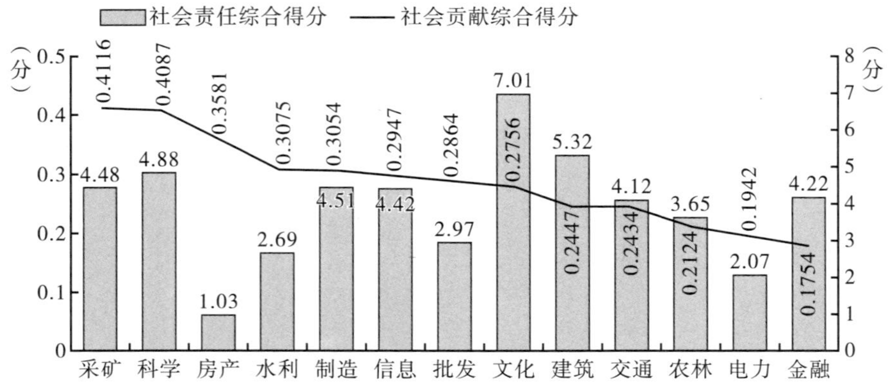

图 24　安徽省上市公司分行业社会贡献与社会责任综合得分

从区域上看，淮北市（4 家）上市公司社会贡献与社会责任综合得分皆高于安徽省平均值，马鞍山市上市公司两者皆不尽如人意，合肥市社会贡献与社会责任履行情况一般。从板块上看，2017 年安徽省不同板块上市公司社会贡献表现无明显差异。主板上市公司的履责情况较好，社会责任整体水平最高。创业板上市公司处于创业期，易重视经济利益而忽视社会责任。从属性来看，央企示范作用较强，在做出社会贡献、履行社会责任方面起到领头作用，综合得分均高于其他属性的企业（见图 25）。

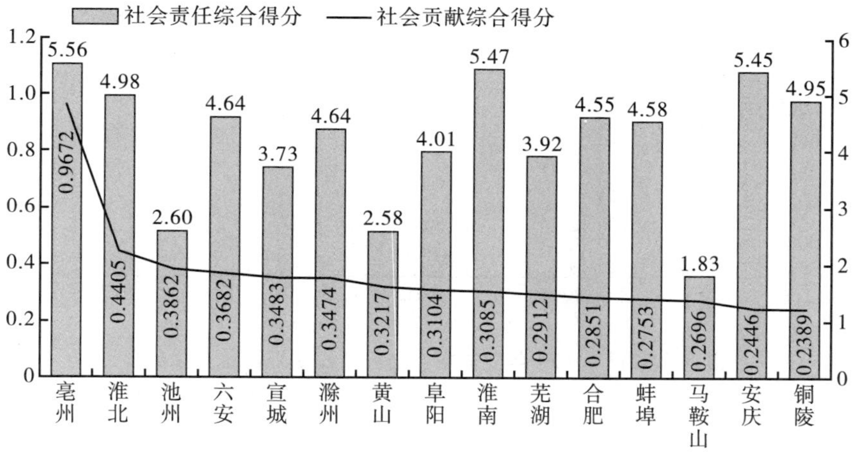

图 25　安徽省上市公司分区域社会贡献与社会责任综合得分

（五）投融资水平有提升，并购重组尚需足够重视

投融资效率反映了企业资本流动的效率，一定程度上决定了企业在市场竞争中的地位和发展前景。在国家深化投融资改革的影响下，2013 年以来，安徽省上市公司总投资、总融资以及投融资各子指标的规模均有显著增加，且变化趋势大体一致，安徽省上市公司整体投融资水平明显提升（见图 26）。安徽省上市公司投融资水平显著相关，融资水平一定程度上影响其投资水平。2017 年安徽省上市公司对内投资比重有所增加，对外投资比重减少；新增股票融资额有所下降，债券融资规模偏低，仅有 10 家上市公司进行了债券融资，这反映安徽省上市公司投融资结构发生了转变。此外，安徽省上市公司投融资规模也存在明显差异，仅约两成上市企业投融资规模高于

平均水平，这说明安徽省上市公司投融资规模两极分化过于严重，需进一步引导调整优化。

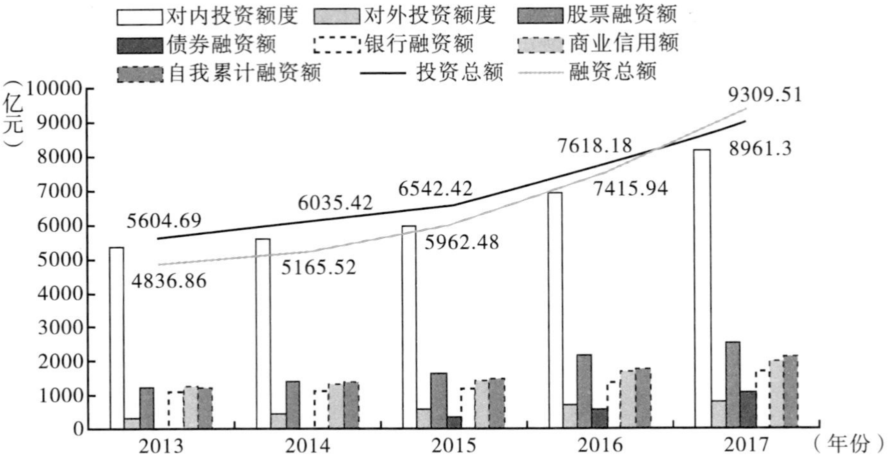

图 26　2013～2017 年安徽省上市公司投融资额度变化趋势

就行业而言，安徽省制造业上市公司投融资总规模皆高于其他行业，2017 年融资总额高达 5649 亿元。但制造业内部投融资水平也存在显著两极分化，海螺水泥、马钢股份和铜陵有色等企业投融资水平较高，山河药辅、文一科技、集友股份等企业投融资水平特别低。其中，海螺水泥投资总额高达 1168 亿元，融资总额 1025. 67 亿元，投融资水平较高。其他行业投融资水平也存在显著差别，交通运输、仓储和邮政业以及采矿业的上市公司投融资水平较高，如皖江物流、新集能源等；农、林、牧、渔业上市公司投融资水平位居全省中下游。

就区域而言，安徽省各地市上市公司投融资差异明显。其中马鞍山市上市公司总投融资规模较高，6 家上市公司有 4 家融资总额高于全省平均值，其上市公司维持资本规模，调整资本结构的能力较强。宣城市上市公司总投融资规模较小，其维持资本规模的能力较差。投融资规模排在前十位的上市公司主要集中在合肥市、芜湖市与马鞍山市；排在后十位的上市公司主要位于合肥市和宣城市（见图 27）。这一定程度上反映安徽省上市公司在投融资规模上未出现地区集聚。就板块和属性而言，安徽省上市公司主板市场及国企类上市公司投融资水平相对较高。民营企业上市公司数量最多，但整体投融资水平低于国企上市公司，然而山鹰纸业、众泰汽车等7家民营上市公司的投融资规模较高，显著高于大多数国企和央企，值得借鉴。

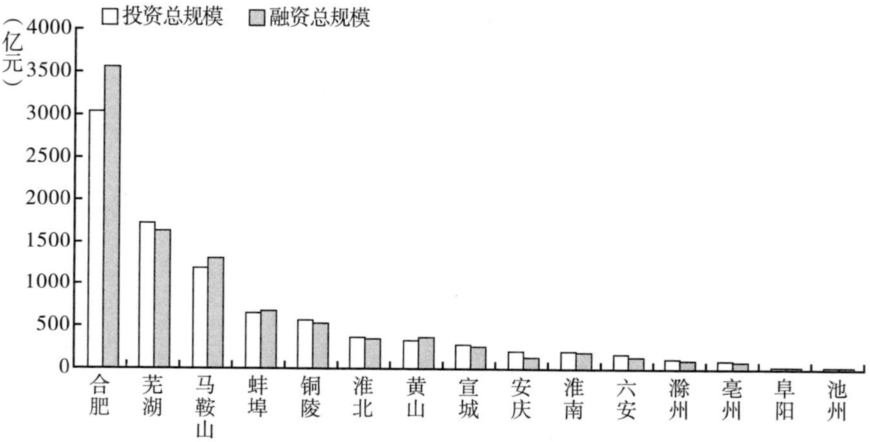

图27　2017年安徽省各地市上市公司投融资规模

从并购重组上看，近年来，在政策监管收紧的环境下，安徽省上市公司并购重组步伐逐渐放缓，2016年开始，安徽省上市公司并购重组数量与规模，重大资产重组交易次数都显著下降。这反映了安徽省上市公司在一系列监管和抑制政策下，开始逐步调整发展步伐。2013～2017年安徽省上市公司发生重大资产重组事件40次，其中有27次重组成功，成功率为67.5%，相比北京、上海等发达地区略显不足，整体成功率有待提升（见图28）。

（六）工资水平基本合理，薪酬分配结构需要优化

薪酬水平的高低和薪酬分配的合理性既直接决定上市公司对人才的吸引力以及员工的积极性，也间接地影响上市公司的经营能力和发展质量。

安徽省上市公司的职工平均薪酬呈现稳步增长态势。2013～2017年，

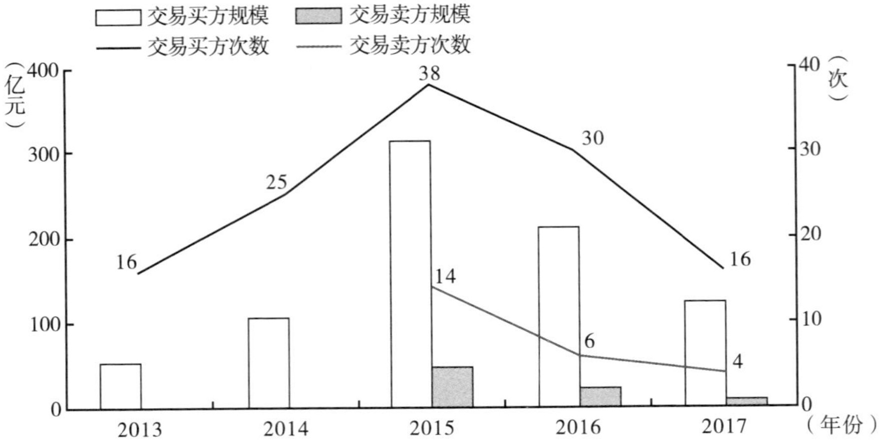

图 28　安徽省上市公司并购重组次数与规模

职工年平均薪酬水平由 8.09 万元增长至 10.72 万元，年均增长 7.3%，比全国高 1.6 个百分点。从各年增速看，除 2015 年外，安徽省上市公司职工年平均薪酬增长速度均超过全国平均水平，其中，2017 年遥遥领先全国 7.1 个百分点（见图 29）。薪酬水平的逐步提升有利于安徽省上市企业吸引并留住高端专业人才，为企业高质量、可持续发展奠定良好基础。

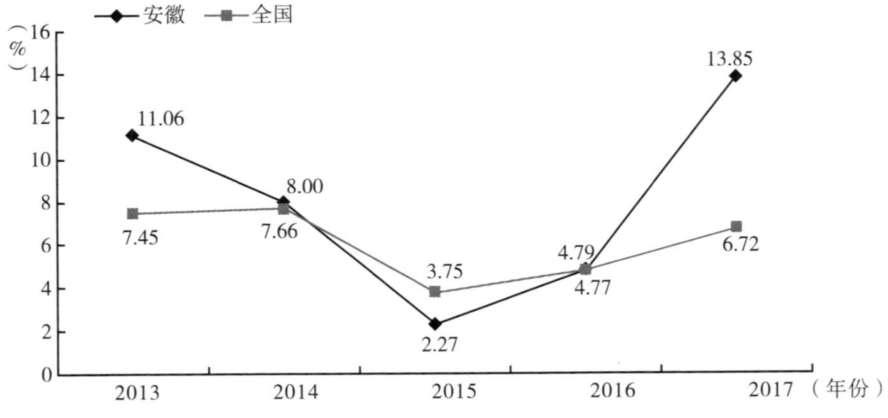

图 29　2013～2017 年安徽省和全国上市公司职工平均薪酬同比增长速度

分行业看，上市公司行业薪酬分配相对合理。2017 年安徽省上市公司分行业薪酬水平总体符合市场规律。通过薪酬合理性相对系数 R[①] 可以看到，交通运输、仓储和邮政业，信息传输、软件和信息技术服务业，文化、体育和娱乐业，尤其是上市公司较集中的制造业职工平均薪酬水平处于相对合理范围（见图 30）。电力、热力、燃气及水生产和供应业，采矿业，由于其垄断地位，导致相对系数偏高。金融业，科学研究和技术服务业，因为存在准入门槛和技术壁垒，薪资水平偏高，因此相对系数较高。而农、林、牧、渔业的相对系数偏高，则是由于该行业创造利润能力偏低，工资相对劳动生产率偏高。值得注意的是，房地产业相对系数偏低，是因为中弘股份 2017 年业绩严重亏损，导致整个行业利润水平为负，不具有参考意义。

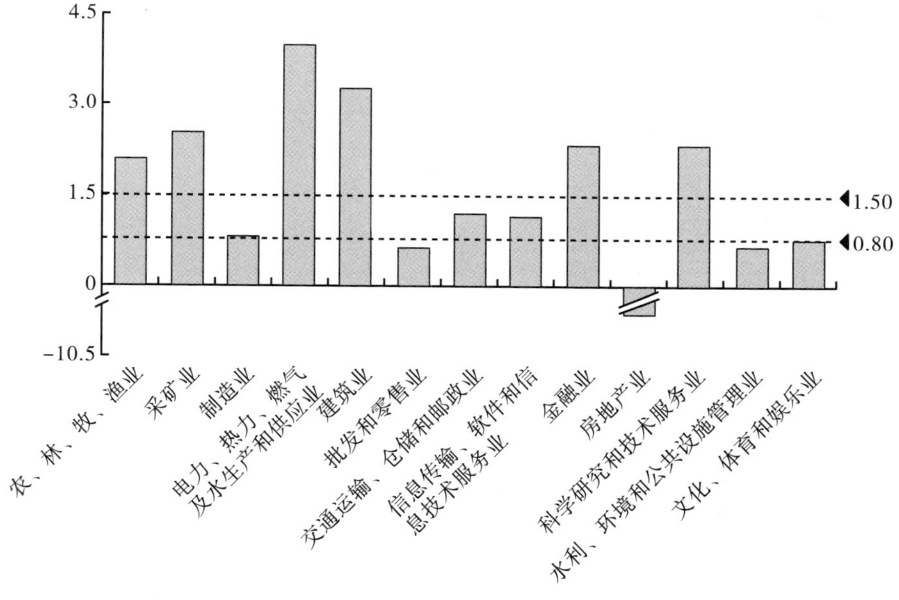

图 30　2017 年安徽省上市公司各行业薪酬合理性相对系数

① R =（某行业职工平均工资/全行业职工平均工资）/（某行业工资利润率/全行业工资利润率）。一般而言，在不考虑行业垄断利润的前提下，R 处于 0.8 ~ 1.5 比较合理；R 大于 1.5 表明该行业工资水平相对劳动生产效率而言偏高，R 小于 0.8，则表明该行业工资水平相对劳动生产率而言偏低。

虽然，近年来安徽省上市公司薪酬水平不断提高，但是与全国上市公司平均水平和发达省份相比仍存在较大差距。安徽省 2017 年人均职工薪酬为 10. 72 万元，仅为全国平均水平的 69. 21%，排名第 21 位（见图 31）。

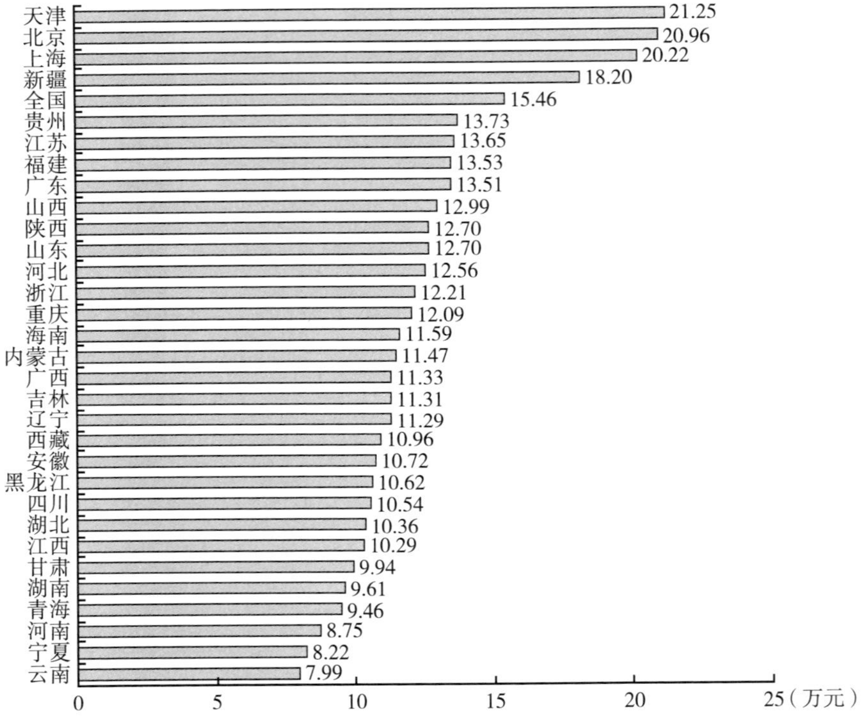

图 31　2017 年各省份人均职工薪酬水平排名

从不同性质上市公司来看，国有控股上市公司与非国有控股上市公司职工平均薪酬差距较为明显。2017 年安徽省国有控股上市公司的职工平均薪酬为 11. 92 万元，是非国有控股上市公司的 1. 34 倍（见表 3）。非国有上市公司在条件允许的情况下，宜提高薪酬水平，激发员工的创造性和积极性。从高管与员工薪酬差距看，安徽省上市公司高管与普通职工之间的薪酬差距较大。2017 年，安徽省上市公司高管平均薪酬为 36. 13 万元，比职工平均薪酬高 25. 41 万元。高管与员工间薪酬绝对差距超过 50 万元的公司有 38 家，占上市总数的 37. 6%，其中，中弘股份、科大讯飞、口子窖高管与员工间薪酬差距分别达 346.63 万元、303.19 万元、163.86 万元，排名前三位。

表 3　安徽省 2017 年不同性质上市公司职工薪酬平均水平

所有制性质	数量(家)	职工平均薪酬最大值(万元)	职工平均薪酬最小值(万元)	职工平均薪酬(万元)
国有控股公司	42	36.03	6.55	11.92
其中:中央企业控股	8	24.68	7.81	11.62
地方国有控股	34	36.03	6.55	11.96
非国有控股公司	61	65.86	4.11	8.93
国有控股公司/非国有控股公司职工平均薪酬(倍数)				1.34

（七）多层次市场已成型，融资功能未能充分发挥

近年来，安徽省高度重视多层次资本市场的建设，突出发挥资本市场在筹集社会资金、优化资源配置、推动产业整合、促进经济结构调整中的重要作用，着力提升全省直接融资比重，大力推动企业上市（挂牌），全省多层次资本市场建设快速发展（见图 32）。

直接融资增势强劲。2017 年全省直接融资达到 5893 亿元，超额完成预期目标，稳居中部第一，多层次资本市场已成为全省企业的重要融资渠道。企业上市不断发力，截至 2017 年末，全省 A 股上市公司已到达 101 家，此外，全省 IPO 报会在审企业 19 家，居全国第 6。企业新三板挂牌步入快车道，2017 年新增挂牌企业 82 家，新三板累计挂牌 358 家，居全国第 10 位。区域性股权市场稳步发展，2013 年 8 月，安徽省正式组建安徽省股权托管交易中心，安徽省多层次资本市场正式成型。截至 2018 年 5 月，安徽股交中心累计挂牌企业 2043 家、托管企业 2265 家，累计帮助挂牌企业融资超 130 亿元。虽然安徽省多层次资本市场为企业融资起到了积极作用，但是，其各项功能未能得到充分发挥，与发展目标仍有较大差距。

融资、资源配置功能发挥有限。2017 年，安徽省交易所上市公司和新

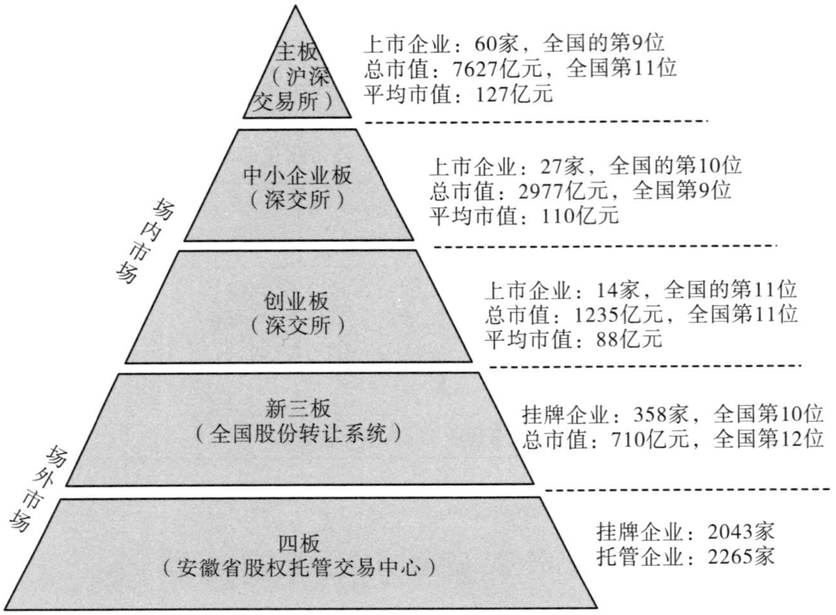

图 32　安徽省多层次资本市场发展情况

注：四板数据截至 2018 年 5 月底，其他数据截至 2017 年底。

三板挂牌企业股权融资额仅占间接融资额的 9.6%，银行借款在企业融资中仍占主导地位，安徽资本市场融资功能未能充分发挥，对降低企业负债率、防范金融风险的作用有限（见图 33）。

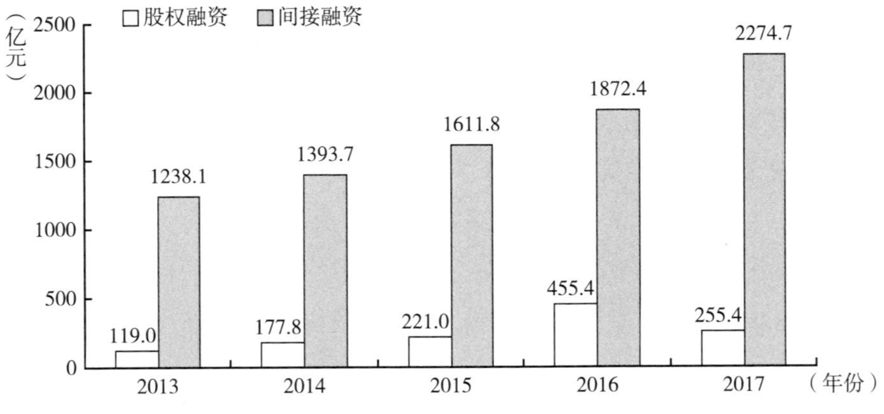

图 33　安徽省 A 股和新三板上市公司股权融资和间接融资对比

此外，从 A 股市场上看，安徽省股权融资主要是通过增发的方式，投向存量企业，新上市企业获得融资较少。2017 年首发融资占股权融资额 22%，2016 年仅占 15%（见图 34）。与此形成对比的是 2017 年安徽有 19 家企业在 IPO 排队，融资需求旺盛，而过会平均等待时间要近两年，表明未能通过资本市场实现有效资源配置。

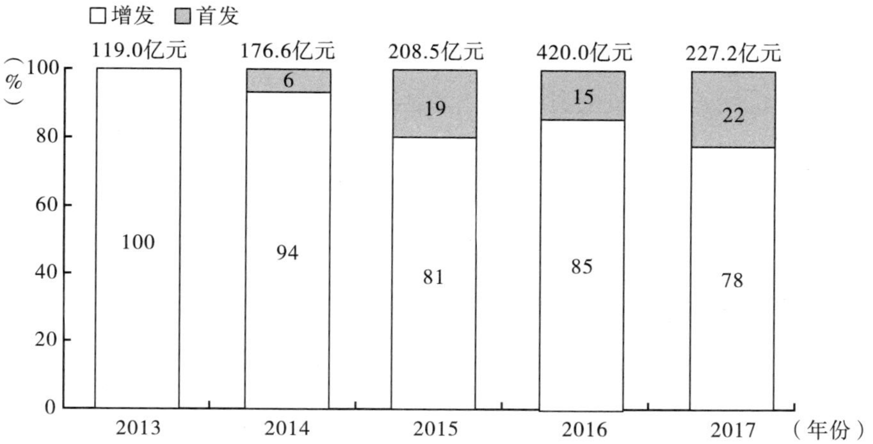

图 34　2013～2017 年安徽 A 股市场股权融资结构

资本市场结构与融资需求未能有效匹配。2017 年安徽省主板累计股权融资 1835 亿元，中小板 628 亿元，创业板 160 亿元，新三板累计股权融资 81 亿元，安徽省资本市场呈“倒金字塔”结构，主板上市企业融资最多（见图 35）。这说明资金更倾向于优势企业，满足大型企业的融资需求，中小企业融资难融资贵的问题依然未能得到有效解决。

与发展目标差距较大。安徽提出，到 2020 年末，全省在沪深港证券交易所上市公司数量力争达到 200 家，在全国中小企业股份转让系统挂牌企业数量力争达到 650 家，在省区域性股权交易市场挂牌企业数量力争达到 1000 家。截至 2017 年底，沪深交易所安徽上市公司共 101 家，在新三板挂牌企业 358 家，在安徽股权托管交易中心挂牌企业 2000 家左右。可以看出，按照目前安徽企业上市的速度，在有限的 3 年时间内，主板、中小板、创业板和新三板达到预期目标的任务繁重、压力较大。

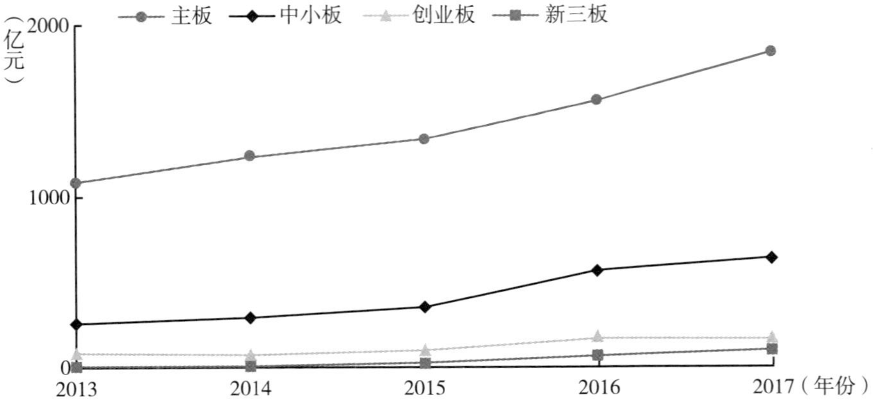

图 35　安徽主板、中小板、创业板、新三板历年累计股权融资额

（八）行业龙头地位明显，整体带动效应尚需加强

上市公司是地区行业经济的龙头，其行业结构某种程度上反映了地区经济转型升级的成效。2017 年，安徽 101 家上市公司覆盖 13 个行业门类，其中，第一产业 2 家，第二产业 74 家，第三产业 25 家。2013～2017 年，第一产业上市公司数量保持不变，第二产业增幅最大，第三产业增长较慢，第二产业作为安徽实体经济的中坚力量在资本市场得到了有力佐证（见图 36）。

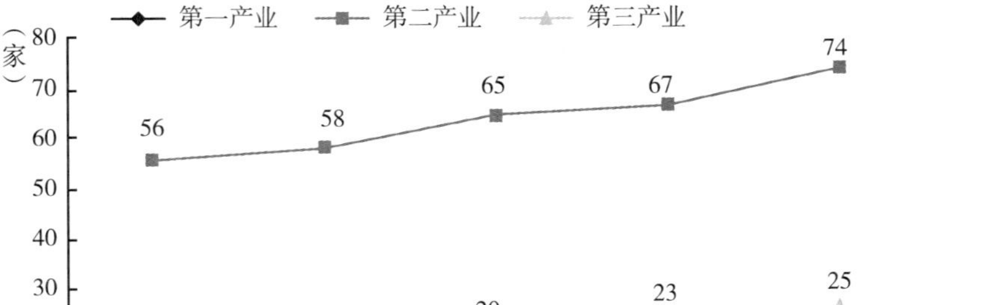

图 36　安徽省上市公司 2013～2017 年产业分布趋势

在“工业强省”战略带动下，安徽工业主导地位得以夯实。从数量和市值看，全省上市公司均集中在制造业，增长速度也最快。其中，轻工业和资源加工型制造业占据了重要位置，其上市公司数量占比均高于全国平均水平和江浙两省，为推动制造业转型升级，建设制造强省奠定了良好产业基础。

全省战略性新兴产业，从弱到强，正成为推动安徽转型发展的强劲引擎。2013～2017 年，安徽战略性新兴产业上市公司的数量、市值、营收的绝对值和占比相对数均显著提升，转型升级成效逐步显现（见图 37）。营收占比逐年增长，且与数量占比的差距不断收窄，战略性新兴产业的发展质量不断提高，市场认可度逐步提升。

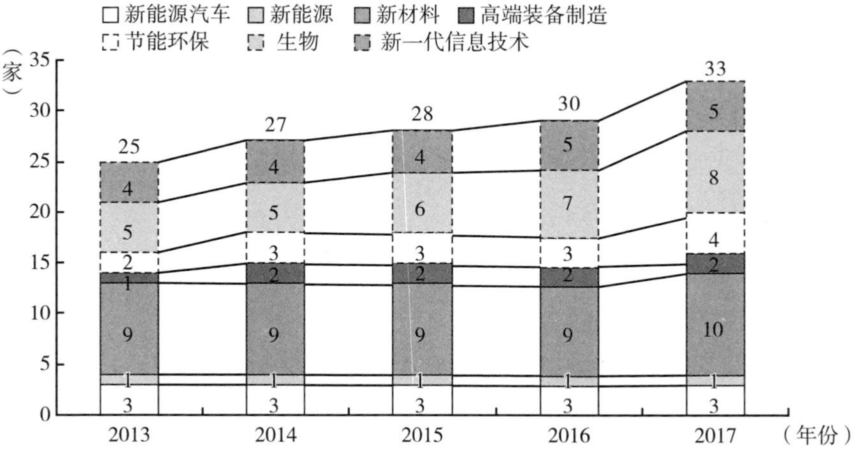

图 37　2013～2017 年安徽省战略性新兴产业上市公司数量分布

安徽把发展服务业当成产业结构调整的方向和重点，服务业现已成为支撑全省经济增长的重要力量，其上市公司短板也在逐步补齐。2013～2017 年，服务业上市公司增加 7 家，占比提高了 1.1 个百分点，2017 年比江浙分别高 3.2 个和 4.3 个百分点。其中，信息传输、软件和信息技术服务业数量和市值在服务业中占比最高，科学研究和技术服务业上市公司实现零突破，生产性服务业在资本市场取得了明显进步。

但也要看到，全省上市公司行业结构同样面临亟待改善的问题。上市公司在部分行业集中度过高。制造业是全省上市公司的绝对主力，虽然轻工业和资源加工制造业上市公司数量占比领先于江浙和全国，但机电制造业却明显滞后江浙和全国。而且现代服务业仍是安徽上市公司的短板。全省服务业上市公司数量明显较少，信息传输、软件和信息技术服务业，金融业，科学研究和技术服务业等生产性服务业更是差距明显，生产性服务业对制造业智能化、信息化、自动化改造的支撑作用有限。安徽上市公司在先进行业中席位偏少，战略性新兴产业上市公司主要集中在新一代信息技术、生物和新材料行业，而高端装备制造、节能环保、新能源行业相对薄弱。与江苏和浙江相比，战略性新兴产业的数量偏少，平均市值规模也明显逊色，表明安徽未能充分利用资本市场，为先进行业导入优势资源，企业利用战略重组等手段提升品牌价值和综合竞争力的能力有限。上市公司的行业代表度有待提高，从行业门类看，虽然目前制造业对行业门类的代表度较高，但有不断收缩的趋势；传统服务业及农业不仅当前对行业的代表度不足，而且代表度日趋下滑。从制造业大类看，制造业利用资本市场的能力有待提升，制造业大类中 41.3% 的行业仍无企业上市，导致制造业的市场规模与利用资本市场的能力不匹配。先进制造业缺乏龙头企业，上市公司代表度较高的行业主要集中在原材料和化工等资源加工业，而机电制造等先进制造业的代表度相对欠佳。安徽推进制造业迈上价值链中高端，打造世界级产业集群依然任重而道远。

（九）不少企业亮点突出，但综合发展能力不够理想

综合发展能力是企业通过对企业若干个侧面的指标进行综合评价而体现出的企业综合发展能力，主要包含业绩发展、创新能力、营运能力、社会责任四个侧面。综合发展能力能够直接反映上市公司的整体发展状况。近年来，安徽省不少上市公司综合发展能力表现突出，其中，四创电子、科大讯飞、众源新材与安徽合力表现最为抢眼，综合发展能力排名前四。具体指标来看，科大讯飞创新能力最佳，众源新材营运能力突出，海螺水泥业绩表现、社会贡献与责任两项排名独占鳌头。但需要重视的是，安徽省上市公司

多个侧面的齐头并进的综合发展能力尚不够理想。安徽省上市公司的综合发展指数均值为0.24，最高值不足0.5（0.48），四项指标中除了业绩发展指数表现较好（均值为0.50），创新能力、营运能力、社会贡献与责任发展水平皆较为落后。说明上市公司在某些方面有亮点，而四个侧面均表现突出的企业较少（见表4）。

表4 安徽省上市公司综合发展能力及各项指标排名前十位及后十位

总排名	公司名称	综合发展能力	业绩发展及排名		创新能力及排名		营运能力及排名		社会贡献与责任及排名	
1	四创电子	0.48	0.56	31	0.52	3	0.32	13	0.63	5
2	科大讯飞	0.45	0.46	56	0.63	1	0.11	67	0.57	12
3	众源新材	0.42	0.58	23	0.10	66	0.79	1	0.61	8
4	安徽合力	0.41	0.52	39	0.42	9	0.25	24	0.69	3
5	阳光电源	0.41	0.56	29	0.60	2	0.16	50	0.23	79
6	江淮汽车	0.41	0.41	70	0.48	6	0.22	29	0.56	15
7	三七互娱	0.40	0.74	7	0.32	17	0.43	6	0.48	23
8	科大国创	0.38	0.40	76	0.48	5	0.25	23	0.34	47
9	美亚光电	0.34	0.65	13	0.44	8	0.10	78	0.38	38
10	东华科技	0.34	0.33	94	0.41	11	0.23	27	0.32	53
89	盛运环保	0.15	0.00	98	0.18	41	0.02	97	0.39	37
90	金种子酒	0.15	0.37	90	0.13	52	0.07	87	0.31	55
91	海螺型材	0.14	0.37	89	0.10	74	0.16	52	0.17	85
92	恒源煤电	0.14	0.62	16	0.08	88	0.09	81	0.25	77
93	江南化工	0.14	0.40	77	0.15	46	0.07	89	0.11	92
94	德力股份	0.13	0.42	63	0.10	68	0.08	84	0.22	80
95	皖江物流	0.13	0.41	73	0.05	95	0.17	42	0.16	87
96	黄山旅游	0.12	0.57	26	0.08	86	0.07	91	0.20	83
97	华菱星马	0.12	0.39	82	0.08	85	0.12	66	0.12	91
98	凤形股份	0.11	0.09	97	0.09	78	0.06	92	0.25	73

具体从行业上看，高技术产业因其独特的政策优惠及较强的市场竞争力，综合发展能力相对突出，其中信息传输、软件和信息技术服务业综合发展指数最高，综合发展能力表现较好；相较之下，囿于传统产业固有的发展模式，采矿业及交通运输、仓储和邮政业综合发展能力比较差，传统行业急需进行结构转型升级，提升综合发展水平（见图38）。

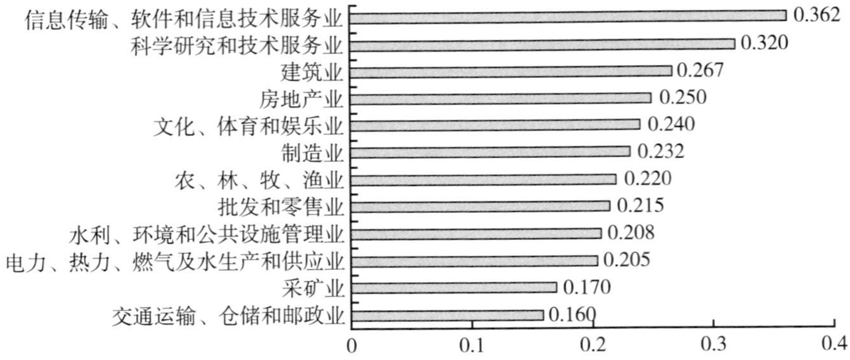

图 38　安徽省各行业上市公司综合发展综合指数值

从区域来看，区域经济与上市公司发展密切相关，两者之间相互促进也相互制约。合肥市、芜湖市经济基础较好，地理位置优越，所辖上市公司综合发展能力较强。黄山市、池州市、阜阳市等地市经济基础较差，上市公司综合发展能力较为落后，虽然上市公司数量少，但也能够体现出区域经济整体发展水平（见图 39）。

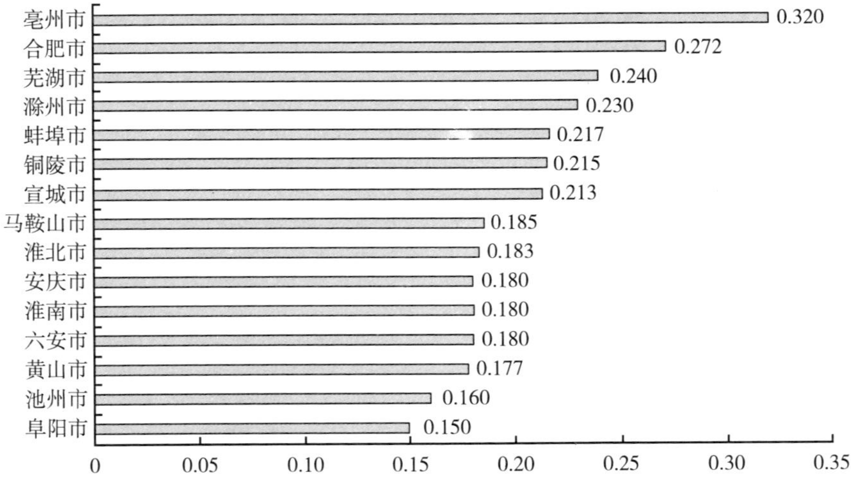

图 39　安徽省上市公司各区域企业的综合发展综合指数均值

从企业所属板块上看，创业板上市公司主要以高新技术企业及战略新兴企业为主，具有主业突出、技术独特、产品市场潜力大等优势特征，因此，其上市公司综合发展能力优于中小板、主板上市公司（见图 40）。从企业属性看，得益于经济和政策上较多的支持，中央国有企业的综合发展能力表现高于其他三个属性的上市公司（见图 41）。

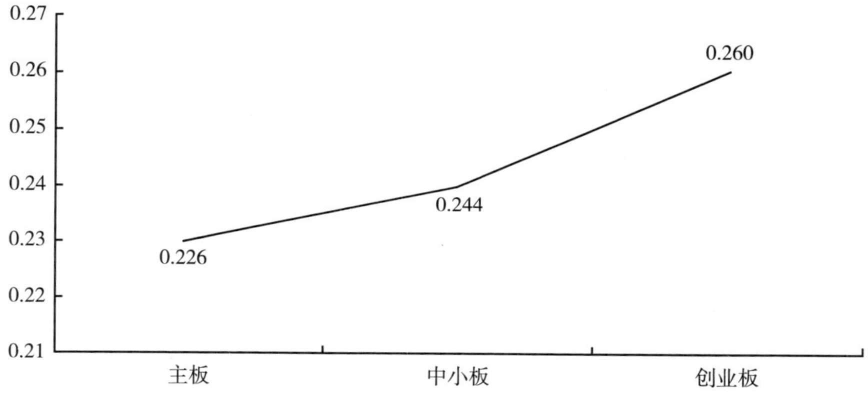

图 40　安徽省上市公司各板块企业的综合发展综合指数均值

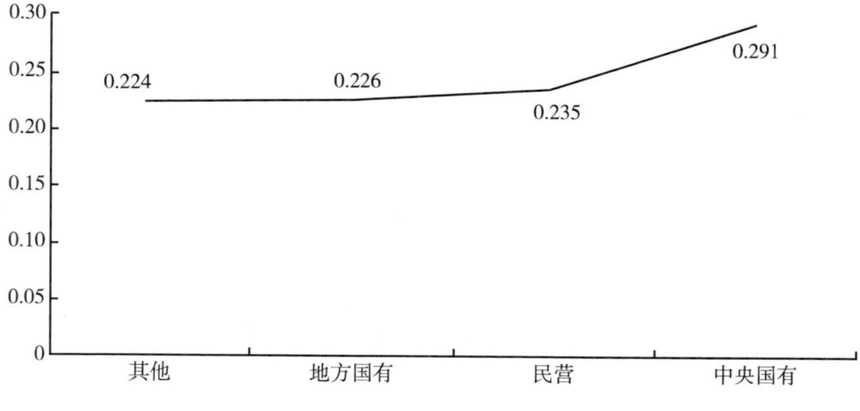

图 41　安徽省上市公司各属性企业的综合发展综合指数值

（十）国企改革成效显著，供给侧改革任务仍艰巨

党的十八大以来，安徽省紧紧抓住国资国企改革这个“牛鼻子”，扎实

推进供给侧结构性改革。企业整体上市不断突破，先后完成了江汽集团、华安证券、建工集团等整体上市，以及安徽天然气、省交规院等子企业首发上市，长城军工首发上市获证监会审核通过（见表5）。员工持股试点有序开展，江淮汽车、国元证券、铜陵有色、建工集团均已完成员工持股计划。现代企业制度日趋完善，江淮汽车正在实施上市公司股票期权激励计划，华安证券、省叉车集团积极推进董事会建设和职业经理人制度试点。兼并重组迈出重要步伐，组织实施了省高速集团和省交通集团等省属企业兼并重组，省属大企业、大企业集团格局初步形成。省级股权投资体系不断健全，安徽省相继设立了省级种子投资基金、创业风险投资基金和“三重一创”产业发展基金，以及省农业产业化发展基金、省科技成果转化基金等，初步建成省级股权投资基金体系，为安徽培育上市公司、参与上市公司并购重组等创造了良好的金融环境。国有资产管理体制逐步完善，在省投资集团开展了国有资本投资公司试点工作，同时，启动国有资本运营公司试点工作，国有资本将会按照市场规律布局资本市场，仅仅发挥股东责任，不再直接干预企业运

表5　安徽国资国企改革阶段性的成果

股改上市	九华旅游、华安证券、皖天然气、设计总院已经首发上市；长城军工已经过会
整体上市	江淮汽车已率先完成整体上市；建工集团完成整体上市。（按照安徽省政府的要求，马钢集团、海螺集团、铜陵有色等省属企业，后续都要实现整体上市）
资本运作	新力金融曲线借壳巢东股份
员工持股	江淮汽车、国元证券、铜陵有色、建工集团均已完成员工持股计划
开放项目	大力推广PPP模式是安徽省混改的一大抓手，列入国家发展改革委PPP项目库的项目个数和总投资均居全国前列
引导基金	为推动安徽省在战略新兴高成长领域与民企加深合作，设立了总规模800亿元至1000亿元的安徽省产业发展基金。 为推动省属企业改革发展，设立总规模为200亿的省属企业改革发展基金
“三去一降一补”	去产能：“三煤一钢”去产能，两年来马钢集团退出炼铁产能284万吨、炼钢产能345万吨，省属3户煤炭企业退出煤炭产能1569万吨； 去杠杆：推进银行与高杠杆企业签订债转股合作协议；“三煤一钢”企业市场化债转股到位资金已达135亿元，平均降低企业资产负债率5个百分点。省建工集团、中煤矿建集团等企业也正在通过实施债转股、引入战略投资者、盘活存量资产等方式，不断降低企业资产负债率

营，有利于国有资产更加优质高效运行。供给侧改革方面扎实推进，“三煤一钢”去产能工作取得实质进展，企业市场化债转股到位资金已达135亿元，平均降低企业资产负债率5个百分点。省建工集团、中煤矿建集团等企业也正在通过实施债转股、引入战略投资者、盘活存量资产等方式，不断降低企业资产负债率。

但也应看到，安徽省国有资本布局结构不够优化。省属国有上市公司中传统产业所占比重仍然较大，前瞻性战略性产业、产业链关键环节和价值链高端领域具有核心竞争力的优势企业较少，优势产业尚待培育。资本运作意识和能力有待提高，安徽省对省属企业的绩效考核未能与资本运营有效结合，激励机制、分配制度未能充分运用到资本运作中，导致部分国有上市公司资本运作意识不强，动力不足。同时，由于薪酬待遇、管理体制等问题，省属企业对资本运作专业型人才的吸引力不足，降低了省属企业资本运作的能力和效率。供给侧结构性改革面临挑战，安徽省部分国有上市企业经营管理体制不够完善，创新能力不足，缺乏具有自主知识产权的关键技术和知名品牌。随着经济进入高质量发展阶段，部分传统行业国有上市公司生产经营压力加大，转型升级难度增加，结构性矛盾和产能过剩问题依然突出。

四　加快安徽省上市公司发展对策

综观安徽省上市公司发展的现状，既能够看出安徽上市公司发展取得的成绩，也能够看出目前尚存在的问题。随着新时代的到来，安徽经济社会发展进入关键冲刺阶段，既要实现经济总量的突破，向全国前十位迈进，又要推进结构性改革，向高质量发展转化；既要进一步加大资本筹措力度，增加资本要素投入，又要加快技术创新，实现发展动能转换；既要推进现有大企业和上市公司健康发展，更好地回报投资者，又要引导和激励优质中小企业在资本市场融资发展；既要顶天立地的大企业示范带动上下游企业和区域经济整体发展，又要推进“双创”活动以利于形成铺天盖地的新创企业作为安徽发展后备军；既要重视政府各类投资基金的引导作用，又要重视激励各类中介机构对未上市企业的遴选、辅导和上市推进工作。为了更好地完成以上系列任务，针对安徽上市公司发展尚存问题，本报告提出以下三个层面的对策建议。

（一）政府层面对策建议

政府是区域经济发展的引导者，是公共经济政策的制定者和组织实施者，是市场经济规则的制定者和维护者，是经济活动制度性规定和引导性政策的供给侧。优化制度性规定和引导性政策的供给，是供给侧结构性改革最为艰巨的任务和根本内涵。只有深刻认识供给侧结构性改革的这一本质，才能够更好地促进区域经济社会健康发展。

1. 优化企业上市政策，激励企业上市融资发展

中国特色的区域经济发展，无论哪方面的工作，客观上都离不开省市县党政主要领导的重视和相应的政策支持。为了促进安徽企业上市融资发展和上市公司发展，建议如下：其一，需要主要领导高度重视。各级领导特别是分管经济工作的主要领导要真正懂资本市场，在整体战略上能够把控资本市场运作基本规律和发展趋势，因此，建议建立省市县党政领导以资本市场为主题的学习研讨机制。其二，以发达地区为标杆优化支持企业上市政策。在国家有关资本市场相关政策的大框架下，研究学习兄弟省市好的做法，结合本省经济发展实际，在现有政策基础上进一步优化激励企业上市融资发展和支持引导上市公司发展的政策关键是要针对优质企业“一企一策”。其三，加大对企业上市进程中的针对性扶持。对于不同阶段的在审企业，提供适应不同阶段的扶持服务。建议由省政府组织相关部门制订出台对此类企业在土地、税收、融资等各方面的优惠扶持政策，政策方面的多元化给企业上市创造了更大的空间。其四，建立省级专项扶持基金加大对“四新”企业的扶持力度。对于区域内具有新技术、新产业、新业态、新模式特征的“四新”的企业，以及具备“独角兽”潜质的企业进行统一摸排，建立后备企业动态发展数据库，并给予重点扶持。其五，建立上市公司评价机制。对于综合经营能力优异和再融资或对外并购成绩突出的上市公司领导团队，对上市工

作做的优秀和上市公司发展好的城市主要领导和部门领导，给予物质和精神上的奖励。各地政府尤其是金融办要深入企业，抓取各种信息，提供针对性的服务。

2. 推进国资国企改革，优化上市公司资本结构

根据《关于推进国有资本投资、运营公司改革试点的实施意见》，加快推进安徽省国有资本投资、运营公司改革试点工作部署。针对国有上市公司和拟上市国有企业提出以下建议：其一，坚持以管资本为主，加强对国有上市公司的国有资产监管。这是新一轮国资国企改革的方向，必须加以坚持和保证。其二，推进国有上市公司改革，赋予企业更多自主权。完善现代企业制度，规范委托代理机制，通过管理国有资本，优化资源配置，确保国有资本保值增值。其三，借助国有资本投资、运营公司平台优化资本投向。借助于平台，逐步减持一些竞争性领域和非安徽发展重点方向的上市公司股份，让国有资本更多地向“三重一创”领域优势企业集中，特别是要加大一些公共领域的资本投入，优化布局和结构调整。其四，推进非上市国有企业进行混合所有制改革。推进国有企业集团或核心业务资产上市，加大对新兴产业企业进入资本市场的培育、指导和服务。其五，引导或指导国有上市公司加强市值管理。推动上市公司优化股权结构，将经济周期和资本市场波动与企业再融资有机协调，为企业获得更大的市场价值体现。

3. 重视资本运作培训，大力培育上市后备企业

对上市公司和拟上市公司进行培训是企业成长和区域经济发展的最佳结合点，让更多的企业认识资本市场、熟悉各类资本市场运行规则，对于上市企业和非上市企业都具有重要的价值。因此，建议如下：第一，建立多部门、多层次和多维度的培训机制。建议由省金融办和证监局牵头，联合省投资集团、国元证券、华安证券、华普天健和中国科大等单位，由省财政设立培训基金，面向全省开展企业上市培训和上市公司相关专题培训。第二，上市公司培训对象选择和分类。上市公司董事长高级研讨，上市公司高管专题研讨，上市公司董事会秘书业务培训，上市公司证券部负责人培训等，内容根据需要确定。第三，拟上市公司培训对象选择和分类。企业董事长专题培

训，企业拟任董事会秘书专题培训，企业财务总监和法务总监培训，培训内容重点放在公司 IPO 相关知识和业务流程，以及公司治理等，大力培育上市后备企业。第四，组织企业高管的强化经营管理培训。内容可涉及企业战略、企业文化、人力资源、财务管理、生产管理、市场营销、品牌建设等相关内容。第五，市县分管领导和金融办主任培训。进一步加强对地方官员的资本市场知识的普及教育，提高对资本市场的认识水平和对企业上市融资的引导作用，从而更好地在各市县发挥区域经济发展的组织管理能力。第六，对于上市公司的培训可以采取证监局或金融办调训模式，强制性提高上市公司各类管理人员业务素质。

4. 强化股权投资基金，助力企业对接资本市场

股权投资基金是安徽省推动经济发展方式转变、加快产业转型升级的重要抓手。通过运作股权投资基金，可以帮助企业抓住发展机遇，积极对接资本市场，实现跨越发展。建议如下：第一，构建覆盖企业生长全周期、符合安徽行业发展导向的股权投资基金体系。丰富基金种类，匹配种子期、初创期、成长期、成熟期等各个阶段的企业融资需求，聚焦战略性新兴产业、先进制造业、现代服务业等各个领域，引导金融资本流向新兴产业和成长企业。第二，构建“政府引导、市场化运营、专业化管理”的基金管理体系。发挥省级母基金管理平台职能作用，优化投资进度、投资方向等考核指标，在子基金管理、运营、考核等方面适度放权，在对接资金、团队、技术、产业资源等方面精准授权。明确母基金与子基金功能，兼顾好政策性目标和市场化发展，搭建分工有序、协调运转的母子基金运营体系。撬动社会资本合作设立子基金，选择具有增值服务能力的专业化机构作为子基金管理机构，为投资企业带来优质市场资源和先进管理理念，推动其最终走向资本市场。第三，深化“产业 + 基金”“基地 + 基金”“上市公司 + 基金”等合作发展模式。引导基金与科研院所、高等院校、众创空间、科技孵化器、战略性新兴产业集聚发展基地和试验基地开展全面对接，推动高科技企业、创新型企业、战略新兴企业快速成长。引导上市公司参与设立基金，联合专业 PE 机构，围绕产业链上下游储备与培育战略业务，快速实现做大做强。

5. 加强上市公司监管，敦促上市公司规范运营

依据上市公司监督管理法律制度，实施对上市公司的治理结构、并购重组及其证券发行和交易等活动实施审慎监管，对于安徽上市公司健康发展，维护投资者权益，防范各种风险具有重要意义。为此我们建议：①以上市公司治理结构完善有效为基准强化内部监管。法人治理结构本身就是一个相互监督和制约的良好制度设计，按照公司法和证券法的规定和要求，完善监事会和独立董事制度，就是一个“双核心内部监管机制”安排，坚决杜绝独立董事不独立和监事会不能监事的现象。②以相关法律法规为准绳强化外部监管。着力落实证券法、证监会相关规定和交易所的各项规则，加大违规处罚力度，绝不姑息违规行为。规范大股东特别是控股股东行为监管，防止资金占用、内幕交易和不公允的关联交易行为。国资监管模式真正从管资产转为管资本，提高资本监管绩效。③以防范多头监管潜在风险为重任强化多部门协同监管。长生生物案例说明，企业运营涉及多头监管，缺少多部门协同，必然酿成极其恶劣的后果，因此，必须建立多部门协同监管机制，做好多部门协同监管工作，维护好投资者利益。④以提升信息披露质量为导向严格信息披露要求。信息披露监管制度是投资者和社会公众共同监督的有效的制度安排，而全面提升信息披露质量是落实监管制度的基本要求，亦是保护投资者合法利益的重要抓手。因此，必须进一步强化上市公司信息披露的规范水平和合规意识，从严落实信息披露基本规则要求，通过真实、准确、完整、及时地信息披露行为，切实保护投资者合法权益和公众知情权。⑤以提高上市公司质量为目标寓服务于监管。监管部门要寓服务于监管之中，针对监管中的重要规则条款，采取事前消除理解和认识上的偏差，面向企业做好培训和解释工作，扫除认识和理解的误区；对信息披露的标准、时间、方式、内容和程序要提前告之，明确监管标准，超前提示风险，防范的端口前移，告知在先、提示在先，降低违规发生概率，以保障上市公司少犯错误、不犯错误，从而实现上市公司优质健康发展的目标。

6. 弘扬创新创业精神，积极开展“双创”活动

在国家推进创新创业的政策驱动下，近些年各地创新创业热潮涌动。安

徽经济发展在很大程度上受制于创新创业精神不强。安徽经济社会的可持续健康快速发展，既需要“重优重强”，关注顶天立地的大企业，更需要“扶新扶创”，培育铺天盖地的产业后备军和新经济新动能的新生力量。其一，要继续弘扬创新创业精神。在各市再次掀起“干部创事业，能人创企业，百姓创家业”思想意识强化高潮，大力宣扬创业精神，各种机会和场合标榜优秀创业者，形成“创业者光荣，企业家有功”的浓厚氛围。其二，继续完善各种创业政策。向发达地区学习政策，将有效的具有操作性的有关政策吸纳到安徽，在政策层面建立优势，激发创业热情和行为。其三，大力支持众创空间发展。从全国来看，安徽省获得国家科技部门认可的各类众创空间较少，也在某种层面上说明申报者不多，或者相关部门组织不力，或者是因为本来众创空间就少或层次不够。必须给予高度重视，这是新时代创新创业者的重要活动平台，是新式“孵化器”，很多独角兽企业就产生于此。其四，积极推进大型企业开展公司内创业。大公司内创业已经成为全国乃至全球企业的重要发展模式和创业形式，大企业具有资金实力和强大的技术支撑，鼓励有创业意愿的员工在公司内创业，或者与外部有相关资源的创业者联合创业，对于改善大企业生态和再创业发展有着重要的激活作用。其五，着力吸引和鼓励各类创业者落地安徽创业。引进海外人才、省外高端团队来皖创新创业，鼓励科技人员创业，鼓励大学生创业，鼓励外出人才、外出务工人员返乡创业，营造出“万众创新、大众创业”的创业生态圈，培育产业新增长点，为未来可能上市的企业铺垫良好的基础。

7. 激励中介机构发展，为推动企业上市做好服务

中介机构是企业上市的重要推手，提高中介服务水平有利于营造良好上市环境。具体建议如下。①健全中介服务体系。重视发展法律、会计、投行、券商、评估机构等专业化中介服务机构，发挥各自差异化、特色化服务优势，为企业上市等提供多样化、全方位的中介服务。②搭建中介和企业对接平台。积极举办由省市金融办牵头、中介机构参与的各类对接会、研讨会，搭建双向交流平台。③推进中介服务标准建设。鼓励行业协会制订服务标准，健全行业规范，提升中介机构执业质量与公信力。④完善监管体系。

统筹对中介机构的监管，落实依法全面从严的监管要求，监管实践中持续加强业务监管、更加重视功能监管和行为监管，注重吸收专家和中介机构对政策制定的建议，提升监管的针对性和有效性。⑤发挥自律组织作用。依托上市公司协会，鼓励中介机构参与上市公司治理监督委员会等相关组织，加强上市公司风控和监督管理。

（二）企业层面对策建议

企业是社会主义市场经济主体，企业经营好坏不能仅仅依赖政府政策，关键还是企业自己要不断提升竞争能力，顺应资本市场和产品市场变化趋势，不断加强技术创新、机制创新和商业模式创新，改善经营管理。在技术上寻找核心竞争能力，在管理机制上不断优化以提高管理效率，在商业模式上及时调整以适应市场变化，从而，全面提升企业发展能力。

1. 强化创新动力，全面提升经营业绩

综观安徽省上市公司发展的现状，安徽省上市公司虽然在创新能力提升的道路上取得了一定成绩，但总体上看，安徽省上市公司依靠创新驱动全面提升经营业绩仍然需要进一步加强。为此建议如下：其一，增强创新驱动发展的内在动力，加大对创新的投入力度。企业是创新主体，必须高度重视技术创新，上市公司需要进一步加大研发投入，通过技术研发，提高产品或业务的技术含量，依靠创新提高经营业绩。其二，组建研发组织，强化技术创新队伍。技术创新需要研发团队和研发组织，很多上市公司尚没有自己的研发组织，进而难以集聚研发人才，难以形成可持续的研发能力，因此，必须搭建研发平台，培养研究队伍。其三，围绕企业主营业务，开展可持续的技术研发。企业技术的获取和利用，不是一蹴而就的，需要长期围绕着主营业务的关键技术、核心技术展开可持续的研发，完全依赖于外部购买技术或者单纯的外部合作，很难形成自己的技术研发能力。其四，高度重视产学研结合，注重协同创新和开放式创新。围绕主营业务，建立长期产学研合作关系，打通基础研究、应用基础研究和应用开发研究的产学研合作通道，向具有原创性技术创新迈进。有条件的上市公司要建立开放式技术创新平台

（如科大讯飞的开放平台），吸引领先用户参与企业创新。其五，注重专利申请和保护，重视行业标准制订的主动权。上市公司要注重对知识产权的保护，对于重点产品应当采取基本专利、外围专利、交叉许可专利等全方位的保护；行业优势企业要领头制定行业标准，其他企业要积极参与行业标准制订，通过标准锁定竞争优势。总之，企业要把技术创新作为重中之重的战略加以重视和组织实施。

2. 做强主营业务，大力提高竞争能力

从安徽上市公司现状来看，部分上市公司多主业，或者有的上市公司主业不强，非主业强于主业现象较为严重，经营范围宽泛，跨行业现象较为明显，导致竞争乏力、经营效益低下。因此我们建议。①突出主业，做强主业。针对多业并存的上市公司，要回归主业。紧紧围绕主营业务，制定发展战略，寻求市场突破，加大技术研发力度，改善商业模式，改善经营机制和管理机制，做强主营业务；围绕主营业务，积极探索资本经营与产业经营有效融合途径。企业可通过并购、重组等资本经营手段，整合全省或者行业优势资源，带动全行业优化发展。②淘汰非主营无优势业务，集中资源发展主营业务。对市场前景差、资金占用高的业务，应壮士断臂，果断实施“退出”机制；不少上市公司“多元化、多业化”发展，资金分散，人才分散，资源无法集中，潜藏风险明显，必须整合有限资源，集中发展主营业务，提高规模经济效益和行业竞争能力。③创造条件推进非主营优势业务另行上市发展。上市公司已经有良好的上市经验，对于有优势、有核心能力的非主营业务，可积极创造条件独立上市，融资发展。

3. 增强融资能力，积极推动并购重组

企业融资能力和融资水平反映了地方资本的集聚能力，企业持续融资能力也体现了企业的资本运作能力。为此我们建议：其一，上市公司应多渠道提升直接融资能力。上市公司可以灵活运用公司债、可转债、中期票据等多元化融资工具进行债券融资，扩大直接融资，增强发展后劲。上市公司要充分利用资本市场这一直接融资的重要载体，提升股权融资比重，不断做大做强。上市公司要积极开展债转股，公募私募并行，多渠道进行融资。其二，未上市公司应强化资本市场融资意识，拓宽融资渠道。未上市公司应增强忧患意识，破除小富即安心理，积极利用资本市场，集聚发展新动能，全面加快上市步伐，拓宽企业融资渠道。其三，上市公司应积极推动并购重组，增强再融资能力。上市公司应充分利用并购重组和重大资产重组，优化资源配置，实现业务升级，扩大公司实力。上市公司要选择合理并购策略，提升并购重组完成效率；注重并购后整合问题，提升并购后的经营业绩。建议企业加大境外并购重组工作，拓宽公司海外市场。其四，积极借助中介机构力量，实现上市融资和再融资。企业要与证券公司、会计事务师、律师事务所等中介机构通力合作，未上市公司要积极参与中介机构举办的上市知识培训，邀请中介机构辅导，做足上市前的准备，争取早日上市融资；上市公司要积极与中介机构合作，合理选择再融资时机，大力开展再融资工作。

4. 改善内部管理，提升资产运营效率

上市公司良好的内部管理可以帮助企业提升资产运营效率，加快资产流动和周转速度，从而提高单位资产的获利能力。为此建议如下：其一，加强企业财务管理，提升货币资金使用效率。上市公司要强化企业财务管理，将公司理财做到位，为决策服务。做好财务预算管理，完善资金授权审批制度，增加资金运行实时分析，保障企业资金有效有序流动，提高资金使用效率。其二，建立客户信用管控体系，提高应收账款回收能力。上市公司要强化客户信用评估管理，编制应收账款账龄分析表，降低应收账款信用成本；确立应收账款责任制度，建立合理的奖罚机制，提高相关人员催收账款的积极性；完善应收账款催收制度，建立各部门应收账款催收联动机制，密切关注超期应收账款。其三，完善存货内控制度，优化存货营运能力。库存管理制度决定了库存周转率，上市公司应建立并使用 ERP 系统，完善存货内控制度，加强采购、验收与入库的控制，建立存货业务岗位责任制，确保存货业务不相容岗位相互监督和制约；优化企业存货库存管理，及时处理积压存货，争取做到 JIT（及时化供应），提高现有存货的营运能力。其四，强化固定资产管理，提高资产使用效能。上市公司要准确界定固定资产管理范围，加强固定资产清查盘点，明确资产管理责任；编制固定资产购置预算，从资金方面进行有效控制；完善固定资产审批手续，合理购置固定资产，做好固定资产入账工作，规范固定资产使用，提高资产使用效率。

5. 优化人事机制，稳住队伍吸引人才

上市公司分配制度和薪酬水平是决定其吸引人才、留住人才和激励人才为公司发展的关键制度。制定科学合理的薪酬分配制度和薪酬水平，对于企业的长期发展至关重要。为此建议如下：其一，要遴选和任用优秀的人力资源总监和部门经理。上市公司要高度重视人力资源管理，要重视人力资源总监或经理对整个企业人才队伍建设的重要作用。其二，要建立激励相容的人力资源管理制度。企业的激励制度决定了员工的积极性和创造性，企业人才队伍不稳定，无法吸引人才，工作效率不高，根源在于企业激励制度未形成或者不合理，强化人力资源管理制度建设，核心在于激励制度建设。其三，提高薪酬水平和福利保障水平。薪酬水平是对人才重视程度的体现，也是人才价值的价格信号。无论是对于优质的普通员工，还是对关键岗位的人才吸引，都要通过薪酬水平来体现。低工资无法吸引人才和留住人才；社会福利保障是稳住人才和员工的重要保证。其四，建立职业生涯规划制度和员工成长良性机制。无论是普通员工，还是关键岗位的人才，都需要进步的通道，需要有明确的晋升路线，建立职业生涯规划制度和员工成长机制，对于优化企业文化，引导员工和人才积极向上具有极其重要的意义。其五，切实抵制“关系用人”，做到人才公平竞争。经济落后地区较为普遍的现象是“靠关系用人”，安徽人才环境的“劣币驱逐良币”现象仍然较为严重，这是导致安徽人才“引不进、留不住、用不好”的根本原因。上市公司要真正获得高质量发展，用人的公平公正极其重要。

6. 重视市值运营，体现企业市场价值

有效的市值运营或管理可以帮助企业在资本市场实现价值，呈现企业整体运作水平和经营能力，可以实现公司价值和股东利益的最大化。安徽省上市公司市值管理总体中规中矩，必须进一步加强。因此建议如下：其一，上市公司成立或优化公司证券部。安徽很多上市公司没有建立专门面向证券市场的证券部门，完全依赖董事会秘书做些日常性的工作，这无法做好市值运营或管理；少数上市公司证券部力量尚薄弱，需要进一步优化或强化。其二，高度重视对资本市场态势的把握，适时做好基本的运营管理工作。资本市场的波动是有规律可循的。上市公司要及时分析各种市场环境变化和政府政策的调整，把握资本市场态势，做好本企业的资本市场运营工作。其三，要处理好市值运营与企业经营的关系。市值是企业内在价值的资本市场反映，企业内在价值是市值的根本价值所在。通过提升企业的内在价值，保障企业资本市场价值。既不能为了市值提升恶意炒作，也不能埋头经营，不顾市值运营管理。其四，强化投资者关系管理，重视投资者利益保障。通过建立长效互动机制，减少信息不对称，减少市场对公司的估值偏差，从而有助于投资者对公司发展战略和团队经营的理解、支持和认同，提高对公司的认可度。企业除了提升自身的盈利能力、抗风险能力，做大做强，同时也要做好市值运营，确保市场能及时准确地反映公司的市值和发展情况，很好体现公司市场价值。

7. 提高社会贡献，勇于社会责任担当

企业的社会贡献水平和社会责任履行程度与企业的外在形象密切相关，而企业的外在形象直接影响着投资者的信心及投资决策。良好的外在形象是企业进一步发展的重要保障。为此建议如下：其一，强化社会责任意识。上市公司要进行全员社会责任意识培训，提高员工特别是高管的社会责任意识。其二，设立社会贡献与责任委员会。监督企业对利益相关者、社会、资源利用、环境保护等方面的非商业贡献，承担起相应的责任。其三，加强信息披露。上市公司要主动积极发布独立的社会责任报告，披露每股社会贡献值等重要指标，强化环境、资源相关信息披露，接受公众的监督。其四，制订社会贡献和社会责任发展战略。上市公司要编制“社会贡献和社会责任战略规划”，从环境保护、能源节约、职工培训等方面分别进行系统规划并着实组织实施。其四，上市公司积极通过“SA8000”认证。到目前为止，安徽通过“SA8000”认证的企业不多，上市公司要从严要求自己，主动按照“SA8000”的标准，加强自身建设，力争率先通过“SA8000”认证，在全省起到先锋模范带头作用。

8. 强化带动作用，发挥区域龙头效应

上市公司不仅要做好自己的发展，而且要在区域和行业内发挥示范作用，带动整个区域和行业的发展。其一，在企业经营管理上要率先垂范。上市公司有资金、有人才，有法人治理体系，更应该在经营管理上有良好的机制，有能力在经营管理上率先实现现代企业经营管理，率先实现管理信息化，引领该区域和行业实现管理现代化。其二，在产业发展上要起到龙头带动作用。既要在同行业中引领发展方向，带领行业经济发展，又要在产业链上，规范经营，树立榜样，带领上下游企业发展，还要借助资本手段，整合行业内资源获得扩张发展。其三，在区域发展上要引导中小企业发展。区域经济发展需要龙头企业带动，上市公司作为区域经济优秀成分，要在经营管理、技术创新、资产经营、项目投资、市场营销、人力资源等方面做出表率，激发和引领区域内中小企业发展。其四，在社会贡献上要多出成绩。上市公司要努力提高为社会创造的价值总额，增强运用全部资产为社会创造价值的能力，为区域经济发展做出更多贡献。其五，在社会责任上要模范带动。上市公司要在社会、环境、安全生产、员工福利、客户满意等要素方面，敢于担当，为行业和区域内其他企业起到模范作用，不仅要对股东和员工法律责任，还要承担起对消费者、社区和环境承担相应责任。

（三）投资者层面的对策建议

上市公司的直接利益相关者就是股东，就是投资者。对投资者负责，让投资者受益，吸引投资者投资，保障投资者获得满意回报，是上市企业应尽的基本义务和责任。为了更好地投资安徽企业，让投资者能够正确认识安徽及安徽企业，我们对投资者给出以下相关建议，以作参考。

1. 熟悉安徽上市政策，积极投资安徽企业

随着“三重一创”、制造强省、创新驱动等战略深入实施，安徽经济发展动能加速转换，产业升级步伐加快，投资机会加快涌现。首先，紧跟产业政策导向。立足产业发展规律和安徽产业发展导向，加强重点产业、潜力产业分析研究，围绕产业链的建链、强链、补链等关键领域精准投资。围绕符

合产业政策导向的先进制造业和生产性服务业，开展投资。选择战略性新兴产业优质初创企业，从产业孵化期积极介入，辅助其嫁接资源，整合业务，开展全产业链投资。选择汽车、钢铁、化工等传统优势行业，开展纵横向、跨行业、跨区域的资源整合投资。其次，抢抓国资国企改革机遇。挖掘安徽国有企业整体上市、并购重组、混合所有制改革、债转股、事业单位改制等各类机会，寻找合适时机积极介入。再次，用好优质项目推介平台。主动参与政府、中介机构举办的产业政策论坛等各类投资者与企业对接会，积极关注“创响中国”安徽省创新创业大赛等各类优质项目推介活动，提高投资者发掘创新企业、识别企业发展潜力机会的能力。

2. 识别企业发展潜力，增强投资皖企信心

优质上市公司业绩增长稳定，发展潜力巨大，是资本市场的基础。持续关注优质上市公司，积极参与公司融资，有利于投资者把握市场动向，共享发展成果。提出以下三点建议：第一，识别优质企业发展潜力。坚持价值投资、成长投资理念，发现企业价值创造能力和综合发展能力，围绕业绩发展、创新能力、营运能力、社会责任等要素，整体考察上市公司发展水平，深度挖掘高成长性企业。第二，主动参与资本对接。准确把握产业政策和各级市场上市制度，关注现有优势上市资源和潜在上市资源，主动参与产业资本对接，根据自身条件参与企业天使轮、IPO、定增、发债等多层次融资。第三，积极参与企业再融资。与上市公司保持良好信息沟通，利用自身信息、资金、人才优势参与定增，综合考虑限售期、折价率、大股东认购额等因素，选择合适的定增项目。适当配置可转债，根据转股价格、市场前景、公司增长潜力构建债、股组合，发挥可转债兼具债、股特征的优势，分散投资风险，提高整体收益。

3. 关注皖企营运能力，推进企业经营改善

提高企业营运能力有利于改善企业经营状况和经营效益，是投资者分享企业增值收益的重要条件。一是加强政策跟踪研究。投资者宜注重上市公司治理相关法律法规、政策动态的研究，加深对公司治理规则的认知和理解，提高识别和改善企业治理的能力。二是着重考察企业治理状况。投资者选择

投资标的时，宜高度关注公司治理情况，关注上市公司信息披露，考察公司治理指标。三是注重持股行权。投资者通过行使股东权利，参与上市公司的治理改善和重大决策，促进企业完善治理结构，提升经营管理水平。四是积极嫁接增值服务。投资者可利用自身的资源优势，为已投企业嫁接优质资金、技术、管理经验，提供拓展市场渠道、优化业务流程、引入专业合作伙伴等各类增值服务，优化企业治理模式，提升公司的核心竞争力。

4. 了解资产配置方向，有效控制投资风险

资产配置是长期投资成功的关键性因素，优化资产配置有利于降低投资风险、提升投资业绩。第一，降低系统性风险。深入研究市场可配置资产的特征和风险，结合自身资金属性和风险偏好，做好资产配置。密切关注宏观政策、经济周期性波动、利率变化，有效降低系统性风险。第二，规避非系统性风险。坚持“底线思维”“稳中求进”，根据市场行情增加行业龙头、资源稀缺、蓝筹等抗跌性资产的比重，重点关注科技创新、消费升级、能源环保和先进制造等板块，优先选择创新型、成长性较高的新兴产业公司，优化资产配置，合理分配股票、债券、基金等各项资产的比例，规避非系统性风险。建立风险处理机制，加强法律培训、制度培训、风险揭示等相关风险管理培训，树立危机意识，防范管理风险。

5. 研究政策法规环境，增强合法合规投资意识

强监管、防风险是金融政策的主基调，投资者宜坚持合规经营，维护资本市场秩序。第一，加强合规培训和学习。积极参与监管部门、行业协会、中介机构等组织的投资者教育培训活动，提高对上市公司合规风险识别能力。第二，建立完善的合规风控体系。及时跟踪最新监管动态，并将其落实到内部控制和管理流程中。第三，坚守合规经营底线。杜绝内幕交易、利益输送、操纵市场等各类扰乱市场秩序行为，督促从业人员遵守法律法规和职业操守。第四，警惕投资标的合规风险。投资时密切关注警示处罚信息和公司信息披露，深入挖掘投资标的风险隐患。发现违法违规事实时，及时向监管部门反馈。第五，督促已投企业合规经营。协同企业加强合规管理，帮助企业提高信息披露质量，协助监管部门控制合规风险。

总之，我们在较为系统全面地研究了安徽省境内上市公司的基础上，全面总结阐述了安徽上市公司发展的总体情况，以资政府领导、上市企业和投资者从总体上认识、了解和把握安徽上市公司发展的概况。关于上市公司具体的某一项指标情况，或者具体的某一侧面的表现情况，或者大家较为关注的某些热点问题，敬请阅看各分报告和专题报告。

当前经济形势变化很大，国内经济运行稳中有变，既受到国内发展面临诸多矛盾相互交织的不利影响，更有外部环境出现明显变化的严重干扰。各家上市公司既要高度关注经济形势变化，也要突出抓好一个“稳”字，要确保上市公司稳定发展，确保安徽区域经济稳定发展，以保证完成国家经济稳定的任务得到落实。当然，对于上市公司来说，“稳”绝不是被动求稳，不能因外部环境变化困住上市公司发展进取的“手脚”，而是要把“稳”和“进”辩证统一起来，在形势变化中积极探寻商机，特别是一些涉及外贸的上市公司，更要寻求外贸新路径，极力避免美国发起的“贸易战”所造成的不利影响。从长远来看，上市公司特别是制造业企业要加快技术创新步伐，加快发展动能转换，持续提高企业的技术能力，强化核心竞争力，以获得可持续发展。这不仅是上市公司发展的需要，更是安徽经济发展的需要，也是国民经济发展的要求。

分　报　告

Sub-reports

B.2
安徽省上市公司业绩发展报告

公司是人类迄今为止最为广泛的经济组织形式，股份有限公司是全球一致认可的最为先进的企业组织模式。公司运行好坏，关键看业绩。上市公司是公众性企业，其业绩表现不仅表明该企业的经营业绩水平，还体现着一个行业或区域的经营业绩水平。研究上市公司首先要研究其业绩水平，安徽省上市公司数量100余家，分布在不同的行业和城市，企业主体性质也有差异，业绩表现究竟如何，需要详细分析，才能够准确把握各自的发展状况和业绩水平，才能够更加清晰地认识安徽省上市公司整体状况和各区域、行业及不同企业性质上市公司经营业绩状况，进而政府才能有针对性地引导或激励上市公司发展，各上市公司才能够清楚地认识自身业绩的不足，投资者才能够有选择地投资。

一　安徽省上市公司经营业绩评价概述

为了解安徽省上市公司业绩发展状况，本部分对经营业绩的概念内涵进行界定，指出研究上市公司业绩发展评价的意义，并对具体测量指标和相关计算方法进行说明。

（一）上市公司经营业绩基本内涵

业绩是指上市公司在一定经营期的经营效益。通常所说的业绩包括经营业绩和管理业绩。经营业绩反映由企业经营活动带来的整体财务状况与经营结果，它以真实公允的会计报表作为主要依据，是对公司状况的静态评价；管理业绩是由高级管理层的努力带来的结果与状况，是对管理者主观能动性的评价。

上市公司业绩多指上市公司经营管理中的经营业绩，主要包括经营效率（即投入和产出间的比例关系）和效果（上市公司目标达成程度）。上市公司经营业绩有狭义和广义之分：狭义的经营业绩指在一定时期内，上市公司利用自身有限的资源，从事相关的经营活动而最终取得的经济成果，一般通过经济增加值、销售收入、营业利润等形式呈现；广义的经营业绩除了包括在一定经营期间内取得的经济利润，还包括公司在经营期间所表现的经营效益水平，通过企业的偿债能力、获利能力、资产运营能力等形式呈现。在对安徽省上市公司业绩进行评价时，本报告主要采用狭义的经营业绩概念，分析上市公司的业绩水平。

根据财政部评价司的阐述，企业的经营业绩评价，是指综合运用各种数理统计和运筹学原理、特定指标体系，对照统一的标准，按照一定的程序，通过定量定性对比分析，对企业在一定经营期间的经营效益做出客观、公正和准确的综合评判。与一般公司比较，上市公司的经营业绩评价体系内容更加复杂，上市公司业绩评价体系应遵循科学性、重要性、可行性等评价原则。

（二）安徽省上市公司经营业绩研究意义

上市公司是优质企业的代表，其特点是规模大、盈利能力强，上市公司的业绩水平基本能够反映一个行业、区域企业的业绩水平。目前，对上市公司业绩评价的研究较多，但鲜有文献深入研究安徽省上市公司的业绩水平。构建有效的评价体系，合理评价安徽省上市公司的业绩水平，对安徽省内不同社会主体都有着深刻的意义。

从政府角度看，对安徽省上市公司进行业绩状况分析和评价，有助于相关单位把握安徽省上市公司的总体业绩水平，了解安徽省上市公司的总体质量；有助于把握安徽省各行业、各区域上市公司整体业绩水平，了解各行业、各区域上市公司水平的差异。还有助于了解各上市公司业绩水平的差异，甄别出业绩较好和不足的企业；从而可以更加有针对性地制定面向行业、区域及企业的政策，优化区域经济结构，引导上市公司带动各行业、各区域企业发展，激励上市公司整体业绩水平的提升，更有效促进经济发展和市场资源配置。

从上市公司角度看，对安徽省上市公司进行业绩状况分析与评价，可以发现不同上市公司业绩水平的差异，有助于引导上市公司的经营行为，促进上市公司全面提高经营管理水平。对于业绩水平较差的企业，该评价可以帮助其了解在同行业、同区域上市公司业绩水平上所处的位置，从而激励公司管理当局提高经营管理水平，提高企业绩效。

从投资者角度看，对安徽省上市公司业绩状况分析与评价，有助于投资者从总体层面了解安徽省上市公司业绩水平，并结合其他市场信息，做出理性的投资决策。

（三）经营业绩指标选择及测算方法

1. 指标选择

指标选择是指标体系的核心。20 世纪初，亚历山大·沃尔在《信用晴雨表研究》和《财务报表比率分析》中提出了信用能力指数的概念，他选择了 7 个财务比率即流动比率、产权比率、固定资产比率、存货周转率、应收账款周转率、固定资产周转率和自有资金周转率，分别给定各指标的比重，然后确定标准比率（以行业平均数为基础），将实际比率与标准比率相比，得出相对比率，将此相对比率与各指标比重相乘，得出总评分。提出了综合比率评价体系，把若干个财务比率用线性关系结合起来，以此来评价企业的财务状况。

1903 年，唐纳德森·布朗（Donaldson Brown）提出杜邦财务分析体系（The Du Pont System），该体系认为权益报酬率是所有比率中综合性最强、最有代表性的一个指标，其发明的“杜邦分析图”在规划和协调企业经营活动过程中发挥了重要作用，成为对企业财务经营业绩进行分析的重要依据。《财富》杂志从 1955 年开始，按年销售总额（Sales）大小对全美上市公司进行排名，排出全美年销售总额最大的 500 家上市公司。20 世纪 70 年代，麦尔尼斯（Melnnes）在业绩评价指标方面做出了重要贡献，他对 30 家美国跨国上市公司 1971 年的业绩进行评价分析后，发表了《跨国公司财务控制系统——实证调查》一文，强调最常用的业绩评价指标为投资报酬率[包括净资产回报率（RONA）]，评价标准主要是预算和历史比较。除了投资报酬率以外，很多学者还使用了销售利润率、每股收益（EPS）、现金流量和内部报酬率（IRR）等评价上市公司的业绩。近年来很多学者也倾向于使用经营收益率（Operating Profits）和经济增加值对上市公司业绩进行分析。

广义的经营业绩主要通过偿债能力、营运能力、增长能力等方面体现上市公司业绩水平；狭义的经营业绩主要通过企业盈利状况体现上市公司业绩水平。本部分主要采用狭义的经营业绩概念评价安徽省上市公司业绩水平。实务中，学者们也普遍使用财务计量评价企业业绩水平。企业业绩的财务计量指标一般有四种计量方法，分别是：①以盈利为基础的业绩计量；②以剩余收益为基础的业绩计量；③以经济增加值为基础的业绩计量；④以市场增加值为基础的业绩计量。鉴于客观性需要，我们选择使用以盈利为基础的业绩计量方法分析安徽省各上市公司业绩水平。我们选择的指标分别是：权益净利率（ROE）、资产收益率（ROA）、营业收入净利率和每股收益（EPS）。

（1）权益净利率（ROE）=（净利润÷所有者权益）×100%

权益净利率是企业净利润与所有者权益的比率，反映所有者权益所获报酬的水平。杜邦财务分析体系认为权益净利率是所有比率中综合性最强、最有代表性的一个指标，其发明的“杜邦分析图”在规划和协调企业经营活动过程中发挥了重要作用，成为对企业财务经营业绩进行分析的重要依据。

（2）资产收益率（ROA）＝（净利润÷资产）×100%

资产收益率是用于反映企业资产与利润之间的关系。资产收益率越高，说明企业利用全部资产的获利能力越强；资产收益率越低，说明企业利用全部资产的获利能力越弱。

（3）营业收入净利率＝（净利润÷营业收入）×100%

营业收入净利率用以反映企业营业收入与利润之间的关系，反映企业获利能力的重要指标，这项指标越高，说明企业营业收入获取利润的能力越强。

（4）每股盈利（EPS）＝净利润÷股本

在评价上市公司业绩绩效时，单一指标对不同行业上市公司评价的有效性不同。如营业收入净利率，金融行业等服务业上市公司的营业收入净利率往往较高，而重机械行业营业收入净利率往往较低，这并不能准确评价不同上市公司的盈利能力。

为准确评价不同行业上市公司的业绩水平，报告选取了以上几个指标综合评价上市公司业绩水平。通过不同指标的相互作用抵消不同指标在评价不同行业上市公司业绩上的偏差，本报告选取熵值赋权法计算各个指标的权重。

2. 熵值赋权法

目前评估指标权重的确定方法主要有两种：主观赋权法和客观赋权法。主观赋权法是借助专家经验确定指标权重系数，从而实现定性到定量的转化，常用的方法主要包括专家打分法、Delphi 法和 AHP 法等，但这些方法主要受主观因素的约束。客观赋权法是通过提取分析指标本身的客观信息或历史实际数据，进而确定权重系数的大小，常用的方法主要是熵值赋权法。

熵值赋权法基于“差异驱动”原理，突出局部差异，由各个样本的实际数据求得最优权重，反映了指标信息熵值的效用价值，避免了人为因素的影响，因而给出的指标权重更具有客观性，从而具有较高的再现性和可信度。信息熵是信息无序度的度量，信息熵越大，信息的无序度越高，其信息的效用值越小，权重越小；反之，信息熵越小，信息的无序度越小，信息的效用值越大，权重越大。

3. 综合指标的计算

步骤一：对分项指标进行去量纲处理，将所有指标缩放到 0 和 1 之间；

a. 对于正向评价指标，处理公式为：

$$X_{ij} = \frac{y_{ij} - y_j^{\min}}{y_j^{\max} - y_j^{\min}}$$

b. 对于反向评价指标，处理公式为：

$$X_{ij} = \frac{y_j^{\max} - y_{ij}}{y_j^{\max} - y_j^{\min}}$$

式中，$y_j^{\max} = Max\ y_{ij}$；$y_j^{\min} = Min\ y_{ij}$.

y_{ij}表示第 i 个上市第 j 个评价指标的原始数据；

X_{ij}表示第 i 个上市第 j 个评价指标的标准化数据。

步骤二：计算每个样本指标的贡献度；

$$P_{ij} = \frac{X_{ij}}{\sum_{i=1}^{n} X_{ij}}$$

式中，P_{ij}表示第 i 个上市对第 j 个评价指标的贡献度。

步骤三：计算每个指标的信息熵；

$$E_j = -K \sum_{i=1}^{n} P_{ij} \mathrm{Ln} P_{ij}$$

式中，$K = 1/\mathrm{Lnn}$。

步骤四：计算每个指标的权重；

$$w_j = \frac{1 - E_j}{\sum_{j=1}^{m} (1 - E_j)}$$

式中，m 表示指标个数。

步骤五：计算每个上市公司的得分（$score_i$）。

$$score_i = \sum_{j=1}^{m} X_{ij} w_j$$

二　安徽省上市公司经营业绩分析

为了综合评价安徽省上市公司业绩水平，本报告主要选取权益净利率（ROE）、资产收益率（ROA）、营业收入净利率和每股收益四个指标评价上市公司业绩水平。本部分先分析各指标反映的安徽省总体业绩水平及各主要行业、主要城市上市公司业绩水平，然后分析安徽省上市公司分指标排名。

本报告数据来源于万得数据库（Wind）。截至目前，安徽省共有 A 股上市公司 103 家。因指标适用性问题以及企业经营问题，本报告将剔除三家金融业（新力金融、华安证券、国元证券）企业以及 *ST 华信、中弘股份。

（一）上市公司权益净利率

1. 安徽省上市公司权益净利率总体状况

图 1 展示了 2013～2017 年安徽省上市公司权益净利率的整体变动情况。数据显示，安徽省上市公司整体权益净利率呈现先下降后上升的趋势。2015 年，安徽省上市公司平均权益净利率降到 3.73% 的最低水平；2015 年至今，安徽省上市公司权益净利率一直处于快速上升的状态。2017 年，安徽省上市公司平均权益净利率达到 9.89%，远远高于安徽省全年 GDP 增长率，也远高于全国 GDP 增长水平。安徽省上市公司整体业绩水平表现良好。

2. 安徽省上市公司权益净利率分行业分析

数据显示，安徽省 103 家 A 股上市公司共涉及 12 个行业（证监会 2016 行业分类标准，下同）。其中包括 69 家制造业公司，5 家信息技术业公司，4 家水利、环境和公共设施管理业公司，4 家批发与零售贸易业以及其他行业公司共 16 家。

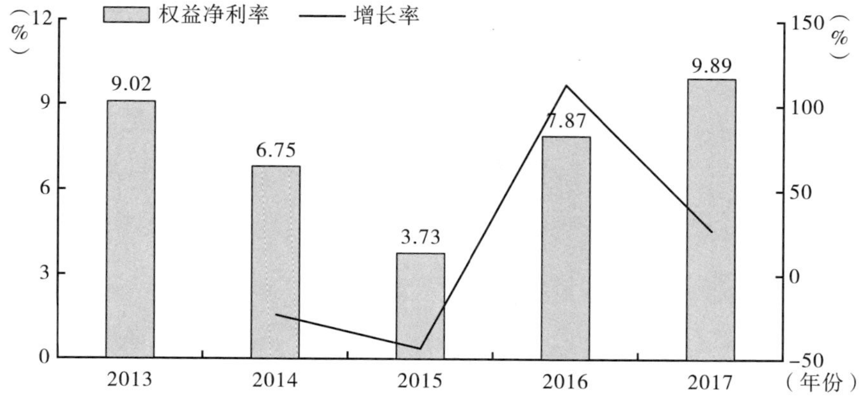

图1　安徽省上市公司权益净利率状况

图2展示了2013～2017年上述行业以及总体的权益净利率波动情况。2013～2015年，安徽省上市公司总体权益净利率显著下降，2013年权益净利率为9.02%，2015年下降至最低点（3.73%）。2015～2017年，权益净利率快速上升，2016年增幅较大为110.99%；2017年保持增长，并于2017年权益净利率达五年内最高值（9.89%）。由图2可以看出，制造业上市公司的权益净利率发展水平和发展趋势和安徽省整体情况相近；水利、环境和公共设施管理业上市公司整体业绩波动较小；受电商企业冲击，批发与零售贸易业上市公司整体权益净利率一直处于下降趋势。

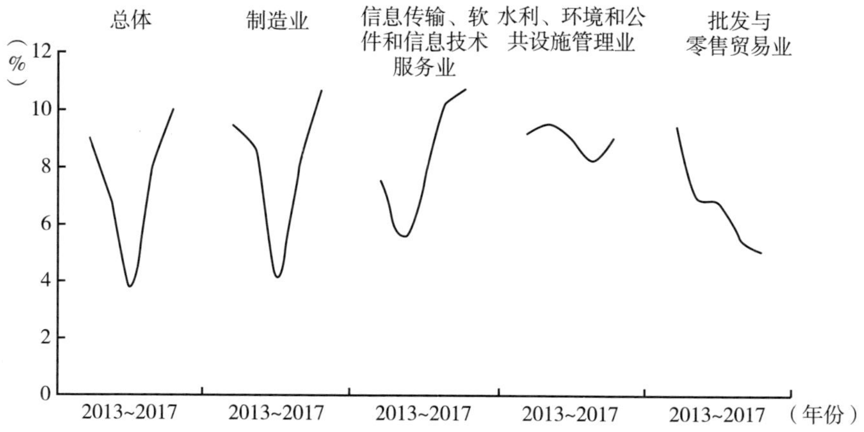

图2　安徽省部分行业上市公司权益净利率情况

（1）制造业

参与分析的安徽省 98 家上市公司中，制造业有 69 家，占比 70.41%。制造业上市公司权益净利率变动趋势与全省总体变动趋势几近相同。2017 年制造业上市公司权益净利率最高达 9.89%，是 2015 年最低值（3.73%）的两倍多，说明安徽省制造业上市公司发展态势良好。

图 3　安徽省制造业二级行业上市公司权益净利率情况

图 3 展示了安徽省制造业下各主要二级行业上市公司权益净利率各年度变动。69 家制造业上市公司中，化学原料及化学制品制造业有 10 家，通用设备制造业 6 家，汽车制造业 6 家，医疗制造业 4 家，专用设备制造业 5 家，计算机、通信和其他电子设备制造业 4 家，酒、饮料行业 4 家。酒、饮料行业盈利能力最强，权益净利率较为稳定，且远高于制造业其他二级行业。安徽省作为白酒生产大省，也是白酒消费大省，在全国白酒市场占据着重要的位置。酒、饮料行业上市公司有：口子窖、古井贡酒、迎驾贡酒和金种子酒，除金种子以外，其他几家企业业绩较好；专用设备制造业以及医疗制造业权益净利率较高，盈利能力较强。值得注意的是，专用设备制造业和计算机、通信和其他电子设备制造业等代表高端制造业的上市公司业绩处于下降趋势。

（2）信息传输、软件和信息技术服务业

安徽省共有5家信息传输、软件和信息技术服务业上市公司，分别为四创电子、科大国创、科大讯飞、皖通科技以及中电鑫龙。如图2所示，信息技术业2014年权益净利率开始反弹，2014～2016年增幅高达84.75%，信息技术行业上市公司盈利能力不断增强。

（3）水利、环境和公共设施管理业

安徽省水利、环境和公共设施管理业共有4家上市公司，分别为九华旅游、中环环保、国祯环保以及黄山旅游。与其他行业相比，该行业权益净利率波动较小，维持在9%左右，整体盈利能力较强。

（4）批发与零售贸易业

安徽省有4家批发与零售贸易业上市公司，分别是辉隆股份、合肥百货、安德利和亚夏汽车。与其他行业不同，批发与零售贸易业上市公司权益净利率2013～2017逐年下降，2013年权益净利率（9.40%）最终降至2017年（4.96%）的近乎一半。这表明当前批发与零售贸易业正面临着严峻的形势，随着消费升级换代，竞争加剧，行业平均利润下降。

安徽省制造业上市公司盈利能力较强，全省总体趋势与制造业趋势保持一致（略高于总体水平）。水利、环境与公共设施管理业权益净利率较为稳定，其他行业上市公司呈现不同幅度的波动，批发与零售贸易行业上市公司业绩水平值得注意。制造业中，酒、饮料行业、专用设备制造业、医疗制造业上市公司业绩水平较高，通用设备制造业业绩下滑严重。

3. 安徽省上市公司权益净利率分城市分析

统计数据表明，安徽省103家（98家参与分析）上市公司主要集中在合肥市，共有41家，占比41.83%；其次为芜湖，共有13家，占比为13.27%；宣城有8家，占比不足10%；而马鞍山和铜陵分别有6家上市公司。本报告即选择上述城市进行安徽省上市公司权益净利率区域分析。图4展示了2013～2017年各主要城市权益净利率波动趋势。

（1）合肥市

合肥市上市公司共有41家，其中制造业有23家，占比56.10%。信息技术业三家，占比7.31%。合肥上市公司权益净利率总体呈现下降趋势，2013～2015年合肥市权益净利率基本稳定在9%，高于全省的平均水平；由于安徽省上市公司较多、质量良莠不齐，2016年后，权益净利率开始下降，具体数值出现低于全省的平均值，说明近两年来，合肥市部分上市公司经营出现问题，盈利能力不足，值得引起重视。

（2）芜湖市

芜湖市上市公司共有13家，分别是伯特利、三七互娱、众源新材、海螺水泥、长信科技、神剑股份、楚江新材、皖江物流、丰原药业、梦舟股份、中电鑫龙、亚夏汽车以及海螺型材。芜湖市权益净利率的波动趋势先下降后上升，总体权益净利率水平大幅度高于全省同期水平，芜湖市上市公司获利能力较强。

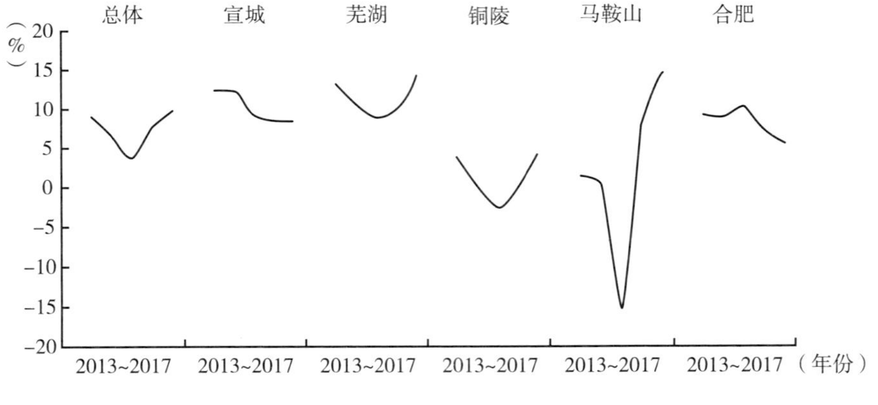

图4　安徽省部分城市上市公司权益净利率情况

（3）宣城市

宣城市上市公司共有8家，分别是华菱精工、中鼎股份、黄山胶囊、聚隆科技、司尔特、广信股份、江南化工以及凤形股份。由图4可见，宣城市2013～2014年，权益净利率基本维持稳定在（12.4%）。2014年开始，宣城上市公司权益净利率呈下降趋势，除2017年外，宣城市各年权益净利率数值均高于全省平均，宣城市上市公司盈利能力较强。这主要得益于华菱精工、中鼎股份以及黄山胶囊经营状况良好。

（4）铜陵市

铜陵市上市公司共有6家，分别是精达股份、六国化工、安纳达、铜陵有色、文一科技以及铜峰电子。铜陵市上市公司权益净利率波动趋势与全省相同，但各年数值均低于全省相应指标，铜陵市上市公司的盈利水平存在较大问题，其中铜陵有色、文一科技以及铜峰电子三家公司问题较为突出。

（5）马鞍山市

马鞍山上市公司共有6家，分别是新光圆成、山鹰纸业、中钢天源、马钢股份、泰尔股份以及华菱星马。2014～2015年，马鞍山上市公司权益净利率急剧下降，由2014年（0.22%）下降至2015年（－15.16%），远低于全省的平均水平。2015后，马鞍山上市公司权益净利率开始回升，2016年增至7.86%，与当年全省平均水平（7.87%）持平；2017年又增至14.69%，高于当年全省的平均水平（9.89%）。

通过分析上述城市上市公司权益净利率趋势情况，可以发现，合肥、宣城以及芜湖权益净利率的变动幅度较小，而铜陵和马鞍山上市公司权益净利率的波动幅度较大，易受环境政策影响。从权益净利率数值上看，宣城和芜湖权益净利率水平高于全省平均水平，发展处于全省领先地位；合肥市基本与全省平均水平持平；铜陵暂时落后，权益净利率普遍低于全省平均水平；马鞍山在近两年内发展迅速，盈利能力不断增强，2016年开始超越全省平均水平。

4. 安徽省上市公司2017年权益净利率排名

附件1为安徽省98家参与分析的上市公司2017年权益净利率排名以及行业、区域分布情况，权益净利率排名前十的上市公司分别为：国机通用、金禾实业、伯特利、三七互娱、安纳达、欧普康视、集友股份、开润股份、口子窖、设计总院。而这十家公司中，信息传输、软件和信息技术服务业1家（三七互娱）；科学代表科学研究和技术服务业1家（设计总院）；其余8家均为制造业上市公司。排名前十的上市企业中，合肥市3家；芜湖市2家；滁州市2家。国机通用和金禾实业权益净利率超过30%，业绩水平较高。

排名后十位的有新集能源、海螺型材、金种子酒、安利股份、惠而浦、东华科技、泰尔股份、凤形股份、安凯客车、盛运环保。采矿行业1家（新集能源）；建筑业1家（东华科技）；其余8家都是制造业上市公司。十家上市公司中，合肥市4家，其中安庆市的盛运环保排名倒数第一。合肥市的四家上市公司分别为安利股份、惠而浦、东华科技以及安凯客车。这四家企业盈利能力较弱严重影响了合肥市权益净利率的整体水平。

参与排名的安徽省98家上市公司的平均权益净利率为9.89%，中位数为7.90%。43家上市公司的权益净利率超过9.89%，权益净利率的平均水平远远高于中位数水平，这说明多数上市公司业绩处于较高水平，但整体业绩水平差异较大，多数上市公司业绩低于全省平均水平。

（二）上市公司营业收入净利率

1. 安徽省上市公司营业收入净利率总体状况

如图5所示，2013~2015年，安徽省上市公司营业收入净利率呈现下降趋势，2013年营业收入净利率为4.80%，2015年下降至最低点（2.53%）。2015~2017年，营业收入净利率呈现上升趋势，2016年增幅较大为128.85%；2017年保持增长趋势，但增幅减小至15.03%，并于2017年实现营业收入净利率最大值6.66%。

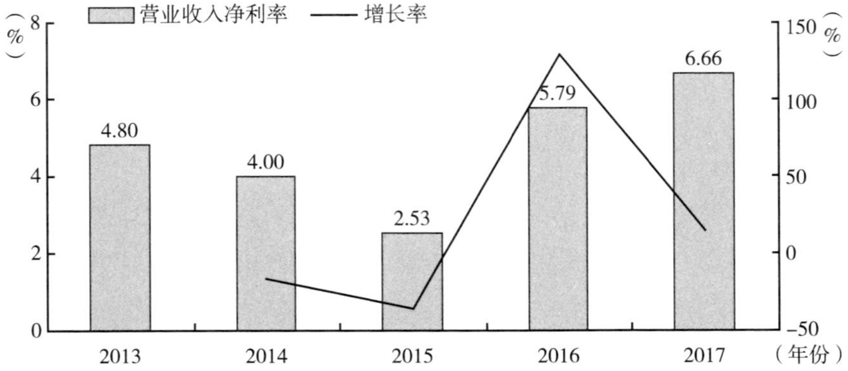

图5 安徽省上市公司营业收入净利率变动情况

2. 安徽省上市公司营业收入净利率分行业分析

图 6 展示了安徽省各行业上市公司营业收入净利率的变动情况。制造业营业收入净利率水平及趋势与安徽省整体相似；信息传输、软件和信息技术服务业和水利、环境和公共设施管理业上市公司业绩水平较高，维持在15%左右。此外，安徽省批发与零售贸易行业上市公司整体营业收入净利率水平整体较低，这由行业特征导致，但营业收入净利率呈下降趋势，值得引起注意。

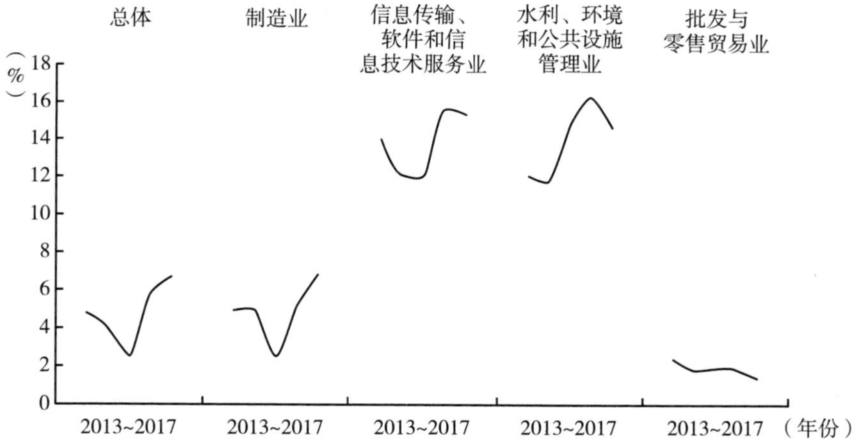

图 6　安徽省部分行业上市公司营业收入净利率情况

（1）制造业

安徽省制造业上市公司营业收入净利率变动趋势与全省总体变动趋势相同，且数值也基本一致。2017 年制造业上市公司营业收入净利率最高达6.75%，是 2015 年最低值（2.54%）的两倍多。

图 7 展示了制造业下各二级行业上市公司营业收入净利率波动情况。酒、饮料行业盈利能力最强，营业收入净利率稳步增长，且远高于制造业其他二级行业上市公司水平；通用设备制造业 2015 年后营业收入净利率出现大幅度下降；其他行业波动都较为稳定。

（2）信息传输、软件和信息技术服务业

如图 6 可知，安徽省信息传输、软件和信息技术服务业上市公司营业收

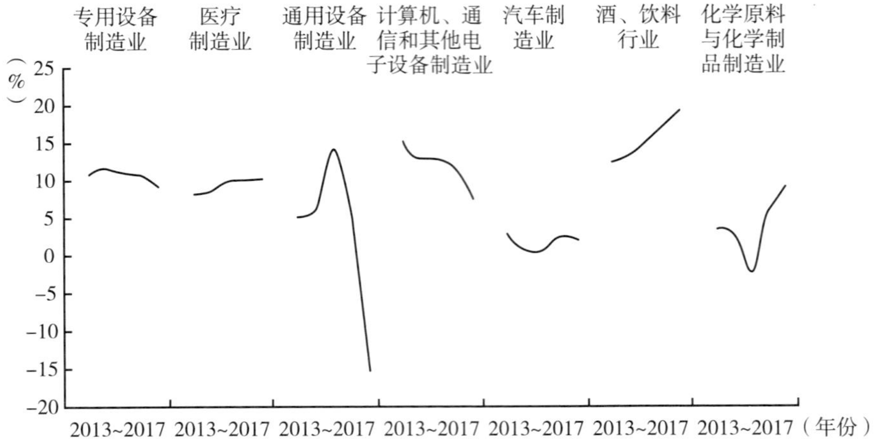

图 7　安徽省制造业二级行业上市公司营业收入净利率情况

入净利率呈现先下降后上升的趋势。其整体水平远远高于全省上市公司总体平均水平。

（3）水利、环境和公共设施管理业

与其他行业相比，该行业营业收入净利率波动呈先上升后下降现象，营业收入净利率水平也远远高于全省上市公司总体平均水平，有着较强的发展势能，这与安徽省不断完善、发展基础设施建设密切相关。

（4）批发与零售贸易业

批发与零售贸易业上市公司营业收入净利率持续下降，且远低于行业整体水平。这说明该行业发展疲软，盈利能力较弱。

比较分析安徽省各行业上市公司营业收入净利率的变动趋势，可以发现，制造业上市公司的波动趋势与安徽省整体波动近乎一致。此外，安徽省信息传输、软件和信息技术服务业以及水利、环境和公共设施管理业都有着较高的盈利能力，营业收入净利率维持在较高水平。值得注意的是，批发与零售行业营业收入净利率持续下降，且盈利能力远不如其他行业。

3. 安徽省上市公司营业收入净利率分城市分析

图 8 展示了安徽省部分城市上市公司营业收入净利率的情况，下文分城市具体分析安徽省营业收入净利率情况。

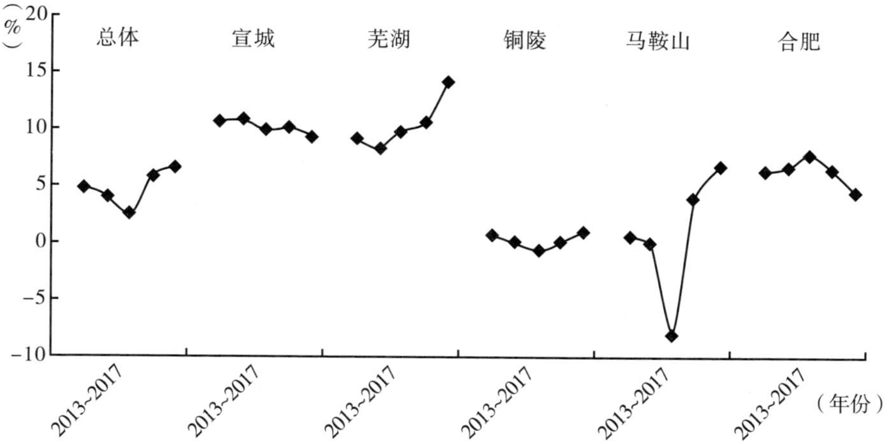

图8　安徽省各城市上市公司营业收入净利率

（1）合肥市

合肥上市公司营业收入净利率总体呈现先上升后下降，2013～2015年合肥市营业收入净利率基本稳定在6.6%，高于全省的平均水平；2016年后，营业收入净利率开始下降，2017年数值已经低于全省的平均值，近两年来，合肥市上市公司盈利能力开始下降。

（2）芜湖市

芜湖市收入净利率呈现上升趋势，发展势头足。总体收入净利率水平均以较大幅度高于全省相应指标。这体现了芜湖市上市公司较高的利润获取能力。其中典型代表为三七互娱，主要原因是其以“传承中华文化精髓”为理念，不断创新推动国产游戏全面化发展，能够适应当下消费者的需求。

（3）宣城市

由图8可知，宣城市2013～2017年，营业收入净利率基本维持在10%。各年营业收入净利率数值均明显高于全省的相应指标。受聚隆科技以及黄山胶囊较好的经营状况影响，宣城市上市公司的基本盈利能力较好。

（4）铜陵市

2013～2017年，铜陵市上市公司营业收入净利率稳定在1%，波动幅度很小。但其各年整体水平普遍低于全省总体相应指标。这表示铜陵上市公司盈利水平存在较大问题，其中铜峰电子问题较为突出，营业收入净利率极低，主要是因为该行业受国内外经济持续下行的影响，受到了冲击，市场竞争加剧导致。

（5）马鞍山市

2014～2015 年，马鞍山上市公司营业收入净利率急剧下降，由 2014 年的 0.11% 下降至 2015 年的 -7.94%，远低于全省的平均水平。2015 后，马鞍山上市公司营业收入净利率开始回升，2016 年增至 4.09%；2017 年又增至 6.89%，略高于当年全省的平均水平（6.66%）。波动趋势也反映了马鞍山上市公司盈利能力的增强，马鞍市政府的政策方针具有借鉴意义。

比较分析安徽省各主要城市上市公司营业收入净利率情况，可以发现，合肥市、宣城和芜湖市上市公司营业收入净利率相对较稳定，且水平较高。马鞍山上市公司营业收入净利率变动幅度较大，但发展态势较好。铜陵市较为稳定，但数值偏低，盈利能力存在问题。

4. 安徽省上市公司2017年营业收入净利率排名

附件 2 为安徽省 98 家上市公司 2017 年营业收入净利率排名以及行业、区域分布情况，营业收入净利率排名前十的上市公司分别为：新光圆成、欧普康视、集友股份、皖通高速、美亚光电、口子窖、三七互娱、国机通用、安科生物、黄山旅游，其中五家属于制造业。排名第一的是房地产业马鞍山新光圆成。从区域角度来看，前 10 名中，合肥也占据了 5 家，这说明业绩较好的上市公司中合肥市比重较大。

安徽省上市公司整体营业收入净利率水平为 6.66%，46 家上市公司营业收入净利率超过平均水平；安徽省各上市公司的营业收入净利率中位数是 5.91%，整体差异不大，在营业收入净利率指标上，安徽省上市公司分布较为均衡。

附件 2 中，安徽省排名后十的企业分别为江淮汽车、海螺型材、美菱电器、安利股份、惠而浦、东华科技、安凯客车、风形股份、泰尔股份、盛运环保。从行业角度，除东华科技外，其余均属于制造业；从区域角度，排名后十的企业中，合肥市占据 6 家，分别为江淮汽车、美菱电器、安利股份、惠而浦、东华科技以及安凯客车。另外，问题较为严重的是排名倒数第一的安庆市盛运环保，营业收入净利率低至 -97.39%，2017 年，盛运环保经营不善，亏损近 13 亿元。

（三）上市公司资产收益率

1. 安徽省上市公司资产收益率总体状况

安徽省上市公司资产收益率总体情况如图 9 所示。2013 ~ 2015 年，安徽省上市公司资产净利率呈现下降趋势，2013 年资产收益率为 4.13%，2015 年下降至最低点（1.83%）。2015 ~ 2017 年，资产收益率呈现上升趋势，2016 年增幅较大为 115.30%；2017 年保持增长趋势，2017 年实现资产收益率达到 4.84%。

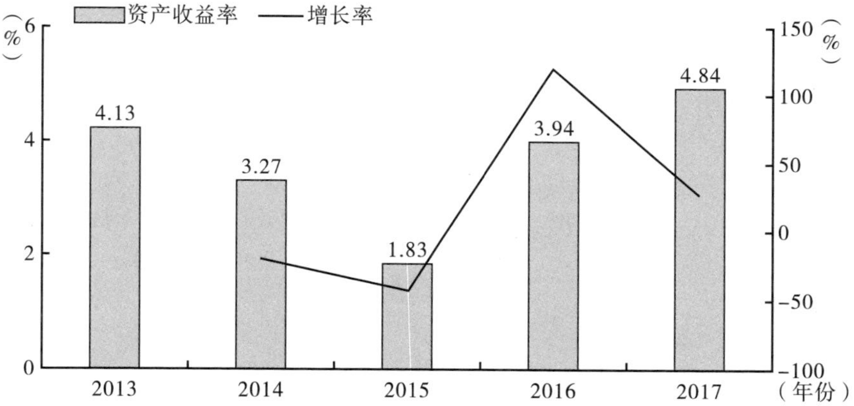

图 9　安徽省上市公司资产收益率总体情况

2. 安徽省上市公司资产收益率分行业分析

图 10 展示了安徽省各行业上市公司资产收益率的变动情况。制造业上市公司资产收益率和总体趋势一致，且略高于安徽省平均水平；信息传输、软件和信息技术服务业上市公司资产收益率显著高于其他行业总体水平；水利、环境和公共设施管理业较为稳定；批发与零售贸易行业资产收益率较低且呈显著下滑趋势。

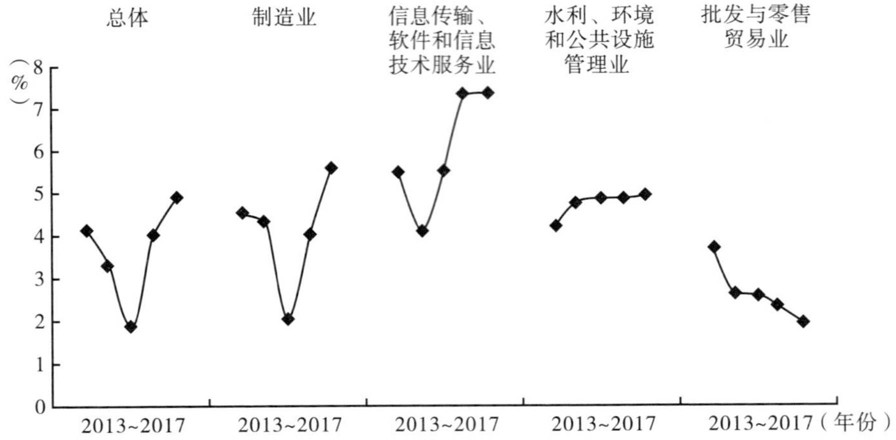

图 10　安徽省部分行业上市公司资产收益率情况

（1）制造业

安徽省制造业上市公司资产收益率变动趋势与全省总体变动趋势相同，且数值略高于省平均水平。2017 年制造业上市公司资产收益率近乎 2015 年的两倍多，说明安徽省制造业上市公司能够有效利用资产，盈利能力强。

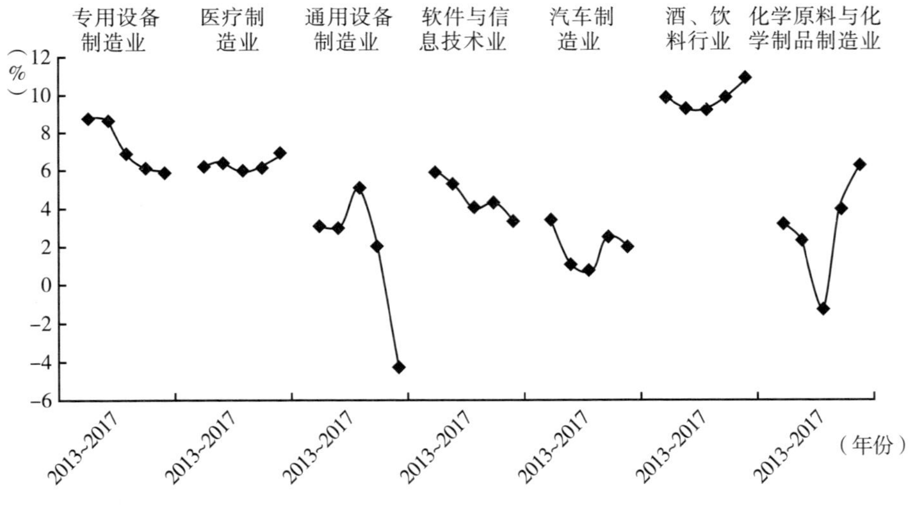

图 11　安徽省制造业二级行业上市公司资产收益率情况

图 11 展示了安徽省制造业上市公司各二级行业资产收益率波动情况。酒、饮料行业资产利用能力最强，资产收益率水平远高于制造行业总体平均水平。通用设备制造业和化学原料与化学制品制造业，受国家宏观调控、产业结构转型等多重因素影响，2015 年资产收益率出现大幅度波动，尤其是通用设备制造业的资产收益率在近三年大幅度下降，问题较为突出。而其他行业受政策影响较小，较为稳定。

（2）信息传输、软件和信息技术服务业

由图 10 可知，安徽省信息传输、软件和信息技术服务业上市公司资产收益率呈现先下降后上升的趋势。其整体资产收益率水平远高于全省上市公司总体平均水平，体现该行业较强的资产利用能力。

（3）水利、环境和公共设施管理业

与其他行业相比，该行业资产收益率波动幅度较小，基本维持在 4%，高于全省上市公司平均水平。

（4）批发与零售贸易业

批发与零售贸易业上市公司资产收益率下降趋势明显，且该行业整体水平明显低于各行业平均水平。批发与零售贸易业发展低迷，资产利用较弱。

3. 安徽省上市公司资产收益率分城市分析

图 12 为安徽省各城市上市公司资产收益率的情况，下文分城市分析安徽省资产收益率情况。

（1）合肥市

合肥上市公司资产收益率持续下降，2015 年始，数值均低于全省的平均水平，并保持下降趋势。这说明近三年来，合肥市上市公司资产利用能力下降，管理出现问题，值得关注。

比较分析安徽省各主要城市上市公司资产收益率情况，可以发现，宣城和芜湖市上市公司资产收益率相对较稳定，且水平较高。马鞍山上市公司资产收益率变动幅度较大，但发展态势较好。铜陵市资产收益率较为稳定，但数值偏低，资产的合理利用存在问题。而省会合肥，持续的下降趋势也值得重视。

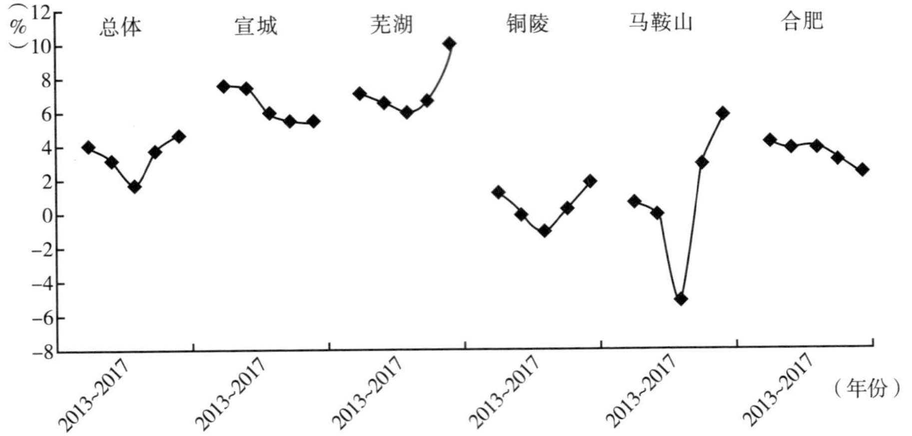

图 12　安徽省各城市上市公司资产收益率

（2）芜湖市

芜湖市资产收益率呈现上升趋势，发展势头较足。总体资产收益率水平均以较大幅度高于全省相应指标。这体现了芜湖市上市公司较高的利润获取能力。其中代表典型为三七互娱以及伯特利，二者均坚持不断创新，提升竞争能力。

（3）宣城市

由图 12 可知，宣城市资产收益率在 2013 ~2017 年，呈下降趋势，但各年资产收益率数值均明显高于全省的相应指标。得益于聚隆科技以及黄山胶囊较强的资产利用能力，宣城市上市公司的基本盈利能力比较强。

（4）铜陵市

2013 ~2017 年，铜陵市上市公司资产收益率呈先下降后上升趋势，但其各年整体水平普遍低于全省总体相应指标。这表示铜陵市上市公司总资产利用能力相对全省水平而言仍显不足，其中铜峰电子问题较为突出，资产收益率极低，主要是因为公司部分设备老化，导致产品成本增加。

（5）马鞍山市

2014 ~2015 年，马鞍山上市公司资产收益率急剧下降，由 2014 年的

0.09%下降至2015年的-5.43%，远低于全省平均水平。2015年后，马鞍山上市公司资产收益率开始回升，2016年增至2.91%；并于2017年增至最高值5.89%，高于当年全省的平均水平（4.84%）。波动趋势也反映了马鞍山上市公司不断增强的资产利用能力和盈利能力。

4. 安徽省上市公司2017年资产收益率排名

附件3为安徽省98家上市公司2017年资产收益率排名以及行业、区域分布情况，资产收益率排名前十的上市公司分别为：国机通用、欧普康视、三七互娱、金禾实业、安纳达、集友股份、口子窖、设计总院、海螺水泥、安科生物。信息传输、软件和信息技术服务业1家（三七互娱），科学代表科学研究和技术服务业1家，其余均为制造业。排名前五名的上市公司资产收益率差距较小。排名前十的企业中，合肥占据4家，芜湖占据2家。

资产收益率排名后十的企业分别为金种子酒、美菱电器、新集能源、安利股份、东华科技、惠而浦、安凯客车、泰尔股份、盛运环保和凤形股份。从行业角度看，除新集能源和东华科技外，其余均属于制造业。从区域角度，排名后十的企业中，合肥市占据五家，分别为美菱电器、安利股份、东华科技、惠而浦以及安凯客车。

此外，安徽省权益净利率平均水平为4.84%，而中位数为3.96%，差异较低，安徽省上市公司资产盈利能力整体分布均匀。

（四）上市公司每股收益

每股收益即每股盈利（EPS），又称每股税后利润、每股盈余，指税后利润与股本总数的比率，是普通股股东每持有一股所能享有的企业净利润或需承担的企业净亏损。每股收益通常被用来反映企业的经营成果，衡量普通股的获利水平及投资风险，是投资者等信息使用者据以评价企业盈利能力、预测企业成长潜力，进而做出相关经济决策的重要的财务指标之一。因不同公司公司股本数量差异较大、EPS易受股票股利和配股等影响，平均指标意义不大，因此本部分不统计各行业和各区域平均水平。

附件4为安徽省98家上市公司2017年每股收益排名以及行业、区域分布情况，每股收益排名前十的上市公司分别为海螺水泥、古井贡酒、口子窖、金禾实业、志邦股份、四创电子、欧康普视、国机通用、开润股份以及恒源煤电。排名前十的公司中，除恒源煤电外，均为制造业。排名第一、二的海螺水泥与古井贡酒每股收益高达 2.990 元以及 2.280 元，与第三名的口子窖差距较大。从区域角度看，排名前十的企业中，合肥市占据 4 家，滁州市占据 2 家。

安徽省上市公司每股收益排名后十的企业分别为铜峰电子、金种子酒、新集能源、安利股份、惠而浦、东华科技、泰尔股份、安凯客车、凤形股份以及盛运环保。从行业角度，除新集能源和东华科技外，其余均属于制造业。从区域角度看，每股收益排名后十的企业中，合肥市占据四家，分别为安利股份、惠而浦、东华科技以及安凯客车。排名倒数第一的仍然是盛运环保，其经营不善，每股收益低至 -0.999 元。

安徽省上市公司每股收益的算术平均值是 0.456，中位数是 0.385，整体差异不大，安徽省上市公司每股收益分布较为平均。

三　安徽省上市公司经营业绩综合评价

为了分析安徽省上市公司的业绩情况，本报告选取了 4 项学术中普遍使用的指标，分别是权益净利率、资产收益率、营业收入净利率和每股盈利，提取了几个重要行业和城市（上市公司数量较多的行业和城市），并分别对以上各项分指标进行了分行业、分区域的分析，然后对各上市公司进行分行业、分区域的排名。

在前四个指标分析的基础上，报告进一步构建一个指标体系，客观且科学地评价安徽省上市公司的业绩情况。理论上，单一指标对不同行业上市公司业绩评价的有效性存在很大差异。很难寻找一个指标够准确评价各行业上市公司整体业绩情况。为平衡不同指标在评价不同行业上市公司业绩水平有效性的差异，报告选取以上 4 项相关的指标，使用上市公司各项指标的内在数据结构特征构建一套合理的指标体系。因此，报告以熵值赋权法为基础构建综合指标体系，熵值赋权法的优点和权重计算过程，前文已经叙述。得出安徽省各上市公司业绩综合排名后，本报告还分析了上市公司属性、企业上市年限对上市公司综合业绩的影响。

（一）综合绩效

根据熵值赋权法可以算出各个指标的权重，各项指标的权重分别是：13.30%（权益净利率）、40.19%（资产收益率）、4.21%（营业收入净利率）和42.30%（每股盈利）。附件5列出了安徽省各上市公司的综合得分以及分城市、分行业排名以及各项分指标的总排名情况。

所有上市公司中，综合绩效排名前十的分别是：海螺水泥、金禾实业、国机通用、口子窖、古井贡酒、欧普康视、三七互娱、开润股份、安纳达和志邦股份。而排名后十的分别是：海螺型材、金种子酒、新集能源、安利股份、惠而浦、东华科技、泰尔股份、安凯客车、凤形股份、盛运环保。

附件5展示的排名数据说明各分项指标排名和总排名差异不大，这说明了评价体系的稳健性较高。综合业绩前十名中，超过（包括）两项分指标排名前十的企业共有8家，超过三项分指标排名前十的企业共有5家，四项分指标都排名前十的企业共有3家。除了安纳达、志邦股份和开润股份的营业收入净利率指标不在前二十，10家上市公司各项业绩分指标排名全排在全省前二十，这既说明了综合指标的合理性，也说明了这十家上市公司业绩水平较高。此外，附件5也展示出不同指标在评价不同行业上市公司上的问题。以海螺水泥为例，海螺水泥的每股收益为2.99元/股，领先于其他上市公司，稳居安徽省上市公司第一位，而其权益净利率排名第14位、资产净利率排名第9、营业收入净利率排名第14。根据证监会划分上市公司行业标准，海螺水泥属于制造业中的非金属矿物制品业，受制于行业特征影响，其营业收入净利率和资产收益率水平并不靠前。综合业绩后十名中，四项分指标排名中，超过三项指标排名位居后十位的有9家，四项分指标全排名倒数前十的有7家，总指标分指标排名差异性很低，后十家业绩较差。盛运环保业绩较差，排名倒数第一，其管理经营面临重大问题。

（二）相关因素分析

上市公司绩效影响因素一直是学术界重点研究的方向。如资本结构、股权结构、公司治理、高管激励、智力资本、上市公司 CEO 声誉①、上市公司债务融资比例②、业绩预告的文本信息及其语言特征③、企业性质④等都会影响到企业绩效，本报告选取部分影响因素，并分析其对安徽省上市公司业绩的影响。这一方面可以分析各因素对安徽省上市公司绩效的作用，有助于决策层有的放矢；另一方面，也能说明综合评价指标的有效性。

1. 企业性质

本部分的目的是探索企业性质与融资绩效的关系，探讨国有企业绩效是否高于其他类型企业。本报告选取了全部 103 家上市公司中的 98 家（本报告剔除了 3 家金融类企业，中弘股份和*ST 华信），其中中央国有企业 8 家、地方国有企业 32 家、民企 53 家、集体企业 2 家、外资企业 2 家和公众企业 1 家⑤。因为数据量较少，本部分将中央国有和地方国有企业统一归类为国有企业，将其他四类上市公司归类为其他企业，然后用前文业绩综合得分值探讨两类上市公司是否有业绩差异。本报告比较了安徽省两类上市公司综合业绩平均次序的关系，我们将 98 家上市公司分为两组进行分析，前五十名为第一组，后五十名为第二组，可以发现：

（1）第一组内，国企上市公司综合业绩排名平均比其他类型上市公司综合业绩排名靠前 3.31 个位次；

（2）第二组内，国企上市公司综合业绩排名平均比其他类型上市公司

---

① 刘海云、包雨晴：《CEO 声誉对上市公司财务业绩的影响研究》，《河北企业》2018 年第 5 期。

② 张彬：《上市公司债务融资对公司业绩影响研究——以渔业为例》，《财会通讯》2018 年第 11 期。

③ 朱朝晖、许文瀚：《上市公司业绩预告文本信息、语言特征与市场反应》，《浙江工商大学学报》2018 年第 2 期。

④ 高敬忠、周晓苏：《经营业绩、终极控制人性质与企业社会责任履行度——基于我国上市公司 1999～2006 年面板数据的检验》，《财经论丛》2008 年第 140（6）期，第 63～69 页。

⑤ 企业性质数据来源于 Wind 数据库。

综合业绩排名落后 2.48 个位次。

以上的数据说明国企上市公司业绩分化严重，业绩排名靠前的国企较多，业绩排名靠后的国企上市公司比重也相对较高。

2. 上市年限

产品生命周期理论①是目前学术界比较成熟的理论，认为产品会经历导入期、成长期、成熟期和衰退期。在企业层面该理论依然适用，这意味着企业业绩情况（特别是上市公司）可能会随着上市年限的增长呈现下降的趋势。

为了探讨安徽省上市公司的业绩与上市年限长短的关系，本部分提取了各上市公司的上市年份数据，并计算各家上市公司距今的时间。然后使用斯皮尔曼等级相关系数（spearman rank correlation coefficient）分析上市公司上市年限与业绩的关系，可以得出相关系数为 -0.3603（p-value = 0.0002681）。

这可以说明，安徽省上市公司上市年限长短会显著负向影响上市公司业绩。上市年限越长的企业，其业绩往往越差。这是商业环境中的正常现象，随着市场竞争的加剧，一些公司会缓慢从明星类到现金牛类，最后到变成瘦狗类上市公司并慢慢退出商业市场。在上海举行的第十届中国长三角青商论坛上，杉杉控股董事局主席郑永刚表示，一般来讲，中国企业的生命周期是 5~8 年。很多企业很难迈过 8 年的坎，上市公司也不例外，企业的经营业绩会随着经营时间的增加而逐渐下滑。然而这种困境并不是不可克服的，企业合理的转型、及时的并购重组可能帮助企业跨过生命周期，实现企业经营活力的再生。

从总体上看，安徽省上市公司业绩呈现出快速下降后的剧烈反弹的趋势，由前文的分项指标趋势可以看出，受宏观调控的影响，安徽省上市公司总体权益净利率、资产收益率和营业收入净利率均在 2015 年呈现显著的下降趋势，并在 2016 年、2017 年呈现剧烈的反弹。到 2017 年，安徽省上市

① 黄卫平、彭刚：《国际经济学教程》，中国人民大学出版社，2012。

公司业绩水平各项考察指标均达到五年内最高值，2017 年度安徽省上市公司总体权益净利率已经接近 10%，远远高于安徽省 2017 年 GDP 增速，也远远高于中国 GDP 增速，安徽省上市公司对区域经济带动性很强。可圈可点的是，代表先进技术的医疗制造业以及酒、饮料行业上市公司的业绩表现较好，医疗制造业上市公司的业绩呈现增长趋势，积极响应了国家高端制造业发展战略；而酒、饮料行业上市公司的权益净利率远远高于其他行业上市公司。

然而，安徽省上市公司也面临一些问题。①虽安徽省上市公司业绩在 2015 年后呈现显著上升，批发与零售贸易行业上市公司业绩却仍处于下降趋势中，并没有出现回升，这可能受电商的影响，但也可能是安徽省居民日常消费能力的下降的信号；制造业上市公司业绩水平五年来趋势与安徽省整体趋势相同，2017 年制造业整体权益净利率达到 10.63%，但制造业内，通用设备制造业、专用设备制造业业绩却呈现出显著下滑趋势，值得引起重视；②安徽省上市公司存在很强的生命周期约束问题，上市年份较久的上市公司业绩较差；国企的运营也存在一些问题，安徽省有很多国有企业，其业绩能力遥遥领先其他上市公司，如海螺股份（地方国有企业）、科大讯飞（中央国有企业），但是依然有很多上市公司经营业绩较差，如何帮助“业绩较差的国企”“老企业”提升业绩是目前值得研究的问题。

四　研究结论与对策

（一）研究结论

1. 经营业绩总体向好，绩效波动性较大

从总体层面分析，安徽省上市公司业绩所考察指标总体都呈现出下降后快速反弹的现象，其中 2015 年跌至低谷，近两年显著回升。数据显示：2015 年，安徽省上市公司总体权益净利率、资产收益率和营业收入净利率

均呈现显著的下降趋势。2016 年、2017 年安徽省上市公司业绩呈现剧烈的反弹。从权益净利率指标上看，2017 年安徽省上市公司总体权益净利率接近 10%，远高于安徽省 2017 年 GDP 增速（8.5%），也远高于中国 GDP 增速（6.9%），安徽省上市公司对区域经济带动性很强。

2. 行业业绩差异明显，部分行业差强人意

从行业层面分析，代表先进技术的医疗制造业的上市公司业绩呈现出逐年递增的趋势，积极响应了国家高端制造业发展战略；业绩表现最好的是酒、饮料行业，该行业上市公司的权益净利率（16%）远高于其他行业上市公司。但值得注意的是，专用设备制造业、通用设备制造业、软件与信息技术服务业上市公司的业绩均处于逐年下降的趋势。批发与零售贸易行业上市公司业绩各项所考察指标均呈现逐渐下降的趋势。批发与零售贸易上市公司有：亚夏汽车（汽车零售）、辉隆股份（农产品零售）、合肥百货（日常消费品零售）和安德利（工业品零售）。除了亚夏汽车和辉隆股份，合肥百货和安德利的企业业绩呈现明显的下降。作为日常消费品零售上市公司，合肥百货业绩逐年降低，一方面很可能是受到电商的冲击，另一方面这种下滑趋势很可能是居民日常消费能力的降低的信号，值得注意。

3. 合芜宣业绩较好，区域发展差异扩大

从区域层面分析，合肥市、芜湖市和宣城市上市公司业绩水平较高，特别是芜湖市和宣城市。芜湖市上市公司排名较为靠前的有海螺水泥和三七互娱，运营业绩较好；宣城上市公司整体排名较为平均，整体盈利能力较强。合肥上市公司数量较多且参差不齐，受个别企业影响，合肥市上市公司总体情况略低于芜湖和宣城，但总体质量较高。部分城市（如阜阳、淮南等）上市公司数量较少，业绩较差，区域发展差距拉大。

从公司层面分析，安徽省上市公司存在很多业绩表现优秀的企业，如海螺水泥、金禾实业、国机通用、口子窖等知名企业。但安徽省上市公司也存在诸多问题。第一，安徽省上市公司的业绩随着经营时长的增加显著下滑。第二，安徽省国企上市公司绩效两极分化明显，安徽省业绩综合排名靠前的国企比例相对较大，业绩排名靠后企业中，国企比例也相对较大。如何帮助

排名靠后国企提升造血能力是未来重要的议题。此外，依然有一些企业面临重大经营问题，如中弘股份、*ST华信、盛运环保等。

（二）对策

上市公司业绩是上市公司各方面经营成果的最终体现。如创新能力、运营能力、并购重组情况等。上文列出了安徽省上市公司发展的问题，针对以上问题，报告提出以下几点建议。

1. 弘扬优秀企业家精神，激发创新创造潜能

企业家是经济活动的重要主体。“在企业为积累社会财富、创造就业岗位、促进经济社会发展做出贡献的过程中，创新创造、追求卓越等企业家精神起到的作用很重要。”现阶段，安徽省部分上市公司的经营存在问题，很多企业业绩逐年下降，如凤形股份、盛运环保等，随着市场竞争强度不断加大，市场瞬息万变，机遇稍纵即逝，这要求企业家发挥企业家精神，帮助企业提升造血能力。

对政府来说，在合理约束企业家行为的基础上，保护企业家的积极性和创造性，牢固树立正向激励导向，努力营造鼓励创新、宽容失败的浓厚社会氛围，有利于发挥企业家的创造性，激发企业家实现自身价值、不断创造业绩的内在动力。

2. 积极参与并购重组，深化国资国企改革

安徽省上市公司应积极参与并购重组工作，尤其是重大资产重组工作，实现业务升级，规模扩张。近年来，安徽省部分上市公司存在经营问题，部分国企上市公司业绩下滑严重，国企上市公司应积极探索并购融资方法、合理选择并购重组策略、注意并购重组后的融合，发挥国企在社会经济中的带动作用。

对政府来说，在当前政策和环境背景下，相关机构应积极探索国企改革及道路，给予并购重组的企业更多财政和政策支持，鼓励安徽省上市公司通过并购重组实现转型升级，带动安徽省的经济发展。

3. 积极关注市场机会，提前布局前景行业

为获得持续稳定的回报，降低企业经营风险，上市公司管理当局应积极关注市场机会，提前布局具有前景的行业。近年来，安徽省部分行业上市公司业绩呈现出下滑的迹象，内部治理结构等改革对企业业绩复苏的作用有限，这要求管理当局积极关注市场机会，布局有前景的行业，实现公司多栖发展，降低企业经营风险，稳定企业现金流，带动区域经济更好地发展。目前，新光控股集团属下公司新光圆成，向中国高速传动设备集团发出了收购协议的框架，代表了新光圆成向高端制造重大转型的决心，如交易顺利，新光圆成将形成以房地产开发和商业经营为主、回转支承等精密机械制造为辅双主业运行的发展模式，着力以高端装备制造为核心主业，实现重大业务转型。这种战略布局可以帮助企业平衡现金流，获得持续、稳定的现金流，降低企业经营风险。

对政府来说，当前经济大环境下，相关部门应积极搭建研究平台，积极开展市场机会挖掘研究，鼓励上市公司利用盈余现金流投放到前景行业，推进“大众创新，万众创业”，提前布局有前景的行业，实现产业结构升级。

4. 做强企业主营业务，大力提高竞争能力

从安徽上市公司现状来看，部分上市公司多主业，或者有的上市公司主业不强，非主业强于主业现象较为严重，经营范围宽泛，跨行业现象较为明显，导致竞争乏力、经营效益低下。上市公司要突出主业，做强主业，紧紧围绕主营业务，制定发展战略，寻求市场突破；淘汰非主营无优势业务，集中资源发展主营业务；对市场前景差、资金占用高的业务，应壮士断臂，果断实施“退出”机制；创造条件推进非主营优势业务另行上市发展，对有优势、有核心能力的非主业，要积极创造条件独立上市融资发展。

对政府来说，当前环境下，要引导上市公司强化主营业务。对企业新项目投资，相关单位应积极参与项目立案的可行性研究，监督各项资金使用情况，确保上市公司资金投入对上市公司有战略意义或稳定现金流的项目上。对于缺乏竞争力、经营效益底的项目，相关单位应关注上市公司资产剥离和重组事件，引导企业提高管理水平，优化运营效率，大力提高竞争能力。

5. 实施创新驱动战略，提升企业核心竞争力

上市公司业绩是上市公司各方面经营成果的最终体现。创新能力是企业业绩水平的重要先决变量，提高企业创新能力可以提高企业盈利能力。这要求管理当局针对行业具体情况，加大企业的研发投入，加强对知识性人才的培养与引进，积极调整企业结构，提高企业创新效率。

创新是引领发展的第一动力，也是推动区域经济发展的主要力量。这要求各级政府有针对性地加大对企业创新的激励，并对创新企业给予一定程度的政策倾斜，鼓励企业内创新、企业间协同创新、产学研融合，实现企业创新能力全面的提升，提高企业业绩水平，促进当地经济又好又快地发展。

附件 1　2017 年安徽省上市公司权益净利率排名

总排名	公司名称	权益净利率(%)	分行业排名		分城市排名	
1	国机通用	39.24	制造	1	合肥	1
2	金禾实业	34.58	制造	2	滁州	1
3	伯特利	28.92	制造	3	芜湖	1
4	三七互娱	28.09	信息	1	芜湖	2
5	安纳达	27.98	制造	4	铜陵	1
6	欧普康视	27.02	制造	5	合肥	2
7	集友股份	26.97	制造	6	安庆	1
8	开润股份	26.09	制造	7	滁州	2
9	口子窖	23.88	制造	8	淮北	1
10	设计总院	22.27	科学	1	合肥	3
11	山鹰纸业	21.49	制造	9	马鞍山	1
12	志邦股份	19.80	制造	10	合肥	4
13	华菱精工	19.29	制造	11	宣城	1
14	海螺水泥	19.10	制造	12	芜湖	3
15	古井贡酒	19.06	制造	13	亳州	1
16	马钢股份	18.91	制造	14	马鞍山	2
17	安科生物	18.29	制造	15	合肥	5
18	新光圆成	17.63	房产	1	马鞍山	3

续表

总排名	公司名称	权益净利率(%)	分行业排名		分城市排名	
19	恒源煤电	17.56	采矿	1	淮北	2
20	美亚光电	17.24	制造	16	合肥	6
21	迎驾贡酒	16.56	制造	17	六安	1
22	中鼎股份	16.03	制造	18	宣城	2
23	阳光电源	15.89	制造	19	合肥	7
24	中钢天源	15.14	制造	20	马鞍山	4
25	众源新材	14.46	制造	21	芜湖	4
26	泰禾光电	14.41	制造	22	合肥	8
27	中粮生化	14.11	制造	23	蚌埠	1
28	安徽水利	13.67	建筑	1	蚌埠	2
29	长信科技	13.43	制造	24	芜湖	5
30	皖新传媒	12.50	文化	1	合肥	9
31	华孚时尚	12.46	制造	25	淮北	3
32	四创电子	12.23	制造	26	合肥	10
33	皖通高速	12.09	交通	1	合肥	11
34	精达股份	12.02	制造	27	铜陵	2
35	众泰汽车	11.99	制造	28	黄山	1
36	山河药辅	11.93	制造	29	淮南	1
37	永新股份	11.77	制造	30	黄山	2
38	国祯环保	11.33	水利	1	合肥	12
39	楚江新材	10.90	制造	31	芜湖	6
40	洽洽食品	10.62	制造	32	合肥	13
41	常青股份	10.59	制造	33	合肥	14
42	广信股份	10.32	制造	34	宣城	3
43	黄山旅游	9.98	水利	2	黄山	3
44	安徽合力	9.23	制造	35	合肥	15
45	荃银高科	8.95	农林	1	合肥	16
46	中环环保	8.86	水利	3	合肥	17
47	九华旅游	8.37	水利	4	池州	1
48	皖天然气	8.33	电力	1	合肥	18

续表

总排名	公司名称	权益净利率(%)	分行业排名		分城市排名	
49	雷鸣科化	7.97	制造	36	淮北	4
50	合肥城建	7.84	房产	2	合肥	19
51	聚隆科技	7.46	制造	37	宣城	4
52	黄山胶囊	7.16	制造	38	宣城	5
53	神剑股份	6.58	制造	39	芜湖	7
54	司尔特	6.54	制造	40	宣城	6
55	安德利	6.48	批发	1	合肥	20
56	皖通科技	6.24	信息	2	合肥	21
57	时代出版	6.12	文化	2	合肥	22
58	辉隆股份	6.11	批发	2	合肥	23
59	合肥百货	5.89	批发	3	合肥	24
60	科大讯飞	5.88	信息	3	合肥	25
61	丰原药业	5.51	制造	41	芜湖	8
62	鸿路钢构	5.33	制造	42	合肥	26
63	梦舟股份	4.44	制造	43	芜湖	9
64	国风塑业	4.17	制造	44	合肥	27
65	中电鑫龙	4.07	信息	4	芜湖	10
66	皖江物流	3.96	交通	2	芜湖	11
67	亚夏汽车	3.89	批发	4	芜湖	12
68	六国化工	3.71	制造	45	铜陵	3
69	富煌钢构	3.60	制造	46	合肥	28
70	德力股份	3.37	制造	47	滁州	3
71	科大国创	3.37	信息	5	合肥	29
72	凯盛科技	3.29	制造	48	蚌埠	3
73	全柴动力	3.24	制造	49	滁州	4
74	铜陵有色	3.24	制造	50	铜陵	4
75	江淮汽车	3.12	制造	51	合肥	30
76	乐金健康	2.85	制造	52	合肥	31
77	合锻智能	2.50	制造	53	合肥	32
78	华茂股份	2.29	制造	54	安庆	2

续表

总排名	公司名称	权益净利率(%)	分行业排名		分城市排名	
79	江南化工	2.26	制造	55	宣城	7
80	应流股份	2.15	制造	56	合肥	33
81	华菱星马	2.05	制造	57	马鞍山	5
82	皖维高新	2.01	制造	58	合肥	34
83	文一科技	1.84	制造	59	铜陵	5
84	精工钢构	1.61	建筑	2	六安	2
85	皖能电力	1.25	电力	2	合肥	35
86	铜峰电子	1.14	制造	60	铜陵	6
87	丰乐种业	0.86	农林	2	合肥	36
88	美菱电器	0.64	制造	61	合肥	37
89	新集能源	0.48	采矿	2	淮南	2
90	海螺型材	0.37	制造	62	芜湖	13
91	金种子酒	0.36	制造	63	阜阳	1
92	安利股份	-1.68	制造	64	合肥	38
93	惠而浦	-2.44	制造	65	合肥	39
94	东华科技	-3.16	建筑	3	合肥	40
95	泰尔股份	-6.31	制造	66	马鞍山	6
96	凤形股份	-16.16	制造	67	宣城	8
97	安凯客车	-19.09	制造	68	合肥	41
98	盛运环保	-29.29	制造	69	安庆	3
平均值:9.89%			中位数:7.90%			

注：1. 制造代表制造业；信息代表信息传输、软件和信息技术服务业；文化代表文化、体育和娱乐业；水利代表水利、环境和公共设施管理业；批发代表批发和零售业；农林代表农、林、牧、渔业；科学代表科学研究和技术服务业；交通代表交通运输、仓储和邮政业；建筑代表建筑业；房产代表房地产业；电力代表电力、热力、燃气及水生产和供应业；采矿代表采矿业；金融代表金融业。

2. 截至目前，安徽省共有 A 股上市公司 103 家，因指标适用性问题本报告剔除 3 家金融企业；此外，因企业经营问题，本报告剔除了 * ST 华信和中弘股份。

3. 各项指标数据源来自万得数据库。

4. 行业分类参考证监会 2016 行业分类标准。

5. 以上 4 点适用于本报告各图表。

附件 2　2017 年安徽省上市公司营业收入净利率排名

总排名	公司名称	权益净利率(%)	分行业排名		分城市排名	
1	新光圆成	78.15	房产	1	马鞍山	1
2	欧普康视	47.68	制造	1	合肥	1
3	集友股份	42.40	制造	2	安庆	1
4	皖通高速	37.94	交通	1	合肥	2
5	美亚光电	33.21	制造	3	合肥	3
6	口子窖	30.91	制造	4	淮北	1
7	三七互娱	29.67	信息	1	芜湖	1
8	国机通用	26.54	制造	5	合肥	4
9	安科生物	25.70	制造	6	合肥	5
10	黄山旅游	24.58	水利	1	黄山	1
11	金禾实业	23.31	制造	7	滁州	1
12	中环环保	23.17	水利	2	合肥	6
13	泰禾光电	22.71	制造	8	合肥	7
14	海螺水泥	21.81	制造	9	芜湖	2
15	迎驾贡酒	21.26	制造	10	六安	1
16	设计总院	21.03	科学	1	合肥	8
17	九华旅游	18.57	水利	3	池州	1
18	聚隆科技	17.90	制造	11	宣城	1
19	古井贡酒	17.01	制造	12	亳州	1
20	恒源煤电	16.99	采矿	1	淮北	2
21	黄山胶囊	16.23	制造	13	宣城	2
22	山河药辅	15.58	制造	14	淮南	1
23	安纳达	14.83	制造	15	铜陵	1
24	广信股份	14.37	制造	16	宣城	3
25	伯特利	13.36	制造	17	芜湖	3
26	皖新传媒	13.02	文化	1	合肥	9
27	雷鸣科化	12.86	制造	18	淮北	3
28	开润股份	12.20	制造	19	滁州	2
29	中钢天源	11.73	制造	20	马鞍山	2
30	山鹰纸业	11.56	制造	21	马鞍山	3
31	阳光电源	11.41	制造	22	合肥	10
32	志邦股份	10.86	制造	23	合肥	11
33	永新股份	10.52	制造	24	黄山	2
34	荃银高科	10.23	农林	1	合肥	12

续表

总排名	公司名称	权益净利率(%)	分行业排名		分城市排名	
35	中鼎股份	9.80	制造	25	宣城	4
36	中电鑫龙	9.54	信息	2	芜湖	4
37	皖通科技	9.24	信息	3	合肥	13
38	洽洽食品	8.93	制造	26	合肥	14
39	科大讯飞	8.80	信息	4	合肥	15
40	华菱精工	8.65	制造	27	宣城	5
41	司尔特	8.26	制造	28	宣城	6
42	国祯环保	7.91	水利	4	合肥	16
43	德力股份	7.60	制造	29	滁州	3
44	江南化工	7.27	制造	30	宣城	7
45	神剑股份	7.10	制造	31	芜湖	5
46	马钢股份	6.93	制造	32	马鞍山	4
47	常青股份	6.64	制造	33	合肥	17
48	安徽合力	6.19	制造	34	合肥	18
49	合肥城建	6.05	房产	2	合肥	19
50	合锻智能	5.78	制造	35	合肥	20
51	华孚时尚	5.58	制造	36	淮北	4
52	众泰汽车	5.46	制造	37	黄山	3
53	乐金健康	5.42	制造	38	合肥	21
54	长信科技	5.03	制造	39	芜湖	6
55	皖江物流	4.73	交通	2	芜湖	7
56	时代出版	4.61	文化	2	合肥	22
57	鸿路钢构	4.16	制造	40	合肥	23
58	应流股份	4.11	制造	41	合肥	24
59	四创电子	4.06	制造	42	合肥	25
60	中粮生化	3.98	制造	43	蚌埠	1
61	皖天然气	3.97	电力	1	合肥	26
62	精达股份	3.74	制造	44	铜陵	2
63	国风塑业	3.62	制造	45	合肥	27
64	梦舟股份	3.57	制造	46	芜湖	8
65	华茂股份	3.53	制造	47	安庆	2
66	楚江新材	3.27	制造	48	芜湖	9
67	科大国创	3.15	信息	5	合肥	28

续表

总排名	公司名称	权益净利率(%)	分行业排名		分城市排名	
68	凯盛科技	2.94	制造	49	蚌埠	2
69	众源新材	2.87	制造	50	芜湖	10
70	合肥百货	2.85	批发	1	合肥	29
71	富煌钢构	2.55	制造	51	合肥	30
72	丰原药业	2.53	制造	52	芜湖	11
73	文一科技	2.53	制造	53	铜陵	3
74	安德利	2.27	批发	2	合肥	31
75	安徽水利	2.20	建筑	1	蚌埠	3
76	全柴动力	1.88	制造	54	滁州	4
77	皖维高新	1.81	制造	55	合肥	32
78	铜峰电子	1.78	制造	56	铜陵	4
79	新集能源	1.54	采矿	2	淮南	2
80	华菱星马	1.09	制造	57	马鞍山	5
81	亚夏汽车	1.06	批发	3	芜湖	12
82	辉隆股份	1.03	批发	4	合肥	33
83	丰乐种业	1.01	农林	2	合肥	34
84	精工钢构	0.95	建筑	2	六安	2
85	铜陵有色	0.90	制造	58	铜陵	5
86	六国化工	0.83	制造	59	铜陵	6
87	金种子酒	0.71	制造	60	阜阳	1
88	皖能电力	0.65	电力	2	合肥	35
89	江淮汽车	0.48	制造	61	合肥	36
90	海螺型材	0.48	制造	62	芜湖	13
91	美菱电器	0.21	制造	63	合肥	37
92	安利股份	-1.01	制造	64	合肥	38
93	惠而浦	-1.52	制造	65	合肥	39
94	东华科技	-2.12	建筑	3	合肥	40
95	安凯客车	-5.08	制造	66	合肥	41
96	凤形股份	-23.15	制造	67	宣城	8
97	泰尔股份	-24.53	制造	68	马鞍山	6
98	盛运环保	-97.39	制造	69	安庆	3
平均值:6.66%			中位数:5.91%			

附件3 2017年安徽省上市公司资产收益率排名

总排名	公司名称	权益净利率(%)	分行业排名		分城市排名	
1	国机通用	24.18	制造	1	合肥	1
2	欧普康视	23.80	制造	2	合肥	2
3	三七互娱	22.34	信息	1	芜湖	1
4	金禾实业	21.02	制造	3	滁州	1
5	安纳达	19.45	制造	4	铜陵	1
6	集友股份	18.99	制造	5	安庆	1
7	口子窖	15.82	制造	6	淮北	1
8	设计总院	15.00	科学	1	合肥	3
9	海螺水泥	14.38	制造	7	芜湖	2
10	安科生物	14.28	制造	8	合肥	4
11	美亚光电	13.81	制造	9	合肥	5
12	开润股份	13.15	制造	10	滁州	2
13	古井贡酒	12.84	制造	11	亳州	1
14	志邦股份	12.84	制造	12	合肥	6
15	伯特利	12.75	制造	13	芜湖	3
16	泰禾光电	12.64	制造	14	合肥	7
17	华菱精工	12.16	制造	15	宣城	1
18	迎驾贡酒	11.60	制造	16	六安	1
19	中钢天源	11.50	制造	17	马鞍山	1
20	众源新材	10.45	制造	18	芜湖	4
21	皖新传媒	9.74	文化	1	合肥	8
22	山河药辅	8.95	制造	19	淮南	1
23	新光圆成	8.91	房产	1	马鞍山	2
24	永新股份	8.81	制造	20	黄山	1
25	黄山旅游	8.78	水利	1	黄山	2
26	恒源煤电	8.68	采矿	1	淮北	2
27	皖通高速	8.55	交通	1	合肥	9
28	山鹰纸业	8.34	制造	21	马鞍山	3
29	中鼎股份	8.11	制造	22	宣城	2
30	楚江新材	7.91	制造	23	芜湖	5
31	长信科技	7.88	制造	24	芜湖	6
32	广信股份	7.76	制造	25	宣城	3
33	九华旅游	7.18	水利	2	池州	1
34	马钢股份	7.14	制造	26	马鞍山	4

续表

总排名	公司名称	权益净利率(%)	分行业排名		分城市排名	
35	精达股份	7.13	制造	27	铜陵	2
36	洽洽食品	7.12	制造	28	合肥	10
37	常青股份	7.02	制造	29	合肥	11
38	阳光电源	6.87	制造	30	合肥	12
39	黄山胶囊	6.45	制造	31	宣城	4
40	中环环保	6.30	水利	3	合肥	13
41	安徽合力	6.24	制造	32	合肥	14
42	雷鸣科化	6.08	制造	33	淮北	3
43	众泰汽车	6.08	制造	34	黄山	3
44	聚隆科技	5.95	制造	35	宣城	5
45	皖天然气	5.71	电力	1	合肥	15
46	华孚时尚	5.63	制造	36	淮北	4
47	荃银高科	5.48	农林	1	合肥	16
48	司尔特	4.93	制造	37	宣城	6
49	中粮生化	4.65	制造	38	蚌埠	1
50	皖通科技	4.41	信息	2	合肥	17
51	时代出版	4.39	文化	2	合肥	18
52	四创电子	4.11	制造	39	合肥	19
53	神剑股份	4.06	制造	40	芜湖	7
54	科大讯飞	3.51	信息	3	合肥	20
55	中电鑫龙	3.11	信息	4	芜湖	8
56	国祯环保	3.10	水利	4	合肥	21
57	国风塑业	2.93	制造	41	合肥	22
58	梦舟股份	2.75	制造	42	芜湖	9
59	德力股份	2.74	制造	43	滁州	3
60	合肥百货	2.52	批发	1	合肥	23
61	鸿路钢构	2.52	制造	44	合肥	24
62	安德利	2.49	批发	2	合肥	25
63	丰原药业	2.43	制造	45	芜湖	10
64	乐金健康	2.29	制造	46	合肥	26
65	皖江物流	2.22	交通	2	芜湖	11
66	辉隆股份	1.95	批发	3	合肥	27
67	合锻智能	1.93	制造	47	合肥	28

续表

总排名	公司名称	权益净利率(%)	分行业排名		分城市排名	
68	安徽水利	1.90	建筑	1	蚌埠	2
69	江南化工	1.79	制造	48	宣城	7
70	全柴动力	1.69	制造	49	滁州	4
71	亚夏汽车	1.63	批发	4	芜湖	12
72	凯盛科技	1.58	制造	50	蚌埠	3
73	科大国创	1.51	信息	5	合肥	29
74	华茂股份	1.36	制造	51	安庆	2
75	六国化工	1.31	制造	52	铜陵	3
76	合肥城建	1.27	房产	2	合肥	30
77	铜陵有色	1.26	制造	53	铜陵	4
78	富煌钢构	1.22	制造	54	合肥	31
79	皖维高新	1.10	制造	55	合肥	32
80	江淮汽车	1.07	制造	56	合肥	33
81	文一科技	1.04	制造	57	铜陵	5
82	应流股份	0.92	制造	58	合肥	34
83	铜峰电子	0.72	制造	59	铜陵	6
84	皖能电力	0.65	电力	2	合肥	35
85	精工钢构	0.55	建筑	2	六安	2
86	华菱星马	0.55	制造	60	马鞍山	5
87	丰乐种业	0.54	农林	2	合肥	36
88	海螺型材	0.28	制造	61	芜湖	13
89	金种子酒	0.26	制造	62	阜阳	1
90	美菱电器	0.21	制造	63	合肥	37
91	新集能源	0.08	采矿	2	淮南	2
92	安利股份	-0.90	制造	64	合肥	38
93	东华科技	-1.02	建筑	3	合肥	39
94	惠而浦	-1.12	制造	65	合肥	40
95	安凯客车	-2.73	制造	66	合肥	41
96	泰尔股份	-3.59	制造	67	马鞍山	6
97	盛运环保	-8.38	制造	68	安庆	3
98	凤形股份	-8.51	制造	69	宣城	8
平均值:4.84%			中位数:4.53%			

附件 4　2017 年安徽省上市公司每股收益排名

总排名	公司名称	权益净利率	分行业排名		分城市排名	
1	海螺水泥	2. 990	制造	1	芜湖	1
2	古井贡酒	2. 280	制造	2	亳州	1
3	口子窖	1. 860	制造	3	淮北	1
4	金禾实业	1. 810	制造	4	滁州	1
5	志邦股份	1. 673	制造	5	合肥	1
6	四创电子	1. 280	制造	6	合肥	2
7	欧普康视	1. 260	制造	7	合肥	3
8	国机通用	1. 142	制造	8	合肥	4
9	开润股份	1. 110	制造	9	滁州	2
10	恒源煤电	1. 100	采矿	1	淮北	2
11	设计总院	1. 040	科学	1	合肥	5
12	中鼎股份	0. 930	制造	10	宣城	1
13	广信股份	0. 900	制造	11	宣城	2
14	泰禾光电	0. 880	制造	12	合肥	6
15	众源新材	0. 830	制造	13	芜湖	2
16	迎驾贡酒	0. 830	制造	14	六安	1
17	安纳达	0. 762	制造	15	铜陵	1
18	三七互娱	0. 760	信息	1	芜湖	3
19	伯特利	0. 750	制造	16	芜湖	4
20	九华旅游	0. 750	水利	1	池州	1
21	集友股份	0. 745	制造	17	安庆	1
22	新光圆成	0. 740	房地	1	马鞍山	1
23	众泰汽车	0. 710	制造	18	黄山	1
24	阳光电源	0. 710	制造	19	合肥	7
25	华孚时尚	0. 690	制造	20	淮北	3
26	常青股份	0. 670	制造	21	合肥	8
27	皖通高速	0. 658	交通	1	合肥	9
28	国祯环保	0. 650	水利	2	合肥	10
29	洽洽食品	0. 630	制造	22	合肥	11
30	永新股份	0. 610	制造	23	黄山	2
31	华菱精工	0. 600	制造	24	宣城	3
32	鸿路钢构	0. 600	制造	25	合肥	12
33	安徽水利	0. 600	建筑	1	蚌埠	1
34	时代出版	0. 594	文化	1	合肥	13

续表

总排名	公司名称	权益净利率	分行业排名		分城市排名	
35	中环环保	0.570	水利	3	合肥	14
36	皖新传媒	0.560	文化	2	合肥	15
37	黄山旅游	0.550	水利	4	黄山	3
38	安徽合力	0.550	制造	26	合肥	16
39	黄山胶囊	0.540	制造	28	宣城	4
40	山河药辅	0.540	制造	27	淮南	1
41	美亚光电	0.539	制造	29	合肥	17
42	马钢股份	0.536	制造	30	马鞍山	2
43	中钢天源	0.529	制造	31	马鞍山	3
44	安德利	0.480	批发	1	合肥	18
45	聚隆科技	0.440	制造	33	宣城	5
46	山鹰纸业	0.440	制造	32	马鞍山	4
47	雷鸣科化	0.410	制造	34	淮北	4
48	合肥城建	0.410	房地	2	合肥	19
49	安科生物	0.390	制造	35	合肥	20
50	皖天然气	0.380	电力	1	合肥	21
51	楚江新材	0.337	制造	36	芜湖	5
52	科大讯飞	0.330	信息	2	合肥	22
53	司尔特	0.300	制造	37	宣城	6
54	合肥百货	0.273	批发	2	合肥	23
55	中粮生化	0.246	制造	38	蚌埠	2
56	中电鑫龙	0.245	信息	3	芜湖	6
57	长信科技	0.240	制造	39	芜湖	7
58	皖通科技	0.236	信息	4	合肥	24
59	江淮汽车	0.230	制造	40	合肥	25
60	富煌钢构	0.210	制造	41	合肥	26
61	丰原药业	0.209	制造	42	芜湖	8
62	辉隆股份	0.190	批发	3	合肥	27
63	精达股份	0.180	制造	43	铜陵	2
64	全柴动力	0.170	制造	44	滁州	3
65	荃银高科	0.150	农林	1	合肥	28
66	神剑股份	0.140	制造	46	芜湖	9
67	六国化工	0.140	制造	47	铜陵	3

续表

总排名	公司名称	权益净利率	分行业排名		分城市排名	
68	应流股份	0.140	制造	45	合肥	29
69	德力股份	0.129	制造	48	滁州	4
70	华茂股份	0.110	制造	49	安庆	2
71	凯盛科技	0.101	制造	50	蚌埠	3
72	华菱星马	0.100	制造	51	马鞍山	5
73	梦舟股份	0.090	制造	52	芜湖	10
74	亚夏汽车	0.090	批发	4	芜湖	11
75	合锻智能	0.090	制造	53	合肥	30
76	科大国创	0.090	信息	5	合肥	31
77	江南化工	0.090	制造	54	宣城	7
78	皖江物流	0.080	交通	2	芜湖	12
79	乐金健康	0.080	制造	55	合肥	32
80	国风塑业	0.080	制造	56	合肥	33
81	皖能电力	0.070	电力	2	合肥	34
82	文一科技	0.050	制造	57	铜陵	4
83	铜陵有色	0.050	制造	59	铜陵	5
84	皖维高新	0.050	制造	58	合肥	35
85	精工钢构	0.041	建筑	2	六安	2
86	丰乐种业	0.039	农林	2	合肥	36
87	美菱电器	0.031	制造	60	合肥	37
88	海螺型材	0.025	制造	61	芜湖	13
89	铜峰电子	0.025	制造	62	铜陵	6
90	金种子酒	0.010	制造	63	阜阳	1
91	新集能源	0.009	采矿	2	淮南	2
92	安利股份	-0.077	制造	64	合肥	38
93	惠而浦	-0.130	制造	65	合肥	39
94	东华科技	-0.140	建筑	3	合肥	40
95	泰尔股份	-0.165	制造	66	马鞍山	6
96	安凯客车	-0.330	制造	67	合肥	41
97	凤形股份	-0.970	制造	68	宣城	8
98	盛运环保	-0.999	制造	69	安庆	3
平均值:0.456			中位数:0.385			

附件5　2017年安徽省上市公司业绩综合排名

排名	公司名称	综合得分	分行业排名		分城市排名		权益净利率排名	营业收入净利率排名	资产收益率排名	每股盈利排名
1	海螺水泥	0.8599	制造	1	芜湖	1	14	14	9	1
2	金禾实业	0.8277	制造	2	滁州	1	2	11	4	4
3	国机通用	0.7938	制造	3	合肥	1	1	8	1	8
4	口子窖	0.7724	制造	4	淮北	1	9	6	7	3
5	古井贡酒	0.7601	制造	5	亳州	1	15	19	13	2
6	欧普康视	0.7314	制造	6	合肥	2	6	2	2	7
7	三七互娱	0.698	信息	1	芜湖	2	4	7	3	18
8	开润股份	0.6837	制造	7	滁州	2	8	28	12	9
9	安纳达	0.6828	制造	8	铜陵	1	5	23	5	17
10	志邦股份	0.6564	制造	9	合肥	3	12	32	14	5
11	集友股份	0.6319	制造	10	安庆	1	7	3	6	21
12	设计总院	0.6212	科学	1	合肥	4	10	16	8	11
13	迎驾贡酒	0.6064	制造	11	六安	1	21	15	18	16
14	美亚光电	0.6061	制造	12	合肥	5	20	5	11	41
15	伯特利	0.5912	制造	13	芜湖	3	3	25	15	19
16	恒源煤电	0.585	采矿	1	淮北	2	19	20	26	10
17	华菱精工	0.5778	制造	14	宣城	1	13	40	17	31
18	安科生物	0.5735	制造	15	合肥	6	17	9	10	49
19	泰禾光电	0.5733	制造	16	合肥	7	26	13	16	14
20	新光圆成	0.568	房产	1	马鞍山	1	18	1	23	22
21	中鼎股份	0.5573	制造	17	宣城	2	22	35	29	12
22	众源新材	0.5416	制造	18	芜湖	4	25	69	20	15
23	皖新传媒	0.5366	文化	1	合肥	8	30	26	21	36
24	永新股份	0.5337	制造	19	黄山	1	37	33	24	30
25	皖通高速	0.5333	交通	1	合肥	9	33	4	27	27
26	黄山旅游	0.5289	水利	1	黄山	2	43	10	25	37
27	广信股份	0.5265	制造	20	宣城	3	42	24	32	13
28	四创电子	0.5257	制造	21	合肥	10	32	59	52	6
29	九华旅游	0.5223	水利	2	池州	1	47	17	33	20

续表

排名	公司名称	综合得分	分行业排名		分城市排名		权益净利率排名	营业收入净利率排名	资产收益率排名	每股盈利排名
30	阳光电源	0.5206	制造	22	合肥	11	23	31	38	24
31	中钢天源	0.5203	制造	23	马鞍山	2	24	29	19	43
32	山鹰纸业	0.5172	制造	24	马鞍山	3	11	30	28	46
33	山河药辅	0.5112	制造	25	淮南	1	36	22	22	40
34	洽洽食品	0.5098	制造	26	合肥	12	40	38	36	29
35	马钢股份	0.4939	制造	27	马鞍山	4	16	46	34	42
36	楚江新材	0.4885	制造	28	芜湖	5	39	66	30	51
37	黄山胶囊	0.4883	制造	29	宣城	4	52	21	39	39
38	常青股份	0.4851	制造	30	合肥	13	41	47	37	26
39	安徽合力	0.4824	制造	1	合肥	14	44	48	41	38
40	华孚时尚	0.4785	制造	32	淮北	3	31	51	46	25
41	长信科技	0.4777	制造	33	芜湖	6	29	54	31	57
42	聚隆科技	0.4715	制造	34	宣城	5	51	18	44	45
43	中环环保	0.4714	水利	3	合肥	15	46	12	40	35
44	时代出版	0.4649	文化	2	合肥	16	57	56	51	34
45	众泰汽车	0.4647	制造	35	黄山	3	35	52	43	23
46	雷鸣科化	0.4541	制造	36	淮北	4	49	27	42	47
47	精达股份	0.4514	制造	37	铜陵	2	34	62	35	63
48	国祯环保	0.449	水利	4	合肥	17	38	42	56	28
49	司尔特	0.4387	制造	38	宣城	6	54	41	48	53
50	鸿路钢构	0.4366	制造	39	合肥	18	62	57	61	32
51	皖天然气	0.4358	电力	1	合肥	19	48	61	45	50
52	中粮生化	0.4333	制造	40	蚌埠	1	27	60	49	55
53	安徽水利	0.4269	建筑	1	蚌埠	2	28	75	68	33
54	安德利	0.4255	批发	1	合肥	20	55	74	62	44
55	皖通科技	0.4218	信息	2	合肥	21	56	37	50	58
56	科大讯飞	0.4203	信息	3	合肥	22	60	39	54	52
57	荃银高科	0.4118	农林	1	合肥	23	45	34	47	65
58	神剑股份	0.4105	制造	41	芜湖	7	53	45	53	66

续表

排名	公司名称	综合得分	分行业排名		分城市排名		权益净利率排名	营业收入净利率排名	资产收益率排名	每股盈利排名
59	中电鑫龙	0.4038	信息	4	芜湖	8	65	36	55	56
60	合肥城建	0.4028	房产	2	合肥	24	50	49	76	48
61	合肥百货	0.3963	批发	2	合肥	25	59	70	60	54
62	丰原药业	0.3938	制造	42	芜湖	9	61	72	63	61
63	德力股份	0.3865	制造	43	滁州	3	70	43	59	69
64	辉隆股份	0.3841	批发	3	合肥	26	58	82	66	62
65	国风塑业	0.384	制造	44	合肥	27	64	63	57	80
66	梦舟股份	0.3814	制造	45	芜湖	10	63	64	58	73
67	全柴动力	0.3754	制造	46	滁州	1	73	76	70	64
68	富煌钢构	0.3741	制造	47	合肥	28	69	71	78	60
69	乐金健康	0.3737	制造	48	合肥	29	76	53	64	79
70	江淮汽车	0.3718	制造	49	合肥	30	75	89	80	59
71	合锻智能	0.3703	制造	50	合肥	31	77	50	67	75
72	六国化工	0.37	制造	51	铜陵	3	68	86	75	67
73	皖江物流	0.3694	交通	2	芜湖	11	66	55	65	78
74	亚夏汽车	0.3673	批发	4	芜湖	12	67	81	71	74
75	凯盛科技	0.3657	制造	52	蚌埠	3	72	68	72	71
76	科大国创	0.3649	信息	5	合肥	32	71	67	73	76
77	江南化工	0.3647	制造	53	宣城	7	79	44	69	77
78	华茂股份	0.3635	制造	54	安庆	2	78	65	74	70
79	应流股份	0.3606	制造	55	合肥	33	80	58	82	68
80	铜陵有色	0.3553	制造	56	铜陵	4	74	85	77	83
81	皖维高新	0.3508	制造	57	合肥	34	82	77	79	84
82	华菱星马	0.3504	制造	58	马鞍山	5	81	80	86	72
83	文一科技	0.35	制造	59	铜陵	5	83	73	81	82
84	皖能电力	0.3448	电力	2	合肥	35	85	88	84	81
85	精工钢构	0.3435	建筑	2	六安	2	84	84	85	85
86	铜峰电子	0.3432	制造	60	铜陵	6	86	78	83	89
87	丰乐种业	0.3417	农林	2	合肥	36	87	83	87	86

续表

排名	公司名称	综合得分	分行业排名		分城市排名		权益净利率排名	营业收入净利率排名	资产收益率排名	每股盈利排名
88	美菱电器	0.3359	制造	61	合肥	37	88	91	90	87
89	海螺型材	0.3354	制造	62	芜湖	13	90	90	88	88
90	金种子酒	0.334	制造	63	阜阳	1	91	87	89	90
91	新集能源	0.3313	采矿	2	淮南	2	89	79	91	91
92	安利股份	0.3054	制造	64	合肥	38	92	92	92	92
93	惠而浦	0.294	制造	65	合肥	39	93	93	94	93
94	东华科技	0.293	建筑	3	合肥	40	94	94	93	94
95	泰尔股份	0.2436	制造	66	马鞍山	6	95	97	96	95
96	安凯客车	0.2134	制造	67	合肥	41	97	95	95	96
97	凤形股份	0.0597	制造	68	宣城	8	96	96	98	97
98	盛运环保	0	制造	69	安庆	3	98	98	97	98

B.3
安徽省上市公司创新能力发展报告

创新是引领发展的第一动力，是建设现代化经济体系的战略支撑。一个地区的企业创新能力对于本地区区域创新能力的提高具有决定性的作用，也是推动该地区经济进步的主要力量。提高区域乃至国家创新能力必须以提高企业创新能力为基础，而提高企业创新能力必须建立在对企业创新能力准确评价的基础上。上市公司是企业中的优秀成分，上市公司的创新能力基本能够反映出一个区域内企业的创新能力。合理地评价安徽省上市公司创新能力，对提升企业创新、产业创新和区域创新具有现实指导意义。本报告从创新投入和创新产出对创新能力进行分析，分指标对上市公司进行排名，并利用熵值赋权法计算各个指标的权重，对上市公司综合指标进行排名，分行业、城市、企业属性和板块层次分别进行排名和分析，并将综合得分排名与各分指标得分排名进行对比，找出造成企业创新综合能力落后的原因，最后针对本报告结论提出相应的对策和建议。

一　安徽省上市公司创新能力概述

本节首先基于创新能力理论研究，阐述创新能力的基本内涵，分析创新能力不同维度（创新投入能力和创新产出能力）的具体含义。其次，阐述安徽省上市公司创新能力的研究意义。目前，对安徽省上市公司创新能力的评价研究还不够全面具体，构建有效的评价体系，找出安徽省上市公司创新能力取得的成绩及其短板，对进一步加强安徽省企业核心竞争力的发展具有重要意义。最后，从指标体系设立原则、指标选取、综合评价方面描述创新能力的指标选择及测算方法。

（一）创新能力基本内涵

创新包含技术创新、制度创新和商业模式创新[①]。本报告的创新能力主要指的是技术创新能力。技术创新是指由企业或者研发机构发起和完成的，将一种新产品或新的生产工艺引入市场。技术创新是一个长期的过程，它始于某个想法，直至产品投放市场才告一段落。创新过程的每一个阶段都需要知识、技能、劳作以及成员的通力合作，每一阶段都由开发过程的技术要求及其合法性所决定。从技术创新的整体过程来看，技术创新能力一般包括各种资源的投入能力和产出能力等。创新的资源投入为创新行为的启动、维持以及创新产出奠定了基础。创新的资源投入主要是指研发人员的投入和研发资金的投入；产出能力主要是指专利申请量和代表企业创新盈利的能力。

（二）上市公司创新能力研究意义

上市公司是所有企业中的优质企业，上市公司的创新能力基本能够反映出一个区域内企业的创新能力。构建有效的评价体系，合理地评价安徽省上市公司创新能力，有助于进一步加强企业核心竞争力的发展，促进产业创新升级，带动整个安徽省创新能力的提升。

在微观上，通过选择合适的指标对上市公司创新能力进行评判，可以发现上市公司创新能力的成绩和不足，为这些公司提升自主创新能力提供决策依据。对于创新投入不足的企业，该评价可以促使其增加创新研发投入；对于创新产出不足的企业，该评价可以促使其提高创新产出效率，提升创新产出能力。该评价有利于企业采取合理的措施，提升持续创新能力，保持和提高竞争优势。

在宏观上，政府依据本评价结果可以把握安徽省上市公司创新能力的总体状况，了解各上市公司技术创新的差异，甄别出技术创新比较好和技术创

---

① 传统的熊彼特创新主要指技术创新，新的熊彼特创新包括技术创新和制度创新，现代创新则包括技术创新、制度创新和商业模式创新。

新不足的企业，从而可以更加有针对性地制定相关的面向企业的技术创新政策，激励上市公司整体创新水平的提高，分类指导或引导创新不足企业，加大创新投入力度和提高产出水平，并进一步引导上市公司带动各产业各区域企业加大创新投入，提高创新产出，促进区域经济和产业经济转型升级，增强全省经济竞争能力，提高发展质量。

（三）创新能力指标选择及测算方法

1. 创新能力指标体系设立原则

为了对安徽省上市公司创新能力进行合理的评估，首先需要构建安徽省上市公司创新能力评价指标体系，在构建过程中应坚持如下原则：

科学性原则。是指所选用的指标以科学的理论和相关文献为基础，对上市公司创新投入能力和创新产出能力进行科学合理的衡量、分析与评价。

客观性原则。是指所构建的指标体系的数据来源是客观的二手数据，相对主观性较高的一手数据而言能够更加客观的反映安徽省上市公司的创新能力。

可行性原则。是指获取指标的原始数据是经济的、可获得的，具有一定的可行性。

2. 创新能力指标选取

（1）创新投入

目前相关文献和报告中衡量创新投入能力采用最多的指标为研发强度和高学历员工比例。研发强度越高，说明该公司对科技投入力度越大；高学历员工人数越多往往整体创新能力和素质也更高①。据此，本报告选用研发强度和高学历员工比例作为创新投入指标。

$$研发强度 = (研发支出 \div 营业收入) \times 100\%$$
$$高学历员工比例 = (本科及以上学历人数 \div 员工总数) \times 100\%$$

① 徐立平、姜向荣、尹翀：《企业创新能力评价指标体系研究》，《科研管理》2015 年第 s1 期，第 122 ~ 126 页。

（2）创新产出

本报告选用员工每百人专利申请数和主营业务利润率作为创新产出指标。企业的创新产出一方面以专利等有形的实物形式存在，而且从现有研究来看，学者们都以专利数这个便于量化的指标来表示企业的创新产出。能反映企业专利情况的一般有专利申请数和专利授权数两个指标，本报告研究时采用专利申请数。另一方面，企业创新活动的成功实现最终会转化为实际的专利，从而直接提高企业的盈利能力以及创新绩效，由于企业新产品产值这一数据无法获取，本报告采取主营业务利润率作为替代指标进行衡量，反映企业创新产品市场化的成效①。

员工每百人专利申请率 = 专利申请量 ÷（员工总数 ÷100）

主营业务利润率 =（主营业务利润 ÷ 主营业务收入）×100%

3. 创新能力综合评价方法

目前国内外关于多指标综合评价的方法有很多。根据权重确定方法的不同，这些方法可以大致分为主观赋权法和客观赋权法两类②。熵值法是一种客观赋权法，它能够深刻地反映出指标信息熵值的效用价值，其给出的指标权重值比德尔菲法和层次分析法有较高的可信度。因此，本报告采用熵值赋权法对企业创新能力进行综合评价。

二　安徽省上市公司创新能力分析

本报告从创新投入与创新产出 2 个维度测量安徽省上市公司的创新能力。创新投入采用研发强度和高学历（本科及以上学历）员工比例 2 个指标来测量，其中，研发强度 =（研发支出 ÷ 营业收入）×100%，高学历员工比例 =（高学历员工数 ÷ 员工总数）×100%。一般来说，研发强度

① 郭嘉琦：《中小板上市公司创新投入、创新产出与企业绩效关系的研究》，山西大学，2013。

② 郭显光：《改进的熵值法及其在经济效益评价中的应用》，《系统工程理论与实践》1998 年第 12 期，第 98～102 页。

越高，说明该公司对科技投入力度越大；高学历员工人数越多，企业的整体创新能力和人员素质往往更高。创新产出采用每百人专利申请数和主营业务利润率2个指标来测量，其中，每百人专利申请数 = 专利申请数 ÷（员工总数 ÷ 100），主营业务利润率 =（主营业务利润 ÷ 主营业务收入）× 100%。以上所有指标计算的数值均采用2015～2017年三年的平均值。企业的创新产出一方面以专利等有形的实物形式存在，而且从现有研究来看，学者们都以专利数这个便于量化的指标来表示企业的创新产出。另一方面，企业创新活动的成功实现最终会转化为实际的专利，从而直接提高企业的盈利能力以及创新绩效，由于企业新产品产值这一数据无法获取，本报告采取主营业务利润率作为替代指标进行衡量，反映企业创新产品市场化的成效。

专利申请数的数据来源于CSMAR、佰腾专利检索网和SIPO专利检索及分析，其他指标的相关数据来自Wind和公司年报。特殊数据的处理：①缺失值部分采用平均值替代。②海螺水泥的研发支出在以上数据源中未披露，计为0。③华茂股份、华孚时尚、安纳达、中电鑫龙、全柴动力、精达股份、海螺水泥、华菱精工、设计总院这9家公司因为年报数据披露形式问题，本科及以上学历员工数用大专及以上学历员工数代替；开润股份、华菱星马、精工钢构因年报披露形式不同，高学历员工数用研究各及以上学历员工数代替。④年报披露形式为大专以及上学历人数的公司中，Wind有数据的（精达股份、华菱精工）采用Wind数据；反之，采用年报数据。⑤巨潮资讯网上没有伯特利的年报，其高学历员工数采用年报数据。

（一）上市公司创新投入能力分析

安徽省上市公司共计103家，中弘股份和*ST华信由于存在重大经营问题，故分析时剔除中弘股份和*ST华信，最终以101家上市公司作为研究样本分析安徽省上市公司创新投入能力。本节将分别针对研发强度和高学历员工比例2个指标从总体、行业、城市、板块、属性5个方面对这101家上市公司进行排名和分析。

1. 安徽省上市公司研发强度

附件1描述了安徽省上市公司研发强度排名，其中，研发强度 =（研发支出 ÷ 营业收入）×100%。需要特别说明的一点是，海螺水泥是由于其研发支出在本部分数据源中未披露计为0，皖江物流研发强度的百分数由于保留两位小数成为0.00%之外，其他13家上市公司由于年报里标注“研发支出不适用”而计为0。本部分将从总体、行业、城市、板块、属性5个方面进行排名和分析。

（1）总体分析

从总体来看，研发强度排名前十位的上市公司依次是：科大讯飞、科大国创、应流股份、安科生物、泰禾光电、三七互娱、集友股份、广信股份、皖通科技、美亚光电，其中，排名第一位的科大讯飞的研发强度为21.59%，排名第十位的美亚光电研发强度为5.68%，只有前三位上市公司研发强度超过了10%；研发强度排名后十位的上市公司是：亚夏汽车、皖通高速、黄山旅游、新力金融、海螺水泥、皖新传媒、新集能源、安德利、九华旅游、皖天然气，研发强度均为0，海螺水泥是由于其研发支出在本部分数据源中未披露计为0，皖江物流研发强度的百分数由于保留两位小数成为0.00%之外，其他13家上市公司因年报里标注“研发支出不适用”计为0。除这15家公司外，研发强度最低的是辉隆股份，只有0.14%。

101家上市公司的研发强度平均数为1.94%，高于平均数的公司有65家，低于平均数的公司有36家，而101家上市公司的研发强度中位数为2.89%，高于研发强度平均数约1个百分点，这说明低研发支出的上市公司拉低了101家上市公司研发强度的平均水平，出现“弱者很弱”的现象。剔除14家研发支出为0的上市公司后，在剩下的87家上市公司中，研发强度平均数为2.49%，中位数为3.13%，高于平均数的公司有57家，低于平均数的公司有30家。

图1展示了2015～2017年安徽省上市公司研发强度的变化趋势。从图中可以看出，安徽省上市公司研发强度在2016年经历了一次小幅度上升之后，2017年又降低到了2015年的水平。

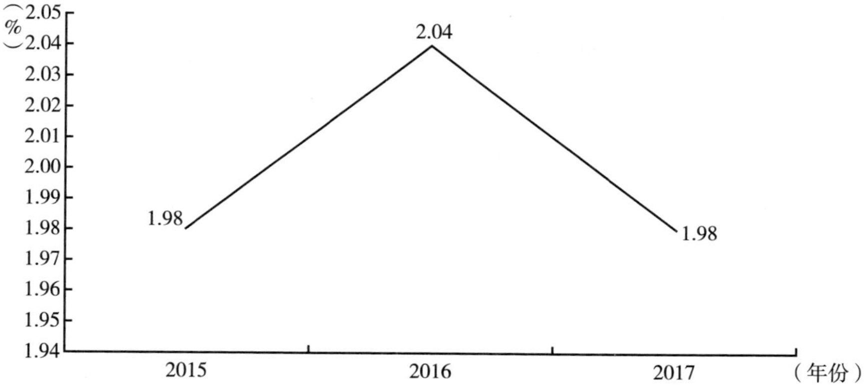

图 1　2015～2017 年安徽省上市公司研发强度

（2）行业分析

从行业来看，根据证监会最新行业分类，参与分析的安徽省 101 家上市公司分属 13 个行业：采矿业（2 家），电力、热力、燃气及水生产和供应业（2 家），房地产业（2 家），建筑业（3 家），交通运输、仓储和邮政业（2 家），金融业（3 家），科学研究和技术服务业（1 家），农、林、牧、渔业（2 家），批发和零售业（4 家），水利、环境和公共设施管理业（4 家），文化、体育和娱乐业（2 家），信息传输、软件和信息技术服务业（5 家），制造业（69 家）。图 2、图 3 分别展示了安徽省上市公司行业分布和各行业的研发强度情况。

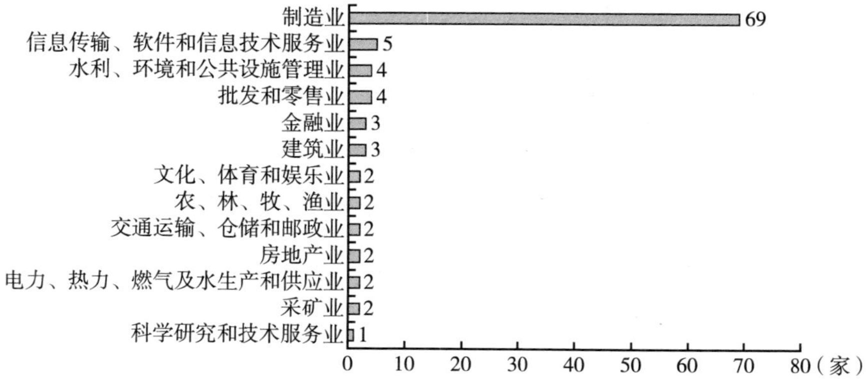

图 2　安徽省上市公司行业分布

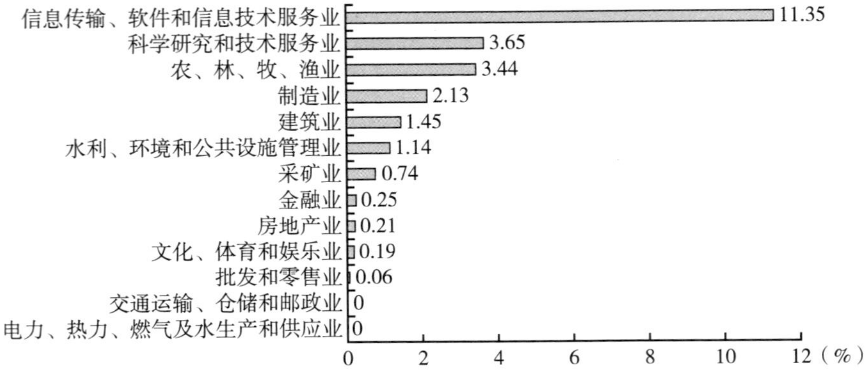

图 3　安徽省上市公司各行业研发强度

从图 3 可以看出，信息传输、软件和信息技术服务业的研发强度排名第一位，远远高于其他 12 个行业，达到了 11.35%。排名第二位的是科学研究和技术服务业，研发强度为 3.65%，但与第一位的差距很大。排名最后两位的依次是交通运输、仓储和邮政业，电力、热力、燃气及水生产和供应业。

从图 2 可以看出，制造业共有 69 家上市公司，远超其他行业上市公司数的总和。制造业的研发强度排名第四位，制造业内公司研发强度排名第一位的是应流股份，达到了 10.40%，排名第二位的是安科生物，研发强度为 9.72%，第三位是泰禾光电，研发强度为 7.98%，第四位是集友股份，研发强度为 6.00%，第五位是广信股份，研发强度为 5.90%；制造业内公司研发强度排名后五位的是：长信科技、迎驾贡酒、洽洽食品、口子窖、海螺水泥。

表 1　2017 年部分制造业细分行业上市公司研发强度

细分行业	公司	研发强度(%)	细分行业	公司	研发强度(%)
非金属矿物制品业	马钢股份	1.59	橡胶和塑料制品业	安利股份	5.52
	海螺水泥	0.00		永新股份	5.15
纺织业	开润股份	3.33		国风塑业	4.02
	华茂股份	2.85		中鼎股份	3.76
	华孚时尚	1.59		海螺型材	1.72

续表

细分行业	公司	研发强度(%)	细分行业	公司	研发强度(%)
金属制品业	富煌钢构	3.41	专用设备制造业	应流股份	10.40
	凤形股份	2.94		泰禾光电	7.98
	鸿路钢构	1.27		美亚光电	5.68
计算机、通信和其他电子设备制造业	凯盛科技	5.28		安徽合力	4.20
	四创电子	4.48		欧普康视	3.37
	铜峰电子	3.03	汽车制造业	江淮汽车	4.06
	长信科技	0.70		华菱星马	3.81
酒、饮料和精制茶制造业	古井贡酒	3.14		伯特利	3.13
	金种子酒	1.56		安凯客车	2.90
	迎驾贡酒	0.51		众泰汽车	2.89
	口子窖	0.38		常青股份	2.89
医药制造业	安科生物	9.72	通用设备制造业	国机通用	5.32
	黄山胶囊	3.50		合锻智能	4.88
	山河药辅	2.70		泰尔股份	3.63
	丰原药业	2.16		全柴动力	3.46
有色金属冶炼及压延加工	众源新材	2.50		盛运环保	2.38
	楚江新材	2.08		华菱精工	1.48
	梦舟股份	1.30	—		
	铜陵有色	1.18			

表 2　2017 年有关 7 家公司的制造业细分行业研发强度（电气机械及器材制造业）

排名	公司	研发强度(%)	排名	公司	研发强度(%)
1	美菱电器	5.21	5	阳光电源	3.91
2	乐金健康	4.74	6	惠而浦	2.70
3	文一科技	4.68	7	精达股份	2.42
4	聚隆科技	3.94	—		

表 3　2017 年有关 10 家公司的制造业细分行业研发强度（化学原料及化学制品制造业）

排名	公司	研发强度	排名	公司	研发强度(%)
1	广信股份	5.90	6	江南化工	2.72
2	中钢天源	4.38	7	六国化工	2.40
3	神剑股份	3.66	8	金禾实业	2.30
4	安纳达	3.34	9	雷鸣科化	1.07
5	司尔特	3.16	10	中粮生化	0.76

从制造业细分行业来看，参与分析的安徽省上市公司制造业细分行业共有19个，由表1可知，拥有2家公司的行业有1个，3家公司的行业有2个，4家公司的行业有4个，5家公司的行业有2个，6家公司的行业有2个；如表2所示，拥有7家公司的行业有1个；由表3可知，拥有10家公司的行业有1个；只有1家公司的细分行业有6个，包括：黑色金属冶炼及压延加工（马钢股份）、化学纤维制造业（皖维高新）、家具制造业（志邦股份）、农副食品加工业（洽洽食品）、印刷和记录媒介复制业（集友股份）、造纸及纸制品业（山鹰纸业）。

图4展示了2015～2017年安徽省上市公司信息传输、软件和信息技术服务业，科学研究和技术服务业，农、林、牧、渔业和制造业的研发强度变化趋势。从图中可以看出，信息传输、软件和信息技术服务业上市公司研发强度2016年有小幅下降，但2017年有较大上升，超过了2015年的水平；农、林、牧、渔业上市公司研发强度的变动不明显，是先小幅下降后又小幅上升，但2017年水平仍低于2015年；科学研究和技术服务业上市公司研发强度在2016年有下降，2017年下降的幅度较大；制造业上市公司研发强度的变动也很小。

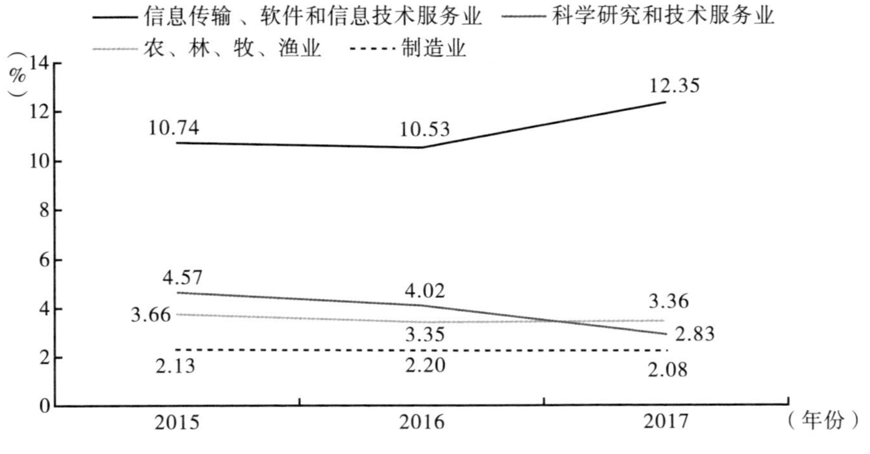

图4　2015～2017年安徽省上市公司部分行业研发强度

(3) 城市分析

从城市来看，参与分析的安徽省101家上市公司分布在15个地级市：安庆市（3家）、蚌埠市（3家）、亳州市（1家）、池州市（1家）、滁州市（4家）、阜阳市（1家）、合肥市（44家）、淮北市（4家）、淮南市（2家）、黄山市（3家）、六安市（2家）、马鞍山市（6家）、铜陵市（6家）、芜湖市（13家）、宣城市（8家）。图5、图6分别展示了安徽省上市公司城市分布和各城市的研发强度情况。

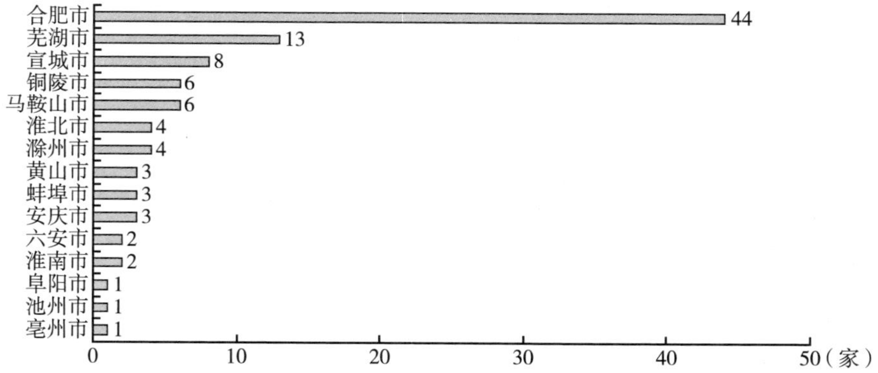

图5　安徽省上市公司城市分布

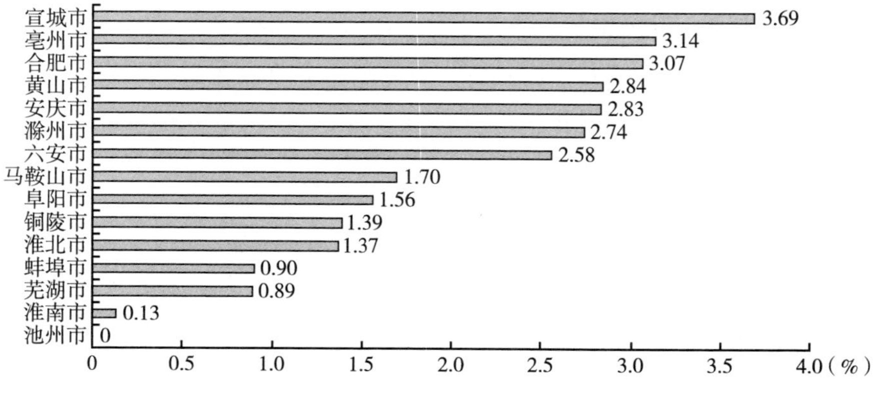

图6　安徽省上市公司各城市的研发强度

从图 5 可以看出，安徽省上市公司城市分布情况与各城市的经济发达程度密切相关，经济最发达的省会城市合肥市的上市公司数量遥遥领先其他城市，有 44 家上市公司，接近安徽省上市公司总数的一半，芜湖市有 13 家上市公司，排名第二位；而阜阳市、池州市、亳州市都只有 1 家上市公司，可见安徽省上市公司城市分布两极分化严重。从图 6 可以看出，宣城市、亳州市占据了安徽省上市公司城市研发强度的前两位，但宣城有 8 家上市公司，亳州仅有 1 家上市公司，并不具有代表性，与之相比，拥有 44 家上市公司的合肥虽然排名第三，但在所有城市中更具代表性。

合肥市内上市公司中，研发强度排名前五位的，同时也是安徽省上市公司研发强度排名的前五位，而合肥市上市公司研发强度排名第六到十位的依次为：皖通科技、美亚光电、安利股份、国机通用、美菱电器；合肥市上市公司研发强度排名最后五位的为：皖通高速、新力金融、皖新传媒、安德利、皖天然气。

图 7 展示了 2015 ~2017 年安徽省上市公司合肥、宣城、芜湖、蚌埠四市上市公司研发强度变化趋势。从图中可以看出，宣城市上市公司研发强度平均水平比合肥市上市公司高，但宣城市上市公司的数量相较于合肥很少，这对其研发强度也存在重要影响，例如亳州市上市公司研发强度排名第二很大原因在于其只有一家上市公司。宣城市上市公司的研发强度 3 年来变化不大，2016 年小幅上升，2017 年又小幅度回降；合肥市上市公司研发强度 3 年来整体在上升，其中 2016 年上升较明显；而芜湖市上市公司研发强度 3 年来基本上稳定在低水平没有变化，一直是 0. 89%；蚌埠市上市公司研发强度 2015 年和 2017 年都低于芜湖市上市公司研发强度不到 0. 1 个百分点，而 2016 年前者高于后者 0. 2 个百分点以上，但以上分析中芜湖市的海螺水泥的研发强度因数据库未披露（数据计为 0）而对结果产生一定程度的影响。

2016 年国务院批准建设合芜蚌国家自主创新示范区，合肥、芜湖、蚌埠三市成为省内推进全面创新改革的重要依托。从产业上来看，合肥市上市公司的战略性新兴产业更为齐全，包括新能源、医药生物、新一代信息技术、节能环保、现代装备制造，而芜湖市和蚌埠市的上市公司以其传统产业

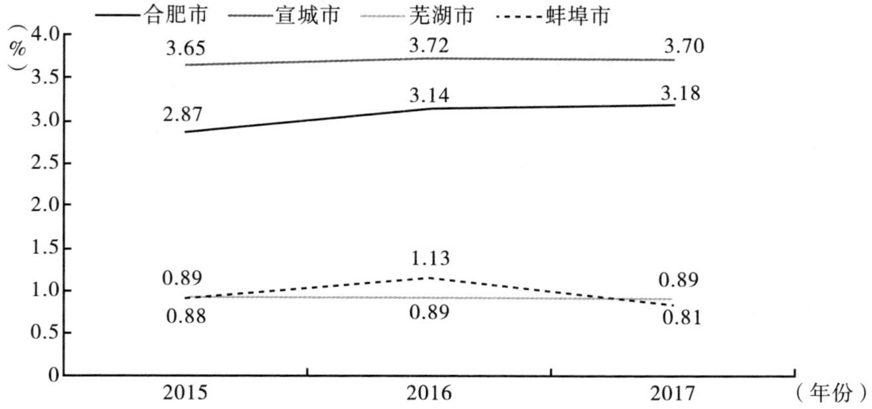

图 7　2015～2017 年安徽省上市公司部分城市研发强度

为主，这也影响着它们各自的研发强度：合肥市上市公司的研发强度远高于其他两座城市，芜湖市和和蚌埠市的上市公司的研发强度差距不大。

（4）板块分析

从板块来看，参与分析的安徽省 101 家上市公司中，主板有 61 家，中小板有 26 家，创业板有 14 家。图 8 展示了安徽省上市公司各板块的研发强度情况。从中可以直观地看出，创业板的研发强度排名第一位，达到 3.23%，中小板紧随其后排名第二位，与创业板差距不大，而主板的研发强度排名最后，只有 1.77%，与前面两个板块的差距较大。

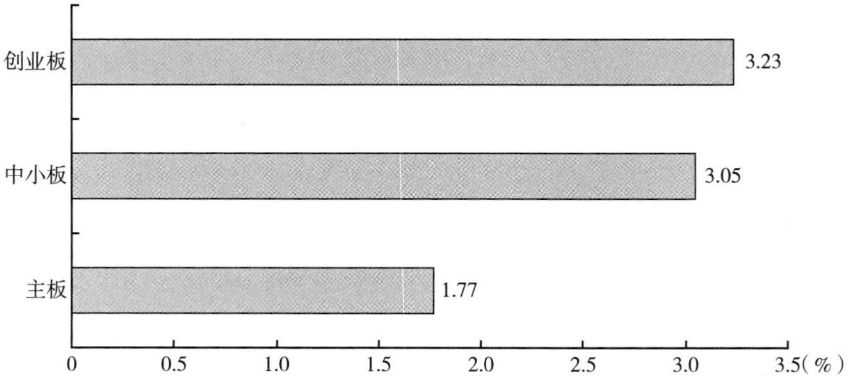

图 8　安徽省上市公司各板块的研发强度

主板上市公司研发强度排名前十位的依次是：应流股份、泰禾光电、集友股份、广信股份、国机通用、凯盛科技、美菱电器、合锻智能、文一科技、四创电子，主板上市公司研发强度排名后九位的，同时也是安徽省上市公司研发强度排名的后九位。中小板上市公司研发强度排名前五位的依次是：科大讯飞、三七互娱、皖通科技、美亚光电、中电鑫龙；中小板上市公司研发强度排名后五位的是：洽洽食品、新光圆成、辉隆股份、合肥城建、亚夏汽车。

图 9 展示了 2015 ~ 2017 年安徽省上市公司各板块研发强度变化趋势。从图中可以看出，创业板上市公司研发强度平均水平高于其他两个板块，但是中小板与之差距较小，两者都是上升趋势，且 2017 年中小板上市公司基本达到了创业板上市公司的研发强度；主板上市公司研发强度则整体表现较为落后，且 2016 年后开始有下降趋势。

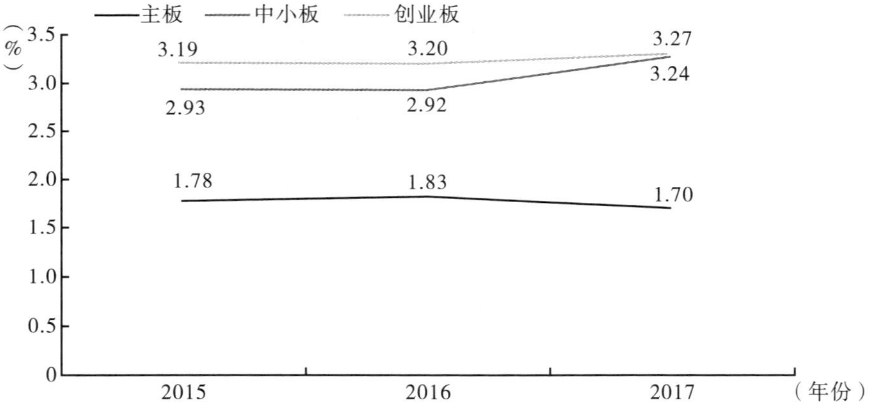

图 9　2015 ~ 2017 年安徽省上市公司各板块研发强度

（5）属性分析

从公司属性来看，参与分析的安徽省 101 家上市公司中，中央国有企业有 8 家，地方国有企业有 34 家，民营企业有 53 家，其他企业有 6 家（公众企业 1 家、集体企业 3 家、外资企业 2 家）。图 10 展示了安徽省上市公司各属性的研发强度情况。从图中可以看出，中央国有企业的研发强度最高，而且超过了 5%，民营企业的研发强度排名第二位，达到了 2.69%。

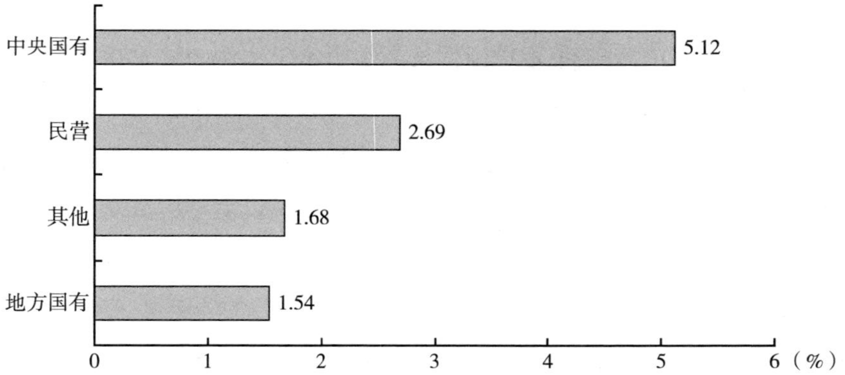

图 10　安徽省上市公司各属性的研发强度

中央国有企业研发强度排名前五位的依次是：科大讯飞、国机通用、凯盛科技、四创电子、中钢天源；民营企业研发强度排名前三位的依次为：科大国创、应流股份、安科生物；地方国有企业研发强度排名前三位的依次为：美菱电器、安徽合力、江淮汽车。

图 11 展示了 2015～2017 年安徽省上市公司各属性研发强度变化趋势。从图中可以看出，中央国有上市公司研发强度平均水平高于国有和民营上市公司，2016 年有所上升，2017 年与前一年持平。民营上市公司研发强度在 2016 年小幅下降，到 2017 年开始上升；而地方国有上市公司研发强度 2016 年经历了小幅上升，但 2017 年却呈现下降趋势。

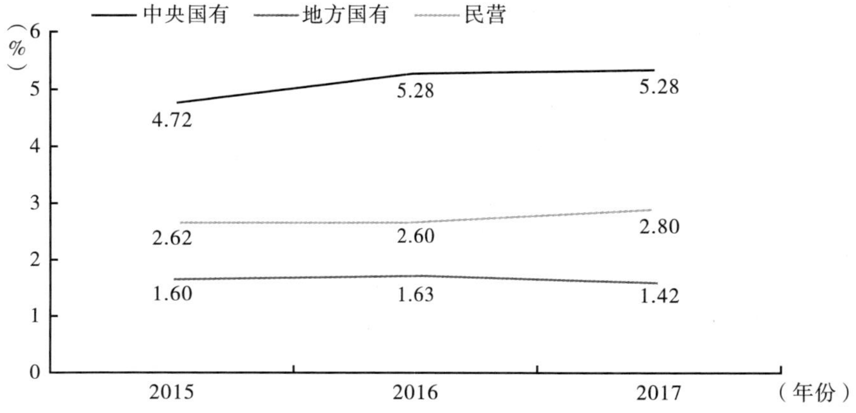

图 11　2015～2017 年安徽省上市公司部分属性研发强度

2. 安徽省上市公司高学历员工比例

创新投入能力的另一个衡量指标是高学历员工比例，这里指本科及以上学历员工比例，需要特别说明的一点是，华茂股份、华孚时尚、安纳达、中电鑫龙、全柴动力、精达股份、海螺水泥、华菱精工、设计学总院这 9 家公司因为数据披露形式问题，高学历员工数用大专及以上学历员工数代替，开润股份、华菱星马、精工钢构采用研究各及以上学历员工数代替。附件 2 展示了安徽省上市公司高学历员工比例排名，其中，高学历员工比例 =（高学历员工数 ÷ 员工总数）×100%。本部分将从总体、行业、城市、板块、属性 5 个方面进行排名和分析。

（1）总体分析

从总体来看，高学历员工比例排名前十位的上市公司依次是：东华科技、国元证券、科大讯飞、科大国创、华安证券、合肥城建、设计总院、阳光电源、皖通科技、四创电子，其中，排名第十位的美亚光电高学历员工比例为 58.82%，排名第一位的东华科技高学历员工比例为 90.89%，前三位上市公司高学历员工比例超过了 85%；高学历员工比例排名后十位的上市公司是：聚隆科技、长信科技、黄山胶囊、华菱精工、众源新材、凤形股份、安德利、精工钢构、开润股份、华菱星马，其中，排名最后一位的华菱星马高学历员工比例为 1.46%，排名倒数第十位的聚隆科技高学历员工比例为 4.81%。这 101 家上市公司的高学历员工比例平均数为 19.48%，高于平均数的公司有 38 家，低于平均数的公司有 63 家，而 101 家上市公司的高学历员工比例中位数为 14.52%，低于高学历员工比例平均数约 5 个百分点，这说明高学历员工比例高的上市公司拉高了 101 家上市公司高学历员工比例的平均水平，出现“强者很强”的现象。

图 12 展示了 2015 ~ 2017 年安徽省上市公司高学历员工比例的变化趋势。从图中可以看出，安徽省上市公司高学历员工比例 3 年来持续上升，在 2016 年经历了一次小幅度上升之后，2017 年又迎来了更大幅度的上升。

（2）行业分析

图 13 展示了安徽省上市公司各行业的高学历员工比例情况。从图中可以

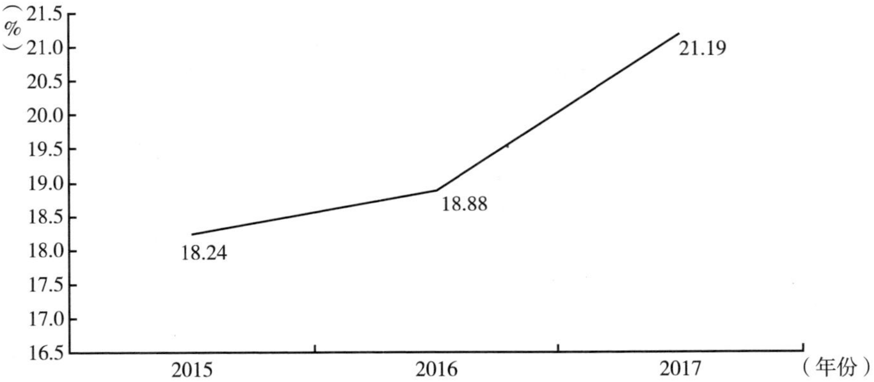

图 12　2015～2017 年安徽省上市公司高学历员工比例

看出，金融业的高学历员工比例排名第一位，达到了 80.40%。排名第二位的是信息传输、软件和信息技术服务业，高学历员工比例为 73.23%。第三位是科学研究和技术服务业，高学历员工比例达到了 64.13%。通过与前面研发强度行业分析的对比，可以发现，信息传输、软件和信息技术服务业，科学研究和技术服务业，农、林、牧、渔业，采矿业等，这些行业属于高研发强度高、高学历员工比例高的“双高”行业，其创新投入能力也就较强。高学历员工比例排名后三位的是交通运输、仓储和邮政业，批发和零售业及采矿业，其中，交通运输、仓储和邮政业及批发和零售业的研发强度也较低，属于研发强度低、高学历员工比例低的“双低”行业，说明其创新投入能力较弱。

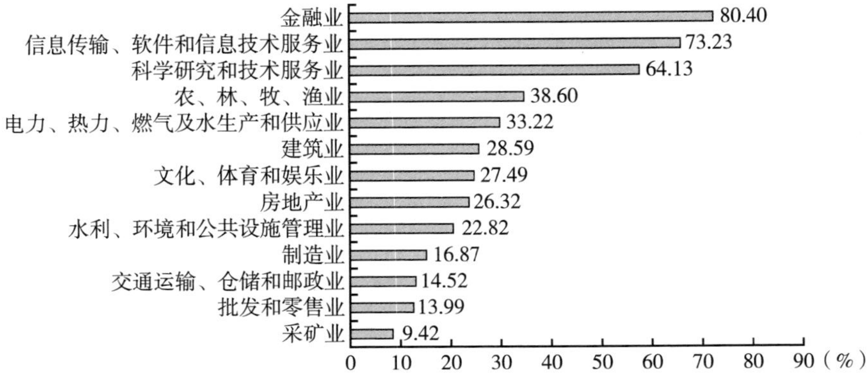

图 13　安徽省上市公司各行业的高学历员工比例

表4　部分制造业细分行业上市公司高学历员工比例

细分行业	公司	高学历员工比例(%)	细分行业	公司	高学历员工比例(%)
非金属矿物制品业	海螺水泥	28.60	橡胶和塑料制品业	安利股份	18.47
	德力股份	4.83		海螺型材	17.53
纺织业	华孚时尚	12.74		国风塑业	13.04
	华茂股份	10.10		中鼎股份	11.55
	开润股份	1.58		永新股份	10.88
金属制品业	鸿路钢构	10.81	专用设备制造业	美亚光电	43.82
	富煌钢构	8.89		泰禾光电	33.38
	凤形股份	2.44		欧普康视	30.85
计算机、通信和其他电子设备制造业	四创电子	58.82		安徽合力	22.15
	铜峰电子	10.59		应流股份	8.14
	凯盛科技	10.14	汽车制造业	江淮汽车	32.40
	长信科技	4.57		安凯客车	21.93
酒、饮料和精制茶制造业	古井贡酒	15.80		伯特利	17.13
	金种子酒	9.46		众泰汽车	14.19
	口子窖	8.77		常青股份	6.52
	迎驾贡酒	7.78		华菱星马	1.46
医药制造业	安科生物	39.63	通用设备制造业	全柴动力	37.13
	山河药辅	14.52		国机通用	35.42
	丰原药业	12.54		泰尔股份	25.69
	黄山胶囊	4.27		合锻智能	19.17
有色金属冶炼及压延加工	铜陵有色	11.51		盛运环保	18.45
	梦舟股份	9.79		华菱精工	3.78
	楚江新材	7.19	—		
	众源新材	3.67			

制造业的高学历员工比例排名倒数第四位，制造业内公司高学历员工比例排名第一位的是阳光电源，达到了62.71%，排名第二位的是四创电子，高学历员工比例为58.82%，第三位是美亚光电，高学历员工比例为43.82%，第四位是安科生物，高学历员工比例为39.63%，第五位是安纳

达，高学历员工比例为37.92%；制造业的高学历员工比例排名后五位的是：华菱精工、众源新材、凤形股份、开润股份、华菱星马。

安徽省上市公司制造业细分行业共有19个，只有1家公司的细分行业有6个，包括：黑色金属冶炼及压延加工（马钢股份）、化学纤维制造业（皖维高新）、家具制造业（志邦股份）、农副食品加工业（洽洽食品）、印刷和记录媒介复制业（集友股份）、造纸及纸制品业（山鹰纸业）。表4、表5、表6展示了安徽省上市公司制造业其他细分行业的高学历员工比例情况。

表5　有关7家公司的制造业细分行业高学历员工比例（电气机械及器材制造业）

排名	公司	高学历员工比例(%)	排名	公司	高学历员工比例(%)
1	阳光电源	62.71	5	乐金健康	11.63
2	美菱电器	18.54	6	精达股份	6.72
3	文一科技	15.66	7	聚隆科技	4.81
4	惠而浦	13.98	—		

表6　有关10家公司的制造业细分行业高学历员工比例（化学原料及化学制品制造业）

排名	公司	高学历员工比例(%)	排名	公司	高学历员工比例(%)
1	安纳达	37.92	6	雷鸣科化	11.72
2	中钢天源	27.77	7	江南化工	9.90
3	神剑股份	18.86	8	司尔特	8.18
4	六国化工	13.12	9	广信股份	6.21
5	中粮生化	11.39	10	金禾实业	6.02

图14展示了2015~2017年安徽省上市公司金融业，信息传输、软件和信息技术服务业，科学研究和技术服务业和制造业的高学历员工比例变化趋势。从图中可以看出，金融业和信息传输、软件和信息技术服务业上市公司高学历员工比例3年来都持续小幅上升；而科学研究和技术服务业上市公司3年来高学历员工比例持续小幅下降；制造业上市公司高学历员工比例在经历了2016年的小幅下降后，2017年又上升到超过了2015年的水平。

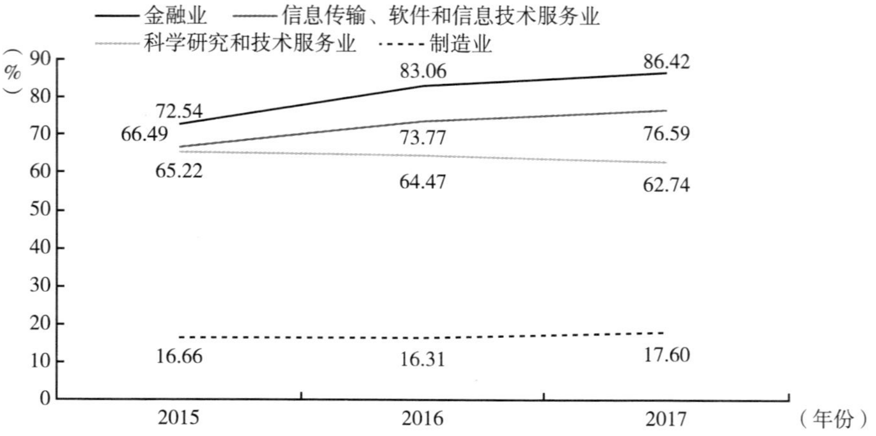

图 14　2015～2017 年安徽省上市公司部分行业高学历员工比例

(3) 城市分析

从图 15 可以看出，合肥市、蚌埠市、芜湖市占据了安徽省上市公司城市高学历员工比例的前三名，其中，合肥市上市公司高学历员工比例达到了 29.36%；排名最后三位的城市是：淮南市、阜阳市、六安市，而六安市上市公司高学历员工比例只有 5.08%。

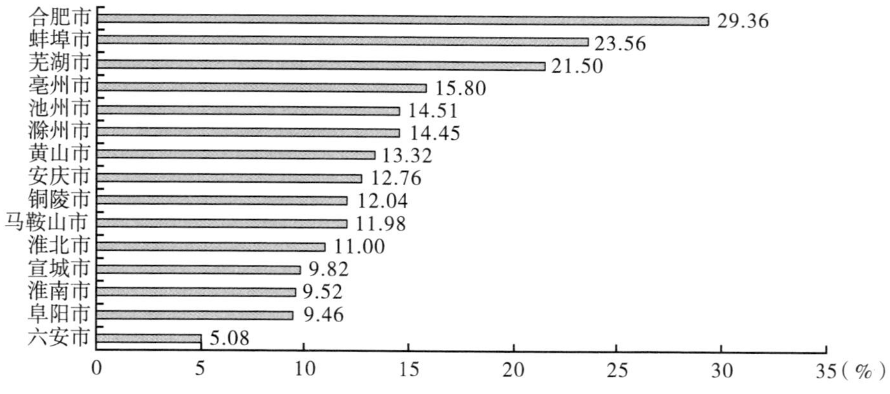

图 15　安徽省上市公司各城市的高学历员工比例

合肥市的上市公司数量遥遥领先其他城市，有 44 家上市公司。合肥市内上市公司中，高学历员工比例排名前十位的，同时也是安徽省上市公司高学历员工比例排名的前十位；合肥市上市公司高学历员工比例排名最后十位的为：惠而浦、国风塑业、乐金健康、合肥百货、鸿路钢构、富煌钢构、应流股份、皖维高新、常青股份、安德利，其中，安德利的高学历员工比例为2.06%，惠而浦的高学历员工比例为13.98%。结合前面的安徽省上市公司高学历员工比例的行业分析，可以看出高学历员工比例排名靠后的上市公司主要来自制造业及批发和零售业。

图16展示了2015~2017年安徽省上市公司合肥市、蚌埠市和芜湖市高学历员工比例变化趋势。合肥、蚌埠和芜湖既是安徽省上市公司高学历员工比例排名前三位的城市，同时也是国家批准建设的合芜蚌国家自主创新示范区。从图中可以看出，合肥市上市公司高学历员工比例3年来持续小幅上升；2015年蚌埠市上市公司高学历员工比例较低，但后面两年持续上升，特别是2017年上升明显，最终这一指标超过了芜湖和合肥；芜湖市上市公司高学历员工比例在2016年有所下降，但在2017年开始小幅回升。可以看出，从2016年国务院批准建设合芜蚌国家自主创新示范区以来，三座城市的上市公司高学历员工比例都开始呈上升趋势。

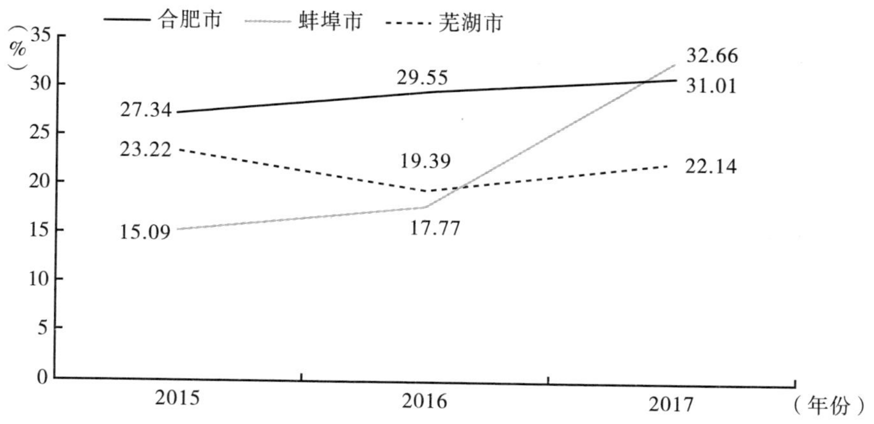

图16　2015~2017年安徽省上市公司部分城市高学历员工比例

（4）板块分析

图17展示了安徽省上市公司各板块的高学历员工比例情况。从图中可

以看出，中小板的高学历员工比例排名第一位，达到 23. 16% ，创业板紧随其后排名第二位，高学历员工比例达到了 21. 54% ，而主板的高学历员工比例排名最后，但也达到了 18. 60% ，三个板块的差距不是很大。

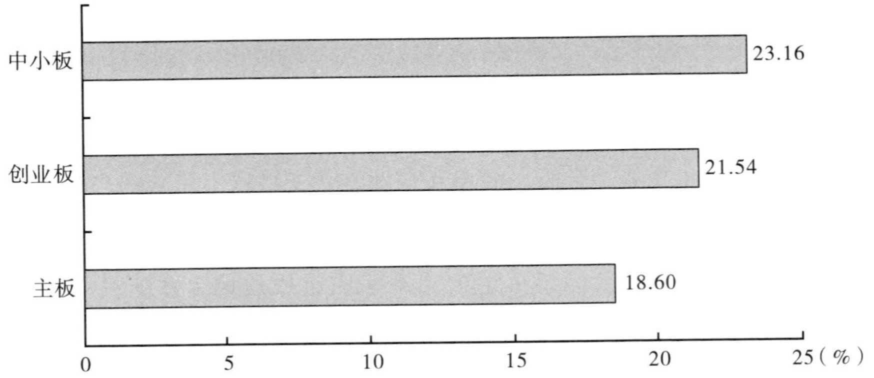

图 17　安徽省上市公司各板块的高学历员工比例

主板上市公司高学历员工比例排名前十位的依次是：国元证券、华安证券、设计总院、四创电子、皖天然气、安徽水利、全柴动力、新力金融、国机通用、时代出版，其中，时代出版的高学历员工比例为 34. 42% ，国元证券的高学历员工比例则为 88. 60% ；主板上市公司高学历员工比例排名后五位的为：华菱精工、众源新材、安德利、精工钢构、华菱星马，其中，华菱精工的高学历员工比例为 3. 78% 。中小板上市公司高学历员工比例排名前五位的依次是：东华科技、科大讯飞、合肥城建、皖通科技、三七互娱，其中，三七互娱的高学历员工比例为 53. 14% ，东华科技的高学历员工比例则为 90. 89% ；中小板上市公司高学历员工比例排名最后五位的是：楚江新材、金禾实业、德力股份、黄山胶囊、凤形股份，其中，楚江新材的高学历员工比例为 7. 19% 。

图 18 展示了 2015 ~2017 年安徽省上市公司各板块高学历员工比例变化趋势。从图中可以看出，2015 ~2017 年主板上市公司高学历员工比例持续缓慢上升；中小板上市公司高学历员工比例 3 年来也是持续上升，在 2016

年上升较多，2017 年增速降缓；创业板上市公司高学历员工比例在 2016 年经历了较大幅度下滑，但 2017 年开始较快回升。

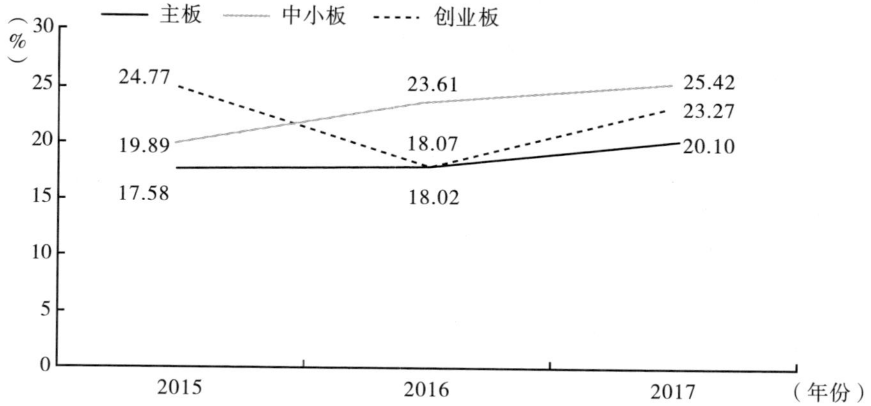

图 18　2015～2017 年安徽省上市公司板块高学历员工比例

（5）属性分析

图 19 展示了安徽省上市公司各属性的高学历员工比例情况。从图中可以看出，中央国有企业的高学历员工比例最高，超过了 25%，地方国有企业的高学历员工比例排名第二位，达到了 22.08%，民营企业的高学历员工比例排在最后一名，为 13.95%。

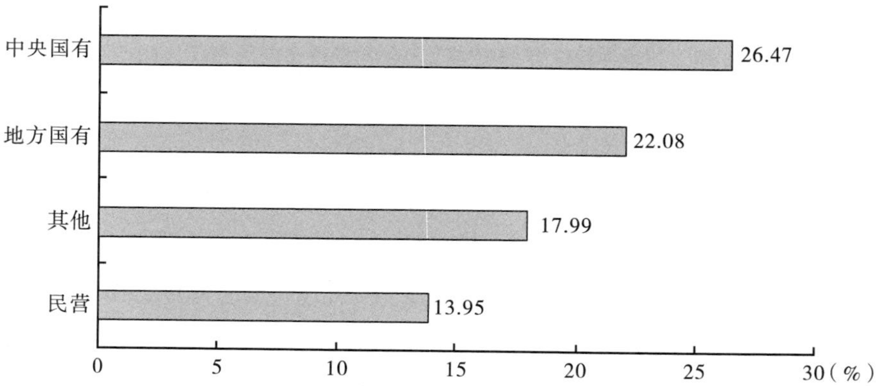

图 19　安徽省上市公司各属性的高学历员工比例

中央国有企业高学历员工比例排名前五位的依次是：东华科技、科大讯飞、四创电子、国机通用、中钢天源；地方国有企业高学历员工比例排名前三位的依次为：国元证券、华安证券、合肥城建；民营企业高学历员工比例排名前三位的依次为：科大国创、阳光电源、皖通科技。

图 20 展示了 2015 ~ 2017 年安徽省上市公司各属性高学历员工比例变化趋势。从图中可以看出，中央国有上市公司高学历员工比例整体好过地方国有和民营上市公司，2015 ~ 2017 年保持持续较快增长；地方国有上市公司高学历员工比例整体排名第二位，3 年来变化方向和中央国有上市公司一致，但增幅没有后者大；民营上市公司高学历员工比例在 2016 年有轻微下滑，2017 年开始回升。

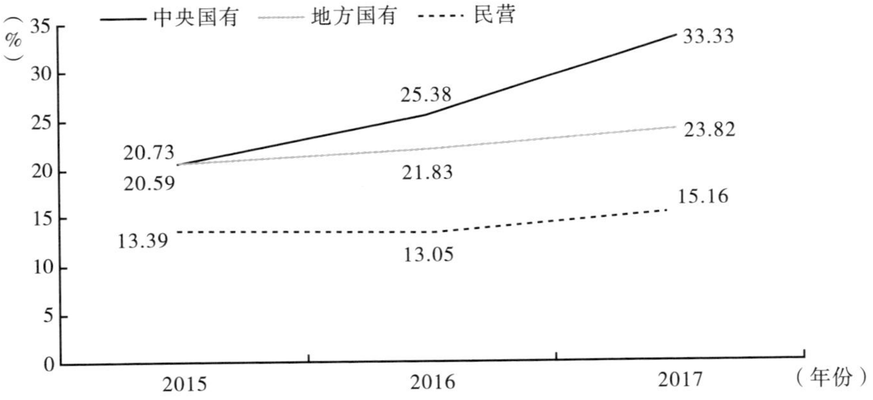

图 20　2015 ~ 2017 年安徽省上市公司属性高学历员工比例

（二）上市公司创新产出能力分析

安徽省上市公司共计 103 家，中弘股份和 * ST 华信存在重大经营问题，故分析时剔除中弘股份和 * ST 华信，最终以 101 家上市公司作为研究样本分析安徽省上市公司创新产出能力。本节将分别针对每百人专利申请数和主营业务利润率 2 个指标从总体、行业、城市、板块、属性 5 个方面对这 101 家上市公司进行排名和分析。

1. 安徽省上市公司每百人专利申请数

附件 3 描述了安徽省上市公司每百人专利申请数排名，其中，每百人专利申请数 = （专利申请数 ÷ 员工总数） ×100%，需要特别说明的一点是，合肥百货、合肥城建、亚夏汽车、黄山旅游、新力金融、华安证券、安德利、九华旅游、伯特利由于未查到相关专利数据，所以计为 0。以下将从总体、行业、城市、板块、属性 5 个方面进行排名和分析。

（1） 总体分析

从总体来看，每百人专利申请数排名前十位的上市公司依次是：安凯客车、阳光电源、江淮汽车、聚隆科技、四创电子、安徽合力、广信股份、中电鑫龙、中环环保、美亚光电，其中，排名第十位的美亚光电每百人专利申请数为 5.00，排名第一位的安凯客车的每百人专利申请数为 10.13；去掉未查到相关专利数据的 9 家公司后，排名后十位的公司依次是：铜陵有色、新集能源、皖新传媒、海螺水泥、长信科技、国元证券、皖通高速、皖江物流、华孚时尚、口子窖，这 10 家上市公司的每百人专利申请数都低于 0.2，最高的铜陵有色为 0.14，最低的口子窖仅为 0.01。这 101 家上市公司的每百人专利申请数平均数为 1.60，高于平均数的公司有 32 家，低于平均数的公司有 69 家，而 101 家上市公司的每百人专利申请数中位数为 0.83，低于每百人专利申请数平均数，约为它的一半，说明这 101 家上市公司的每百人专利申请数相差较大，具有较高的每百人专利申请数的公司大大提高了 101 家上市公司每百人专利申请数的平均水平，出现“强者很强”的现象。剔除 9 家每百人专利申请数为 0 的上市公司，在剩下的 92 家上市公司中，每百人专利申请数平均数为 1.76，中位数为 1.07，高于平均数的公司有 31 家，低于平均数的公司有 61 家，和未删除前情况类似。

图 21 展示了 2015 ~2017 年安徽省上市公司每百人专利申请数的变化趋势。从图中可以看出，安徽省上市公司每百人专利申请数在三年内呈现出不断下降的趋势，其中 2016 年下降的幅度比较大，2017 年则有所缓和。

（2） 行业分析

图 22 展示了安徽省上市公司各行业的每百人专利申请数情况。从图 22 可

图 21　2015～2017 年安徽省上市公司每百人专利申请数

以看出，房地产业的每百人专利申请数排名第一位，为 2.42。之所以出现这种现象是因为和其他行业相比房地产业的员工人数最少。排名第二位的是科学研究和技术服务业，每百人专利申请数为 1.92。其次是信息传输、软件和信息技术服务业，每百人专利申请数为 1.89。排名最后两位的依次是交通运输、仓储和邮政业，金融业，其每百人专利申请数仅为 0.03 和 0.02。

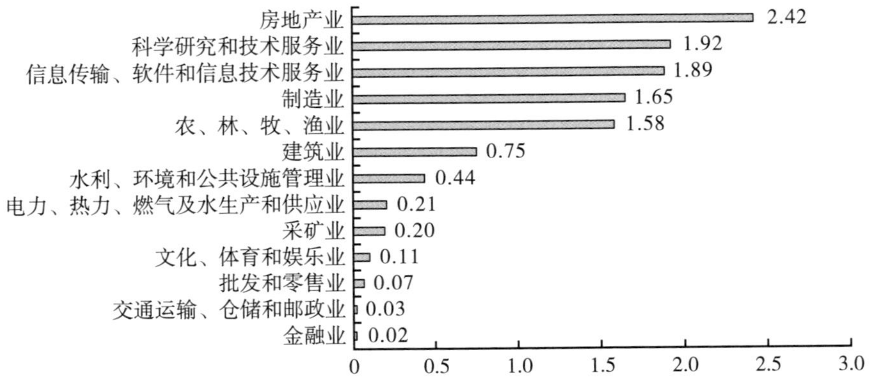

图 22　安徽省上市公司各行业每百人专利申请数

从图 22 可以看出，拥有上市公司数量最多的制造业每百人专利申请数为 1.65，在 13 类行业中排名第四位。在制造业内每百人专利申请数排名前六位的公司依次是安凯客车、阳光电源、江淮汽车、聚隆科技、四创电子和安徽合力，每百人专利申请数分别为 10.13、8.92、8.12、7.92、7.26、7.09。这六家公司也是 101 家上市公司中每百人专利申请数最多的六家。制造业内公司每百人专利申请数排名后五位的是：铜陵有色、海螺水泥、长信科技、华孚时尚、口子窖（其中伯特利因情况特殊不予考虑）。

从制造业细分行业来看，制造业内排名前六位同时也是 101 家上市公司排名前六位的公司，分别属于汽车制造业，电气机械及器材制造业，计算机、通信和其他电子设备制造业，专用设备制造业。其中汽车制造业、电气机械及器材制造业各有两家。且电器机械及器材制造业中过半企业的每百人专利申请数超过 101 家公司的平均数。除这四个行业外，化学原料及化学制品制造业和通用设备制造业中的上市公司每百人专利申请数也较多。而在 101 家上市公司每百人专利申请数排名中后五家则分别属于有色金属冶炼及压延加工、非金属矿物制品业、计算机、通信和其他电子设备制造业、纺织业和酒、饮料和精制茶制造业。

表 7　部分制造业细分行业上市公司每百人专利申请数

细分行业	公司	每百人专利申请数	细分行业	公司	每百人专利申请数
纺织业	华茂股份	1.94	橡胶和塑料制品业	国风塑业	3.89
	开润股份	1.26		安利股份	2.86
	华孚时尚	0.02		永新股份	1.13
非金属矿物制品业	德力股份	1.27		中鼎股份	0.46
	海螺水泥	0.07		海螺型材	0.36
计算机、通信和其他电子设备制造业	四创电子	7.26	专用设备制造业	安徽合力	7.09
	凯盛科技	0.92		美亚光电	5.00
	铜峰电子	0.68		泰禾光电	3.67
	长信科技	0.06		欧普康视	0.81
金属制品业	富煌钢构	2.34		应流股份	0.46
	鸿路钢构	1.20	汽车制造业	安凯客车	10.13
	凤形股份	0.74		江淮汽车	8.12

续表

细分行业	公司	每百人专利申请数	细分行业	公司	每百人专利申请数
酒、饮料和精制茶制造业	古井贡酒	2.59	汽车制造业	常青股份	1.42
	金种子酒	0.98		华菱星马	0.53
	迎驾贡酒	0.28		众泰汽车	0.21
	口子窖	0.01		伯特利	0.00
医药制造业	黄山胶囊	2.31	通用设备制造业	泰尔股份	3.27
	安科生物	1.04		全柴动力	2.23
	山河药辅	0.48		国机通用	1.92
	丰原药业	0.31		盛运环保	1.86
有色金属冶炼及压延加工	众源新材	1.33		华菱精工	1.79
	楚江新材	1.28		合锻智能	1.14
	梦舟股份	0.51	—		
	铜陵有色	0.14			

表8　有关7家公司的制造业细分行业每百人专利申请数（电气机械及器材制造业）

排名	公司名称	每百人专利申请数	排名	公司名称	每百人专利申请数
1	阳光电源	8.92	5	美菱电器	1.38
2	聚隆科技	7.92	6	惠而浦	0.70
3	乐金健康	2.13	7	精达股份	0.65
4	文一科技	1.86	—		

表9　有关10家公司的制造业细分行业每百人专利申请数（化学原料及化学制品制造业）

排名	公司名称	每百人专利申请数	排名	公司名称	每百人专利申请数
1	广信股份	6.19	6	司尔特	1.11
2	神剑股份	2.18	7	六国化工	0.57
3	金禾实业	1.61	8	中粮生化	0.57
4	中钢天源	1.41	9	安纳达	0.46
5	江南化工	1.21	10	雷鸣科化	0.22

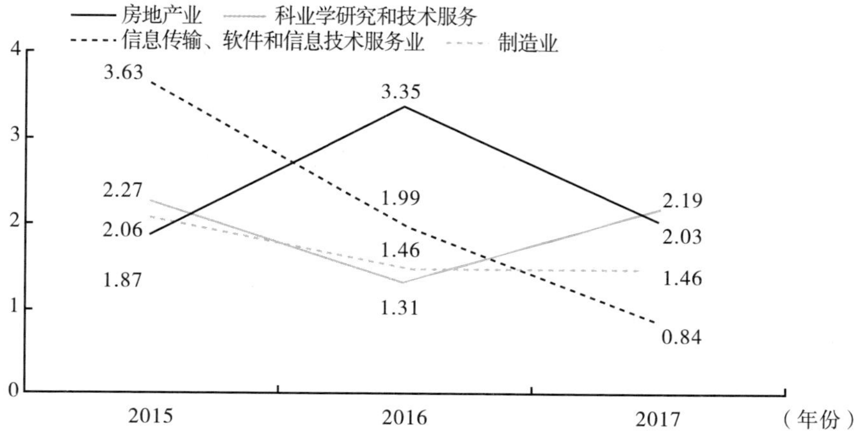

图 23　2015～2017 年安徽省上市公司部分行业每百人专利申请数

图 23 展示了 2015～2017 年安徽省上市公司房地产业，信息传输、软件和信息技术服务业，科学研究和技术服务业，以及制造业每百人专利申请数的变化趋势。从图中可以看出，房地产业的每百人专利申请数经历了 2016 年的较大幅度上升后又在 2017 年有所回跌；信息传输、软件和信息技术服务业的每百人专利申请数在这三年内呈不断下降的趋势；科学研究和技术服务业和制造业的每百人专利申请数则都是先在 2016 年有所下降，然后在 2017 年又有所回升。

（3）城市分析

从图 24 可以看出，拥有 44 家上市公司同时也是安徽省经济最发达的城市合肥市排名第一，每百人专利申请数是 2.98。排在第二、三位的分别是亳州市和安庆市，其每百人专利申请数分别是 2.59 和 1.90，而拥有 13 家上市公司其经济也较发达的芜湖市则排在第十一位，这主要是因为亳州市和安庆市相对芜湖市来说上市公司数量少，公司里的员工数较少，不具有代表性。其他拥有较多上市公司的宣城市和马鞍山分别排在第五、七位。上市公司每百人专利申请数最少的城市是池州，这和池州市仅有 1 家上市公司且是与旅游公司有关。

合肥市内上市公司中，每百人专利申请数排名前五位的，同时也在安徽省上市公司每百人专利申请数排名的前六位中；合肥市上市公司每百人专利申请数排名第六到十位的依次为：中环环保、美亚光电、国风塑业、泰禾光电、志邦股份，均在101家上市公司中排在前十五位；在合肥内排名最后五位的为：科大国创、时代出版、皖新传媒、国元证券、皖通高速（合肥百货、合肥城建、新力金融、华安证券、安德利每百人专利申请数为0不予考虑），在101家上市公司排名中排在后二十五位，说明合肥市内上市公司每百人专利申请数差异较大。

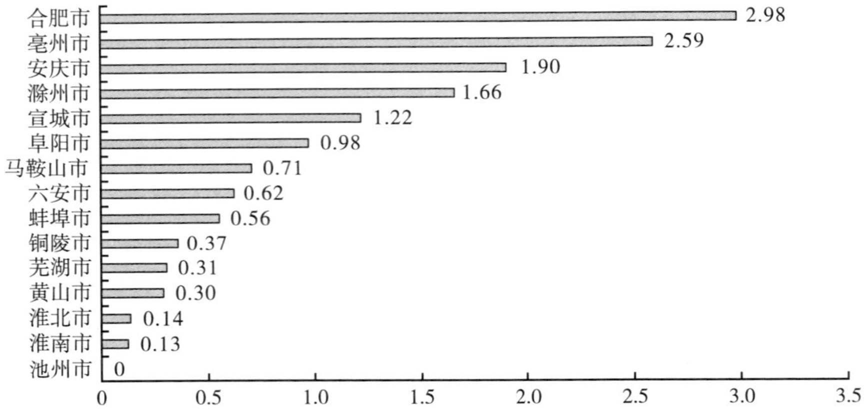

图24　安徽省上市公司各城市每百人专利申请数

图25展示了每百人专利申请数排名前三位城市和上市公司数量较多的其他三家城市的每百人专利申请数的变化趋势。从图中可以看出亳州市、安庆市和宣城市的每百人专利申请数在三年内均呈现出先增后减的趋势；芜湖市的每百人专利申请数虽是不断下降的趋势，但幅度不大；马鞍山市的每百人专利申请数在三年内不断上升；合肥市的每百人专利申请数则是在2016年明显地下降后在2017年呈现出明显上升的趋势。

合芜蚌自主创新示范区内不同城市的上市公司在将技术创新活动转化为成果方面存在一定差异。合肥是这个创新示范区内的佼佼者，其上市公司将技术创新活动转化为成果的数量最多，而芜湖和蚌埠的上市公司在这方面的仍然有很大潜力。合芜蚌自主创新示范区中的芜湖，和安徽省其他城市相比上市公司每百人专利申请数排名低，具体表现在：其13家上市公司中仅前

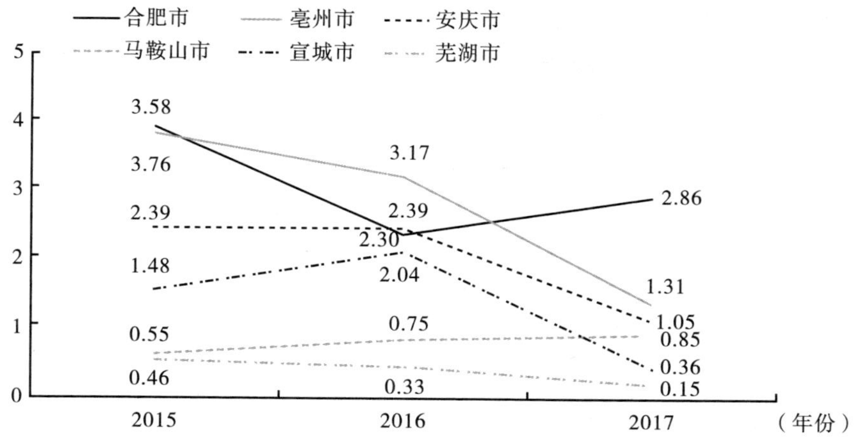

图 25　2015～2017 年安徽省上市公司部分城市每百人专利申请数

2 家公司中电鑫龙和神剑股份的每百人专利申请数在安徽省 101 家上市公司排名排在前二十位左右，大多数公司在 101 家上市公司排名中排在 50 名开外，专利产出整体来说比较低。合芜蚌自主创新示范区中的另一个城市——蚌埠市，其上市公司每百人专利申请数为 0.56，排名第九位，以微弱优势排在芜湖市前面。其 3 家上市公司凯盛科技、中粮生化和安徽水利在 101 家公司中分别排名第 50、61、73 位，排名较靠后。

（4）板块分析

从板块来看，图 26 展示了安徽省上市公司各板块的每百人专利申请数情况。从中可以直观地看出，创业板的每百人专利申请数排名第一位，达到 1.5，中小板和主板紧随其后排名第二位和第三位，分别为 1.4 和 1.1，与创业板差距不大。

主板上市公司每百人专利申请数排名前十位的依次是：安凯客车、江淮汽车、四创电子、安徽合力、广信股份、国风塑业、泰禾光电、志邦股份、古井贡酒和全柴动力，在 101 家上市公司中排名较靠前；去掉 7 家不考虑的公司后排名后十位的公司分别是皖能电力、时代出版、铜陵有色、新集能源、皖新传媒、海螺水泥、国元证券、皖通高速、皖江物流、口子窖，在 101 家企业中排名也靠后。中小板上市公司每百人专利申请数排名前五位的依次是：中电鑫龙、美亚光电、泰尔股份、新光圆成、东华科技，在101家上市公司中排名较靠前；去掉2家公司后排名最后五位的是：凤形股份、辉隆股份、安纳达、洽洽食品、华孚时尚，在101家上市公司中排名较靠后。

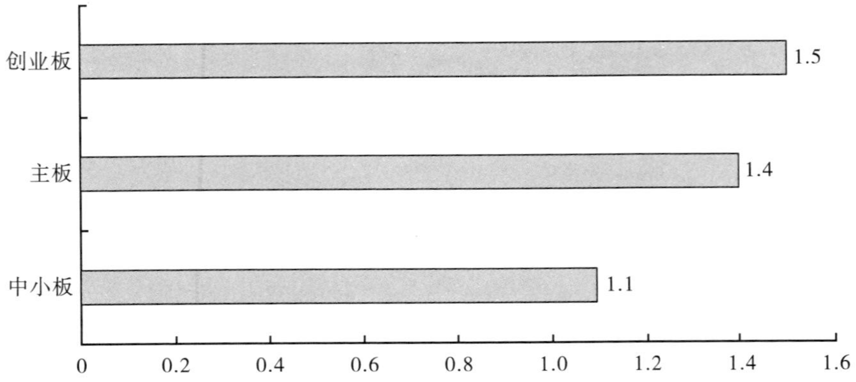

图26　安徽省上市公司各板块每百人专利申请数

图27展示了2015～2017年安徽省上市公司各板块每百人专利申请数变化趋势。从图中可以看出，创业板上市公司每百人专利申请数整体高于其他两个板块，但是在三年内呈现不断下降的趋势；中小板上市公司每百人专利申请数整体低于其他两个板块，且在三年内仍在不断下降；主板上市公司每百人申请的专利数则是先减后增。

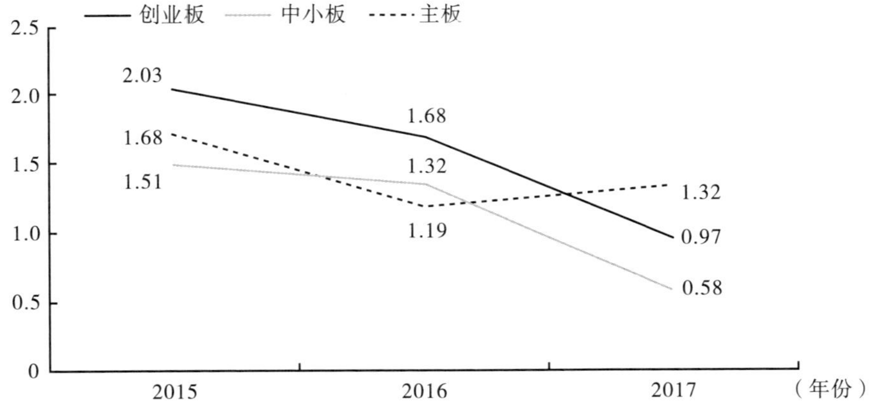

图27　2015～2017年安徽省上市公司各板块每百人专利申请数

（5）属性分析

从公司属性来看，图 28 展示了安徽省不同属性上市公司的每百人专利申请数情况。从图中可以看出，地方国企的每百人专利申请数最多，为 1.72；其次是中央国企，为 1.08；民营企业紧跟其后为 0.95。所有上市公司中地方国企每百人专利申请数要比中央国企、民营企业和其他企业高。

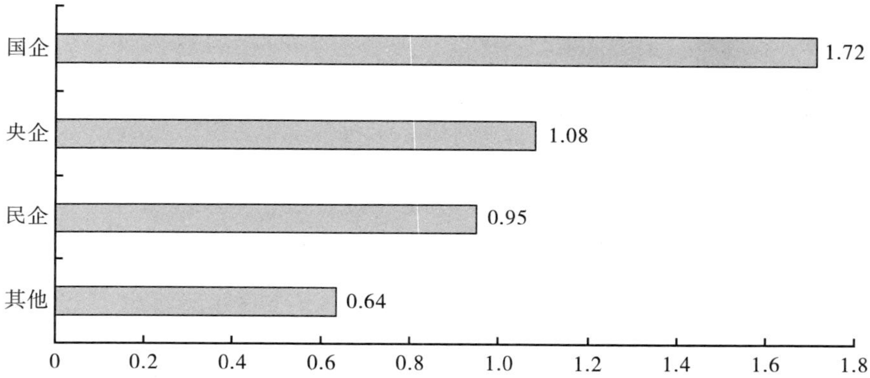

图 28　安徽省各属性上市公司每百人专利申请数

具体地，地方国企每百人专利申请排名前五位的依次是：安凯客车、江淮汽车、安徽合力、国风塑业、古井贡酒，在 101 家企业中排名靠前；排名后五位的依次是：合肥百货、合肥城建、黄山旅游、华安证券和九华旅游，在 101 家企业中排名非常靠后。中央国企每百人专利申请数排名前三位的依次为：四创电子、东华科技、科大讯飞，在 101 家企业中排名较靠前；排名后三位的依次是：凯盛科技、中粮生化和新集能源，在 101 家企业中排名较靠后。民营企业每百人专利申请数排名前五位的依次为：阳光电源、聚隆科技、广信股份、中电鑫龙、中环环保，在 101 家企业中排名非常靠前；去掉两家公司排名后五位的依次是众泰汽车、科大国创、长信科技、华孚时尚和口子窖，在 101 家企业中排名非常靠后。

图 29 展示了 2015～2017 年安徽省上市公司各属性每百人专利申请数变化趋势。从图中可以看出，地方国企上市公司每百人申请的专利数明显高于中央国企和民营企业，虽然在 2016 年有明显的减少但是又迅速地在 2017 年

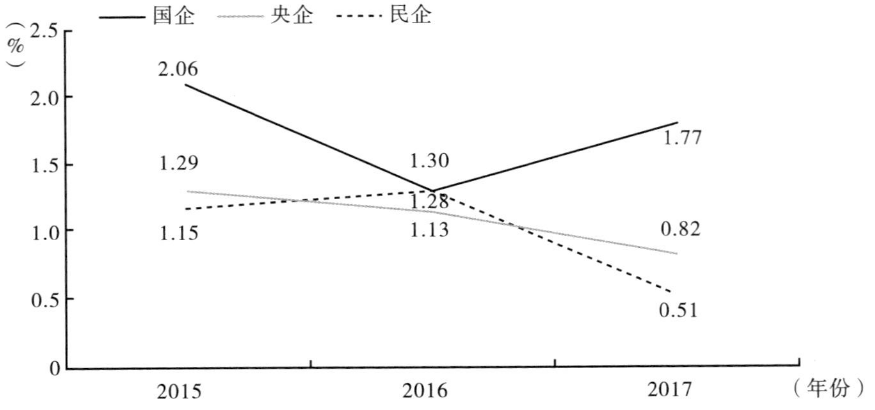

图 29　2015～2017 年安徽省上市公司各属性每百人专利申请数

开始回升；与此相反的是，民营上市公司在这三年内每百人专利申请数则是先增后减，变化幅度也均小于地方国企上市公司；中央国企上市公司每百人专利申请数在这三年内呈现出下降趋势，但变化幅度较小。

2. 安徽省上市公司主营业务利润率

附件 4 展示了安徽省上市公司主营业务利润率排名，其中，主营业务利润率 =（主营业务利润 ÷ 主营业务收入）×100%，需要特别说明的一点是，安凯客车由于 2015 和 2016 年持续亏损从而导致最终的主营业务利润率为负。以下将从总体、行业、城市、板块、属性 4 个方面进行排名和分析。

（1）总体分析

从总体来看，主营业务利润率排名前十位的上市公司依次是：国元证券、华安证券、欧普康视、安科生物、三七互娱、古井贡酒、皖通高速、口子窖、泰禾光电和集友股份，其中，排名前两位的国元证券和华安证券均是金融企业，主营业务利润率分别为 96.57% 和 95.90%，均超过了 90%；排名第十位的集友股份主营业务利润率为 52.04%，超过了主营业务收入的一半，说明这 10 家公司能以较小的成本创造更多的收入。主营业务利润率排名后十位的上市公司是：华茂股份、众源新材、马钢股份、中粮生化、梦舟股份、亚夏汽车、辉隆股份、楚江新材、铜陵有色和安凯客车。其中主营业务利润率较高的华茂股份也仅为 8.23%，安凯客车的主营业务利润率甚至为负数。这 101 家上市公司的主营业务利润率平均数为 26.86%，高于平均数的公司有 41 家，低于平均数的公司有 60 家，而 101 家上市公司的主营业务利润率中位数为 21.44%，低于平均数 5 个百分点，这说明安徽省上市公司中大多数企业的主营业务利润率都比较低，而且相差比较大，存在高主营业务利润率的上市公司提高了 101 家上市公司主营业务利润率的平均水平现象，比如主营业务利润率排名第一的国元证券和排名最后的安凯客车之间。

图 30 展示了 2015～2017 年安徽省上市公司主营业务利润率的变化趋势。从图中可以看出，安徽省上市公司的主营业务利润率呈现不断上升的趋势，且变化较为明显。

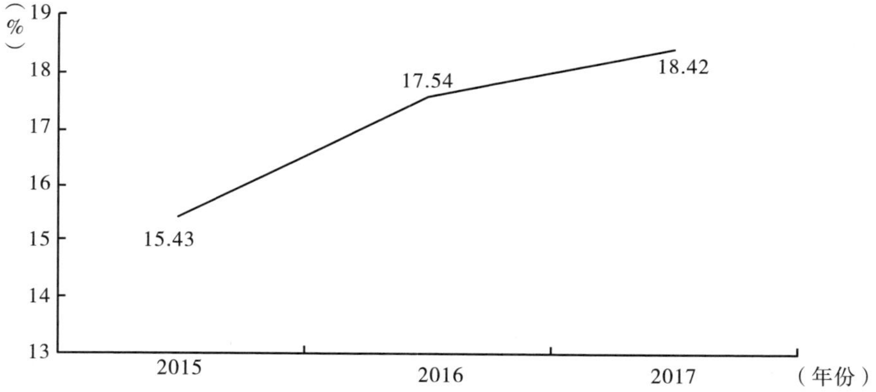

图 30　2015～2017 年安徽省上市公司主营业务利润率

（2）行业分析

从图 31 可以看出，金融业的主营业务利润率排名第一位，为 92.47%。排名第二位的是信息传输、软件和信息技术服务业，其主营业务利润率为 50.70%；其次是科学研究和技术服务业，为 42.29%。可以发现，信息传输、软件和信息技术服务业，科学研究和技术服务业，这两个行业的创新产出无论是专利产出还是经济产出都比较高。排名最后两位的依次是建筑业和批发零售业，它们的主营业务利润率分别为 10.50% 和 10.43%，与第一名差距非常大，说明不同行业之间盈利能力差距较大。

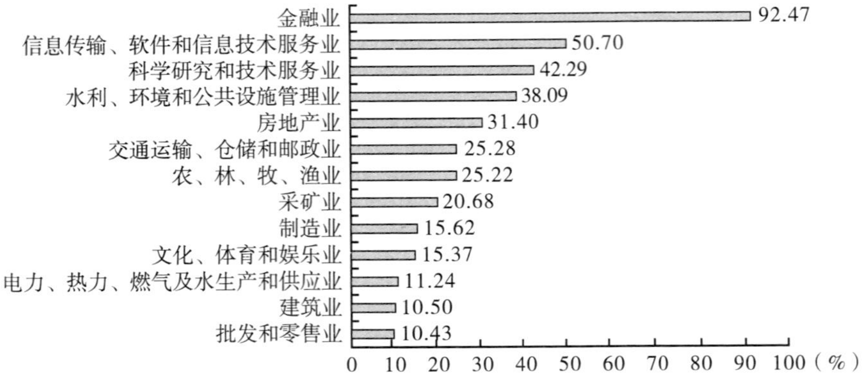

图 31　安徽省上市公司各行业主营业务利润率

另外，从图 31 可以看出，拥有上市公司数量最多的制造业的主营业务利润率为 15.62%，低于 101 家上市公司主营业务利润率平均数，在 13 类行业中排名第九位，属于专利产出较高、经济产出较低的行业。在制造业内主营业务利润率排名前五位的公司依次是欧普康视、安科生物、古井贡酒、口子窖和泰禾光电，主营业务利润率分别为 74.27%、73.95%、58.56%、55.28% 和 52.69%。这五家公司也都在 101 家上市公司主营业务利润率排名中排名前十。制造业内公司主营业务利润率排名后五位的是：中粮生化、梦舟股份、楚江新材、铜陵有色、安凯客车，这五家上市公司的主营业务利润率都低于 10%，与前五家公司差距明显，说明制造业内的企业在盈利能力方面有所差异。

从制造业细分行业来看，在 101 家上市公司主营业务利润率排名中排名前十位以及在行业内排名前五位的 5 家制造业企业分别属于专用设备制造业，医药制造业和酒、饮料与精制茶制造业。其中专用设备制造业和酒、饮料与精制茶制造业各有两家，且属于医药制造业和酒、饮料与精制茶制造业的企业主营业务利润率均超过 101 家公司的平均数。除这三个行业外，化学原料及化学制品制造业和通用设备制造业中的上市公司主营业务利润率也较多。而在 101 家上市公司主营业务利润率排名中后三家企业也都是制造业企业，分别属于有色金属冶炼及压延加工和汽车制造业，这两个行业的上市公司主营业务利润率都低于101家企业平均数，说明了制造业内不同细分行业上市公司的主营业务利润率也是差异明显。

表10　部分制造业细分行业上市公司主营业务利润率

细分行业	公司	主营业务利润率(%)	细分行业	公司	主营业务利润率
纺织业	开润股份	28.88	橡胶和塑料制品业	中鼎股份	28.73
	华孚时尚	11.32		永新股份	21.71
	华茂股份	8.23		安利股份	19.0
非金属矿物制品业	海螺水泥	31.08		海螺型材	12.97
	德力股份	18.19		国风塑业	9.32
计算机、通信和其他电子设备制造业	凯盛科技	15.72	专用设备制造业	中鼎股份	28.73
	四创电子	13.13		永新股份	21.71
	铜峰电子	11.75		安利股份	19.03
	长信科技	9.76		海螺型材	12.97
金属制品业	凤形股份	18.84		国风塑业	9.32
	鸿路钢构	16.31	汽车制造业	伯特利	23.38
	富煌钢构	13.47		常青股份	21.76
酒、饮料和精制茶制造业	古井贡酒	58.56		众泰汽车	16.02
	口子窖	55.28		华菱星马	10.90
	迎驾贡酒	44.60		江淮汽车	8.95
	金种子酒	41.53		安凯客车	-6.43
医药制造业	安科生物	73.95	通用设备制造业	泰尔股份	33.65
	黄山胶囊	40.10		合锻智能	28.57
	山河药辅	31.86		盛运环保	27.15
	丰原药业	27.33		华菱精工	24.39
有色金属冶炼及压延加工	众源新材	8.23		国机通用	19.79
	梦舟股份	7.05		全柴动力	12.01
	楚江新材	5.17	—		
	铜陵有色	3.51			

表 11　有关 7 家公司的制造业细分行业主营业务利润率（电气机械及器材制造业）

排名	公司名称	主营业务利润率(%)	排名	公司名称	主营业务利润率(%)
1	聚隆科技	35.78	5	美菱电器	18.16
2	乐金健康	32.51	6	文一科技	17.09
3	惠而浦	26.69	7	精达股份	10.59
4	阳光电源	25.20	—		

表 12　有关 10 家公司的制造业细分行业主营业务利润率（化学原料及化学制品制造业）

排名	公司名称	主营业务利润率(%)	排名	公司名称	主营业务利润率(%)
1	江南化工	43.60	6	神剑股份	21.44
2	雷鸣科化	40.58	7	司尔特	18.35
3	广信股份	31.44	8	安纳达	14.66
4	金禾实业	24.85	9	六国化工	9.40
5	中钢天源	23.03	10	中粮生化	7.18

图 32 展示了 2015～2017 年安徽省上市公司金融业，信息传输、软件和信息技术服务业，科学研究和技术服务业，以及制造业的主营业务利润率变化趋势。从图中可以看出，金融业的主营业务利润率明显高于其他三个行业，制造业的主营业务利润率最低。其中金融业，信息传输、软件和信息技术服务业，以及制造业的主营业务利润率在三年内呈现小幅上升的趋势，制造业上升幅度非常小。

（3）城市分析

图 33 展示了安徽省上市公司不同城市的主营业务利润率的情况。可以看出，亳州市、池州市和阜阳市的上市公司主营业务利润率排在前三位，主营业务利润率分别为 58.56%、44.79% 和 41.53%，这主要是因为亳州市、池州市和阜阳市均只有一家上市公司，分别是古井贡酒、九华旅游和金种子酒，且这三家公司的主营业务利润率都比较高，因此提高了这三个城市在安徽省所有城市中的排名，不具有代表性，拥有 13 家上市公司的芜湖市排在第 5 位，更具代表性。铜陵市最低，为 4.61%。而拥有 44 家上市公司同时

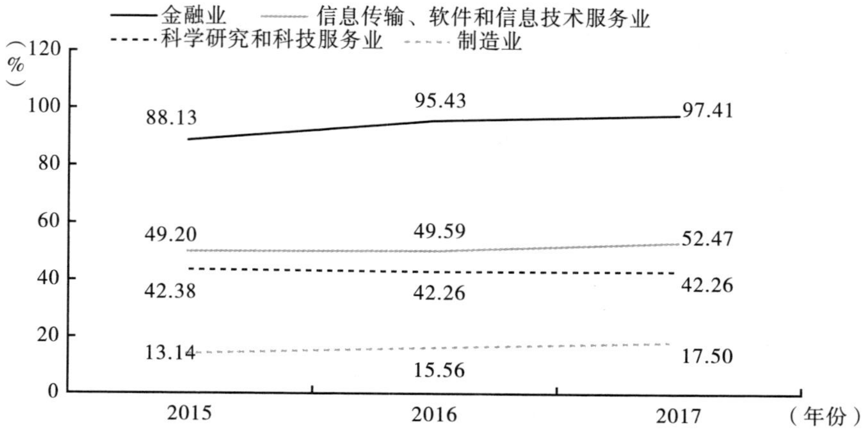

图 32　2015～2017 年安徽省上市公司部分行业主营业务利润率

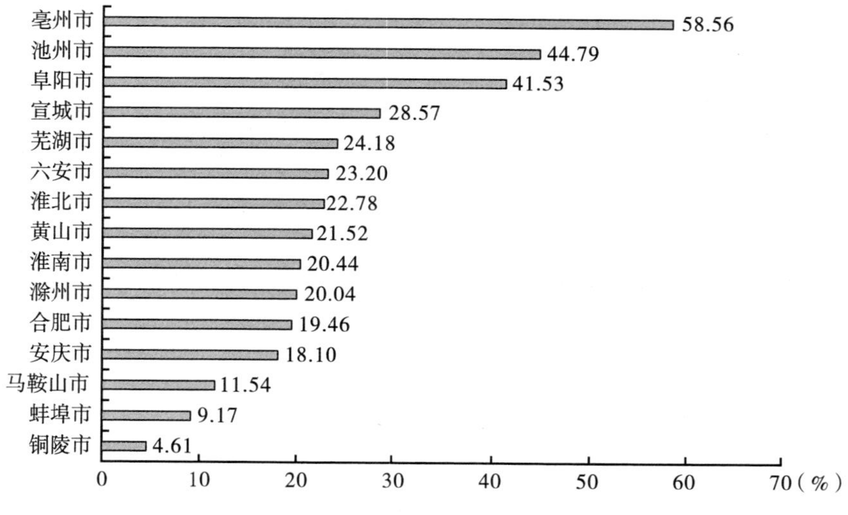

图 33　安徽省上市公司各城市的主营业务利润率

也是经济最发达的省会城市合肥市则排在第 11 位，其主营业务利润率为 19.46%。

合肥市内上市公司中，主营业务利润率排名前四位的，同时也是安徽省上市公司主营业务利润率排名的前四位，而合肥市上市公司主营业务利润率排名第五到十位的依次为：皖通高速、泰禾光电、美亚光电、科大讯飞、新力金融、设计总院，均在101家上市公司中排在前二十五位以内；在合肥内排名最后五位的为：国风塑业、皖天然气、江淮汽车、辉隆股份、安凯客车，均在101家上市公司排名中排在后十五位以内，说明合肥市内上市公司主营业务利润率差异较大。

图34展示了主营业务利润率排名前三位的城市和上市公司数量较多的其他三家城市主营业务利润率的变化趋势。从图中可以看出亳州市、池州市和阜阳市的主营业务利润率整体明显高于其他城市。亳州市、池州市、芜湖市和马鞍山市的主营业务利润率在三年内均呈现出上升的趋势，其中前三个城市的幅度较小，而马鞍山市在经历过2016年的大幅度增加后在2017年略微减少。阜阳市、宣城市和合肥市的主营业务利润率则是呈现出下降的趋势。

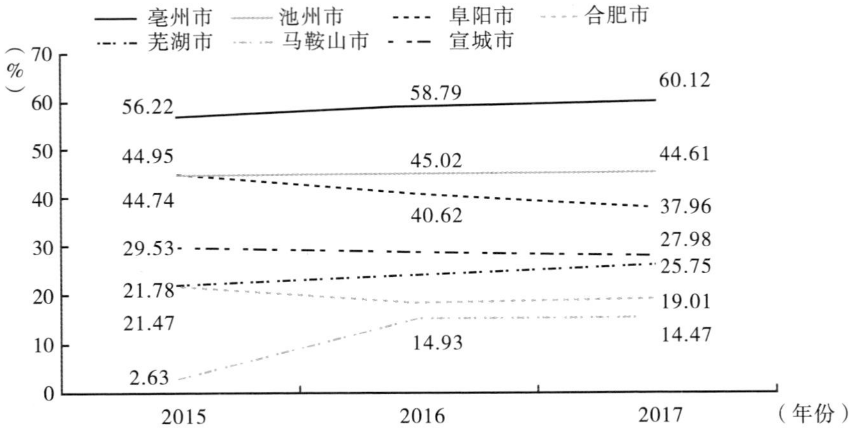

图34　2015～2017年安徽省上市公司部分城市主营业务利润率

合芜蚌自主创新示范区作为安徽省自主创新的试点，其在将技术创新活动转化为商业价值方面表现可嘉。特别是芜湖市，和安徽省其他城市相比上市公司主营业务利润率排名较高，具体表现在：13家上市公司中约一半公司在101家上市公司排名中排在前51名内，特别是前4家公司三七互娱、中电鑫龙、海螺水泥和丰原药业的主营业务利润率均超过了101家公司的平均数。合肥市虽然在城市排名中不突出，但是其中不乏很多盈利能力较强的上市公司，国元证券、华安证券、欧普康视和安科生物的主营业务利润率均领先于安徽省其他上市公司。尽管蚌埠市在城市排名中比较低，但是其作为安徽沿淮城市群的中心城市，依然对淮河经济带的发展有着不可小觑的作用。

（4）板块分析

从板块来看，图 35 展示了安徽省上市公司各板块的主营业务利润率情况。从中可以直观地看出，创业板的主营业务利润率排名第一位，达到 23.75%，中小板和主板紧随其后排名第二位和第三位，分别为 20.34% 和 16.47%。因此，无论是哪个创新产出指标，创业板都是三个板块中最高的。

主板上市公司主营业务利润率排名前十位的依次是：国元证券、华安证券、古井贡酒、皖通高速、口子窖、泰禾光电、集友股份、新力金融、黄山旅游和九华旅游，在 101 家上市公司中排名前二十名以内；主板上市公司主营业务利润率排名后十位的，分别是皖天然气、江淮汽车、安徽水利、华茂股份、众源新材、马钢股份、中粮生化、梦舟股份、铜陵有色和安凯客车，在 101 家企业中排名后十五位。中小板上市公司主营业务利润率排名前五位的依次是：三七互娱、美亚光电、新光圆成、科大讯飞和江南化工，在 101 家上市公司中排名较靠前；排名最后五位的是：富煌钢构、华孚时尚、亚夏汽车、辉隆股份、楚江新材，在 101 家上市公司中排名靠后。

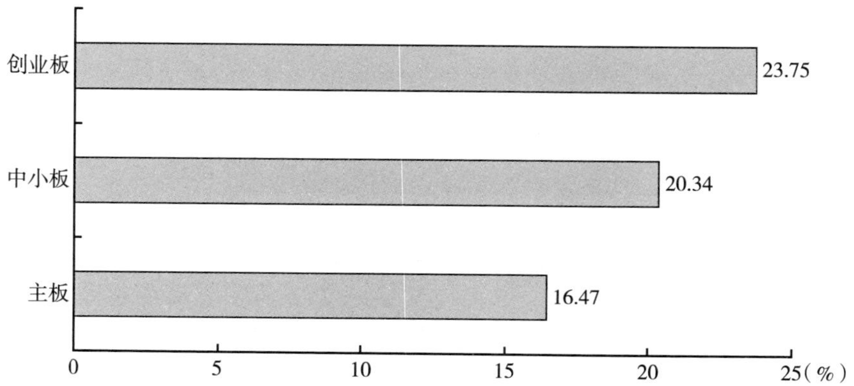

图 35　安徽省上市公司各板块主营业务利润率

图 36 展示了 2015 ~2017 年安徽省上市公司各板块主营业务利润率变化趋势。从图中可以看出，创业板上市公司主营业务利润率整体高于其他两个板块，但是在三年内呈现出下降的趋势；主板上市公司主营业务利润率整体低于其他两个板块，但在三年内不断增加；中小板上市公司主营业务利润率则是先增后减。

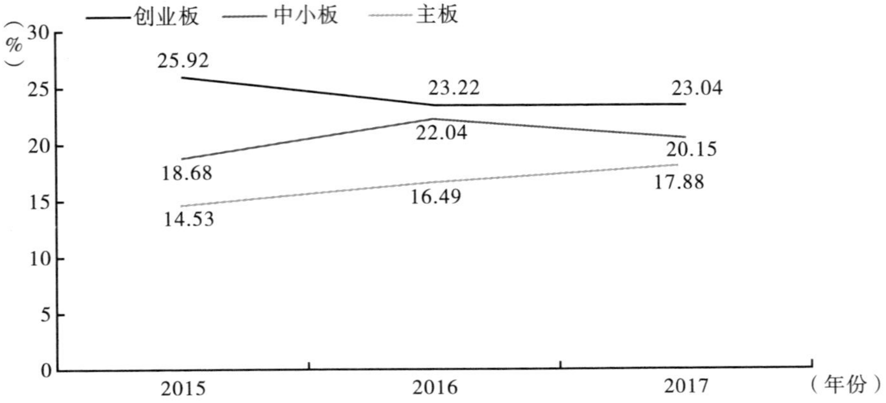

图 36　2015 ~2017 年安徽省上市公司各板块主营业务利润率

（5）属性分析

从公司属性来看，图 37 展示了安徽省不同属性上市公司的主营业务利润率情况。从图中可以看出，与专利产出相反，民营企业的主营业务利润率最高，为 21.68%；其次是中央国企，为 19.36%；地方国企的主营业务利润率最低，为 15.49%。

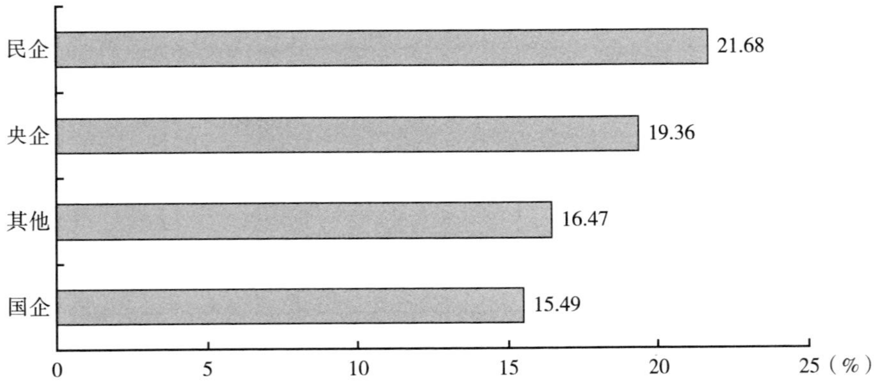

图 37　安徽省上市公司各属性的主营业务利润率

地方国企主营业务利润率排名前五位的依次是：国元证券、华安证券、古井贡酒、皖通高速和黄山旅游，在101家企业中排名靠前；后五位依次是安徽水利、华茂股份、马钢股份、铜陵有色和安凯客车，在总体排名中非常靠后。中央国企企业主营业务利润率排名前三位的依次为：科大讯飞、中钢天源和新集能源，在总体排名中排名较靠前；后三位依次是东华科技、四创电子和中粮生化，在101家企业中排名较靠后。民营企业主营业务利润率排名前五位的依次为：欧普康视、安科生物、三七互娱、口子窖、泰禾光电，在101家企业中排名非常靠前；后五位依次是长信科技、众源新材、梦舟股份、亚夏汽车和楚江新材，在总体排名中非常靠后。

图38展示了2015～2017年安徽省上市公司各属性主营业务利润率变化趋势。从图中可以看出，国企上市公司主营业务利润率均呈现出上升的趋势，其中中央国企的主营业务利润率在2016年增长得特别快，2017年后增长速度开始放缓。民营企业的主营业务利润率则是先增后减，但变动幅度都不大。

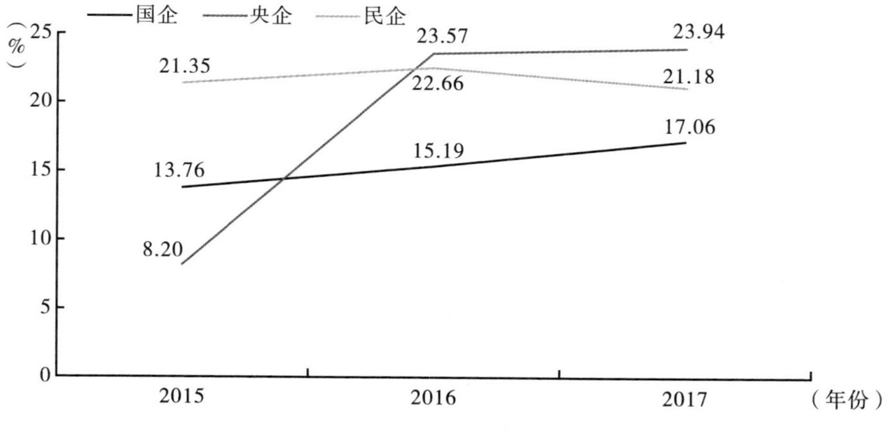

图38　2015～2017年安徽省上市公司各属性的主营业务利润率

三　安徽省上市公司创新能力综合评价

影响一个企业技术创新能力的因素有很多，因此在利用多个指标综合评价企业的创新能力时，确定多个指标的权重是整个评价的关键。熵值赋权法能够根据客观真实的数据，运用差异驱动原理尝试求得最佳权重，力求全面真实地反映指标数据所包含的信息，因此在赋权过程具有很高的信度和效度。因此，本部分采用熵值赋权法对安徽省上市公司的创新能力进行综合评价，首先对安徽省上市公司进行综合排名和分析，然后分行业、城市、企业属性和板块进行排名和分析，并将综合得分排名与各分指标得分排名进行对比，找出造成企业创新综合能力落后的原因。

（一）创新能力总体分析

本部分以安徽省101家上市公司创新情况数据为研究对象，以本章第二部分确定的四个指标：研发强度、高学历人员比例、主营业务利润率、每百名员工专利申请数进行分析。根据熵值赋权法原理，得出安徽省101家上市公司的四个指标的相对权重，见表13。

表13　安徽省101家上市公司创新水平综合评价体系权重

指标	研发强度（%）	高学历员工比例（%）	每百人专利申请数（%）	主营业务利润率（%）
熵值	90.69	91.50	85.60	96.83
熵权	26.31	24.02	40.70	8.96

从表13中我们可以看出研发强度、高学历人员比例、每百名员工专利申请数和主营业务利润率这四个指标的权重整体来看相差较大，意味着在评价企业的创新水平时，这四个指标所起的作用程度不同。研发强度和高学历人员比例反映了企业在创新过程中费用和人力资本的投入程度；专利申请数反映了企业的技术创新成果；主营业务利润率反映了企业的盈利能力，间接地反映了企业技术创新所实现的价值。它们都是衡量企业技术创新能力的重要指标，其中，每百人专利申请数的比重最大，为40.70%，远远超过四个指标的平均权重，说明安徽省101家上市公司在每百人专利申请数方面相差很大，因此在评价企业的创新能力时应更侧重这个指标。另外三个指标中，

研发强度的权重最大，为26.31%，超过了四个指标的平均权重；其次是高学历员工比例，权重为24.02%，接近四个指标的平均权重；而主营业务利润率的权重相对最小，为8.96%，远小于四个指标的平均权重，说明在评价企业的创新能力时这个指标的作用相对较小。这四个指标权重大小的不一，表明企业在创新过程中需要注重费用和人力资本的投入，同时也表明在评价企业的创新能力时除了经常使用的创新投入和专利产出外，离不开对企业盈利能力的衡量。

根据以上计算出来的四个指标的权重，我们进一步计算出了安徽省101家上市公司的各自综合得分，整理得附件5和图39。

附件5描述了各上市公司的综合得分排名以及各分指标排名，从中横向分析安徽省上市公司综合能力排名与分指标排名，从而得出综合创新能力弱的原因。创新能力综合得分排在前十名的分别是科大讯飞、阳光电源、四创电子、安凯客车、江淮汽车、科大国创、中电鑫龙、美亚光电、安徽合力和聚隆科技。其中这十家公司中有8家公司的每百人专利申请数在101家公司中排名前十位，表明申请专利数越多的企业创新能力越强；同时这十家公司的研发强度和高学历员工比例在101家公司中排名普遍比较靠前，说明投入的费用和人力资本越多，能够提高企业的创新能力；另外这十家中只有安凯客车、江淮汽车和四创电子3家公司的主营业务利润率在101家公司中排名非常靠后，说明企业的盈利能力在一定程度上还是会影响企业创新能力，盈利能力越强，企业的创新能力也会得到提高。

创新能力综合得分排在后十名的分别是亚夏汽车、中粮生化、梦舟股份、华孚时尚、铜陵有色、新集能源、皖江物流、合肥百货、长信科技和安德利，意味着这十家公司的创新水平在安徽最弱。这十家公司无论是创新投入还是创新产出在101家公司中排名都普遍靠后。

这101家上市公司创新能力综合得分平均数为0.1907，高于平均数的有38家，低于平均数的有63家；此外这些上市公司创新能力综合得分的中位数为0.1422，低于平均数，说明安徽省上市公司的创新能力之间还是有所差异的。通过图39可以发现安徽省上市公司的创新能力大多聚集于

2.42% ~19.07%这一区域，且越高于平均数的企业越少，说明安徽省虽然拥有创新能力比较高的企业，但是安徽省上市公司的创新水平整体还有很大程度的发展空间（图39将企业创新综合得分分为四个区间：1为0.0242 ~ 0.1907，2为0.1907 ~ 0.3572，3为0.3572 ~ 0.5237，4为0.5237 ~ 0.6902）。

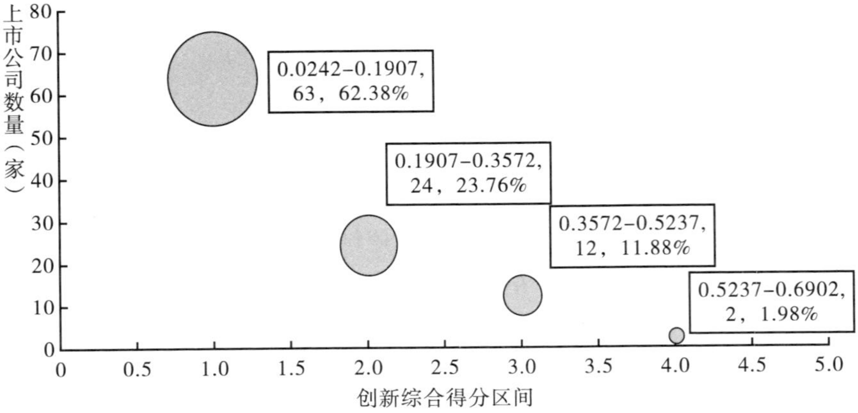

图39　安徽省上市公司创新能力综合得分分布

从附件6我们可以看到，综合得分排在前十名的公司有7家是制造业企业，且在制造业中排名前七位；剩余3家公司则属于信息传输、软件和信息技术服务业，且都在行业内排名数一数二。同时这十家公司中有8家公司位于合肥市，1家位于芜湖市，1家位于宣城市，且都是这些城市内排名靠前的公司。此外这十家公司中分别有3家公司在创业板、3家公司在中小板、4家公司在主板；属于地方和中央国企以及民营企业各5家，且都在不同的板块和属性内名列前茅。综合得分排在后十名的公司无论是在行业、城市内排名还是在板块和属性内排名，都处于末尾。这十家公司中5家是制造业企业，3家是批发和零售业，1家是采矿业企业，1家是交通运输、仓储和邮政业；7家是在主板上市的，2家在中小板上市，1家在创业板上市；4家在芜湖，2家在合肥，在铜陵、蚌埠、淮北、淮南的各有1家；5家是民营企业，5 家是地方和中央国企。

为了更好地分析安徽省上市公司的创新能力情况，本部分先从行业、城市、板块、属性间进行了宏观的比较，然后是对这 101 家企业的创新能力在不同的行业、城市、板块、属性内进行了分析。

（二）创新能力行业分析

我们根据熵值赋权原理对安徽省不同行业间的创新能力的四个指标进行了赋权，结果如下。从表 14 中可以看出在评价不同行业间的创新能力时，研发强度指标所占的权重最大，说明不同行业在研发费用的投入上相差比较大，这与不同行业之间的自身特点相对应。其次是每百人专利申请数和主营业务利润率的权重也比较大。而高学历员工比例的权重最小，说明相对于前三个指标，不同城市在这个指标上的值相差比较小。

表 14　安徽省不同行业间的创新能力指标权重

单位：%

指标	研发强度	高学历员工比例	每百人专利申请数	主营业务利润率
熵值	65.54	84.85	78.05	78.13
熵权	36.89	16.21	23.49	23.41

根据表 14 的结果，我们又得出了具体的行业的创新水平综合得分，如图 40 所示。

图 40 表明信息传输、软件和信息技术服务业的创新水平综合得分最高，是 0.8122；其次是科学研究和技术服务业，为 0.5205。这两个行业无论是创新投入，还是创新产出在所有行业中均排在前三名。特别是由于信息传输、软件和信息技术服务业的研发强度要远高于其他行业，该行业的创新能力也远高于其他行业。创新能力综合得分最低的是批发和零售业，这也与该行业的特点相符合。而拥有上市公司数最多的制造业的创新水平综合得分在 13 个行业中排名第六位，为 0.2603。

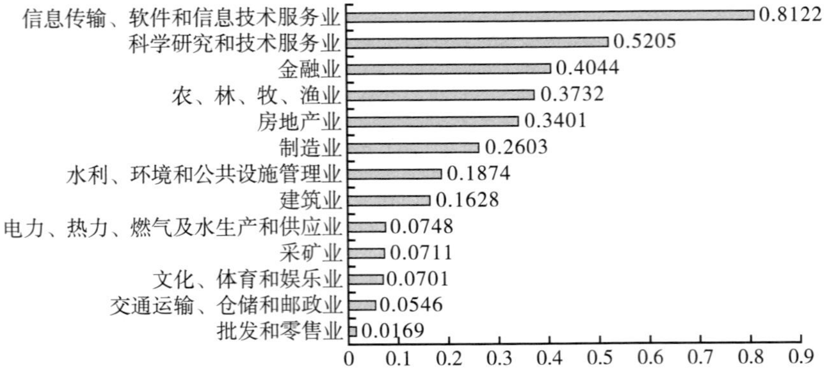

图 40　安徽省不同行业创新能力综合得分

具体到制造业，制造业中创新水平综合得分排名的前十位分别是阳光电源、四创电子、安凯客车、江淮汽车、美亚光电、安徽合力、聚隆科技、泰禾光电、广信股份和安科生物。这十家公司在 101 家企业中排名前二十位，前七家更是排到了前十位，也就是说这十家公司的创新能力不仅是在制造业中甚至在全安徽都非常高。而制造业中创新水平综合得分最高的后十位分别是精达股份、华菱星马、迎驾贡酒、山鹰纸业、口子窖、中粮生化、梦舟股份、华孚时尚、铜陵有色和长信科技。这十家公司与前面十家公司相比，无论是在制造业中排名还是在全安徽排名都非常靠后。这说明制造业中企业的创新能力差距悬殊。

再从制造业细分行业来看，在 101 家上市公司创新能力综合得分排名中排名前十位的 7 家制造业企业有 2 家属于汽车制造业，2 家属于专用设备制造业，2 家属于电气机械及器材制造业，1 家属于计算机、通信和其他电子设备制造业。其中专用设备制造业中的企业的创新能力普遍较高，其综合得分均超过 101 家公司的平均数。而纺织业，非金属矿物制品业，金属制品业，有色金属冶炼及压延加工这四个行业中所有的企业的创新能力综合得分均低于平均值。除这些行业外，其他细分行业的上市公司同样存在创新能力差距悬殊的问题。

表 15　部分制造业细分行业上市公司创新能力综合得分

细分行业	公司	综合得分	细分行业	公司	综合得分
纺织业	华茂股份	0.1487	橡胶和塑料制品业	国风塑业	0.2502
	开润股份	0.1224		安利股份	0.2501
	华孚时尚	0.0660		永新股份	0.1579
非金属矿物制品业	海螺水泥	0.1084		中鼎股份	0.1222
	德力股份	0.1011		海螺型材	0.0954
计算机、通信和其他电子设备制造业	四创电子	0.5174	专用设备制造业	美亚光电	0.4346
	凯盛科技	0.1441		安徽合力	0.4149
	铜峰电子	0.1046		泰禾光电	0.3820
	长信科技	0.0333		欧普康视	0.2229
金属制品业	富煌钢构	0.1727		应流股份	0.1937
	鸿路钢构	0.1087	汽车制造业	安凯客车	0.4973
	凤形股份	0.0901		江淮汽车	0.4724
酒、饮料和精制茶制造业	古井贡酒	0.2374		常青股份	0.1303
	金种子酒	0.1216		伯特利	0.1062
	迎驾贡酒	0.0790		众泰汽车	0.0976
	口子窖	0.0783		华菱星马	0.0829
医药制造业	安科生物	0.3327	通用设备制造业	泰尔股份	0.2756
	黄山胶囊	0.1835		国机通用	0.2560
	山河药辅	0.1205		全柴动力	0.2437
	丰原药业	0.0981		合锻智能	0.1831
有色金属冶炼及压延加工	众源新材	0.1027		盛运环保	0.1786
	楚江新材	0.1021		华菱精工	0.1231
	梦舟股份	0.0705	—		
	铜陵有色	0.0554			

表 16　有关 7 家公司的制造业细分行业创新水平综合得分（电气机械及器材制造业）

排名	公司名称	综合得分	排名	公司名称	综合得分
1	阳光电源	0.5981	5	美菱电器	0.1905
2	聚隆科技	0.4120	6	惠而浦	0.1862
3	乐金健康	0.2044	7	精达股份	0.1234
4	文一科技	0.1905	—		

表 17　有关 10 家公司的制造业细分行业创新水平综合得分（化学原料及化学制品制造业）

排名	公司名称	综合得分	排名	公司名称	综合得分
1	广信股份	0. 3664	6	金禾实业	0. 1322
2	中钢天源	0. 2064	7	司尔特	0. 1226
3	神剑股份	0. 2030	8	六国化工	0. 0974
4	安纳达	0. 1756	9	雷鸣科化	0. 0904
5	江南化工	0. 1479	10	中粮生化	0. 0706

（三）创新能力城市分析

我们根据熵值赋权原理对安徽省不同城市间创新能力的四个指标进行了赋权，结果如下。

表 18　安徽省不同城市间的创新能力指标权重

指标	研发强度（%）	高学历员工比例（%）	每百人专利申请数（%）	主营业务利润率（%）
熵值	92. 12	92. 08	84. 63	91. 20
熵权	19. 72	19. 81	38. 46	22. 01

从表 18 中，我们可以看出在评价不同城市间的创新能力时，每百人专利申请数指标所占的权重最大，说明不同城市在申请专利数方面相差比较大。另外三个指标的权重则相差不是很多。根据表 18 的结果，我们又得出了具体的城市的创新水平综合得分，如下图所示。

图 41 表明亳州市的创新能力综合得分最高，为 0. 8093；其次是合肥市，为 0. 8075。而拥有上市公司数量较多的宣城市、芜湖市、马鞍山市则排在了第 5，8，11 位。创新能力综合得分最低的两个城市则分别是铜陵和淮南市。之所以亳州市能高踞于第一位是因为亳州市仅一家上市公司古井贡酒，该公司无论是创新投入还是创新产出都比较高，特别是主营业务利润率。因此亳州市创新能力排名不具有代表意义。相反，合肥市拥有众多的上市公司，且其整体研发强度、高学历员工比例和每百人专利申请数均很高，

因此其创新能力要远高于其他城市，具有代表意义。

具体到合肥市，合肥市内创新水平综合得分排名前十的企业分别是科大讯飞、阳光电源、四创电子、安凯客车、江淮汽车、科大国创、美亚光电、安徽合力、东华科技和泰禾光电。这十家公司在101家企业中排名前十五位，特别是合肥前五家在全安徽省也排到了前五位，而合肥市中创新水平综合得分排名后十位的分别是辉隆股份、时代出版、鸿路钢构、皖通高速、皖能电力、洽洽食品、皖维高新、皖新传媒、合肥百货和安德利。这十家公司除后两家公司在101家公司中排名落后外，其他几家在安徽省的总体排名中并不落后，总的来说合肥市上市公司的创新能力整体比较高。

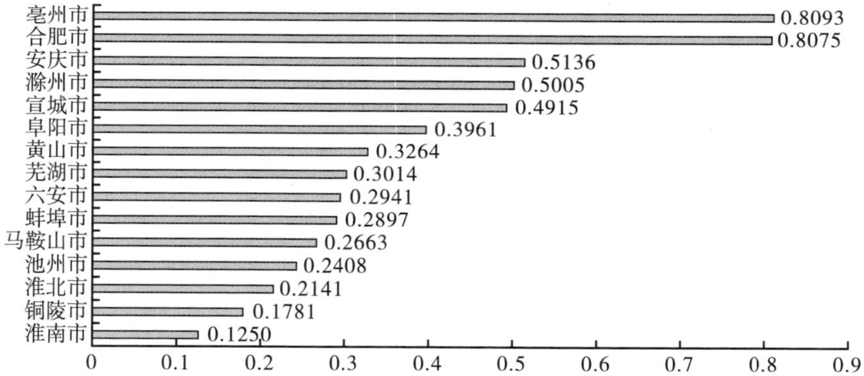

图41　安徽省不同城市创新能力综合得分

合芜蚌自主创新示范区的创新能力在安徽省内整体较高，作为安徽经济发展的战略支点，可以发挥合芜蚌中心带动加典型示范的作用，对安徽全省起到纲举目张的作用。特别是合肥，不仅拥有的上市公司数量最多，而且和安徽省其他城市相比，较高的创新投入和产出使其创新能力也最强，如科大讯飞、阳光电源、四创电子、安凯客车和江淮汽车等都起到了很好的创新示范效应。芜湖，其创新能力在安徽省中也表现不俗，在创新投入方面投入了较多的费用和高学历员工，如芜湖市内排名前三位的企业中电鑫龙、三七互娱和神剑股份的创新能力在101家企业中排名较靠前。蚌埠，与芜湖类似，也是比较注重创新投入，特别是对高学历员工的投入，因此其创新能力在安徽省中也不落下风。当然除了这些，我们也可以看到不同区域的上市公司创新能力间仍然存在着较大的差异。合肥市是这个创新示范区内创新能力最强的城市，其次是芜湖市和蚌埠市。

（四）创新能力板块分析

我们根据熵值赋权原理对安徽省不同板块间的创新能力的四个指标进行了赋权，结果如下：

表 19　安徽省不同板块间的创新能力指标权重

单位：%

指标	研发强度	高学历员工比例	每百人专利申请数	主营业务利润率
熵值	62.90	60.96	62.13	58.77
熵权	23.90	25.15	24.40	26.56

从表 19 中，我们可以看出在评价不同板块间的创新能力时，主营业务利润率指标所占的权重最大，说明不同板块在主营业务利润率方面相差较大，这符合在不同板块上市的企业的特点。但这些指标权重总体相差不大。

根据表 19 的结果，我们又得出了不同板块的创新水平综合得分，如图 42 所示。

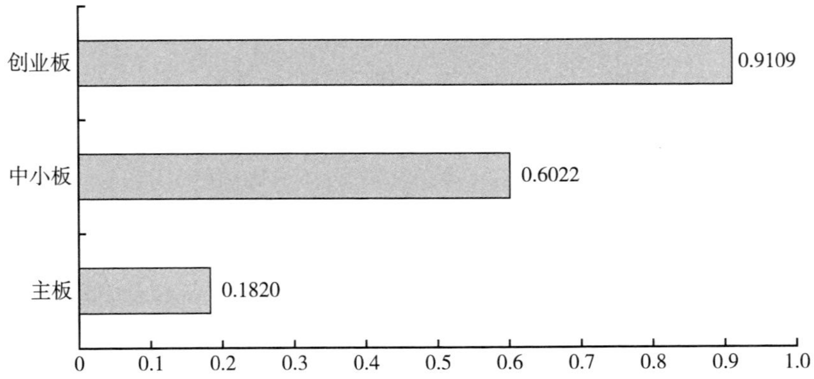

图 42　安徽省不同板块创新能力综合得分

图 42 表明创业板的创新水平综合得分最高，高达 0.9109。其次是中小板块为 0.6022，最后是主板为 0.1820。之所以创业板能高踞于第一位是因为创业板不仅研发投入最多，而且每百人专利申请数以及主营业务利润率这两个创新产出也最多，因此创业板的创新能力明显高于其他两个板块。

具体来看，创业板创新能力综合得分排名前三位的公司分别是阳光电源、科大国创和聚隆科技，在 101 家企业综合能力排名中非常靠前；排名后三位的分别是开润股份、山河药辅和长信科技，这些公司在总体排名中居中。中小板创新能力综合得分排名前五位的公司分别是科大讯飞、中电鑫龙、美亚光电、东华科技和三七互娱，这些公司在 101 家企业综合能力排名中较靠前；排名后五位的分别是德力股份、洽洽食品、凤形股份、亚夏汽车和华孚时尚，这些公司在 101 家公司中排名靠后。主板创新能力综合得分排名前十位的公司分别是四创电子、安凯客车、江淮汽车、安徽合力、泰禾光电、广信股份、设计总院、国元证券、华安证券和志邦股份，这些公司在 101 家企业综合能力排名中较靠前；排名后十位的分别是口子窖、恒源煤电、黄山旅游、中粮生化、梦舟股份、铜陵有色、新集能源、皖江物流、合肥百货和安德利，这些公司在 101 家公司中排名非常靠后。

（五）创新能力企业属性分析

我们根据熵值赋权原理对安徽省不同企业属性间的创新能力的四个指标进行了赋权，结果如下：

表 20　安徽省不同企业属性间的创新能力指标权重

单位：%

指标	研发强度	高学历员工比例	每百人专利申请数	主营业务利润率
熵值	50.54	61.02	37.96	60.66
熵权	26.06	20.53	32.68	20.72

从表 20 中，我们可以看出在评价不同属性间的创新能力时，每百人专利申请数指标所占的权重最大，说明不同属性的企业在专利申请方面相差比较大。其次是研发强度指标的权重比较大，而高学历员工比例和主营业务利润率指标的权重则相差不大。

根据表 20 的结果，我们又得出了不同属性的创新水平综合得分，如图 43 所示。

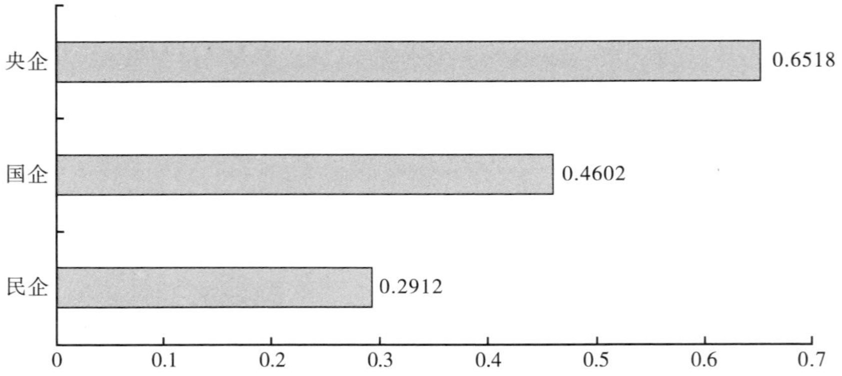

图 43　安徽省不同企业属性创新能力综合得分

图 43 表明中央国企的创新水平综合得分最高，高达 0.6518。其次是地方国企为 0.4602，最后是民营企业为 0.2912。之所以出现这种情况是因为中央国企的创新投入和创新产出都比较高，特别是创新投入。而地方国企则是高学历员工和每百人专利申请数比较高，特别是每百人专利申请数。因此和民营企业相比，无论是地方国企还是中央国企在创新方面的表现明显比民营企业好。

具体的，央企中创新能力综合得分最高的三家企业分别是科大讯飞、四创电子和东华科技，在总体排名中非常靠前；最低的三家分别是凯盛科技、中粮生化和新集能源，在 101 家公司中排名较靠后。地方国企中创新能力综合得分最高的五家企业分别是安凯客车、江淮汽车、安徽合力、设计总院和国元证券，在 101 家公司中排名较靠前；最低的五家分别是恒源煤电、黄山旅游、铜陵有色、皖江物流和合肥百货，在 101 家公司中排名非常靠后。民营企业中创新能力综合得分最高的十家企业分别是阳光电源、科大国创、中电鑫龙、美亚光电、聚隆科技、泰禾光电、中环环保、广信股份、安科生物、三七互娱和皖通科技，在 101 家公司中排名较靠前；最低的十家分别是凤形股份、精达股份、迎驾贡酒、山鹰纸业、口子窖、亚夏汽车、梦舟股份、华孚时尚、长信科技和安德利，在 101 家公司中排名非常靠后。

综上所述，首先，从整个安徽省角度出发评价所有上市公司的创新能力时，企业的专利申请数最重要，专利申请数越多，企业的创新能力越强。同时，企业研发费用和人力资本投入的越多，也能较大程度地提高企业的创新能力。至于企业的盈利能力，虽然其在评价企业的创新能力时所起的作用最小，但却不可忽视。其次，在评价不同行业间的创新能力时，更侧重于研发强度指标；评价不同城市、属性间的创新能力时，更侧重于每百人专利申请数指标；而评价不同板块间的创新能力时，则更侧重于主营业务利润率指标。因此，总体来看，从事信息传输、软件和信息技术服务业，科学研究和技术服务行业，位于经济发达的城市，处于创业板块以及是国企的上市公司的创新能力较强。

四　结论及对策建议

本报告以安徽省上市公司为样本，从创新投入能力和创新产出能力两个方面构建了 4 个指标，利用 CSMAR、知识产权网、佰腾专利网和 Wind 数据库中的数据，对安徽省上市公司创新能力进行测度，先分指标对上市公司进行排名，然后分行业、城市、企业属性和板块层次分别进行排名和分析，接着利用熵值赋权法计算各个指标的权重，对上市公司综合指标进行排名，并将综合得分排名与各分指标得分排名进行对比，然后分行业、城市、企业属性和板块层次分别进行排名和分析，得出相应结论，总结出安徽省上市公司创新能力发展中存在的问题，据此提出相应对策和建议。

（一）研究结论

从分析结果来看，安徽省上市公司近三年在创新能力提升的道路上取得了一定的成绩。近年来，安徽省上市公司越来越重视高学历人才的引进以及新产品的市场化。2015～2017 年，安徽省上市公司高学历人才比例和主营业务利润率逐年上升。高新技术产业优势凸显，从行业分析来看，信息传输、软件和信息技术服务业研发强度处于上升趋势。省会城市合肥市充分发挥了自己的领头羊角色，从城市分析来看，合肥市上市公司数量最多，研发强度排名最高（宣城、亳州除外）且处于上升趋势，有助于带动安徽省其他城市上市公司的发展。安徽省上市公司在创新能力方面已经取得了明显的成绩，但应当看到，安徽省上市公司创新能力的发展仍然有很大潜力。通过综合指标和分指标分析，发现主要存在以下问题：

从总体来看，安徽省上市公司创新能力综合得分差异比较明显。101 家上市公司创新能力综合得分平均数为 0. 1907，高于平均数的有 38 家，低于平均数的有 63 家。而创新能力综合得分的中位数为 0. 1422，低于平均水平接近 5 个百分点。安徽省上市公司的创新能力大多聚集于 2. 42% ～19. 07% 这一区域，且越高于平均数的企业越少，虽然拥有创新能力比较高的企业，但是安徽省上市公司的整体创新水平还有很大程度的发展空间。

从分指标来看，主要存在以下问题。

创新能力有待进一步提升。研发强度反映了企业在创新过程中费用的投入程度，专利申请数反映了企业的技术创新成果，是衡量企业创新能力的重要指标。尽管高学历人才比例和主营业务利润率逐年攀升，但研发强度和专利申请数未有显著提升，有待进一步提高。从 2015～2017 年安徽省上市公司研发强度变化来看，研发强度是先升后降，最终和 2015 年持平。2015～2017 年，安徽省上市公司每百人专利申请数变化甚至出现下降趋势。

研发强度“弱者很弱”。研发投入是衡量一个企业技术创新能力的重要指标，只有为企业的技术创新活动提供充足的资金，才能使创新活动顺利进行。安徽省 101 家上市公司的研发强度平均数为 1. 94%，高于平均数的公

社长致辞

蓦然回首，皮书的专业化历程已经走过了二十年。20年来从一个出版社的学术产品名称到媒体热词再到智库成果研创及传播平台，皮书以专业化为主线，进行了系列化、市场化、品牌化、数字化、国际化、平台化的运作，实现了跨越式的发展。特别是在党的十八大以后，以习近平总书记为核心的党中央高度重视新型智库建设，皮书也迎来了长足的发展，总品种达到600余种，经过专业评审机制、淘汰机制遴选，目前，每年稳定出版近400个品种。“皮书”已经成为中国新型智库建设的抓手，成为国际国内社会各界快速、便捷地了解真实中国的最佳窗口。

20年孜孜以求，“皮书”始终将自己的研究视野与经济社会发展中的前沿热点问题紧密相连。600个研究领域，3万多位分布于800余个研究机构的专家学者参与了研创写作。皮书数据库中共收录了15万篇专业报告，50余万张数据图表，合计30亿字，每年报告下载量近80万次。皮书为中国学术与社会发展实践的结合提供了一个激荡智力、传播思想的入口，皮书作者们用学术的话语、客观翔实的数据谱写出了中国故事壮丽的篇章。

20年跬步千里，“皮书”始终将自己的发展与时代赋予的使命与责任紧紧相连。每年百余场新闻发布会，10万余次中外媒体报道，中、英、俄、日、韩等12个语种共同出版。皮书所具有的凝聚力正在形成一种无形的力量，吸引着社会各界关注中国的发展，参与中国的发展，它是我们向世界传递中国声音、总结中国经验、争取中国国际话语权最主要的平台。

皮书这一系列成就的取得，得益于中国改革开放的伟大时代，离不开来自中国社会科学院、新闻出版广电总局、全国哲学社会科学规划办公室等主管部门的大力支持和帮助，也离不开皮书研创者和出版者的共同努力。他们与皮书的故事创造了皮书的历史，他们对皮书的拳拳之心将继续谱写皮书的未来！

现在，“皮书”品牌已经进入了快速成长的青壮年时期。全方位进行规范化管理，树立中国的学术出版标准；不断提升皮书的内容质量和影响力，搭建起中国智库产品和智库建设的交流服务平台和国际传播平台；发布各类皮书指数，并使之成为中国指数，让中国智库的声音响彻世界舞台，为人类的发展做出中国的贡献——这是皮书未来发展的图景。作为“皮书”这个概念的提出者，“皮书”从一般图书到系列图书和品牌图书，最终成为智库研究和社会科学应用对策研究的知识服务和成果推广平台这整个过程的操盘者，我相信，这也是每一位皮书人执着追求的目标。

“当代中国正经历着我国历史上最为广泛而深刻的社会变革，也正在进行着人类历史上最为宏大而独特的实践创新。这种前无古人的伟大实践，必将给理论创造、学术繁荣提供强大动力和广阔空间。”

在这个需要思想而且一定能够产生思想的时代，皮书的研创出版一定能创造出新的更大的辉煌！

社会科学文献出版社社长
中国社会学会秘书长

2017年11月

社会科学文献出版社简介

社会科学文献出版社（以下简称“社科文献出版社”）成立于1985年，是直属于中国社会科学院的人文社会科学学术出版机构。成立至今，社科文献出版社始终依托中国社会科学院和国内外人文社会科学界丰厚的学术出版和专家学者资源，坚持“创社科经典，出传世文献”的出版理念、“权威、前沿、原创”的产品定位以及学术成果和智库成果出版的专业化、数字化、国际化、市场化的经营道路。

社科文献出版社是中国新闻出版业转型与文化体制改革的先行者。积极探索文化体制改革的先进方向和现代企业经营决策机制，社科文献出版社先后荣获“全国文化体制改革工作先进单位”、中国出版政府奖·先进出版单位奖，中国社会科学院先进集体、全国科普工作先进集体等荣誉称号。多人次荣获“第十届韬奋出版奖”“全国新闻出版行业领军人才”“数字出版先进人物”“北京市新闻出版广电行业领军人才”等称号。

社科文献出版社是中国人文社会科学学术出版的大社名社，也是以皮书为代表的智库成果出版的专业强社。年出版图书2000余种，其中皮书400余种，出版新书字数5.5亿字，承印与发行中国社科院院属期刊72种，先后创立了皮书系列、列国志、中国史话、社科文献学术译库、社科文献学术文库、甲骨文书系等一大批既有学术影响又有市场价值的品牌，确立了在社会学、近代史、苏东问题研究等专业学科及领域出版的领先地位。图书多次荣获中国出版政府奖、“三个一百”原创图书出版工程、“五个‘一’工程奖”、“大众喜爱的50种图书”等奖项，在中央国家机关“强素质·做表率”读书活动中，入选图书品种数位居各大出版社之首。

社科文献出版社是中国学术出版规范与标准的倡议者与制定者，代表全国50多家出版社发起实施学术著作出版规范的倡议，承担学术著作规范国家标准的起草工作，率先编撰完成《皮书手册》对皮书品牌进行规范化管理，并在此基础上推出中国版芝加哥手册——《社科文献出版社学术出版手册》。

社科文献出版社是中国数字出版的引领者，拥有皮书数据库、列国志数据库、“一带一路”数据库、减贫数据库、集刊数据库等4大产品线11个数据库产品，机构用户达1300余家，海外用户百余家，荣获“数字出版转型示范单位”“新闻出版标准化先进单位”“专业数字内容资源知识服务模式试点企业标准化示范单位”等称号。

社科文献出版社是中国学术出版走出去的践行者。社科文献出版社海外图书出版与学术合作业务遍及全球40余个国家和地区，并于2016年成立俄罗斯分社，累计输出图书500余种，涉及近20个语种，累计获得国家社科基金中华学术外译项目资助76种、“丝路书香工程”项目资助60种、中国图书对外推广计划项目资助71种以及经典中国国际出版工程资助28种，被五部委联合认定为“2015-2016年度国家文化出口重点企业”。

如今，社科文献出版社完全靠自身积累拥有固定资产3.6亿元，年收入3亿元，设置了七大出版分社、六大专业部门，成立了皮书研究院和博士后科研工作站，培养了一支近400人的高素质与高效率的编辑、出版、营销和国际推广队伍，为未来成为学术出版的大社、名社、强社，成为文化体制改革与文化企业转型发展的排头兵奠定了坚实的基础。

宏观经济类

经济蓝皮书

2018 年中国经济形势分析与预测

李平 / 主编　2017 年 12 月出版　定价：89.00 元

◆　本书为总理基金项目，由著名经济学家李扬领衔，联合中国社会科学院等数十家科研机构、国家部委和高等院校的专家共同撰写，系统分析了 2017 年的中国经济形势并预测 2018 年中国经济运行情况。

城市蓝皮书

中国城市发展报告 No.11

潘家华　单菁菁 / 主编　2018 年 9 月出版　估价：99.00 元

◆　本书是由中国社会科学院城市发展与环境研究中心编著的，多角度、全方位地立体展示了中国城市的发展状况，并对中国城市的未来发展提出了许多建议。该书有强烈的时代感，对中国城市发展实践有重要的参考价值。

人口与劳动绿皮书

中国人口与劳动问题报告 No.19

张车伟 / 主编　2018 年 10 月出版　估价：99.00 元

◆　本书为中国社会科学院人口与劳动经济研究所主编的年度报告，对当前中国人口与劳动形势做了比较全面和系统的深入讨论，为研究中国人口与劳动问题提供了一个专业性的视角。

中国省域竞争力蓝皮书

中国省域经济综合竞争力发展报告（2017 ~ 2018）

李建平　李闽榕　高燕京 / 主编　2018 年 5 月出版　估价：198.00 元

◆　本书融多学科的理论为一体，深入追踪研究了省域经济发展与中国国家竞争力的内在关系，为提升中国省域经济综合竞争力提供有价值的决策依据。

金融蓝皮书

中国金融发展报告（2018）

王国刚 / 主编　2018 年 6 月出版　估价：99.00 元

◆　本书由中国社会科学院金融研究所组织编写，概括和分析了 2017 年中国金融发展和运行中的各方面情况，研讨和评论了 2017 年发生的主要金融事件，有利于读者了解掌握 2017 年中国的金融状况，把握 2018 年中国金融的走势。

区域经济类

京津冀蓝皮书

京津冀发展报告（2018）

祝合良　叶堂林　张贵祥 / 等著　2018 年 6 月出版　估价：99.00 元

◆　本书遵循问题导向与目标导向相结合、统计数据分析与大数据分析相结合、纵向分析和长期监测与结构分析和综合监测相结合等原则，对京津冀协同发展新形势与新进展进行测度与评价。

社会政法类

社会蓝皮书

2018 年中国社会形势分析与预测

李培林　陈光金　张翼 / 主编　2017 年 12 月出版　定价：89.00 元

◆　本书由中国社会科学院社会学研究所组织研究机构专家、高校学者和政府研究人员撰写，聚焦当下社会热点，对 2017 年中国社会发展的各个方面内容进行了权威解读，同时对 2018 年社会形势发展趋势进行了预测。

法治蓝皮书

中国法治发展报告 No.16（2018）

李林　田禾 / 主编　2018 年 3 月出版　定价：128.00 元

◆　本年度法治蓝皮书回顾总结了 2017 年度中国法治发展取得的成就和存在的不足，对中国政府、司法、检务透明度进行了跟踪调研，并对 2018 年中国法治发展形势进行了预测和展望。

教育蓝皮书

中国教育发展报告（2018）

杨东平 / 主编　2018 年 3 月出版　定价：89.00 元

◆　本书重点关注了 2017 年教育领域的热点，资料翔实，分析有据，既有专题研究，又有实践案例，从多角度对 2017 年教育改革和实践进行了分析和研究。

社会体制蓝皮书

中国社会体制改革报告 No.6（2018）

龚维斌 / 主编　2018 年 3 月出版　定价：98.00 元

◆　本书由国家行政学院社会治理研究中心和北京师范大学中国社会管理研究院共同组织编写，主要对 2017 年社会体制改革情况进行回顾和总结，对 2018 年的改革走向进行分析，提出相关政策建议。

社会心态蓝皮书

中国社会心态研究报告（2018）

王俊秀　杨宜音 / 主编　2018 年 12 月出版　估价：99.00 元

◆　本书是中国社会科学院社会学研究所社会心理研究中心“社会心态蓝皮书课题组”的年度研究成果，运用社会心理学、社会学、经济学、传播学等多种学科的方法进行了调查和研究，对于目前中国社会心态状况有较广泛和深入的揭示。

华侨华人蓝皮书

华侨华人研究报告（2018）

贾益民 / 主编　2017 年 12 月出版　估价：139.00 元

◆　本书关注华侨华人生产与生活的方方面面。华侨华人是中国建设 21 世纪海上丝绸之路的重要中介者、推动者和参与者。本书旨在全面调研华侨华人，提供最新涉侨动态、理论研究成果和政策建议。

民族发展蓝皮书

中国民族发展报告（2018）

王延中 / 主编　2018 年 10 月出版　估价：188.00 元

◆　本书从民族学人类学视角，研究近年来少数民族和民族地区的发展情况，展示民族地区经济、政治、文化、社会和生态文明“五位一体”建设取得的辉煌成就和面临的困难挑战，为深刻理解中央民族工作会议精神、加快民族地区全面建成小康社会进程提供了实证材料。

产业经济类

房地产蓝皮书

中国房地产发展报告 No.15（2018）

李春华　王业强 / 主编　2018 年 5 月出版　估价：99.00 元

◆　2018 年《房地产蓝皮书》持续追踪中国房地产市场最新动态，深度剖析市场热点，展望 2018 年发展趋势，积极谋划应对策略。对 2017 年房地产市场的发展态势进行全面、综合的分析。

新能源汽车蓝皮书

中国新能源汽车产业发展报告（2018）

中国汽车技术研究中心　日产（中国）投资有限公司
东风汽车有限公司 / 编著　2018 年 8 月出版　估价：99.00 元

◆　本书对中国 2017 年新能源汽车产业发展进行了全面系统的分析，并介绍了国外的发展经验。有助于相关机构、行业和社会公众等了解中国新能源汽车产业发展的最新动态，为政府部门出台新能源汽车产业相关政策法规、企业制定相关战略规划，提供必要的借鉴和参考。

行业及其他类

旅游绿皮书

2017 ~ 2018 年中国旅游发展分析与预测

中国社会科学院旅游研究中心 / 编　2018 年 1 月出版　定价：99.00 元

◆　本书从政策、产业、市场、社会等多个角度勾画出 2017 年中国旅游发展全貌，剖析了其中的热点和核心问题，并就未来发展作出预测。

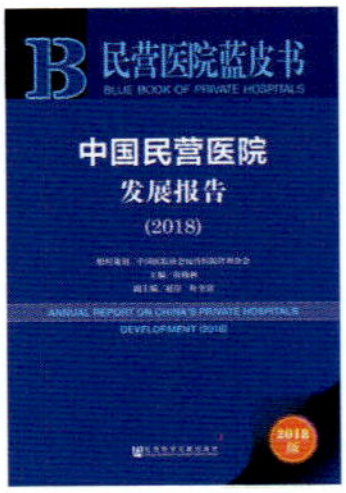

民营医院蓝皮书

中国民营医院发展报告（2018）

薛晓林 / 主编　2018 年 11 月出版　估价：99.00 元

◆　本书在梳理国家对社会办医的各种利好政策的前提下，对我国民营医疗发展现状、我国民营医院竞争力进行了分析，并结合我国医疗体制改革对民营医院的发展趋势、发展策略、战略规划等方面进行了预估。

会展蓝皮书

中外会展业动态评估研究报告（2018）

张敏 / 主编　2018 年 12 月出版　估价：99.00 元

◆　本书回顾了 2017 年的会展业发展动态，结合“供给侧改革”、“互联网 +”、“绿色经济”的新形势分析了我国展会的行业现状，并介绍了国外的发展经验，有助于行业和社会了解最新的展会业动态。

中国上市公司蓝皮书

中国上市公司发展报告（2018）

张平　王宏淼 / 主编　2018 年 9 月出版　估价：99.00 元

◆　本书由中国社会科学院上市公司研究中心组织编写的，着力于全面、真实、客观反映当前中国上市公司财务状况和价值评估的综合性年度报告。本书详尽分析了 2017 年中国上市公司情况，特别是现实中暴露出的制度性、基础性问题，并对资本市场改革进行了探讨。

工业和信息化蓝皮书

人工智能发展报告（2017 ~ 2018）

尹丽波 / 主编　2018 年 6 月出版　估价：99.00 元

◆　本书国家工业信息安全发展研究中心在对 2017 年全球人工智能技术和产业进行全面跟踪研究基础上形成的研究报告。该报告内容翔实、视角独特，具有较强的产业发展前瞻性和预测性，可为相关主管部门、行业协会、企业等全面了解人工智能发展形势以及进行科学决策提供参考。

国际问题与全球治理类

世界经济黄皮书

2018 年世界经济形势分析与预测

张宇燕 / 主编　2018 年 1 月出版　定价：99.00 元

◆　本书由中国社会科学院世界经济与政治研究所的研究团队撰写，分总论、国别与地区、专题、热点、世界经济统计与预测等五个部分，对 2018 年世界经济形势进行了分析。

国际城市蓝皮书

国际城市发展报告（2018）

屠启宇 / 主编　2018 年 2 月出版　定价：89.00 元

◆　本书作者以上海社会科学院从事国际城市研究的学者团队为核心，汇集同济大学、华东师范大学、复旦大学、上海交通大学、南京大学、浙江大学相关城市研究专业学者。立足动态跟踪介绍国际城市发展时间中，最新出现的重大战略、重大理念、重大项目、重大报告和最佳案例。

非洲黄皮书

非洲发展报告 No.20（2017 ~ 2018）

张宏明 / 主编　2018 年 7 月出版　估价：99.00 元

◆　本书是由中国社会科学院西亚非洲研究所组织编撰的非洲形势年度报告，比较全面、系统地分析了 2017 年非洲政治形势和热点问题，探讨了非洲经济形势和市场走向，剖析了大国对非洲关系的新动向；此外，还介绍了国内非洲研究的新成果。

国别类

美国蓝皮书

美国研究报告（2018）

郑秉文　黄平 / 主编　2018 年 5 月出版　估价：99.00 元

◆　本书是由中国社会科学院美国研究所主持完成的研究成果，它回顾了美国 2017 年的经济、政治形势与外交战略，对美国内政外交发生的重大事件及重要政策进行了较为全面的回顾和梳理。

德国蓝皮书

德国发展报告（2018）

郑春荣 / 主编　2018 年 6 月出版　估价：99.00 元

◆　本报告由同济大学德国研究所组织编撰，由该领域的专家学者对德国的政治、经济、社会文化、外交等方面的形势发展情况，进行全面的阐述与分析。

俄罗斯黄皮书

俄罗斯发展报告（2018）

李永全 / 编著　2018 年 6 月出版　估价：99.00 元

◆　本书系统介绍了 2017 年俄罗斯经济政治情况，并对 2016 年该地区发生的焦点、热点问题进行了分析与回顾；在此基础上，对该地区 2018 年的发展前景进行了预测。

文化传媒类

新媒体蓝皮书

中国新媒体发展报告 No.9（2018）

唐绪军 / 主编　2018 年 6 月出版　估价：99.00 元

◆　本书是由中国社会科学院新闻与传播研究所组织编写的关于新媒体发展的最新年度报告，旨在全面分析中国新媒体的发展现状，解读新媒体的发展趋势，探析新媒体的深刻影响。

移动互联网蓝皮书

中国移动互联网发展报告（2018）

余清楚 / 主编　2018 年 6 月出版　估价：99.00 元

◆　本书着眼于对 2017 年度中国移动互联网的发展情况做深入解析，对未来发展趋势进行预测，力求从不同视角、不同层面全面剖析中国移动互联网发展的现状、年度突破及热点趋势等。

文化蓝皮书

中国文化消费需求景气评价报告（2018）

王亚南 / 主编　2018 年 3 月出版　定价：99.00 元

◆　本书首创全国文化发展量化检测评价体系，也是至今全国唯一的文化民生量化检测评价体系，对于检验全国及各地 " 以人民为中心 " 的文化发展具有首创意义。

地方发展类

北京蓝皮书

北京经济发展报告（2017 ~ 2018）

杨松 / 主编　2018 年 6 月出版　估价：99.00 元

◆　本书对 2017 年北京市经济发展的整体形势进行了系统性的分析与回顾，并对 2018 年经济形势走势进行了预测与研判，聚焦北京市经济社会发展中的全局性、战略性和关键领域的重点问题，运用定量和定性分析相结合的方法，对北京市经济社会发展的现状、问题、成因进行了深入分析，提出了可操作性的对策建议。

温州蓝皮书

2018 年温州经济社会形势分析与预测

蒋儒标　王春光　金浩 / 主编　2018 年 6 月出版　估价：99.00 元

◆　本书是中共温州市委党校和中国社会科学院社会学研究所合作推出的第十一本温州蓝皮书，由来自党校、政府部门、科研机构、高校的专家、学者共同撰写的 2017 年温州区域发展形势的最新研究成果。

黑龙江蓝皮书

黑龙江社会发展报告（2018）

王爱丽 / 主编　2018 年 1 月出版　定价：89.00 元

◆　本书以千份随机抽样问卷调查和专题研究为依据，运用社会学理论框架和分析方法，从专家和学者的独特视角，对 2017 年黑龙江省关系民生的问题进行广泛的调研与分析，并对 2017 年黑龙江省诸多社会热点和焦点问题进行了有益的探索。这些研究不仅可以为政府部门更加全面深入了解省情、科学制定决策提供智力支持，同时也可以为广大读者认识、了解、关注黑龙江社会发展提供理性思考。

宏观经济类

城市蓝皮书
中国城市发展报告（No.11）
著(编)者：潘家华 单菁菁
2018年9月出版 / 估价：99.00元
PSN B-2007-091-1/1

城乡一体化蓝皮书
中国城乡一体化发展报告（2018）
著(编)者：付崇兰
2018年9月出版 / 估价：99.00元
PSN B-2011-226-1/2

城镇化蓝皮书
中国新型城镇化健康发展报告（2018）
著(编)者：张占斌
2018年8月出版 / 估价：99.00元
PSN B-2014-396-1/1

创新蓝皮书
创新型国家建设报告（2018～2019）
著(编)者：詹正茂
2018年12月出版 / 估价：99.00元
PSN B-2009-140-1/1

低碳发展蓝皮书
中国低碳发展报告（2018）
著(编)者：张希良 齐晔
2018年6月出版 / 估价：99.00元
PSN B-2011-223-1/1

低碳经济蓝皮书
中国低碳经济发展报告（2018）
著(编)者：薛进军 赵忠秀
2018年11月出版 / 估价：99.00元
PSN B-2011-194-1/1

发展和改革蓝皮书
中国经济发展和体制改革报告No.9
著(编)者：邹东涛 王再文
2018年1月出版 / 估价：99.00元
PSN B-2008-122-1/1

国家创新蓝皮书
中国创新发展报告（2017）
著(编)者：陈劲　2018年5月出版 / 估价：99.00元
PSN B-2014-370-1/1

金融蓝皮书
中国金融发展报告（2018）
著(编)者：王国刚
2018年6月出版 / 估价：99.00元
PSN B-2004-031-1/7

经济蓝皮书
2018年中国经济形势分析与预测
著(编)者：李平　2017年12月出版 / 定价：89.00元
PSN B-1996-001-1/1

经济蓝皮书春季号
2018年中国经济前景分析
著(编)者：李扬　2018年5月出版 / 估价：99.00元
PSN B-1999-008-1/1

经济蓝皮书夏季号
中国经济增长报告（2017～2018）
著(编)者：李扬　2018年9月出版 / 估价：99.00元
PSN B-2010-176-1/1

农村绿皮书
中国农村经济形势分析与预测（2017～2018）
著(编)者：魏后凯 黄秉信
2018年4月出版 / 定价：99.00元
PSN G-1998-003-1/1

人口与劳动绿皮书
中国人口与劳动问题报告No.19
著(编)者：张车伟　2018年11月出版 / 估价：99.00元
PSN G-2000-012-1/1

新型城镇化蓝皮书
新型城镇化发展报告（2017）
著(编)者：李伟 宋敏
2018年3月出版 / 定价：98.00元
PSN B-2005-038-1/1

中国省域竞争力蓝皮书
中国省域经济综合竞争力发展报告（2016～2017）
著(编)者：李建平 李闽榕
2018年2月出版 / 定价：198.00元
PSN B-2007-088-1/1

中小城市绿皮书
中国中小城市发展报告（2018）
著(编)者：中国城市经济学会中小城市经济发展委员会
中国城镇化促进会中小城市发展委员会
《中国中小城市发展报告》编纂委员会
中小城市发展战略研究院
2018年11月出版 / 估价：128.00元
PSN G-2010-161-1/1

区域经济类

东北蓝皮书
中国东北地区发展报告（2018）
著(编)者：姜晓秋　　2018年11月出版 / 估价：99.00元
PSN B-2006-067-1/1

金融蓝皮书
中国金融中心发展报告（2017~2018）
著(编)者：王力 黄育华　　2018年11月出版 / 估价：99.00元
PSN B-2011-186-6/7

京津冀蓝皮书
京津冀发展报告（2018）
著(编)者：祝合良 叶堂林 张贵祥
2018年6月出版 / 估价：99.00元
PSN B-2012-262-1/1

西北蓝皮书
中国西北发展报告（2018）
著(编)者：王福生 马廷旭 董秋生
2018年1月出版 / 定价：99.00元
PSN B-2012-261-1/1

西部蓝皮书
中国西部发展报告（2018）
著(编)者：璋勇 任保平　　2018年8月出版 / 估价：99.00元
PSN B-2005-039-1/1

长江经济带产业蓝皮书
长江经济带产业发展报告（2018）
著(编)者：吴传清　　2018年11月出版 / 估价：128.00元
PSN B-2017-666-1/1

长江经济带蓝皮书
长江经济带发展报告（2017~2018）
著(编)者：王振　　2018年11月出版 / 估价：99.00元
PSN B-2016-575-1/1

长江中游城市群蓝皮书
长江中游城市群新型城镇化与产业协同发展报告（2018）
著(编)者：杨刚强　　2018年11月出版 / 估价：99.00元
PSN B-2016-578-1/1

长三角蓝皮书
2017年创新融合发展的长三角
著(编)者：刘飞跃　　2018年5月出版 / 估价：99.00元
PSN B-2005-038-1/1

长株潭城市群蓝皮书
长株潭城市群发展报告（2017）
著(编)者：张萍 朱有志　　2018年6月出版 / 估价：99.00元
PSN B-2008-109-1/1

特色小镇蓝皮书
特色小镇智慧运营报告（2018）：顶层设计与智慧架构标准
著(编)者：陈劲　　2018年1月出版 / 定价：79.00元
PSN B-2018-692-1/1

中部竞争力蓝皮书
中国中部经济社会竞争力报告（2018）
著(编)者：教育部人文社会科学重点研究基地南昌大学中国中部经济社会发展研究中心
2018年12月出版 / 估价：99.00元
PSN B-2012-276-1/1

中部蓝皮书
中国中部地区发展报告（2018）
著(编)者：宋亚平　　2018年12月出版 / 估价：99.00元
PSN B-2007-089-1/1

区域蓝皮书
中国区域经济发展报告（2017~2018）
著(编)者：赵弘　　2018年5月出版 / 估价：99.00元
PSN B-2004-034-1/1

中三角蓝皮书
长江中游城市群发展报告（2018）
著(编)者：秦尊文　　2018年9月出版 / 估价：99.00元
PSN B-2014-417-1/1

中原蓝皮书
中原经济区发展报告（2018）
著(编)者：李英杰　　2018年6月出版 / 估价：99.00元
PSN B-2011-192-1/1

珠三角流通蓝皮书
珠三角商圈发展研究报告（2018）
著(编)者：王先庆 林至颖　　2018年7月出版 / 估价：99.00元
PSN B-2012-292-1/1

社会政法类

北京蓝皮书
中国社区发展报告（2017~2018）
著(编)者：于燕燕　　2018年9月出版 / 估价：99.00元
PSN B-2007-083-5/8

殡葬绿皮书
中国殡葬事业发展报告（2017~2018）
著(编)者：李伯森　　2018年6月出版 / 估价：158.00元
PSN G-2010-180-1/1

城市管理蓝皮书
中国城市管理报告（2017-2018）
著(编)者：刘林 刘承水　　2018年5月出版 / 估价：158.00元
PSN B-2013-336-1/1

城市生活质量蓝皮书
中国城市生活质量报告（2017）
著(编)者：张连城 张平 杨春学 郎丽华
2017年12月出版 / 定价：89.00元
PSN B-2013-326-1/1

城市政府能力蓝皮书
中国城市政府公共服务能力评估报告（2018）
著(编)者：何艳玲　2018年5月出版 / 估价：99.00元
PSN B-2013-338-1/1

创业蓝皮书
中国创业发展研究报告（2017~2018）
著(编)者：黄群慧 赵卫星 钟宏武
2018年11月出版 / 估价：99.00元
PSN B-2016-577-1/1

慈善蓝皮书
中国慈善发展报告（2018）
著(编)者：杨团　2018年6月出版 / 估价：99.00元
PSN B-2009-142-1/1

党建蓝皮书
党的建设研究报告No.2（2018）
著(编)者：崔建民 陈东平　2018年6月出版 / 估价：99.00元
PSN B-2016-523-1/1

地方法治蓝皮书
中国地方法治发展报告No.3（2018）
著(编)者：李林 田禾　2018年6月出版 / 估价：118.00元
PSN B-2015-442-1/1

电子政务蓝皮书
中国电子政务发展报告（2018）
著(编)者：李季　2018年8月出版 / 估价：99.00元
PSN B-2003-022-1/1

儿童蓝皮书
中国儿童参与状况报告（2017）
著(编)者：苑立新　2017年12月出版 / 定价：89.00元
PSN B-2017-682-1/1

法治蓝皮书
中国法治发展报告No.16（2018）
著(编)者：李林 田禾　2018年3月出版 / 定价：128.00元
PSN B-2004-027-1/3

法治蓝皮书
中国法院信息化发展报告 No.2（2018）
著(编)者：李林 田禾　2018年2月出版 / 定价：118.00元
PSN B-2017-604-3/3

法治政府蓝皮书
中国法治政府发展报告（2017）
著(编)者：中国政法大学法治政府研究院
2018年3月出版 / 定价：158.00元
PSN B-2015-502-1/2

法治政府蓝皮书
中国法治政府评估报告（2018）
著(编)者：中国政法大学法治政府研究院
2018年9月出版 / 估价：168.00元
PSN B-2016-576-2/2

反腐倡廉蓝皮书
中国反腐倡廉建设报告 No.8
著(编)者：张英伟　2018年12月出版 / 估价：99.00元
PSN B-2012-259-1/1

扶贫蓝皮书
中国扶贫开发报告（2018）
著(编)者：李培林 魏后凯　2018年12月出版 / 估价：128.00元
PSN B-2016-599-1/1

妇女发展蓝皮书
中国妇女发展报告 No.6
著(编)者：王金玲　2018年9月出版 / 估价：158.00元
PSN B-2006-069-1/1

妇女教育蓝皮书
中国妇女教育发展报告 No.3
著(编)者：张李玺　2018年10月出版 / 估价：99.00元
PSN B-2008-121-1/1

妇女绿皮书
2018年：中国性别平等与妇女发展报告
著(编)者：谭琳　2018年12月出版 / 估价：99.00元
PSN G-2006-073-1/1

公共安全蓝皮书
中国城市公共安全发展报告（2017~2018）
著(编)者：黄育华 杨文明 赵建辉
2018年6月出版 / 估价：99.00元
PSN B-2017-628-1/1

公共服务蓝皮书
中国城市基本公共服务力评价（2018）
著(编)者：钟君 刘志昌 吴正杲
2018年12月出版 / 估价：99.00元
PSN B-2011-214-1/1

公民科学素质蓝皮书
中国公民科学素质报告（2017~2018）
著(编)者：李群 陈雄 马宗文
2017年12月出版 / 定价：89.00元
PSN B-2014-379-1/1

公益蓝皮书
中国公益慈善发展报告（2016）
著(编)者：朱健刚 胡小军　2018年6月出版 / 估价：99.00元
PSN B-2012-283-1/1

国际人才蓝皮书
中国国际移民报告（2018）
著(编)者：王辉耀　2018年6月出版 / 估价：99.00元
PSN B-2012-304-3/4

国际人才蓝皮书
中国留学发展报告（2018）No.7
著(编)者：王辉耀 苗绿　2018年12月出版 / 估价：99.00元
PSN B-2012-244-2/4

海洋社会蓝皮书
中国海洋社会发展报告（2017）
著(编)者：崔凤 宋宁而　2018年3月出版 / 定价：99.00元
PSN B-2015-478-1/1

行政改革蓝皮书
中国行政体制改革报告No.7（2018）
著(编)者：魏礼群　2018年6月出版 / 估价：99.00元
PSN B-2011-231-1/1

华侨华人蓝皮书
华侨华人研究报告（2017）
著(编)者：张禹东 庄国土　　2017年12月出版 / 定价：148.00元
PSN B-2011-204-1/1

互联网与国家治理蓝皮书
互联网与国家治理发展报告（2017）
著(编)者：张志安　　2018年1月出版 / 定价：98.00元
PSN B-2017-671-1/1

环境管理蓝皮书
中国环境管理发展报告（2017）
著(编)者：李金惠　　2017年12月出版 / 定价：98.00元
PSN B-2017-678-1/1

环境竞争力绿皮书
中国省域环境竞争力发展报告（2018）
著(编)者：李建平 李闽榕 王金南
2018年11月出版 / 估价：198.00元
PSN G-2010-165-1/1

环境绿皮书
中国环境发展报告（2017～2018）
著(编)者：李波　　2018年6月出版 / 估价：99.00元
PSN G-2006-048-1/1

家庭蓝皮书
中国“创建幸福家庭活动”评估报告（2018）
著(编)者：国务院发展研究中心“创建幸福家庭活动评估”课题组
2018年12月出版 / 估价：99.00元
PSN B-2015-508-1/1

健康城市蓝皮书
中国健康城市建设研究报告（2018）
著(编)者：王鸿春 盛继洪　　2018年12月出版 / 估价：99.00元
PSN B-2016-564-2/2

健康中国蓝皮书
社区首诊与健康中国分析报告（2018）
著(编)者：高和荣 杨叔禹 姜杰
2018年6月出版 / 估价：99.00元
PSN B-2017-611-1/1

教师蓝皮书
中国中小学教师发展报告（2017）
著(编)者：曾晓东 鱼霞
2018年6月出版 / 估价：99.00元
PSN B-2012-289-1/1

教育扶贫蓝皮书
中国教育扶贫报告（2018）
著(编)者：司树杰 王文静 李兴洲
2018年12月出版 / 估价：99.00元
PSN B-2016-590-1/1

教育蓝皮书
中国教育发展报告（2018）
著(编)者：杨东平　　2018年3月出版 / 定价：89.00元
PSN B-2006-047-1/1

金融法治建设蓝皮书
中国金融法治建设年度报告（2015～2016）
著(编)者：朱小黄　　2018年6月出版 / 估价：99.00元
PSN B-2017-633-1/1

京津冀教育蓝皮书
京津冀教育发展研究报告（2017～2018）
著(编)者：方中雄　　2018年6月出版 / 估价：99.00元
PSN B-2017-608-1/1

就业蓝皮书
2018年中国本科生就业报告
著(编)者：麦可思研究院　　2018年6月出版 / 估价：99.00元
PSN B-2009-146-1/2

就业蓝皮书
2018年中国高职高专生就业报告
著(编)者：麦可思研究院　　2018年6月出版 / 估价：99.00元
PSN B-2015-472-2/2

科学教育蓝皮书
中国科学教育发展报告（2018）
著(编)者：王康友　　2018年10月出版 / 估价：99.00元
PSN B-2015-487-1/1

劳动保障蓝皮书
中国劳动保障发展报告（2018）
著(编)者：刘燕斌　　2018年9月出版 / 估价：158.00元
PSN B-2014-415-1/1

老龄蓝皮书
中国老年宜居环境发展报告（2017）
著(编)者：党俊武 周燕珉　　2018年6月出版 / 估价：99.00元
PSN B-2013-320-1/1

连片特困区蓝皮书
中国连片特困区发展报告（2017～2018）
著(编)者：游俊 冷志明 丁建军
2018年6月出版 / 估价：99.00元
PSN B-2013-321-1/1

流动儿童蓝皮书
中国流动儿童教育发展报告（2017）
著(编)者：杨东平　　2018年6月出版 / 估价：99.00元
PSN B-2017-600-1/1

民调蓝皮书
中国民生调查报告（2018）
著(编)者：谢耘耕　　2018年12月出版 / 估价：99.00元
PSN B-2014-398-1/1

民族发展蓝皮书
中国民族发展报告（2018）
著(编)者：王延中　　2018年10月出版 / 估价：188.00元
PSN B-2006-070-1/1

女性生活蓝皮书
中国女性生活状况报告No.12（2018）
著(编)者：高博燕　　2018年7月出版 / 估价：99.00元
PSN B-2006-071-1/1

汽车社会蓝皮书
中国汽车社会发展报告（2017～2018）
著(编)者：王俊秀　2018年6月出版 / 估价：99.00元
PSN B-2011-224-1/1

青年蓝皮书
中国青年发展报告（2018）No.3
著(编)者：廉思　2018年6月出版 / 估价：99.00元
PSN B-2013-333-1/1

青少年蓝皮书
中国未成年人互联网运用报告（2017～2018）
著(编)者：季为民 李文革 沈杰
2018年11月出版 / 估价：99.00元
PSN B-2010-156-1/1

人权蓝皮书
中国人权事业发展报告No.8（2018）
著(编)者：李君如　2018年9月出版 / 估价：99.00元
PSN B-2011-215-1/1

社会保障绿皮书
中国社会保障发展报告No.9（2018）
著(编)者：王延中　2018年6月出版 / 估价：99.00元
PSN G-2001-014-1/1

社会风险评估蓝皮书
风险评估与危机预警报告（2017～2018）
著(编)者：唐钧　2018年8月出版 / 估价：99.00元
PSN B-2012-293-1/1

社会工作蓝皮书
中国社会工作发展报告（2016~2017）
著(编)者：民政部社会工作研究中心
2018年8月出版 / 估价：99.00元
PSN B-2009-141-1/1

社会管理蓝皮书
中国社会管理创新报告No.6
著(编)者：连玉明　2018年11月出版 / 估价：99.00元
PSN B-2012-300-1/1

社会蓝皮书
2018年中国社会形势分析与预测
著(编)者：李培林 陈光金 张翼
2017年12月出版 / 定价：89.00元
PSN B-1998-002-1/1

社会体制蓝皮书
中国社会体制改革报告No.6（2018）
著(编)者：龚维斌　2018年3月出版 / 定价：98.00元
PSN B-2013-330-1/1

社会心态蓝皮书
中国社会心态研究报告（2018）
著(编)者：王俊秀　2018年12月出版 / 估价：99.00元
PSN B-2011-199-1/1

社会组织蓝皮书
中国社会组织报告（2017-2018）
著(编)者：黄晓勇　2018年6月出版 / 估价：99.00元
PSN B-2008-118-1/2

社会组织蓝皮书
中国社会组织评估发展报告（2018）
著(编)者：徐家良　2018年12月出版 / 估价：99.00元
PSN B-2013-366-2/2

生态城市绿皮书
中国生态城市建设发展报告（2018）
著(编)者：刘举科 孙伟平 胡文臻
2018年9月出版 / 估价：158.00元
PSN G-2012-269-1/1

生态文明绿皮书
中国省域生态文明建设评价报告（ECI 2018）
著(编)者：严耕　2018年12月出版 / 估价：99.00元
PSN G-2010-170-1/1

退休生活蓝皮书
中国城市居民退休生活质量指数报告（2017）
著(编)者：杨一帆　2018年6月出版 / 估价：99.00元
PSN B-2017-618-1/1

危机管理蓝皮书
中国危机管理报告（2018）
著(编)者：文学国 范正青
2018年8月出版 / 估价：99.00元
PSN B-2010-171-1/1

学会蓝皮书
2018年中国学会发展报告
著(编)者：麦可思研究院　2018年12月出版 / 估价：99.00元
PSN B-2016-597-1/1

医改蓝皮书
中国医药卫生体制改革报告（2017～2018）
著(编)者：文学国 房志武
2018年11月出版 / 估价：99.00元
PSN B-2014-432-1/1

应急管理蓝皮书
中国应急管理报告（2018）
著(编)者：宋英华　2018年9月出版 / 估价：99.00元
PSN B-2016-562-1/1

政府绩效评估蓝皮书
中国地方政府绩效评估报告 No.2
著(编)者：贠杰　2018年12月出版 / 估价：99.00元
PSN B-2017-672-1/1

政治参与蓝皮书
中国政治参与报告（2018）
著(编)者：房宁　2018年8月出版 / 估价：128.00元
PSN B-2011-200-1/1

政治文化蓝皮书
中国政治文化报告（2018）
著(编)者：邢元敏 魏大鹏 龚克
2018年8月出版 / 估价：128.00元
PSN B-2017-615-1/1

中国传统村落蓝皮书
中国传统村落保护现状报告（2018）
著(编)者：胡彬彬 李向军 王晓波
2018年12月出版 / 估价：99.00元
PSN B-2017-663-1/1

中国农村妇女发展蓝皮书
农村流动女性城市生活发展报告（2018）
著(编)者：谢丽华　　2018年12月出版 / 估价：99.00元
PSN B-2014-434-1/1

宗教蓝皮书
中国宗教报告（2017）
著(编)者：邱永辉　　2018年8月出版 / 估价：99.00元
PSN B-2008-117-1/1

产业经济类

保健蓝皮书
中国保健服务产业发展报告 No.2
著(编)者：中国保健协会　　中共中央党校
2018年7月出版 / 估价：198.00元
PSN B-2012-272-3/3

保健蓝皮书
中国保健食品产业发展报告 No.2
著(编)者：中国保健协会
中国社会科学院食品药品产业发展与监管研究中心
2018年8月出版 / 估价：198.00元
PSN B-2012-271-2/3

保健蓝皮书
中国保健用品产业发展报告 No.2
著(编)者：中国保健协会
国务院国有资产监督管理委员会研究中心
2018年6月出版 / 估价：198.00元
PSN B-2012-270-1/3

保险蓝皮书
中国保险业竞争力报告（2018）
著(编)者：保监会　　2018年12月出版 / 估价：99.00元
PSN B-2013-311-1/1

冰雪蓝皮书
中国冰上运动产业发展报告（2018）
著(编)者：孙承华 杨占武 刘戈 张鸿俊
2018年9月出版 / 估价：99.00元
PSN B-2017-648-3/3

冰雪蓝皮书
中国滑雪产业发展报告（2018）
著(编)者：孙承华 伍斌 魏庆华 张鸿俊
2018年9月出版 / 估价：99.00元
PSN B-2016-559-1/3

餐饮产业蓝皮书
中国餐饮产业发展报告（2018）
著(编)者：邢颖
2018年6月出版 / 估价：99.00元
PSN B-2009-151-1/1

茶业蓝皮书
中国茶产业发展报告（2018）
著(编)者：杨江帆 李闽榕
2018年10月出版 / 估价：99.00元
PSN B-2010-164-1/1

产业安全蓝皮书
中国文化产业安全报告（2018）
著(编)者：北京印刷学院文化产业安全研究院
2018年12月出版 / 估价：99.00元
PSN B-2014-378-12/14

产业安全蓝皮书
中国新媒体产业安全报告（2016～2017）
著(编)者：肖丽　　2018年6月出版 / 估价：99.00元
PSN B-2015-500-14/14

产业安全蓝皮书
中国出版传媒产业安全报告（2017～2018）
著(编)者：北京印刷学院文化产业安全研究院
2018年6月出版 / 估价：99.00元
PSN B-2014-384-13/14

产业蓝皮书
中国产业竞争力报告（2018）No.8
著(编)者：张其仔　　2018年12月出版 / 估价：168.00元
PSN B-2010-175-1/1

动力电池蓝皮书
中国新能源汽车动力电池产业发展报告（2018）
著(编)者：中国汽车技术研究中心
2018年8月出版 / 估价：99.00元
PSN B-2017-639-1/1

杜仲产业绿皮书
中国杜仲橡胶资源与产业发展报告（2017～2018）
著(编)者：杜红岩 胡文臻 俞锐
2018年6月出版 / 估价：99.00元
PSN G-2013-350-1/1

房地产蓝皮书
中国房地产发展报告No.15（2018）
著(编)者：李春华 王业强
2018年5月出版 / 估价：99.00元
PSN B-2004-028-1/1

服务外包蓝皮书
中国服务外包产业发展报告（2017～2018）
著(编)者：王晓红 刘德军
2018年6月出版 / 估价：99.00元
PSN B-2013-331-2/2

服务外包蓝皮书
中国服务外包竞争力报告（2017～2018）
著(编)者：刘春生 王力 黄育华
2018年12月出版 / 估价：99.00元
PSN B-2011-216-1/2

工业和信息化蓝皮书
世界信息技术产业发展报告（2017~2018）
著(编)者：尹丽波　2018年6月出版 / 估价：99.00元
PSN B-2015-449-2/6

工业和信息化蓝皮书
战略性新兴产业发展报告（2017~2018）
著(编)者：尹丽波　2018年6月出版 / 估价：99.00元
PSN B-2015-450-3/6

海洋经济蓝皮书
中国海洋经济发展报告（2015~2018）
著(编)者：殷克东 高金田 方胜民
2018年3月出版 / 定价：128.00元
PSN B-2018-697-1/1

康养蓝皮书
中国康养产业发展报告（2017）
著(编)者：何莽　2017年12月出版 / 定价：88.00元
PSN B-2017-685-1/1

客车蓝皮书
中国客车产业发展报告（2017~2018）
著(编)者：姚蔚　2018年10月出版 / 估价：99.00元
PSN B-2013-361-1/1

流通蓝皮书
中国商业发展报告（2018~2019）
著(编)者：王雪峰 林诗慧
2018年7月出版 / 估价：99.00元
PSN B-2009-152-1/2

能源蓝皮书
中国能源发展报告（2018）
著(编)者：崔民选 王军生 陈义和
2018年12月出版 / 估价：99.00元
PSN B-2006-049-1/1

农产品流通蓝皮书
中国农产品流通产业发展报告（2017）
著(编)者：贾敬敦 张东科 张玉玺 张鹏毅 周伟
2018年6月出版 / 估价：99.00元
PSN B-2012-288-1/1

汽车工业蓝皮书
中国汽车工业发展年度报告（2018）
著(编)者：中国汽车工业协会
中国汽车技术研究中心
丰田汽车公司
2018年5月出版 / 估价：168.00元
PSN B-2015-463-1/2

汽车工业蓝皮书
中国汽车零部件产业发展报告（2017~2018）
著(编)者：中国汽车工业协会
中国汽车工程研究院深圳市沃特玛电池有限公司
2018年9月出版 / 估价：99.00元
PSN B-2016-515-2/2

汽车蓝皮书
中国汽车产业发展报告（2018）
著(编)者：中国汽车工程学会
大众汽车集团（中国）
2018年11月出版 / 估价：99.00元
PSN B-2008-124-1/1

世界茶业蓝皮书
世界茶业发展报告（2018）
著(编)者：李闽榕 冯廷佺
2018年5月出版 / 估价：168.00元
PSN B-2017-619-1/1

世界能源蓝皮书
世界能源发展报告（2018）
著(编)者：黄晓勇　2018年6月出版 / 估价：168.00元
PSN B-2013-349-1/1

石油蓝皮书
中国石油产业发展报告（2018）
著(编)者：中国石油化工集团公司经济技术研究院
中国国际石油化工联合有限责任公司
中国社会科学院数量经济与技术经济研究所
2018年2月出版 / 定价：98.00元
PSN B-2018-690-1/1

体育蓝皮书
国家体育产业基地发展报告（2016~2017）
著(编)者：李颖川　2018年6月出版 / 估价：168.00元
PSN B-2017-609-5/5

体育蓝皮书
中国体育产业发展报告（2018）
著(编)者：阮伟 钟秉枢
2018年12月出版 / 估价：99.00元
PSN B-2010-179-1/5

文化金融蓝皮书
中国文化金融发展报告（2018）
著(编)者：杨涛 金巍
2018年6月出版 / 估价：99.00元
PSN B-2017-610-1/1

新能源汽车蓝皮书
中国新能源汽车产业发展报告（2018）
著(编)者：中国汽车技术研究中心
日产（中国）投资有限公司
东风汽车有限公司
2018年8月出版 / 估价：99.00元
PSN B-2013-347-1/1

薏仁米产业蓝皮书
中国薏仁米产业发展报告No.2（2018）
著(编)者：李发耀 石明　秦礼康
2018年8月出版 / 估价：99.00元
PSN B-2017-645-1/1

邮轮绿皮书
中国邮轮产业发展报告（2018）
著(编)者：汪泓　2018年10月出版 / 估价：99.00元
PSN G-2014-419-1/1

智能养老蓝皮书
中国智能养老产业发展报告（2018）
著(编)者：朱勇　2018年10月出版 / 估价：99.00元
PSN B-2015-488-1/1

中国节能汽车蓝皮书
中国节能汽车发展报告（2017~2018）
著(编)者：中国汽车工程研究院股份有限公司
2018年9月出版 / 估价：99.00元
PSN B-2016-565-1/1

中国陶瓷产业蓝皮书
中国陶瓷产业发展报告（2018）
著(编)者：左和平 黄速建
2018年10月出版 / 估价：99.00元
PSN B-2016-573-1/1

装备制造业蓝皮书
中国装备制造业发展报告（2018）
著(编)者：徐东华
2018年12月出版 / 估价：118.00元
PSN B-2015-505-1/1

行业及其他类

“三农”互联网金融蓝皮书
中国“三农”互联网金融发展报告（2018）
著(编)者：李勇坚 王弢
2018年8月出版 / 估价：99.00元
PSN B-2016-560-1/1

SUV蓝皮书
中国SUV市场发展报告（2017~2018）
著(编)者：靳军 2018年9月出版 / 估价：99.00元
PSN B-2016-571-1/1

冰雪蓝皮书
中国冬季奥运会发展报告（2018）
著(编)者：孙承华 伍斌 魏庆华 张鸿俊
2018年9月出版 / 估价：99.00元
PSN B-2017-647-2/3

彩票蓝皮书
中国彩票发展报告（2018）
著(编)者：益彩基金 2018年6月出版 / 估价：99.00元
PSN B-2015-462-1/1

测绘地理信息蓝皮书
测绘地理信息供给侧结构性改革研究报告（2018）
著(编)者：库热西·买合苏提
2018年12月出版 / 估价：168.00元
PSN B-2009-145-1/1

产权市场蓝皮书
中国产权市场发展报告（2017）
著(编)者：曹和平
2018年5月出版 / 估价：99.00元
PSN B-2009-147-1/1

城投蓝皮书
中国城投行业发展报告（2018）
著(编)者：华景斌
2018年11月出版 / 估价：300.00元
PSN B-2016-514-1/1

城市轨道交通蓝皮书
中国城市轨道交通运营发展报告（2017~2018）
著(编)者：崔学忠 贾文峥
2018年3月出版 / 定价：89.00元
PSN B-2018-694-1/1

大数据蓝皮书
中国大数据发展报告（No.2）
著(编)者：连玉明 2018年5月出版 / 估价：99.00元
PSN B-2017-620-1/1

大数据应用蓝皮书
中国大数据应用发展报告No.2（2018）
著(编)者：陈军君 2018年8月出版 / 估价：99.00元
PSN B-2017-644-1/1

对外投资与风险蓝皮书
中国对外直接投资与国家风险报告（2018）
著(编)者：中债资信评估有限责任公司
中国社会科学院世界经济与政治研究所
2018年6月出版 / 估价：189.00元
PSN B-2017-606-1/1

工业和信息化蓝皮书
人工智能发展报告（2017~2018）
著(编)者：尹丽波 2018年6月出版 / 估价：99.00元
PSN B-2015-448-1/6

工业和信息化蓝皮书
世界智慧城市发展报告（2017~2018）
著(编)者：尹丽波 2018年6月出版 / 估价：99.00元
PSN B-2017-624-6/6

工业和信息化蓝皮书
世界网络安全发展报告（2017~2018）
著(编)者：尹丽波 2018年6月出版 / 估价：99.00元
PSN B-2015-452-5/6

工业和信息化蓝皮书
世界信息化发展报告（2017~2018）
著(编)者：尹丽波 2018年6月出版 / 估价：99.00元
PSN B-2015-451-4/6

工业设计蓝皮书
中国工业设计发展报告（2018）
著(编)者：王晓红 于炜 张立群 2018年9月出版 / 估价：168.00元
PSN B-2014-420-1/1

公共关系蓝皮书
中国公共关系发展报告（2017）
著(编)者：柳斌杰 2018年1月出版 / 定价：89.00元
PSN B-2016-579-1/1

公共关系蓝皮书
中国公共关系发展报告（2018）
著(编)者：柳斌杰　　2018年11月出版 / 估价：99.00元
PSN B-2016-579-1/1

管理蓝皮书
中国管理发展报告（2018）
著(编)者：张晓东　　2018年10月出版 / 估价：99.00元
PSN B-2014-416-1/1

轨道交通蓝皮书
中国轨道交通行业发展报告（2017）
著(编)者：仲建华 李闽榕
2017年12月出版 / 定价：98.00元
PSN B-2017-674-1/1

海关发展蓝皮书
中国海关发展前沿报告（2018）
著(编)者：干春晖　　2018年6月出版 / 估价：99.00元
PSN B-2017-616-1/1

互联网医疗蓝皮书
中国互联网健康医疗发展报告（2018）
著(编)者：芮晓武　　2018年6月出版 / 估价：99.00元
PSN B-2016-567-1/1

黄金市场蓝皮书
中国商业银行黄金业务发展报告（2017～2018）
著(编)者：平安银行　　2018年6月出版 / 估价：99.00元
PSN B-2016-524-1/1

会展蓝皮书
中外会展业动态评估研究报告（2018）
著(编)者：张敏 任中峰 聂鑫焱 牛盼强
2018年12月出版 / 估价：99.00元
PSN B-2013-327-1/1

基金会蓝皮书
中国基金会发展报告（2017~2018）
著(编)者：中国基金会发展报告课题组
2018年6月出版 / 估价：99.00元
PSN B-2013-368-1/1

基金会绿皮书
中国基金会发展独立研究报告（2018）
著(编)者：基金会中心网　　中央民族大学基金会研究中心
2018年6月出版 / 估价：99.00元
PSN G-2011-213-1/1

基金会透明度蓝皮书
中国基金会透明度发展研究报告（2018）
著(编)者：基金会中心网
清华大学廉政与治理研究中心
2018年9月出版 / 估价：99.00元
PSN B-2013-339-1/1

建筑装饰蓝皮书
中国建筑装饰行业发展报告（2018）
著(编)者：葛道顺 刘晓一
2018年10月出版 / 估价：198.00元
PSN B-2016-553-1/1

金融监管蓝皮书
中国金融监管报告（2018）
著(编)者：胡滨　　2018年3月出版 / 定价：98.00元
PSN B-2012-281-1/1

金融蓝皮书
中国互联网金融行业分析与评估（2018～2019）
著(编)者：黄国平 伍旭川　　2018年12月出版 / 估价：99.00元
PSN B-2016-585-7/7

金融科技蓝皮书
中国金融科技发展报告（2018）
著(编)者：李扬 孙国峰　　2018年10月出版 / 估价：99.00元
PSN B-2014-374-1/1

金融信息服务蓝皮书
中国金融信息服务发展报告（2018）
著(编)者：李平　　2018年5月出版 / 估价：99.00元
PSN B-2017-621-1/1

金蜜蜂企业社会责任蓝皮书
金蜜蜂中国企业社会责任报告研究（2017）
著(编)者：殷格非 于志宏 管竹笋
2018年1月出版 / 定价：99.00元
PSN B-2018-693-1/1

京津冀金融蓝皮书
京津冀金融发展报告（2018）
著(编)者：王爱俭 王璟怡　　2018年10月出版 / 估价：99.00元
PSN B-2016-527-1/1

科普蓝皮书
国家科普能力发展报告（2018）
著(编)者：王康友　　2018年5月出版 / 估价：138.00元
PSN B-2017-632-4/4

科普蓝皮书
中国基层科普发展报告（2017～2018）
著(编)者：赵立新 陈玲　　2018年9月出版 / 估价：99.00元
PSN B-2016-568-3/4

科普蓝皮书
中国科普基础设施发展报告（2017～2018）
著(编)者：任福君　　2018年6月出版 / 估价：99.00元
PSN B-2010-174-1/3

科普蓝皮书
中国科普人才发展报告（2017～2018）
著(编)者：郑念 任嵘嵘　　2018年7月出版 / 估价：99.00元
PSN B-2016-512-2/4

科普能力蓝皮书
中国科普能力评价报告（2018～2019）
著(编)者：李富强 李群　　2018年8月出版 / 估价：99.00元
PSN B-2016-555-1/1

临空经济蓝皮书
中国临空经济发展报告（2018）
著(编)者：连玉明　　2018年9月出版 / 估价：99.00元
PSN B-2014-421-1/1

旅游安全蓝皮书
中国旅游安全报告（2018）
著(编)者：郑向敏 谢朝武 2018年5月出版 / 估价：158.00元
PSN B-2012-280-1/1

旅游绿皮书
2017～2018年中国旅游发展分析与预测
著(编)者：宋瑞 2018年1月出版 / 定价：99.00元
PSN G-2002-018-1/1

煤炭蓝皮书
中国煤炭工业发展报告（2018）
著(编)者：岳福斌 2018年12月出版 / 估价：99.00元
PSN B-2008-123-1/1

民营企业社会责任蓝皮书
中国民营企业社会责任报告（2018）
著(编)者：中华全国工商业联合会
2018年12月出版 / 估价：99.00元
PSN B-2015-510-1/1

民营医院蓝皮书
中国民营医院发展报告（2017）
著(编)者：薛晓林 2017年12月出版 / 定价：89.00元
PSN B-2012-299-1/1

闽商蓝皮书
闽商发展报告（2018）
著(编)者：李闽榕 王日根 林琛
2018年12月出版 / 估价：99.00元
PSN B-2012-298-1/1

农业应对气候变化蓝皮书
中国农业气象灾害及其灾损评估报告（No.3）
著(编)者：矫梅燕 2018年6月出版 / 估价：118.00元
PSN B-2014-413-1/1

品牌蓝皮书
中国品牌战略发展报告（2018）
著(编)者：汪同三 2018年10月出版 / 估价：99.00元
PSN B-2016-580-1/1

企业扶贫蓝皮书
中国企业扶贫研究报告（2018）
著(编)者：钟宏武 2018年12月出版 / 估价：99.00元
PSN B-2016-593-1/1

企业公益蓝皮书
中国企业公益研究报告（2018）
著(编)者：钟宏武 汪杰 黄晓娟
2018年12月出版 / 估价：99.00元
PSN B-2015-501-1/1

企业国际化蓝皮书
中国企业全球化报告（2018）
著(编)者：王辉耀 苗绿 2018年11月出版 / 估价：99.00元
PSN B-2014-427-1/1

企业蓝皮书
中国企业绿色发展报告No.2（2018）
著(编)者：李红玉 朱光辉
2018年8月出版 / 估价：99.00元
PSN B-2015-481-2/2

企业社会责任蓝皮书
中资企业海外社会责任研究报告（2017～2018）
著(编)者：钟宏武 叶柳红 张蒽
2018年6月出版 / 估价：99.00元
PSN B-2017-603-2/2

企业社会责任蓝皮书
中国企业社会责任研究报告（2018）
著(编)者：黄群慧 钟宏武 张蒽 汪杰
2018年11月出版 / 估价：99.00元
PSN B-2009-149-1/2

汽车安全蓝皮书
中国汽车安全发展报告（2018）
著(编)者：中国汽车技术研究中心
2018年8月出版 / 估价：99.00元
PSN B-2014-385-1/1

汽车电子商务蓝皮书
中国汽车电子商务发展报告（2018）
著(编)者：中华全国工商业联合会汽车经销商商会
北方工业大学
北京易观智库网络科技有限公司
2018年10月出版 / 估价：158.00元
PSN B-2015-485-1/1

汽车知识产权蓝皮书
中国汽车产业知识产权发展报告（2018）
著(编)者：中国汽车工程研究院股份有限公司
中国汽车工程学会
重庆长安汽车股份有限公司
2018年12月出版 / 估价：99.00元
PSN B-2016-594-1/1

青少年体育蓝皮书
中国青少年体育发展报告（2017）
著(编)者：刘扶民 杨桦 2018年6月出版 / 估价：99.00元
PSN B-2015-482-1/1

区块链蓝皮书
中国区块链发展报告（2018）
著(编)者：李伟 2018年9月出版 / 估价：99.00元
PSN B-2017-649-1/1

群众体育蓝皮书
中国群众体育发展报告（2017）
著(编)者：刘国永 戴健 2018年5月出版 / 估价：99.00元
PSN B-2014-411-1/3

群众体育蓝皮书
中国社会体育指导员发展报告（2018）
著(编)者：刘国永 王欢 2018年6月出版 / 估价：99.00元
PSN B-2016-520-3/3

人力资源蓝皮书
中国人力资源发展报告（2018）
著(编)者：余兴安 2018年11月出版 / 估价：99.00元
PSN B-2012-287-1/1

融资租赁蓝皮书
中国融资租赁业发展报告（2017～2018）
著(编)者：李光荣 王力 2018年8月出版 / 估价：99.00元
PSN B-2015-443-1/1

商会蓝皮书
中国商会发展报告No.5（2017）
著(编)者：王钦敏　2018年7月出版 / 估价：99.00元
PSN B-2008-125-1/1

商务中心区蓝皮书
中国商务中心区发展报告No.4（2017～2018）
著(编)者：李国红 单菁菁　2018年9月出版 / 估价：99.00元
PSN B-2015-444-1/1

设计产业蓝皮书
中国创新设计发展报告（2018）
著(编)者：王晓红 张立群 于炜
2018年11月出版 / 估价：99.00元
PSN B-2016-581-2/2

社会责任管理蓝皮书
中国上市公司社会责任能力成熟度报告No.4（2018）
著(编)者：肖红军 王晓光 李伟阳
2018年12月出版 / 估价：99.00元
PSN B-2015-507-2/2

社会责任管理蓝皮书
中国企业公众透明度报告No.4（2017～2018）
著(编)者：黄速建 熊梦 王晓光 肖红军
2018年6月出版 / 估价：99.00元
PSN B-2015-440-1/2

食品药品蓝皮书
食品药品安全与监管政策研究报告（2016～2017）
著(编)者：唐民皓　2018年6月出版 / 估价：99.00元
PSN B-2009-129-1/1

输血服务蓝皮书
中国输血行业发展报告（2018）
著(编)者：孙俊　2018年12月出版 / 估价：99.00元
PSN B-2016-582-1/1

水利风景区蓝皮书
中国水利风景区发展报告（2018）
著(编)者：董建文 兰思仁
2018年10月出版 / 估价：99.00元
PSN B-2015-480-1/1

数字经济蓝皮书
全球数字经济竞争力发展报告（2017）
著(编)者：王振　2017年12月出版 / 定价：79.00元
PSN B-2017-673-1/1

私募市场蓝皮书
中国私募股权市场发展报告（2017～2018）
著(编)者：曹和平　2018年12月出版 / 估价：99.00元
PSN B-2010-162-1/1

碳排放权交易蓝皮书
中国碳排放权交易报告（2018）
著(编)者：孙永平　2018年11月出版 / 估价：99.00元
PSN B-2017-652-1/1

碳市场蓝皮书
中国碳市场报告（2018）
著(编)者：定金彪　2018年11月出版 / 估价：99.00元
PSN B-2014-430-1/1

体育蓝皮书
中国公共体育服务发展报告（2018）
著(编)者：戴健　2018年12月出版 / 估价：99.00元
PSN B-2013-367-2/5

土地市场蓝皮书
中国农村土地市场发展报告（2017～2018）
著(编)者：李光荣　2018年6月出版 / 估价：99.00元
PSN B-2016-526-1/1

土地整治蓝皮书
中国土地整治发展研究报告（No.5）
著(编)者：国土资源部土地整治中心
2018年7月出版 / 估价：99.00元
PSN B-2014-401-1/1

土地政策蓝皮书
中国土地政策研究报告（2018）
著(编)者：高延利 张建平 吴次芳
2018年1月出版 / 定价：98.00元
PSN B-2015-506-1/1

网络空间安全蓝皮书
中国网络空间安全发展报告（2018）
著(编)者：惠志斌 覃庆玲
2018年11月出版 / 估价：99.00元
PSN B-2015-466-1/1

文化志愿服务蓝皮书
中国文化志愿服务发展报告（2018）
著(编)者：张永新 良警宇　2018年11月出版 / 估价：128.00元
PSN B-2016-596-1/1

西部金融蓝皮书
中国西部金融发展报告（2017～2018）
著(编)者：李忠民　2018年8月出版 / 估价：99.00元
PSN B-2010-160-1/1

协会商会蓝皮书
中国行业协会商会发展报告（2017）
著(编)者：景朝阳 李勇　2018年6月出版 / 估价：99.00元
PSN B-2015-461-1/1

新三板蓝皮书
中国新三板市场发展报告（2018）
著(编)者：王力　2018年8月出版 / 估价：99.00元
PSN B-2016-533-1/1

信托市场蓝皮书
中国信托业市场报告（2017～2018）
著(编)者：用益金融信托研究院
2018年6月出版 / 估价：198.00元
PSN B-2014-371-1/1

信息化蓝皮书
中国信息化形势分析与预测（2017～2018）
著(编)者：周宏仁　2018年8月出版 / 估价：99.00元
PSN B-2010-168-1/1

信用蓝皮书
中国信用发展报告（2017～2018）
著(编)者：章政 田侃　2018年6月出版 / 估价：99.00元
PSN B-2013-328-1/1

休闲绿皮书
2017～2018年中国休闲发展报告
著(编)者：宋瑞　2018年7月出版 / 估价：99.00元
PSN G-2010-158-1/1

休闲体育蓝皮书
中国休闲体育发展报告（2017～2018）
著(编)者：李相如 钟秉枢
2018年10月出版 / 估价：99.00元
PSN B-2016-516-1/1

养老金融蓝皮书
中国养老金融发展报告（2018）
著(编)者：董克用 姚余栋
2018年9月出版 / 估价：99.00元
PSN B-2016-583-1/1

遥感监测绿皮书
中国可持续发展遥感监测报告（2017）
著(编)者：顾行发 汪克强 潘教峰 李闽榕 徐东华 王琦安
2018年6月出版 / 估价：298.00元
PSN B-2017-629-1/1

药品流通蓝皮书
中国药品流通行业发展报告（2018）
著(编)者：佘鲁林 温再兴
2018年7月出版 / 估价：198.00元
PSN B-2014-429-1/1

医疗器械蓝皮书
中国医疗器械行业发展报告（2018）
著(编)者：王宝亭 耿鸿武
2018年10月出版 / 估价：99.00元
PSN B-2017-661-1/1

医院蓝皮书
中国医院竞争力报告（2017~2018）
著(编)者：庄一强　2018年3月出版 / 定价：108.00元
PSN B-2016-528-1/1

瑜伽蓝皮书
中国瑜伽业发展报告（2017~2018）
著(编)者：张永建 徐华锋 朱泰余
2018年6月出版 / 估价：198.00元
PSN B-2017-625-1/1

债券市场蓝皮书
中国债券市场发展报告（2017～2018）
著(编)者：杨农　2018年10月出版 / 估价：99.00元
PSN B-2016-572-1/1

志愿服务蓝皮书
中国志愿服务发展报告（2018）
著(编)者：中国志愿服务联合会
2018年11月出版 / 估价：99.00元
PSN B-2017-664-1/1

中国上市公司蓝皮书
中国上市公司发展报告（2018）
著(编)者：张鹏 张平 黄胤英
2018年9月出版 / 估价：99.00元
PSN B-2014-414-1/1

中国新三板蓝皮书
中国新三板创新与发展报告（2018）
著(编)者：刘平安 闻召林
2018年8月出版 / 估价：158.00元
PSN B-2017-638-1/1

中国汽车品牌蓝皮书
中国乘用车品牌发展报告（2017）
著(编)者：《中国汽车报》社有限公司
博世（中国）投资有限公司
中国汽车技术研究中心数据资源中心
2018年1月出版 / 定价：89.00元
PSN B-2017-679-1/1

中医文化蓝皮书
北京中医药文化传播发展报告（2018）
著(编)者：毛嘉陵　2018年6月出版 / 估价：99.00元
PSN B-2015-468-1/2

中医文化蓝皮书
中国中医药文化传播发展报告（2018）
著(编)者：毛嘉陵　2018年7月出版 / 估价：99.00元
PSN B-2016-584-2/2

中医药蓝皮书
北京中医药知识产权发展报告No.2
著(编)者：汪洪 屠志涛　2018年6月出版 / 估价：168.00元
PSN B-2017-602-1/1

资本市场蓝皮书
中国场外交易市场发展报告（2016～2017）
著(编)者：高峦　2018年6月出版 / 估价：99.00元
PSN B-2009-153-1/1

资产管理蓝皮书
中国资产管理行业发展报告（2018）
著(编)者：郑智　2018年7月出版 / 估价：99.00元
PSN B-2014-407-2/2

资产证券化蓝皮书
中国资产证券化发展报告（2018）
著(编)者：沈炳熙 曹彤 李哲平
2018年4月出版 / 定价：98.00元
PSN B-2017-660-1/1

自贸区蓝皮书
中国自贸区发展报告（2018）
著(编)者：王力 黄育华
2018年6月出版 / 估价：99.00元
PSN B-2016-558-1/1

国际问题与全球治理类

“一带一路”跨境通道蓝皮书
“一带一路”跨境通道建设研究报（2017～2018）
著(编)者：余鑫 张秋生　　2018年1月出版 / 定价：89.00元
PSN B-2016-557-1/1

“一带一路”蓝皮书
“一带一路”建设发展报告（2018）
著(编)者：李永全　　2018年3月出版 / 定价：98.00元
PSN B-2016-552-1/1

“一带一路”投资安全蓝皮书
中国“一带一路”投资与安全研究报告（2018）
著(编)者：邹统钎 梁昊光　　2018年4月出版 / 定价：98.00元
PSN B-2017-612-1/1

“一带一路”文化交流蓝皮书
中阿文化交流发展报告（2017）
著(编)者：王辉　　2017年12月出版 / 定价：89.00元
PSN B-2017-655-1/1

G20国家创新竞争力黄皮书
二十国集团（G20）国家创新竞争力发展报告（2017～2018）
著(编)者：李建平 李闽榕 赵新力 周天勇
2018年7月出版 / 估价：168.00元
PSN Y-2011-229-1/1

阿拉伯黄皮书
阿拉伯发展报告（2016～2017）
著(编)者：罗林　　2018年6月出版 / 估价：99.00元
PSN Y-2014-381-1/1

北部湾蓝皮书
泛北部湾合作发展报告（2017～2018）
著(编)者：吕余生　　2018年12月出版 / 估价：99.00元
PSN B-2008-114-1/1

北极蓝皮书
北极地区发展报告（2017）
著(编)者：刘惠荣　　2018年7月出版 / 估价：99.00元
PSN B-2017-634-1/1

大洋洲蓝皮书
大洋洲发展报告（2017～2018）
著(编)者：喻常森　　2018年10月出版 / 估价：99.00元
PSN B-2013-341-1/1

东北亚区域合作蓝皮书
2017年“一带一路”倡议与东北亚区域合作
著(编)者：刘亚政 金美花
2018年5月出版 / 估价：99.00元
PSN B-2017-631-1/1

东盟黄皮书
东盟发展报告（2017）
著(编)者：杨静林 庄国土　2018年6月出版 / 估价：99.00元
PSN Y-2012-303-1/1

东南亚蓝皮书
东南亚地区发展报告（2017～2018）
著(编)者：王勤　　2018年12月出版 / 估价：99.00元
PSN B-2012-240-1/1

非洲黄皮书
非洲发展报告No.20（2017～2018）
著(编)者：张宏明　　2018年7月出版 / 估价：99.00元
PSN Y-2012-239-1/1

非传统安全蓝皮书
中国非传统安全研究报告（2017～2018）
著(编)者：潇枫 罗中枢　　2018年8月出版 / 估价：99.00元
PSN B-2012-273-1/1

国际安全蓝皮书
中国国际安全研究报告（2018）
著(编)者：刘慧　　2018年7月出版 / 估价：99.00元
PSN B-2016-521-1/1

国际城市蓝皮书
国际城市发展报告（2018）
著(编)者：屠启宇　　2018年2月出版 / 定价：89.00元
PSN B-2012-260-1/1

国际形势黄皮书
全球政治与安全报告（2018）
著(编)者：张宇燕　　2018年1月出版 / 定价：99.00元
PSN Y-2001-016-1/1

公共外交蓝皮书
中国公共外交发展报告（2018）
著(编)者：赵启正 雷蔚真　　2018年6月出版 / 估价：99.00元
PSN B-2015-457-1/1

海丝蓝皮书
21世纪海上丝绸之路研究报告（2017）
著(编)者：华侨大学海上丝绸之路研究院
2017年12月出版 / 定价：89.00元
PSN B-2017-684-1/1

金砖国家黄皮书
金砖国家综合创新竞争力发展报告（2018）
著(编)者：赵新力 李闽榕 黄茂兴
2018年8月出版 / 估价：128.00元
PSN Y-2017-643-1/1

拉美黄皮书
拉丁美洲和加勒比发展报告（2017～2018）
著(编)者：袁东振　　2018年6月出版 / 估价：99.00元
PSN Y-1999-007-1/1

澜湄合作蓝皮书
澜沧江-湄公河合作发展报告（2018）
著(编)者：刘稚　　2018年9月出版 / 估价：99.00元
PSN B-2011-196-1/1

欧洲蓝皮书
欧洲发展报告（2017～2018）
著(编)者：黄平 周弘 程卫东
2018年6月出版 / 估价：99.00元
PSN B-1999-009-1/1

葡语国家蓝皮书
葡语国家发展报告（2016～2017）
著(编)者：王成安 张敏 刘金兰
2018年6月出版 / 估价：99.00元
PSN B-2015-503-1/2

葡语国家蓝皮书
中国与葡语国家关系发展报告·巴西（2016）
著(编)者：张曙光
2018年8月出版 / 估价：99.00元
PSN B-2016-563-2/2

气候变化绿皮书
应对气候变化报告（2018）
著(编)者：王伟光 郑国光
2018年11月出版 / 估价：99.00元
PSN G-2009-144-1/1

全球环境竞争力绿皮书
全球环境竞争力报告（2018）
著(编)者：李建平 李闽榕 王金南
2018年12月出版 / 估价：198.00元
PSN G-2013-363-1/1

全球信息社会蓝皮书
全球信息社会发展报告（2018）
著(编)者：丁波涛 唐涛 2018年10月出版 / 估价：99.00元
PSN B-2017-665-1/1

日本经济蓝皮书
日本经济与中日经贸关系研究报告（2018）
著(编)者：张季风 2018年6月出版 / 估价：99.00元
PSN B-2008-102-1/1

上海合作组织黄皮书
上海合作组织发展报告（2018）
著(编)者：李进峰 2018年6月出版 / 估价：99.00元
PSN Y-2009-130-1/1

世界创新竞争力黄皮书
世界创新竞争力发展报告（2017）
著(编)者：李建平 李闽榕 赵新力
2018年6月出版 / 估价：168.00元
PSN Y-2013-318-1/1

世界经济黄皮书
2018年世界经济形势分析与预测
著(编)者：张宇燕 2018年1月出版 / 定价：99.00元
PSN Y-1999-006-1/1

世界能源互联互通蓝皮书
世界能源清洁发展与互联互通评估报告（2017）：欧洲篇
著(编)者：国网能源研究院
2018年1月出版 / 定价：128.00元
PSN B-2018-695-1/1

丝绸之路蓝皮书
丝绸之路经济带发展报告（2018）
著(编)者：任宗哲 白宽犁 谷孟宾
2018年1月出版 / 定价：89.00元
PSN B-2014-410-1/1

新兴经济体蓝皮书
金砖国家发展报告（2018）
著(编)者：林跃勤 周文
2018年8月出版 / 估价：99.00元
PSN B-2011-195-1/1

亚太蓝皮书
亚太地区发展报告（2018）
著(编)者：李向阳 2018年5月出版 / 估价：99.00元
PSN B-2001-015-1/1

印度洋地区蓝皮书
印度洋地区发展报告（2018）
著(编)者：汪戎 2018年6月出版 / 估价：99.00元
PSN B-2013-334-1/1

印度尼西亚经济蓝皮书
印度尼西亚经济发展报告（2017）：增长与机会
著(编)者：左志刚 2017年11月出版 / 定价：89.00元
PSN B-2017-675-1/1

渝新欧蓝皮书
渝新欧沿线国家发展报告（2018）
著(编)者：杨柏 黄森
2018年6月出版 / 估价：99.00元
PSN B-2017-626-1/1

中阿蓝皮书
中国-阿拉伯国家经贸发展报告（2018）
著(编)者：张廉 段庆林 王林聪 杨巧红
2018年12月出版 / 估价：99.00元
PSN B-2016-598-1/1

中东黄皮书
中东发展报告No.20（2017～2018）
著(编)者：杨光 2018年10月出版 / 估价：99.00元
PSN Y-1998-004-1/1

中亚黄皮书
中亚国家发展报告（2018）
著(编)者：孙力
2018年3月出版 / 定价：98.00元
PSN Y-2012-238-1/1

国别类

澳大利亚蓝皮书
澳大利亚发展报告（2017-2018）
著(编)者：孙有中 韩锋 2018年12月出版 / 估价：99.00元
PSN B-2016-587-1/1

巴西黄皮书
巴西发展报告（2017）
著(编)者：刘国枝 2018年5月出版 / 估价：99.00元
PSN Y-2017-614-1/1

德国蓝皮书
德国发展报告（2018）
著(编)者：郑春荣 2018年6月出版 / 估价：99.00元
PSN B-2012-278-1/1

俄罗斯黄皮书
俄罗斯发展报告（2018）
著(编)者：李永全 2018年6月出版 / 估价：99.00元
PSN Y-2006-061-1/1

韩国蓝皮书
韩国发展报告（2017）
著(编)者：牛林杰 刘宝全 2018年6月出版 / 估价：99.00元
PSN B-2010-155-1/1

加拿大蓝皮书
加拿大发展报告（2018）
著(编)者：唐小松 2018年9月出版 / 估价：99.00元
PSN B-2014-389-1/1

美国蓝皮书
美国研究报告（2018）
著(编)者：郑秉文 黄平 2018年5月出版 / 估价：99.00元
PSN B-2011-210-1/1

缅甸蓝皮书
缅甸国情报告（2017）
著(编)者：祝湘辉
2017年11月出版 / 定价：98.00元
PSN B-2013-343-1/1

日本蓝皮书
日本研究报告（2018）
著(编)者：杨伯江 2018年4月出版 / 定价：99.00元
PSN B-2002-020-1/1

土耳其蓝皮书
土耳其发展报告（2018）
著(编)者：郭长刚 刘义 2018年9月出版 / 估价：99.00元
PSN B-2014-412-1/1

伊朗蓝皮书
伊朗发展报告（2017～2018）
著(编)者：冀开运 2018年10月 / 估价：99.00元
PSN B-2016-574-1/1

以色列蓝皮书
以色列发展报告（2018）
著(编)者：张倩红 2018年8月出版 / 估价：99.00元
PSN B-2015-483-1/1

印度蓝皮书
印度国情报告（2017）
著(编)者：吕昭义 2018年6月出版 / 估价：99.00元
PSN B-2012-241-1/1

英国蓝皮书
英国发展报告（2017～2018）
著(编)者：王展鹏 2018年12月出版 / 估价：99.00元
PSN B-2015-486-1/1

越南蓝皮书
越南国情报告（2018）
著(编)者：谢林城 2018年11月出版 / 估价：99.00元
PSN B-2006-056-1/1

泰国蓝皮书
泰国研究报告（2018）
著(编)者：庄国土 张禹东 刘文正
2018年10月出版 / 估价：99.00元
PSN B-2016-556-1/1

文化传媒类

“三农”舆情蓝皮书
中国“三农”网络舆情报告（2017～2018）
著(编)者：农业部信息中心
2018年6月出版 / 估价：99.00元
PSN B-2017-640-1/1

传媒竞争力蓝皮书
中国传媒国际竞争力研究报告（2018）
著(编)者：李本乾 刘强 王大可
2018年8月出版 / 估价：99.00元
PSN B-2013-356-1/1

传媒蓝皮书
中国传媒产业发展报告（2018）
著(编)者：崔保国
2018年5月出版 / 估价：99.00元
PSN B-2005-035-1/1

传媒投资蓝皮书
中国传媒投资发展报告（2018）
著(编)者：张向东 谭云明
2018年6月出版 / 估价：148.00元
PSN B-2015-474-1/1

非物质文化遗产蓝皮书
中国非物质文化遗产发展报告（2018）
著(编)者：陈平　2018年6月出版 / 估价：128.00元
PSN B-2015-469-1/2

非物质文化遗产蓝皮书
中国非物质文化遗产保护发展报告（2018）
著(编)者：宋俊华　2018年10月出版 / 估价：128.00元
PSN B-2016-586-2/2

广电蓝皮书
中国广播电影电视发展报告（2018）
著(编)者：国家新闻出版广电总局发展研究中心
2018年7月出版 / 估价：99.00元
PSN B-2006-072-1/1

广告主蓝皮书
中国广告主营销传播趋势报告No.9
著(编)者：黄升民 杜国清 邵华冬 等
2018年10月出版 / 估价：158.00元
PSN B-2005-041-1/1

国际传播蓝皮书
中国国际传播发展报告（2018）
著(编)者：胡正荣 李继东 姬德强
2018年12月出版 / 估价：99.00元
PSN B-2014-408-1/1

国家形象蓝皮书
中国国家形象传播报告（2017）
著(编)者：张昆　2018年6月出版 / 估价：128.00元
PSN B-2017-605-1/1

互联网治理蓝皮书
中国网络社会治理研究报告（2018）
著(编)者：罗昕 支庭荣
2018年9月出版 / 估价：118.00元
PSN B-2017-653-1/1

纪录片蓝皮书
中国纪录片发展报告（2018）
著(编)者：何苏六　2018年10月出版 / 估价：99.00元
PSN B-2011-222-1/1

科学传播蓝皮书
中国科学传播报告（2016~2017）
著(编)者：詹正茂　2018年6月出版 / 估价：99.00元
PSN B-2008-120-1/1

两岸创意经济蓝皮书
两岸创意经济研究报告（2018）
著(编)者：罗昌智 董泽平
2018年10月出版 / 估价：99.00元
PSN B-2014-437-1/1

媒介与女性蓝皮书
中国媒介与女性发展报告（2017~2018）
著(编)者：刘利群　2018年5月出版 / 估价：99.00元
PSN B-2013-345-1/1

媒体融合蓝皮书
中国媒体融合发展报告（2017~2018）
著(编)者：梅宁华 支庭荣
2017年12月出版 / 定价：98.00元
PSN B-2015-479-1/1

全球传媒蓝皮书
全球传媒发展报告（2017~2018）
著(编)者：胡正荣 李继东　2018年6月出版 / 估价：99.00元
PSN B-2012-237-1/1

少数民族非遗蓝皮书
中国少数民族非物质文化遗产发展报告（2018）
著(编)者：肖远平（彝） 柴立（满）
2018年10月出版 / 估价：118.00元
PSN B-2015-467-1/1

视听新媒体蓝皮书
中国视听新媒体发展报告（2018）
著(编)者：国家新闻出版广电总局发展研究中心
2018年7月出版 / 估价：118.00元
PSN B-2011-184-1/1

数字娱乐产业蓝皮书
中国动画产业发展报告（2018）
著(编)者：孙立军 孙平 牛兴侦
2018年10月出版 / 估价：99.00元
PSN B-2011-198-1/2

数字娱乐产业蓝皮书
中国游戏产业发展报告（2018）
著(编)者：孙立军 刘跃军　2018年10月出版 / 估价：99.00元
PSN B-2017-662-2/2

网络视听蓝皮书
中国互联网视听行业发展报告（2018）
著(编)者：陈鹏　2018年2月出版 / 定价：148.00元
PSN B-2018-688-1/1

文化创新蓝皮书
中国文化创新报告（2017·No.8）
著(编)者：傅才武　2018年6月出版 / 估价：99.00元
PSN B-2009-143-1/1

文化建设蓝皮书
中国文化发展报告（2018）
著(编)者：江畅 孙伟平 戴茂堂
2018年5月出版 / 估价：99.00元
PSN B-2014-392-1/1

文化科技蓝皮书
文化科技创新发展报告（2018）
著(编)者：于平 李凤亮　2018年10月出版 / 估价：99.00元
PSN B-2013-342-1/1

文化蓝皮书
中国公共文化服务发展报告（2017~2018）
著(编)者：刘新成 张永新 张旭
2018年12月出版 / 估价：99.00元
PSN B-2007-093-2/10

文化蓝皮书
中国少数民族文化发展报告（2017~2018）
著(编)者：武翠英 张晓明 任乌晶
2018年9月出版 / 估价：99.00元
PSN B-2013-369-9/10

文化蓝皮书
中国文化产业供需协调检测报告（2018）
著(编)者：王亚南　2018年3月出版 / 定价：99.00元
PSN B-2013-323-8/10

文化蓝皮书
中国文化消费需求景气评价报告（2018）
著(编)者：王亚南　2018年3月出版 / 定价：99.00元
PSN B-2011-236-4/10

文化蓝皮书
中国公共文化投入增长测评报告（2018）
著(编)者：王亚南　2018年3月出版 / 定价：99.00元
PSN B-2014-435-10/10

文化品牌蓝皮书
中国文化品牌发展报告（2018）
著(编)者：欧阳友权　2018年5月出版 / 估价：99.00元
PSN B-2012-277-1/1

文化遗产蓝皮书
中国文化遗产事业发展报告（2017～2018）
著(编)者：苏杨 张颖岚 卓杰 白海峰 陈晨 陈叙图
2018年8月出版 / 估价：99.00元
PSN B-2008-119-1/1

文学蓝皮书
中国文情报告（2017～2018）
著(编)者：白烨　2018年5月出版 / 估价：99.00元
PSN B-2011-221-1/1

新媒体蓝皮书
中国新媒体发展报告No.9（2018）
著(编)者：唐绪军　2018年7月出版 / 估价：99.00元
PSN B-2010-169-1/1

新媒体社会责任蓝皮书
中国新媒体社会责任研究报告（2018）
著(编)者：钟瑛　2018年12月出版 / 估价：99.00元
PSN B-2014-423-1/1

移动互联网蓝皮书
中国移动互联网发展报告（2018）
著(编)者：余清楚　2018年6月出版 / 估价：99.00元
PSN B-2012-282-1/1

影视蓝皮书
中国影视产业发展报告（2018）
著(编)者：司若 陈鹏 陈锐
2018年6月出版 / 估价：99.00元
PSN B-2016-529-1/1

舆情蓝皮书
中国社会舆情与危机管理报告（2018）
著(编)者：谢耘耕
2018年9月出版 / 估价：138.00元
PSN B-2011-235-1/1

中国大运河蓝皮书
中国大运河发展报告（2018）
著(编)者：吴欣　2018年2月出版 / 估价：128.00元
PSN B-2018-691-1/1

地方发展类－经济

澳门蓝皮书
澳门经济社会发展报告（2017～2018）
著(编)者：吴志良 郝雨凡
2018年7月出版 / 估价：99.00元
PSN B-2009-138-1/1

澳门绿皮书
澳门旅游休闲发展报告（2017～2018）
著(编)者：郝雨凡 林广志
2018年5月出版 / 估价：99.00元
PSN G-2017-617-1/1

北京蓝皮书
北京经济发展报告（2017～2018）
著(编)者：杨松　2018年6月出版 / 估价：99.00元
PSN B-2006-054-2/8

北京旅游绿皮书
北京旅游发展报告（2018）
著(编)者：北京旅游学会
2018年7月出版 / 估价：99.00元
PSN G-2012-301-1/1

北京体育蓝皮书
北京体育产业发展报告（2017～2018）
著(编)者：钟秉枢 陈杰 杨铁黎
2018年9月出版 / 估价：99.00元
PSN B-2015-475-1/1

滨海金融蓝皮书
滨海新区金融发展报告（2017）
著(编)者：王爱俭 李向前　2018年4月出版 / 估价：99.00元
PSN B-2014-424-1/1

城乡一体化蓝皮书
北京城乡一体化发展报告（2017～2018）
著(编)者：吴宝新 张宝秀 黄序
2018年5月出版 / 估价：99.00元
PSN B-2012-258-2/2

非公有制企业社会责任蓝皮书
北京非公有制企业社会责任报告（2018）
著(编)者：宋贵伦 冯培
2018年6月出版 / 估价：99.00元
PSN B-2017-613-1/1

福建旅游蓝皮书
福建省旅游产业发展现状研究（2017~2018）
著(编)者：陈敏华 黄远水　2018年12月出版 / 估价：128.00元
PSN B-2016-591-1/1

福建自贸区蓝皮书
中国(福建)自由贸易试验区发展报告(2017~2018)
著(编)者：黄茂兴　2018年6月出版 / 估价：118.00元
PSN B-2016-531-1/1

甘肃蓝皮书
甘肃经济发展分析与预测（2018）
著(编)者：安文华 罗哲　2018年1月出版 / 定价：99.00元
PSN B-2013-312-1/6

甘肃蓝皮书
甘肃商贸流通发展报告（2018）
著(编)者：张应华 王福生 王晓芳
2018年1月出版 / 定价：99.00元
PSN B-2016-522-6/6

甘肃蓝皮书
甘肃县域和农村发展报告（2018）
著(编)者：包东红 朱智文 王建兵
2018年1月出版 / 定价：99.00元
PSN B-2013-316-5/6

甘肃农业科技绿皮书
甘肃农业科技发展研究报告（2018）
著(编)者：魏胜文 乔德华 张东伟
2018年12月出版 / 估价：198.00元
PSN B-2016-592-1/1

甘肃气象保障蓝皮书
甘肃农业对气候变化的适应与风险评估报告（No.1）
著(编)者：鲍文中 周广胜
2017年12月出版 / 定价：108.00元
PSN B-2017-677-1/1

巩义蓝皮书
巩义经济社会发展报告（2018）
著(编)者：丁同民 朱军　2018年6月出版 / 估价：99.00元
PSN B-2016-532-1/1

广东外经贸蓝皮书
广东对外经济贸易发展研究报告（2017~2018）
著(编)者：陈万灵　2018年6月出版 / 估价：99.00元
PSN B-2012-286-1/1

广西北部湾经济区蓝皮书
广西北部湾经济区开放开发报告（2017~2018）
著(编)者：广西壮族自治区北部湾经济区和东盟开放合作办公室
广西社会科学院
广西北部湾发展研究院
2018年5月出版 / 估价：99.00元
PSN B-2010-181-1/1

广州蓝皮书
广州城市国际化发展报告（2018）
著(编)者：张跃国　2018年8月出版 / 估价：99.00元
PSN B-2012-246-11/14

广州蓝皮书
中国广州城市建设与管理发展报告（2018）
著(编)者：张其学 陈小钢 王宏伟　2018年8月出版 / 估价：99.00元
PSN B-2007-087-4/14

广州蓝皮书
广州创新型城市发展报告（2018）
著(编)者：尹涛　2018年6月出版 / 估价：99.00元
PSN B-2012-247-12/14

广州蓝皮书
广州经济发展报告（2018）
著(编)者：张跃国 尹涛　2018年7月出版 / 估价：99.00元
PSN B-2005-040-1/14

广州蓝皮书
2018年中国广州经济形势分析与预测
著(编)者：魏明海 谢博能 李华
2018年6月出版 / 估价：99.00元
PSN B-2011-185-9/14

广州蓝皮书
中国广州科技创新发展报告（2018）
著(编)者：于欣伟 陈爽 邓佑满　2018年8月出版 / 估价：99.00元
PSN B-2006-065-2/14

广州蓝皮书
广州农村发展报告（2018）
著(编)者：朱名宏　2018年7月出版 / 估价：99.00元
PSN B-2010-167-8/14

广州蓝皮书
广州汽车产业发展报告（2018）
著(编)者：杨再高 冯兴亚　2018年7月出版 / 估价：99.00元
PSN B-2006-066-3/14

广州蓝皮书
广州商贸业发展报告（2018）
著(编)者：张跃国 陈杰 荀振英
2018年7月出版 / 估价：99.00元
PSN B-2012-245-10/14

贵阳蓝皮书
贵阳城市创新发展报告No.3（白云篇）
著(编)者：连玉明　2018年5月出版 / 估价：99.00元
PSN B-2015-491-3/10

贵阳蓝皮书
贵阳城市创新发展报告No.3（观山湖篇）
著(编)者：连玉明　2018年5月出版 / 估价：99.00元
PSN B-2015-497-9/10

贵阳蓝皮书
贵阳城市创新发展报告No.3（花溪篇）
著(编)者：连玉明　2018年5月出版 / 估价：99.00元
PSN B-2015-490-2/10

贵阳蓝皮书
贵阳城市创新发展报告No.3（开阳篇）
著(编)者：连玉明　2018年5月出版 / 估价：99.00元
PSN B-2015-492-4/10

贵阳蓝皮书
贵阳城市创新发展报告No.3（南明篇）
著(编)者：连玉明　2018年5月出版 / 估价：99.00元
PSN B-2015-496-8/10

贵阳蓝皮书
贵阳城市创新发展报告No.3（清镇篇）
著(编)者：连玉明　2018年5月出版 / 估价：99.00元
PSN B-2015-489-1/10

贵阳蓝皮书
贵阳城市创新发展报告No.3（乌当篇）
著(编)者：连玉明　2018年5月出版 / 估价：99.00元
PSN B-2015-495-7/10

贵阳蓝皮书
贵阳城市创新发展报告No.3（息烽篇）
著(编)者：连玉明　2018年5月出版 / 估价：99.00元
PSN B-2015-493-5/10

贵阳蓝皮书
贵阳城市创新发展报告No.3（修文篇）
著(编)者：连玉明　2018年5月出版 / 估价：99.00元
PSN B-2015-494-6/10

贵阳蓝皮书
贵阳城市创新发展报告No.3（云岩篇）
著(编)者：连玉明　2018年5月出版 / 估价：99.00元
PSN B-2015-498-10/10

贵州房地产蓝皮书
贵州房地产发展报告No.5（2018）
著(编)者：武廷方　2018年7月出版 / 估价：99.00元
PSN B-2014-426-1/1

贵州蓝皮书
贵州册亨经济社会发展报告（2018）
著(编)者：黄德林　2018年6月出版 / 估价：99.00元
PSN B-2016-525-8/9

贵州蓝皮书
贵州地理标志产业发展报告（2018）
著(编)者：李发耀 黄其松　2018年8月出版 / 估价：99.00元
PSN B-2017-646-10/10

贵州蓝皮书
贵安新区发展报告（2017～2018）
著(编)者：马长青 吴大华　2018年6月出版 / 估价：99.00元
PSN B-2015-459-4/10

贵州蓝皮书
贵州国家级开放创新平台发展报告（2017～2018）
著(编)者：申晓庆 吴大华 季泓
2018年11月出版 / 估价：99.00元
PSN B-2016-518-7/10

贵州蓝皮书
贵州国有企业社会责任发展报告（2017～2018）
著(编)者：郭丽　2018年12月出版 / 估价：99.00元
PSN B-2015-511-6/10

贵州蓝皮书
贵州民航业发展报告（2017）
著(编)者：申振东 吴大华　2018年6月出版 / 估价：99.00元
PSN B-2015-471-5/10

贵州蓝皮书
贵州民营经济发展报告（2017）
著(编)者：杨静 吴大华　2018年6月出版 / 估价：99.00元
PSN B-2016-530-9/9

杭州都市圈蓝皮书
杭州都市圈发展报告（2018）
著(编)者：洪庆华 沈翔　2018年4月出版 / 定价：98.00元
PSN B-2012-302-1/1

河北经济蓝皮书
河北省经济发展报告（2018）
著(编)者：马树强 金浩 张贵　2018年6月出版 / 估价：99.00元
PSN B-2014-380-1/1

河北蓝皮书
河北经济社会发展报告（2018）
著(编)者：康振海　2018年1月出版 / 定价：99.00元
PSN B-2014-372-1/3

河北蓝皮书
京津冀协同发展报告（2018）
著(编)者：陈璐　2017年12月出版 / 定价：79.00元
PSN B-2017-601-2/3

河南经济蓝皮书
2018年河南经济形势分析与预测
著(编)者：王世炎　2018年3月出版 / 定价：89.00元
PSN B-2007-086-1/1

河南蓝皮书
河南城市发展报告（2018）
著(编)者：张占仓 王建国　2018年5月出版 / 估价：99.00元
PSN B-2009-131-3/9

河南蓝皮书
河南工业发展报告（2018）
著(编)者：张占仓　2018年5月出版 / 估价：99.00元
PSN B-2013-317-5/9

河南蓝皮书
河南金融发展报告（2018）
著(编)者：喻新安 谷建全
2018年6月出版 / 估价：99.00元
PSN B-2014-390-7/9

河南蓝皮书
河南经济发展报告（2018）
著(编)者：张占仓 完世伟
2018年6月出版 / 估价：99.00元
PSN B-2010-157-4/9

河南蓝皮书
河南能源发展报告（2018）
著(编)者：国网河南省电力公司经济技术研究院
河南省社会科学院
2018年6月出版 / 估价：99.00元
PSN B-2017-607-9/9

河南商务蓝皮书
河南商务发展报告（2018）
著(编)者：焦锦淼 穆荣国　2018年5月出版 / 估价：99.00元
PSN B-2014-399-1/1

河南双创蓝皮书
河南创新创业发展报告（2018）
著(编)者：喻新安 杨雪梅
2018年8月出版 / 估价：99.00元
PSN B-2017-641-1/1

黑龙江蓝皮书
黑龙江经济发展报告（2018）
著(编)者：朱宇　2018年1月出版 / 定价：89.00元
PSN B-2011-190-2/2

湖南城市蓝皮书
区域城市群整合
著(编)者：童中贤 韩未名　2018年12月出版 / 估价：99.00元
PSN B-2006-064-1/1

湖南蓝皮书
湖南城乡一体化发展报告（2018）
著(编)者：陈文胜 王文强 陆福兴
2018年8月出版 / 估价：99.00元
PSN B-2015-477-8/8

湖南蓝皮书
2018年湖南电子政务发展报告
著(编)者：梁志峰　2018年5月出版 / 估价：128.00元
PSN B-2014-394-6/8

湖南蓝皮书
2018年湖南经济发展报告
著(编)者：卞鹰　2018年5月出版 / 估价：128.00元
PSN B-2011-207-2/8

湖南蓝皮书
2016年湖南经济展望
著(编)者：梁志峰　2018年5月出版 / 估价：128.00元
PSN B-2011-206-1/8

湖南蓝皮书
2018年湖南县域经济社会发展报告
著(编)者：梁志峰　2018年5月出版 / 估价：128.00元
PSN B-2014-395-7/8

湖南县域绿皮书
湖南县域发展报告（No.5）
著(编)者：袁准 周小毛 黎仁寅
2018年6月出版 / 估价：99.00元
PSN G-2012-274-1/1

沪港蓝皮书
沪港发展报告（2018）
著(编)者：尤安山　2018年9月出版 / 估价：99.00元
PSN B-2013-362-1/1

吉林蓝皮书
2018年吉林经济社会形势分析与预测
著(编)者：邵汉明　2017年12月出版 / 定价：89.00元
PSN B-2013-319-1/1

吉林省城市竞争力蓝皮书
吉林省城市竞争力报告（2017~2018）
著(编)者：崔岳春 张磊
2018年3月出版 / 定价：89.00元
PSN B-2016-513-1/1

济源蓝皮书
济源经济社会发展报告（2018）
著(编)者：喻新安　2018年6月出版 / 估价：99.00元
PSN B-2014-387-1/1

江苏蓝皮书
2018年江苏经济发展分析与展望
著(编)者：王庆五 吴先满
2018年7月出版 / 估价：128.00元
PSN B-2017-635-1/3

江西蓝皮书
江西经济社会发展报告（2018）
著(编)者：陈石俊 龚建文　2018年10月出版 / 估价：128.00元
PSN B-2015-484-1/2

江西蓝皮书
江西设区市发展报告（2018）
著(编)者：姜玮 梁勇
2018年10月出版 / 估价：99.00元
PSN B-2016-517-2/2

经济特区蓝皮书
中国经济特区发展报告（2017）
著(编)者：陶一桃　2018年1月出版 / 估价：99.00元
PSN B-2009-139-1/1

辽宁蓝皮书
2018年辽宁经济社会形势分析与预测
著(编)者：梁启东 魏红江　2018年6月出版 / 估价：99.00元
PSN B-2006-053-1/1

民族经济蓝皮书
中国民族地区经济发展报告（2018）
著(编)者：李曦辉　2018年7月出版 / 估价：99.00元
PSN B-2017-630-1/1

南宁蓝皮书
南宁经济发展报告（2018）
著(编)者：胡建华　2018年9月出版 / 估价：99.00元
PSN B-2016-569-2/3

内蒙古蓝皮书
内蒙古精准扶贫研究报告（2018）
著(编)者：张志华　2018年1月出版 / 定价：89.00元
PSN B-2017-681-2/2

浦东新区蓝皮书
上海浦东经济发展报告（2018）
著(编)者：周小平 徐美芳
2018年1月出版 / 定价：89.00元
PSN B-2011-225-1/1

青海蓝皮书
2018年青海经济社会形势分析与预测
著(编)者：陈玮　2018年1月出版 / 定价：98.00元
PSN B-2012-275-1/2

青海科技绿皮书
青海科技发展报告（2017）
著(编)者：青海省科学技术信息研究所
2018年3月出版 / 定价：98.00元
PSN G-2018-701-1/1

山东蓝皮书
山东经济形势分析与预测（2018）
著(编)者：李广杰　2018年7月出版 / 估价：99.00元
PSN B-2014-404-1/5

山东蓝皮书
山东省普惠金融发展报告（2018）
著(编)者：齐鲁财富网
2018年9月出版 / 估价：99.00元
PSN B2017-676-5/5

山西蓝皮书
山西资源型经济转型发展报告（2018）
著(编)者：李志强　2018年7月出版 / 估价：99.00元
PSN B-2011-197-1/1

陕西蓝皮书
陕西经济发展报告（2018）
著(编)者：任宗哲 白宽犁 裴成荣
2018年1月出版 / 定价：89.00元
PSN B-2009-135-1/6

陕西蓝皮书
陕西精准脱贫研究报告（2018）
著(编)者：任宗哲 白宽犁 王建康
2018年4月出版 / 定价：89.00元
PSN B-2017-623-6/6

上海蓝皮书
上海经济发展报告（2018）
著(编)者：沈开艳　2018年2月出版 / 定价：89.00元
PSN B-2006-057-1/7

上海蓝皮书
上海资源环境发展报告（2018）
著(编)者：周冯琦 胡静　2018年2月出版 / 定价：89.00元
PSN B-2006-060-4/7

上海蓝皮书
上海奉贤经济发展分析与研判（2017~2018）
著(编)者：张兆安 朱平芳　2018年3月出版 / 定价：99.00元
PSN B-2018-698-8/8

上饶蓝皮书
上饶发展报告（2016~2017）
著(编)者：廖其志　2018年6月出版 / 估价：128.00元
PSN B-2014-377-1/1

深圳蓝皮书
深圳经济发展报告（2018）
著(编)者：张骁儒　2018年6月出版 / 估价：99.00元
PSN B-2008-112-3/7

四川蓝皮书
四川城镇化发展报告（2018）
著(编)者：侯水平 陈炜　2018年6月出版 / 估价：99.00元
PSN B-2015-456-7/7

四川蓝皮书
2018年四川经济形势分析与预测
著(编)者：杨钢　2018年1月出版 / 定价：158.00元
PSN B-2007-098-2/7

四川蓝皮书
四川企业社会责任研究报告（2017~2018）
著(编)者：侯水平 盛毅　2018年5月出版 / 估价：99.00元
PSN B-2014-386-4/7

四川蓝皮书
四川生态建设报告（2018）
著(编)者：李晟之　2018年5月出版 / 估价：99.00元
PSN B-2015-455-6/7

四川蓝皮书
四川特色小镇发展报告（2017）
著(编)者：吴志强　2017年11月出版 / 定价：89.00元
PSN B-2017-670-8/8

体育蓝皮书
上海体育产业发展报告（2017~2018）
著(编)者：张林 黄海燕
2018年10月出版 / 估价：99.00元
PSN B-2015-454-4/5

体育蓝皮书
长三角地区体育产业发展报（2017~2018）
著(编)者：张林　2018年6月出版 / 估价：99.00元
PSN B-2015-453-3/5

天津金融蓝皮书
天津金融发展报告（2018）
著(编)者：王爱俭 孔德昌
2018年5月出版 / 估价：99.00元
PSN B-2014-418-1/1

图们江区域合作蓝皮书
图们江区域合作发展报告（2018）
著(编)者：李铁　2018年6月出版 / 估价：99.00元
PSN B-2015-464-1/1

温州蓝皮书
2018年温州经济社会形势分析与预测
著(编)者：蒋儒标 王春光 金浩
2018年6月出版 / 估价：99.00元
PSN B-2008-105-1/1

西咸新区蓝皮书
西咸新区发展报告（2018）
著(编)者：李扬 王军
2018年6月出版 / 估价：99.00元
PSN B-2016-534-1/1

修武蓝皮书
修武经济社会发展报告（2018）
著(编)者：张占仓 袁凯声
2018年10月出版 / 估价：99.00元
PSN B-2017-651-1/1

偃师蓝皮书
偃师经济社会发展报告（2018）
著(编)者：张占仓 袁凯声 何武周
2018年7月出版 / 估价：99.00元
PSN B-2017-627-1/1

扬州蓝皮书
扬州经济社会发展报告（2018）
著(编)者：陈扬
2018年12月出版 / 估价：108.00元
PSN B-2011-191-1/1

长垣蓝皮书
长垣经济社会发展报告（2018）
著(编)者：张占仓 袁凯声 秦保建
2018年10月出版 / 估价：99.00元
PSN B-2017-654-1/1

遵义蓝皮书
遵义发展报告（2018）
著(编)者：邓彦 曾征 龚永育
2018年9月出版 / 估价：99.00元
PSN B-2014-433-1/1

地方发展类-社会

安徽蓝皮书
安徽社会发展报告（2018）
著(编)者：程桦　　2018年6月出版 / 估价：99.00元
PSN B-2013-325-1/1

安徽社会建设蓝皮书
安徽社会建设分析报告（2017～2018）
著(编)者：黄家海 蔡宪
2018年11月出版 / 估价：99.00元
PSN B-2013-322-1/1

北京蓝皮书
北京公共服务发展报告（2017～2018）
著(编)者：施昌奎　　2018年6月出版 / 估价：99.00元
PSN B-2008-103-7/8

北京蓝皮书
北京社会发展报告（2017～2018）
著(编)者：李伟东
2018年7月出版 / 估价：99.00元
PSN B-2006-055-3/8

北京蓝皮书
北京社会治理发展报告（2017～2018）
著(编)者：殷星辰　　2018年7月出版 / 估价：99.00元
PSN B-2014-391-8/8

北京律师蓝皮书
北京律师发展报告 No.4（2018）
著(编)者：王隽　　2018年12月出版 / 估价：99.00元
PSN B-2011-217-1/1

北京人才蓝皮书
北京人才发展报告（2018）
著(编)者：敏华　　2018年12月出版 / 估价：128.00元
PSN B-2011-201-1/1

北京社会心态蓝皮书
北京社会心态分析报告（2017～2018）
北京市社会心理服务促进中心
2018年10月出版 / 估价：99.00元
PSN B-2014-422-1/1

北京社会组织管理蓝皮书
北京社会组织发展与管理（2018）
著(编)者：黄江松
2018年6月出版 / 估价：99.00元
PSN B-2015-446-1/1

北京养老产业蓝皮书
北京居家养老发展报告（2018）
著(编)者：陆杰华 周明明
2018年8月出版 / 估价：99.00元
PSN B-2015-465-1/1

法治蓝皮书
四川依法治省年度报告No.4（2018）
著(编)者：李林 杨天宗 田禾
2018年3月出版 / 定价：118.00元
PSN B-2015-447-2/3

福建妇女发展蓝皮书
福建省妇女发展报告（2018）
著(编)者：刘群英　　2018年11月出版 / 估价：99.00元
PSN B-2011-220-1/1

甘肃蓝皮书
甘肃社会发展分析与预测（2018）
著(编)者：安文华 谢增虎 包晓霞
2018年1月出版 / 定价：99.00元
PSN B-2013-313-2/6

广东蓝皮书
广东全面深化改革研究报告（2018）
著(编)者：周林生 涂成林
2018年12月出版 / 估价：99.00元
PSN B-2015-504-3/3

广东蓝皮书
广东社会工作发展报告（2018）
著(编)者：罗观翠　　2018年6月出版 / 估价：99.00元
PSN B-2014-402-2/3

广州蓝皮书
广州青年发展报告（2018）
著(编)者：徐柳 张强
2018年8月出版 / 估价：99.00元
PSN B-2013-352-13/14

广州蓝皮书
广州社会保障发展报告（2018）
著(编)者：张跃国　　2018年8月出版 / 估价：99.00元
PSN B-2014-425-14/14

广州蓝皮书
2018年中国广州社会形势分析与预测
著(编)者：张强 郭志勇 何镜清
2018年6月出版 / 估价：99.00元
PSN B-2008-110-5/14

贵州蓝皮书
贵州法治发展报告（2018）
著(编)者：吴大华　　2018年5月出版 / 估价：99.00元
PSN B-2012-254-2/10

贵州蓝皮书
贵州人才发展报告（2017）
著(编)者：于杰 吴大华
2018年9月出版 / 估价：99.00元
PSN B-2014-382-3/10

贵州蓝皮书
贵州社会发展报告（2018）
著(编)者：王兴骥　　2018年6月出版 / 估价：99.00元
PSN B-2010-166-1/10

杭州蓝皮书
杭州妇女发展报告（2018）
著(编)者：魏颖
2018年10月出版 / 估价：99.00元
PSN B-2014-403-1/1

河北蓝皮书
河北法治发展报告（2018）
著(编)者：康振海　2018年6月出版 / 估价：99.00元
PSN B-2017-622-3/3

河北食品药品安全蓝皮书
河北食品药品安全研究报告（2018）
著(编)者：丁锦霞
2018年10月出版 / 估价：99.00元
PSN B-2015-473-1/1

河南蓝皮书
河南法治发展报告（2018）
著(编)者：张林海　2018年7月出版 / 估价：99.00元
PSN B-2014-376-6/9

河南蓝皮书
2018年河南社会形势分析与预测
著(编)者：牛苏林　2018年5月出版 / 估价：99.00元
PSN B-2005-043-1/9

河南民办教育蓝皮书
河南民办教育发展报告（2018）
著(编)者：胡大白　2018年9月出版 / 估价：99.00元
PSN B-2017-642-1/1

黑龙江蓝皮书
黑龙江社会发展报告（2018）
著(编)者：王爱丽　2018年1月出版 / 定价：89.00元
PSN B-2011-189-1/2

湖南蓝皮书
2018年湖南两型社会与生态文明建设报告
著(编)者：卞鹰　2018年5月出版 / 估价：128.00元
PSN B-2011-208-3/8

湖南蓝皮书
2018年湖南社会发展报告
著(编)者：卞鹰　2018年5月出版 / 估价：128.00元
PSN B-2014-393-5/8

健康城市蓝皮书
北京健康城市建设研究报告（2018）
著(编)者：王鸿春 盛继洪
2018年9月出版 / 估价：99.00元
PSN B-2015-460-1/2

江苏法治蓝皮书
江苏法治发展报告No.6（2017）
著(编)者：蔡道通 龚廷泰
2018年8月出版 / 估价：99.00元
PSN B-2012-290-1/1

江苏蓝皮书
2018年江苏社会发展分析与展望
著(编)者：王庆五 刘旺洪
2018年8月出版 / 估价：128.00元
PSN B-2017-636-2/3

民族教育蓝皮书
中国民族教育发展报告（2017·内蒙古卷）
著(编)者：陈中永
2017年12月出版 / 定价：198.00元
PSN B-2017-669-1/1

南宁蓝皮书
南宁法治发展报告（2018）
著(编)者：杨维超　2018年12月出版 / 估价：99.00元
PSN B-2015-509-1/3

南宁蓝皮书
南宁社会发展报告（2018）
著(编)者：胡建华　2018年10月出版 / 估价：99.00元
PSN B-2016-570-3/3

内蒙古蓝皮书
内蒙古反腐倡廉建设报告 No.2
著(编)者：张志华　2018年6月出版 / 估价：99.00元
PSN B-2013-365-1/1

青海蓝皮书
2018年青海人才发展报告
著(编)者：王宇燕　2018年9月出版 / 估价：99.00元
PSN B-2017-650-2/2

青海生态文明建设蓝皮书
青海生态文明建设报告（2018）
著(编)者：张西明 高华　2018年12月出版 / 估价：99.00元
PSN B-2016-595-1/1

人口与健康蓝皮书
深圳人口与健康发展报告（2018）
著(编)者：陆杰华 傅崇辉
2018年11月出版 / 估价：99.00元
PSN B-2011-228-1/1

山东蓝皮书
山东社会形势分析与预测（2018）
著(编)者：李善峰　2018年6月出版 / 估价：99.00元
PSN B-2014-405-2/5

陕西蓝皮书
陕西社会发展报告（2018）
著(编)者：任宗哲 白宽犁 牛昉
2018年1月出版 / 定价：89.00元
PSN B-2009-136-2/6

上海蓝皮书
上海法治发展报告（2018）
著(编)者：叶必丰　2018年9月出版 / 估价：99.00元
PSN B-2012-296-6/7

上海蓝皮书
上海社会发展报告（2018）
著(编)者：杨雄 周海旺
2018年2月出版 / 定价：89.00元
PSN B-2006-058-2/7

社会建设蓝皮书
2018年北京社会建设分析报告
著(编)者：宋贵伦 冯虹 2018年9月出版 / 估价：99.00元
PSN B-2010-173-1/1

深圳蓝皮书
深圳法治发展报告（2018）
著(编)者：张骁儒 2018年6月出版 / 估价：99.00元
PSN B-2015-470-6/7

深圳蓝皮书
深圳劳动关系发展报告（2018）
著(编)者：汤庭芬 2018年8月出版 / 估价：99.00元
PSN B-2007-097-2/7

深圳蓝皮书
深圳社会治理与发展报告（2018）
著(编)者：张骁儒 2018年6月出版 / 估价：99.00元
PSN B-2008-113-4/7

生态安全绿皮书
甘肃国家生态安全屏障建设发展报告（2018）
著(编)者：刘举科 喜文华
2018年10月出版 / 估价：99.00元
PSN G-2017-659-1/1

顺义社会建设蓝皮书
北京市顺义区社会建设发展报告（2018）
著(编)者：王学武 2018年9月出版 / 估价：99.00元
PSN B-2017-658-1/1

四川蓝皮书
四川法治发展报告（2018）
著(编)者：郑泰安 2018年6月出版 / 估价：99.00元
PSN B-2015-441-5/7

四川蓝皮书
四川社会发展报告（2018）
著(编)者：李羚 2018年6月出版 / 估价：99.00元
PSN B-2008-127-3/7

四川社会工作与管理蓝皮书
四川省社会工作人力资源发展报告（2017）
著(编)者：边慧敏 2017年12月出版 / 定价：89.00元
PSN B-2017-683-1/1

云南社会治理蓝皮书
云南社会治理年度报告（2017）
著(编)者：晏雄 韩全芳
2018年5月出版 / 估价：99.00元
PSN B-2017-667-1/1

地方发展类-文化

北京传媒蓝皮书
北京新闻出版广电发展报告（2017~2018）
著(编)者：王志 2018年11月出版 / 估价：99.00元
PSN B-2016-588-1/1

北京蓝皮书
北京文化发展报告（2017~2018）
著(编)者：李建盛 2018年5月出版 / 估价：99.00元
PSN B-2007-082-4/8

创意城市蓝皮书
北京文化创意产业发展报告（2018）
著(编)者：郭万超 张京成 2018年12月出版 / 估价：99.00元
PSN B-2012-263-1/7

创意城市蓝皮书
天津文化创意产业发展报告（2017~2018）
著(编)者：谢思全 2018年6月出版 / 估价：99.00元
PSN B-2016-536-7/7

创意城市蓝皮书
武汉文化创意产业发展报告（2018）
著(编)者：黄永林 陈汉桥 2018年12月出版 / 估价：99.00元
PSN B-2013-354-4/7

创意上海蓝皮书
上海文化创意产业发展报告（2017~2018）
著(编)者：王慧敏 王兴全 2018年8月出版 / 估价：99.00元
PSN B-2016-561-1/1

非物质文化遗产蓝皮书
广州市非物质文化遗产保护发展报告（2018）
著(编)者：宋俊华 2018年12月出版 / 估价：99.00元
PSN B-2016-589-1/1

甘肃蓝皮书
甘肃文化发展分析与预测（2018）
著(编)者：马廷旭 戚晓萍 2018年1月出版 / 定价：99.00元
PSN B-2013-314-3/6

甘肃蓝皮书
甘肃舆情分析与预测（2018）
著(编)者：王俊莲 张谦元 2018年1月出版 / 定价：99.00元
PSN B-2013-315-4/6

广州蓝皮书
中国广州文化发展报告（2018）
著(编)者：屈哨兵 陆志强 2018年6月出版 / 估价：99.00元
PSN B-2009-134-7/14

广州蓝皮书
广州文化创意产业发展报告（2018）
著(编)者：徐咏虹 2018年7月出版 / 估价：99.00元
PSN B-2008-111-6/14

海淀蓝皮书
海淀区文化和科技融合发展报告（2018）
著(编)者：陈名杰 孟景伟 2018年5月出版 / 估价：99.00元
PSN B-2013-329-1/1

河南蓝皮书
河南文化发展报告（2018）
著(编)者：卫绍生　2018年7月出版 / 估价：99.00元
PSN B-2008-106-2/9

湖北文化产业蓝皮书
湖北省文化产业发展报告（2018）
著(编)者：黄晓华　2018年9月出版 / 估价：99.00元
PSN B-2017-656-1/1

湖北文化蓝皮书
湖北文化发展报告（2017~2018）
著(编)者：湖北大学高等人文研究院
中华文化发展湖北省协同创新中心
2018年10月出版 / 估价：99.00元
PSN B-2016-566-1/1

江苏蓝皮书
2018年江苏文化发展分析与展望
著(编)者：王庆五 樊和平　2018年9月出版 / 估价：128.00元
PSN B-2017-637-3/3

江西文化蓝皮书
江西非物质文化遗产发展报告（2018）
著(编)者：张圣才 傅安平　2018年12月出版 / 估价：128.00元
PSN B-2015-499-1/1

洛阳蓝皮书
洛阳文化发展报告（2018）
著(编)者：刘福兴 陈启明　2018年7月出版 / 估价：99.00元
PSN B-2015-476-1/1

南京蓝皮书
南京文化发展报告（2018）
著(编)者：中共南京市委宣传部
2018年12月出版 / 估价：99.00元
PSN B-2014-439-1/1

宁波文化蓝皮书
宁波“一人一艺”全民艺术普及发展报告（2017）
著(编)者：张爱琴　2018年11月出版 / 估价：128.00元
PSN B-2017-668-1/1

山东蓝皮书
山东文化发展报告（2018）
著(编)者：涂可国　2018年5月出版 / 估价：99.00元
PSN B-2014-406-3/5

陕西蓝皮书
陕西文化发展报告（2018）
著(编)者：任宗哲 白宽犁 王长寿
2018年1月出版 / 定价：89.00元
PSN B-2009-137-3/6

上海蓝皮书
上海传媒发展报告（2018）
著(编)者：强荧 焦雨虹　2018年2月出版 / 定价：89.00元
PSN B-2012-295-5/7

上海蓝皮书
上海文学发展报告（2018）
著(编)者：陈圣来　2018年6月出版 / 估价：99.00元
PSN B-2012-297-7/7

上海蓝皮书
上海文化发展报告（2018）
著(编)者：荣跃明　2018年6月出版 / 估价：99.00元
PSN B-2006-059-3/7

深圳蓝皮书
深圳文化发展报告（2018）
著(编)者：张骁儒　2018年7月出版 / 估价：99.00元
PSN B-2016-554-7/7

四川蓝皮书
四川文化产业发展报告（2018）
著(编)者：向宝云 张立伟　2018年6月出版 / 估价：99.00元
PSN B-2006-074-1/7

郑州蓝皮书
2018年郑州文化发展报告
著(编)者：王哲　2018年9月出版 / 估价：99.00元
PSN B-2008-107-1/1

皮书起源

“皮书”起源于十七、十八世纪的英国，主要指官方或社会组织正式发表的重要文件或报告，多以“白皮书”命名。在中国，“皮书”这一概念被社会广泛接受，并被成功运作、发展成为一种全新的出版形态，则源于中国社会科学院社会科学文献出版社。

皮书定义

皮书是对中国与世界发展状况和热点问题进行年度监测，以专业的角度、专家的视野和实证研究方法，针对某一领域或区域现状与发展态势展开分析和预测，具备原创性、实证性、专业性、连续性、前沿性、时效性等特点的公开出版物，由一系列权威研究报告组成。

皮书作者

皮书系列的作者以中国社会科学院、著名高校、地方社会科学院的研究人员为主，多为国内一流研究机构的权威专家学者，他们的看法和观点代表了学界对中国与世界的现实和未来最高水平的解读与分析。

皮书荣誉

皮书系列已成为社会科学文献出版社的著名图书品牌和中国社会科学院的知名学术品牌。2016 年，皮书系列正式列入“十三五”国家重点出版规划项目；2013~2018 年，重点皮书列入中国社会科学院承担的国家哲学社会科学创新工程项目；2018 年，59 种院外皮书使用“中国社会科学院创新工程学术出版项目”标识。

中国皮书网

（网址：www.pishu.cn）

发布皮书研创资讯，传播皮书精彩内容
引领皮书出版潮流，打造皮书服务平台

栏目设置

关于皮书：何谓皮书、皮书分类、皮书大事记、皮书荣誉、
皮书出版第一人、皮书编辑部

最新资讯：通知公告、新闻动态、媒体聚焦、网站专题、视频直播、下载专区

皮书研创：皮书规范、皮书选题、皮书出版、皮书研究、研创团队

皮书评奖评价：指标体系、皮书评价、皮书评奖

互动专区：皮书说、社科数托邦、皮书微博、留言板

所获荣誉

2008 年、2011 年，中国皮书网均在全国新闻出版业网站荣誉评选中获得“最具商业价值网站”称号；

2012 年,获得“出版业网站百强”称号。

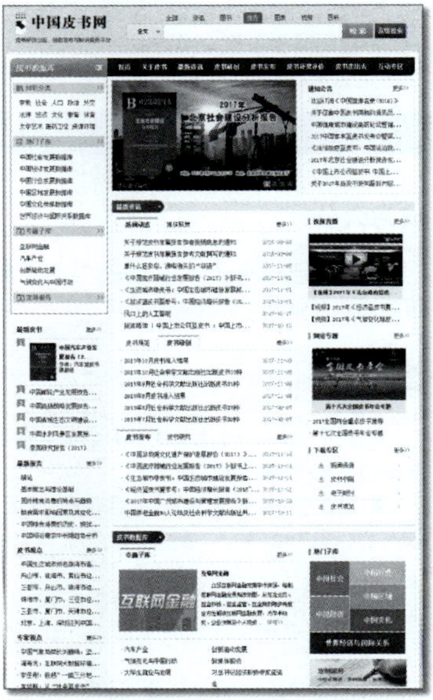

网库合一

2014 年，中国皮书网与皮书数据库端口合一，实现资源共享。

司有65家，低于平均数的公司有36家，而101家上市公司的研发强度中位数为2.89%，高于研发强度平均数约1个百分点，这说明低研发支出的上市公司拉低了101家上市公司研发强度的平均水平，出现“弱者很弱”的现象。剔除14家研发支出为0的上市公司后，在剩下的87家上市公司中，研发强度平均数为2.49%，中位数为3.13%，高于平均数的公司有57家，低于平均数的公司有30家。安徽省各上市公司的研发资金投入差异明显。研发支出投入强度排前三位的企业为科大讯飞（21.59%）、科大国创（16.41%）、应流股份（10.40%），而比重小于1%的企业也有25家之多（包含15家2015~2017年研发支出计为0的企业）。

企业高学历人员逐年上升但占比仍然较低。企业人才的数量也是影响企业技术创新活动的重要因素之一，是进行技术创新活动的重要保证。从2015~2017年安徽省上市公司高学历员工比例变化趋势来看，企业高学历人员比例逐年增加。但安徽省上市公司中，63家企业本科及以上学历人员不足20%。我们可以清晰地看到安徽省上市公司人才质量不是很高，6成以上的企业本科及以上学历员工比例分布在20%以内，只有少数企业拥有较多的高学历人才。综上所述，安徽省大多数上市公司高学历人才比例优势不明显，这在一定程度上会制约企业的创新能力提升。

企业之间创新产出差距悬殊。企业拥有的专利数量是衡量企业创新成果产出质量和市场应用水平的重要指标。101家上市公司的每百人专利申请数平均数为1.6，高于平均数的公司有32家，低于平均数的公司有69家，而101家上市公司的每百人专利申请数中位数为0.83，低于每百人专利申请数平均数，约为平均数的一半，说明这101家上市公司的每百人专利申请数相差非常大，最多的为10.13项，而最少的则为0.01项（不含未查到专利数据计为0的9家企业）。主营业务利润率差距也较大，101家上市公司的主营业务利润率平均数为26.86%，高于平均数的公司有41家，低于平均数的公司有60家，而101家上市公司的主营业务利润率中位数为21.44%。此外，国元证券和华安证券分别高达96.57%、95.90%，而16家企业的主营业务利润率不足10%，安凯客车的主营业务利润率甚至为负数。

从安徽省上市公司城市分析来看，无论是分指标还是综合指标，合肥市和芜湖市的创新能力远高于经济落后的城市。拥有上市公司数量较多的合肥市和芜湖市，创新能力综合得分总体来看较高，其中合肥市高达 80.75%。安徽省其他城市在上市公司数量、研发强度、高学历员工比例、每百人专利申请数和主营业务利润率方面仍然存在较大的潜力，发展空间较大。

（二）对策

1. 进一步加大企业研发投入

创新投入力度不够是我国企业创新水平低、创新产出少的主要原因之一，企业要按照社会主义市场经济体制的要求，不断深化自身改革，适应市场化和全球化竞争的需要，增强创新驱动发展的内在动力，加大对创新的投入力度。企业是生产经营的第一线，因此企业根据自身的情况进行研发投入将更有针对性，更容易转化为创新成果，为企业带来绩效。所以，我们鼓励企业加大创新投入，加强自身的创新意识，适当加大技术创新力度，成为专利研发的主导者，在当今如此激烈的竞争市场中获得较高的创新产出，为企业带来经济利益和长期发展。各级政府要鼓励和引导企业加大研发投入，大力培育创新型企业，充分发挥其对技术创新的示范引领作用。

2. 加强创新人才队伍建设

人员素质对提升企业创新能力具有不可磨灭的作用，为数不多的高素质人才就足以拉动整个企业的创新能力。故企业应该因地制宜，招聘高素质、适合本企业的人员。不同行业对人员素质的要求程度不同，信息产业、机械机电、医药卫生、电子电工对人员素质要求较高，这些行业一方面要积极引进高素质人才，另一方面也要制订一定的人才培训方案，双管齐下，努力提高企业的人员素质，以便进一步促进安徽省上市公司创新能力的提升；办公文教、玩具礼品、包装用品、轻工食品、农林牧渔的上市公司虽然对人员素质的要求相对较低，也应该增强对人才素质的认识。

在海外高层次人才引进计划、创新人才推进计划等相关重大人才工程和政策实施中，支持企业引进海外高层次人才，引导和支持归国留学人员创业。加强专业技术人才和高技能人才队伍建设，培养科技领军人才、优秀创新团队。加强对企业科研和管理骨干的培训。健全科技人才流动机制，鼓励科研院所、高等学校和企业创新人才双向流动和兼职。继续坚持企业院士专家工作站、博士后工作站、科技特派员等科技人员服务企业的有效方式，不断完善评价制度，构建长效机制，对于服务企业贡献突出的科技人员，采取优先晋升职务职称等奖励措施。广泛开展职工合理化建议、技术革新、技能大赛等群众性技术创新活动，对有突出贡献的职工优先晋升技术技能等级，充分调动职工参与技术创新的积极性，提高企业职工科技素质。

3. 提高企业创新产出效率

显而易见，企业的创新产出专利是企业将创新活动商业化的基础，提高企业研发产出的效率将会为企业带来更大的商业价值。但不同类型的企业应该结合自身企业的特点和情况来提升专利能力。对于属于战略新兴产业的企业，应该对企业的创新方向有清晰的定位，并应该注重对企业知识产权的保护，对于重点产品应当采取基本专利、外围专利、交叉许可专利等全方位的保护。而对于属于非战略新兴产业的企业，自身专利能力并不雄厚，可先根据引进的设备技术，先从设备创新开始，逐步进入产品创新，从而达到创造有效专利的目的。

4. 完善支持企业创新的激励机制

通过制定相关政策加大对企业研发投入支持，如：设立技术研发基金，对研发投入贴息、贷款（拿知识产权质押贷款），设立公共研发支出，进一步优化完善政府的公共研发服务平台。一方面要加大对企业研发专用资金的投入力度，并为企业研发与生产的结合提供更多的理论和政策支持，推动大小企业之间、企业与科研机构之间的合作。另一方面则应该通过政府补贴、银行信贷等方面制定更多有利于企业创新活动的优惠政策，直接加快企业技术创新和创新成果的转化，鼓励企业增加研发投入、提高企业研发产出的效率和周期，推动创新成果向企业生产力的转化。更重要的是，政府在对企业进行补贴、资助时，应该针对不同行业和不同领域的情况，有针对性地对重点行业或领域重点扶持，从而发挥政府补助的实际作用，也能对其他行业的创新活动起到激励作用。

附件1　2017年安徽省上市公司研发强度排名

总排名	公司名称	研发强度（%）	分行业排名		分城市排名		分板块排名		分属性排名	
1	科大讯飞	21.59	信息	1	合肥	1	中小	1	央企	1
2	科大国创	16.41	信息	2	合肥	2	创业	1	民企	1
3	应流股份	10.40	制造	1	合肥	3	主板	1	民企	2
4	安科生物	9.72	制造	2	合肥	4	创业	2	民企	3
5	泰禾光电	7.98	制造	3	合肥	5	主板	2	民企	4
6	三七互娱	6.38	信息	3	芜湖	1	中小	2	民企	5
7	集友股份	6.00	制造	4	安庆	1	主板	3	民企	6
8	广信股份	5.90	制造	5	宣城	1	主板	4	民企	7
9	皖通科技	5.69	信息	4	合肥	6	中小	3	民企	8
10	美亚光电	5.68	制造	6	合肥	7	中小	4	民企	9
11	安利股份	5.52	制造	7	合肥	8	创业	3	民企	10
12	中电鑫龙	5.37	信息	5	芜湖	2	中小	5	民企	11
13	国机通用	5.32	制造	8	合肥	9	主板	5	央企	2
14	凯盛科技	5.28	制造	9	蚌埠	1	主板	6	央企	3
15	美菱电器	5.21	制造	10	合肥	10	主板	7	国企	1
16	永新股份	5.15	制造	11	黄山	1	中小	6	集企	1
17	合锻智能	4.88	制造	12	合肥	11	主板	8	民企	12
18	乐金健康	4.74	制造	13	合肥	12	创业	4	民企	13
19	文一科技	4.68	制造	14	铜陵	1	主板	9	民企	14
20	四创电子	4.48	制造	15	合肥	13	主板	10	央企	4
21	中钢天源	4.38	制造	16	马鞍山	1	中小	7	央企	5
22	荃银高科	4.35	农林	1	合肥	14	创业	5	众企	1
23	安徽合力	4.20	制造	17	合肥	15	主板	11	国企	2
24	江淮汽车	4.06	制造	18	合肥	16	主板	12	国企	3
25	东华科技	4.05	建筑	1	合肥	17	中小	8	央企	6
26	国风塑业	4.02	制造	19	合肥	18	主板	13	国企	4
27	聚隆科技	3.94	制造	20	宣城	2	创业	6	民企	15
28	阳光电源	3.91	制造	21	合肥	19	创业	7	民企	16
29	华菱星马	3.81	制造	22	马鞍山	2	主板	14	国企	5
30	中鼎股份	3.76	制造	23	宣城	3	主板	15	民企	17
31	神剑股份	3.66	制造	24	芜湖	3	中小	9	民企	18
32	设计总院	3.65	科学	1	合肥	20	主板	16	国企	6
33	泰尔股份	3.63	制造	25	马鞍山	3	中小	10	民企	19

续表

总排名	公司名称	研发强度（%）	分行业排名		分城市排名		分板块排名		分属性排名	
34	精工钢构	3.54	建筑	2	六安	1	主板	17	民企	20
35	黄山胶囊	3.50	制造	26	宣城	4	中小	11	民企	21
36	全柴动力	3.46	制造	27	滁州	1	主板	18	国企	7
37	富煌钢构	3.41	制造	28	合肥	21	中小	12	民企	22
38	欧普康视	3.37	制造	29	合肥	22	创业	8	民企	23
39	安纳达	3.34	制造	30	铜陵	2	中小	13	国企	8
40	开润股份	3.33	制造	31	滁州	2	创业	9	民企	24
41	志邦股份	3.21	制造	32	合肥	23	主板	19	民企	25
42	司尔特	3.16	制造	33	宣城	5	中小	14	民企	26
43	古井贡酒	3.14	制造	34	亳州	1	主板	20	国企	9
44	伯特利	3.13	制造	35	芜湖	4	主板	21	外企	1
45	皖维高新	3.13	制造	36	合肥	24	主板	22	国企	10
46	铜峰电子	3.03	制造	37	铜陵	3	主板	23	民企	27
47	凤形股份	2.94	制造	38	宣城	6	中小	15	民企	28
48	安凯客车	2.90	制造	39	合肥	25	主板	24	国企	11
49	众泰汽车	2.89	制造	40	黄山	2	主板	25	民企	29
50	常青股份	2.89	制造	41	合肥	26	主板	26	民企	30
51	丰乐种业	2.89	农林	2	合肥	27	主板	27	国企	12
52	华茂股份	2.85	制造	42	安庆	2	主板	28	国企	13
53	江南化工	2.72	制造	43	宣城	7	中小	16	民企	31
54	山河药辅	2.70	制造	44	淮南	1	创业	10	民企	32
55	惠而浦	2.70	制造	45	合肥	28	主板	29	外企	2
56	山鹰纸业	2.57	制造	46	马鞍山	4	主板	30	民企	33
57	众源新材	2.50	制造	47	芜湖	5	主板	31	民企	34
58	国祯环保	2.43	水利	1	合肥	29	创业	11	民企	35
59	精达股份	2.42	制造	48	铜陵	4	主板	32	民企	36
60	六国化工	2.40	制造	49	铜陵	5	主板	33	国企	14
61	盛运环保	2.38	制造	50	安庆	3	创业	12	民企	37
62	金禾实业	2.30	制造	51	滁州	3	中小	17	民企	38
63	中环环保	2.29	水利	2	合肥	30	创业	13	民企	39
64	丰原药业	2.16	制造	52	芜湖	6	主板	34	民企	40
65	楚江新材	2.08	制造	53	芜湖	7	中小	18	民企	41
66	海螺型材	1.72	制造	54	芜湖	8	主板	35	国企	15
67	恒源煤电	1.61	采矿	1	淮北	1	主板	36	国企	16
68	德力股份	1.59	制造	55	滁州	4	中小	19	民企	42
69	华孚时尚	1.59	制造	56	淮北	2	中小	20	民企	43
70	金种子酒	1.56	制造	57	阜阳	1	主板	37	国企	17

续表

总排名	公司名称	研发强度（%）	分行业排名		分城市排名		分板块排名		分属性排名	
71	华菱精工	1.48	制造	58	宣城	8	主板	38	民企	44
72	马钢股份	1.32	制造	59	马鞍山	5	主板	39	国企	18
73	梦舟股份	1.30	制造	60	芜湖	9	主板	40	民企	45
74	鸿路钢构	1.27	制造	61	合肥	31	中小	21	民企	46
75	铜陵有色	1.18	制造	62	铜陵	6	主板	41	国企	19
76	雷鸣科化	1.07	制造	63	淮北	3	主板	42	国企	20
77	中粮生化	0.76	制造	64	蚌埠	2	主板	43	央企	7
78	华安证券	0.74	金融	1	合肥	32	主板	44	国企	21
79	长信科技	0.70	制造	65	芜湖	10	创业	14	民企	47
80	迎驾贡酒	0.51	制造	66	六安	2	主板	45	民企	48
81	洽洽食品	0.48	制造	67	合肥	33	中小	22	民企	49
82	新光圆成	0.46	房产	1	马鞍山	6	中小	23	民企	50
83	时代出版	0.41	文化	1	合肥	34	主板	46	国企	22
84	口子窖	0.38	制造	68	淮北	4	主板	47	民企	51
85	安徽水利	0.34	建筑	3	蚌埠	3	主板	48	国企	23
86	辉隆股份	0.14	批发	1	合肥	35	中小	24	集企	2
87	皖江物流	0.00	交通	1	芜湖	11	主板	49	国企	24
88	合肥百货	0.00	批发	2	合肥	36	主板	50	国企	25
89	皖能电力	0.00	电力	1	合肥	37	主板	51	国企	26
90	国元证券	0.00	金融	2	合肥	38	主板	52	国企	27
91	合肥城建	0.00	房产	2	合肥	39	中小	25	国企	28
92	亚夏汽车	0.00	批发	3	芜湖	12	中小	26	民企	52
93	皖通高速	0.00	交通	2	合肥	40	主板	53	国企	29
94	黄山旅游	0.00	水利	3	黄山	3	主板	54	国企	30
95	新力金融	0.00	金融	3	合肥	41	主板	55	集企	3
96	海螺水泥	0.00	制造	69	芜湖	13	主板	56	国企	31
97	皖新传媒	0.00	文化	2	合肥	42	主板	57	国企	32
98	新集能源	0.00	采矿	2	淮南	2	主板	58	央企	8
99	安德利	0.00	批发	4	合肥	43	主板	59	民企	53
100	九华旅游	0.00	水利	4	池州	1	主板	60	国企	33
101	皖天然气	0.00	电力	2	合肥	44	主板	61	国企	34
平均值:1.94%					中位数:2.89%					

注：1. 截至目前，安徽省共有 A 股上市公司 103 家，本部分剔除了 * ST 华信和中弘股份。
2. 各项指标数据源来自 Wind 和 CSMAR。

附件 2　2017 年安徽省上市公司高学历员工比例排名

总排名	公司名称	高学历员工比例(%)	分行业排名		分城市排名		分板块排名		分属性排名	
1	东华科技	90.89	建筑	1	合肥	1	中小	1	央企	1
2	国元证券	88.60	金融	1	合肥	2	主板	1	国企	1
3	科大讯飞	86.27	信息	1	合肥	3	中小	2	央企	2
4	科大国创	85.73	信息	2	合肥	4	创业	1	民企	1
5	华安证券	81.47	金融	2	合肥	5	主板	2	国企	2
6	合肥城建	67.65	房产	1	合肥	6	中小	3	国企	3
7	设计总院	64.13	科学	1	合肥	7	主板	3	国企	4
8	阳光电源	62.71	制造	1	合肥	8	创业	2	民企	2
9	皖通科技	62.47	信息	3	合肥	9	中小	4	民企	3
10	四创电子	58.82	制造	2	合肥	10	主板	4	央企	3
11	三七互娱	53.14	信息	4	芜湖	1	中小	5	民企	4
12	荃银高科	51.74	农林	1	合肥	11	创业	3	众企	1
13	皖天然气	49.79	电力	1	合肥	12	主板	5	国企	5
14	中电鑫龙	45.31	信息	5	芜湖	2	中小	6	民企	5
15	美亚光电	43.82	制造	3	合肥	13	中小	7	民企	6
16	国祯环保	41.97	水利	1	合肥	14	创业	4	民企	7
17	安科生物	39.63	制造	4	合肥	15	创业	5	民企	8
18	安徽水利	38.97	建筑	2	蚌埠	1	主板	6	国企	6
19	安纳达	37.92	制造	5	铜陵	1	中小	8	国企	7
20	全柴动力	37.13	制造	6	滁州	1	主板	7	国企	8
21	中环环保	36.96	水利	2	合肥	16	创业	6	民企	9
22	新力金融	36.32	金融	3	合肥	17	主板	8	集企	1
23	国机通用	35.42	制造	7	合肥	18	主板	9	央企	4
24	时代出版	34.42	文化	1	合肥	19	主板	10	国企	9
25	泰禾光电	33.38	制造	8	合肥	20	主板	11	民企	10
26	丰乐种业	32.60	农林	2	合肥	21	主板	12	国企	10
27	辉隆股份	32.57	批发	1	合肥	22	中小	9	集企	2
28	江淮汽车	32.40	制造	9	合肥	23	主板	13	国企	11
29	欧普康视	30.85	制造	10	合肥	24	创业	7	民企	11
30	皖能电力	29.58	电力	2	合肥	25	主板	14	国企	12
31	海螺水泥	28.60	制造	11	芜湖	3	主板	15	国企	13
32	志邦股份	28.28	制造	12	合肥	26	主板	16	民企	12
33	中钢天源	27.77	制造	13	马鞍山	1	中小	10	央企	5

续表

总排名	公司名称	高学历员工比例(%)	分行业排名		分城市排名		分板块排名		分属性排名	
34	泰尔股份	25.69	制造	14	马鞍山	2	中小	11	民企	13
35	亚夏汽车	24.02	批发	2	芜湖	4	中小	12	民企	14
36	皖新传媒	23.56	文化	2	合肥	27	主板	17	国企	14
37	安徽合力	22.15	制造	15	合肥	28	主板	18	国企	15
38	安凯客车	21.93	制造	16	合肥	29	主板	19	国企	16
39	新光圆成	19.25	房产	2	马鞍山	3	中小	13	民企	15
40	皖通高速	19.24	交通	1	合肥	30	主板	20	国企	17
41	合锻智能	19.17	制造	17	合肥	31	主板	21	民企	16
42	神剑股份	18.86	制造	18	芜湖	5	中小	14	民企	17
43	美菱电器	18.54	制造	19	合肥	32	主板	22	国企	18
44	安利股份	18.47	制造	20	合肥	33	创业	8	民企	18
45	盛运环保	18.45	制造	21	安庆	1	创业	9	民企	19
46	海螺型材	17.53	制造	22	芜湖	6	主板	23	国企	19
47	伯特利	17.13	制造	23	芜湖	7	主板	24	外企	1
48	洽洽食品	16.31	制造	24	合肥	34	中小	15	民企	20
49	古井贡酒	15.80	制造	25	亳州	1	主板	25	国企	20
50	文一科技	15.66	制造	26	铜陵	2	主板	26	民企	21
51	山河药辅	14.52	制造	27	淮南	1	创业	10	民企	22
52	九华旅游	14.51	水利	3	池州	1	主板	27	国企	21
53	众泰汽车	14.19	制造	28	黄山	1	主板	28	民企	23
54	惠而浦	13.98	制造	29	合肥	35	主板	29	外企	2
55	马钢股份	13.69	制造	30	马鞍山	4	主板	30	国企	22
56	集友股份	13.68	制造	31	安庆	2	主板	31	民企	24
57	六国化工	13.12	制造	32	铜陵	3	主板	32	国企	23
58	国风塑业	13.04	制造	33	合肥	36	主板	33	国企	24
59	华孚时尚	12.74	制造	34	淮北	1	中小	16	民企	25
60	皖江物流	12.66	交通	2	芜湖	8	主板	34	国企	25
61	黄山旅游	12.62	水利	4	黄山	2	主板	35	国企	26
62	丰原药业	12.54	制造	35	芜湖	9	主板	36	民企	26
63	雷鸣科化	11.72	制造	36	淮北	2	主板	37	国企	27
64	乐金健康	11.63	制造	37	合肥	37	创业	11	民企	27
65	中鼎股份	11.55	制造	38	宣城	1	主板	38	民企	28
66	铜陵有色	11.51	制造	39	铜陵	4	主板	39	国企	28
67	中粮生化	11.39	制造	40	蚌埠	2	主板	40	央企	6

续表

总排名	公司名称	高学历员工比例(%)	分行业排名		分城市排名		分板块排名		分属性排名	
68	合肥百货	11.02	批发	3	合肥	38	主板	41	国企	29
69	永新股份	10.88	制造	41	黄山	3	中小	17	集企	3
70	鸿路钢构	10.81	制造	42	合肥	39	中小	18	民企	29
71	铜峰电子	10.59	制造	43	铜陵	5	主板	42	民企	30
72	凯盛科技	10.14	制造	44	蚌埠	3	主板	43	央企	7
73	华茂股份	10.10	制造	45	安庆	3	主板	44	国企	30
74	江南化工	9.90	制造	46	宣城	2	中小	19	民企	31
75	梦舟股份	9.79	制造	47	芜湖	10	主板	45	民企	32
76	恒源煤电	9.46	采矿	1	淮北	3	主板	46	国企	31
77	金种子酒	9.46	制造	48	阜阳	1	主板	47	国企	32
78	新集能源	9.39	采矿	2	淮南	2	主板	48	央企	8
79	富煌钢构	8.89	制造	49	合肥	40	中小	20	民企	33
80	口子窖	8.77	制造	50	淮北	4	主板	49	民企	34
81	司尔特	8.18	制造	51	宣城	3	中小	21	民企	35
82	应流股份	8.14	制造	52	合肥	41	主板	50	民企	36
83	迎驾贡酒	7.78	制造	53	六安	1	主板	51	民企	37
84	皖维高新	7.69	制造	54	合肥	42	主板	52	国企	33
85	山鹰纸业	7.31	制造	55	马鞍山	5	主板	53	民企	38
86	楚江新材	7.19	制造	56	芜湖	11	中小	22	民企	39
87	精达股份	6.72	制造	57	铜陵	6	主板	54	民企	40
88	常青股份	6.52	制造	58	合肥	43	主板	55	民企	41
89	广信股份	6.21	制造	59	宣城	4	主板	56	民企	42
90	金禾实业	6.02	制造	60	滁州	2	中小	23	民企	43
91	德力股份	4.83	制造	61	滁州	3	中小	24	民企	44
92	聚隆科技	4.81	制造	62	宣城	5	创业	12	民企	45
93	长信科技	4.57	制造	63	芜湖	12	创业	13	民企	46
94	黄山胶囊	4.27	制造	64	宣城	6	中小	25	民企	47
95	华菱精工	3.78	制造	65	宣城	7	主板	57	民企	48
96	众源新材	3.67	制造	66	芜湖	13	主板	58	民企	49
97	凤形股份	2.44	制造	67	宣城	8	中小	26	民企	50
98	安德利	2.06	批发	4	合肥	44	主板	59	民企	51
99	精工钢构	2.05	建筑	3	六安	2	主板	60	民企	52
100	开润股份	1.58	制造	68	滁州	4	创业	14	民企	53
101	华菱星马	1.46	制造	69	马鞍山	6	主板	61	国企	34
平均值:19.61%					中位数:14.52%					

附件3　2017年安徽省上市公司每百人专利申请数排名

总排名	公司名称	百人专利申请数	分行业排名		分城市排名		分板块排名		分属性排名	
1	安凯客车	10.13	制造	1	合肥	1	主板	1	国企	1
2	阳光电源	8.92	制造	2	合肥	2	创业	1	民企	1
3	江淮汽车	8.12	制造	3	合肥	3	主板	2	国企	2
4	聚隆科技	7.92	制造	4	宣城	1	创业	2	民企	2
5	四创电子	7.26	制造	5	合肥	4	主板	3	央企	1
6	安徽合力	7.09	制造	6	合肥	5	主板	4	国企	3
7	广信股份	6.19	制造	7	宣城	2	主板	5	民企	3
8	中电鑫龙	5.99	信息	1	芜湖	1	中小	1	民企	4
9	中环环保	5.38	水利	1	合肥	6	创业	3	民企	5
10	美亚光电	5.00	制造	8	合肥	7	中小	2	民企	6
11	国风塑业	3.89	制造	9	合肥	8	主板	6	国企	4
12	泰禾光电	3.67	制造	10	合肥	9	主板	7	民企	7
13	泰尔股份	3.27	制造	11	马鞍山	1	中小	3	民企	8
14	志邦股份	3.02	制造	12	合肥	10	主板	8	民企	9
15	安利股份	2.86	制造	13	合肥	11	创业	4	民企	10
16	新光圆成	2.84	房产	1	马鞍山	2	中小	4	民企	11
17	古井贡酒	2.59	制造	14	亳州	1	主板	9	国企	5
18	东华科技	2.51	建筑	1	合肥	12	中小	5	央企	2
19	富煌钢构	2.34	制造	15	合肥	13	中小	6	民企	12
20	黄山胶囊	2.31	制造	16	宣城	3	中小	7	民企	13
21	全柴动力	2.23	制造	17	滁州	1	主板	10	国企	6
22	神剑股份	2.18	制造	18	芜湖	2	中小	8	民企	14
23	丰乐种业	2.14	农林	1	合肥	14	主板	11	国企	7
24	乐金健康	2.13	制造	19	合肥	15	创业	5	民企	15
25	华茂股份	1.94	制造	20	安庆	1	主板	12	国企	8
26	科大讯飞	1.94	信息	2	合肥	16	中小	9	央企	3
27	设计总院	1.92	科学	1	合肥	17	主板	13	国企	9
28	国机通用	1.92	制造	21	合肥	18	主板	14	央企	4
29	文一科技	1.86	制造	22	铜陵	1	主板	15	民企	16
30	盛运环保	1.86	制造	23	安庆	2	创业	6	民企	17
31	华菱精工	1.79	制造	24	宣城	4	主板	16	民企	18
32	金禾实业	1.61	制造	25	滁州	2	中小	10	民企	19
33	集友股份	1.52	制造	26	安庆	3	主板	17	民企	20
34	常青股份	1.42	制造	27	合肥	19	主板	18	民企	21

续表

总排名	公司名称	百人专利申请数	分行业排名		分城市排名		分板块排名		分属性排名	
35	中钢天源	1.41	制造	28	马鞍山	3	中小	11	央企	5
36	美菱电器	1.38	制造	29	合肥	20	主板	19	国企	10
37	众源新材	1.33	制造	30	芜湖	3	主板	20	民企	22
38	楚江新材	1.28	制造	31	芜湖	4	中小	12	民企	23
39	德力股份	1.27	制造	32	滁州	3	中小	13	民企	24
40	开润股份	1.26	制造	33	滁州	4	创业	7	民企	25
41	皖通科技	1.21	信息	3	合肥	21	中小	14	民企	26
42	江南化工	1.21	制造	34	宣城	5	中小	15	民企	27
43	鸿路钢构	1.20	制造	35	合肥	22	中小	16	民企	28
44	合锻智能	1.14	制造	36	合肥	23	主板	21	民企	29
45	永新股份	1.13	制造	37	黄山	1	中小	17	集企	1
46	司尔特	1.11	制造	38	宣城	6	中小	18	民企	30
47	安科生物	1.04	制造	39	合肥	24	创业	8	民企	31
48	精工钢构	1.00	建筑	2	六安	1	主板	22	民企	32
49	金种子酒	0.98	制造	40	阜阳	1	主板	23	国企	11
50	凯盛科技	0.92	制造	41	蚌埠	1	主板	24	央企	6
51	三七互娱	0.83	信息	4	芜湖	5	中小	19	民企	33
52	欧普康视	0.81	制造	42	合肥	25	创业	9	民企	34
53	国祯环保	0.75	水利	2	合肥	26	创业	10	民企	35
54	凤形股份	0.74	制造	43	宣城	7	中小	20	民企	36
55	马钢股份	0.70	制造	44	马鞍山	4	主板	25	国企	12
56	惠而浦	0.70	制造	45	合肥	27	主板	26	外企	1
57	辉隆股份	0.68	批发	1	合肥	28	中小	21	集企	2
58	铜峰电子	0.68	制造	46	铜陵	2	主板	27	民企	37
59	精达股份	0.65	制造	47	铜陵	3	主板	28	民企	38
60	六国化工	0.57	制造	48	铜陵	4	主板	29	国企	13
61	中粮生化	0.57	制造	49	蚌埠	2	主板	30	央企	7
62	华菱星马	0.53	制造	50	马鞍山	5	主板	31	国企	14
63	梦舟股份	0.51	制造	51	芜湖	6	主板	32	民企	39
64	山河药辅	0.48	制造	52	淮南	1	创业	11	民企	40
65	中鼎股份	0.46	制造	53	宣城	8	主板	33	民企	41
66	安纳达	0.46	制造	54	铜陵	5	中小	22	国企	15
67	应流股份	0.46	制造	55	合肥	29	主板	34	民企	42
68	皖维高新	0.41	制造	56	合肥	30	主板	35	国企	16
69	皖天然气	0.39	电力	1	合肥	31	主板	36	国企	17

续表

总排名	公司名称	百人专利申请数	分行业排名		分城市排名		分板块排名		分属性排名	
70	洽洽食品	0.38	制造	57	合肥	32	中小	23	民企	43
71	荃银高科	0.37	农林	2	合肥	33	创业	12	众企	1
72	海螺型材	0.36	制造	58	芜湖	7	主板	37	国企	18
73	安徽水利	0.33	建筑	3	蚌埠	3	主板	38	国企	19
74	丰原药业	0.31	制造	59	芜湖	8	主板	39	民企	44
75	恒源煤电	0.30	采矿	1	淮北	1	主板	40	国企	20
76	迎驾贡酒	0.28	制造	60	六安	2	主板	41	民企	45
77	山鹰纸业	0.24	制造	61	马鞍山	6	主板	42	民企	46
78	雷鸣科化	0.22	制造	62	淮北	2	主板	43	国企	21
79	众泰汽车	0.21	制造	63	黄山	2	主板	44	民企	47
80	皖能电力	0.17	电力	2	合肥	34	主板	45	国企	22
81	科大国创	0.15	信息	5	合肥	35	创业	13	民企	48
82	时代出版	0.14	文化	1	合肥	36	主板	46	国企	23
83	铜陵有色	0.14	制造	64	铜陵	6	主板	47	国企	24
84	新集能源	0.12	采矿	2	淮南	2	主板	48	央企	8
85	皖新传媒	0.10	文化	2	合肥	37	主板	49	国企	25
86	海螺水泥	0.07	制造	65	芜湖	9	主板	50	国企	26
87	长信科技	0.06	制造	66	芜湖	10	创业	14	民企	49
88	国元证券	0.05	金融	1	合肥	38	主板	51	国企	27
89	皖通高速	0.04	交通	1	合肥	39	主板	52	国企	28
90	皖江物流	0.02	交通	2	芜湖	11	主板	53	国企	29
91	华孚时尚	0.02	制造	67	淮北	3	中小	24	民企	50
92	口子窖	0.01	制造	68	淮北	4	主板	54	民企	51
93	合肥百货	0.00	批发	2	合肥	40	主板	55	国企	30
94	合肥城建	0.00	房产	2	合肥	41	中小	25	国企	31
95	亚夏汽车	0.00	批发	3	芜湖	12	中小	26	民企	52
96	黄山旅游	0.00	水利	3	黄山	3	主板	56	国企	32
97	新力金融	0.00	金融	2	合肥	42	主板	57	集企	1
98	华安证券	0.00	金融	3	合肥	43	主板	58	国企	33
99	安德利	0.00	批发	4	合肥	44	主板	59	民企	53
100	九华旅游	0.00	水利	4	池州	1	主板	60	国企	34
101	伯特利	0.00	制造	69	芜湖	13	主板	61	外企	2
平均值:1.60					中位数:0.83					

注：1. 合肥百货、合肥城建、亚夏汽车、黄山旅游、新力金融、华安证券、安德利、九华旅游、伯特利由于没有查到专利数据，所以以 0 表示单独排在最后面。

2. 数据来源于 CSMAR 数据库、佰腾专利检索网和 SIPO 专利检索及分析。

附件4　2017年安徽省上市公司主营业务利润率排名

总排名	公司名称	主营业务利润率	分行业排名		分城市排名		分板块排名		分属性排名	
1	国元证券	96.57	金融	1	合肥	1	主板	1	国企	1
2	华安证券	95.90	金融	2	合肥	2	主板	2	国企	2
3	欧普康视	74.27	制造	1	合肥	3	创业	1	民企	1
4	安科生物	73.95	制造	2	合肥	4	创业	2	民企	2
5	三七互娱	63.44	信息	1	芜湖	1	中小	1	民企	3
6	古井贡酒	58.56	制造	3	亳州	1	主板	3	国企	3
7	皖通高速	56.61	交通	1	合肥	5	主板	4	国企	4
8	口子窖	55.28	制造	4	淮北	1	主板	5	民企	4
9	泰禾光电	52.69	制造	5	合肥	6	主板	6	民企	5
10	集友股份	52.04	制造	6	安庆	1	主板	7	民企	6
11	美亚光电	52.02	制造	7	合肥	7	中小	2	民企	7
12	新光圆成	49.91	房产	1	马鞍山	1	中小	3	民企	8
13	科大讯飞	49.73	信息	2	合肥	8	中小	4	央企	1
14	新力金融	49.35	金融	3	合肥	9	主板	8	集企	1
15	黄山旅游	47.26	水利	1	黄山	1	主板	9	国企	5
16	九华旅游	44.79	水利	2	池州	1	主板	10	国企	6
17	迎驾贡酒	44.60	制造	8	六安	1	主板	11	民企	9
18	江南化工	43.60	制造	9	宣城	1	中小	5	民企	10
19	设计总院	42.29	科学	1	合肥	10	主板	12	国企	7
20	中环环保	41.93	水利	3	合肥	11	创业	3	民企	11
21	金种子酒	41.53	制造	10	阜阳	1	主板	13	国企	8
22	雷鸣科化	40.58	制造	11	淮北	2	主板	14	国企	9
23	黄山胶囊	40.10	制造	12	宣城	2	中小	6	民企	12
24	科大国创	38.27	信息	3	合肥	12	创业	4	民企	13
25	荃银高科	38.04	农林	1	合肥	13	创业	5	众企	1
26	聚隆科技	35.78	制造	13	宣城	3	创业	6	民企	14
27	志邦股份	35.30	制造	14	合肥	14	主板	15	民企	15
28	泰尔股份	33.65	制造	15	马鞍山	2	中小	7	民企	16
29	乐金健康	32.51	制造	16	合肥	15	创业	7	民企	17
30	山河药辅	31.86	制造	17	淮南	1	创业	8	民企	18
31	广信股份	31.44	制造	18	宣城	4	主板	16	民企	19
32	中电鑫龙	31.10	信息	4	芜湖	2	中小	8	民企	20
33	海螺水泥	31.08	制造	19	芜湖	3	主板	17	国企	10
34	洽洽食品	30.09	制造	20	合肥	16	中小	9	民企	21

续表

总排名	公司名称	主营业务利润率	分行业排名		分城市排名		分板块排名		分属性排名	
35	开润股份	28.88	制造	21	滁州	1	创业	9	民企	22
36	应流股份	28.79	制造	22	合肥	17	主板	18	民企	23
37	中鼎股份	28.73	制造	23	宣城	5	主板	19	民企	24
38	合锻智能	28.57	制造	24	合肥	18	主板	20	民企	25
39	丰原药业	27.33	制造	25	芜湖	4	主板	21	民企	26
40	盛运环保	27.15	制造	26	安庆	2	创业	10	民企	27
41	国祯环保	26.90	水利	4	合肥	19	创业	11	民企	28
42	惠而浦	26.69	制造	27	合肥	20	主板	22	外企	1
43	阳光电源	25.20	制造	28	合肥	21	创业	12	民企	29
44	金禾实业	24.85	制造	29	滁州	2	中小	10	民企	30
45	华菱精工	24.39	制造	30	宣城	6	主板	23	民企	31
46	伯特利	23.38	制造	31	芜湖	5	主板	24	外企	2
47	中钢天源	23.03	制造	32	马鞍山	3	中小	11	央企	2
48	常青股份	21.76	制造	33	合肥	22	主板	25	民企	32
49	永新股份	21.71	制造	34	黄山	2	中小	12	集企	2
50	恒源煤电	21.63	采矿	1	淮北	3	主板	26	国企	11
51	神剑股份	21.44	制造	35	芜湖	6	中小	13	民企	33
52	皖通科技	21.24	信息	5	合肥	23	中小	14	民企	34
53	安徽合力	20.46	制造	36	合肥	24	主板	27	国企	12
54	新集能源	19.87	采矿	2	淮南	2	主板	28	央企	3
55	国机通用	19.79	制造	37	合肥	25	主板	29	央企	4
56	安德利	19.53	批发	1	合肥	26	主板	30	民企	35
57	皖新传媒	19.52	文化	1	合肥	27	主板	31	国企	13
58	安利股份	19.03	制造	38	合肥	28	创业	13	民企	36
59	山鹰纸业	18.93	制造	39	马鞍山	4	主板	32	民企	37
60	凤形股份	18.84	制造	40	宣城	7	中小	15	民企	38
61	司尔特	18.35	制造	41	宣城	8	中小	16	民企	39
62	德力股份	18.19	制造	42	滁州	3	中小	17	民企	40
63	美菱电器	18.16	制造	43	合肥	29	主板	33	国企	14
64	合肥百货	17.78	批发	2	合肥	30	主板	34	国企	15
65	丰乐种业	17.37	农林	2	合肥	31	主板	35	国企	16
66	文一科技	17.09	制造	44	铜陵	1	主板	36	民企	41
67	皖维高新	17.03	制造	45	合肥	32	主板	37	国企	17
68	鸿路钢构	16.31	制造	46	合肥	33	中小	18	民企	42

续表

总排名	公司名称	主营业务利润率	分行业排名		分城市排名		分板块排名		分属性排名	
69	合肥城建	16.21	房产	2	合肥	34	中小	19	国企	18
70	众泰汽车	16.02	制造	47	黄山	3	主板	38	民企	43
71	凯盛科技	15.72	制造	48	蚌埠	1	主板	39	央企	5
72	安纳达	14.66	制造	49	铜陵	2	中小	20	国企	19
73	东华科技	14.43	建筑	1	合肥	35	中小	21	央企	6
74	富煌钢构	13.47	制造	50	合肥	36	中小	22	民企	44
75	精工钢构	13.36	建筑	2	六安	2	主板	40	民企	45
76	四创电子	13.13	制造	51	合肥	37	主板	41	央企	7
77	皖江物流	13.06	交通	2	芜湖	7	主板	42	国企	20
78	海螺型材	12.97	制造	52	芜湖	8	主板	43	国企	21
79	全柴动力	12.01	制造	53	滁州	4	主板	44	国企	22
80	铜峰电子	11.75	制造	54	铜陵	3	主板	45	民企	46
81	皖能电力	11.69	电力	1	合肥	38	主板	46	国企	23
82	华孚时尚	11.32	制造	55	淮北	4	中小	23	民企	47
83	华菱星马	10.90	制造	56	马鞍山	5	主板	47	国企	24
84	精达股份	10.59	制造	57	铜陵	4	主板	48	民企	48
85	时代出版	10.48	文化	2	合肥	39	主板	49	国企	25
86	长信科技	9.76	制造	58	芜湖	9	创业	14	民企	49
87	六国化工	9.40	制造	59	铜陵	5	主板	50	国企	26
88	国风塑业	9.32	制造	60	合肥	40	主板	51	国企	27
89	皖天然气	9.15	电力	2	合肥	41	主板	52	国企	28
90	江淮汽车	8.95	制造	61	合肥	42	主板	53	国企	29
91	安徽水利	8.92	建筑	3	蚌埠	2	主板	54	国企	30
92	华茂股份	8.23	制造	62	安庆	3	主板	55	国企	31
93	众源新材	8.23	制造	63	芜湖	10	主板	56	民企	50
94	马钢股份	8.18	制造	64	马鞍山	6	主板	57	国企	32
95	中粮生化	7.18	制造	65	蚌埠	3	主板	58	央企	8
96	梦舟股份	7.05	制造	66	芜湖	11	主板	59	民企	51
97	亚夏汽车	5.52	批发	3	芜湖	12	中小	24	民企	52
98	辉隆股份	5.22	批发	4	合肥	43	中小	25	集企	3
99	楚江新材	5.17	制造	67	芜湖	13	中小	26	民企	53
100	铜陵有色	3.51	制造	68	铜陵	6	主板	60	国企	33
101	安凯客车	-6.43	制造	69	合肥	44	主板	61	国企	34
平均值:26.86%					中位数:21.44%					

注：1. 安凯客车由于2015和2016年持续亏损从而导致最终的主营业务利润率为负。
2. 数据来自Wind和CSMAR数据库。

附件 5　2017 年安徽省上市公司创新能力综合得分排名

总排名	公司名称	综合得分	研发强度排名	高学历员工比例排名	每百人专利申请数排名	主营业务利润率排名
1	科大讯飞	0. 6178	1	3	26	13
2	阳光电源	0. 5981	28	8	2	43
3	四创电子	0. 5174	20	10	5	76
4	安凯客车	0. 4973	48	38	1	101
5	江淮汽车	0. 4724	24	28	3	90
6	科大国创	0. 4714	2	4	81	24
7	中电鑫龙	0. 4566	12	14	8	32
8	美亚光电	0. 4346	10	15	10	11
9	安徽合力	0. 4149	23	37	6	53
10	聚隆科技	0. 4120	27	92	4	26
11	东华科技	0. 4087	25	1	18	73
12	泰禾光电	0. 3820	5	25	12	9
13	中环环保	0. 3816	63	21	9	20
14	广信股份	0. 3664	8	89	7	31
15	安科生物	0. 3327	4	17	47	4
16	设计总院	0. 3326	32	7	27	19
17	国元证券	0. 3256	90	2	88	1
18	华安证券	0. 3130	78	5	98	2
19	三七互娱	0. 3107	6	11	51	5
20	皖通科技	0. 3060	9	9	41	52
21	泰尔股份	0. 2756	33	34	13	28
22	志邦股份	0. 2690	41	32	14	27
23	国机通用	0. 2560	13	23	28	55
24	国风塑业	0. 2502	26	58	11	88
25	安利股份	0. 2501	11	44	15	58
26	全柴动力	0. 2437	36	20	21	79
27	荃银高科	0. 2415	22	12	71	25
28	古井贡酒	0. 2374	43	49	17	6
29	丰乐种业	0. 2255	51	26	23	65
30	欧普康视	0. 2229	38	29	52	3
31	集友股份	0. 2178	7	56	33	10
32	新光圆成	0. 2165	82	39	16	12
33	中钢天源	0. 2064	21	33	35	47

续表

总排名	公司名称	综合得分	研发强度排名	高学历员工比例排名	每百人专利申请数排名	主营业务利润率排名
34	乐金健康	0. 2044	18	64	24	29
35	神剑股份	0. 2030	31	42	22	51
36	合肥城建	0. 1975	91	6	94	69
37	国祯环保	0. 1975	58	16	53	41
38	应流股份	0. 1937	3	82	67	36
39	文一科技	0. 1905	19	50	29	66
40	美菱电器	0. 1862	15	43	36	63
41	黄山胶囊	0. 1835	35	94	20	23
42	合锻智能	0. 1831	17	41	44	38
43	盛运环保	0. 1786	61	45	30	40
44	安纳达	0. 1756	39	19	66	72
45	富煌钢构	0. 1727	37	79	19	74
46	皖天然气	0. 1589	101	13	69	89
47	永新股份	0. 1579	16	69	45	49
48	华茂股份	0. 1487	52	73	25	92
49	江南化工	0. 1479	53	74	42	18
50	凯盛科技	0. 1441	14	72	50	71
51	新力金融	0. 1422	95	22	97	14
52	金禾实业	0. 1322	62	90	32	44
53	安徽水利	0. 1314	85	18	73	91
54	常青股份	0. 1303	50	88	34	48
55	惠而浦	0. 1234	55	54	56	42
56	华菱精工	0. 1231	71	95	31	45
57	辉隆股份	0. 1229	86	27	57	98
58	司尔特	0. 1226	42	81	46	61
59	开润股份	0. 1224	40	100	40	35
60	中鼎股份	0. 1222	30	65	65	37
61	金种子酒	0. 1216	70	77	49	21
62	山河药辅	0. 1205	54	51	64	30
63	时代出版	0. 1137	83	24	82	85
64	鸿路钢构	0. 1087	74	70	43	68
65	海螺水泥	0. 1084	96	31	86	33
66	伯特利	0. 1062	44	47	101	46
67	铜峰电子	0. 1046	46	71	58	80

续表

总排名	公司名称	综合得分	研发强度排名	高学历员工比例排名	每百人专利申请数排名	主营业务利润率排名
68	皖通高速	0. 1043	93	40	89	7
69	众源新材	0. 1027	57	96	37	93
70	精工钢构	0. 1022	34	99	48	75
71	楚江新材	0. 1021	65	86	38	99
72	德力股份	0. 1011	68	91	39	62
73	皖能电力	0. 0981	89	30	80	81
74	丰原药业	0. 0981	64	62	74	39
75	众泰汽车	0. 0976	49	53	79	70
76	六国化工	0. 0974	60	57	60	87
77	海螺型材	0. 0954	66	46	72	78
78	洽洽食品	0. 0927	81	48	70	34
79	皖维高新	0. 0918	45	84	68	67
80	雷鸣科化	0. 0904	76	63	78	22
81	凤形股份	0. 0901	47	97	54	60
82	马钢股份	0. 0899	72	55	55	94
83	皖新传媒	0. 0858	97	36	85	57
84	精达股份	0. 0847	59	87	59	84
85	华菱星马	0. 0829	29	101	62	83
86	九华旅游	0. 0796	100	52	100	16
87	迎驾贡酒	0. 0790	80	83	76	17
88	山鹰纸业	0. 0787	56	85	77	59
89	口子窖	0. 0783	84	80	92	8
90	恒源煤电	0. 0776	67	76	75	50
91	黄山旅游	0. 0767	94	61	96	15
92	亚夏汽车	0. 0710	92	35	95	97
93	中粮生化	0. 0706	77	67	61	95
94	梦舟股份	0. 0705	73	75	63	96
95	华孚时尚	0. 0660	69	59	91	82
96	铜陵有色	0. 0554	75	66	83	100
97	新集能源	0. 0492	98	78	84	54
98	皖江物流	0. 0480	87	60	90	77
99	合肥百货	0. 0468	88	68	93	64
100	长信科技	0. 0333	79	93	87	86
101	安德利	0. 0242	99	98	99	56
平均值:0. 1907				中位数:0. 1422		

注：数据来源于 Wind、CSMAR 数据库、佰腾专利检索网和 SIPO 专利检索及分析。

附件 6　2017 年安徽省上市公司创新能力综合得分排名

总排名	公司名称	综合得分	分行业排名		分城市排名		分板块排名		分属性排名	
1	科大讯飞	0.6178	信息	1	合肥	1	中小	1	央企	1
2	阳光电源	0.5981	制造	1	合肥	2	创业	1	民企	1
3	四创电子	0.5174	制造	2	合肥	3	主板	1	央企	2
4	安凯客车	0.4973	制造	3	合肥	4	主板	2	国企	1
5	江淮汽车	0.4724	制造	4	合肥	5	主板	3	国企	2
6	科大国创	0.4714	信息	2	合肥	6	创业	2	民企	2
7	中电鑫龙	0.4566	信息	3	芜湖	1	中小	2	民企	3
8	美亚光电	0.4346	制造	5	合肥	7	中小	3	民企	4
9	安徽合力	0.4149	制造	6	合肥	8	主板	4	国企	3
10	聚隆科技	0.4120	制造	7	宣城	1	创业	3	民企	5
11	东华科技	0.4087	建筑	1	合肥	9	中小	4	央企	3
12	泰禾光电	0.3820	制造	8	合肥	10	主板	5	民企	6
13	中环环保	0.3816	水利	1	合肥	11	创业	4	民企	7
14	广信股份	0.3664	制造	9	宣城	2	主板	6	民企	8
15	安科生物	0.3327	制造	10	合肥	12	创业	5	民企	9
16	设计总院	0.3326	科学	1	合肥	13	主板	7	国企	4
17	国元证券	0.3256	金融	1	合肥	14	主板	8	国企	5
18	华安证券	0.3130	金融	2	合肥	15	主板	9	国企	6
19	三七互娱	0.3107	信息	4	芜湖	2	中小	5	民企	10
20	皖通科技	0.3060	信息	5	合肥	16	中小	6	民企	11
21	泰尔股份	0.2756	制造	11	马鞍山	1	中小	7	民企	12
22	志邦股份	0.2690	制造	12	合肥	17	主板	10	民企	13
23	国机通用	0.2560	制造	13	合肥	18	主板	11	央企	4
24	国风塑业	0.2502	制造	14	合肥	19	主板	12	国企	7
25	安利股份	0.2501	制造	15	合肥	20	创业	6	民企	14
26	全柴动力	0.2437	制造	16	滁州	1	主板	13	国企	8
27	荃银高科	0.2415	农林	1	合肥	21	创业	7	众企	1
28	古井贡酒	0.2374	制造	17	亳州	1	主板	14	国企	9
29	丰乐种业	0.2255	农林	2	合肥	22	主板	15	国企	10
30	欧普康视	0.2229	制造	18	合肥	23	创业	8	民企	15
31	集友股份	0.2178	制造	19	安庆	1	主板	16	民企	16
32	新光圆成	0.2165	房产	1	马鞍山	2	中小	8	民企	17
33	中钢天源	0.2064	制造	20	马鞍山	3	中小	9	央企	5
34	乐金健康	0.2044	制造	21	合肥	24	创业	9	民企	18

续表

总排名	公司名称	综合得分	分行业排名		分城市排名		分板块排名		分属性排名	
35	神剑股份	0.2030	制造	22	芜湖	3	中小	10	民企	19
36	合肥城建	0.1975	房产	2	合肥	25	中小	11	国企	11
37	国祯环保	0.1975	水利	2	合肥	26	创业	10	民企	20
38	应流股份	0.1937	制造	23	合肥	27	主板	17	民企	21
39	文一科技	0.1905	制造	24	铜陵	1	主板	18	民企	22
40	美菱电器	0.1862	制造	25	合肥	28	主板	19	国企	12
41	黄山胶囊	0.1835	制造	26	宣城	3	中小	12	民企	23
42	合锻智能	0.1831	制造	27	合肥	29	主板	20	民企	24
43	盛运环保	0.1786	制造	28	安庆	2	创业	11	民企	25
44	安纳达	0.1756	制造	29	铜陵	2	中小	13	国企	13
45	富煌钢构	0.1727	制造	30	合肥	30	中小	14	民企	26
46	皖天然气	0.1589	电力	1	合肥	31	主板	21	国企	14
47	永新股份	0.1579	制造	31	黄山	1	中小	15	集企	1
48	华茂股份	0.1487	制造	32	安庆	3	主板	22	国企	15
49	江南化工	0.1479	制造	33	宣城	4	中小	16	民企	27
50	凯盛科技	0.1441	制造	34	蚌埠	1	主板	23	央企	6
51	新力金融	0.1422	金融	3	合肥	32	主板	24	集企	2
52	金禾实业	0.1322	制造	35	滁州	2	中小	17	民企	28
53	安徽水利	0.1314	建筑	2	蚌埠	2	主板	25	国企	16
54	常青股份	0.1303	制造	36	合肥	33	主板	26	民企	29
55	惠而浦	0.1234	制造	37	合肥	34	主板	27	外企	1
56	华菱精工	0.1231	制造	38	宣城	5	主板	28	民企	30
57	辉隆股份	0.1229	批发	1	合肥	35	中小	18	集企	3
58	司尔特	0.1226	制造	39	宣城	6	中小	19	民企	31
59	开润股份	0.1224	制造	40	滁州	3	创业	12	民企	32
60	中鼎股份	0.1222	制造	41	宣城	7	主板	29	民企	33
61	金种子酒	0.1216	制造	42	阜阳	1	主板	30	国企	17
62	山河药辅	0.1205	制造	43	淮南	1	创业	13	民企	34
63	时代出版	0.1137	文化	1	合肥	36	主板	31	国企	18
64	鸿路钢构	0.1087	制造	44	合肥	37	中小	20	民企	35
65	海螺水泥	0.1084	制造	45	芜湖	4	主板	32	国企	19
66	伯特利	0.1062	制造	46	芜湖	5	主板	33	外企	2
67	铜峰电子	0.1046	制造	47	铜陵	3	主板	34	民企	36
68	皖通高速	0.1043	交通	1	合肥	38	主板	35	国企	20

续表

总排名	公司名称	综合得分	分行业排名		分城市排名		分板块排名		分属性排名	
69	众源新材	0.1027	制造	48	芜湖	6	主板	36	民企	37
70	精工钢构	0.1022	建筑	3	六安	1	主板	37	民企	38
71	楚江新材	0.1021	制造	49	芜湖	7	中小	21	民企	39
72	德力股份	0.1011	制造	50	滁州	4	中小	22	民企	40
73	皖能电力	0.0981	电力	2	合肥	39	主板	38	国企	21
74	丰原药业	0.0981	制造	51	芜湖	8	主板	39	民企	41
75	众泰汽车	0.0976	制造	52	黄山	2	主板	40	民企	42
76	六国化工	0.0974	制造	53	铜陵	4	主板	41	国企	22
77	海螺型材	0.0954	制造	54	芜湖	9	主板	42	国企	23
78	洽洽食品	0.0927	制造	55	合肥	40	中小	23	民企	43
79	皖维高新	0.0918	制造	56	合肥	41	主板	43	国企	24
80	雷鸣科化	0.0904	制造	57	淮北	1	主板	44	国企	25
81	凤形股份	0.0901	制造	58	宣城	8	中小	24	民企	44
82	马钢股份	0.0899	制造	59	马鞍山	4	主板	45	国企	26
83	皖新传媒	0.0858	文化	2	合肥	42	主板	46	国企	27
84	精达股份	0.0847	制造	60	铜陵	5	主板	47	民企	45
85	华菱星马	0.0829	制造	61	马鞍山	5	主板	48	国企	28
86	九华旅游	0.0796	水利	3	池州	1	主板	49	国企	29
87	迎驾贡酒	0.0790	制造	62	六安	2	主板	50	民企	46
88	山鹰纸业	0.0787	制造	63	马鞍山	6	主板	51	民企	47
89	口子窖	0.0783	制造	64	淮北	2	主板	52	民企	48
90	恒源煤电	0.0776	采矿	1	淮北	3	主板	53	国企	30
91	黄山旅游	0.0767	水利	4	黄山	3	主板	54	国企	31
92	亚夏汽车	0.0710	批发	2	芜湖	10	中小	25	民企	49
93	中粮生化	0.0706	制造	65	蚌埠	3	主板	55	央企	7
94	梦舟股份	0.0705	制造	66	芜湖	11	主板	56	民企	50
95	华孚时尚	0.0660	制造	67	淮北	4	中小	26	民企	51
96	铜陵有色	0.0554	制造	68	铜陵	6	主板	57	国企	32
97	新集能源	0.0492	采矿	2	淮南	2	主板	58	央企	8
98	皖江物流	0.0480	交通	2	芜湖	12	主板	59	国企	33
99	合肥百货	0.0468	批发	3	合肥	43	主板	60	国企	34
100	长信科技	0.0333	制造	69	芜湖	13	创业	14	民企	52
101	安德利	0.0242	批发	4	合肥	44	主板	61	民企	53
平均值:0.1907					中位数:0.1422					

B.4

安徽省上市公司投融资发展报告

投资决策、融资决策和股利分配决策是公司最重要的三大决策。投资和融资分别代表了企业资本流动的不同阶段，投融资效率反映了企业资本流动的效率，一定程度上决定了企业在市场竞争中的地位和发展前景，研究企业的投融资行为和效率是政府、企业和投资者关注的重要主题。

投资是融资的目的，融资是投资的前提条件，企业投资行为和融资行为的研究是相互关联的。上市公司通常代表一个地区最优质的企业群体，对上市公司投融资行为的研究是非常必要的。很多上市公司在发展过程中会通过并购重组来调整业务结构和资产结构，涉及了上市公司的投资和融资行为，另外，上市公司并购重组行为也是多方关注的热点。基于此，本报告研究安徽省上市公司的投融资及并购重组发展情况，探究安徽省上市公司的投融资规模与结构，发现安徽省上市公司投融资及并购重组特征，为地方政府、上市公司和投资者提供对策及建议。

一　安徽省上市公司投融资概述

为了解安徽省上市公司的投融资结构和并购重组结构，本部分对上市公司投资、融资和并购重组等概念进行介绍，指出研究安徽省上市公司投融资和并购重组规模与结构的意义，并对具体测量指标进行说明。

（一）上市公司投融资概念介绍

企业投资是指企业投入财力，以期在未来获取收益的一种行为。根据投资方向，企业投资分为对内投资和对外投资两类。对内投资是企业的一种直接投资，是指把资金投放在企业内部购置各种生产经营用资产的投资，在内容上包括流动资产、固定资产及无形资产等。① 对外投资是指企业将一定数量的货币资金、股权、实物资产和无形资产等对外进行各种形式的投资活动，以换取另外一项资产并在未来期间获取相应收益的行为。②

企业融资是企业筹集资金的行为与过程，是指企业作为筹资主体，根据经营活动、投资活动和资本结构调整等需要，通过一定的金融市场和筹资渠道，采取一定的筹资方式，经济有效地筹措和集中资本的活动。根据筹资范围、筹资机制和资本属性的不同，融资可以分为不同的类型。基于财务管理的分类，上市公司融资方式可以分为发行股票融资、债券融资、银行借款融资、商业信用融资和自我累计融资五种。③

并购是“兼并”和“收购”的统称，重组是指通过经济、法律等手段，对企业间原有的资源要素进行分拆、整合及内部优化。上市公司的并购重组就交易形态来说，包括上市公司收购、重大资产重组、回购、合并等方式，上市公司可以通过这些形式对公司的股权结构、业务发展和资产组合产生重要影响。④ 作为上市公司并购重组的重要交易形态，重大资产重组是当前证券业务中最复杂的业务模式之一。重大资产重组是指上市公司及其控股或控制的公司在日常经营活动之外，通过购买、出售资产等方式进行资产交易达到规定比例，导致上市公司主营业务、资产发生重大改变的资产交易行为。⑤

（二）上市公司投融资研究意义

企业投资活动是现代企业经营管理战略的重要组成部分，一个重要投资

---

① 荆新：《财务管理学》，中国人民大学大学出版社，2012，第 221 页。

② 张新民：《企业财务报表分析》，对外经济贸易大学出版社，2001，第 108 页。

③ 荆新：《财务管理学》，中国人民大学出版社，2012，第 6 页。

④ 江苏省上市公司协会：《上市公司并购重组流程及案例解析》，江苏人民出版社，2016，第 19 ~ 20 页。

⑤ 申林平：《上市公司并购重组解决之道：50 个实务要点深度释解》，法律出版社，2016，第 19 页。

行为的失误可能会导致企业经营战略的失败，甚至导致企业的破产。因此，研究企业投资行为非常具有意义和价值，尤其对上市公司来说，研究其投资行为更为重要。

上市公司的生存离不开融资，上市公司通过融资可以维持资本规模，稳定供求关系，调整资本结构。上市公司的融资渠道和规模一定程度上影响了公司的融资水平和融资能力，也影响公司的经营质量。

经济学家施蒂格勒说过："没有一个美国大公司不是通过某种程度、某种方式的兼并而成长起来的，几乎没有一家大公司主要是靠内部积累成长起来的。"① 安徽省上市公司同样希望通过并购重组拓展市场，增加自身规模。近年来安徽省出台了不少相关政策，包括《关于进一步优化企业兼并重组市场环境的实施意见》、《关于支持企业兼并重组和化解过剩产能的若干意见》以及《关于深化制造业与互联网融合发展的实施意见》等，以期优化产业布局，促进并购重组市场的发展。安徽省政策法规的调整反映出安徽省上市公司并购重组活动近年来受到了更多的重视，尤其是一些本土优势行业的上市公司并购重组活动，更是得到了安徽省的大力支持。

基于此，本报告分别对安徽省上市公司投资、融资和并购重组的规模和结构进行分析。通过对安徽省上市公司投资规模与结构的分析，政府可以了解安徽省上市公司的投资方向，掌握安徽省上市公司未来投资趋势；上市公司可以明确自身投资结构，并根据发展需要进行合理调整优化。通过对安徽省上市公司融资规模与结构的分析，可以帮助政府和投资者了解安徽省上市公司整体融资情况，了解各城市上市公司的经营质量，也可以帮助上市公司优化融资结构，提升未来发展空间。通过对安徽省上市公司并购重组规模与结构的分析，可以了解适合安徽省上市公司并购重组的模式和手段，为想要进入并购重组市场的安徽省上市公司提供借鉴，帮助安徽省上市公司选择合理的并购重组及重大资产重组策略，进而有效提升上市公司并购绩效。

① 乔治·J. 施蒂格勒：《产业组织和政府管制》，上海三联书店，1989，第99页。

（三）上市公司投融资测量指标

1. 投资相关测量指标

选取内部投资规模和外部投资规模之和来评判安徽省上市公司的总投资规模；使用流动资产、固定资产及无形资产等资产之和来评判安徽省上市公司的内部投资规模，并选取固定资产和无形资产两个指标分析内部投资的结构；使用短期对外投资和长期对外投资之和对安徽省上市公司的对外投资规模进行评判，其中上市公司购买股票、债券等作为可供出售金融资产核算的属于短期对外投资，上市公司持有至到期投资、长期股权投资、其他金融类投资属于长期对外投资；出于数据可得性的考虑，选取可供出售金融资产投资和长期股权投资两个指标具体分析安徽省上市公司对外投资结构。虽然2018年新的会计准则对可供出售金融资产等科目进行了一定修改，但2017年的会计科目尚未变化，本报告数据选取未受影响。

通过Wind数据库收集2013～2017年安徽省上市公司流动资产、固定资产、无形资产、可供出售金融资产和长期股权投资等数据，探讨安徽省上市公司投资的整体特征。本报告中投资数据均来源于合并报表；由于企业经营问题，在分析上市公司投资规模时，剔除了*ST华信和中弘股份两家上市公司的数据。

2. 融资相关测量指标

安徽省上市公司发行股票融资规模使用发行股票融资累计额和新增股票融资额两个维度进行评价，其中发行股票融资累计额是指上市公司截至统计年度12月31日发行股票筹集资金的累计额。安徽省上市公司债券融资规模使用上市公司发行债券累计融资额进行评价；上市公司银行借款融资规模是指上市公司资产负债表中“短期借款”和“长期借款”的期末余额之和；上市公司商业信用融资规模是指上市公司资产负债表中“应付票据”“应付账款”“预收账款”“长期应付款”的期末余额之和；上市公司自我累计融资规模是指上市公司资产负债表中“盈余公积”和“未分配利润”的期末余额之和。

本报告从 Wind 数据库中收集 2013～2017 年安徽省上市公司的相关融资数据，首先对安徽省上市公司整体融资规模与结构进行分析，随后探讨了五种融资方式下的融资结构。本报告中融资数据均来源于合并报表；由于企业经营问题，在分析上市公司融资规模时，也剔除了*ST 华信和中弘股份两家上市公司的数据；由于伯特利和华菱精工两家上市公司 2018 年在 A 股上市，在分析上市公司融资规模时剔除了这两家上市公司数据。

3. 并购重组相关测量指标

在 Wind 中国并购库中收集 2013～2017 年安徽省上市公司并购重组数据，分析安徽省上市公司并购重组的交易次数和交易规模，并使用“净利润”和“总资产规模”指标评判安徽省上市公司的经营业绩和扩张能力，探讨安徽省上市公司并购重组的影响效果。

通过 Wind 沪深并购重组数据库收集 2013～2017 年安徽省上市公司重大资产重组数据，对重大资产重组的交易目的、交易规模、交易形式、行业特征以及区域特征进行分析，探讨安徽省上市公司重大资产重组的整体特征。

二　安徽省上市公司投资规模与结构分析

上市公司投资是指其对现在所持有资金的一种运用，其目的是为了在未来一定时期内获得与风险相匹配的收益。在市场经济条件下，上市公司投资结构的合理性对公司的生存和发展十分重要。本部分首先分析安徽省上市公司总体投资规模与结构，随后分别从内部投资和对外投资的角度分析安徽省上市公司的投资规模与结构，探讨安徽省上市公司投资特征。

（一）上市公司总投资规模与结构

本部分首先分析安徽省上市公司近年来的总投资规模趋势，随后基于 2017 年安徽省上市公司的总投资规模排名探讨上市公司的投资结构。

1. 安徽省上市公司总投资规模趋势

图 1 为 2013～2017 年安徽省上市公司总投资规模及占总资产比重图，

近五年安徽省上市公司总投资规模呈现出稳定的上升趋势。安徽省上市公司总投资占总资产比重近年来均维持在80%以上，上市公司在投资方面付出了较多努力；但从整体趋势看，总投资占总资产比重出现下滑现象，仅在2016年有所增加，安徽省上市公司应加大投资比重，进一步提升投资能力。

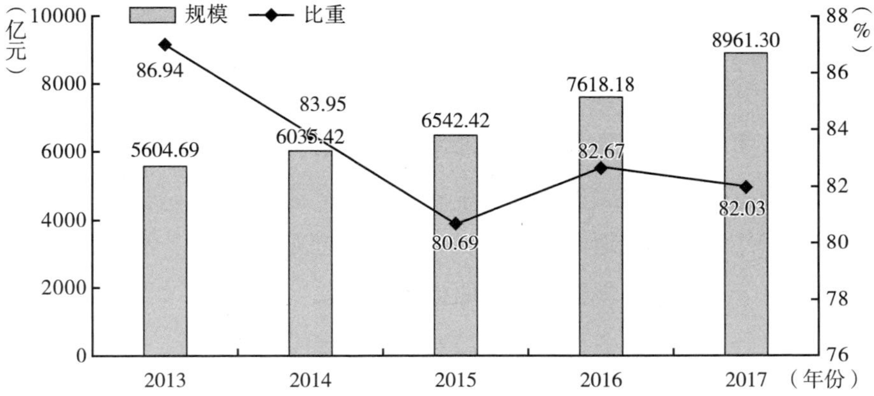

图1　2013～2017年安徽省上市公司总投资规模及占总资产比重

2. 安徽省上市公司总投资结构分析

对2017年安徽省上市公司总投资规模进行排名（附件1），安徽省上市公司总投资规模差异较大，在101家上市公司中，仅25家公司的总投资规模高于平均值。2017年总投资规模排名前五位的企业为海螺水泥、马钢股份、安徽水利、铜陵有色和江淮汽车，排名后五位的企业为集友股份、文一科技、山河药辅、华菱精工和中环环保。海螺水泥总投资规模达到1168亿元，远超过第二名的马钢股份；总投资规模超过200亿元的上市公司仅有9家，同时有12家上市公司的总投资规模不足10亿元。

从行业分布来看，制造业上市公司总投资规模差异明显，其他行业中存在上市公司总投资规模普遍较高或较低现象。排名前十位的上市公司所处行业包括制造业、建筑业、金融业、电力、热力、燃气及水生产和供应业以及采矿业，其中有6家上市公司属于制造业；排名后十位的上市公司中，有9家公司属于制造业，制造业公司总投资规模差异较大。对制造业二级行业进行分析，汽车制造业上市公司整体投资规模较高，有3家上市公司总投资规模高于平均值，且有2家上市公司总投资规模排在全省前十位。对其他行业进行分析，采矿业和房地产业上市公司总投资规模显著高于其他行业，农、林、牧、渔业的上市公司总投资规模普遍较低；其中采矿业两家上市公司（新集能源和恒源煤电）的总投资规模均高于100亿元，房地产业两家上市公司总投资规模也均高于平均值。

从区域分布来看，各城市上市公司总投资规模存在显著差异。排名前十位的上市公司所属地区为合肥市、芜湖市、马鞍山市等，排名后十位的上市公司所属地区主要为合肥市和宣城市。从各城市来看，总投资规模排名靠前的上市公司并没有出现地区集聚情况；在拥有超过5家上市公司的城市中，各城市上市公司总投资规模均出现两极分化现象。

从板块分布来看，各板块上市公司总投资规模特点各异。排名前十位的上市公司所属板块为深市A股和沪市A股，排名后十位的上市公司所属板块为创业板、中小板和沪市A股。深市A股上市公司相对规模较大，总投资规模较高；沪市A股上市公司总投资规模差异明显，存在两极分化现象；创业板上市公司总投资规模明显低于其他板块上市公司。

从企业属性分布来看，地方国有企业的总投资规模普遍高于民营企业，民营企业整体投资规模相对较小。排名前十位的上市公司有8家地方国企，仅有2家民营企业；而排名后十位的上市公司有9家民营企业。众泰汽车和山鹰纸业两家民营企业的总投资规模分别为256亿元和219亿元，排在全省第7位和第9位，远高于大部分国企和央企；其他民营企业应以此为标杆，提升自身投资水平。

（二）上市公司内部投资规模与结构

内部投资管理直接影响企业的利益，是企业财务活动的一项重要内容，内部投资包括流动资产、固定资产及无形资产等。本部分首先分析安徽省上市公司内部投资的总体情况，随后从固定资产和无形资产的角度探讨安徽省上市公司内部投资的规模与结构。

1. 安徽省上市公司内部投资规模趋势

图2为2013～2017年安徽省上市公司内部投资规模及占总投资比重图，近五年安徽省上市公司内部资产投资总规模呈现出稳定的上升趋势，并在2017年达到近年来的峰值8195亿元。从内部投资占总投资比重来看，近五年该比重一直在90%以上，安徽省上市公司的内部投资比重较大；安徽省上市公司2013～2016年适当减少了内部投资的比重，但在2017年整体又提升了内部投资的比重。

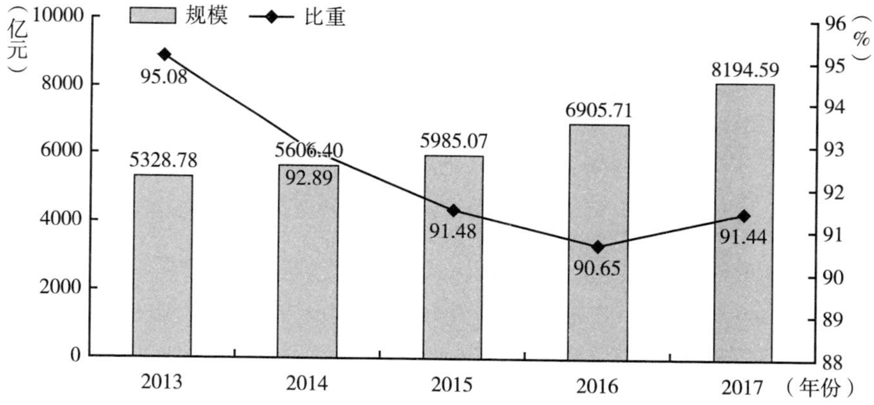

图2　2013～2017年安徽省上市公司内部投资规模及其占总投资比重

2. 安徽省上市公司固定资产规模与结构

（1）安徽省上市公司固定资产规模趋势

图3为2013～2017年安徽省上市公司固定资产规模及其占总投资比重图，和内部投资总体规模变化趋势一致，安徽省上市公司固定资产规模近五年也呈现上升趋势；但固定资产占总投资比重持续下滑，且在2017年有明显下降，安徽省上市公司在内部投资方面，减少了固定资产的投资比重。

（2）安徽省上市公司固定资产结构分析

对2017年安徽省上市公司固定资产规模进行排名（附件2），安徽省上市公司固定资产规模差异明显，在101家上市公司中，仅有18家上市公司的固定资产规模高于平均值。2017年固定资产规模排名前五位的上市公司

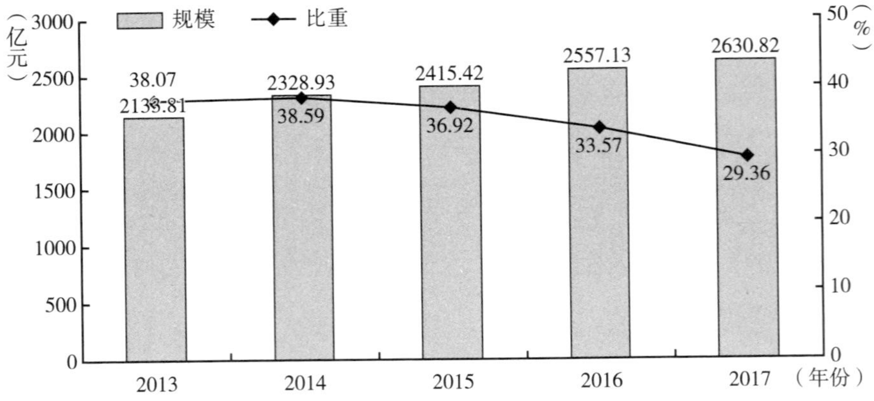

图3　2013～2017 年安徽省上市公司固定资产规模及其占总投资比重

为海螺水泥、马钢股份、新集能源、铜陵有色和皖能电力，海螺水泥（596.68 亿元）和马钢股份（331.3 亿元）远高于安徽省其他上市公司；包括新力金融、欧普康视等 8 家上市公司的固定资产规模不足 1 亿元。

从行业分布来看，制造业上市公司固定资产规模差异较大，其他行业上市公司固定资产规模和行业属性有一定关系。固定资产规模排名前十位的上市公司有 7 家属于制造业，而排名后十位的上市公司中也有 5 家属于制造业，制造业上市公司固定资产规模呈梯度下降。对于制造业而言，生产用固定资产和企业的生产经营直接相关，在总资产中应占据相对较大比重；固定资产规模较小，反映了部分制造业上市公司的生产经营规模不足，欧普康视、聚隆科技以及开润股份等制造业上市公司的固定资产规模急需增加。对制造业二级行业分析，不存在某些二级行业的上市公司固定资产规模集中过高或过低。对其他行业进行分析，采矿业以及电力、热力、燃气及水生产和供应业上市公司的固定资产规模较高，农、林、牧、渔业上市公司的固定资产规模相对较差，和行业属性有一定关系。

从区域分布看，不存在某些城市上市公司固定资产规模相对集中的现象。虽然马鞍山市和芜湖市上市公司的平均固定资产规模分别为 82.12 亿元和 61.24 亿元，远高于其他城市，但这与海螺水泥和马钢股份的高固定资产规模有关，这两个城市上市公司的固定资产规模存在显著的两极分化现象。

作为省会城市，合肥市上市公司平均固定资产规模仅为13.82亿元，合肥市上市公司固定资产规模也存在两极分化现象。

从板块分布来看，深A板块上市公司固定资产规模整体水平较高，创业板上市公司固定资产规模整体水平较低。虽然排名前十位的上市公司有7家属于沪A板块，但排名后十位的公司中也有4家属于沪A板块，沪A板块的安徽省上市公司固定资产规模差异较大。在深A板块的上市公司中，仅有1家公司的固定资产规模排名在后五十位，显示出沪A板块上市公司固定资产方面相对成熟。

从企业属性分布来看，地方国有企业上市公司的固定资产规模平均高于民营企业；排名前十位的上市公司中有7家国企，而在后十位的上市公司中仅有2家国企。山鹰纸业和华孚时尚两家民营企业的固定资产规模相对较高，而国机通用和合肥城建的两家地方国企和央企的固定资产规模较小，内部投资不足。

3. 安徽省上市公司无形资产规模与结构

（1）安徽省上市公司无形资产规模趋势

图4为2013～2017年安徽省上市公司无形资产规模及其占总投资比重图，安徽省上市公司无形资产规模近五年也明显呈上升趋势。无形资产占总投资的比重和固定资产占总投资的比重略有差异，2013～2016年安徽省上市公司也减少了无形资产方面的内部投资比重，但在2017年又增加了无形资产方面的内部投资比重。

（2）安徽省上市公司无形资产结构分析

对2017年安徽省上市公司无形资产规模进行排名（附件3），安徽省上市公司无形资产规模差异明显，可持续发展能力存在显著区别；在101家上市公司中，仅有20家上市公司的无形资产规模高于平均值。2017年无形资产规模排名前五位的企业为皖通高速、海螺水泥、众泰汽车、盛运环保和江淮汽车，其中皖通高速和海螺水泥的无形资产规模远高于其他上市公司；无形资产规模排名后五位的企业为科大国创、聚隆科技、欧普康视、新力金融和合肥城建，且其无形资产规模均不足0.1亿元。虽然皖通高速的固定资产

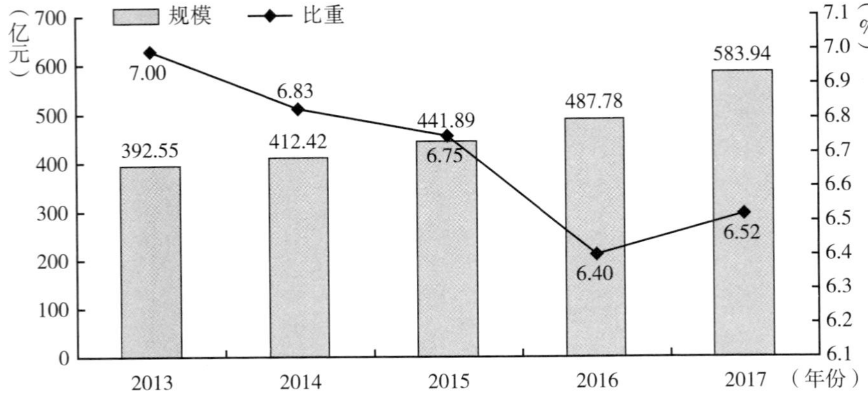

图 4　2013～2017 年安徽省上市公司无形资产规模及其占总投资比重

规模不高，但无形资产规模在全省排在第一位；海螺水泥、马钢股份、铜陵有色、皖江物流等公司的固定资产规模和无形资产规模都较高；而欧普康视、国际通用、合肥城建等公司的固定资产规模和无形资产规模都较低。

从行业分布来看，制造业上市公司无形资产规模差异明显，采矿业以及交通运输、仓储和邮政业上市公司无形资产规模较高。虽然在前十位中有 6 家制造业公司，但后十位中也有 6 家制造业公司，制造业上市公司无形资产规模差异较大。从行业特性看，交通运输、仓储和邮政业上市公司表现出明显的行业优势，部分高技术行业上市公司却表现出明显劣势。

从区域分布来看，上市公司较多的城市中未出现无形资产规模集聚现象。在合肥市的 44 家上市公司中，有 6 家上市公司的无形资产规模高于全省平均值，整体呈梯度下降趋势。虽然淮北市只有 4 家上市公司，但其无形资产规模均排在全省前 30 名；而滁州市 4 家上市公司的无形资产规模均在全省后 40 名。

从板块分布来看，主板市场的安徽省上市公司无形资产规模较高。沪市 A 股和深市 A 股上市公司无形资产规模较大，市场竞争力较强，而创业板的上市公司无形资产规模相对较低，仍存在巨大成长空间，发展能力有待提升。存在一些创业板上市公司的无形资产规模较高，如盛运环保；同时存在一些沪市 A 股的上市公司无形资产规模较低，如国机通用和新力金融等。

从企业属性分布来看，国企上市公司的无形资产规模普遍高于民营企业。排名前十位的上市公司多为国企，仅有2家民营企业；排名后十位的上市公司主要为民营企业。虽然民营企业平均无形资产规模较低，但众泰汽车、盛运环保和山鹰纸业等民营企业上市公司的无形资产规模较高，可持续发展能力较强。

（三）上市公司对外投资规模与结构

对上市公司对外投资的分析，有利于评判公司资金的风险，了解公司资产的使用方向。对外投资分为短期对外投资和长期对外投资，考虑到安徽省上市公司持有至到期投资数据不可得，分别使用可供出售金融资产和长期股权投资来评判上市公司的短期对外投资和长期对外投资。本部分首先分析安徽省上市公司对外投资的总体情况，随后分别对短期对外投资和长期对外投资的规模与结构进行具体分析。

1. 安徽省上市公司对外投资规模趋势

图5呈现的是2013～2017年安徽省上市公司对外投资规模及其占总投资比重图，安徽省上市公司对外投资规模呈现出稳定的上升趋势，同时安徽省上市公司对外投资占总投资比重也呈现出明显的上升趋势，但该比重在2017年有所降低。与图2对比发现，安徽省上市公司内部投资规模显著高于对外投资规模，内部投资和对外投资占总投资比重的变化趋势正好相反，2013～2016年安徽省上市公司降低了对内投资比重，增加了对外投资比重；但2017年安徽省上市公司又增加了对内投资比重，反而降低了对外投资比重。

2. 安徽省上市公司可供出售金融资产规模与结构

（1）安徽省上市公司可供出售金融资产规模趋势

可供出售金融资产通常是指企业没有划分为交易性金融资产、持有至到期投资、贷款和应收款项的金融资产。可供出售金融资产在企业资产构成中所占比重不高，企业持有意图各异，存在多重获益方式，对某些企业的经营成果以及现金流量会产生重要影响。图6为2013～2017年安徽省上市公司

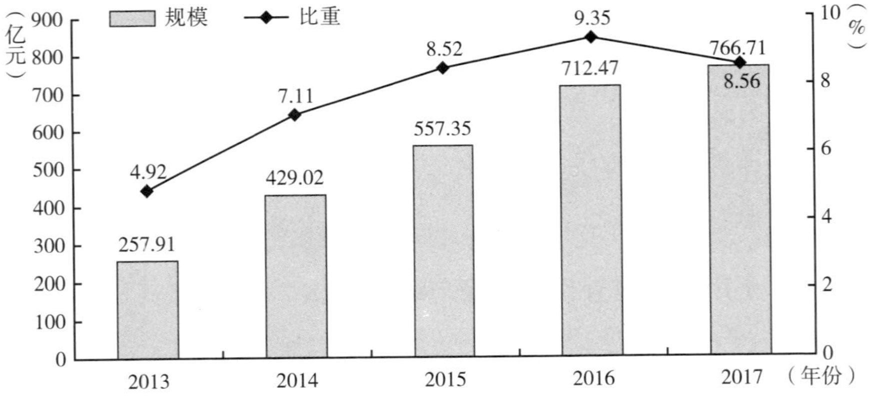

图5　2013～2017年安徽省上市公司对外投资规模及其占总投资比重

可供出售金融资产规模及其占总投资比重图，和对外投资的整体变化趋势一致，安徽省上市公司可供出售金融资产近年来规模有所增加，可供出售金融资产占总投资比重也有所增加，但这一比重在2017年有所下降。

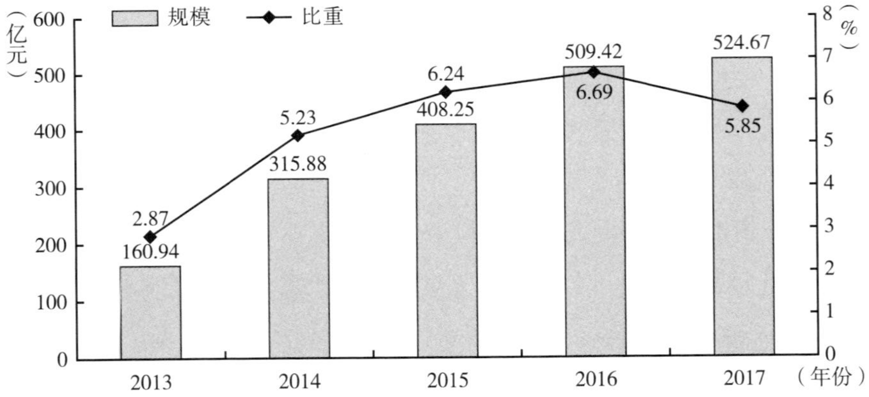

图6　2013～2017年安徽省上市公司可供出售金融资产规模及其占总投资比重

（2）安徽省上市公司可供出售金融资产结构分析

对2017年安徽省上市公司可供出售金融资产进行排名（附件4），在存在数据的安徽省上市公司中，可供出售金融资产规模差异明显；在69家有可供出售金融资产的上市公司中，仅10家企业的可供出售金融资产规模高于平均值。2017 年排名前五位的企业为国元证券、皖能电力、华安证券、华茂股份和盛运环保，其中国元证券的可供出售金融资产规模为 276.92 亿元，远高于其他上市公司。

从行业分布来看，金融业以及文化、体育和娱乐业上市公司的可供出售金融资产规模较高。金融业中，国元证券和华安证券两家上市公司的可供出售金融资产显著高于其他上市公司；虽然新力金融也属于金融业，但其在 2016 年之前为巢东股份，属于制造业，仅是在 2016 年 3 月后将主营业务转为类金融服务，并不能体现金融业的水平。文化、体育和娱乐业中，皖新传媒和时代出版两家公司可供出售的金融资产均超过 6 亿元，也普遍高于其他上市公司。制造业上市公司可供出售金融资产差异较大，有 5 家公司可供出售金融资产规模高于 10 亿元，也有 27 家公司没有可供出售金融资产数据。

从区域分布来看，合肥市上市公司可供出售金融资产规模差异较大，安庆市上市公司可供出售金融资产规模较高。安庆市共有 3 家上市公司，其中 2 家公司有可供出售金融资产数据，均排在全省前五位，安庆市上市公司整体可供出售金融资产规模较高，短期对外投资能力较强。合肥市共有 44 家上市公司，其中 32 家公司有可供出售金融资产数据，相关规模存在显著差异。

从板块分布来看，主板市场上市公司可供出售金融资产规模相对较高。主板市场的企业相对规模较大，出于长期资产收益等目的，会增加可供出售金融资产方面的投资；而创业板市场的企业相对规模较小，可供出售的金融资产周转不强。但盛运环保和阳光电源等创业板的上市公司仍有较高的可供出售的金融资产规模，而 21 家主板市场上市公司缺少可供出售的金融资产数据。

从企业属性分布来看，国企上市公司可供出售金融资产规模相对较高。排名前十位的上市公司仅有 2 家民营企业，而后十位的上市公司有 6 家民营企业，民营企业整体可供出售金融资产周转性小，对外投资能力不足。

3. 安徽省上市公司长期股权投资规模与结构

（1）安徽省上市公司长期股权投资规模趋势

上市公司进行长期股权投资的目的主要是将其作为自身经营活动的有力

补充，提高企业业绩的整体水平；长期股权投资通常期限较长、金额巨大，对公司的财务状况影响也较大。图7为2013～2017年安徽省上市公司长期股权投资规模及其占总投资比重图，2014年安徽省上市公司的长期股权投资规模及其占总投资比重均有所下降，但从2015年开始安徽省上市公司的长期股权投资规模及其占总投资比重均有所增加。与图6对比，2014～2016年安徽省上市公司的短期对外投资比重和长期对外投资比重均有所增加，但2017年安徽省上市公司短期对外投资比重下降明显，长期对外投资比重基本没有变化，这也是2017年安徽省上市公司整体对外投资比重下降的原因。

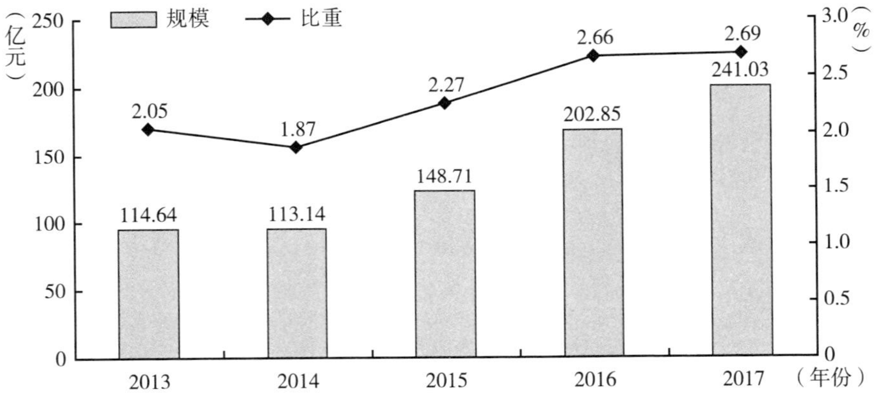

图7　2013～2017年安徽省上市公司长期股权投资规模及其占总投资比重

（2）安徽省上市公司长期股权投资结构分析

对2017年安徽省上市公司长期股权投资规模进行排名（附件5），在存在数据的安徽省上市公司中，长期股权投资规模差异明显；在65家有长期股权投资数据的上市公司中，仅18家公司长期股权投资规模高于平均值。2017年安徽省上市公司长期股权投资规模排名前五位的企业为皖能电力、海螺水泥、国元证券、江淮汽车和马钢股份，均高于15亿元；皖能电力、国元证券、华茂股份等公司的短期对外投资和长期对外投资水平都较高。

从行业分布看，金融业和采矿业上市公司的长期股权投资规模较高，很多制造业上市公司缺少长期股权投资数据。2017年共有36家上市公司缺少长期股权投资数据，其中有32家公司都属于制造业；在37家有长期股权投资的制造业上市公司中，仅有7家公司相关规模高于平均值，更多的制造业公司需要增加长期股权投资规模，提高对外投资能力。

从区域分布看，各城市上市公司长期股权投资规模差异较大。在上市公司较多的城市中，合肥市有13家公司缺少长期股权投资数据，芜湖市和宣城市也均有4家公司缺少数据；这些城市有数据的上市公司中，长期股权投资规模也存在显著差异。

从板块分布看，主板市场上市公司长期股权规模较高，但缺少数据的公司也更多。创业板和中小板的上市公司由于规模相对较低，很少会将资金投资在周期较长的项目中，对应的长期股权投资较小，长期对外投资能力有待提升。

从企业属性分布看，国企上市公司长期股权投资规模较高，更多的民企上市公司缺少长期股权投资。在缺少长期股权投资数据的36家上市公司中，有22家民营企业；有数据的民营企业中，长期股权投资规模较高的仅有长信科技、山鹰纸业和精工钢构等几家公司，更多的民营企业需要增加长期股权投资规模。

三　安徽省上市公司融资规模与结构分析

基于财务管理理论，将上市公司融资方式分为发行股票融资、债券融资、银行借款融资、商业信用融资和自我累计融资等五种。本部分首先对安徽省上市公司总体融资规模与结构进行分析，随后从五个融资方式角度分别讨论安徽省上市公司的融资规模与结构，进一步了解安徽省上市公司的融资水平和融资特点。

（一）上市公司总融资规模与结构

本部分考虑安徽省上市公司近年来总融资规模的变化趋势，基于2017

年安徽省上市公司的总融资规模排名分析上市公司的融资结构，通过对比安徽省上市公司的投资规模与融资规模，发现安徽省上市公司的投融资特点。

1. 安徽省上市公司总融资规模趋势

图8为2013~2017年安徽省上市公司总融资规模及增长率变化趋势，近五年安徽省上市公司总融资规模显著上升，且历年增长率也在稳步上升，安徽省上市公司的整体融资水平有明显提升。

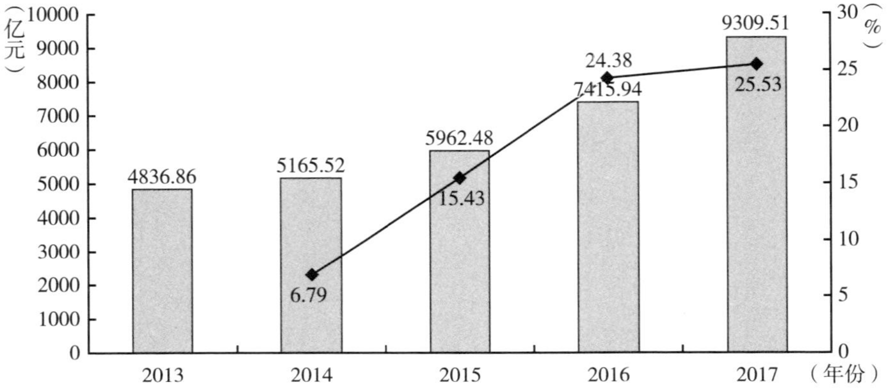

图8　2013~2017年安徽省上市公司总融资规模及增长率

2. 安徽省上市公司总融资结构分析

对2017年安徽省上市公司各项融资总额进行排名，见附件6，安徽省上市公司总融资规模差异较大；融资总额平均值和中位数差距较大，在99家上市公司中，仅有24家公司的总融资规模高于平均值。融资总额在100亿元以上的上市公司仅有22家，其中海螺水泥融资总额最多（1025.67亿元），也是安徽省唯一一家融资总额在1000亿元以上的公司；融资总额在500~1000亿元的公司只有2家，在200~500亿元的公司有6家，在100~200亿元的公司有13家，而融资总额不足10亿元的上市公司有14家，安徽省上市公司总融资规模差异明显。

从行业分布看，制造业上市公司融资规模存在两极分化现象，其他行业中存在上市公司总融资规模普遍较高或较低现象。制造业上市公司的融资总额达到5649亿元，显著高于其他行业。排在前十位的上市公司中，有6家属于制造业；排在后十位的上市公司中，有8家属于制造业；制造业上市公司融资总额存在两极分化现象。从制造业的二级行业看，汽车制造业整体规模较好，有3家公司融资总额超过平均值；医药制造业的4家上市公司融资总额排名均在65名之后，整体规模较差。从其他行业的对比来看，采矿业、房地产业以及交通运输、仓储和邮政业的上市公司融资总额较高，排名也较高；农、林、牧、渔业的上市公司融资总额较低；其他行业上市公司融资总额存在显著差异。其中采矿业的两家上市公司融资总额和交通运输、仓储和邮政业的两家上市公司融资总额均排在全省前20名，房地产业的两家上市公司融资总额均排在全省前30名。

从区域分布看，合肥市上市公司总融资规模差异明显，马鞍山市上市公司总融资规模较高，宣城市上市公司总融资规模较低。排在前十位的上市公司所属地区包括合肥市（3家）、马鞍山市（3家）、芜湖市（1家）、蚌埠市（1家）、铜陵市（1家）和黄山市（1家）；排在后十位的上市公司有4家属于合肥市，2家属于宣城市，合肥市上市公司总融资规模呈梯度下降。从各城市具体融资情况看，马鞍山市的6家上市公司中，有4家公司融资总额高于全省平均值，整体融资规模较好；宣城市的7家上市公司中，除中鼎股份融资总额较高外，其余6家上市公司融资总额排名均在全省50名之后，整体融资规模有待提高；其他拥有超过5家上市公司的城市中，各城市上市公司总融资规模差异明显。

从板块分布看，主板上市公司总融资规模较高。沪市A股上市公司融资总额最多，创业板上市公司融资数总额最少，沪市A股上市公司融资总额比其他三个板块之和都要多。总体而言，主板上市公司相对容易获得融资，创业板和中小板上市公司的融资能力有待提高。

从企业属性分布看，国有企业融资规模显著高于民企。地方国有企业的融资总额为5646亿元，民营企业的融资总额为2929亿元。安徽省上市公司中，民营企业的数量要高于国有企业，但民营企业的融资总额只接近国有企业融资总额的一半，可见地方国有企业的融资水平明显高于民营企业，民营企业的整体融资水平有待提高。山鹰纸业、众泰汽车和新光圆成三家民营上市公司的融资总额排在全省前十位，也是其他民营企业学习的目标。

3. 安徽省上市公司投融资规模对比

对比分析2017年安徽省上市公司投资规模和融资规模，结合附件1和附件6，结果如图9所示。在99家上市公司中，有22家公司2017年的投资规模和融资规模均高于全省平均值；有2家公司的融资规模高于全省平均值，但投资规模低于全省平均值；有3家公司的投资规模高于全省平均值，但融资规模低于全省平均值；其他72家上市公司的投资规模和融资规模均低于全省平均值。融资水平的高低一定程度上影响上市公司的投资水平。

从行业看，制造业上市公司投融资水平存在两极分化现象，采矿业和交通运输、仓储和邮政业上市公司投融资水平较高，农、林、牧、渔业、批发和零售业以及水利、环境和公共设施管理业上市公司投融资水平较低。制造业上市公司中，有11家公司投融资规模均高于平均值，同时还有54家上市公司投融资规模均低于平均值，制造业上市公司投融资水平差异显著。从其他行业看，属于采矿业和交通运输、仓储和邮政业的上市公司各有2家，这两个行业的4家上市公司投融资规模均高于平均值，显示这两个行业投融资水平较强；属于建筑业的有3家上市公司，其中有2家上市公司投融资规模均高于平均值，建筑业的整体投融资水平也较强；属于农、林、牧、渔业、批发和零售业以及水利、环境和公共设施管理业的上市公司共有10家，这三个行业的10家上市公司投融资规模均低于平均值，这三个行业的投融资水平有待提升。

从区域分布看，合肥市上市公司投融资规模存在两极分化现象，滁州市、铜陵市和宣城市上市公司的整体投融资水平有待提升。合肥市上市公司中，有8家公司投融资规模均高于全省平均值，还有34家公司投融资规模均低于全省平均值，合肥市上市公司的投融资水平差异明显。其他城市中，芜湖市和马鞍山市的上市公司投融资规模差异也较为明显；滁州市4家上市公司的投融资规模均低于全省平均值，滁州市上市公司的整体投融资水平有待提升；铜陵市和宣城市分别有6家和7家上市公司，其中分别有5家和6

家公司的投融资规模均低于全省平均值，这两个城市上市公司整体投融资水平也有待提升。

从板块分布看，主板市场上市公司投融资水平较高。主板市场的安徽省上市公司投融资规模差异较大；创业板和中小板的安徽省上市公司投融资规模基本上都低于全省平均值，仅有7家公司除外，创业板和中小板的上市公司投融资水平亟待提升。

从企业属性分布看，各属性的上市公司投融资水平均存在两极分化现象。在34家地方国企上市公司中，有13家公司投融资规模均高于全省平均值，还有18家公司投融资规模均低于全省平均值，地方国企上市公司的投融资水平差异明显；在8家央企上市公司中，有6家上市公司投融资规模均低于全省平均值，另外2家公司投融资规模均高于全省平均值，央企的投融资水平也存在显著差异，整体需要提升；在52家民营企业中，有43家上市公司的投融资规模均低于全省平均值，仅有山鹰纸业、众泰汽车等7家上市公司的投融资规模较高，民营企业上市公司整体投融资水平有待提升。

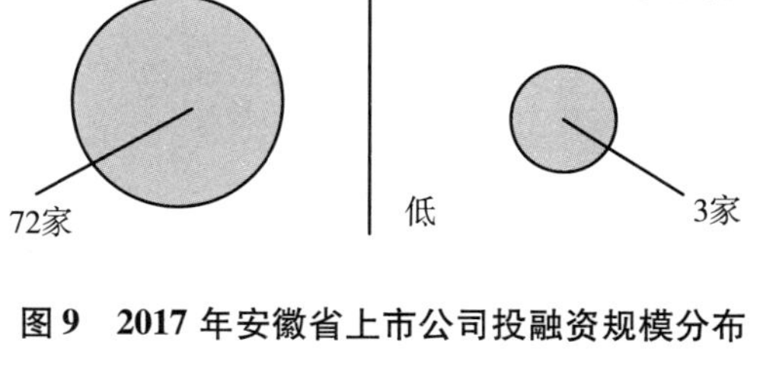

图9　2017年安徽省上市公司投融资规模分布

（二）上市公司发行股票融资规模与结构

本部分考虑安徽省上市公司发行股票融资累计额和新增股票融资额两个

维度来分析发行股票融资情况，重点分析各板块上市公司发行股票融资规模，并从新增股票融资额的角度分析安徽省上市公司发新股票的融资结构。

1. 安徽省上市公司发行股票融资规模趋势

分析2013～2017年安徽省上市公司发行股票融资累计额及IPO融资累计额（图10和图11），近年来安徽省发行股票融资累计额整体呈上升趋势，在2016年增长最为明显；安徽省IPO融资累计额呈缓慢上升趋势，同样在2016年增长最明显；2017年安徽省上市公司发行股票融资累计额和IPO融资累计额增幅均略有下降。

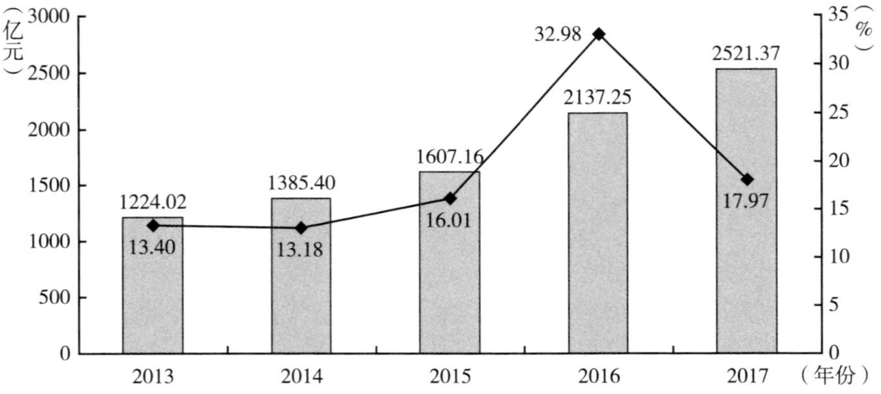

图10　2013～2017年安徽省发行股票融资累计额及增长率

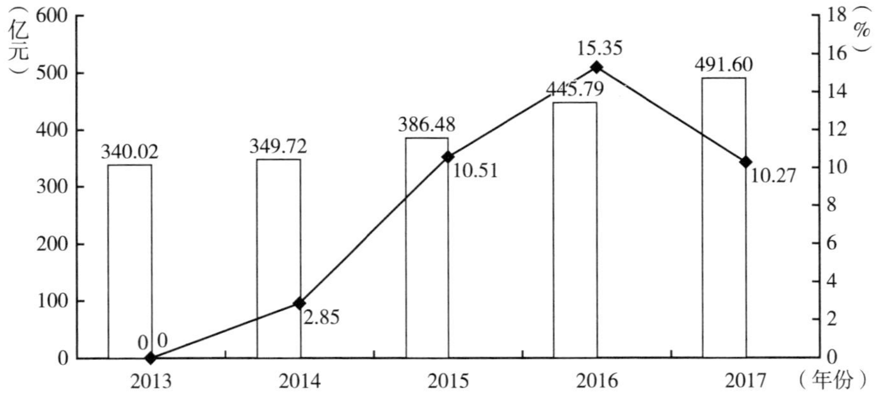

图11　2013～2017年安徽省IPO融资累计额及增长率

对2013～2017年安徽省新增股票融资额和IPO新增融资额分析（图12和图13），安徽省新增股票融资额和IPO新增融资额的整体变化趋势一致，在2013～2016年显著增加，随后在2017年有所下降，2016年安徽省上市公司新增股票融资额和IPO新增融资额均为近年来的峰值。这主要是因为新股发行一再提速，监管部门对于IPO融资额限制严格，以至于新公司IPO融资额大多控制在10亿元以下；IPO融资数额有限，而大多数公司又转向定向增发配股融资，定向增发猛于虎，成为A股最强抽水机，导致融资数额激增。

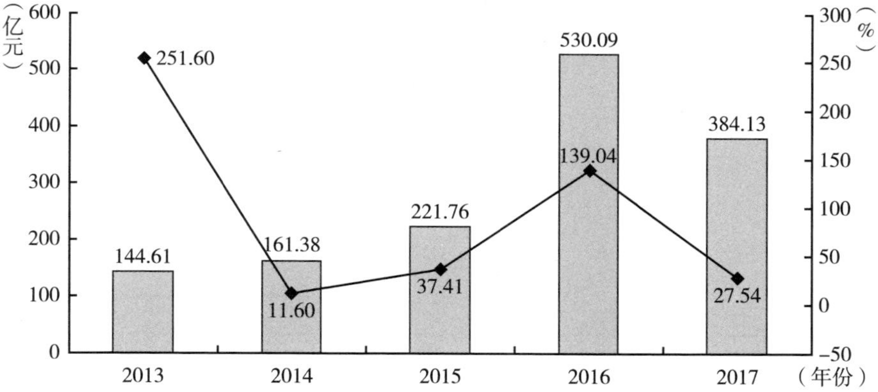

图12　2013～2017年安徽省新增股票融资额及增长率

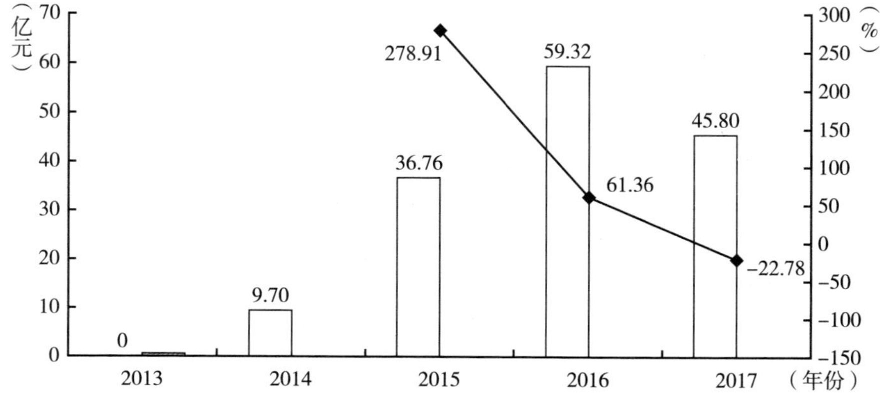

图13　2013～2017年安徽省IPO新增融资额及增长率

2. 安徽省上市公司发行股票融资规模分板块分析

从不同板块分析2013～2017年安徽省上市公司发行股票和IPO累计融资额情况（图14和图15），2017年末，安徽省上市公司发行股票融资累计额最多的板块是沪市A股，累计融资为1085.64亿元，融资累计额最少的板块为创业板。从整体趋势来看，安徽省上市公司发行股票融资累计额从板块上依次分布在沪市A股、深市A股、中小板和创业板；IPO融资累计额依次分布在沪市A股、中小板、创业板和深市A股。

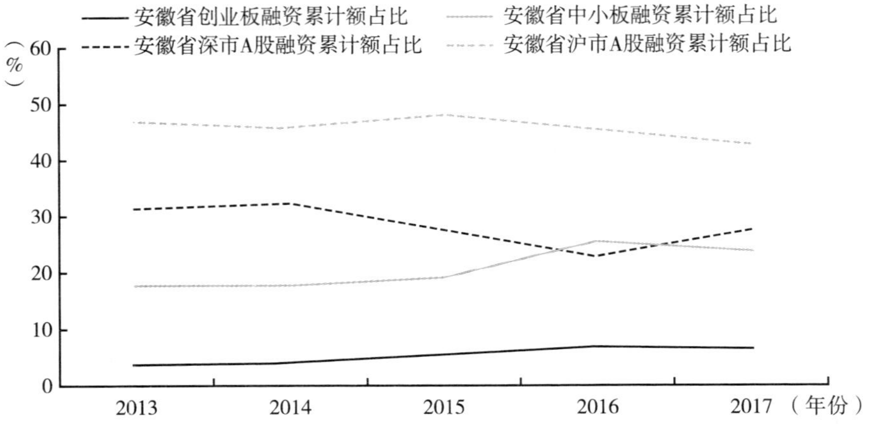

图14　2013～2017年安徽省不同板块上市公司股票融资累计额占比情况

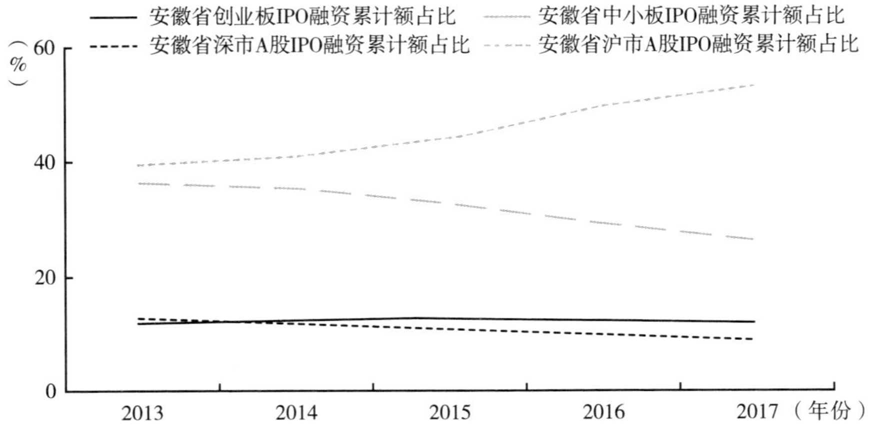

图15　2013～2017年安徽省不同板块上市公司IPO融资累计额占比情况

对新增股票融资额和新增 IPO 融资额占比情况进行分析（图 16 和图 17），近年来新增股票融资结构发生显著变化，同2016 年相比，2017 年沪市 A 股、创业板和中小板市场的上市公司新增股票融资额占比都有所下降，深市 A 股的上市公司新增股票融资额占比显著增加，跃居第一位；2017 年深市 A 股的安徽省上市公司新增股票融资水平显著高于其他板块。近年来沪市 A 股的安徽省上市公司新增 IPO 融资额占比显著高于其他市场的安徽省上市公司，新增 IPO 融资的上市公司主要集中在沪市 A 股中。

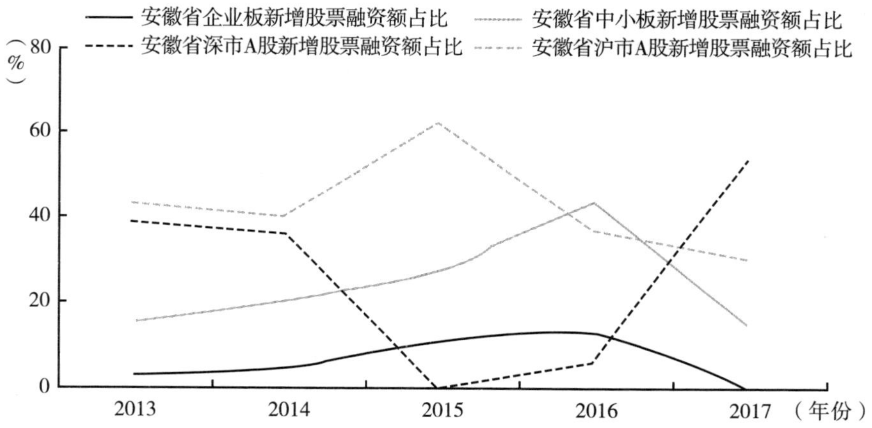

图 16　2013～2017 年安徽省不同板块上市公司新增股票融资额占比情况

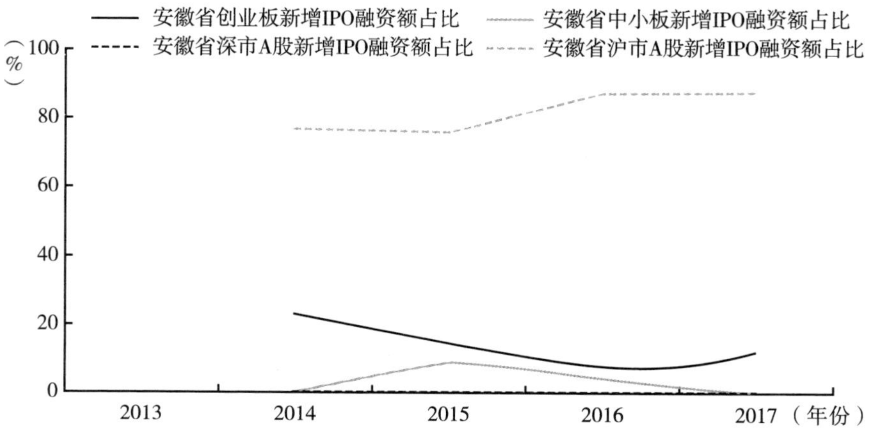

图 17　2013～2017 年安徽省不同板块上市公司新增 IPO 融资额占比情况

3. 安徽省上市公司发行股票融资结构分析

对 2017 年安徽省上市公司新增股票融资额进行排名（表 1），在 Wind 数据库中仅收集到 21 家安徽省上市公司在 2017 年有进行新增股票融资，绝大部分上市公司没有进行新增股票融资。在 21 家上市公司中，众泰汽车新增股票融资额最高（136 亿元），中环环保新增股票融资额最低（2 亿元）。

从行业看，制造业上市公司新增股票融资最多。共有 14 家制造业上市公司在 2017 年新增股票融资，占到总量的 66.7%，其他进行新增股票融资的上市公司所处行业还包括信息传输、软件和信息技术服务业等 6 个行业。

从区域看，合肥市上市公司新增股票融资最多。共有 11 家合肥市的上市公司在 2017 年进行新增股票融资，一定程度上体现了省会城市的优势。

从板块看，主板市场上市公司新增股票融资较多。沪市 A 股市场的上市公司最多，但其规模要低于深市 A 股市场的上市公司，这也和图 14 反映的结果一致。

从企业属性看，民营企业新增股票融资规模较高。民营企业和国企的数量虽然相差不大，但民营企业的融资规模远高于国企融资规模，说明 2017 年安徽省民营企业在新增股票融资方面付出了较多努力。

表 1　2017 年安徽省上市公司新增股票融资额排名

单位：亿元

总排名	公司名称	新增股票融资额	分行业排名		分城市排名		分板块排名		分属性排名	
1	众泰汽车	136.00	制造	1	黄山	1	深 A	1	民企	1
2	安徽水利	44.17	建筑	1	蚌埠	1	沪 A	1	国企	1
3	国元证券	42.14	金融	1	合肥	1	深 A	2	国企	2
4	铜陵有色	26.76	制造	2	铜陵	1	深 A	3	国企	3
5	华孚时尚	22.00	制造	3	淮北	1	中小	1	民企	2
6	四创电子	13.82	制造	4	合肥	2	沪 A	2	央企	1
7	楚江新材	13.53	制造	5	芜湖	1	中小	2	民企	3
8	皖维高新	13.02	制造	6	合肥	3	沪 A	3	国企	4
9	三七互娱	12.41	信息	1	芜湖	2	中小	3	民企	4
10	志邦股份	8.49	制造	7	合肥	4	沪 A	4	民企	5

续表

总排名	公司名称	新增股票融资额	分行业排名		分城市排名		分板块排名		分属性排名	
11	设计总院	7.97	科学	1	合肥	5	沪A	5	国企	5
12	常青股份	7.81	制造	8	合肥	6	沪A	6	民企	6
13	中钢天源	7.25	制造	9	马鞍山	1	中小	4	央企	2
14	皖天然气	6.34	电力	1	合肥	7	沪A	7	国企	6
15	雷鸣科化	4.23	制造	10	淮北	2	沪A	8	国企	7
16	泰禾光电	3.68	制造	11	合肥	8	沪A	9	民企	7
17	众源新材	3.64	制造	12	芜湖	3	沪A	10	民企	8
18	欧普康视	3.59	制造	13	合肥	9	创业	1	民企	9
19	科大讯飞	3.00	信息	2	合肥	10	中小	5	央企	3
20	集友股份	2.28	制造	14	安庆	1	沪A	11	民企	10
21	中环环保	2.00	水利	1	合肥	11	创业	2	民企	11
平均值:18.29					中位数:7.97					

（三）上市公司债券融资规模与结构

由于安徽省上市公司发行债券融资较少，数据库中仅有部分上市公司的债券融资数据，这里仅对安徽省上市公司发行债券的总体情况进行分析。

图 18 为 2013 ~2017 年安徽省上市公司债券融资累计额及增长率，安徽省债券融资累计额在 2013 ~2017 年呈迅速增长趋势，在 2015 年的增幅最大；从新增债券融资额看，近几年同样呈现显著增加趋势，2017 年新增债券融资额最高为 484.4 亿元。

2013 ~2017 年，安徽省发行债券进行融资的上市公司只有 9 家（表 2），这 9 家上市公司发行债券融资的时间主要集中在 2015 ~2017 年，2013 ~2014 年发行债券融资规模较少。作为一种重要的融资手段，债券融资的资本成本较低，可以保障公司的控制权，也有利于调整资本结构，具有很多优点；但由于财务风险较高以及限制条件较多，安徽省上市公司很少使用债券融资手段，这也是值得注意的。

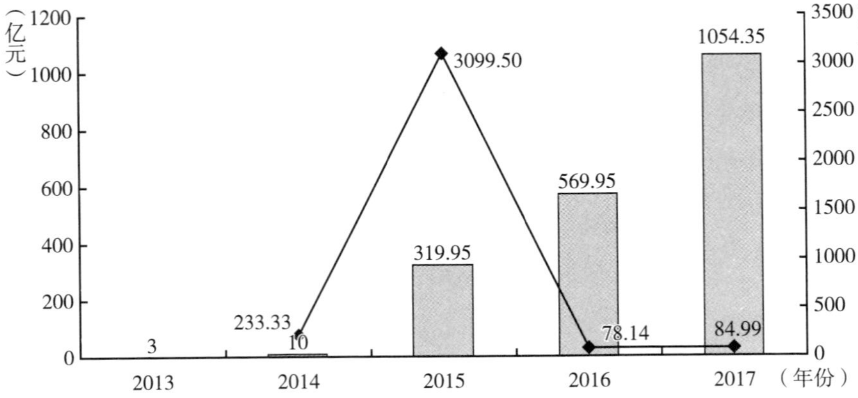

图 18　2013～2017 年安徽省上市公司债券融资累计额及增长率

表 2　2013～2017 年安徽省上市公司发行债券累计融资规模

单位：亿元

公司名称	城市	2013	2014	2015	2016	2017
国元证券	合肥市	0	0	254	314	514
山鹰纸业	马鞍山市	3	10	25	76	249
马钢股份	马鞍山市	0	0	20	60	120
华安证券	合肥市	0	0	16	84	114
安徽水利	蚌埠市	0	0	1.95	23.95	33.95
盛运环保	安庆市	0	0	0	2	9.55
皖维高新	合肥市	0	0	0	7	7
精工钢构	六安市	0	0	0	0	3.85
司尔特	宣城市	0	0	3	3	3

（四）上市公司银行借款融资规模与结构

本部分对安徽省上市公司银行借款融资进行分析，选取了上市公司资产负债表中“短期借款”和“长期借款”的期末余额之和进行评价，从安徽省近年来银行借款的总体情况以及 2017 年各上市公司具体排名的角度进行分析。

1. 安徽省上市公司银行借款融资规模趋势

图 19 为 2013～2017 年安徽省上市公司银行借款融资规模及增长率，安徽省上市公司银行借款融资额在 2014 年有所下降，但 2015 年之后呈逐年增加趋势，且近几年增长率也在显著上升，安徽省上市公司增加了银行借款方面的融资。

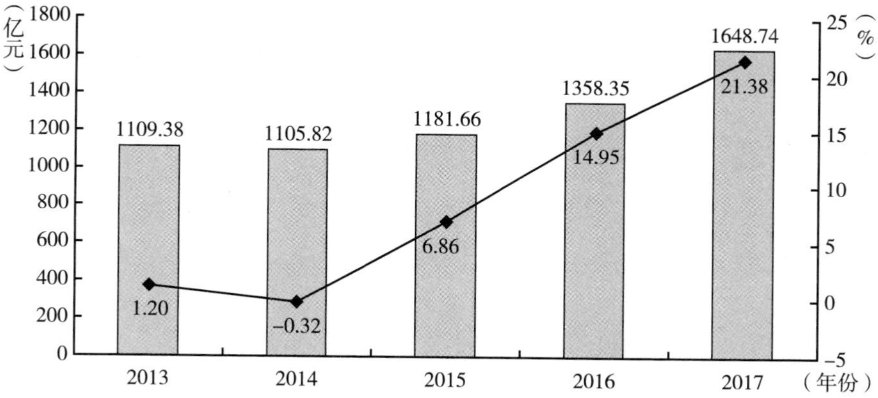

图 19　2013～2017 年安徽省上市公司银行借款融资规模及增长率

2. 安徽省上市公司银行借款融资结构分析

以 2017 年银行借款融资额大小为依据对安徽省上市公司进行排名，见附件 7，安徽省上市公司银行借款融资规模差异较大；在 99 家上市公司中，仅有 27 家上市公司借款融资规模高于平均值。银行借款融资额在 110 亿元以上的有铜陵有色、安徽水利、新集能源和马钢股份四家公司，铜陵有色和安徽水利在 2017 年还进行了股票融资，可见这两家上市公司在 2017 年大幅增加了融资规模。

从行业分布看，制造业上市公司银行借款规模差异明显，部分行业上市公司银行借款规模存在普遍较高或较低现象。制造业上市公司银行借款融资总规模达到 976.69 亿元，显著高于其他行业；在 19 家银行借款为 0 的上市公司中，有 16 家属于制造业，制造业上市公司银行借款规模存在显著差异。从其他行业看，采矿业以及交通运输、仓储和邮政业上市公司银行借款融资规模也较高，而文化、体育和娱乐业、科学研究和技术服务业以及农、林、牧、渔业的上市公司银行借款融资规模较低，这和行业的特性是密不可分的。

从区域分布看，合肥市上市公司银行借款融资规模较高，芜湖市上市公司银行借款融资规模相对不足。合肥市上市公司银行借款融资规模达到461.53亿元，比马鞍山市高了近一倍，可见省会城市的银行资源条件更优，合肥市的上市公司比其他城市上市公司更容易从银行借款。在其他城市中，马鞍山市、蚌埠市以及铜陵市等市的上市公司银行借款融资规模较高，这几个城市的银行对上市公司的支持力度也较大。虽然芜湖市有12家上市公司，但银行借款融资发展规模比马鞍山市、蚌埠市等城市上市公司的银行借款融资发展规模要低；重要的是，芜湖市上市公司均有银行借款，并未缺失数据。

从板块分布看，主板的上市公司银行借款融资较高。2017年沪市A股的安徽省上市公司银行借款融资最多，为878.9亿元，创业板的安徽省上市公司银行借款融资最少。近五年各板块安徽省上市公司银行借款融资结构基本一致，表现为沪市A股安徽省上市公司银行借款融资占比最高，其次为深市A股、中小板和创业板。

从企业属性分布看，国有企业银行借款融资较高。排名前十位的上市公司中有7家为国有企业，国有企业更容易从银行获得借款，融资规模也显著高于民营企业。

（五）上市公司商业信用融资规模与结构

本部分使用上市公司资产负债表中“应付票据”“应付账款”“预收账款”“长期应付款”的期末余额之和来评判商业信用融资规模，分析近五年安徽省上市公司商业信用融资规模的趋势，探讨上市公司商业信用融资的结构。

1. 安徽省上市公司商业信用融资规模趋势

统计2013～2017年安徽省上市公司商业信用融资情况（图20），近五年安徽省上市公司商业信用融资规模逐年增加，且在2014年之后增幅逐渐变大。

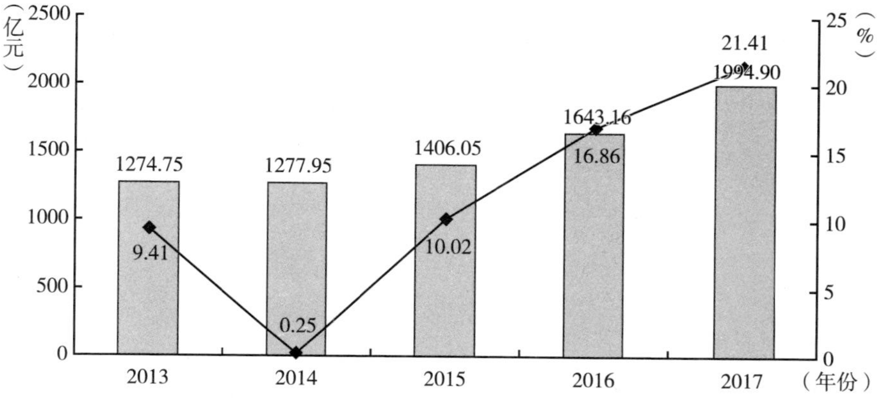

图20　2013～2017年安徽省上市公司商业信用融资余额及增长率

2. 安徽省上市公司商业信用融资结构分析

以2017年商业信用融资额大小为依据对安徽省上市公司排名，见附件8，安徽省上市公司商业信用融资规模差异明显；在99家上市公司中，仅有22家上市公司商业信用融资规模高于平均值。安徽水利、江淮汽车、马钢股份和众泰汽车四家公司商业信用融资额超过100亿元，显著高于其他上市公司。使用商业信用融资需要花费一定的成本，例如放弃现金折扣，偿还商业票据的利息等，如果企业长时间拖欠货款，还会大大损害企业的信誉，所以企业需要谨慎使用商业信用融资。

从行业分布看，制造业和建筑业上市公司的商业信用融资规模较高。制造业和建筑业上市公司商业信用融资总规模分别为1257.78亿元和361.11亿元，显著高于其他行业。其他行业上市公司商业信用融资总规模均在100亿元以下，其中金融业以及农、林、牧、渔业商业信用融资规模较低，这与行业性质有很大关系，这些行业中的实物商品交易较少，其中金融业的国元证券和华安证券便没有商业信用融资数据。

从区域分布看，各城市上市公司商业信用融资规模存在显著差异。合肥市上市公司的商业信用融资总体规模最高，但内部存在显著差异。对比各城市可以发现，蚌埠市、芜湖市、马鞍山市的上市公司商业信用融资总规模相对较高；芜湖市虽然上市公司较多，但除海螺水泥外，其他公司的商业信用融资规模均低于平均值，整体融资水平不高。

从板块分布看，主板上市公司的商业信用融资规模较高。2017 年沪市 A 股的安徽省上市公司商业信用融资规模最高，为 1177.91 亿元，创业板的安徽省上市公司商业信用融资规模最少，仅有 141.88 亿元。近五年各板块安徽省上市公司商业信用融资结构和银行借款融资结构类似，其中沪市 A 股市场的安徽省上市公司商业信用融资占比最高，其次分别为深市 A 股、中小板和创业板。

从企业属性分布看，国有企业上市公司的商业信用融资规模较高。排名前十位的上市公司中有 8 家为国有企业，国有企业上市公司的商业信用融资规模显著高于民营企业，国有企业更容易获得商业信用融资。

（六）上市公司自我累计融资规模与结构

本部分使用上市公司资产负债表中“盈余公积”和“未分配利润”的期末余额之和来评判自我累计融资，分别对安徽省上市公司近五年自我累计融资规模和自我累计融资结构进行分析。

1. 安徽省上市公司自我累计融资规模趋势

统计 2013 ~2017 年安徽省自我累计融资额情况（图 21），近五年安徽省上市公司自我累计融资额逐年增加，且 2015 年之后增长速度明显上升。

2. 安徽省上市公司自我累计融资结构分析

以 2017 年自我累计融资额大小为依据对安徽省上市公司排名，见附件 9，安徽省上市公司自我累计融资规模存在显著的两极分化现象；在 99 家上市公司中，仅有 24 家上市公司自我累计融资规模高于平均值。海螺水泥自我累计融资规模达到 732.39 亿元，第二名马钢股份仅为 77.43 亿元，海螺水泥自我累计融资远远高于其他公司，处于绝对领先地位。这一方面是因为海螺水泥保持着稳定的分红比例；另一方面因为海螺水泥一直想在并购方面

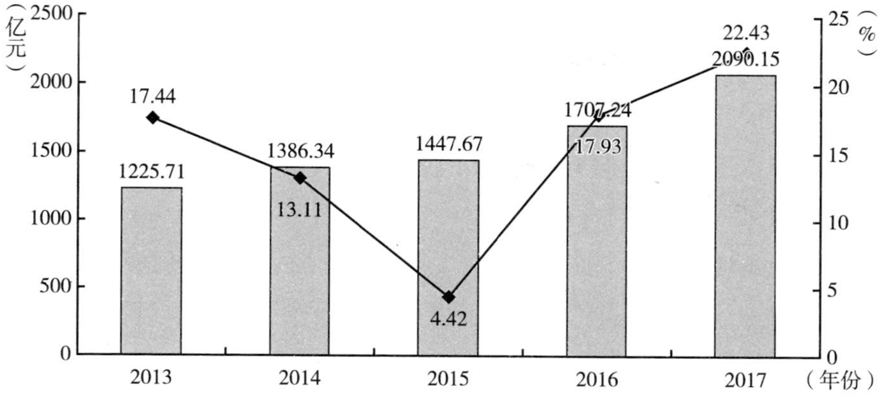

图 21　2013～2017 年安徽省自我累计融资余额及增长率

有所突破，而准备了较多的金融资金。从马钢股份到皖江物流，这些上市公司的自我累计融资额基本呈梯度下降。中粮生化、新集能源、文一科技、铜峰电子、华菱星马和皖江物流等公司处于最后六位，且自我累计融资额都为负值，可能是由于上市公司上年年末亏损，而 2017 年盈利未能弥补上年亏损；也可能是企业 2017 年亏损严重，去年盈余公积和未分配利润虽然为正，但不够冲减。

从行业分布看，制造业上市公司自我累计融资规模存在显著差异，文化、体育和娱乐业上市公司自我累计融资规模较高。制造业上市公司自我累计融资总规模虽然高于其他行业，但海螺水泥的自我累计融资金额过高，制造业各上市公司之间的自我累计融资规模存在明显差异；在 6 家自我累计融资额为负值的上市公司中，有四家公司属于制造业，可见制造业上市公司自我累计融资规模差异巨大。

从区域分布看，各城市上市公司自我累计融资规模差异明显。芜湖市和合肥市上市公司的自我累计融资总规模显著高于其他城市，但这两个城市上市公司均存在两极分化的自我累计融资情况；由于海螺水泥自我累计融资规模的庞大，芜湖市上市公司整体的自我累计融资规模也高于了合肥市。

从板块分布看，主板市场的上市公司自我累计融资规模较高。2017 年沪市A股的安徽省上市公司自我累计融资规模最高，为1398.75亿元，创业板的安徽省上市公司自我累计融资规模最低为85.43亿元。近五年各板块安徽省上市公司自我累计融资结构和商业信用融资结构、银行借款融资结构类似，其中沪市A股市场的安徽省上市公司自我累计融资占比最高，其次分别为深市A股、中小板和创业板。

从企业属性分布看，民企和央企上市公司自我累计融资规模较低。国有企业的自我累计融资总规模较大，但内部差异也较大。在52家民企上市公司中，只有8家公司的自我累计融资规模高于平均值；而8家央企上市公司的自我累计融资规模均低于平均值，民企和央企的自我累计融资水平整体需要提升。

四　安徽省上市公司并购重组规模与结构分析

为调整优化产业结构，重新配置资源，扩大经营规模，实现规模经济，安徽省上市公司近年来进行了大量并购重组活动，并存在很多重大资产重组活动。本部分主要对安徽省上市公司并购重组及重大资产重组规模与结构进行分析，并总结安徽省上市公司并购重组和重大资产重组的特征，以期为安徽省上市公司未来并购重组活动提供参考依据。

（一）上市公司并购重组规模与结构

安徽省上市公司近几年为调整业务结构，提升经营绩效，参与了多次并购重组活动。本部分重点分析安徽省上市公司并购重组的规模与结构，首先从交易次数和交易规模的角度分析安徽省上市公司并购重组的情况，随后从经营业绩和扩张能力的视角分析安徽省上市公司并购重组的影响效果，探讨并购重组给安徽省上市公司带来的整体影响。

1. 安徽省上市公司并购重组交易次数

（1）安徽省上市公司并购重组整体交易次数

Wind中国并购库显示，2013～2017年，安徽省上市公司作为交易买方和交易卖方共参与了125次和24次并购重组事件，具体如图22所示。为保证数据的完整性和准确性，本部分删除了交易买方为多家证券公司的并购重组事件，仅保留交易买方为单一安徽上市公司的数据；并删除了交易卖方事件中非深沪上市公司数据以及个人交易买方数据。

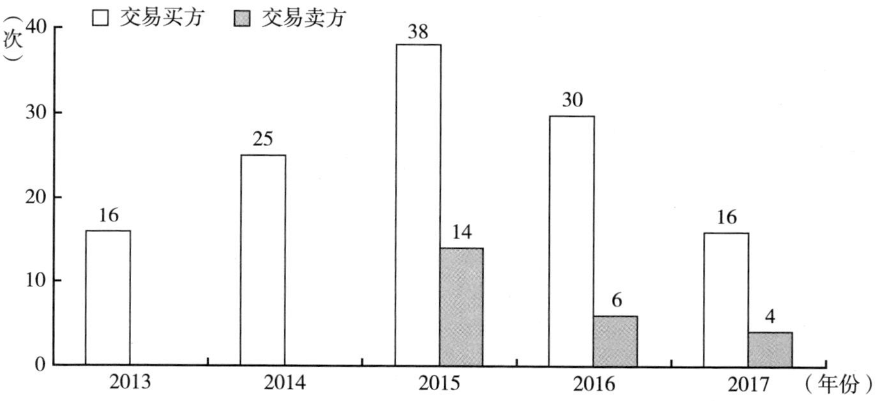

图22　2013～2017年安徽省上市公司作为交易买方和交易卖方参与并购重组事件次数

2015年为安徽省上市公司参与并购重组交易次数的峰值，上市公司作为交易买方和交易卖方参与并购重组的次数在2016年之后都有所回落。Wind中国并购库显示，2015～2017年全国已完成的并购重组事件中，上市公司作为交易买方参与事件分别为1958次、1354次以及981次，可见全国并购市场的交易次数也有所回落，这和证监会并购重组委的监管基调和审核尺度愈发严格有很大关系。

（2）安徽省上市公司参与并购重组次数分析

对2013～2017年安徽省上市公司参与并购重组的交易次数分析，共有59家上市公司作为交易买方参与并购重组（表3），有18家上市公司作为交易卖方参与并购重组，其中有13家公司也曾作为交易买方在近五年参与过并购重组（表4）。

表3　2013～2017年安徽省上市公司作为交易买方参与并购重组次数

公司名称	交易次数	公司名称	交易次数	公司名称	交易次数
雷鸣科化	7	洽洽食品	2	惠而浦	1
安科生物	6	山鹰纸业	2	江淮汽车	1
中鼎股份	6	司尔特	2	金禾实业	1
合肥百货	5	铜陵有色	2	精达股份	1
乐金健康	5	皖江物流	2	凯盛科技	1
中电鑫龙	5	新光圆成	2	马钢股份	1
中弘股份	5	亚夏汽车	2	美菱电器	1
*ST华信	4	众泰汽车	2	美亚光电	1
楚江新材	4	安徽水利	1	欧普康视	1
三七互娱	4	安凯客车	1	山河药辅	1
国祯环保	3	安利股份	1	四创电子	1
江南化工	3	德力股份	1	铜峰电子	1
科大讯飞	3	东华科技	1	皖能电力	1
梦舟股份	3	古井贡酒	1	皖通科技	1
神剑股份	3	国风塑业	1	皖维高新	1
应流股份	3	国机通用	1	新集能源	1
长信科技	3	海螺水泥	1	新力金融	1
丰乐种业	2	合锻智能	1	永新股份	1
丰原药业	2	合肥城建	1	中钢天源	1
华茂股份	2	华菱星马	1		

表4　2013～2017年安徽省上市公司作为交易卖方参与并购重组次数

公司名称	交易次数	是否作为交易买方参与过	公司名称	交易次数	是否作为交易买方参与过
永新股份	5	是	合肥百货	1	是
荃银高科	2	否	合肥城建	1	是
新集能源	2	是	辉隆股份	1	否
安徽水利	1	是	精达股份	1	是
安纳达	1	否	美菱电器	1	是
伯特利	1	否	司尔特	1	是
丰乐种业	1	是	皖江物流	1	是
国风塑业	1	是	文一科技	1	否
国祯环保	1	是	新力金融	1	是

作为交易买方参与并购重组的上市公司中，雷鸣科化参与次数最多，共进行7次并购重组活动，但其并购重组活动均发生在2013年至2015年之间。作为交易卖方参与并购重组的上市公司中，永新股份参与次数最多。新集能源在2016年之前因连续亏损曾面临退市风险，但在2016年出售30.31%股份被中煤集团收购后，成功扭转盈亏，并站上了央企改革的风口，最终在2017年3月成功撤销退市风险警示，并改名“新集能源”。

（3）安徽省上市公司并购重组交易次数分行业分析

从参与并购重组的安徽省上市公司所处行业来看，共11个行业的公司参与了并购重组，仅文化、体育和娱乐业以及科学研究和技术服务业的公司未参与并购重组，如表5所示。

表5　2013～2017年安徽省各行业上市公司参与并购重组交易次数

一级行业	交易买方次数	交易卖方次数
制造业	81	12
信息传输、软件和信息技术服务业	13	0
批发和零售业	11	2
房地产业	8	1
水利、环境和公共设施管理业	3	1
建筑业	2	1
交通运输、仓储和邮政业	2	1
农、林、牧、渔业	2	3
采矿业	1	2
电力、热力、燃气及水生产和供应业	1	0
金融业	1	1

制造业上市公司参与并购重组次数最多，信息传输、软件和信息技术服务业、批发和零售业以及房地产业的上市公司作为交易买方参与并购重组次数也较多。大部分行业上市公司作为交易买方的参与次数均高于作为交易卖方的参与次数。对制造业二级行业进行分析，化学原料及化学制品制造业的上市公司作为交易买方参与次数最多，共计17次；橡胶和塑料制品业的上

市公司作为交易卖方参与并购重组次数最多，共计 6 次。

（4）安徽省上市公司并购重组交易次数分区域分析

对安徽省各城市上市公司参与并购重组交易次数分析，如表 6 所示。共 13 个城市的上市公司作为交易买方参与了并购重组，仅有 7 个城市的上市公司作为交易卖方参与了并购重组，池州市、六安市和阜阳市的上市公司近五年未参与任何并购重组活动。

合肥市和芜湖市的上市公司参与并购重组交易最多。对比参与交易买方和交易卖方的次数，一般各城市的上市公司作为交易买方参与并购重组的次数较多，但黄山市的上市公司作为交易卖方参与并购重组的次数要更多。

表 6　2013～2017 年安徽省各城市上市公司参与并购重组交易次数

城市	买方次数	卖方次数	城市	买方次数	卖方次数
合肥市	46	10	黄山市	3	5
芜湖市	29	2	安庆市	2	0
马鞍山市	11	0	蚌埠市	2	1
宣城市	11	1	滁州市	2	0
淮北市	7	0	淮南市	2	2
宿州市	5	0	亳州市	1	0
铜陵市	4	3			

（5）安徽省上市公司并购重组交易次数分企业属性分析

从企业属性角度分析安徽省上市公司并购重组交易次数，如表 7 所示。民营企业作为交易买方参与并购重组的次数最多，而国有企业作为交易卖方的次数最多，且这 8 次交易事件全部发生在 2015 年。国有企业作为交易买方参与次数同样在下降，2015～2017 年交易次数分别为 9 次、6 次和 3 次。随着国企混改的全面提速，安徽省地方国企上市公司并购重组事件预期会有所增加。

表7　2013～2017年安徽省各类属性的上市公司参与并购重组交易次数

企业性质	交易买方次数	交易卖方次数
地方国有企业	32	8
民营企业	81	4
中央国有企业	9	2

注：此处未统计其他属性的上市公司交易次数。

2. 安徽省上市公司并购重组交易规模

（1）安徽省上市公司并购重组整体交易规模

统计近五年安徽省上市公司作为交易买方和交易卖方参与并购重组事件的总交易规模，并去除交易总价值缺失的数据，如图23所示。和并购重组交易次数变化趋势类似，安徽省上市公司并购重组的交易规模也在2015年达到峰值，在2016年之后呈显著下降趋势。2015年安徽省上市公司作为交易买方的交易规模达到313.71亿元，而2017年仅有123.83亿元，与2015年相比下降了近60%。

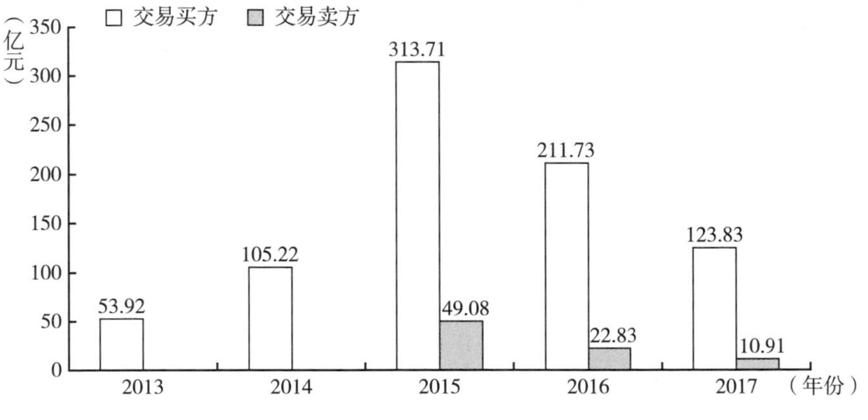

图23　2013～2017年安徽省上市公司参与并购重组交易规模

（2）安徽省上市公司并购重组交易规模分行业分析

从各个行业上市公司参与并购重组交易规模来看（图24），制造业上市公司作为交易买方参与并购重组的交易规模最高，农、林、牧、渔业的上市公司作为交易买方参与并购重组的交易规模最低。对比发现，制造业、交通运输、仓储和邮政业以及金融业的上市公司作为交易买方参与并购重组的交易规模更高，而水利、环境和公共设施管理业和农、林、牧、渔业的上市公司作为交易卖方参与并购重组的交易规模要更高。

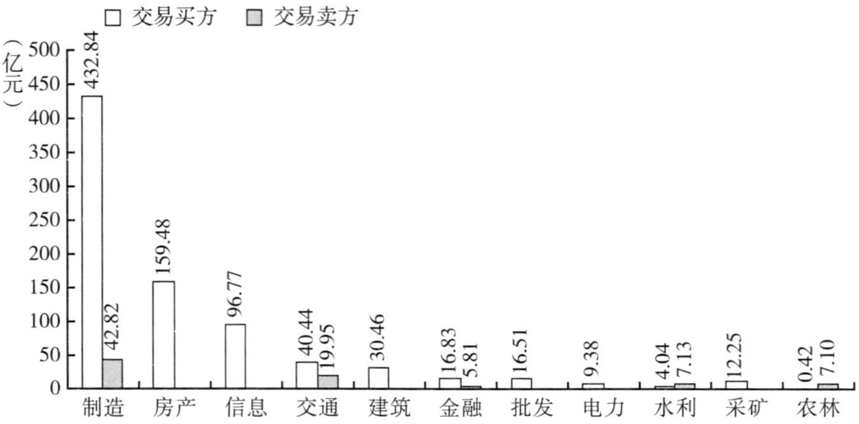

图24　2013～2017年安徽省各行业上市公司参与并购重组交易规模

（3）安徽省上市公司并购重组交易规模分区域分析

从各个城市上市公司参与并购重组交易规模来看（图25），合肥市、马鞍山市、芜湖市和黄山市的上市公司在近五年作为交易买方参与并购重组的交易规模均超过了100亿元，而淮北市、淮南市和滁州市的上市公司作为交易买方参与并购重组的交易规模均低于5亿元，各市之间差异较大。其中，铜陵市上市公司作为交易卖方参与并购重组的交易规模更高，主要是因为精达股份在2015年出售11.05%的股权获得的10.91亿元，且近五年内铜陵市上市公司作为交易买方参与并购重组次数和交易规模较少。

3. 安徽省上市公司并购重组与投融资水平的关系

2017年安徽省共有14家上市公司作为交易买方发起了16次并购重组事件，有4家上市公司作为交易卖方出售股权，如表8所示。对比表8、附件1、附件6和图9发现，去除中弘股份的13家交易买方上市公司中，有11家公司2017年的投资规模和融资规模均低于全省平均值，另外2家上市

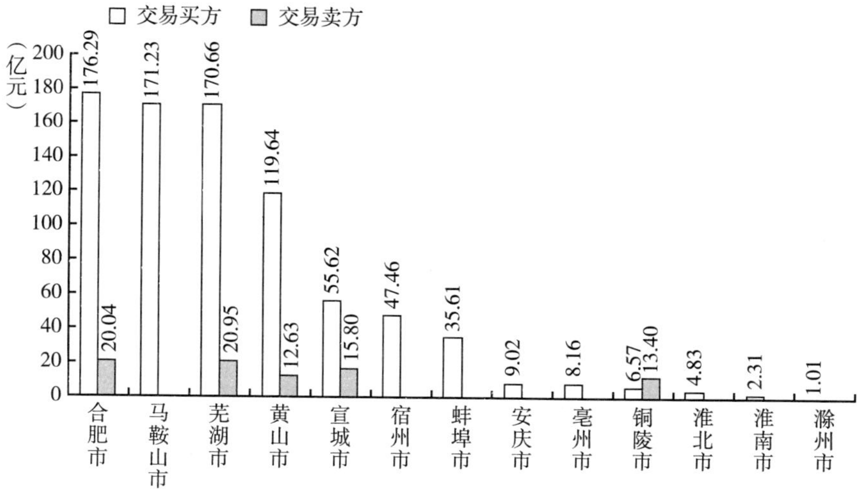

图 25　2013～2017 年安徽省各城市上市公司参与并购重组交易规模

公司山鹰纸业和中鼎股份的投融资规模均高于全省平均值；而 4 家作为交易卖方的上市公司投融资规模均低于全省平均值。可见，部分投融资水平较低的上市公司已开始寻求通过并购重组来扩大规模，提升投融资能力。

表 8　2017 年安徽省上市公司并购重组事件明细

公司名称	交易身份	交易标的
山鹰纸业	交易买方	联盛纸业 100% 股权
应流股份	交易买方	天津航宇 32.73% 股权
皖通科技	交易买方	赛英科技 100% 股权
安科生物	交易买方	湖北三七七 30% 股权
丰乐种业	交易买方	楚丰协成 51% 股权
山河药辅	交易买方	曲阜天利 52% 股权
山鹰纸业	交易买方	北欧纸业 100% 股权
应流股份	交易买方	SDG100% 股权
中弘股份	交易买方	A&K 公司 90.5% 股权
安利股份	交易买方	ANLI RUS 51% 股权
安凯客车	交易买方	安徽凯亚 16% 股权
梦舟股份	交易买方	梦幻工厂 70% 股权
江南化工	交易买方	盾安新能源 100% 股权

续表

公司名称	交易身份	交易标的
中鼎股份	交易买方	Tristone 公司 100% 股权
合肥百货	交易买方	台客隆超市 68.75% 股权
神剑股份	交易买方	中星伟业 60% 股权
文一科技	交易卖方	文一科技 5.53% 股权
国祯环保	交易卖方	国祯环保 12.90% 股权
辉隆股份	交易卖方	辉隆股份 38.58% 股权
荃银高科	交易卖方	荃银高科 5% 股权

4. 安徽省上市公司并购重组的影响分析

（1）经营业绩

上市公司发起并购重组时，需支付巨额费用，一定程度上会影响净利润，表 9 为 2017 年 16 起并购重组事件交易买方在并购前后的净利润情况。在 16 次并购重组事件中，有 9 次事件的交易买方在并购当季度出现净利润下降现象，且仅有 4 次事件交易买方在并购后一季度的净利润出现下降趋势。山河药辅、中弘股份、皖通科技、安科生物等上市公司的并购重组事件都未降低公司的净利润，反而公司在并购当季度和后一季度净利润都有所增加。

对比作为交易买方参与并购重组的上市公司在并购前后的净利润（图 26），安徽省上市公司在并购前后的整体净利润变化较小。总体上看，安徽省大部分参与并购重组的上市公司对并购成本有一定控制，没有对公司净利润造成太多损失。

表 9　2017 年作为交易买方的安徽省上市公司净利润变化情况

单位：万元

交易买方	交易标的	交易前一季度净利润	交易当季度净利润	交易后一季度净利润
神剑股份	中星伟业 60% 股权	16900	2293.41	5531.42
合肥百货	台客隆超市 68.75% 股权	28300	11200	17600
中鼎股份	Tristone 公司 100% 股权	90100	31300	62400
江南化工	盾安新能源 100% 股权	6130.97	-507.07	6304.5

续表

交易买方	交易标的	交易前一季度净利润	交易当季度净利润	交易后一季度净利润
梦舟股份	梦幻工厂 70% 股权	19200	1410.84	773.66
安凯客车	安徽凯亚 16% 股权	5135.07	-2326.36	-2878.4
安利股份	ANLI RUS 51% 股权	2837.91	151.45	303.9
中弘股份	A&K 公司 90.5% 股权	895.62	2930.96	8268.32
应流股份	SDG 100% 股权	3136.59	5603.18	6728.6
山鹰纸业	北欧纸业 100% 股权	82600	143100	201500
山河药辅	曲阜天利 52% 股权	2514.42	3409.45	5033.58
丰乐种业	楚丰协成 51% 股权	-2379.38	-4041.58	1165.76
安科生物	湖北三七七 30% 股权	11600	19300	27800
皖通科技	赛英科技 100% 股权	3218.91	6045.54	8271.76
应流股份	天津航宇 32.73% 股权	6728.6	6017.27	3279.91
山鹰纸业	联盛纸业 100% 股权	143100	201500	60500

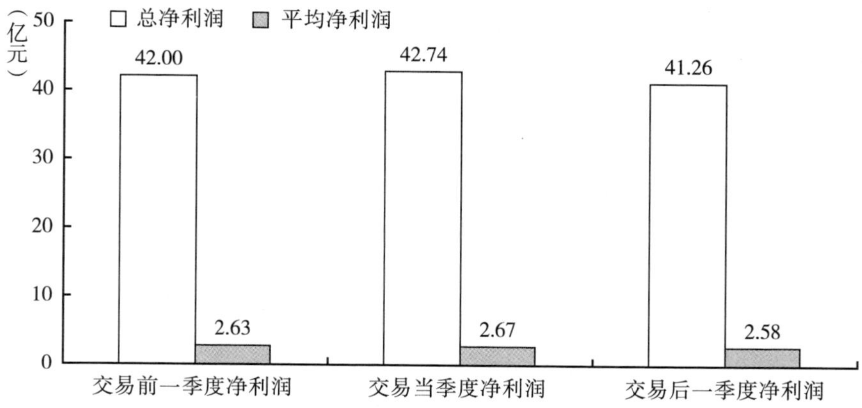

图 26　2017 年参与并购重组的安徽省上市公司交易前后净利润对比

（2）扩张能力

上市公司在进行并购重组后，资产规模会有所扩张，公司的扩张能力理论上有所增加。表 10 为 2017 年 16 起并购重组事件交易买方在并购前后的总资产情况。大多数公司在并购重组后的总资产都有所上升。由图 27 发现，安徽省上市公司总体资产在并购后有明显增加。总体上看，大部分安徽省上市公司在并购重组后都有效提高了自身规模，提升了公司的扩张能力。

表 10　2017 年作为交易买方参与并购重组的安徽省上市公司总资产

单位：亿元

交易买方	交易标的	交易前一季度总资产	交易当季度总资产	交易后一季度总资产
神剑股份	中星伟业 60% 股权	26	26.7	29.06
合肥百货	台客隆超市 68.75% 股权	91.99	96.34	94.36
中鼎股份	Tristone 公司 100% 股权	118.65	140.83	144.87
江南化工	盾安新能源 100% 股权	51.21	52.4	50.17
梦舟股份	梦幻工厂 70% 股权	49.56	54.37	54.74
安凯客车	安徽凯亚 16% 股权	90.78	89.83	89.88
安利股份	ANLI RUS 51% 股权	19.21	19.58	19.9
中弘股份	A&K 公司 90.5% 股权	339.13	362.57	395.41
应流股份	SDG 100% 股权	65.94	64.69	67.52
山鹰纸业	北欧纸业 100% 股权	233.78	234.28	269.31
山河药辅	曲阜天利 52% 股权	5.27	6.32	6.66
丰乐种业	楚丰协成 51% 股权	19.73	20.51	20.73
安科生物	湖北三七七 30% 股权	19.6	20.89	22.54
皖通科技	赛英科技 100% 股权	18.19	18.89	20.34
应流股份	天津航宇 32.73% 股权	67.52	67.84	68.86
山鹰纸业	联盛纸业 100% 股权	234.28	269.31	311.25

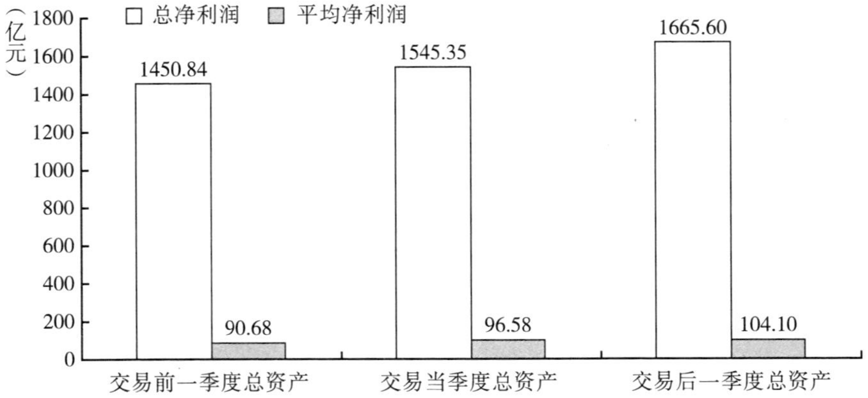

图 27　2017 年参与并购重组的安徽省上市公司总体交易前后总资产对比

（二）上市公司重大资产重组规模与结构

近几年，安徽省上市公司在进行并购重组中，存在很多重大资产重组行为，但重大资产重组中又有不少失败的案例。在重大资产并购重组流产的背后，除了估值分歧、标的资产质地不佳等因素外，还存在上市公司股权变动等内在因素。本部分重点分析安徽省上市公司重大资产重组的基本情况和规模，分别从重大资产重组交易目的、交易规模、交易形式、行业特征和区域特征的角度进行分析，总结安徽省上市公司重大资产重组的现状和特征。

1. 安徽省上市公司重大资产重组概况

根据 Wind 沪深并购重组数据库统计，首次披露日期为 2017 年的安徽省上市公司重大重组事件共 6 次，其中仅有 3 次事件重组进度为“完成”状态。这 6 次重大重组事件，均为安徽省上市公司通过收购其他公司股权，以发起人身份进行的。其中，有 2 次重大重组事件为境外收购，且最终都成功完成。

和国内发达省市对比，2017 年安徽省上市公司重大资产重组次数过少，广东省、江苏省、浙江省、上海市和北京市的上市公司在 2017 年参与重大资产重组次数分别为 42、36、23、23 以及 22 次，安徽省上市公司重大资产重组工作仍有待进一步开展。

对近五年安徽省上市公司重大资产重组事件分析，见附件 10，2013～2017 年安徽省上市公司发生重大重组事件 40 次，其中有 27 次事件重组成功，成功率为 67.5%。从各省份上市公司重大资产重组成功率来看，近五年安徽省上市公司重大资产重组成功率排在全国第 16 位；虽然黑龙江省和贵州省上市公司重大资产重组数量不多，但整体成功率在 90% 以上；北京市和上海市上市公司的重大资产重组成功率也在 70% 以上。

统计近年安徽省上市公司重大资产重组完成情况，如图 28 所示。和安徽省上市公司总体并购重组情况类似，2015 年是安徽省上市公司重大资产重组交易的峰值，并在 2016 年开始回落。和全国发达省市对比，仅浙江省上市公司2016年的重大资产重组次数有所增加，广东省、江苏省、北京市和上海市的上市公司重大资产重组次数和安徽省整体趋势一致，均在2015年之后开始下降。从重大资产重组实际完成情况来看，近几年安徽省上市公司重大资产重组实际完成比例整体上呈下降趋势。

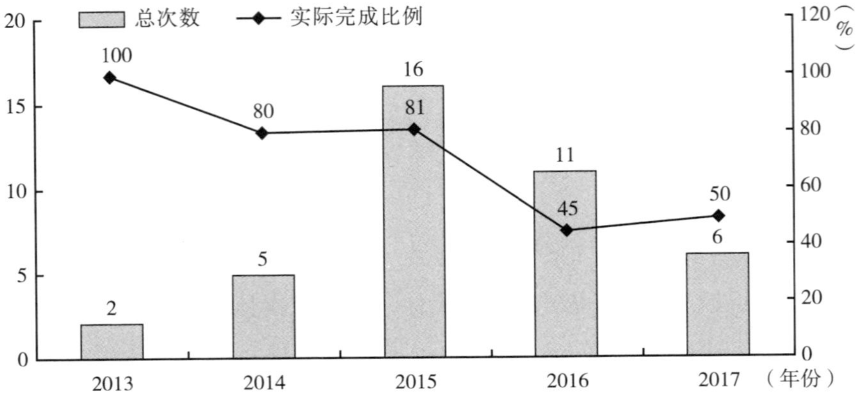

图28　2013～2017年安徽省上市公司重大资产重组总次数及实际完成比例

2. 安徽省上市公司重大资产重组目的分析

对近五年安徽省上市公司重大资产重组目的分析，如表11所示，安徽省上市公司重大资产重组目的主要为横向整合和多元化战略，以垂直整合、业务转型和资产调整为目的进行重大资产重组的上市公司相对较少。横向整合可以使上市公司有效扩张现有业务，提升市场占有率；通过多元化战略，上市公司可以快速进入新的行业，获得和现有业务高度相关的业务；这两种并购方式均属于产业并购类型，可见产业并购仍然是安徽省上市公司并购重组的主旋律，也是上市公司一种寻求外延式发展的有效手段。

表11　2013～2017年安徽省上市公司重大重组目的分类

分类	交易次数	占比(%)	分类	交易次数	占比(%)
垂直整合	2	5.0	业务转型	1	2.5
多元化战略	13	32.5	资产调整	2	5.0
横向整合	16	40.0	整体上市	3	7.5
买壳上市	3	7.5			

3. 安徽省上市公司重大资产重组交易规模分析

统计 2013 ~2017 年安徽省上市公司重大资产重组事件总交易规模和完成事件交易规模（图 29）。重大资产重组交易规模在 2016 年达到顶峰，但重组完成事件交易规模显著低于 2015 年。2016 年和 2017 年重组完成事件交易规模分别占当年重组事件总交易规模的 41% 和 22%，而 2015 年这一数值为 78%；2017 年数值较低是因为“雷鸣科化收购淮矿股份 100% 股权”事件交易规模为 210. 68 亿元，但截止到数据统计时，该事件尚未完成。

从具体交易规模分布来看（图 30），重大资产重组交易规模主要集中在 10 亿元到 50 亿元之间，占到了总量的 52. 5%。超过 100 亿元交易规模事件有 3 起，包括 2017 年“雷鸣科化收购淮矿股份 100% 股权”的 210. 68 亿元，2016 年“金马股份定增收购众泰汽车 100% 股权”的 116 亿元，及 2015 年“方圆支承拟定增收购万厦房产 100% 股权和新光建材城 100% 股权”的 111. 87 亿元。低于 5 亿元交易规模的有 5 起事件，且这 5 起事件最终均成功完成。

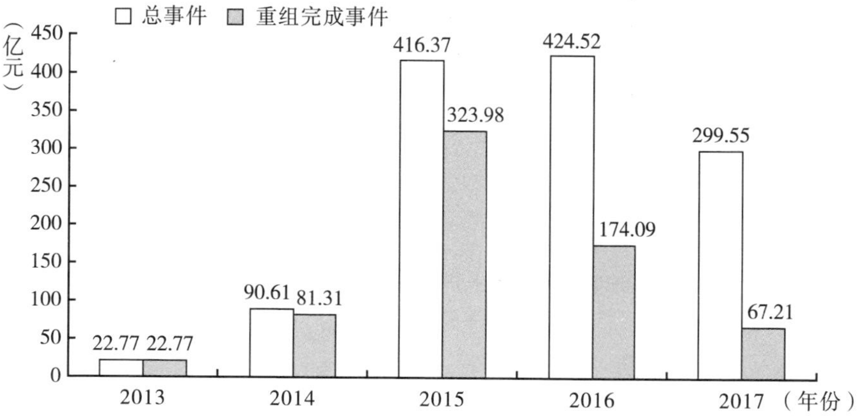

图 29　2013 ~2017 年安徽省上市公司已完成重大资产重组事件交易规模

4. 安徽省上市公司重大资产重组形式分析

2013 ~2017 年安徽省上市公司重大资产重组事件 40 起，其中通过发行股份购买资产形式进行并购重组的次数最多，占到总事件的 72. 5%（表

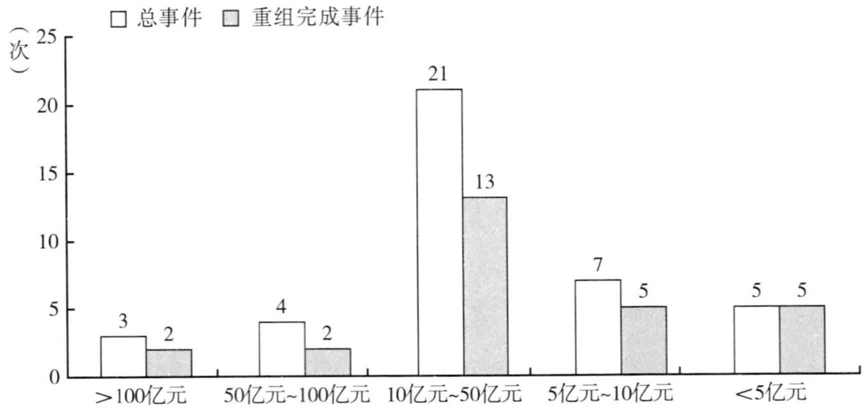

图 30　2013～2017 年安徽省上市公司已完成重大资产重组交易规模分布

12）。发行股份购买资产的重大资产重组事件中，重组完成比例仅为 62%。虽然以吸收合并和协议收购形式进行重大资产重组的事件相对较低，但完成比例明显高于以发行股份购买资产进行重大资产重组的事件。

2017 年安徽省上市公司重大资产重组事件 6 起，重组形式仅包括两种，即发行股份购买资产（4 起事件）及协议收购（2 起事件）。协议收购形式的重大资产重组事件完成比例为 100%，而通过发行股份购买资产形式发起的重大资产重组事件完成比例仅为 25%，仅有“江南化工收购盾安新能源 100% 股权”事件成功完成重组。

表 12　2013～2017 年安徽省上市公司重大资产重组形式及完成情况

重组形式	总计事件	重组完成事件	完成比例(%)
发行股份购买资产	29	18	62
吸收合并	2	2	100
协议收购	9	7	78

5. 安徽省上市公司重大资产重组分行业分析

对近五年安徽省参与重大资产重组的上市公司所处行业分析（图 31）。在 40 次重大资产重组事件中，有 26 次发生在制造业，占到了总事件的

65%；信息传输、软件和信息技术服务业有3次重大重组事件。其中，11次失败的重大重组事件中有8次发生在制造业中，1次股东大会未通过以及1次处于证监会反馈意见回复的重大重组事件也发生在制造业。

在2017年安徽省上市公司发生的6次重大资产重组事件中，有5次发生在制造业，另一次重大重组事件发生在房地产业，3次未完成的重大重组事件均发生在制造业中。制造业上市公司重大资产重组数量较多，但完成率有待提升。

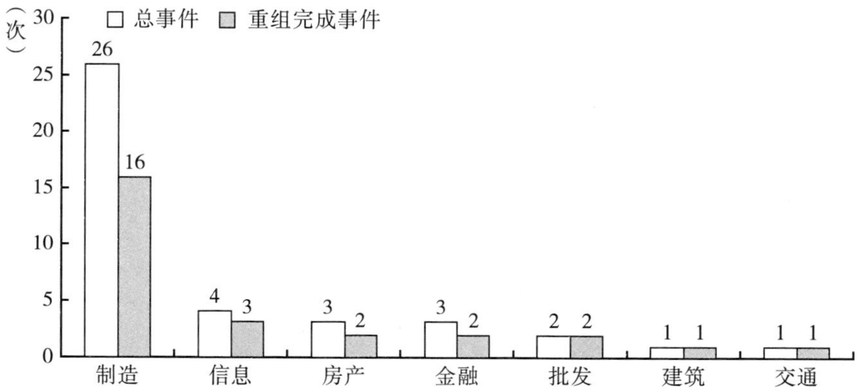

图31　2013~2017年安徽省参与重大资产重组的上市公司所处行业分布

6. 安徽省上市公司重大资产重组分区域分析

图32显示了2013~2017年发生重大资产重组事件的安徽省上市公司区域分布情况，共有11个城市的上市公司参与了重大重组事件，其中次数较多的为合肥市的11次和芜湖市的7次。池州市、六安市、淮南市、阜阳市和亳州市虽然有上市公司，但在近五年内并未发生重大资产重组事件。

从实际重组完成情况来看，各城市上市公司重大资产重组完成情况存在显著差异。马鞍山市、蚌埠市、黄山市和宣城市上市公司参与的重大重组事件均100%完成，而铜陵市和滁州市上市公司发生的6次重大资产重组事件却全部失败，合肥市、芜湖市和安庆市的上市公司参与的重大重组事件完成率也在70%以上。

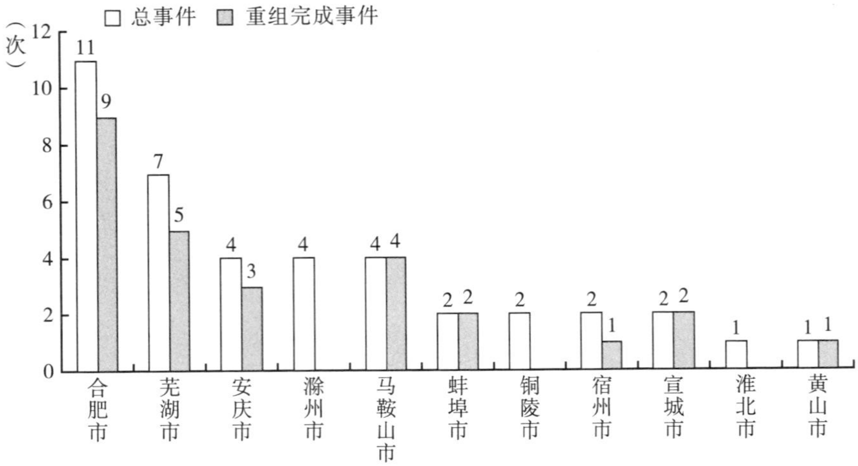

图 32　2013～2017 年安徽省参与重大资产重组的上市公司所处区域分布

五　研究结论与对策

（一）研究结论

基于对安徽省上市公司投资、融资和并购重组的规模与结构的分析，得到以下结论。

1. 安徽省上市公司投融资水平整体提升，但内部存在显著差异

2013～2017 年，安徽省上市公司总投资、总融资以及投融资各子指标的规模均有显著增加，安徽省上市公司整体投融资水平明显提高。在 2017 年安徽省上市公司总投资、总融资以及各子指标结构的分析中，每一个投融资指标的平均值均显著高于中位数，部分上市公司投融资水平较高，但更多的上市公司投融资水平较低，安徽省上市公司投融资水平存在严重的不均衡。

2. 安徽省上市公司投资水平和融资水平具有相关性

对比 2017 年安徽省上市公司投融资规模发现，上市公司投资水平和融资水平存在一定的相关性。在 99 家上市公司中，有 22 家上市公司的投资规模和

融资规模均高于全省平均值；同时有72家上市公司的投资规模和融资规模均低于全省平均值，上市公司融资水平高低一定程度上影响其投资水平。

3. 安徽省上市公司整体投融资结构发生略微变化

安徽省上市公司内外部投资比重发生变化。2013~2016年安徽省上市公司减少了对内投资比重，增加了对外投资比重；但2017年安徽省上市公司整体上又增加了对内投资比重，反而降低了对外投资比重。

安徽省上市公司融资结构发生变化。2017年安徽省上市公司新增股票融资额和IPO新增融资额有所下降；上市公司债券融资规模较低，2013年至2017年间，数据库中仅有9家上市公司进行债券融资，且发行时间主要集中在2015~2017年；上市公司银行借款融资、商业信用融资以及自我累计融资规模近年来整体呈增加趋势，且近两年增幅加大。

4. 各行业上市公司投融资水平显现差异性

制造业上市公司投融资总水平较高，但内部存在显著差异。从总投资规模、总融资规模、内外部投资规模以及各类融资规模的分析来看，制造业上市公司总体投融资水平高于其他行业；但制造业内部存在显著的两极分化现象，既有投融资水平较高的公司，如海螺水泥、马钢股份和铜陵有色等公司，也有很多投融资水平特别低的公司，如山河药辅、文一科技、集友股份等公司。

其他行业上市公司的投融资水平也存在显著区别。交通运输、仓储和邮政业以及采矿业的上市公司投融资水平较高，包括皖江物流、新集能源等公司；农、林、牧、渔业上市公司投融资水平相对不高，位居全省上市公司中下游；金融业上市公司可供出售金融资产规模和长期股权投资规模较高，但商业信用融资规模较低；文化、体育和娱乐业上市公司可供出售金融资产规模和自我累计融资规模较高，但银行借款融资规模较低。这些行业上市公司均不足4家，不能反映整个行业水平，只能代表安徽省这些行业几家上市公司的特征。

5. 合肥市上市公司投融资水平存在两极分化现象

合肥市上市公司投融资水平存在两极分化现象。江淮汽车、国元证券、皖能电力等上市公司的投融资水平较高，但中环环保、国机通用以及欧普康视等上市公司投融资水平较低，在全省排名靠后。在44家合肥市上市公司中，有34家公司2017年的投融资规模均低于全省平均值。

滁州市、铜陵市和宣城市等地区上市公司的整体投融资水平有待提升。这三个城市共有17家上市公司，其中铜陵有色和中鼎股份两家上市公司的投融资水平较高，但其他上市公司2017年的投融资规模均低于全省平均值，整体投融资水平有待提高。

6. 主板市场上市公司投融资水平相对较高

整体分析各板块市场安徽省上市公司的投融资水平，主板市场的上市公司整体投融资水平相对较高，但内部存在两极分化现象；创业板和中小板的上市公司整体投融资水平较低。

对各板块上市公司融资结构分析，安徽省上市公司银行借款融资、商业信用融资以及自我累计融资的结构基本类似，其中沪市A股市场的上市公司融资占比最高，其次分别为深市A股、中小板和创业板。

7. 国企上市公司投融资水平较高

国企类上市公司的整体投融资水平较高，但也存在两极分化现象。在34家地方国企上市公司中，有13家公司投融资规模均高于全省平均值，还有18家公司投融资规模均低于全省平均值，地方国企上市公司的投融资水平差异明显。

民营企业上市公司整体投融资水平较低。在52家民营企业中，有43家上市公司的投融资规模均低于全省平均值；但山鹰纸业、众泰汽车等7家民营上市公司的投融资规模较高，显著高于大多数国企和央企，也是其他民营企业学习的目标。

8. 安徽省上市公司并购重组步伐放缓

对比近五年安徽省上市公司并购重组的交易次数和交易规模，2015年为安徽省上市公司并购重组的高峰期，2016年开始安徽省上市公司并购重组数量和规模显著下降。

安徽省上市公司重大资产重组交易次数也在2015年达到峰值，并在2016年开始下降；2017年安徽省上市公司仅有6起重大资产重组事件，而广东省、江苏省、浙江省、上海市和北京市的上市公司重大资产重组交易事件分别为42、36、23、23以及22起，安徽省上市公司重大资产重组工作仍有待进一步开展。

9. 投融资水平较低的上市公司积极开展并购重组工作

民营上市公司并购重组次数显著高于国企。近五年安徽省上市公司参与并购重组交易的事件中，民营企业作为交易买方参与并购重组的次数共有81 次，而国有企业上市公司作为交易买方参与并购重组的次数仅为32 次。

投融资水平较低的上市公司参与并购重组次数更多。对 2017 年开展并购重组的上市公司分析发现，在去除中弘股份的 13 家作为交易买方的上市公司中，有 11 家上市公司 2017 年的投融资水平均低于全省平均值；而 4 家作为交易卖方的上市公司投融资水平也均低于全省平均值。

并购重组增加了公司的资产规模。分析安徽省上市公司并购重组的影响效果发现，2017 年大部分参与并购重组的上市公司对并购成本均有一定控制，没有对公司净利润造成太多损失；同时大部分上市公司在并购重组后都有效提高了自身规模，提升了公司扩张能力。

10. 安徽省上市公司重大资产重组交易特点明显，成功率尚需进一步提升

安徽省上市公司重大资产重组交易存在很多特点，其中重组目的主要为横向整合和多元化战略，重组交易规模集中在 10 亿元到 50 亿元之间，重组形式主要为发行股份购买资产；制造业上市公司重大资产重组事件更多；合肥市和芜湖市上市公司重大资产重组事件更多。

安徽省上市公司重大资产重组成功率尚需进一步提升。2013 ~ 2017 年安徽省上市公司发生重大资产重组事件 40 次，其中 27 次事件成功，成功率为 67.5% 。从各省份上市公司重大资产重组成功率来看，近五年安徽省上市公司重大资产重组成功率排在全国第 16 位；北京市和上海市上市公司重大资产重组事件较多，但其重大资产重组成功率也在 70% 以上；安徽省上市公司重大资产重组成功率尚需进一步提升。

（二）对策建议

1. 发展股权投资基金，优化整体投资环境

政府设立省级种子投资基金，培育种子期、初创期前端企业；鼓励各类

私募股权投资管理机构落户安徽，支持本地设立私募股权投资管理机构；建立基金投资引导对接机制，为上市公司及后备企业分类对接基金管理机构；引进有效率的市场化竞争，优化投资环境，推进投资改革，积极构建“小政府，大市场”的投资格局。

上市公司积极设立产业创投基金、天使投资基金等各类股权投资基金。利用产业创投基金，为企业所处产业链上下游创业者提供更多资金支持；利用天使投资基金，支持省内初创期创新型企业发展；设立产业发展基金，支持企业进行产业资源整合。

2. 改善企业投资管理，确立投资主体地位

政府应缩减核准事项，鼓励企业自主决策投资行为，放宽上市公司投资准入，同时对重大项目进行严格把关；优化上市公司投资项目管理流程，推动审批权限下放；支持民营上市公司开展政产学研合作，引导民营企业资金发展新经济，激发投资新活力。

上市公司应积极投资，明确自身投资主体地位，提高投资效率。大型国有上市公司要防止过度投资行为，杜绝产能过剩问题；投资水平低的国有上市公司应发挥自身有利的国有地位，及时处置低效资产投资，依靠优势扶持政策，主动转变投资项目，增加内外部投资规模；民营上市公司应着力推进“补短板”，加大投资力度，增加对外投资规模，提升多元化经营能力，提高公司竞争实力。

3. 加快多层次资本市场建设，提升直接融资能力

政府应推进安徽省内企业在“新三板”挂牌上市，支持中小型企业挂牌融资；加大上市企业培育力度，充实优化上市后备企业资源库，强化企业利用资本市场融资意识，加快推动安徽省内企业上市步伐；引进各类金融机构，在安徽设点展业，扩大地域覆盖面；引导地方法人证券机构建成有国际影响力的现代投资银行，优化上市公司的融资环境。

上市公司应利用多渠道提升直接融资能力，灵活运用公司债、可转债、中期票据、短期融资券等多元化融资工具进行债券融资，拓宽直接融资渠道；充分利用资本市场，提升公司股权融资比重，不断做优做强；积极开展债转股，公募私募并行，从多渠道进行融资。

4. 鼓励多方共同努力，提高民营企业融资水平

政府应进一步完善民营中小上市公司的融资政策，由市级财政出部分资金，并吸纳一定的社会资金组建政府创业风险投资引导基金，增加对地方中小高新技术企业的投资；加快有利于中小板上市公司的信贷体制改革，建立有利于中小上市公司融资的政策机制；通过政府出资、鼓励民资、吸引外资等多种途径，提升民营中小上市公司融资能力。

民营中小上市公司应积极提升自身竞争力，提高信用等级。加强自我管理，提高自身竞争力；规范财务管理，加强内控和资金运用，寻找多渠道合作；不断提高自身的信用等级，进行信誉管理，合理运用担保、评估和确权等手段完善自身的信用。

银行及其他金融机构应加大有效信贷投放，支持上市公司发展。商业银行应盘活存量资金，加大投放力度，加大对上市公司的金融支持力度；金融机构积极创新金融产品和服务方式，加大对民营上市公司的扶持力度，拓宽服务范围；银行与股权投资机构可以积极开展联合投资，创新联动上市公司融资模式。

5. 支持企业并购重组，推进国企改革上市进程

政府应引导上市公司利用资本市场并购重组，创新商业模式，整合产业链，做大产业群；支持有条件的上市公司并购重组海外产业链高端品牌及研发资源，提升企业综合竞争力，带动安徽省地方竞争力；搭建并购重组服务平台，组建并购联盟，开展试点探索，发挥上市公司示范引领作用，推动地方集聚产业的转型升级；科学优化国有资本布局，加强国企改革工作，推动国企上市进程。

上市公司应积极参与并购重组工作，尤其是重大资产重组工作，实现业务升级，规模扩张；选择合理并购策略，根据企业发展战略选择合适并购类型，提升并购重组完成效率；注重并购后整合问题，提升并购后企业的经营能力；加大境外并购工作，拓宽公司海外市场。

6. 关注企业投资方向，识别上市公司的发展潜力

投资者要关注企业投资方向，合理进行投资，降低投资失败风险；加强自身学习，提高维权意识，做好自身保护工作；积极关注国企上市公司并购重组行为，关注一些概念股，识别上市公司的发展潜力，增强投资安徽上市公司的信心。

附件1　2017年安徽省上市公司总投资规模排名表

单位：亿元

总排名	公司名称	总投资	分行业排名		分城市排名		分板块排名		分属性排名	
1	海螺水泥	1168.49	制造	1	芜湖	1	沪A	1	国企	1
2	马钢股份	698.50	制造	2	马鞍山	1	沪A	2	国企	2
3	安徽水利	541.96	建筑	1	蚌埠	1	沪A	3	国企	3
4	铜陵有色	419.85	制造	3	铜陵	1	深A	1	国企	4
5	江淮汽车	392.37	制造	4	合肥	1	沪A	4	国企	5
6	国元证券	317.48	金融	1	合肥	2	深A	2	国企	6
7	众泰汽车	256.45	制造	5	黄山	1	深A	3	民企	1
8	皖能电力	243.36	电力	1	合肥	3	深A	4	国企	7
9	山鹰纸业	219.36	制造	6	马鞍山	2	沪A	5	民企	2
10	新集能源	194.75	采矿	1	淮南	1	沪A	6	央企	1
11	皖江物流	169.33	交通	1	芜湖	2	沪A	7	国企	8
12	阳光电源	156.23	制造	7	合肥	4	创业	1	民企	3
13	美菱电器	155.21	制造	8	合肥	5	深A	5	国企	9
14	华孚时尚	149.31	制造	9	淮北	1	中小	1	民企	4
15	皖通高速	137.50	交通	2	合肥	6	沪A	8	国企	10
16	恒源煤电	131.80	采矿	2	淮北	2	沪A	9	国企	11
17	新光圆成	124.98	房产	1	马鞍山	3	中小	2	民企	5
18	盛运环保	123.77	制造	10	安庆	1	创业	2	民企	6
19	中鼎股份	118.77	制造	11	宣城	1	深A	6	民企	7
20	皖新传媒	116.12	文化	1	合肥	7	沪A	10	国企	12
21	合肥城建	114.92	房产	2	合肥	8	中小	3	国企	13
22	精工钢构	107.75	建筑	2	六安	1	沪A	11	民企	8
23	科大讯飞	105.45	信息	1	合肥	9	中小	4	央企	2
24	古井贡酒	91.35	制造	12	亳州	1	深A	7	国企	14
25	华菱星马	91.32	制造	13	马鞍山	4	沪A	12	国企	15
26	合肥百货	86.35	批发	1	合肥	10	深A	8	国企	16
27	皖维高新	83.55	制造	14	合肥	11	沪A	13	国企	17
28	鸿路钢构	80.03	制造	15	合肥	12	中小	5	民企	9
29	惠而浦	79.23	制造	16	合肥	13	沪A	14	外企	1
30	安凯客车	76.34	制造	17	合肥	14	深A	9	国企	18
31	华茂股份	76.29	制造	18	安庆	2	深A	10	国企	19
32	辉隆股份	74.09	批发	2	合肥	15	中小	6	集企	1
33	口子窖	71.50	制造	19	淮北	3	沪A	15	民企	10
34	安徽合力	68.88	制造	20	合肥	16	沪A	16	国企	20
35	长信科技	65.99	制造	21	芜湖	3	创业	3	民企	11
36	时代出版	62.84	文化	2	合肥	17	沪A	17	国企	21

续表

总排名	公司名称	总投资	分行业排名		分城市排名		分板块排名		分属性排名	
37	应流股份	62.52	制造	22	合肥	18	沪A	18	民企	12
38	迎驾贡酒	56.53	制造	23	六安	2	沪A	19	民企	13
39	东华科技	56.21	建筑	3	合肥	19	中小	7	央企	3
40	精达股份	56.15	制造	24	铜陵	2	沪A	20	民企	14
41	三七互娱	55.59	信息	2	芜湖	4	中小	8	民企	15
42	金禾实业	55.30	制造	25	滁州	1	中小	9	民企	16
43	六国化工	51.78	制造	26	铜陵	3	沪A	21	国企	22
44	四创电子	50.88	制造	27	合肥	20	沪A	22	央企	4
45	富煌钢构	49.90	制造	28	合肥	21	中小	10	民企	17
46	广信股份	49.80	制造	29	宣城	2	沪A	23	民企	18
47	凯盛科技	48.62	制造	30	蚌埠	2	沪A	24	央企	5
48	黄山旅游	46.81	水利	1	黄山	2	沪A	25	国企	23
49	中粮生化	45.61	制造	31	蚌埠	3	深A	11	央企	6
50	洽洽食品	44.00	制造	32	合肥	22	中小	11	民企	19
51	梦舟股份	43.82	制造	33	芜湖	5	沪A	26	民企	20
52	楚江新材	43.20	制造	34	芜湖	6	中小	12	民企	21
53	中电鑫龙	42.12	信息	3	芜湖	7	中小	13	民企	22
54	华安证券	41.29	金融	2	合肥	23	沪A	27	国企	24
55	亚夏汽车	39.88	批发	3	芜湖	8	中小	14	民企	23
56	司尔特	39.63	制造	35	宣城	3	中小	15	民企	24
57	江南化工	39.62	制造	36	宣城	4	中小	16	民企	25
58	国祯环保	38.35	水利	2	合肥	24	创业	4	民企	26
59	全柴动力	35.74	制造	37	滁州	2	沪A	28	国企	25
60	海螺型材	34.63	制造	38	芜湖	9	深A	12	国企	26
61	金种子酒	28.77	制造	39	阜阳	1	沪A	29	国企	27
62	皖天然气	28.48	电力	2	合肥	25	沪A	30	国企	28
63	美亚光电	27.32	制造	40	合肥	26	中小	17	民企	27
64	神剑股份	26.34	制造	41	芜湖	10	中小	18	民企	28
65	设计总院	26.03	科学	1	合肥	27	沪A	31	国企	29
66	伯特利	25.85	制造	42	芜湖	11	沪A	32	外企	2
67	志邦股份	25.54	制造	43	合肥	28	沪A	33	民企	29
68	丰原药业	25.47	制造	44	芜湖	12	深A	13	民企	30
69	常青股份	23.80	制造	45	合肥	29	沪A	34	民企	31
70	永新股份	23.21	制造	46	黄山	3	中小	19	集企	2
71	雷鸣科化	21.65	制造	47	淮北	4	沪A	35	国企	30
72	乐金健康	20.35	制造	48	合肥	30	创业	5	民企	32

续表

总排名	公司名称	总投资	分行业排名		分城市排名		分板块排名		分属性排名	
73	丰乐种业	19.73	农林	1	合肥	31	深A	14	国企	31
74	国风塑业	19.73	制造	49	合肥	32	深A	15	国企	32
75	泰尔股份	19.71	制造	50	马鞍山	5	中小	20	民企	33
76	铜峰电子	19.43	制造	51	铜陵	4	沪A	36	民企	34
77	安利股份	19.00	制造	52	合肥	33	创业	6	民企	35
78	德力股份	18.26	制造	53	滁州	3	中小	21	民企	36
79	皖通科技	17.52	信息	4	合肥	34	中小	22	民企	37
80	合锻智能	16.54	制造	54	合肥	35	沪A	37	民企	38
81	中钢天源	15.92	制造	55	马鞍山	6	中小	23	央企	7
82	荃银高科	14.94	农林	2	合肥	36	创业	7	众企	1
83	聚隆科技	14.77	制造	56	宣城	5	创业	8	民企	39
84	安科生物	14.39	制造	57	合肥	37	创业	9	民企	40
85	新力金融	14.05	金融	3	合肥	38	沪A	38	集企	3
86	安德利	13.31	批发	4	合肥	39	沪A	39	民企	41
87	科大国创	11.62	信息	5	合肥	40	创业	10	民企	42
88	九华旅游	11.34	水利	3	池州	1	沪A	40	国企	33
89	众源新材	11.05	制造	58	芜湖	13	沪A	41	民企	43
90	安纳达	9.82	制造	59	铜陵	5	中小	24	国企	34
91	开润股份	9.46	制造	60	滁州	4	创业	11	民企	44
92	泰禾光电	9.34	制造	61	合肥	41	沪A	42	民企	45
93	凤形股份	9.08	制造	62	宣城	6	中小	25	民企	46
94	欧普康视	8.34	制造	63	合肥	42	创业	12	民企	47
95	国机通用	7.75	制造	64	合肥	43	沪A	43	央企	8
96	黄山胶囊	7.00	制造	65	宣城	7	中小	26	民企	48
97	集友股份	6.18	制造	66	安庆	3	沪A	44	民企	49
98	文一科技	5.87	制造	67	铜陵	6	沪A	45	民企	50
99	山河药辅	5.73	制造	68	淮南	2	创业	13	民企	51
100	华菱精工	5.10	制造	69	宣城	8	沪A	46	民企	52
101	中环环保	4.04	水利	4	合肥	44	创业	14	民企	53
平均值:88.73					中位数:43.82					

注：1. 行业和企业属性简称同分报告附件1一致。行业标准为证监会2016行业分类标准。

2. 板块中沪A代表沪市A股；深A代表深市A股；中小代表中小板；创业代表创业板。

3. 因企业经营问题，剔除了*ST华信和中弘股份两家上市公司的数据。

4. 本表各项指标数据源来自万得数据库。

5. 以上4点适用于本节各图表。

附件 2　2017 年安徽省上市公司固定资产排名表

单位：亿元

总排名	公司名称	固定资产	分行业排名		分城市排名		分板块排名		分属性排名	
1	海螺水泥	596.68	制造	1	芜湖	1	沪 A	1	国企	1
2	马钢股份	331.30	制造	2	马鞍山	1	沪 A	2	国企	2
3	新集能源	149.46	采矿	1	淮南	1	沪 A	3	央企	1
4	铜陵有色	148.19	制造	3	铜陵	1	深 A	1	国企	3
5	皖能电力	138.72	电力	1	合肥	1	深 A	2	国企	4
6	江淮汽车	111.55	制造	4	合肥	2	沪 A	4	国企	5
7	山鹰纸业	106.85	制造	5	马鞍山	2	沪 A	5	民企	1
8	皖江物流	103.37	交通	1	芜湖	2	沪 A	6	国企	6
9	皖维高新	47.39	制造	6	合肥	3	沪 A	7	国企	7
10	华孚时尚	43.81	制造	7	淮北	1	中小	1	民企	2
11	恒源煤电	36.68	采矿	2	淮北	2	沪 A	8	国企	8
12	应流股份	31.82	制造	8	合肥	4	沪 A	9	民企	3
13	众泰汽车	30.97	制造	9	黄山	1	深 A	3	民企	4
14	华菱星马	29.84	制造	10	马鞍山	3	沪 A	10	国企	9
15	安徽水利	29.35	建筑	1	蚌埠	1	沪 A	11	国企	10
16	中鼎股份	28.05	制造	11	宣城	1	深 A	4	民企	5
17	六国化工	27.71	制造	12	铜陵	2	沪 A	12	国企	11
18	长信科技	26.25	制造	13	芜湖	3	创业	1	民企	6
19	中粮生化	21.77	制造	14	蚌埠	2	深 A	5	央企	2
20	皖天然气	18.91	电力	2	合肥	5	沪 A	13	国企	12
21	华茂股份	18.29	制造	15	安庆	1	深 A	6	国企	13
22	古井贡酒	17.92	制造	16	亳州	1	深 A	7	国企	14
23	阳光电源	17.47	制造	17	合肥	6	创业	2	民企	7
24	新光圆成	17.31	房产	1	马鞍山	4	中小	2	民企	8
25	合肥百货	17.05	批发	1	合肥	7	深 A	8	国企	15
26	黄山旅游	16.89	水利	1	黄山	2	沪 A	14	国企	16
27	安徽合力	15.18	制造	18	合肥	8	沪 A	15	国企	17
28	鸿路钢构	14.95	制造	19	合肥	9	中小	3	民企	9
29	国元证券	14.71	金融	1	合肥	10	深 A	9	国企	18
30	科大讯飞	14.54	信息	1	合肥	11	中小	4	央企	3
31	美菱电器	14.39	制造	20	合肥	12	深 A	10	国企	19
32	海螺型材	13.78	制造	21	芜湖	4	深 A	11	国企	20
33	金禾实业	13.33	制造	22	滁州	1	中小	5	民企	10

续表

总排名	公司名称	固定资产	分行业排名		分城市排名		分板块排名		分属性排名	
34	凯盛科技	13.16	制造	23	蚌埠	3	沪 A	16	央企	4
35	迎驾贡酒	13.12	制造	24	六安	1	沪 A	17	民企	11
36	司尔特	13.46	制造	25	宣城	2	中小	6	民企	12
37	梦舟股份	13.13	制造	26	芜湖	5	沪 A	18	民企	13
38	惠而浦	13.11	制造	27	合肥	13	沪 A	19	外企	1
39	口子窖	11.38	制造	28	淮北	3	沪 A	20	民企	14
40	广信股份	11.21	制造	29	宣城	3	沪 A	21	民企	15
41	安利股份	10.83	制造	30	合肥	14	创业	3	民企	16
42	洽洽食品	10.16	制造	31	合肥	15	中小	7	民企	17
43	安凯客车	9.88	制造	32	合肥	16	深 A	12	国企	21
44	皖通高速	9.45	交通	2	合肥	17	沪 A	22	国企	22
45	全柴动力	9.43	制造	33	滁州	2	沪 A	23	国企	23
46	精达股份	9.30	制造	34	铜陵	3	沪 A	24	民企	18
47	江南化工	8.91	制造	35	宣城	4	中小	8	民企	19
48	国风塑业	8.68	制造	36	合肥	18	深 A	13	国企	24
49	铜峰电子	8.58	制造	37	铜陵	4	沪 A	25	民企	20
50	亚夏汽车	8.22	批发	2	芜湖	6	中小	9	民企	21
51	丰原药业	8.00	制造	38	芜湖	7	深 A	14	民企	22
52	富煌钢构	7.77	制造	39	合肥	19	中小	10	民企	23
53	精工钢构	7.69	建筑	2	六安	2	沪 A	26	民企	24
54	常青股份	7.21	制造	40	合肥	20	沪 A	27	民企	25
55	盛运环保	7.16	制造	41	安庆	2	创业	4	民企	26
56	时代出版	7.07	文化	1	合肥	21	沪 A	28	国企	25
57	永新股份	6.72	制造	42	黄山	3	中小	11	集企	1
58	九华旅游	6.52	水利	2	池州	1	沪 A	29	国企	26
59	楚江新材	6.44	制造	43	芜湖	8	中小	12	民企	27
60	志邦股份	6.07	制造	44	合肥	22	沪 A	30	民企	28
61	中电鑫龙	6.06	信息	2	芜湖	9	中小	13	民企	29
62	金种子酒	5.82	制造	45	阜阳	1	沪 A	31	国企	27
63	辉隆股份	5.81	批发	3	合肥	23	中小	14	集企	2
64	安德利	5.79	批发	4	合肥	24	沪 A	32	民企	30
65	四创电子	5.74	制造	46	合肥	25	沪 A	33	央企	5
66	安纳达	5.70	制造	47	铜陵	5	中小	15	国企	28
67	华安证券	5.60	金融	2	合肥	26	沪 A	34	国企	29

续表

总排名	公司名称	固定资产	分行业排名		分城市排名		分板块排名		分属性排名	
68	德力股份	5.51	制造	48	滁州	3	中小	16	民企	31
69	伯特利	5.02	制造	49	芜湖	10	沪A	35	外企	2
70	雷鸣科化	4.63	制造	50	淮北	4	沪A	36	国企	30
71	丰乐种业	4.50	农林	1	合肥	27	深A	15	国企	31
72	安科生物	4.38	制造	51	合肥	28	创业	5	民企	32
73	神剑股份	4.04	制造	52	芜湖	11	中小	17	民企	33
74	凤形股份	3.78	制造	53	宣城	5	中小	18	民企	34
75	合锻智能	3.73	制造	54	合肥	29	沪A	37	民企	35
76	中钢天源	3.55	制造	55	马鞍山	5	中小	19	央企	6
77	皖新传媒	3.30	文化	2	合肥	30	沪A	38	国企	32
78	乐金健康	3.21	制造	56	合肥	31	创业	6	民企	36
79	三七互娱	3.92	信息	3	芜湖	12	中小	20	民企	37
80	泰尔股份	3.84	制造	57	马鞍山	6	中小	21	民企	38
81	国祯环保	3.22	水利	3	合肥	32	创业	7	民企	39
82	美亚光电	3.21	制造	58	合肥	33	中小	22	民企	40
83	黄山胶囊	3.02	制造	59	宣城	6	中小	23	民企	41
84	荃银高科	3.02	农林	2	合肥	34	创业	8	众企	1
85	东华科技	3.00	建筑	2	合肥	35	中小	24	央企	7
86	华菱精工	1.70	制造	60	宣城	7	沪A	39	民企	42
87	皖通科技	1.47	信息	4	合肥	36	中小	25	民企	43
88	集友股份	1.43	制造	61	安庆	3	沪A	40	民企	44
89	文一科技	1.38	制造	62	铜陵	6	沪A	41	民企	45
90	山河药辅	1.38	制造	63	淮南	2	创业	9	民企	46
91	众源新材	1.15	制造	64	芜湖	13	沪A	42	民企	47
92	设计总院	1.14	科学	1	合肥	37	沪A	43	国企	33
93	泰禾光电	1.11	制造	65	合肥	38	沪A	44	民企	48
94	国机通用	0.92	制造	66	合肥	39	沪A	45	央企	8
95	开润股份	0.87	制造	67	滁州	4	创业	10	民企	49
96	聚隆科技	0.82	制造	68	宣城	8	创业	11	民企	50
97	合肥城建	0.67	房产	3	合肥	40	中小	26	国企	34
98	中环环保	0.49	水利	4	合肥	41	创业	12	民企	51
99	科大国创	0.38	信息	5	合肥	42	创业	13	民企	52
100	欧普康视	0.33	制造	69	合肥	43	创业	14	民企	53
101	新力金融	0.05	金融	3	合肥	44	沪A	46	集企	3
平均值:26.05					中位数:8.00					

附件 3　2017 年安徽省上市公司无形资产排名表

单位：亿元

总排名	公司名称	无形资产	分行业排名		分城市排名		分板块排名		分属性排名	
1	皖通高速	99.353	交通	1	合肥	1	沪 A	1	国企	1
2	海螺水泥	79.761	制造	1	芜湖	1	沪 A	2	国企	2
3	众泰汽车	43.923	制造	2	黄山	1	深 A	1	民企	1
4	盛运环保	32.800	制造	3	安庆	1	创业	1	民企	2
5	江淮汽车	28.441	制造	4	合肥	2	沪 A	3	国企	3
6	皖江物流	22.190	交通	2	芜湖	2	沪 A	4	国企	4
7	恒源煤电	21.216	采矿	1	淮北	1	沪 A	5	国企	5
8	马钢股份	18.836	制造	5	马鞍山	1	沪 A	6	国企	6
9	铜陵有色	18.804	制造	6	铜陵	1	深 A	2	国企	7
10	新集能源	15.727	采矿	2	淮南	1	沪 A	7	央企	1
11	山鹰纸业	11.814	制造	7	马鞍山	2	沪 A	8	民企	3
12	科大讯飞	11.331	信息	1	合肥	3	中小	1	央企	2
13	合肥百货	10.041	批发	1	合肥	4	深 A	3	国企	8
14	华菱星马	8.005	制造	8	马鞍山	3	沪 A	9	国企	9
15	美菱电器	7.729	制造	9	合肥	5	深 A	4	国企	10
16	国祯环保	6.936	水利	1	合肥	6	创业	2	民企	4
17	古井贡酒	6.914	制造	10	亳州	1	深 A	5	国企	11
18	六国化工	6.460	制造	11	铜陵	2	沪 A	10	国企	12
19	华孚时尚	5.997	制造	12	淮北	2	中小	2	民企	5
20	亚夏汽车	5.902	批发	2	芜湖	3	中小	3	民企	6
21	雷鸣科化	5.565	制造	13	淮北	3	沪 A	11	国企	13
22	皖能电力	5.268	电力	1	合肥	7	深 A	6	国企	14
23	中鼎股份	4.763	制造	14	宣城	1	深 A	7	民企	7
24	华茂股份	4.566	制造	15	安庆	2	深 A	8	国企	15
25	中粮生化	4.456	制造	16	蚌埠	1	深 A	9	央企	3
26	口子窖	4.242	制造	17	淮北	4	沪 A	12	民企	8
27	江南化工	3.734	制造	18	宣城	2	中小	4	民企	9
28	鸿路钢构	3.675	制造	19	合肥	8	中小	5	民企	10
29	司尔特	3.378	制造	20	宣城	3	中小	6	民企	11
30	凯盛科技	3.264	制造	21	蚌埠	2	沪 A	13	央企	4
31	皖维高新	3.156	制造	22	合肥	9	沪 A	14	国企	16
32	应流股份	3.012	制造	23	合肥	10	沪 A	15	民企	12
33	惠而浦	2.980	制造	24	合肥	11	沪 A	16	外企	1

续表

总排名	公司名称	无形资产	分行业排名		分城市排名		分板块排名		分属性排名	
34	金种子酒	2.913	制造	25	阜阳	1	沪A	17	国企	17
35	安徽水利	2.897	建筑	1	蚌埠	3	沪A	18	国企	18
36	皖新传媒	2.806	文化	1	合肥	12	沪A	19	国企	19
37	精工钢构	2.718	建筑	2	六安	1	沪A	20	民企	13
38	洽洽食品	2.576	制造	26	合肥	13	中小	7	民企	14
39	安凯客车	2.438	制造	27	合肥	14	深A	10	国企	20
40	海螺型材	2.388	制造	28	芜湖	4	深A	11	国企	21
41	楚江新材	2.165	制造	29	芜湖	5	中小	8	民企	15
42	四创电子	2.109	制造	30	合肥	15	沪A	21	央企	5
43	安徽合力	2.068	制造	31	合肥	16	沪A	22	国企	22
44	辉隆股份	2.031	批发	3	合肥	17	中小	9	集企	1
45	广信股份	1.966	制造	32	宣城	4	沪A	23	民企	16
46	富煌钢构	1.921	制造	33	合肥	18	中小	10	民企	17
47	丰乐种业	1.885	农林	1	合肥	19	深A	12	国企	23
48	皖天然气	1.676	电力	2	合肥	20	沪A	24	国企	24
49	常青股份	1.525	制造	34	合肥	21	沪A	25	民企	18
50	新光圆成	1.511	房产	1	马鞍山	4	中小	11	民企	19
51	皖通科技	1.486	信息	2	合肥	22	中小	12	民企	20
52	长信科技	1.465	制造	35	芜湖	6	创业	3	民企	21
53	安科生物	1.418	制造	36	合肥	23	创业	4	民企	22
54	国风塑业	1.401	制造	37	合肥	24	深A	13	国企	25
55	时代出版	1.292	文化	2	合肥	25	沪A	26	国企	26
56	迎驾贡酒	1.199	制造	38	六安	2	沪A	27	民企	23
57	丰原药业	1.198	制造	39	芜湖	7	深A	14	民企	24
58	东华科技	1.195	建筑	3	合肥	26	中小	13	央企	6
59	中钢天源	1.128	制造	40	马鞍山	5	中小	14	央企	7
60	安德利	1.094	批发	4	合肥	27	沪A	28	民企	25
61	九华旅游	1.062	水利	2	池州	1	沪A	29	国企	27
62	中电鑫龙	1.029	信息	3	芜湖	8	中小	15	民企	26
63	精达股份	1.026	制造	41	铜陵	3	沪A	30	民企	27
64	乐金健康	0.966	制造	42	合肥	28	创业	5	民企	28
65	荃银高科	0.949	农林	2	合肥	29	创业	6	众企	1
66	阳光电源	0.866	制造	43	合肥	30	创业	7	民企	29
67	神剑股份	0.834	制造	44	芜湖	9	中小	16	民企	30

续表

总排名	公司名称	无形资产	分行业排名		分城市排名		分板块排名		分属性排名	
68	合锻智能	0.819	制造	45	合肥	31	沪A	31	民企	31
69	志邦股份	0.733	制造	46	合肥	32	沪A	32	民企	32
70	黄山旅游	0.707	水利	3	黄山	2	沪A	33	国企	28
71	泰尔股份	0.681	制造	47	马鞍山	6	中小	17	民企	33
72	永新股份	0.602	制造	48	黄山	3	中小	18	集企	2
73	金禾实业	0.593	制造	49	滁州	1	中小	19	民企	34
74	华安证券	0.578	金融	1	合肥	33	沪A	34	国企	29
75	德力股份	0.568	制造	50	滁州	2	中小	20	民企	35
76	全柴动力	0.536	制造	51	滁州	3	沪A	35	国企	30
77	文一科技	0.530	制造	52	铜陵	4	沪A	36	民企	36
78	国元证券	0.523	金融	2	合肥	34	深A	15	国企	31
79	三七互娱	0.449	信息	4	芜湖	10	中小	21	民企	37
80	梦舟股份	0.443	制造	53	芜湖	11	沪A	37	民企	38
81	伯特利	0.439	制造	54	芜湖	12	沪A	38	外企	2
82	安利股份	0.429	制造	55	合肥	35	创业	8	民企	39
83	安纳达	0.411	制造	56	铜陵	5	中小	22	国企	32
84	众源新材	0.390	制造	57	芜湖	13	沪A	39	民企	40
85	山河药辅	0.388	制造	58	淮南	2	创业	9	民企	41
86	中环环保	0.369	水利	4	合肥	36	创业	10	民企	42
87	凤形股份	0.343	制造	59	宣城	5	中小	23	民企	43
88	美亚光电	0.305	制造	60	合肥	37	中小	24	民企	44
89	泰禾光电	0.220	制造	61	合肥	38	沪A	40	民企	45
90	集友股份	0.214	制造	62	安庆	3	沪A	41	民企	46
91	铜峰电子	0.205	制造	63	铜陵	6	沪A	42	民企	47
92	华菱精工	0.172	制造	64	宣城	6	沪A	43	民企	48
93	黄山胶囊	0.163	制造	65	宣城	7	中小	25	民企	49
94	国机通用	0.158	制造	66	合肥	39	沪A	44	央企	8
95	设计总院	0.149	科学	1	合肥	40	沪A	45	国企	33
96	开润股份	0.101	制造	67	滁州	4	创业	11	民企	50
97	科大国创	0.095	信息	5	合肥	41	创业	12	民企	51
98	聚隆科技	0.077	制造	68	宣城	8	创业	13	民企	52
99	欧普康视	0.075	制造	69	合肥	42	创业	14	民企	53
100	新力金融	0.033	金融	3	合肥	43	沪A	46	集企	3
101	合肥城建	0.002	房产	2	合肥	44	中小	26	国企	34
平均值:5.782					中位数:1.486					

附件4　2017年安徽省上市公司可供出售金融资产排名表

单位：亿元

总排名	公司名称	可供出售金融资产	分行业排名		分城市排名		分板块排名		分属性排名	
1	国元证券	276.916	金融	1	合肥	1	深A	1	国企	1
2	皖能电力	42.778	电力	1	合肥	2	深A	2	国企	2
3	华安证券	30.092	金融	2	合肥	3	沪A	1	国企	3
4	华茂股份	27.818	制造	1	安庆	1	深A	3	国企	4
5	盛运环保	13.345	制造	2	安庆	2	创业	1	民企	1
6	马钢股份	11.112	制造	3	马鞍山	1	沪A	2	国企	5
7	惠而浦	10.9	制造	4	合肥	4	沪A	3	外企	1
8	皖维高新	10.245	制造	5	合肥	5	沪A	4	国企	6
9	三七互娱	8.825	信息	1	芜湖	1	中小	1	民企	2
10	皖新传媒	8.223	文化	1	合肥	6	沪A	5	国企	7
11	黄山旅游	6.769	水利	1	黄山	1	沪A	6	国企	8
12	时代出版	6.69	文化	2	合肥	7	沪A	7	国企	9
13	精工钢构	6.597	建筑	1	六安	1	沪A	8	民企	3
14	阳光电源	5.519	制造	6	合肥	8	创业	2	民企	4
15	古井贡酒	5.171	制造	7	亳州	1	深A	4	国企	10
16	精达股份	4.874	制造	8	铜陵	1	沪A	9	民企	5
17	海螺水泥	4.614	制造	9	芜湖	2	沪A	10	国企	11
18	江南化工	4.184	制造	10	宣城	1	中小	2	民企	6
19	皖通高速	4.048	交通	1	合肥	9	沪A	11	国企	12
20	科大讯飞	3.982	信息	2	合肥	10	中小	3	央企	1
21	中鼎股份	2.678	制造	11	宣城	2	深A	5	民企	7
22	新集能源	2.244	采矿	1	淮南	1	沪A	12	央企	2
23	亚夏汽车	2.128	批发	1	芜湖	3	中小	4	民企	8
24	德力股份	2.12	制造	12	滁州	1	中小	5	民企	9
25	辉隆股份	2.09	批发	2	合肥	11	中小	6	集企	1
26	合肥百货	1.792	批发	3	合肥	12	深A	6	国企	13
27	山鹰纸业	1.552	制造	13	马鞍山	2	沪A	13	民企	10
28	东华科技	1.532	建筑	2	合肥	13	中小	7	央企	3
29	金禾实业	1.437	制造	14	滁州	2	中小	8	民企	11
30	泰尔股份	1.351	制造	15	马鞍山	3	中小	9	民企	12
31	丰原药业	1.313	制造	16	芜湖	4	深A	7	民企	13
32	华孚时尚	1.299	制造	17	淮北	1	中小	10	民企	14
33	江淮汽车	1.238	制造	18	合肥	14	沪A	14	国企	14
34	梦舟股份	1.02	制造	19	芜湖	5	沪A	15	民企	15

续表

总排名	公司名称	可供出售金融资产	分行业排名		分城市排名		分板块排名		分属性排名	
35	乐金健康	0.989	制造	20	合肥	15	创业	3	民企	16
36	安徽合力	0.983	制造	21	合肥	16	沪 A	16	国企	15
37	金种子酒	0.835	制造	22	阜阳	1	沪 A	17	国企	16
38	铜陵有色	0.678	制造	23	铜陵	2	深 A	8	国企	17
39	应流股份	0.536	制造	24	合肥	17	沪 A	18	民企	17
40	美亚光电	0.5	制造	25	合肥	18	中小	11	民企	18
41	丰乐种业	0.483	农林	1	合肥	19	深 A	9	国企	18
42	中粮生化	0.391	制造	26	蚌埠	1	深 A	10	央企	4
43	安徽水利	0.363	建筑	3	蚌埠	2	沪 A	19	国企	19
44	六国化工	0.349	制造	27	铜陵	3	沪 A	20	国企	20
45	美菱电器	0.31	制造	28	合肥	20	深 A	11	国企	21
46	新光圆成	0.192	房产	1	马鞍山	4	中小	12	民企	19
47	雷鸣科化	0.192	制造	29	淮北	2	沪 A	21	国企	22
48	长信科技	0.171	制造	30	芜湖	6	创业	4	民企	20
49	荃银高科	0.166	农林	2	合肥	21	创业	5	众企	1
50	设计总院	0.114	科学	1	合肥	22	沪 A	22	国企	23
51	楚江新材	0.101	制造	31	芜湖	7	中小	13	民企	21
52	全柴动力	0.1	制造	32	滁州	3	沪 A	23	国企	24
53	铜峰电子	0.1	制造	32	铜陵	4	沪 A	23	民企	22
54	安德利	0.1	批发	4	合肥	23	沪 A	23	民企	22
55	凤形股份	0.084	制造	34	宣城	3	中小	14	民企	24
56	欧普康视	0.063	制造	35	合肥	24	创业	6	民企	25
57	中电鑫龙	0.06	信息	3	芜湖	8	中小	15	民企	26
58	鸿路钢构	0.06	制造	36	合肥	25	中小	15	民企	26
59	新力金融	0.058	金融	3	合肥	26	沪 A	26	集企	2
60	皖通科技	0.05	信息	4	合肥	27	中小	17	民企	28
61	开润股份	0.046	制造	37	滁州	4	创业	7	民企	29
62	国祯环保	0.045	水利	2	合肥	28	创业	8	民企	30
63	安凯客车	0.03	制造	38	合肥	29	深 A	12	国企	25
64	黄山胶囊	0.015	制造	39	宣城	4	中小	18	民企	31
65	聚隆科技	0.005	制造	40	宣城	5	创业	9	民企	32
66	中环环保	0.002	水利	3	合肥	30	创业	10	民企	33
67	皖江物流	0.002	交通	2	芜湖	9	沪 A	27	国企	26
68	国风塑业	0.001	制造	41	合肥	31	深 A	13	国企	27
69	安利股份	0.001	制造	41	合肥	31	创业	11	民企	34
平均值:7.604					中位数:0.989					

注：由于部分上市公司缺少可供出售金融资产数据，本表仅统计有数据的上市公司。

附件5　2017年安徽省上市公司长期股权投资排名表

单位：亿元

总排名	公司名称	长期股权投资	分行业排名		分城市排名		分板块排名		分属性排名	
1	皖能电力	30.544	电力	1	合肥	1	深A	1	国企	1
2	海螺水泥	27.908	制造	1	芜湖	1	沪A	1	国企	2
3	国元证券	25.336	金融	1	合肥	2	深A	2	国企	3
4	江淮汽车	16.243	制造	2	合肥	3	沪A	2	国企	4
5	马钢股份	15.252	制造	3	马鞍山	1	沪A	3	国企	5
6	华茂股份	10.887	制造	4	安庆	1	深A	3	国企	6
7	长信科技	10.046	制造	5	芜湖	2	创业	1	民企	1
8	皖江物流	8.690	交通	1	芜湖	3	沪A	4	国企	7
9	山鹰纸业	7.396	制造	6	马鞍山	2	沪A	5	民企	2
10	精工钢构	7.177	建筑	1	六安	1	沪A	6	民企	3
11	皖新传媒	6.623	文化	1	合肥	4	沪A	7	国企	8
12	辉隆股份	6.188	批发	1	合肥	5	中小	1	集企	1
13	恒源煤电	5.592	采矿	1	淮北	1	沪A	8	国企	9
14	新集能源	5.375	采矿	2	淮南	1	沪A	9	央企	1
15	华安证券	5.016	金融	2	合肥	6	沪A	10	国企	10
16	新力金融	4.097	金融	3	合肥	7	沪A	11	集企	2
17	司尔特	3.983	制造	7	宣城	1	中小	2	民企	4
18	三七互娱	3.770	信息	1	芜湖	4	中小	3	民企	5
19	新光圆成	3.680	房产	1	马鞍山	3	中小	4	民企	6
20	安徽水利	3.499	建筑	2	蚌埠	1	沪A	12	国企	11
21	科大讯飞	3.170	信息	2	合肥	8	中小	5	央企	2
22	铜陵有色	2.852	制造	8	铜陵	1	深A	4	国企	12
23	德力股份	2.634	制造	9	滁州	1	中小	6	民企	7
24	乐金健康	2.124	制造	10	合肥	9	创业	2	民企	8
25	中鼎股份	2.102	制造	11	宣城	2	深A	5	民企	9
26	洽洽食品	1.779	制造	12	合肥	10	中小	7	民企	10
27	东华科技	1.778	建筑	3	合肥	11	中小	8	央企	3
28	合肥百货	1.667	批发	2	合肥	12	深A	6	国企	13
29	安科生物	1.467	制造	13	合肥	13	创业	3	民企	11
30	国祯环保	1.336	水利	1	合肥	14	创业	4	民企	12
31	皖通高速	1.250	交通	2	合肥	15	沪A	13	国企	14
32	江南化工	1.129	制造	14	宣城	3	中小	9	民企	13
33	安徽合力	0.911	制造	15	合肥	16	沪A	14	国企	15

续表

总排名	公司名称	长期股权投资	分行业排名		分城市排名		分板块排名		分属性排名	
34	美菱电器	0.905	制造	16	合肥	17	深A	7	国企	16
35	神剑股份	0.843	制造	17	芜湖	5	中小	10	民企	14
36	时代出版	0.800	文化	2	合肥	18	沪A	15	国企	17
37	九华旅游	0.755	水利	2	池州	1	沪A	16	国企	18
38	盛运环保	0.660	制造	18	安庆	2	创业	5	民企	15
39	阳光电源	0.653	制造	19	合肥	19	创业	6	民企	16
40	凤形股份	0.649	制造	20	宣城	4	中小	11	民企	17
41	安凯客车	0.531	制造	21	合肥	20	深A	8	国企	19
42	雷鸣科化	0.511	制造	22	淮北	2	沪A	17	国企	20
43	泰尔股份	0.388	制造	23	马鞍山	4	中小	12	民企	18
44	合锻智能	0.377	制造	24	合肥	21	沪A	18	民企	19
45	应流股份	0.354	制造	25	合肥	22	沪A	19	民企	20
46	丰乐种业	0.326	农林	1	合肥	23	深A	9	国企	21
47	中电鑫龙	0.228	信息	3	芜湖	6	中小	13	民企	21
48	设计总院	0.227	科学	1	合肥	24	沪A	20	国企	22
49	中钢天源	0.210	制造	26	马鞍山	5	中小	14	央企	4
50	鸿路钢构	0.178	制造	27	合肥	25	中小	15	民企	22
51	伯特利	0.168	制造	28	芜湖	7	沪A	21	外企	1
52	皖天然气	0.162	电力	2	合肥	26	沪A	22	国企	23
53	六国化工	0.139	制造	29	铜陵	2	沪A	23	国企	24
54	楚江新材	0.120	制造	30	芜湖	8	中小	16	民企	23
55	黄山旅游	0.110	水利	3	黄山	1	沪A	24	国企	25
56	科大国创	0.044	信息	4	合肥	27	创业	7	民企	24
57	欧普康视	0.042	制造	31	合肥	28	创业	8	民企	25
58	开润股份	0.037	制造	32	滁州	2	创业	9	民企	26
59	金禾实业	0.025	制造	33	滁州	3	中小	17	民企	27
60	皖通科技	0.022	信息	5	合肥	29	中小	18	民企	28
61	梦舟股份	0.017	制造	34	芜湖	9	沪A	25	民企	29
62	荃银高科	0.016	农林	2	合肥	30	创业	10	众企	1
63	华孚时尚	0.014	制造	35	淮北	3	中小	19	民企	30
64	铜峰电子	0.011	制造	36	铜陵	3	沪A	26	民企	31
65	皖维高新	0.001	制造	37	合肥	31	沪A	27	国企	26
平均值:3.708					中位数:0.911					

注：由于部分上市公司缺少长期股权投资数据，本表仅统计有数据的上市公司。

附件6　2017年安徽省上市公司融资总额排名

单位：亿元

总排名	公司名称	融资总额	分行业排名		分城市排名		分板块排名		分属性排名	
1	海螺水泥	1025.67	制造	1	芜湖	1	沪A	1	国企	1
2	国元证券	833.95	金融	1	合肥	1	深A	1	国企	2
3	安徽水利	569.74	建筑	1	蚌埠	1	沪A	2	国企	3
4	马钢股份	494.94	制造	2	马鞍山	1	沪A	3	国企	4
5	山鹰纸业	445.72	制造	3	马鞍山	2	沪A	4	民企	1
6	江淮汽车	423.25	制造	4	合肥	2	沪A	5	国企	5
7	铜陵有色	396.41	制造	5	铜陵	1	深A	2	国企	6
8	众泰汽车	303.23	制造	6	黄山	1	深A	3	民企	2
9	新光圆成	227.34	房产	1	马鞍山	3	中小	1	民企	3
10	华安证券	187.71	金融	2	合肥	3	沪A	6	国企	7
11	新集能源	183.91	采矿	1	淮南	1	沪A	7	央企	1
12	皖能电力	170.64	电力	1	合肥	4	深A	4	国企	8
13	华孚时尚	153.67	制造	7	淮北	1	中小	2	民企	4
14	阳光电源	149.42	制造	8	合肥	5	创业	1	民企	5
15	皖江物流	141.63	交通	1	芜湖	2	沪A	8	国企	9
16	美菱电器	137.10	制造	9	合肥	6	深A	5	国企	10
17	中鼎股份	125.58	制造	10	宣城	1	深A	6	民企	6
18	恒源煤电	117.90	采矿	2	淮北	2	沪A	9	国企	11
19	皖通高速	114.87	交通	2	合肥	7	沪A	10	国企	12
20	三七互娱	109.45	信息	1	芜湖	3	中小	3	民企	7
21	皖新传媒	103.18	文化	1	合肥	8	沪A	11	国企	13
22	科大讯飞	102.02	信息	2	合肥	9	中小	4	央企	2
23	精工钢构	98.98	建筑	2	六安	1	沪A	12	民企	8
24	华菱星马	95.99	制造	11	马鞍山	4	沪A	13	国企	14
25	盛运环保	90.80	制造	12	安庆	1	创业	2	民企	9
26	合肥城建	82.97	房产	2	合肥	10	中小	5	国企	15
27	鸿路钢构	79.26	制造	13	合肥	11	中小	6	民企	10
28	惠而浦	78.24	制造	14	合肥	12	沪A	14	外企	1
29	合肥百货	77.10	批发	1	合肥	13	深A	7	国企	16
30	皖维高新	73.18	制造	15	合肥	14	沪A	15	国企	17
31	古井贡酒	71.67	制造	16	亳州	1	深A	8	国企	18
32	辉隆股份	70.41	批发	2	合肥	15	中小	7	集企	1
33	长信科技	69.93	制造	17	芜湖	4	创业	3	民企	11
34	安凯客车	69.38	制造	18	合肥	16	深A	9	国企	19

续表

总排名	公司名称	融资总额	分行业排名		分城市排名		分板块排名		分属性排名	
35	四创电子	68.24	制造	19	合肥	17	沪A	16	央企	3
36	时代出版	64.07	文化	2	合肥	18	沪A	17	国企	20
37	安徽合力	60.72	制造	20	合肥	19	沪A	18	国企	21
38	国祯环保	59.24	水利	1	合肥	20	创业	4	民企	12
39	口子窖	58.96	制造	21	淮北	3	沪A	19	民企	13
40	应流股份	57.33	制造	22	合肥	21	沪A	20	民企	14
41	东华科技	56.32	建筑	3	合肥	22	中小	8	央企	4
42	梦舟股份	54.08	制造	23	芜湖	5	沪A	21	民企	15
43	富煌钢构	52.70	制造	24	合肥	23	中小	9	民企	16
44	中电鑫龙	52.22	信息	3	芜湖	6	中小	10	民企	17
45	六国化工	50.87	制造	25	铜陵	2	沪A	22	国企	22
46	精达股份	50.34	制造	26	铜陵	3	沪A	23	民企	18
47	楚江新材	45.74	制造	27	芜湖	7	中小	11	民企	19
48	凯盛科技	45.53	制造	28	蚌埠	2	沪A	24	央企	5
49	金禾实业	42.46	制造	29	滁州	1	中小	12	民企	20
50	亚夏汽车	42.29	批发	3	芜湖	8	中小	13	民企	21
51	中粮生化	42.17	制造	30	蚌埠	3	深A	10	央企	6
52	江南化工	40.98	制造	31	宣城	2	中小	14	民企	22
53	洽洽食品	40.88	制造	32	合肥	24	中小	15	民企	23
54	迎驾贡酒	39.70	制造	33	六安	2	沪A	25	民企	24
55	华茂股份	39.66	制造	34	安庆	2	深A	11	国企	23
56	司尔特	39.43	制造	35	宣城	3	中小	16	民企	25
57	黄山旅游	35.78	水利	2	黄山	2	沪A	26	国企	24
58	全柴动力	33.34	制造	36	滁州	2	沪A	27	国企	25
59	广信股份	33.30	制造	37	宣城	4	沪A	28	民企	26
60	海螺型材	30.54	制造	38	芜湖	9	深A	12	国企	26
61	神剑股份	29.42	制造	39	芜湖	10	中小	17	民企	27
62	新力金融	28.85	金融	3	合肥	25	沪A	29	集企	2
63	乐金健康	27.31	制造	40	合肥	26	创业	5	民企	28
64	金种子酒	26.00	制造	41	阜阳	1	沪A	30	国企	27
65	美亚光电	23.47	制造	42	合肥	27	中小	18	民企	29
66	永新股份	22.28	制造	43	黄山	3	中小	19	集企	3
67	志邦股份	21.88	制造	44	合肥	28	沪A	31	民企	30
68	丰原药业	21.61	制造	45	芜湖	11	深A	13	民企	31
69	常青股份	21.44	制造	46	合肥	29	沪A	32	民企	32

续表

总排名	公司名称	融资总额	分行业排名		分城市排名		分板块排名		分属性排名	
70	丰乐种业	21.06	农林	1	合肥	30	深 A	14	国企	28
71	设计总院	20.94	科学	1	合肥	31	沪 A	33	国企	29
72	雷鸣科化	20.89	制造	47	淮北	4	沪 A	34	国企	30
73	皖天然气	20.75	电力	2	合肥	32	沪 A	35	国企	31
74	合锻智能	19.19	制造	48	合肥	33	沪 A	36	民企	33
75	皖通科技	18.80	信息	4	合肥	34	中小	20	民企	34
76	铜峰电子	18.00	制造	49	铜陵	4	沪 A	37	民企	35
77	安利股份	16.30	制造	50	合肥	35	创业	6	民企	36
78	德力股份	16.25	制造	51	滁州	3	中小	21	民企	37
79	中钢天源	16.17	制造	52	马鞍山	5	中小	22	央企	7
80	国风塑业	16.04	制造	53	合肥	36	深 A	15	国企	32
81	安科生物	15.13	制造	54	合肥	37	创业	7	民企	38
82	泰尔股份	15.05	制造	55	马鞍山	6	中小	23	民企	39
83	安德利	14.22	批发	4	合肥	38	沪 A	38	民企	40
84	聚隆科技	12.30	制造	56	宣城	5	创业	8	民企	41
85	荃银高科	10.82	农林	2	合肥	39	创业	9	众企	1
86	九华旅游	9.47	水利	3	池州	1	沪 A	39	国企	33
87	国机通用	9.39	制造	57	合肥	40	沪 A	40	央企	8
88	开润股份	9.29	制造	58	滁州	4	创业	10	民企	42
89	安纳达	8.89	制造	59	铜陵	5	中小	24	国企	34
90	众源新材	8.76	制造	60	芜湖	12	沪 A	41	民企	43
91	科大国创	8.21	信息	5	合肥	41	创业	11	民企	44
92	泰禾光电	8.09	制造	61	合肥	42	沪 A	42	民企	45
93	文一科技	7.77	制造	62	铜陵	6	沪 A	43	民企	46
94	欧普康视	6.67	制造	63	合肥	43	创业	12	民企	47
95	集友股份	6.17	制造	64	安庆	3	沪 A	44	民企	48
96	黄山胶囊	5.74	制造	65	宣城	6	中小	25	民企	49
97	中环环保	5.31	水利	4	合肥	44	创业	13	民企	50
98	山河药辅	4.86	制造	66	淮南	2	创业	14	民企	51
99	凤形股份	4.55	制造	67	宣城	7	中小	26	民企	52
平均值:94.04					中位数:42.29					

注：1. 行业和企业属性的简称同分报告附件 1 一致。行业标准为证监会 2016 行业分类标准。

2. 板块中沪 A 代表沪市 A 股；深 A 代表深市 A 股；中小代表中小板；创业代表创业板。

3. 因企业经营问题，剔除了 * ST 华信和中弘股份两家上市公司的数据。

4. 因伯特利和华菱精工两家上市公司 2018 年在 A 股上市，本节剔除了这两家上市公司数据。

5. 本表各项指标数据源来自万得数据库。

6. 以上 5 点适用于本节附件 8 至附件 10。

附件7　2017年安徽省上市公司银行借款融资额排名

单位：亿元

总排名	公司名称	银行借款融资额	分行业排名		分城市排名		分板块排名		分属性排名	
1	铜陵有色	174.78	制造	1	铜陵	1	深A	1	国企	1
2	安徽水利	170.34	建筑	1	蚌埠	1	沪A	1	国企	2
3	新集能源	124.01	采矿	1	淮南	1	沪A	2	央企	1
4	马钢股份	116.06	制造	2	马鞍山	1	沪A	3	国企	3
5	皖能电力	89.34	电力	1	合肥	1	深A	2	国企	4
6	山鹰纸业	69.99	制造	3	马鞍山	2	沪A	4	民企	1
7	华孚时尚	63.89	制造	4	淮北	1	中小	1	民企	2
8	海螺水泥	57.95	制造	5	芜湖	1	沪A	5	国企	5
9	江淮汽车	56.77	制造	6	合肥	2	沪A	6	国企	6
10	皖江物流	47.35	交通	1	芜湖	2	沪A	7	国企	7
11	中鼎股份	40.31	制造	7	宣城	1	深A	3	民企	3
12	应流股份	32.55	制造	8	合肥	3	沪A	8	民企	4
13	新光圆成	31.75	房产	1	马鞍山	3	中小	2	民企	5
14	恒源煤电	30.17	采矿	2	淮北	2	沪A	9	国企	8
15	国祯环保	28.48	水利	1	合肥	4	创业	1	民企	6
16	盛运环保	28.15	制造	9	安庆	1	创业	2	民企	7
17	中粮生化	26.79	制造	10	蚌埠	2	深A	4	央企	2
18	众泰汽车	25.16	制造	11	黄山	1	深A	5	民企	8
19	富煌钢构	20.79	制造	12	合肥	5	中小	3	民企	9
20	皖维高新	20.76	制造	13	合肥	6	沪A	10	国企	9
21	美菱电器	18.84	制造	14	合肥	7	深A	6	国企	10
22	新力金融	18.28	金融	1	合肥	8	沪A	11	集企	1
23	鸿路钢构	18.28	制造	15	合肥	9	中小	4	民企	10
24	安凯客车	17.72	制造	16	合肥	10	深A	7	国企	11
25	合肥城建	17.15	房产	2	合肥	11	中小	5	国企	12
26	长信科技	16.82	制造	17	芜湖	3	创业	3	民企	11
27	皖通高速	16.67	交通	2	合肥	12	沪A	12	国企	13
28	凯盛科技	16.53	制造	18	蚌埠	3	沪A	13	央企	3
29	辉隆股份	16.23	批发	1	合肥	13	中小	6	集企	2
30	精工钢构	15.55	建筑	2	六安	1	沪A	14	民企	12
31	六国化工	15.30	制造	19	铜陵	2	沪A	15	国企	14
32	华菱星马	15.16	制造	20	马鞍山	4	沪A	16	国企	15
33	四创电子	13.90	制造	21	合肥	14	沪A	17	央企	4

续表

总排名	公司名称	银行借款融资额	分行业排名		分城市排名		分板块排名		分属性排名	
34	华茂股份	13.57	制造	22	安庆	2	深A	8	国企	16
35	亚夏汽车	13.03	批发	2	芜湖	4	中小	7	民企	13
36	阳光电源	12.33	制造	23	合肥	15	创业	4	民企	14
37	精达股份	10.13	制造	24	铜陵	3	沪A	18	民企	15
38	科大讯飞	8.81	信息	1	合肥	16	中小	8	央企	5
39	梦舟股份	8.49	制造	25	芜湖	5	沪A	19	民企	16
40	楚江新材	7.90	制造	26	芜湖	6	中小	9	民企	17
41	国元证券	7.52	金融	2	合肥	17	深A	9	国企	17
42	洽洽食品	7.04	制造	27	合肥	18	中小	10	民企	18
43	三七互娱	6.83	信息	2	芜湖	7	中小	11	民企	19
44	皖天然气	5.34	电力	2	合肥	19	沪A	20	国企	18
45	东华科技	5.31	建筑	3	合肥	20	中小	12	央企	6
46	神剑股份	5.24	制造	28	芜湖	8	中小	13	民企	20
47	合肥百货	5.04	批发	3	合肥	21	深A	10	国企	19
48	江南化工	5.00	制造	29	宣城	2	中小	14	民企	21
49	海螺型材	5.00	制造	30	芜湖	9	深A	11	国企	20
50	中电鑫龙	4.84	信息	3	芜湖	10	中小	15	民企	22
51	丰原药业	4.66	制造	31	芜湖	11	深A	12	民企	23
52	安利股份	4.19	制造	32	合肥	22	创业	5	民企	24
53	金禾实业	3.90	制造	33	滁州	1	中小	16	民企	25
54	常青股份	3.90	制造	34	合肥	23	沪A	21	民企	26
55	安德利	3.60	批发	4	合肥	24	沪A	22	民企	27
56	铜峰电子	3.20	制造	35	铜陵	4	沪A	23	民企	28
57	泰尔股份	2.71	制造	36	马鞍山	5	中小	17	民企	29
58	丰乐种业	2.17	农林	1	合肥	25	深A	13	国企	21
59	美亚光电	2.16	制造	37	合肥	26	中小	18	民企	30
60	众源新材	2.15	制造	38	芜湖	12	沪A	24	民企	31
61	乐金健康	1.84	制造	39	合肥	27	创业	6	民企	32
62	科大国创	1.74	信息	4	合肥	28	创业	7	民企	33
63	时代出版	1.70	文化	1	合肥	29	沪A	25	国企	22
64	雷鸣科化	1.39	制造	40	淮北	3	沪A	26	国企	23
65	合锻智能	0.96	制造	41	合肥	30	沪A	27	民企	34
66	凤形股份	0.80	制造	42	宣城	3	中小	19	民企	35
67	国风塑业	0.78	制造	43	合肥	31	深A	14	国企	24

续表

总排名	公司名称	银行借款融资额	分行业排名		分城市排名		分板块排名		分属性排名	
68	安纳达	0.72	制造	44	铜陵	5	中小	20	国企	25
69	中钢天源	0.68	制造	45	马鞍山	6	中小	21	央企	7
70	中环环保	0.56	水利	2	合肥	32	创业	8	民企	36
71	安科生物	0.50	制造	46	合肥	33	创业	9	民企	37
72	文一科技	0.40	制造	47	铜陵	6	沪 A	28	民企	38
73	德力股份	0.20	制造	48	滁州	2	中小	22	民企	39
74	全柴动力	0.18	制造	49	滁州	3	沪 A	29	国企	26
75	永新股份	0.14	制造	50	黄山	2	中小	23	集企	3
76	皖通科技	0.10	信息	5	合肥	34	中小	24	民企	40
77	设计总院	0.08	科学	1	合肥	35	沪 A	30	国企	27
78	荃银高科	0.06	农林	2	合肥	36	创业	10	众企	1
79	安徽合力	0.04	制造	51	合肥	37	沪 A	31	国企	28
80	黄山旅游	0.03	水利	3	黄山	3	沪 A	32	国企	29
81	华安证券	0.00	金融	3	合肥	38	沪 A	33	国企	30
81	皖新传媒	0.00	文化	2	合肥	38	沪 A	33	国企	30
81	惠而浦	0.00	制造	52	合肥	38	沪 A	33	外企	1
81	古井贡酒	0.00	制造	52	亳州	1	深 A	15	国企	30
81	口子窖	0.00	制造	52	淮北	4	沪 A	33	民企	41
81	迎驾贡酒	0.00	制造	52	六安	2	沪 A	33	民企	41
81	司尔特	0.00	制造	52	宣城	4	中小	25	民企	41
81	金种子酒	0.00	制造	52	阜阳	1	沪 A	33	国企	30
81	广信股份	0.00	制造	52	宣城	4	沪 A	33	民企	41
82	志邦股份	0.00	制造	52	合肥	38	沪 A	33	民企	41
83	聚隆科技	0.00	制造	52	宣城	4	创业	11	民企	41
84	九华旅游	0.00	水利	4	池州	1	沪 A	33	国企	30
85	国机通用	0.00	制造	52	合肥	38	沪 A	33	央企	8
86	开润股份	0.00	制造	52	滁州	4	创业	11	民企	41
87	泰禾光电	0.00	制造	52	合肥	38	沪 A	33	民企	41
88	黄山胶囊	0.00	制造	52	宣城	4	中小	25	民企	41
89	山河药辅	0.00	制造	52	淮南	2	创业	11	民企	41
90	集友股份	0.00	制造	52	安庆	3	沪 A	33	民企	41
91	欧普康视	0.00	制造	52	合肥	38	创业	11	民企	41
平均值:16.65					中位数:4.84					

附件 8　2017 年安徽省上市公司商业信用融资额排名

单位：亿元

总排名	公司名称	商业信用融资额	分行业排名		分城市排名		分板块排名		分属性排名	
1	安徽水利	282.87	建筑	1	蚌埠	1	沪 A	1	国企	1
2	江淮汽车	174.68	制造	1	合肥	1	沪 A	2	国企	2
3	马钢股份	158.31	制造	2	马鞍山	1	沪 A	3	国企	3
4	众泰汽车	109.77	制造	3	黄山	1	深 A	1	民企	1
5	美菱电器	73.26	制造	4	合肥	2	深 A	2	国企	4
6	阳光电源	72.54	制造	5	合肥	3	创业	1	民企	2
7	海螺水泥	71.30	制造	6	芜湖	1	沪 A	4	国企	5
8	铜陵有色	67.76	制造	7	铜陵	1	深 A	3	国企	6
9	华菱星马	52.72	制造	8	马鞍山	2	沪 A	5	国企	7
10	合肥城建	50.56	房产	1	合肥	4	中小	1	国企	8
11	精工钢构	44.59	建筑	2	六安	1	沪 A	6	民企	3
12	安凯客车	40.84	制造	9	合肥	5	深 A	4	国企	9
13	新集能源	40.65	采矿	1	淮南	1	沪 A	7	央企	1
14	惠而浦	37.68	制造	10	合肥	6	沪 A	8	外企	1
15	合肥百货	35.85	批发	1	合肥	7	深 A	5	国企	10
16	东华科技	33.65	建筑	3	合肥	8	中小	2	央企	2
17	辉隆股份	33.54	批发	2	合肥	9	中小	3	集企	1
18	四创电子	24.47	制造	11	合肥	10	沪 A	9	央企	3
19	山鹰纸业	23.30	制造	12	马鞍山	3	沪 A	10	民企	4
20	皖新传媒	22.49	文化	1	合肥	11	沪 A	11	国企	11
21	鸿路钢构	21.74	制造	13	合肥	12	中小	4	民企	5
22	科大讯飞	20.77	信息	1	合肥	13	中小	5	央企	4
23	恒源煤电	19.70	采矿	2	淮北	1	沪 A	12	国企	12
24	皖通高速	19.03	交通	1	合肥	14	沪 A	13	国企	13
25	中鼎股份	18.64	制造	14	宣城	1	深 A	6	民企	6
26	安徽合力	18.58	制造	15	合肥	15	沪 A	14	国企	14
27	盛运环保	18.02	制造	16	安庆	1	创业	2	民企	7
28	六国化工	16.75	制造	17	铜陵	2	沪 A	15	国企	15
29	全柴动力	16.17	制造	18	滁州	1	沪 A	16	国企	16
30	国祯环保	15.69	水利	1	合肥	16	创业	3	民企	8
31	华孚时尚	15.56	制造	19	淮北	2	中小	6	民企	9
32	口子窖	14.97	制造	20	淮北	3	沪 A	17	民企	10

续表

总排名	公司名称	商业信用融资额	分行业排名		分城市排名		分板块排名		分属性排名	
33	皖能电力	14.31	电力	1	合肥	17	深A	7	国企	17
34	时代出版	14.15	文化	2	合肥	18	沪A	18	国企	18
35	富煌钢构	13.61	制造	21	合肥	19	中小	7	民企	11
36	新光圆成	13.35	房产	2	马鞍山	4	中小	8	民企	12
37	广信股份	12.08	制造	22	宣城	2	沪A	19	民企	13
38	长信科技	11.67	制造	23	芜湖	2	创业	4	民企	14
39	古井贡酒	11.39	制造	24	亳州	1	深A	8	国企	19
40	梦舟股份	11.28	制造	25	芜湖	3	沪A	20	民企	15
41	亚夏汽车	11.01	批发	3	芜湖	4	中小	9	民企	16
42	精达股份	10.46	制造	26	铜陵	3	沪A	21	民企	17
43	皖江物流	10.44	交通	2	芜湖	5	沪A	22	国企	20
44	迎驾贡酒	10.31	制造	27	六安	2	沪A	23	民企	18
45	金禾实业	10.00	制造	28	滁州	2	中小	10	民企	19
46	三七互娱	8.27	信息	2	芜湖	6	中小	11	民企	20
47	皖维高新	7.81	制造	29	合肥	20	沪A	24	国企	21
48	志邦股份	7.39	制造	30	合肥	21	沪A	25	民企	21
49	设计总院	6.91	科学	1	合肥	22	沪A	26	国企	22
50	中电鑫龙	6.27	信息	3	芜湖	7	中小	12	民企	22
51	凯盛科技	6.07	制造	31	蚌埠	2	沪A	27	央企	5
52	丰原药业	6.06	制造	32	芜湖	8	深A	9	民企	23
53	安德利	5.74	批发	4	合肥	23	沪A	28	民企	24
54	神剑股份	5.69	制造	33	芜湖	9	中小	13	民企	25
55	中粮生化	5.28	制造	34	蚌埠	3	深A	10	央企	6
56	洽洽食品	5.23	制造	35	合肥	24	中小	14	民企	26
57	皖通科技	5.14	信息	4	合肥	25	中小	15	民企	27
58	泰尔股份	4.98	制造	36	马鞍山	5	中小	16	民企	28
59	丰乐种业	4.79	农林	1	合肥	26	深A	11	国企	23
60	荃银高科	4.74	农林	2	合肥	27	创业	5	众企	1
61	金种子酒	4.53	制造	37	阜阳	1	沪A	29	国企	24
62	永新股份	4.09	制造	38	黄山	2	中小	17	集企	2
63	开润股份	4.03	制造	39	滁州	3	创业	6	民企	29
64	司尔特	4.01	制造	40	宣城	3	中小	18	民企	30
65	安利股份	3.78	制造	41	合肥	28	创业	7	民企	31
66	皖天然气	3.73	电力	2	合肥	29	沪A	30	国企	25

续表

总排名	公司名称	商业信用融资额	分行业排名		分城市排名		分板块排名		分属性排名	
67	新力金融	3.51	金融	1	合肥	30	沪A	31	集企	3
68	铜峰电子	3.38	制造	42	铜陵	4	沪A	32	民企	32
69	合锻智能	3.36	制造	43	合肥	31	沪A	33	民企	33
70	文一科技	3.17	制造	44	铜陵	5	沪A	34	民企	34
71	常青股份	3.16	制造	45	合肥	32	沪A	35	民企	35
72	乐金健康	3.04	制造	46	合肥	33	创业	8	民企	36
73	楚江新材	2.78	制造	47	芜湖	10	中小	19	民企	37
74	应流股份	2.72	制造	48	合肥	34	沪A	36	民企	38
75	德力股份	2.69	制造	49	滁州	4	中小	20	民企	39
76	科大国创	2.55	信息	5	合肥	35	创业	9	民企	40
77	聚隆科技	2.54	制造	50	宣城	4	创业	10	民企	41
78	国机通用	2.45	制造	51	合肥	36	沪A	37	央企	7
79	华茂股份	2.30	制造	52	安庆	2	深A	12	国企	26
80	美亚光电	2.14	制造	53	合肥	37	中小	21	民企	42
81	国风塑业	2.08	制造	54	合肥	38	深A	13	国企	27
82	集友股份	1.96	制造	55	安庆	3	沪A	38	民企	43
83	安纳达	1.90	制造	56	铜陵	6	中小	22	国企	28
84	江南化工	1.89	制造	57	宣城	5	中小	23	民企	44
85	海螺型材	1.75	制造	58	芜湖	11	深A	14	国企	29
86	雷鸣科化	1.68	制造	59	淮北	4	沪A	39	国企	30
87	中钢天源	1.21	制造	60	马鞍山	6	中小	24	央企	8
88	黄山旅游	1.20	水利	2	黄山	3	沪A	40	国企	31
89	山河药辅	1.04	制造	61	淮南	2	创业	11	民企	45
90	中环环保	1.00	水利	3	合肥	39	创业	12	民企	46
91	泰禾光电	0.90	制造	62	合肥	40	沪A	41	民企	47
92	安科生物	0.84	制造	63	合肥	41	创业	13	民企	48
93	凤形股份	0.70	制造	64	宣城	6	中小	25	民企	49
94	九华旅游	0.64	水利	4	池州	1	沪A	42	国企	32
95	众源新材	0.63	制造	65	芜湖	12	沪A	43	民企	50
96	欧普康视	0.38	制造	66	合肥	42	创业	14	民企	51
97	黄山胶囊	0.28	制造	67	宣城	7	中小	26	民企	52
98	国元证券	0.00	金融	2	合肥	43	深A	15	国企	33
98	华安证券	0.00	金融	2	合肥	43	沪A	44	国企	33
平均值:20.16					中位数:6.91					

附件9　2017年安徽省上市公司自我累计融资额排名

单位：亿元

总排名	公司名称	自我累计融资额	分行业排名		分城市排名		分板块排名		分属性排名	
1	海螺水泥	732.39	制造	1	芜湖	1	沪A	1	国企	1
2	马钢股份	77.43	制造	2	马鞍山	1	沪A	2	国企	2
3	皖通高速	73.91	交通	1	合肥	1	沪A	3	国企	3
4	江淮汽车	65.48	制造	3	合肥	2	沪A	4	国企	4
5	国元证券	62.68	金融	1	合肥	3	深A	1	国企	5
6	皖新传媒	48.30	文化	1	合肥	4	沪A	5	国企	6
7	古井贡酒	46.07	制造	4	亳州	1	深A	2	国企	7
8	铜陵有色	42.15	制造	5	铜陵	1	深A	3	国企	8
9	皖能电力	41.88	电力	1	合肥	5	深A	4	国企	9
10	中鼎股份	39.92	制造	6	宣城	1	深A	5	民企	1
11	新光圆成	37.16	房产	1	马鞍山	2	中小	1	民企	2
12	口子窖	35.08	制造	7	淮北	1	沪A	6	民企	3
13	恒源煤电	32.66	采矿	1	淮北	2	沪A	7	国企	10
14	安徽合力	32.39	制造	8	合肥	6	沪A	8	国企	11
15	安徽水利	29.24	建筑	1	蚌埠	1	沪A	9	国企	12
16	三七互娱	29.19	信息	1	芜湖	2	中小	2	民企	4
17	华孚时尚	28.31	制造	9	淮北	3	中小	3	民企	5
18	山鹰纸业	27.24	制造	10	马鞍山	3	沪A	10	民企	6
19	合肥百货	25.65	批发	1	合肥	7	深A	6	国企	13
20	时代出版	25.42	文化	2	合肥	8	沪A	11	国企	14
21	阳光电源	25.35	制造	11	合肥	9	创业	1	民企	7
22	黄山旅游	24.20	水利	1	黄山	1	沪A	12	国企	15
23	华安证券	23.98	金融	2	合肥	10	沪A	13	国企	16
24	金禾实业	21.80	制造	12	滁州	1	中小	4	民企	8
25	迎驾贡酒	20.56	制造	13	六安	1	沪A	14	民企	9
26	科大讯飞	19.27	信息	2	合肥	11	中小	5	央企	1
27	惠而浦	18.87	制造	14	合肥	12	沪A	15	外企	1
28	精工钢构	18.34	建筑	2	六安	2	沪A	16	民企	10
29	华茂股份	18.26	制造	15	安庆	1	深A	7	国企	17
30	长信科技	18.22	制造	16	芜湖	3	创业	2	民企	11
31	海螺型材	16.41	制造	17	芜湖	4	深A	8	国企	18
32	众泰汽车	14.96	制造	18	黄山	2	深A	9	民企	12
33	广信股份	14.21	制造	19	宣城	2	沪A	17	民企	13

续表

总排名	公司名称	自我累计融资额	分行业排名		分城市排名		分板块排名		分属性排名	
34	东华科技	14.16	建筑	3	合肥	13	中小	6	央企	2
35	鸿路钢构	13.77	制造	20	合肥	14	中小	7	民企	14
36	美菱电器	13.29	制造	21	合肥	15	深A	10	国企	19
37	司尔特	12.33	制造	22	宣城	3	中小	8	民企	15
38	合肥城建	11.33	房产	2	合肥	16	中小	9	国企	20
39	美亚光电	11.12	制造	23	合肥	17	中小	10	民企	16
40	四创电子	10.81	制造	24	合肥	18	沪A	18	央企	3
41	精达股份	9.75	制造	25	铜陵	2	沪A	19	民企	17
42	洽洽食品	9.73	制造	26	合肥	19	中小	11	民企	18
43	金种子酒	9.61	制造	27	阜阳	1	沪A	20	国企	21
44	永新股份	8.26	制造	28	黄山	3	中小	12	集企	1
45	楚江新材	7.71	制造	29	芜湖	5	中小	13	民企	19
46	应流股份	7.63	制造	30	合肥	20	沪A	21	民企	20
47	辉隆股份	7.62	批发	2	合肥	21	中小	14	集企	2
48	国祯环保	7.54	水利	2	合肥	22	创业	3	民企	21
49	安科生物	7.04	制造	31	合肥	23	创业	4	民企	22
50	中电鑫龙	6.96	信息	3	芜湖	6	中小	15	民企	23
51	常青股份	6.57	制造	32	合肥	24	沪A	22	民企	24
52	凯盛科技	6.36	制造	33	蚌埠	2	沪A	23	央企	4
53	志邦股份	5.99	制造	34	合肥	25	沪A	24	民企	25
54	设计总院	5.98	科学	1	合肥	26	沪A	25	国企	22
55	神剑股份	5.83	制造	35	芜湖	7	中小	16	民企	26
56	九华旅游	5.78	水利	3	池州	1	沪A	26	国企	23
57	雷鸣科化	5.78	制造	36	淮北	4	沪A	27	国企	24
58	聚隆科技	5.71	制造	37	宣城	4	创业	5	民企	27
59	梦舟股份	5.39	制造	38	芜湖	8	沪A	28	民企	28
60	皖天然气	5.35	电力	2	合肥	27	沪A	29	国企	25
61	江南化工	5.26	制造	39	宣城	5	中小	17	民企	29
62	丰乐种业	5.13	农林	1	合肥	28	深A	11	国企	26
63	皖维高新	4.94	制造	40	合肥	29	沪A	30	国企	27
64	富煌钢构	4.87	制造	41	合肥	30	中小	18	民企	30
65	全柴动力	4.79	制造	42	滁州	2	沪A	31	国企	28
66	皖通科技	4.63	信息	4	合肥	31	中小	19	民企	31
67	安利股份	3.93	制造	43	合肥	32	创业	6	民企	32

续表

总排名	公司名称	自我累计融资额	分行业排名		分城市排名		分板块排名		分属性排名	
68	亚夏汽车	3.79	批发	3	芜湖	9	中小	20	民企	33
69	泰禾光电	3.52	制造	44	合肥	33	沪A	32	民企	34
70	丰原药业	3.39	制造	45	芜湖	10	深A	12	民企	35
71	中钢天源	3.24	制造	46	马鞍山	4	中小	21	央企	5
72	乐金健康	3.18	制造	47	合肥	34	创业	7	民企	36
73	新力金融	3.14	金融	3	合肥	35	沪A	33	集企	3
74	安德利	2.85	批发	4	合肥	36	沪A	34	民企	37
75	黄山胶囊	2.82	制造	48	宣城	6	中小	22	民企	38
76	欧普康视	2.70	制造	49	合肥	37	创业	8	民企	39
77	六国化工	2.67	制造	50	铜陵	3	沪A	35	国企	29
78	合锻智能	2.36	制造	51	合肥	38	沪A	36	民企	40
79	众源新材	2.35	制造	52	芜湖	11	沪A	37	民企	41
80	山河药辅	2.33	制造	53	淮南	1	创业	9	民企	42
81	开润股份	2.30	制造	54	滁州	3	创业	10	民企	43
82	德力股份	2.13	制造	55	滁州	4	中小	23	民企	44
83	科大国创	1.96	信息	5	合肥	39	创业	11	民企	45
84	集友股份	1.92	制造	56	安庆	2	沪A	38	民企	46
85	泰尔股份	1.76	制造	57	马鞍山	5	中小	24	民企	47
86	中环环保	1.75	水利	4	合肥	40	创业	12	民企	48
87	荃银高科	1.75	农林	2	合肥	41	创业	13	众企	1
88	盛运环保	1.68	制造	58	安庆	3	创业	14	民企	49
89	凤形股份	1.58	制造	59	宣城	7	中小	25	民企	50
90	国风塑业	1.41	制造	60	合肥	42	深A	13	国企	30
91	安纳达	1.02	制造	61	铜陵	4	中小	26	国企	31
92	国机通用	0.34	制造	62	合肥	43	沪A	39	央企	6
93	安凯客车	0.04	制造	63	合肥	44	深A	14	国企	32
94	中粮生化	-0.88	制造	64	蚌埠	3	深A	15	央企	7
95	新集能源	-0.95	采矿	2	淮南	2	沪A	40	央企	8
96	文一科技	-1.01	制造	65	铜陵	5	沪A	41	民企	51
97	铜峰电子	-1.66	制造	66	铜陵	6	沪A	42	民企	52
98	华菱星马	-4.72	制造	67	马鞍山	6	沪A	43	国企	33
99	皖江物流	-6.51	交通	2	芜湖	12	沪A	44	国企	34
平均值:21.11					中位数:6.57					

附件 10　2013～2017 年安徽省上市公司重大资产重组事件

股票名称	首次披露日期	重组进度	重组事件
雷鸣科化	2017/11/28	证监会反馈意见回复	雷鸣科化收购淮矿股份 100% 股权
中弘股份	2017/05/09	完成	中弘股份收购 A&K 公司 90.5% 股权
德力股份	2017/01/26	失败	德力股份收购北京趣酷 62% 股权
江南化工	2017/01/25	完成	江南化工收购盾安新能源 100% 股权
应流股份	2017/01/24	失败	应流股份收购广大机械 100% 股权
中鼎股份	2017/01/24	完成	中鼎股份收购 Tristone 公司 100% 股权
梦舟股份	2016/11/14	失败	鑫科材料拟收购 Midnight Investments L. P. 80% 股权
精达股份	2016/09/30	失败	精达股份收购高锐视讯 100% 的股权
新力金融	2016/09/07	失败	新力金融现金收购海科融通 100% 股权
三七互娱	2016/08/02	完成	三七互娱定增收购两家公司
三七互娱	2016/07/30	失败	卧龙地产定增收购墨麟股份 97.714% 股权
众泰汽车	2016/03/28	完成	金马股份定增收购众泰汽车 100% 股权
四创电子	2016/03/11	完成	四创电子拟定增收购博微长安 100% 股权
乐金健康	2016/03/08	完成	乐金健康定增收购福瑞斯 100% 股权和瑞宇健身 100% 股权
铜峰电子	2016/01/13	失败	铜峰电子拟定增收购卓诚兆业 100% 股权
新光圆成	2015/12/28	完成	方圆支承拟定增收购万厦房产 100% 股权和新光建材城 100% 股权
华茂股份	2015/11/20	股东大会未通过	华茂股份收购海聆梦 80% 股权和华茂进出口 100% 股权
新力金融	2015/10/27	完成	巢东股份出售水泥业务相关资产与负债
*ST 华信	2015/09/26	完成	华信国际拟出售 4 家子公司股权
德力股份	2015/09/26	失败	德力股份拟定增收购广州创思 100% 股份
中钢天源	2015/09/25	完成	中钢天源发行股份收购 3 家公司股权
中弘股份	2015/09/21	失败	中弘股份定增收购鹿回头 100% 股权
合锻智能	2015/09/02	完成	合锻股份发行股份及支付现金收购中科光电 100% 股权
皖江物流	2015/08/31	完成	皖江物流发股收购淮沪煤电 50.43% 股权，淮沪电力 49% 股权，淮南发电 100% 股权

续表

股票名称	首次披露日期	重组进度	重组事件
盛运环保	2015/04/27	完成	金叶珠宝定增收购丰汇租赁 90% 股权
华茂股份	2015/04/18	完成	拓维信息定增收购教育资产
中电鑫龙	2015/04/10	完成	鑫龙电器定增收购中电兴发 100% 股权
凯盛科技	2015/04/01	完成	方兴科技收购国显科技 75.58% 股权
安科生物	2015/03/18	完成	安科生物收购苏豪逸明 100% 股权
乐金健康	2015/03/16	完成	桑乐金 8.1 亿元收购久工健业 100% 股权
新力金融	2015/01/27	完成	巢东股份收购五家类金融公司
盛运环保	2014/12/06	完成	盛运股份 3.4 亿元出售核心资产
* ST 华信	2014/08/30	完成	华信国际收购华油天然气 19.67% 股权
德力股份	2014/07/16	失败	德力股份 9.3 亿元购买武神世纪 100% 股权，进军游戏领域
江淮汽车	2014/07/11	完成	江淮汽车吸收合并江汽集团
国机通用	2014/04/17	完成	国通管业获得 5.16 亿元流体机械资产注入
三七互娱	2013/10/10	完成	顺荣股份现金及发行股份购买三七玩 60% 股权
楚江新材	2013/10/10	完成	精诚铜业拟发行股份购买大股东资产，实现铜业务整体上市

B.5
安徽省上市公司营运能力发展报告

营运能力是衡量企业经营能力的重要指标，直接反映企业营运资产周转收益的能力，营运能力的高低同样体现了企业的经营管理水平。上市公司作为企业的领头羊，营运能力通常高于一般企业，往往代表了一个区域或行业内企业经营管理的先进水平。因此，安徽上市公司的营运能力水平究竟如何，值得深入分析研究。本报告分别用总资产周转率、流动资产周转率、固定资产周转率、应收账款周转率及存货周转率这五个指标，在总体描述安徽省上市公司近几年营运能力的总体趋势的基础上，从行业、城市、企业属性和所处板块等维度，对百余家上市公司营运能力进行分析。最后通过熵值赋权法对上市公司综合营运能力进行了评价分析，从而得出各企业各指标之间的差异性。

一　安徽省上市公司营运能力概述

明确营运能力的概念、研究安徽省上市公司营运能力的意义以及如何展开分析安徽省上市公司营运能力，是分析安徽省上市公司营运能力的基础。为了对上述问题做出清晰地解释，以下将对上市公司营运能力的基本内涵、研究意义及指标选择进行阐述，这既是建立科学的指标评价体系的完整过程，也有利于读者直观理解营运能力这一概念。

（一）上市公司营运能力的基本内涵

在广义上，营运能力是指企业的经营运行能力，即通过配置、组合与相互作用包括人力资源、财力资源、物力资源、技术信息资源和管理资源等在内的企业各项经济资源所生成的推动企业运行的物质能量。在狭义上，营运能力是指企业资产的利用效率。企业营运资产的主体是流动资产和固定资产。虽然无形资产也是企业资产的重要组成部分，并随着知识经济的发展在企业资产中的占比和对提高企业经济效益的作用愈发增长，但是无形资产的作用必须通过或依附有形资产才能发挥出来。从这个意义上说，企业营运资产的利用及其能力如何，从根本上决定了企业的经营状况和经济效益。

上市公司营运能力主要指狭义上的营运能力，即企业资产营运的效率和效益，反映了企业的资产管理水平和资产周转情况。企业资产营运的效率主要是指资产的周转率或周转天数。企业资产营运的效益主要指企业的产出额与资产占用额之间的比例。资产运用的效率高、循环快，企业就可以以较少的投入获得较多的收益。

（二）上市公司营运能力研究意义

企业各项资产在生产经营过程中的不断变动决定了企业必须分析和掌握生产经营周期内资产结构的分布状况，从而判断现有资产对企业未来收益的可能影响，因此，企业需要全面并深入地分析营运能力。

从微观角度而言，企业资产获利能力的绝对和相对水平可以通过其自身营运能力指标的结果以及与其他企业间的比较结果来直观地体现。因此，安徽省上市公司可以通过指标的测算结果把握其现有资产的存量规模、配置结构、利用效益及利用效率，为其提高资产的利用效益、确定合理的资产存量、改善资产的配置结构以及提高资产的利用效率提供重要的参考依据。此外，安徽省上市公司可以通过行业中不同上市公司间各指标的比较结果来判断自身与行业内上市公司间的经营差距，为提升资产管理水平、引导经营行为、提高经济效益提供决策依据，也为投资者与相关利益人的投资决策提供重要参考。

从宏观的角度而言，安徽省上市公司作为安徽省企业的领头羊，其营运能力通常能够代表安徽省该行业的最高水平。在分析安徽省上市公司营运能力的同时，也是对安徽省企业营运能力前沿水平的把握。安徽省各级政府可以通过上市公司营运能力的分析结果了解行业间上市公司营运能力差异并甄别营运能力相对优秀和不足的企业，从而对相应的企业予以一定的支持或扶持。另一方面，安徽省上市公司营运能力的分析结果也能有助于各级政府总体把握安徽省行业经济和区域经济的发展水平，从而制定针对性的管理办法和调控政策，推动行业经济和区域经济的高效发展。

（三）上市公司营运能力指标选择

营运能力分析主要是对反映企业资产营运效率与效益的指标进行计算和分析，从而评价企业资产的营运状况，为企业提高经济效益指明方向。营运能力分析的内容主要包括流动资产营运能力分析、固定资产营运能力分析和总资产营运能力分析，而应收账款和存货作为主要流动资产项目通常也需要单独分析。常见的计算指标主要包括总资产、流动资产、应收账款、存货及固定资产的周转率和周转天数，分别指在一定时期内（季度或年度）各项资产的周转次数和周转一次所需的时间。① 为了直观体现企业资产营运效率，本报告将采用总资产周转率、流动资产周转率、固定资产周转率、应收账款周转率及存货周转率②这 5 个指标，对安徽省上市公司各营运能力进行分析和评价。各指标测算方法如下：

1. 总资产周转率

总资产周转率体现了企业经营期间全部资产从投入到产出的流转速度，反映了企业全部资产的利用效率。计算公式如下：

$$总资产周转率 = \frac{销售收入}{资产平均总值}$$

$$资产平均总值 = \frac{期初资产总额 + 期末资产总额}{2}$$

注：公式中的销售收入一般用销售收入净额，即扣除销售退回、销售折

① 池国华、王玉红、徐晶：《财务报表分析》，清华大学出版社、北京交通大学出版社，2011，第 206 ~ 207 页。

② 荆新、王化成、刘俊彦：《财务管理学》，中国人民大学出版社，2006，第 103 ~ 107 页。

扣和折让后的净额。

总资产周转率的数值反映了总资产的周转次数：比率数值越大，总资产周转次数越多，则相同数量的总资产取得的收益越多，因而企业总资产的利用效率越高，企业的资产管理水平越高，销售能力越强；比率数值越小，企业总资产的经营效率越差，则企业的获利能力越低。

2. 流动资产周转率

流动资产周转率反映了企业全部流动资产的利用效率。计算公式如下：

$$流动资产周转率 = \frac{销售收入}{流动资产平均净值}$$

$$流动资产平均余额 = \frac{流动资产期初余额 + 流动资产期末余额}{2}$$

流动资产周转率反映了一个会计年度内企业流动资产周转的次数，反映了流动资产周转的速度：该指标越高，说明企业流动资产的利用效率越好。

3. 固定资产周转率

固定资产周转率，也称固定资产利用率，用于分析对厂房、设备等固定资产的利用效率。其计算公如下：

$$固定资产周转率 = \frac{销售收入}{固定资产平均净值}$$

$$固定资产平均净值 = \frac{期初固定资产净值 + 期末固定资产净值}{2}$$

企业固定资产周转率越高，说明企业对固定资产的利用率越高，管理水平越好。如果固定资产周转率与同行业平均水平相对偏低，说明企业的生产效率较低，或影响企业的获利能力。

4. 应收账款周转率

应收账款周转率反映了企业应收账款的周转速度。计算公式如下：

$$应收账款周转率 = \frac{销售收入}{应收账款平均余额}$$

$$应收账款平均余额 = \frac{期初应收账款余额 + 期末应收账款余额}{2}$$

企业的应收账款周转率越高，说明企业催收账款的速度越快，可以减少坏账损失，且资产流动性强，短期偿债能力也会增强，一定程度上可弥补资金流动比率低的影响。如果企业的应收账款周转率过低，表明企业催收账款的效率太低，会影响企业资金利用率和资金的正常周转。

5. 存货周转率

存货周转率，也称存货利用率，为一定时期内企业存货周转的次数，反映了企业存货的变现速度，衡量了企业的销售能力及存货是否过量。其计算公式如下：

$$存货周转率 = \frac{销售成本}{平均存货}$$

$$平均存货 = \frac{期初存货余额 + 期末存货余额}{2}$$

在正常情况下，如果企业经营顺利，存货周转率越高，存货周转越快，企业的销售能力越强，营运资金占用在存货上的金额也会越少；存货周转率过低，常常是库存管理不力，销售状况不良，造成存货积压，表明企业在产品销售方面存在一定的问题。

二　安徽省上市公司各营运能力分析

本部分将对安徽省上市公司的各项营运能力做整体趋势分析并对各上市公司进行排名分析。其中，整体趋势分析取 2013～2017 年各年均值作为分析对象；各上市公司排名分析取各上市公司 2017 年各指标结果作为分析对象，从企业属性、所处板块、行业及城市的维度分别进行排名。中弘股份及*ST 华信由于经营状况异常不参与各项分析，而个别指标中个别上市公司由于不具有相应资产不参与排名结果。考虑到金融类行业资产结构的特殊性，金融类上市公司不参与营运能力分析。

（一）总资产周转率

1. 安徽省上市公司整体总资产周转率

从整体趋势上看，安徽省上市公司总体平均总资产周转率及其增长率在

2013 至 2017 年中呈先减后增趋势，如图 1 所示。受 2015 年宏观调控的影响，安徽省上市公司总体平均总资产周转率在 2016 年降至最低点 0.65，随后进入增长阶段。尽管 2017 年总体平均总资产周转率增至 0.71，但仍旧低于宏观调控前的水平。在总体平均总资产周转率的增长率方面，受 2015 年宏观调控的影响，2015 年总体平均总资产周转率呈显著负增长，但负增长速度在 2016 年显著放缓，并于 2017 年实现显著正向增长。整体上，总体平均总资产周转率在 5 年来均高于 0.6，即总体上安徽省上市公司平均每年可利用总资产周转不低于总资产额 60% 的销售收入。

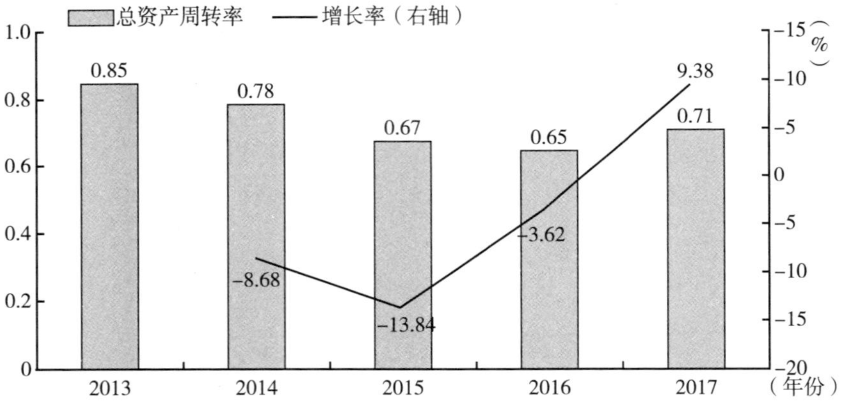

图 1　安徽省上市公司总资产周转率整体趋势

资料来源：Wind。

2. 安徽省各上市公司总资产周转率

2017 年安徽省各上市公司总资产周转率及排名结果如附件 1 所示。根据对整体排名结果的平均数和中位数的测算，2017 年安徽省上市公司总资产周转率的平均水平为 0.756，一般水平为 0.635（中位数为一组有序数据中居于中间位置的数，如果观察值有偶数个，通常取最中间的两个数值的平均数作为中位数）。其中 38 家上市公司的总资产周转率高于平均水平，占企业总数的 39%；20 家上市公司总资产周转率高于 1，占企业总数的 20%；32 家上市公司总资产周转率低于 0.5；占企业总数的 33%。上述结果表明

2017 年安徽省上市公司总资产周转率具有一定的两极分化现象，近三分之一的上市公司总资产周转能力远低于整体一般水平。

排名结果中，前三位上市公司为众源新材、楚江新材和精达股份，总资产周转率显著高于其余上市公司且不低于 2，即上述公司可在相同水平的总资产条件下在相同周期内周转不低于总资产额 200% 的收益，这表明众源新材、楚江新材和精达股份相较其他上市公司具有更好的总资产营运能力。而后十位上市公司的总资产周转率普遍低于 0.33，即周转总资产所得收益不高于 33% 的总资产额，总资产营运能力相对较低。

通过行业排名结果可以看出，制造业上市公司总资产周转率普遍较高。在参与排名的 69 家制造业上市公司中有 30 家的总资产周转率高于平均水平，38 家高于一般水平，占比超过 50%。这是由于制造业上市公司的行业特征为流动资产占比较高，公司资产具有较好的流动性和变现能力，因此获取收益能力相对其他行业而言较高。

进一步聚焦制造业二级行业可以看出，有色金属冶炼及压延加工业、电气机械及器材制造业、计算机、通信和其他电子设备制造业、通用设备制造业、纺织业以及专用设备制造业上市公司在制造业中具有良好的总资产周转能力，上述二级行业中各首位上市公司均处于总排名的前十位中。其中，有色金属冶炼及压延加工行业的总资产周转能力较为突出，除梦舟股份位于 22 名以外，第 1 名的众源新材、第 2 名的楚江新材和第 5 名的铜陵有色的总资产周转率均高于 1.5，即企业可利用总资产在相同条件下可周转不低于总资产 150% 的收益。而电气机械及器材制造业，计算机、通信和其他电子设备制造业，纺织业，通用设备制造业，以及专用设备制造业则具有明显的两极分化情况，行业内最高名次和最低名次分别为第 3 名的精达股份和第 89 名的聚隆科技，第 7 名的长信科技和第 81 名的铜峰电子，第 9 名的开润股份和第 90 名的华茂股份，第 8 名的华菱精工和第 98 名的盛运环保，以及第 10 名的安徽合力和第 96 名的应流股份。

批发和零售业上市公司总资产周转率同样普遍高于整体平均水平，这是由于批发和零售业的行业特征与制造业基本相似，企业资产流动性和变现能力相对较高。在前十名的上市公司中，辉隆股份和亚夏汽车作为批发和零售业上市公司分别为第 4 和第 6 位，总资产营运能力相对较高。

文化、体育和娱乐业企业流动资产比例较高，公司资产流动性较强。在流动资产中，货币资金的占比通常较大，这主要是由于该行业企业的采购规模一般较大，应付账款较多，需要准备充足的货币资金以支付到期的应付账款，因此在获利能力上相对制造业等存货占比较大的企业有所限制。整体上，安徽省文化、体育和娱乐业上市公司总资产周转率低于安徽省平均水平，但高于一般水平

科学研究和技术服务业属技术、知识密集型的智力服务行业，行业特点决定了企业资产结构以流动资产为主。目前安徽省该行业上市公司仅设计总院一家，其流动资产主要为货币资金和应收账款。但由于企业应收账款占比较大，因此在获利能力上有所限制。安徽省科学研究和技术服务业上市公司 2017 年总资产周转率整体上低于安徽省平均水平，但高于一般水平。

安徽省农、林、牧、渔业上市公司为丰乐种业和荃银高科，且主营业务均有农产品种子销售。由于农业生产的特殊性，每年末企业通常处于为次年耕种准备的种子销售和储备期间，因此报告期各年末企业流动资产主要由存货和货币资金构成。此外，行业内企业收入易受农业周期影响，资产周转收入能力有所限制。整体上安徽省农、林、牧、渔业上市公司 2017 年总资产周转率处于安徽省一般水平。

房地产业的行业特征主要体现在存货在资产结构中占比较大。安徽省房地产上市公司为合肥城建与新光圆成，存货占比较高，总资产营运能力较弱，或受安徽省房地产调控政策影响。

采矿业、交通运输、仓储和邮政业以及水利、环境和公共设施管理业的行业特征主要体现在固定资产占比较高，公司资产的流动性和变现能力相对制造业等流动资产占比较高的行业较差，因此获取收益能力相对其他行业而言较低。

电力、热力、燃气及水生产和供应业、建筑业以及信息传输、软件和信息技术服务业存在明显的两极分化，行业内最高名次和最低名次分别为第

31 名的皖天然气和第 72 名的皖能电力，第 30 名的安徽水利和第 69 名的东华科技，以及第 37 名的三七互娱和第 86 名的中电鑫龙。

通过城市排名结果可以看出，41 家合肥市上市公司中有 13 家上市公司 2017 年的总资产周转能力超过安徽省平均水平，共计 20 家超过一般水平，占比近 50%。但是在前十名的上市公司中，合肥市上市公司仅辉隆股份和安徽合力位列第 4 和第 10，在总资产周转能力优秀的上市公司中占比略显不足。

从前十名上市公司的城市分布结果来看，13 家芜湖市上市公司有 10 家在 2017 年的总资产周转率超过安徽省一般水平，占比超过 76%；其中有 9 家超过安徽省平均水平，4 家位列安徽省第 1、第 2、第 6 和第 7。6 家铜陵市上市公司有 4 家超过一般水平，占比超过 66%；其中有两家分别位列第 3 和第 5。8 家宣城市上市公司有 2 家超过平均水平，其中 1 家位列第 8。4 家滁州市上市公司有 3 家超过平均水平，其中 1 家位列第 9。

合肥市、芜湖市、铜陵市、宣城市和马鞍山市的上市公司总资产周转能力则存在明显的两极分化，两极分别为：第 4 名的辉隆股份和第 96 名的应流股份；第 1 名的众源新材和第 86 名的中电鑫龙，第 3 名的精达股份和第 83 名的文一科技，第 8 名的华菱精工和第 89 名的聚隆科技，以及第 18 名的马钢股份和第 97 名的新光圆成。其他城市的上市公司数量普遍较少，企业的总资产营运能力尚不能代表城市的整体水平。

在属性排名结果中，8 家央企中有 3 家高于安徽省平均水平，5 家高于安徽省一般水平，占比近 63%；32 家国企中有 13 家高于平均水平，19 家高于一般水平，占比近 60%；53 家民营企业中有 19 家高于平均水平，21 家高于一般水平，占比近 40%；集体企业、公众企业及外资企业普遍高于一般水平，但企业数量极少，尚不能代表此类属性的整体水平。

尽管整体上民营企业总资产周转能力相对弱于国有企业，但在前十位的排名结果中可以看出，除第 4 名的辉隆股份为集体企业外，前三名及第 6 至第 9 名上市公司均为民营企业。此外，央企、国企及民企均存在明显的两极分化，两极分别为第 14 名的中粮生化和第 93 名的新集能源，第 5 位的铜陵有色和第95位的皖通高速，以及第1位的众源新材和第98位的盛运环保。

在板块排名中，58家主板上市公司中有25家高于安徽省平均水平，35家高于安徽省一般水平，占比60%；26家中小板上市公司中有10家高于一般水平，占比仅38%；14家创业板上市公司中有3家高于平均水平，4家高于一般水平，占比仅29%。整体上主板上市公司的总资产周转能力显著高于中小板高于创业板。此外，主板、中小板及创业板的上市公司总资产周转能力同样存在明显的两极分化，两极分别为：第1名的众源新材和第96名的应流股份，第2名的楚江新材和第97名的新光圆成，以及第7名的长信科技和第98名的盛运环保。

（二）流动资产周转率

1. 安徽省上市公司整体流动资产周转率

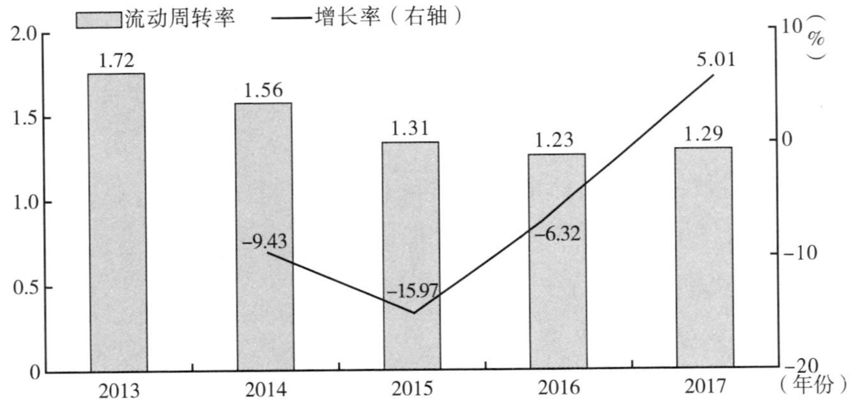

图2　安徽省上市公司流动资产周转率整体趋势

资料来源：Wind。

从整体趋势上看，安徽省上市公司总体平均流动资产周转率及其增长率在2013至2017年中呈先减后增趋势，如图2所示。受2015年宏观调控的影响，安徽省上市公司总体平均流动资产周转率在2016年降至最低点1.23，随后进入增长阶段。尽管2017年总体平均流动资产周转率增至

1.29，但仍旧低于宏观调控前的水平。在总体平均流动资产周转率的增长率方面，受2015年宏观调控的影响，2015年总体平均流动资产周转率呈显著负增长，但负增长速度在2016年显著下降，并于2017年实现显著正向增长。整体上，总体平均流动资产周转率在5年来均高于1.2，即总体上安徽省上市公司平均每年可利用流动资产周转不低于流动资产额120%的销售收入。

2. 安徽省各上市公司流动资产周转率

2017年安徽省各上市公司流动资产周转率及排名结果如附件2所示。根据对整体排名结果的平均数和中位数的测算，2017年安徽省上市公司流动资产周转率的平均水平为1.481，一般水平为1.203。其中38家上市公司的流动资产周转率高于平均水平，占企业总数的39%；19家上市公司流动资产周转率高于2，占企业总数的19%；40家上市公司流动资产周转率低于1，占企业总数的41%。上述结果表明2017年安徽省上市公司流动资产周转率具有较高的两极分化，约六成左右的上市公司流动资产周转能力低于整体平均水平，四成上市公司流动资产能力远低于一般水平。

排名结果中，前三位上市公司为皖能电力、众源新材和皖天然气，流动资产周转率显著高于其余上市公司且不低于3.8。这表明皖能电力、众源新材和皖天然气能够利用相同数量水平的流动资产周转更多的收益，且周转收益不低于380%的流动资产。而后十位上市公司的流动资产周转率普遍低于0.60，即周转总资产所得收益不高于流动资产额的60%，流动资产营运能力较低。

通过行业排名结果可以看出，制造业上市公司流动资产周转率普遍较高，与全体上市公司相比较差距较小。在参与排名的69家制造业上市公司中有28家的流动资产周转率高于平均水平，37家高于一般水平，占比超过50%。这是由于制造业上市公司的行业特征为流动资产占比较高，公司资产具有较好的流动性和变现能力，因此获取收益能力相对其他行业而言较高。

进一步聚焦制造业二级行业可以看出，有色金属冶炼及压延加工业，电气机械及器材制造业，化学纤维制造业、化学原料及化学制品制造业，计算机、通信和其他电子设备制造业上市公司在制造业中具有良好的流动资产周转能力，各首位上市公司均处于总排名的前十位。其中有色金属冶炼及压延加工业的流动资产周转能力较为突出，除梦舟股份位于26名以外，第2名的众源新材、第6名的铜陵有色和第7名的楚江新材的流动资产周转率均高于3.3，即企业可利用流动资产在相同条件下可周转不低于流动资产330%的收益。电气机械及器材制造业化学纤维制造业、化学原料及化学制品制造业，计算机、通信和其他电子设备制造业具有明显的两极分化，两极分别为：第10名的精达股份和第94名的聚隆科技，第5名的中粮生化和第73名的江南化工，第8名的安纳达和第57名的雷鸣科化，第4名的长信科技和第81名的铜峰电子。

采矿业，电力、热力、燃气及水生产和供应业，交通运输、仓储和邮政业，批发和零售业上市公司流动资产周转率普遍高于整体平均水平。这是由于受行业特征影响，企业固定资产占比较高，因此在相同销售收入的情况下流动资产营运能力相对以流动资产为主的行业较高。

房地产业，建筑业，科学研究和技术服务业，农、林、牧、渔业，水利、环境和公共设施管理业，文化、体育和娱乐业，信息传输、软件和信息技术服务业的流动资产周转率普遍低于一般水平。这是由于受行业特征影响，企业流动资产占比较高，因此在相同销售收入的情况下流动资产营运能力相对以固定资产为主的行业较低。

信息传输、软件和信息技术服务业，采矿业，建筑业存在明显的两极分化，行业内最高名次和最低名次分别为第24名的三七互娱和第89名的科大国创，第9名的新集能源和第56名的恒源煤电，第55名的安徽水利和第91名的东华科技。

通过城市排名结果可以看出，41家合肥市上市公司中，有12家上市公司的流动资产周转能力超过安徽省平均水平，共计17家超过安徽一般水平，占比约为41%。但在前十名的上市公司中，合肥市上市公司中仅皖能电力和皖天然气两家上市公司位列第1和第3，在流动资产周转能力优秀的上市公司中占比略显不足。

从前十名上市公司的城市分布结果来看，13 家芜湖市上市公司有 11 家在 2017 年的总资产周转率超过安徽省一般水平，占比近 85%；其中有 10 家超过安徽省平均水平，3 家上市公司分别位列第 2、第 4 和第 7。6 家铜陵市上市公司有 4 家超过一般水平，占比超过 66%；其中有 3 家分别位列第 6、第 8 和第 10。3 家蚌埠市上市公司仅 1 家高于平均水平并位列第 5；2 家淮南市上市公司仅 1 家高于平均水平位列第 9。

合肥市、芜湖市、铜陵市、马鞍山市和宣城市的上市公司流动资产周转能力则存在明显的两极分化，两极分别为：第 1 名的皖能电力和第 96 名的合肥城建；第 2 名的众源新材和第 87 名的中电鑫龙，第 6 名的铜陵有色和第 81 名的铜峰电子，第 14 名的马钢股份和第 98 名的新光圆成，第 17 名的华菱精工和第 94 名的聚隆科技。其他城市的上市公司数量普遍较少，企业的总资产营运能力尚未能够代表城市的整体水平。

在属性排名结果中，8 家央企中有 3 家高于安徽省平均水平，4 家高于安徽省一般水平，占比 50%；32 家国企中有 15 家高于平均水平，21 家高于一般水平，占比约 66%；53 家民营企业中有 19 家高于平均水平，21 家高于一般水平，占比近 40%。集体企业高于整体一般水平，外资企业基本处于一般水平，公众企业普遍低于一般水平但企业数量极少，尚未能够代表此类属性的整体水平。

整体上民营企业流动资产周转能力相对弱于国有企业，且在前十位的排名结果中可以看出，第 1、第 3、第 5、第 6、第 8、第 9 名均为国有企业，民营企业占据了第 2、第 4、第 7 和第 10 名。此外，央企、国企及民营企业均存在明显的两极分化，两极分别为第 5 名的中粮生化和第 91 名的华东科技，第 1 位的皖能电力和第 96 位的合肥城建，以及第 2 位的众源新材和第 98 位的新光圆成。

在板块排名中，58 家主板上市公司中有 27 家高于安徽省平均水平，35 家高于安徽省一般水平，占比 60%；26 家中小板上市公司中有 7 家高于平均水平，10 家高于一般水平，占比仅 38%；14 家创业板上市公司中有 4 家高于平均水平和一般水平，占比仅 29%。整体上主板上市公司的流动资产周转能力显著高于中小板和创业板。此外，主板、中小板及创业板的上市公司流动资产周转能力同样存在明显的两极分化，两极分别为：第 1 名的皖能电力和第 92 名的应流股份，第 7 名的楚江新材和第 98 名的新光圆成，以及第 4 名的长信科技和第 98 名的盛运环保。

（三）固定资产周转率

1. 安徽省上市公司整体固定资产周转率

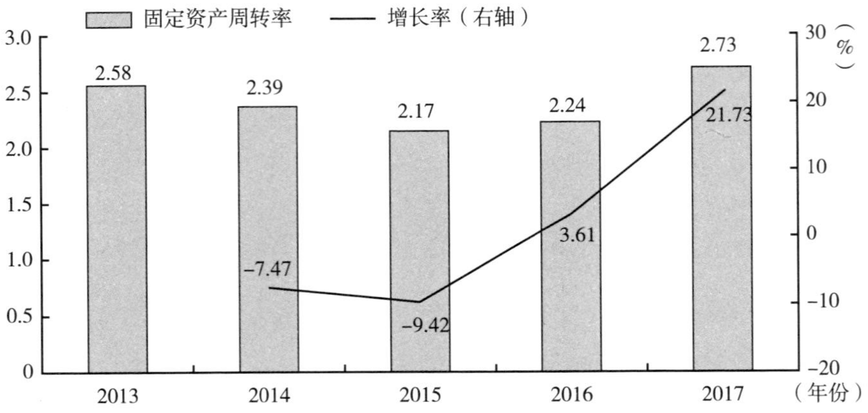

图 3　安徽省上市公司固定资产周转率整体趋势

资料来源：Wind。

从整体趋势上看，安徽省上市公司总体平均固定资产周转率及其增长率在 2013 至 2017 年中呈先减后增趋势，如图 3 所示。整体而言，安徽省上市公司总体平均固定资产周转能力受 2015 年宏观调控的影响较小。2016 年安徽省上市公司总体平均固定资产周转率相比 2015 年增长 3.61%，2017 年较 2016 年显著增长 21.73%，并高于宏观调控前 2013 年的 2.58。整体上，总体平均固定资产周转率自 2015 年起逐年呈正向显著增长，且 5 年来均高于 2.1，即总体上安徽省上市公司平均每年可利用固定资产周转不低于固定资产额 210% 的销售收入。

2. 安徽省各上市公司固定资产周转率

2017 年安徽省各上市公司固定资产周转率及排名结果如附件 3 所示。根据对整体排名结果的平均数和中位数的测算，2017 年安徽省上市公司固定资产周转率的平均水平为 5. 718，一般水平为 3. 405。其中 25 家上市公司的固定资产周转率高于平均水平，占企业总数的 26%；43 家上市公司固定资产周转率高于 4. 00，占企业总数的 44%；25 家上市公司固定资产周转率低于 2，占企业总数的 26%。上述结果表明 2017 年安徽省上市公司固定资产周转率具有一定的两极分化，近三分之一的上市公司固定资产周转能力远低于整体一般水平。此外，16 家上市公司固定资产周转率高于 10. 00，5 家上市公司固定资产周转率高于 20. 00，1 家上市公司固定资产周转率高于 40. 00，相较于其他上市公司固定资产周转率有显著差异，也是固定资产周转率平均水平远高于一般水平的根本原因。

排名结果中，前三位上市公司为合肥城建、众源新材和辉隆股份，固定资产周转率显著高于其余上市公司且不低于 25。这表明合肥城建、众源新材和辉隆股份能够利用相同数量水平的固定资产周转更多的收益，且周转效率不低于 2500%。造成上述企业显著较高的固定资产周转率的主要因素是行业的资产结构特征，主要体现在制造业、房地产业和批发和零售业的企业流动资产占比较高，因此在相同销售收入的情况下固定资产营运能力相对以流动资产为主的行业较高。而后十位上市公司的固定资产周转率普遍低于 1. 24，即周转固定资产所得收益不高于 124% 的固定资产额，相较其他上市公司而言固定资产利用效率较低。

通过行业排名结果可以看出，制造业 69 家上市公司仅 11 家高于全体上市公司平均水平，导致这一结果的主要原因是部分行业中企业的资产特征为高流动资产占比。在这一因素的影响下，房地产业，文化、体育和娱乐业，建筑业，科学研究和技术服务业，批发和零售业及信息传输、软件和信息技术服务业企业的固定资产周转能力高于安徽省平均水平。而对于水利、环境和公共设施管理业，农、林、牧、渔业，交通运输、仓储和邮政业，电力、热力、燃气及水生产和供应业以及采矿业的上市公司而言，高占比的固定资产意味着在相同销售收入的情况下企业的固定资产营运能力相对以流动资产为主的行业较低。

房地产业，交通运输、仓储和邮政业，批发和零售业，水利、环境和公共设施管理业，信息传输、软件和信息技术服务业，制造业存在明显的两极分化，两极分别为：第1名的合肥城建和第83名的新光圆成，第54名的皖通高速和第95名的皖江物流，第3名辉隆股份和第60名的安德利，第15名国祯环保和第96名的九华旅游，第5名三七互娱和第56名中电鑫龙，第2名众源新材和第98名的应流股份。其中，房地产业的两极分化受新光圆成主营业务分布影响。该企业的主营业务除房地产业务外仍包括机械制造业务、物业出租、酒店服务、百货运营及工程施工及绿化养护等，固定资产与流动资产占比近1∶1，在固定资产营运能力上显著弱于固定资产占比极少的合肥城建。

通过城市排名结果可以看出，41家合肥市上市公司中，有15家上市公司的固定资产周转能力超过安徽省平均水平，共计29家超过安徽一般水平，占比约为71%。在前十名的上市公司中，合肥市上市公司中有5家分别位列第1、第3、第4、第8和第10，在固定资产周转能力优秀的上市公司中占主导地位。

13家芜湖市上市公司有8家在2017年的固定资产周转率超过安徽省一般水平，占比超过60%；其中有4家超过安徽省平均水平，3家位列安徽省第2、第5和第6。3家蚌埠市上市公司仅1家超过平均水平并位列第7。4家滁州市上市公司仅1家超过平均水平并位列第9。其他城市的上市公司数量普遍较少，企业的总资产营运能力尚未能够代表城市的整体水平。

马鞍山市上市公司2017年的固定资产周转率普遍低于一般水平。合肥市、芜湖市、铜陵市和宣城市的上市公司固定资产周转能力则存在明显的两极分化，两极分别为：第1名的合肥城建和第96名的应流股份；第2名的众源新材和第95名的皖江物流；第13名的精达股份和第92名的铜峰电子；第24名的聚隆科技和第93名的凤形股份。

在属性排名中，8家央企中有2家高于安徽省平均水平，5家高于安徽省一般水平，占比63%；32家国企中有7家高于平均水平，14家高于一般水平，占比约44%；53家民营企业中有14家高于平均水平，26家高于一般水平，占比近50%；外资企业和公众企业整体高于一般水平，但企业数量极少，尚未能够代表此类属性的整体水平。

整体上民营企业固定资产周转能力相对弱于国有企业，且在前十位的排名结果中可以看出，除第3名的辉隆股份为集体企业外，第1、第4、第7和第10名均为国有企业，民营企业占据了第2、第5、第6、第8和第9名。此外，央企、国企、民营企业及集体企业均存在明显的两极分化，两极分别为第10名的四创电子和第97名的新集能源，第1位的合肥城建和第96位的九龙旅游，第2位的众源新材和第98位的应流股份以及第3位的辉隆股份和第57位的永新股份。

在板块排名中，58家主板上市公司中有12家高于安徽省平均水平，25家高于安徽省一般水平，占比43%；26家中小板上市公司中有7家高于平均水平，14家高于一般水平，占比54%；14家创业板上市公司中有6家高于平均水平，10家高于一般水平，占比71%。整体上，中小板上市公司的固定资产周转能力显著高于主板高于创业板。此外，主板、中小板及创业板的上市公司固定资产周转能力同样存在明显的两极分化，两极分别为：第2名的众源新材和第98名的应流股份，第1名的合肥城建和第93名的凤形股份，以及第8名的科大国创和第85名的安利股份。

（四）应收账款周转率

1. 安徽省上市公司整体应收账款周转率

从整体趋势上看，安徽省上市公司总体平均应收账款周转率在2013至2017年呈递减趋势，如图4所示。整体而言，安徽省上市公司总体平均应收账款周转能力受2015年宏观调控的影响较大，并持续递减至2017年的9.93，远低于2013年的14.32，整体上安徽省上市公司平均每年可利用应收账款周转不低于应收账款额993%的销售收入。但从增长率来看，安徽省上市公司总体平均应收账款周转率的负增长速度自2015年起已逐年放缓，

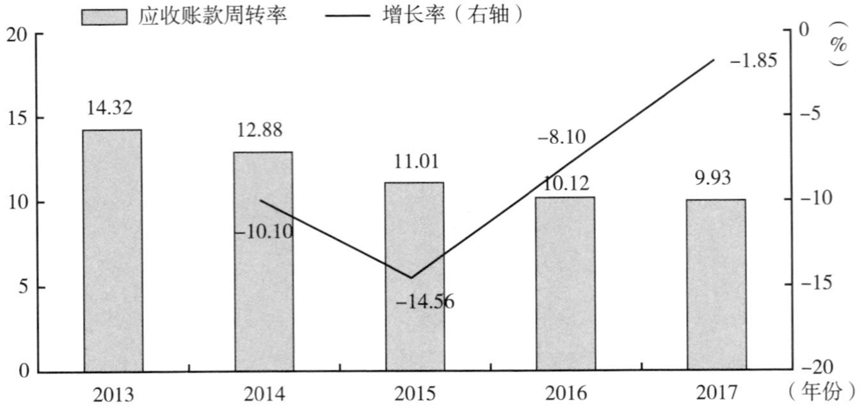

图 4　安徽省上市公司应收账款周转率整体趋势

资料来源：Wind。

有望实现正向增长。

2. 安徽省各上市公司应收账款周转率

2017 年安徽省各上市公司应收账款周转率及排名结果如附件 4 所示。根据对整体排名结果的平均数和中位数测算，2017 年安徽省上市公司应收账款周转率的平均水平为 73. 080，一般水平为 7. 212。其中仅 9 家上市公司的应收账款周转率高于平均水平，占企业总数的 9. 3%，且仅合肥城建的应收账款周转率高于 1000，达到了 4438. 581。

根据各上市公司 2017 年应收账款周转率分布结果表明，有 22 家上市公司应收账款周转率高于 20. 00：其中 12 家上市公司高于 50. 00，7 家上市公司高于 100. 00，4 家上市公司高于 200. 00，3 家上市公司高于 300. 00，2 家上市公司高于 400. 00。此外，有 45 家上市公司低于 10. 00，占比近 50%。因此导致 2017 年安徽省上市公司应收账款周转率极端两极分化的根本原因是因为部分上市公司存在极高的应收账款周转率且远高于半数企业的整体水平，这也进一步解释了 2017 年安徽省上市公司整体平均应收账款周转能力和一般应收账款周转能力的极端差异。

总排名前十位的上市公司的应收账款周转率远远大于其他企业，其中合肥城建属房地产业上市公司；古井贡酒、口子窖、海螺水泥和马钢股份属制造业上市公司；安德利、合肥百货、亚夏汽车及辉隆股份属批发和零售业上市公司；九华旅游属水利、环境和公共设施管理业上市公司。受行业特征影响，上述企业的应收账款在总资产中的占比较小。总体上，上述公司在2016～2017年平均应收账款在平均总资产的占比（数据来源：Wind）普遍低于1%，合肥城建应收账款仅占比0.0058%，前五位上市公司则普遍低于0.3%。这是导致应收账款周转率排名结果存在极端差异的主要原因。然而行业特性造成的影响并不能完全解释排名结果的成因，部分企业在应收账款占比较小的同时并未能具有显著的高周转能力。如后十名的上市公司中，分属专用设备制造业和通用设备制造业的应流股份和盛运环保的平均应收账款占平均总资产比分别为9.92%和9.11%，但在应收账款的周转获利能力上仍显不足。

通过行业排名可以看出，制造业上市公司应收账款周转率普遍较高。在参与排名的69家制造业上市公司中有4家高于平均水平，32家高于一般水平，占比超过46%。进一步聚焦制造业二级行业可以看出，酒、饮料和精制茶制造业，非金属矿物制品业及黑色金属冶炼及压延加工业上市公司在制造业中具有良好的应收账款周转能力，上述二级行业中各首位上市公司均处于总排名的前十位中。其中酒、饮料和精制茶制造业的应收账款周转能力较为突出，整体高于一般水平。

采矿业，电力、热力、燃气及水生产和供应业及交通运输、仓储和邮政业的上市公司受行业特征影响，固定资产占比较大，应收账款在流动资产中占比相对较小。农、林、牧、渔业，文化、体育和娱乐业及批发和零售业尽管流动资产占比较大，但流动资产中占比较大的通常是货币资金或存货，应收账款占比较少。因此上述行业在相同销售收入的情况下应收账款营运能力相对以流动资产为主且以应收账款为主的行业较高。

建筑业，信息传输、软件和信息技术服务业及科学研究和技术服务业受行业特征影响，流动资产及应收账款占比较大，因此在相同销售收入的情况下应收账款营运能力相对应收账款占比较低的行业较弱。

房地产业，水利、环境和公共设施管理业存在明显的两极分化，两极分别为：第 2 名的合肥城建和第 67 名的新光圆成；第 5 名的九华旅游和第 74 名的国祯环保。

通过城市排名的结果可以看出，41 家合肥市上市公司中，有 3 家上市公司的应收账款周转能力超过安徽省平均水平，共计 19 家超过安徽一般水平，占比近 46%。在前十名的上市公司中，合肥市有 4 家上市公司分别位于第 1、第 3、第 6 和第 10 名，在应收账款周转能力优秀的上市公司中占主导地位。

从前十名上市公司的城市分布结果来看，13 家芜湖市上市公司有 8 家在 2017 年的应收账款周转率超过安徽省一般水平，占比超过 60%；其中有 2 家超过安徽省平均水平，并位列安徽省第 7 和第 8。4 家淮北市上市公司有 3 家超过一般水平，占比 75%，有 1 家高于平均水平并位列第 4。6 家马鞍山上市公司有 2 家超过一般水平，占比 33%；有 1 家高于平均水平并位列第 9。亳州市和池州市均仅有 1 家上市公司且位列第 2 和第 5。

合肥市、芜湖市、铜陵市、宣城市和马鞍山市的上市公司应收账款周转能力则存在明显的两极分化，两极分别为：第 1 名的合肥城建和第 95 名的设计总院，第 7 名的亚夏汽车和第 90 名的中电鑫龙，第 11 名的铜陵有色和第 77 名的铜峰电子，第 13 名的司尔特和第 80 名的凤形股份；第 9 名的马钢股份和第 97 名的泰尔股份。其他城市的上市公司数量普遍较少，企业的总资产营运能力尚未能够代表城市的整体水平。

在属性排名中，8 家央企中没有企业高于安徽省平均水平，2 家高于安徽省一般水平，占比近 25%；31 家国企中有 6 家高于平均水平，19 家高于一般水平，占比近 60%；53 家民营企业中有 19 家高于平均水平，25 家高于一般水平，占比近 81%；公众企业高于一般水平，外资企业普遍低于一般水平，但企业数量极少，尚未能够代表此类属性的整体水平。

整体上，民营企业在应收账款的营运能力上要弱于国有企业。此外，央企、国企及民营企业均存在明显的两极分化，两极分别为第 20 名的中粮生化和第 80 名的国机通用，第 1 位的合肥城建和第 95 位的设计总院，以及第

3 位的安德利和第 97 位的泰尔股份。

在板块排名中，57 家主板上市公司中有 7 家高于安徽省平均水平，34 家高于安徽省一般水平，占比 60%；26 家中小板上市公司中有 3 家高于平均水平，10 家高于安徽省一般水平，占比仅 38%；14 家创业板上市公司中有没有高于平均水平，5 家高于一般水平，占比仅 36%。整体上，主板和中小板上市公司的应收账款周转能力显著高于创业板。此外，主板、中小板及创业板的上市公司应收账款周转能力同样存在明显的两极分化，两极分别为：第 2 名的古井贡酒和第 95 名的应流股份，第 1 名的合肥城建和第 97 名的泰尔股份，以及第 31 名的荃银高科和第 96 名的盛运环保。

（五）存货周转率

1. 安徽省上市公司整体存货周转率

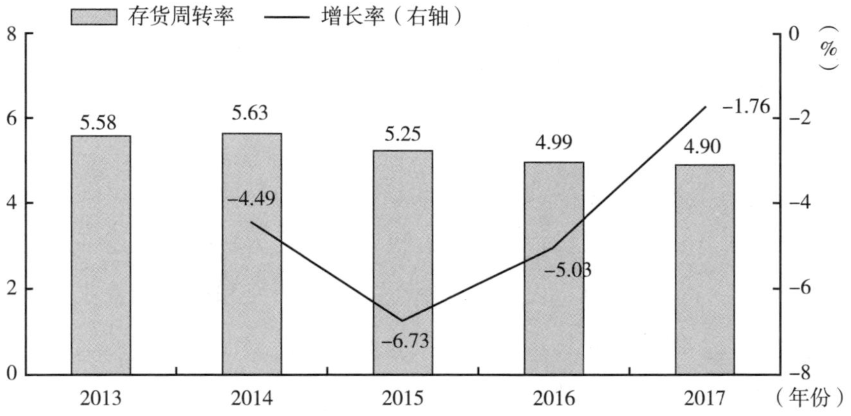

图 5　安徽省上市公司存货周转率整体趋势

资料来源：Wind。

从整体趋势上看，安徽省上市公司总体平均存货周转率在 2013 至 2017 年中呈递减趋势，如图 5 所示。整体而言，安徽省上市公司总体平均存货周转能力受 2015 年宏观调控的影响较大，并持续递减至 2017 年的 4. 90，远低于 2013 年的 5. 89，整体上安徽省上市公司平均每年可利用存货周转不低于存货额490%的销售收入。但从增长率来看，安徽省上市公司总体平均存货周转率的负增长速度自2015年起已逐年放缓，有望实现正向增长。

2. 安徽省各上市公司存货周转率

2017年安徽省各上市公司存货周转率及排名结果如附件5所示。根据对整体排名结果的平均数和中位数测算，2017年安徽省上市公司存货周转率的平均水平为76.054，一般水平为5.215。其中仅有设计总院、皖通高速、皖天然气3家上市公司的存货周转率高于平均水平，占企业总数的3%左右。排名第一的设计总院存货周转率高达6502.417，远高于第二名皖通高速的186.723。根据各上市公司2017年存货周转率分布结果表明，有17家上市公司应收账款周转率高于10.00，其中7家上市公司高于20.00，4家上市公司高于50.00，3家上市公司高于100.00，1家上市公司高于6000.00。此外，有56家上市公司低于5.00，占比近57%。因此导致2017年安徽省上市公司存货周转率两极极端分化的根本原因是因为部分上市公司存在极高的存货周转率且远高于半数企业的整体水平，这也进一步解释了2017年安徽省上市公司整体平均水平的存货周转能力和一般水平的存货周转能力间的极端差异。

在总排名结果中，排名前三的设计总院、皖通高速和皖天然气的存货周转率均达到了3位数，且设计总院具有极端的存货周转率。上述结果主要受行业资产结构特征的影响：设计总院所处的科学研究和技术服务业虽然流动资产占比较大，但主要是货币资金和应收账款，存货占比极小；皖通高速所处的交通运输、仓储和邮政业以及皖天然气所处的电力、热力、燃气及水生产和供应业的固定资产占比较高，存货占比较小。因此上述三家公司在相同销售收入的情况下存货营运能力相对存货占比较高的行业具有显著差距。

前十位上市公司的存货周转率仍远大于其他企业。其中，皖能电力、新集能源分别属于电力、热力、燃气及水生产和供应业、采矿业，企业受行业特征影响固定资产占比较高，存货占比较低。九华旅游属水利、环境和公共设施管理业上市公司，行业内企业通常非流动资产占比较高，存货占比较低。三七互娱属信息传输、软件和信息技术服务业上市公司，尽管行业内企业通常流动资产占比较高，但流动资产主要为应收账款，存货占比较低。安凯客车、江淮汽车和众源新材属制造业上市公司，流动资产占比较大，同时存货占比较低。整体上，上述企业的存货在资产结构中占比较低，在相同销售收入的情况下存货营运能力相对以流动资产为主且以存货为主的行业较高。

通过行业排名可以看出，制造业上市公司存货周转能力表现良好。参与排名的69家制造业上市公司中，35家高于一般水平，占比超过50%。进一步聚焦制造业二级行业可以看出，汽车制造业和有色金属冶炼及压延加工业上市公司在制造业中具有良好的存货周转能力，各首位上市公司均处于总排名的前十位中。除华菱星马位列第66位外，上述二级行业的上市公司2017年存货周转率均高于安徽省一般水平。

采矿业，电力、热力、燃气及水生产和供应业及交通运输、仓储和邮政业的上市公司受行业特征影响，固定资产占比较大，存货在流动资产中占比相对较小。信息传输、软件和信息技术服务业及科学研究和技术服务业受行业特征影响，流动资产及应收账款占比较大。因此在相同销售收入的情况下上述行业内上市公司2017年存货营运能力相对存货占比较高的行业较强。

房地产业，建筑业，农、林、牧、渔业，文化、体育和娱乐业及批发和零售业存货占比较大，因此整体上在相同销售收入的情况下上述行业内上市公司2017年存货营运能力相对存货占比较低的行业较弱。

通过城市排名的结果可以看出，41家合肥市上市公司中，有3家上市公司的存货周转能力超过安徽省平均水平，共计18家超过安徽一般水平，占比近44%。在前十名的上市公司中，合肥市有6家上市公司分别位于第1、第2、第3、第4、第6和第8名，在存货周转能力优秀的上市公司中占主导地位。

从前十名上市公司的城市分布结果来看，13家芜湖市上市公司有12家在2017年的存货周转率超过安徽省一般水平，占比超过90%；其中有2家超过安徽省平均水平，并位列安徽省第7和第10。淮南市上市公司共计2家且均高于一般水平，其中有1家位列第9。池州市仅有1家上市公司且位列第5。

合肥市、芜湖市、铜陵市、宣城市及马鞍山市的上市公司存货周转能力则存在明显的两极分化，两极分别为：第1名的设计总院和第97名的合肥城建；第7名的三七互娱和第86名的中电鑫龙；第15名的精达股份和第76名的文一科技；第17名的华菱精工和第73名的广信股份；第26名的中钢天源和第98名的新光圆成。其他城市的上市公司数量普遍较少，企业的总资产营运能力尚未能够代表城市的整体水平。

在属性排名中，8家央企中有4家高于安徽省一般水平，占比近50%；32家国企中有3家高于平均水平，22家高于一般水平，占比近69%；53家民营企业中没有高于平均水平，19家高于一般水平，占比近36%。集体企业、公众企业及外资企业普遍高于一般水平，但企业数量极少，尚未能够代表此类属性的整体水平。

整体上，民营企业在应收账款的营运能力上要弱于国有企业。此外，央企、国企及民营企业均存在明显的两极分化，两极分别为第9名的新集能源和第82名的东华科技，第7位的三七互娱和第98位的新光圆成，以及第1位的设计总院和第97位的合肥城建。

在板块排名中，58家主板上市公司中有3家高于安徽省平均水平，35家高于安徽省一般水平，占比60%；26家中小板上市公司中有10家高于一般水平，占比仅38%；14家创业板上市公司中4家高于一般水平，占比仅29%。整体上，主板上市公司的存货周转能力显著高于中小板和创业板。此外，主板、中小板及创业板的上市公司存货周转能力同样存在明显的两极分化，两极分别为：第1名的设计总院和第96名的口子窖，第7名的三七互娱和第98名的新光圆成，以及第13名的长信科技和第90名的荃银高科。

三　安徽省上市公司综合营运能力分析

综合营运能力可以反映企业的整体营运状况，是企业全面判定自身营运能力水平的重要依据。本报告在第二章中已经确立了企业营运能力的指标评价体系，因此本章将结合第二章各营运能力指标对安徽省各上市公司 2017 年综合营运能力进行分析与评价。在对综合营运能力进行排名的同时，将对比第二章上市公司 2017 年各营运能力排名结果对综合能力的排名做进一步分析，并沿用第二章的分类排名维度，进一步分析行业、城市、企业属性与板块中上市公司综合营运能力情况。

（一）上市公司综合营运能力指标构建

如何确定各指标在综合能力评价中的重要性是构建科学有效的综合能力评价结果的基础与关键。本章将沿用之前分报告中所采用的熵值赋权法对上市公司各营运能力在综合营运能力中所占权重进行测算，进而得出安徽省上市公司 2017 年综合营运能力的结果，在保持分析结果的客观性的同时保持了分析方法的一致性。本章通过对第二章内各营运能力做熵值赋权，所得各指标熵值结果及赋权结果如表 1 所示：

表 1　各营运指标熵权赋值结果

指标	总资产周转率	固定资产周转率	流动资产周转率	应收账款周转率	存货周转率
熵值	0. 9490	0. 8788	0. 9447	0. 4085	0. 1595
权重(%)	3. 0747	7. 3008	3. 3338	35. 6422	50. 6485

根据表 1 的结果，可进一步得出：

某企业综合营运能力 = 3. 074% × 总资产周转率 + 7. 3008% × 固定资产周转率 + 3. 3338% × 流动资产周转率 + 35. 6422% × 应收账款周转率 + 50. 6485% × 存货周转率

其中，由于部分公司的应收账款周转率和存货周转率极端高于其他企业，且极端高于其他营运能力中的最大值，因此应收账款周转率和存货周转率在综合营运能力的分析中占较高权重。

（二）上市公司综合营运能力结果

2017 年安徽省上市公司综合营运能力及各营运能力排名分布如附件 6

所示。根据对整体排名结果的平均数和中位数测算，2017 年安徽省上市公司综合营运能力的整体平均水平为 0.0375，一般水平为 0.0236。其中 25 家上市公司的综合营运能力高于平均水平，占企业总数的 26%；3 家上市公司高于 0.1，仅占企业总数的 1%；36 家上市公司低于 0.02；占企业总数的 37%。上述结果表明 2017 年安徽省上市公司综合营运能力存在一定的两极分化，近三分之一的上市公司综合营运能力远低于一般水平。

除个别企业如新光圆成等在主营业务结构上与所处行业存在一定差异外，2017 年安徽省上市公司的各项营运能力符合企业所处行业特点，排名结果体现了行业间资产结构差异。整体上，2017 年安徽省上市公司综合营运能力的排名结果在一定程度上体现了行业间的资产结构差异，具有较高的合理性。

通过对比综合营运能力与各营运能力结果可知，前十名上市公司中的流动资产周转率和固定资产周转率之间通常呈现良好的均衡或互补关系：如综合能力排名第 1 位的设计总院和第 2 位的合肥城建在流动资产周转能力上相较其他上市公司严重不足，但固定资产周转能力远远高于其他上市公司；前十位中其他的上市公司的流动资产和固定资产的周转效率排名结果则在整体上远远优于其他上市公司。

此外，受个别上市公司如设计总院的资产结构的影响，应收账款和存货周转率在熵值赋权结果中所占权重远远大于其他指标。但由于上市公司间上述指标比率值结果差异显著，因此高权重能够较好地体现这一显著差异。如设计总院的流动资产周转率及应收账款周转率显著低于其他上市公司，如果其存货周转率在位列第一的同时具有统计值较低的周转率结果，那么其综合排名结果相对附件 6 的结果将大幅下降。但由于其存货周转率达到 6502.417 且存货周转率所占权重较大，因此其综合营运能力最终仍居于上市公司首位。合肥城建和设计总院的情况基本相同，在总资产、流动资产及存货的周转能力远远低于多数上市公司的情况下因极高的应收账款周转水平位列第二。

在后十位的上市公司中，各项周转率无论是在数值还是排名均远远低于多数公司，流动资产和固定资产的周转能力间也未存在互补性关系。在其他上市公司中，除古井贡酒、皖天然气、安凯客车、合肥百货、皖能电力、口子窖、九华旅游、江淮汽车、海螺水泥及新集能源的综合营运能力受应收账款或存货周转能力水平的显著影响外，其他上市公司的综合能力中各项营运能力水平相对较为稳定。

对2017年安徽省上市公综合营运能力进一步分行业、城市、属性和板块进行排名后，结果如附件7所示。在行业排名的结果中，制造业上市公司综合营运能力普遍较高。在参与排名的69家制造业上市公司中有25家的综合营运能力高于平均水平，49家高于一般水平，占比超过50%。通过聚焦制造业二级行业可以看出，有色金属冶炼及压延加工，及电气机械及器材制造业的上市公司在制造业中具有良好的总资产周转能力，（上述二级行业中）各首位上市公司均处于总排名的前十位中。其中，有色金属冶炼及压延加工行业的综合营运能力较为突出，除梦舟股份位于35名以外，众源新材、楚江新材和铜陵有色分列第三、第五和第十名。而电气机械及器材制造业则具有明显的两极分化情况，行业内最高名次和最低名次分别为第6名的精达股份和第85名的文一科技。

电力、热力、燃气及水生产和供应业，科学研究和技术服务业，文化、体育和娱乐业，批发和零售业上市公司的综合营运能力普遍高于整体平均水平；建筑业，以及交通运输、仓储和邮政业的上市公司综合营运能力普遍高于一般水平；农、林、牧、渔业的上市公司综合营运能力普遍低于一般水平。上述行业中企资产结构通常受行业特征影响，往往仅个别资产占比较高，如货币资金、固定资产、存货或应收账款。因此，上述行业中的企业往往在个别营运能力上显著高于其他企业，或在多项营运能力上整体高于安徽省一般水平，并在综合营运能力水平上同样高于一般水平。上述行业间的差异主要由资产结构中主要资产占比差异所导致。

采矿业，房地产业，水利、环境和公共设施管理业，以及信息传输、软件和信息技术服务业存在明显的两极分化，行业内最高名次和最低名次分别为：第38名的新集能源和第71名的恒源煤电；第2名的合肥城建和第97

名的新光圆成；第 31 名的九华旅游和第 83 名的黄山旅游；第 8 名的三七互娱和第 87 名的中电鑫龙。

通过城市排名结果可以看出，40 家合肥市上市公司中，有 10 家上市公司 2017 年综合营运能力超过安徽省平均水平，共计 20 家超过安徽一般水平，占比为 50%。在前十名的上市公司中，合肥市上市公司仅设计总院、合肥城建、辉隆股份和安德利位列第 1、第 2、第 4 和第 7，在综合营运能力优秀的上市公司中占主导地位。

从前十名上市公司的城市分布结果来看，13 家芜湖市上市公司有 10 家在 2017 年的综合营运能力超过安徽省一般水平，占比超过 75%；其中有 5 家超过安徽省平均水平，4 家位列安徽省第 3、第 5、第 8 和第 9。6 家铜陵市上市公司有 4 家在综合营运能力上高于一般水平，占比超过 65%；其中有 3 家超过安徽省平均水平，2 家位列安徽省第 6 和第 10。6 家马鞍山上市公司有 3 家超过一般水平，占比 50%；其中有 1 家高于平均水平。

合肥市、马鞍山市、铜陵市、芜湖市、和宣城市的上市公司则存在明显的两极分化，两极分别为：第 1 名的设计总院和第 95 名的应流股份；第 24 名的马钢股份和第 97 名的新光圆成；第 6 名的精达股份和第 93 名的铜峰电子；第 3 名的众源新材和第 87 名的中电鑫龙；第 25 名的华菱精工和第 94 名的黄山胶囊。其他城市的上市公司数量普遍较少，企业的综合营运能力尚未能够代表城市的整体水平。

在属性排名结果中，8 家央企中有 2 家高于安徽省平均水平，5 家高于安徽省一般水平，占比约 63%；31 家国企中有 12 家高于平均水平，20 家高于一般水平，占比约 65%；53 家民营企业中有 10 家高于平均水平，22 家高于一般水平，占比约 42%。集体企业存在两极分化，外资企业基本处于一般水平，公众企业普遍低于一般水平，但上述企业数量极少，尚未能够代表此类属性的整体水平。

整体上，民营企业综合营运能力在领先优势上相对弱于国有企业。在前十位的排名结果中可以看出，第 1、第 2、第 10 名均为国有企业，民营企业占据了第 3、第 5 至第 9 名。此外，央企、国企及民营企业均存在明显的两极分化，两极分别为第 18 名的四创电子和第 70 名的科大讯飞，第 1 位的设计总院和第 86 位的金种子酒，以及第 3 位的众源新材和第 97 位的新光圆成。

在板块排名结果中，57 家主板上市公司中有 17 家高于安徽省平均水平，34 家高于安徽省一般水平，占比约 60%；26 家中小板上市公司中有 6 家高于平均水平，10 家高于一般水平，占比仅 38%；14 家创业板上市公司中有 3 家高于平均水平，5 家高于一般水平，占比约 36%。总体上，主板上市公司 2017 年综合营运能力显著高于中小板高于创业板。此外，主板、中小板及创业板的上市公司流动资产周转能力同样存在明显的两极分化，两极分别为：第 1 名的设计总院和第 95 名的应流股份，第 2 名的合肥城建和第 97 名的新光圆成，以及第 14 名的长信科技和第 96 名的盛运环保。

四 研究结论及对策

（一）研究结论

从各营运能力分析结果可以看出，2017 年安徽省上市公司在营运能力管理上取得了一系列的成绩，主要有以下几点：

营运能力趋势稳中有升。2017 年安徽省上市公司的总资产、流动资产、固定资产、应收账款和存货的整体周转水平在 2013 ~ 2017 年整体呈稳步增长趋势。在经历了 2015 年宏观调控的经济影响后，安徽省上市公司的总资产、固定资产及流动资产的整体周转水平已摆脱负增长态势，实现正向增长，各营运能力整体增速也显著增长。

各项营运能力分布合理。在各项营运能力的分析结果中，各资产周转能力的指标排名结果均能较好地体现各企业所在行业的资产结构特征。

在总资产周转能力分析结果中，资产流动性和变现能力相对较高的制造业，批发和零售业，文化、体育和娱乐业，科学研究和技术服务业及农、林、牧、渔业上市公司的总资产周转率普遍高于安徽省一般水平。

在流动资产周转能力分析结果中，具有较高变现能力和固定资产占比较大的制造业，采矿业，电力、热力、燃气及水生产和供应业，交通运输、仓储和邮政业，批发和零售业上市公司的流动资产周转率普遍高于安徽省一般水平。

在固定资产周转能力分析结果中，尽管个别企业的高固定资产周转率在统计结果上拉高了安徽省整体水平，导致固定资产营运能力高于安徽省整体水平的上市公司数量较少，但流动资产占比较大房地产业，文化、体育和娱乐业，建筑业，科学研究和技术服务业，批发和零售业和信息传输、软件和信息技术服务业企业的上市公司固定资产周转能力优势依旧显著。

在应收账款周转能力分析结果中，固定资产占比较大或流动资产占比较大但应收账款占比较小的制造业，采矿业，电力、热力、燃气及水生产和供应业及交通运输、仓储和邮政业，农、林、牧、渔业，文化、体育和娱乐业及批发和零售业上市公司的应收账款周转率普遍高于安徽省一般水平。

在存货周转能力分析结果中，尽管个别企业的高存货周转率导致了统计结果的极端差异，但固定资产占比较大或流动资产占比较大但存货占比较小的制造业，采矿业，电力、热力、燃气及水生产和供应业，交通运输、仓储和邮政业，信息传输、软件和信息技术服务业及科学研究和技术服务业的上市公司存货周转能力优势依旧显著。

上述由行业资产特征形成的上市公司各营运能力相对优势同样在综合营运能力分析结果中得到体现。一方面，综合营运能力良好的上市公司往往具有低流动资产周转能力和高固定资产周转能力，或具有高流动资产和固定资产周转能力，体现了企业资产结构良好的均衡或互补关系；另一方面，尽管受个别上市公司如设计总院的统计结果影响，应收账款和存货周转率在熵值赋权结果中所占权重远远大于其他指标，但由于上市公司间上述指标比率值结果差异显著，因此高权重能够较好地体现这一显著差异。

整体上，安徽省各上市公司营运能力分析结果充分反映了安徽省上市公司所处行业的资产特征，安徽省多数上市公司在所处行业中各营运能力发展良好，这也是综合营运能力同样能够反映安徽省上市公司行业资产特征的重要原因。

部分城市营运水平突出。在各营运能力排名结果中，合肥市上市公司均有四成企业高于安徽省一般水平，作为省会城市表现良好。此外，部分城市在安徽省各营运能力优秀企业中均有占比：

在总资产营运能力上，除合肥市上市公司外，13 家芜湖市上市公司有 4 家位列安徽省前十；6 家铜陵市上市公司有 2 家位列前十；8 家宣城市上市公司有 1 家位列前十；4 家滁州市上市公司有 1 家位列前十。

在流动资产营运能力上，除合肥市上市公司外，芜湖市上市公司有 3 家位列安徽省前十；铜陵市上市公司有 3 家位列前十；3 家蚌埠市上市公司有 1 家位列前十；2 家淮南市上市公司有 1 家位列前十。

在固定资产营运能力上，除合肥市上市公司外，芜湖市上市公司有 3 家位列安徽省前十；蚌埠市上市公司有 1 家位列前十；滁州市上市公司有 1 家位列前十。

在应收账款营运能力上，除合肥市上市公司外，芜湖市上市公司有 2 家位列安徽省前十；4 家淮北市上市公司有 1 家位列前十；6 家马鞍山上市公司有 1 家位列前十；亳州市和池州市均仅有 1 家上市公司且位列前十。

在存货营运能力上，除合肥市上市公司外，芜湖市上市公司有 2 家位列安徽省前十；淮南市上市公司有 1 家位列前十；池州市仅 1 家上市公司且位列前十。

在综合营运能力上，除合肥市上市公司外，芜湖市上市公司有 4 家位列安徽省前十；铜陵市上市公司有 2 家位列安徽省前十。

除部分城市上市公司数量较少外，芜湖、铜陵、宣城及马鞍山作为省会城市外上市公司数量较多的城市，上市公司的各营运能力均在一定程度上高于安徽省一般水平。安徽省在省会城市企业营运能力整体良好的同时，部分地方城市同样具有突出的整体营运能力水平，区域分布表现良好。

国企营运能力整体较高。在各项营运能力的分析结果上，得益于供给侧改革的成效，国有上市公司营运能力相较民营企业、集体企业、外资企业具有较高的整体水平，在安徽省高营运能力企业梯队中贡献了较大的力量。民营企业尽管在整体营运水平上仍和国企存在一定的差距，但在优质企业占比中仍具有较大贡献。

主板营运能力优势显著。在各项营运能力分析结果上，主板企业相较中小板和创业板企业具有较高的整体水平。中小板和创业板在总资产营运能力、固定资产营运能力和流动资产营运能力较高的企业中仍占有显著比重，对安徽省优质营运能力企业的贡献同样不容忽视。

在取得成绩的同时，2017 年安徽省上市公司各营运能力的分析结果也反映了一定的问题，主要如下：

部分能力增速有待提高。尽管目前安徽省上市公司各营运能力整体增速显著增长，但安徽省上市公司应收账款和存货的整体周转水平仍未摆脱负增长态势。尽管应收账款和存货的整体周转水平的负增长速度已被显著遏制，但能否在未来实现正向增长目前仍无法确定。

个别行业优质企业不足。尽管各营运能力结果均能反映安徽省上市公司行业资产结构特征，但部分行业中营运能力较高的企业数量仍显不足，且两极分化较为显著：在上市公司数量占比较高的制造业中，两极分化现象均能直观地从各营运能力排名结果中体现；电力、热力、燃气及水生产和供应业，建筑业以及信息传输、软件和信息技术服务业上市公司在总资产周转能力上存在明显的两极分化；信息传输、软件和信息技术服务业，采矿业，建筑业上市公司在流动资产周转能力上存在明显的两极分化；房地产业，交通运输、仓储和邮政业，批发和零售业，水利、环境和公共设施管理业，信息传输、软件和信息技术服务业，制造业上市公司在固定资产周转能力上存在明显的两极分化；房地产业，水利、环境和公共设施管理业上市公司在应收账款周转能力上存在明显的两极分化；采矿业，房地产业，水利、环境和公共设施管理业，以及信息传输、软件和信息技术服务业上市公司在综合营运能力上存在明显的两极分化。

两极分化反映了目前安徽省部分行业中企业良莠不齐，不仅拉低了所处行业的一般营运能力水平，同时也影响了安徽省营运能力的一般水平。此外，部分行业如科学研究和技术服务业及水利、环境和公共设施管理业行业上市公司数量较少，对所在行业在安徽省营运能力发展水平的代表性相对不足。

城市营运水平有待提高。尽管合肥市与部分城市上市公司营运能力整体表现良好，但安徽省各城市上市公司营运能力水平仍有待提高。

一方面，部分城市在营运能力整体水平上显著低于安徽省一般水平：六安市、淮南市、安庆市、阜阳市和池州市的上市公司总资产营运能力显著低于安徽省一般水平；六安市、淮南市、安庆市、阜阳市和池州市的上市公司流动资产营运能力显著低于一般水平；淮北市、淮南市、阜阳市、安庆市和池州市的上市公司固定资产营运能力显著低于一般水平；安庆市、六安市、阜阳市和亳州市的上市公司存货营运能力显著低于一般水平；六安市、安庆市、阜阳市的上市公司综合营运能力显著低于一般水平。

另一方面，部分城市两极分化现象显著：合肥市、芜湖市、铜陵市、宣城市和马鞍山市的上市公司在总资产营运能力上存在两极分化；合肥市、芜湖市、铜陵市、马鞍山市和宣城市的上市公司在各项资产营运能力上均存在显著的两极分化，其他城市的上市公司数量普遍较少，对所在城市各项营运能力代表力度尚显不足。

整体上，安徽省部分城市上市公司部分营运能力的整体水平有待提高。部分城市尽管具有一定数量的上市公司，但由于各有差异，不仅拉低了企业所处城市的一般营运能力水平，同时也影响了安徽省营运能力的一般水平。

国企民企两极分化显著。在安徽省 2017 年各营运能力分析结果中，国有企业和民营企业存在较为显著的两极分化。由于国有企业和民营企业构成了安徽省几乎全部的上市公司，两极分化的直接结果是导致安徽省国有企业和民营企业在各项营运能力中的平均水平和一般水平被末位企业显著拉低，并直接影响了安徽省 2017 年各营运能力的平均水平和一般水平。此外，集体企业、外资企业、公众企业数量极少，相关上市公司的营运能力对安徽省上述属性企业的代表力度仍显不足。

部分板块企业仍需优化。两极分化同样对主板、创业板和中小板上市公司影响显著。在各营运能力的后十位企业中，主板、中小板和创业板均有占比，且在统计结果上和前十位中的相应板块企业差距较大，拉低了各板块和安徽省各营运能力的平均水平和一般水平。

末位企业能力管理不足。尽管各项营运能力在分析结果中均能较好地反映行业资产结构差异，但行业差异无法作为各营运能力排名后十位企业的根本解释原因。各营运能力的末位企业在各项资产的营运管理上相较其他企业确显不足，直接体现在综合营运能力排名结果中。在上市公司综合营运能力排名和各分营运能力排名的对照结果中可以看出，后十位的上市公司多数分营运能力均明显位于安徽省末位，一定程度上佐证了安徽省上市公司在行业、城市、属性、板块间存在的两极分化现象，间接证明了末位企业显著拉低了安徽省各营运能力平均水平与一般水平。

（二）对策建议

从研究结论上看，安徽省上市公司各营运能力仍然存在提升的空间，主要体现在通过优化企业的各项资产管理，提高企业各项资产周转收益的能力，从而提升企业资产营运水平，改善安徽省各行业、城市、属性及板块内上市公司营运能力的两极分化，提高安徽省各营运能力的平均水平和一般水平。由于政府无法直接干预企业的生产、销售、投资等商业行为，因此要想提高企业资产营运能力，就需要企业改善内部管理制度，通过对流动资产、固定资产及无形资产的有效管理以提高企业各项资产周转所得收益。由于企业流动资产结构中货币资金、应收账款和存货占重要地位，因此在对流动资产营运能力改善的对策中，需要进一步关注如何改善上述侧面的营运能力。安徽省上市公司营运能力提升的对策整体上有以下几点：

1. 完善预算加强管控制度，提升货币资金使用效率

加强货币资金管控制度，保障货币资金安全周转。企业应针对货币资金收支管理制定严格的规定，明确财务部门各人员职责和权限，以确保不产生账外资金；加强授权审批制度，统一规定与审批路径，以杜绝“小金库”等私用资金行为；实行定期轮岗制度，相互监督相互制约，以减少并及时发现有关人员舞弊行为；实施内部稽核制度，加强资金监管力度，以确保账实

一致。

完善货币资金预算制度，优化资金配置降低风险。企业应完善资金预算制度，提前掌握资金流动的潜在风险，从而优化资金配置，化被动应对风险为主动预防风险。在企业实际持有的货币资金超出预算额时，可以通过购买短期投资和偿还债务等方式来减少实际货币资金持有量；在企业实际货币资金持有量低于预算额时，可以通过调整短期投资的方式来增加其持有量。

2. 建立有效信用管控体系，提高应收账款回收能力

强化客户信用评估管理，降低应收账款信用成本。企业应严格检查每一笔分期付款或赊销业务是否存在超过信用期限的记录，以及客户所欠债务总额是否突破信用额度，密切监控客户已到期债务的增减动态，从而及时采取措施，提醒客户尽快付款。企业应定期编制账龄分析表，检查应收账款的实际占用天数，以及时监督未超出信用期的应收账款，避免造成坏账。如在年终清查时有大量应收账款超期，企业应检查其信用政策的使用是否得当，以及时调整信用政策。

完善企业内部控制监管，维护经济利益不受损害。企业销售部门在与客户签订合同时，应保持严谨的态度，尽可能在合同中设置保护性条款，为防止信用欺诈及自身权利维护提供法律保障。企业财务部门应发挥内部审计与注册会计师审计作用，基于监督及审计中发现的问题及时给予对策并采取措施，以确保应收账款无异常现象，企业经济利益不受损害。

加强应收账款催收制度，确保责任明确激励有效。企业应实行终生责任制和第一责任人制并明确界定相关人员责任，以确保应收账款安全性。企业可将 DSO、逾期应收款比率和坏账比率等信用管理目标与绩效奖励挂钩，从而有效提高相关人员催收应收账款的积极性。企业对逾期应收账款可根据款项及金额大小选择催收方式，以确保催收成本最小化。

3. 加强库存管理完善内控，优化企业存货营运能力

完善企业存货内控制度，提高采购销售管理水平。企业应针对存货采购和销售环节制定严格的管理条例，明确各相关部门职责，对不相容岗位实行分离制度，确保相关职责部门在物资采购、检验、存储、领用的过程中相互

监督，相互促进。企业可通过内控制度确保企业采购成本的有效控制、生产经营活动的正常运行、舞弊行为的有效减少以及资金效益的显著提高。

加强企业存货库存管理，合理控制企业存货结构。企业可通过采取供应商管理库存、客户管理库存或联合管理库存等方法，通过委托保管、协作分包、看板方式、及时供应（JIT）等形式管理库存，从而提高企业销售预测的准确性、缩短与分销商的生产和订货提前期、优化补货频率和批量、及时满足企业生产需要和市场需求并准确控制资金投入和库存水平。

及时处理企业积压存货，提高现有存货营运能力。当企业现有存货出现积压时，可通过赊销将积压存货转变为应收款，减少企业费用支出，增加流动资金。企业可将所得流动资金用于资金缺口填补或债务偿还，从而在达到盈利效果的同时保证资产的流动性。

4. 规范核算流程严格管控，减少闲置资产避免流失

加强固定资产内控管理，规范固定资产管理流程。企业应建立包括预算、审批、采购、验收、登记、领用、调拨、处置、盘点、维护在内的固定资产内部控制制度：通过设立固定资产账簿，对验收合格的固定资产填制交接单及入库单，及时登记固定资产购置时间、金额、数量、型号、规格、供应商、存放地点等信息，实物标签注明使用部门、使用人，维修、转移、变更等情况；通过建立固定资产档案，对申请、招投标、采购、安装、调试、领用、维修、处置过程产生的文字资料、图纸、记录和凭证等进行整理归档；通过建立资产清查制度，明确固定资产清查的范围、期限和组织程序，进行定期或不定期盘点；通过成立固定资产清查小组，对固定资产进行清查盘点，核对盘点报告与固定资产账簿和卡片信息；通过建立固定资产修缮保养制度，保证固定资产正常运行；通过清查盘点，查明固定资产的使用、维护保养等情况是否正常，并对实物的盘亏和人为损坏进行赔偿做出具体规定，及时发现和堵塞管理中的漏洞，确保固定资产安全完整。

规范固定资产会计核算，加强财务监督管理能力。财务部门应做好会计基础工作，正确进行资产增减账务处理，认真履行固定资产报批审核程序，加大财务控制力度，对固定资产计划、采购、验收、保管、使用、维护、修

理、处置、报废直至退出企业全过程，建立合理的核算、管理流程，从而在制度上保证固定资产管理业务的规范化、秩序化与高效化，及时修补财务管理存在的漏洞。

加强固定资产日常监管，优化配置避免资产流失。企业在对固定资产进行购置时，不但要立足现在，更要考虑发挥资产的长远效益，严格按标准对各部门设施配置进行核定，从而降低企业固定资产闲置率，全面提高固定资产利用率，优化各部门内资源配置，实现资源共享。企业在发生机构变更及人员调动时，要按规定办理资产内部调拨手续，及时进行资产转移、变更登记。企业对出租、出借、对外投资的固定资产要进行必要的可行性论证，签订合法协议，做好登记、监控工作，保证资产安全性，确保对外投资、出租收益及时、准确入账。企业要做好资产处置工作，制订资产报废条件，对转让和捐赠的资产采取最佳处置方式，以取得最优处置效果。企业应报相关部门进行资产评估，严格执行固定资产管理制度，按照规定的流程上报审批，以防止固定资产流失。

5. 增强无形资产保护意识，实现合理开发有效增值

制定无形资产发展战略，做好无形资产开发工作。企业应成立专门的科研机构，负责无形资产设计、开发、引进、指导应用，并建立严格的决策审批制度和职责分工制度。在开发或引进之前，该机构应从宏观角度结合企业发展目标和市场需求，拟定企业无形资产发展目标体系。企业高级管理部门应做好无形资产投资决策和具体项目的开发决策：在进行宏观决策时应注意将无形资产发展战略与其他经营战略相结合；在研究开发阶段要根据无形资产要素各自特点进行针对管理；在研究成功或形成后要及时到有关部门注册登记以获得法律保护。

强化无形资产投资管理，实现企业价值有效增值。企业可采用净现值法、现值指数法或内含报酬率法对无形资产投资项目进行可行性分析，在无形资产内部进行投资结构决策。企业应从无形资产各组成部分的协调和统一出发，遵循系统性原则，以实现帕累托最优。企业在无形资产营运过程中要充分考虑到其价值不确定性，注意适时抵押或转让以获取最大经济效益。业

绩良好的企业可以对品牌效应、技术优势、管理模式、营销网络及市场占有率等无形资产进行资本化运作，并购目标企业，保证企业整体价值最大化。

健全无形资产评估机制，加强无形资产评估管理。企业应形成积极的评估意识，同国内外权威的资产评估机构建立合作关系，共同开发适合本企业的、涵盖产品开发、生产销售各环节的评估管理系统。企业应根据权属、适用信息来源、宏观经济和行业前景、历史状况、竞争状况、以往交易情况，定时、定期地由有关组织对无形资产的有效性进行鉴别，准确、快速地进行无形资产的财务评估。

加强无形资产维护保障，及时维护企业合法权益。企业要树立主动保护意识，通过成立专门的管理机构，针对无形资产的不同特点，分类设专人进行保护，从而有效维护企业合法权益，及时保护企业无形资产。

附件1　2017年安徽省上市公司总资产周转率排名表

总排名	公司名称	总资产周转率	分行业排名		分城市排名		分板块排名		分属性排名	
1	众源新材	3.377	制造	1	芜湖	1	主板	1	民企	1
2	楚江新材	2.435	制造	2	芜湖	2	中小	1	民企	2
3	精达股份	2.124	制造	3	铜陵	1	主板	2	民企	3
4	辉隆股份	1.972	批发	1	合肥	1	中小	2	集企	1
5	铜陵有色	1.784	制造	4	铜陵	2	主板	3	国企	1
6	亚夏汽车	1.502	批发	2	芜湖	3	中小	3	民企	4
7	长信科技	1.479	制造	5	芜湖	4	创业	1	民企	5
8	华菱精工	1.408	制造	6	宣城	1	主板	4	民企	6
9	开润股份	1.291	制造	7	滁州	1	创业	2	民企	7
10	安徽合力	1.246	制造	8	合肥	2	主板	5	国企	2
11	美菱电器	1.180	制造	9	合肥	3	主板	6	国企	3
12	安纳达	1.167	制造	10	铜陵	3	中小	4	国企	4
13	众泰汽车	1.116	制造	11	黄山	1	主板	7	民企	8
14	中粮生化	1.102	制造	12	蚌埠	1	主板	8	央企	1
15	安德利	1.101	批发	3	合肥	4	主板	9	民企	9
16	合肥百货	1.075	批发	4	合肥	5	主板	10	国企	5
17	志邦股份	1.072	制造	13	合肥	6	主板	11	民企	10
18	马钢股份	1.058	制造	14	马鞍山	1	主板	12	国企	6

续表

总排名	公司名称	总资产周转率	分行业排名		分城市排名		分板块排名		分属性排名	
19	江淮汽车	1.049	制造	15	合肥	7	主板	13	国企	7
20	四创电子	1.000	制造	16	合肥	8	主板	14	央企	2
21	中钢天源	0.993	制造	17	马鞍山	2	中小	5	央企	3
22	梦舟股份	0.991	制造	18	芜湖	5	主板	15	民企	11
23	丰原药业	0.981	制造	19	芜湖	6	主板	16	民企	12
24	伯特利	0.966	制造	20	芜湖	7	主板	17	外企	1
25	常青股份	0.951	制造	21	合肥	9	主板	18	民企	13
26	华孚时尚	0.932	制造	22	淮北	1	中小	6	民企	14
27	时代出版	0.918	文化	1	合肥	10	主板	19	国企	8
28	金禾实业	0.899	制造	23	滁州	2	中小	7	民企	15
29	全柴动力	0.893	制造	24	滁州	3	主板	20	国企	9
30	安徽水利	0.878	建筑	1	蚌埠	2	主板	21	国企	10
31	皖天然气	0.877	电力	1	合肥	11	主板	22	国企	11
32	中鼎股份	0.865	制造	25	宣城	2	主板	23	民企	16
33	永新股份	0.859	制造	26	黄山	2	中小	8	集企	2
34	六国化工	0.840	制造	27	铜陵	4	主板	24	国企	12
35	海螺型材	0.835	制造	28	芜湖	8	主板	25	国企	13
36	洽洽食品	0.810	制造	29	合肥	12	中小	9	民企	17
37	三七互娱	0.796	信息	1	芜湖	9	中小	10	民企	18
38	安利股份	0.771	制造	30	合肥	13	创业	3	民企	19
39	皖新传媒	0.748	文化	2	合肥	14	主板	26	国企	14
40	山鹰纸业	0.744	制造	31	马鞍山	3	主板	27	民企	20
41	古井贡酒	0.738	制造	32	亳州	1	主板	28	国企	15
42	惠而浦	0.729	制造	33	合肥	15	主板	29	外企	2
43	国机通用	0.713	制造	34	合肥	16	主板	30	央企	4
44	凯盛科技	0.700	制造	35	蚌埠	3	主板	31	央企	5
45	丰乐种业	0.678	农林	1	合肥	17	主板	32	国企	16
46	设计总院	0.659	科学	1	合肥	18	主板	33	国企	17
47	海螺水泥	0.650	制造	36	芜湖	10	主板	34	国企	18
48	安凯客车	0.639	制造	37	合肥	19	主板	35	国企	19
49	阳光电源	0.637	制造	38	合肥	20	创业	4	民企	21
50	神剑股份	0.633	制造	39	芜湖	11	中小	11	民企	22
51	荃银高科	0.628	农林	2	合肥	21	创业	5	众企	1
52	鸿路钢构	0.621	制造	40	合肥	22	中小	12	民企	23

续表

总排名	公司名称	总资产周转率	分行业排名		分城市排名		分板块排名		分属性排名	
53	精工钢构	0.589	建筑	2	六安	1	主板	36	民企	24
54	华菱星马	0.587	制造	41	马鞍山	4	主板	37	国企	20
55	山河药辅	0.576	制造	42	淮南	1	创业	6	民企	25
56	司尔特	0.563	制造	43	宣城	3	中小	13	民企	26
57	国风塑业	0.554	制造	44	合肥	23	主板	38	国企	21
58	迎驾贡酒	0.544	制造	45	六安	2	主板	39	民企	27
59	口子窖	0.539	制造	46	淮北	2	主板	40	民企	28
60	皖维高新	0.536	制造	47	合肥	24	主板	41	国企	22
61	皖江物流	0.535	交通	1	芜湖	12	主板	42	国企	23
62	泰禾光电	0.533	制造	48	合肥	25	主板	43	民企	29
63	科大国创	0.529	信息	2	合肥	26	创业	7	民企	30
64	广信股份	0.529	制造	49	宣城	4	主板	44	民企	31
65	安科生物	0.520	制造	50	合肥	27	创业	8	民企	32
66	皖通科技	0.509	信息	3	合肥	28	中小	14	民企	33
67	富煌钢构	0.493	制造	51	合肥	29	中小	15	民企	34
68	欧普康视	0.487	制造	52	合肥	30	创业	9	民企	35
69	东华科技	0.485	建筑	3	合肥	31	中小	16	央企	6
70	恒源煤电	0.470	采矿	1	淮北	3	主板	45	国企	24
71	科大讯飞	0.458	信息	4	合肥	32	中小	17	央企	7
72	皖能电力	0.455	电力	2	合肥	33	主板	46	国企	25
73	集友股份	0.434	制造	53	安庆	1	主板	47	民企	36
74	美亚光电	0.431	制造	54	合肥	34	中小	18	民企	37
75	雷鸣科化	0.424	制造	55	淮北	4	主板	48	国企	26
76	乐金健康	0.411	制造	56	合肥	35	创业	10	民企	38
77	德力股份	0.409	制造	57	滁州	4	中小	19	民企	39
78	金种子酒	0.403	制造	58	阜阳	1	主板	49	国企	27
79	黄山胶囊	0.398	制造	59	宣城	5	中小	20	民企	40
80	九华旅游	0.392	水利	1	池州	1	主板	50	国企	28
81	铜峰电子	0.391	制造	60	铜陵	5	主板	51	民企	41
82	国祯环保	0.389	水利	2	合肥	36	创业	11	民企	42
83	文一科技	0.372	制造	61	铜陵	6	主板	52	民企	43
84	凤形股份	0.370	制造	62	宣城	6	中小	21	民企	44
85	黄山旅游	0.359	水利	3	黄山	3	主板	53	国企	29
86	中电鑫龙	0.359	信息	5	芜湖	13	中小	22	民企	45

续表

总排名	公司名称	总资产周转率	分行业排名		分城市排名		分板块排名		分属性排名	
87	合锻智能	0.346	制造	63	合肥	37	主板	54	民企	46
88	江南化工	0.323	制造	64	宣城	7	中小	23	民企	47
89	聚隆科技	0.321	制造	65	宣城	8	创业	12	民企	48
90	华茂股份	0.299	制造	66	安庆	2	主板	55	国企	30
91	合肥城建	0.258	房产	1	合肥	38	中小	24	国企	31
92	中环环保	0.247	水利	4	合肥	39	创业	13	民企	49
93	新集能源	0.241	采矿	2	淮南	2	主板	56	央企	8
94	泰尔股份	0.231	制造	67	马鞍山	5	中小	25	民企	50
95	皖通高速	0.210	交通	2	合肥	40	主板	57	国企	32
96	应流股份	0.209	制造	68	合肥	41	主板	58	民企	51
97	新光圆成	0.126	房产	2	马鞍山	6	中小	26	民企	52
98	盛运环保	0.106	制造	69	安庆	3	创业	14	民企	53
平均值:0.756					中位数:0.635					

资料来源：Wind。

附件 2　2017 年安徽省上市公司流动资产周转率排名表

总排名	公司名称	流动资产周转率	分行业排名		分城市排名		分板块排名		分属性排名	
1	皖能电力	4.336	电力	1	芜湖	1	主板	1	民企	1
2	众源新材	4.175	制造	2	芜湖	2	中小	1	民企	2
3	皖天然气	3.849	电力	3	铜陵	1	主板	2	民企	3
4	长信科技	3.586	制造	1	合肥	1	中小	2	集企	1
5	中粮生化	3.516	制造	4	铜陵	2	主板	3	国企	1
6	铜陵有色	3.462	制造	2	芜湖	3	中小	3	民企	4
7	楚江新材	3.378	制造	5	芜湖	4	创业	1	民企	5
8	安纳达	3.372	制造	6	宣城	1	主板	4	民企	6
9	新集能源	3.290	采矿	7	滁州	1	创业	2	民企	7
10	精达股份	3.087	制造	8	合肥	2	主板	5	国企	2
11	亚夏汽车	2.901	批发	9	合肥	3	主板	6	国企	3
12	安德利	2.838	批发	10	铜陵	3	中小	4	国企	4
13	辉隆股份	2.650	批发	11	黄山	1	主板	7	民企	8
14	马钢股份	2.591	制造	12	蚌埠	1	主板	8	央企	1
15	六国化工	2.518	制造	3	合肥	4	主板	9	民企	9
16	皖江物流	2.483	交通	4	合肥	5	主板	10	国企	5

续表

总排名	公司名称	流动资产周转率	分行业排名		分城市排名		分板块排名		分属性排名	
17	华菱精工	2.435	制造	13	合肥	6	主板	11	民企	10
18	皖维高新	2.291	制造	14	马鞍山	1	主板	12	国企	6
19	山鹰纸业	2.100	制造	15	合肥	7	主板	13	国企	7
20	海螺水泥	1.999	制造	16	合肥	8	主板	14	央企	2
21	安利股份	1.962	制造	17	马鞍山	2	中小	5	央企	3
22	众泰汽车	1.955	制造	18	芜湖	5	主板	15	民企	11
23	合肥百货	1.941	批发	19	芜湖	6	主板	16	民企	12
24	三七互娱	1.930	信息	20	芜湖	7	主板	17	外企	1
25	丰原药业	1.927	制造	21	合肥	9	主板	18	民企	13
26	梦舟股份	1.869	制造	22	淮北	1	中小	6	民企	14
27	常青股份	1.829	制造	1	合肥	10	主板	19	国企	8
28	安徽合力	1.822	制造	23	滁州	2	中小	7	民企	15
29	江淮汽车	1.801	制造	24	滁州	3	主板	20	国企	9
30	安科生物	1.718	制造	1	蚌埠	2	主板	21	国企	10
31	华茂股份	1.706	制造	1	合肥	11	主板	22	国企	11
32	志邦股份	1.602	制造	25	宣城	2	主板	23	民企	16
33	华孚时尚	1.578	制造	26	黄山	2	中小	8	集企	2
34	九华旅游	1.577	水利	27	铜陵	4	主板	24	国企	12
35	中鼎股份	1.552	制造	28	芜湖	8	主板	25	国企	13
36	海螺型材	1.549	制造	29	合肥	12	中小	9	民企	17
37	中钢天源	1.528	制造	1	芜湖	9	中小	10	民企	18
38	开润股份	1.521	制造	30	合肥	13	创业	3	民企	19
39	四创电子	1.474	制造	2	合肥	14	主板	26	国企	14
40	美菱电器	1.435	制造	31	马鞍山	3	主板	27	民企	20
41	金禾实业	1.401	制造	32	亳州	1	主板	28	国企	15
42	时代出版	1.329	文化	33	合肥	15	主板	29	外企	2
43	永新股份	1.324	制造	34	合肥	16	主板	30	央企	4
44	全柴动力	1.311	制造	35	蚌埠	3	主板	31	央企	5
45	伯特利	1.307	制造	1	合肥	17	主板	32	国企	16
46	洽洽食品	1.290	制造	1	合肥	18	主板	33	国企	17
47	古井贡酒	1.286	制造	36	芜湖	10	主板	34	国企	18
48	皖通高速	1.240	交通	37	合肥	19	主板	35	国企	19
49	华菱星马	1.205	制造	38	合肥	20	创业	4	民企	21
50	国风塑业	1.202	制造	39	芜湖	11	中小	11	民企	22

续表

总排名	公司名称	流动资产周转率	分行业排名		分城市排名		分板块排名		分属性排名	
51	丰乐种业	1.171	农林	2	合肥	21	创业	5	众企	1
52	国祯环保	1.168	水利	40	合肥	22	中小	12	民企	23
53	凯盛科技	1.154	制造	2	六安	1	主板	36	民企	24
54	司尔特	1.149	制造	41	马鞍山	4	主板	37	国企	20
55	安徽水利	1.100	建筑	42	淮南	1	创业	6	民企	25
56	恒源煤电	1.061	采矿	43	宣城	3	中小	13	民企	26
57	雷鸣科化	1.036	制造	44	合肥	23	主板	38	国企	21
58	惠而浦	1.010	制造	45	六安	2	主板	39	民企	27
59	德力股份	0.999	制造	46	淮北	2	主板	40	民企	28
60	神剑股份	0.965	制造	47	合肥	24	主板	41	国企	22
61	乐金健康	0.963	制造	1	芜湖	12	主板	42	国企	23
62	国机通用	0.962	制造	48	合肥	25	主板	43	民企	29
63	皖新传媒	0.956	文化	2	合肥	26	创业	7	民企	30
64	中环环保	0.915	水利	49	宣城	4	主板	44	民企	31
65	山河药辅	0.910	制造	50	合肥	27	创业	8	民企	32
66	广信股份	0.862	制造	3	合肥	28	中小	14	民企	33
67	黄山旅游	0.854	水利	51	合肥	29	中小	15	民企	34
68	科大讯飞	0.852	信息	52	合肥	30	创业	9	民企	35
69	荃银高科	0.850	农林	3	合肥	31	中小	16	央企	6
70	文一科技	0.837	制造	1	淮北	3	主板	45	国企	24
71	鸿路钢构	0.833	制造	4	合肥	32	中小	17	央企	7
72	精工钢构	0.814	建筑	2	合肥	33	主板	46	国企	25
73	江南化工	0.803	制造	53	安庆	1	主板	47	民企	36
74	安凯客车	0.799	制造	54	合肥	34	中小	18	民企	37
75	凤形股份	0.793	制造	55	淮北	4	主板	48	国企	26
76	阳光电源	0.789	制造	56	合肥	35	创业	10	民企	38
77	集友股份	0.774	制造	57	滁州	4	中小	19	民企	39
78	口子窖	0.767	制造	58	阜阳	1	主板	49	国企	27
79	迎驾贡酒	0.753	制造	59	宣城	5	中小	20	民企	40
80	设计总院	0.740	科学	1	池州	1	主板	50	国企	28
81	铜峰电子	0.740	制造	60	铜陵	5	主板	51	民企	41
82	皖通科技	0.698	信息	2	合肥	36	创业	11	民企	42
83	富煌钢构	0.672	制造	61	铜陵	6	主板	52	民企	43
84	合锻智能	0.666	制造	62	宣城	6	中小	21	民企	44

续表

总排名	公司名称	流动资产周转率	分行业排名		分城市排名		分板块排名		分属性排名	
85	泰禾光电	0.666	制造	3	黄山	3	主板	53	国企	29
86	金种子酒	0.635	制造	5	芜湖	13	中小	22	民企	45
87	中电鑫龙	0.633	信息	63	合肥	37	主板	54	民企	46
88	黄山胶囊	0.618	制造	64	宣城	7	中小	23	民企	47
89	科大国创	0.597	信息	65	宣城	8	创业	12	民企	48
90	欧普康视	0.591	制造	66	安庆	2	主板	55	国企	30
91	东华科技	0.567	建筑	1	合肥	38	中小	24	国企	31
92	应流股份	0.534	制造	4	合肥	39	创业	13	民企	49
93	美亚光电	0.493	制造	2	淮南	2	主板	56	央企	8
94	聚隆科技	0.349	制造	67	马鞍山	5	中小	25	民企	50
95	泰尔股份	0.328	制造	2	合肥	40	主板	57	国企	32
96	合肥城建	0.260	房产	68	合肥	41	主板	58	民企	51
97	盛运环保	0.209	制造	2	马鞍山	6	中小	26	民企	52
98	新光圆成	0.201	房产	69	安庆	3	创业	14	民企	53
平均值:1.481					中位数:1.203					

资料来源：Wind。

附件3　2017年安徽省上市公司固定资产周转率排名表

总排名	公司名称	固定资产周转率	分行业排名		分城市排名		分板块排名		分属性排名	
1	合肥城建	41.636	房产	1	合肥	1	中小	1	国企	1
2	众源新材	25.051	制造	1	芜湖	1	主板	1	民企	1
3	辉隆股份	25.001	批发	1	合肥	2	中小	2	集企	1
4	皖新传媒	24.034	文化	1	合肥	3	主板	2	国企	2
5	三七互娱	21.950	信息	1	芜湖	2	中小	3	民企	2
6	楚江新材	17.664	制造	2	芜湖	3	中小	4	民企	3
7	安徽水利	15.875	建筑	1	蚌埠	1	主板	3	国企	3
8	科大国创	15.838	信息	2	合肥	4	创业	1	民企	4
9	开润股份	14.150	制造	3	滁州	1	创业	2	民企	5
10	四创电子	14.094	制造	4	合肥	5	主板	4	央企	1
11	东华科技	14.065	建筑	2	合肥	6	中小	5	央企	2
12	美菱电器	12.708	制造	5	合肥	7	主板	5	国企	4
13	精达股份	12.468	制造	6	铜陵	1	主板	6	民企	6

续表

总排名	公司名称	固定资产周转率	分行业排名		分城市排名		分板块排名		分属性排名	
14	设计总院	11.690	科学	1	合肥	8	主板	7	国企	5
15	国祯环保	11.604	水利	1	合肥	9	创业	3	民企	7
16	众泰汽车	11.262	制造	7	黄山	1	主板	8	民企	8
17	欧普康视	9.639	制造	8	合肥	10	创业	4	民企	9
18	时代出版	9.179	文化	2	合肥	11	主板	9	国企	6
19	亚夏汽车	8.438	批发	2	芜湖	4	中小	6	民企	10
20	精工钢构	8.161	建筑	3	六安	1	主板	10	民企	11
21	皖通科技	7.299	信息	3	合肥	12	中小	7	民企	12
22	阳光电源	7.065	制造	9	合肥	13	创业	5	民企	13
23	合肥百货	6.707	批发	3	合肥	14	主板	11	国企	7
24	聚隆科技	6.585	制造	10	宣城	1	创业	6	民企	14
25	惠而浦	5.767	制造	11	合肥	15	主板	12	外企	1
26	安徽合力	5.563	制造	12	合肥	16	主板	13	国企	8
27	铜陵有色	5.426	制造	13	铜陵	2	主板	14	国企	9
28	安凯客车	5.131	制造	14	合肥	17	主板	15	国企	10
29	伯特利	5.104	制造	15	芜湖	5	主板	16	外企	2
30	美亚光电	5.001	制造	16	合肥	18	中小	8	民企	15
31	中鼎股份	4.869	制造	17	宣城	2	主板	17	民企	16
32	荃银高科	4.683	农林	1	合肥	19	创业	7	众企	1
33	江淮汽车	4.584	制造	18	合肥	20	主板	18	国企	11
34	神剑股份	4.574	制造	19	芜湖	6	中小	9	民企	17
35	中环环保	4.572	水利	2	合肥	21	创业	8	民企	18
36	富煌钢构	4.556	制造	20	合肥	22	中小	10	民企	19
37	长信科技	4.486	制造	21	芜湖	7	创业	9	民企	20
38	志邦股份	4.414	制造	22	合肥	23	主板	19	民企	21
39	梦舟股份	4.373	制造	23	芜湖	8	主板	20	民企	22
40	科大讯飞	4.332	信息	4	合肥	24	中小	11	央企	3
41	中钢天源	4.263	制造	24	马鞍山	1	中小	12	央企	4
42	华菱精工	4.110	制造	25	宣城	3	主板	21	民企	23
43	乐金健康	3.982	制造	26	合肥	25	创业	10	民企	24
44	国机通用	3.831	制造	27	合肥	26	主板	22	央企	5
45	古井贡酒	3.810	制造	28	亳州	1	主板	23	国企	12
46	鸿路钢构	3.699	制造	29	合肥	27	中小	13	民企	25
47	全柴动力	3.687	制造	30	滁州	2	主板	24	国企	13

续表

总排名	公司名称	固定资产周转率	分行业排名		分城市排名		分板块排名		分属性排名	
48	丰乐种业	3.651	农林	2	合肥	28	主板	25	国企	14
49	洽洽食品	3.472	制造	31	合肥	29	中小	14	民企	26
50	金禾实业	3.338	制造	32	滁州	3	中小	15	民企	27
51	泰禾光电	3.335	制造	33	合肥	30	主板	26	民企	28
52	华孚时尚	3.287	制造	34	淮北	1	中小	16	民企	29
53	丰原药业	3.136	制造	35	芜湖	9	主板	27	民企	30
54	皖通高速	3.132	交通	1	合肥	31	主板	28	国企	15
55	口子窖	3.129	制造	36	淮北	2	主板	29	民企	31
56	中电鑫龙	3.011	信息	5	芜湖	10	中小	17	民企	32
57	永新股份	2.849	制造	37	黄山	2	中小	18	集企	2
58	常青股份	2.803	制造	38	合肥	32	主板	30	民企	33
59	中粮生化	2.794	制造	39	蚌埠	2	主板	31	央企	6
60	安德利	2.776	批发	4	合肥	33	主板	32	民企	34
61	凯盛科技	2.768	制造	40	蚌埠	3	主板	33	央企	7
62	山河药辅	2.586	制造	41	淮南	1	创业	11	民企	35
63	金种子酒	2.538	制造	42	阜阳	1	主板	34	国企	16
64	安科生物	2.535	制造	43	合肥	34	创业	12	民企	36
65	迎驾贡酒	2.371	制造	44	六安	2	主板	35	民企	37
66	合锻智能	2.289	制造	45	合肥	35	主板	36	民企	38
67	雷鸣科化	2.226	制造	46	淮北	3	主板	37	国企	17
68	广信股份	2.212	制造	47	宣城	4	主板	38	民企	39
69	司尔特	2.212	制造	48	宣城	5	中小	19	民企	40
70	文一科技	2.198	制造	49	铜陵	3	主板	39	民企	41
71	海螺型材	2.180	制造	50	芜湖	11	主板	40	国企	18
72	马钢股份	2.133	制造	51	马鞍山	2	主板	41	国企	19
73	华菱星马	2.001	制造	52	马鞍山	3	主板	42	国企	20
74	安纳达	1.964	制造	53	铜陵	4	中小	20	国企	21
75	盛运环保	1.888	制造	54	安庆	1	创业	13	民企	42
76	江南化工	1.871	制造	55	宣城	6	中小	21	民企	43
77	山鹰纸业	1.719	制造	56	马鞍山	4	主板	43	民企	44
78	六国化工	1.655	制造	57	铜陵	5	主板	44	国企	22
79	集友股份	1.639	制造	58	安庆	2	主板	45	民企	45
80	恒源煤电	1.639	采矿	1	淮北	4	主板	46	国企	23
81	皖天然气	1.583	电力	1	合肥	36	主板	47	国企	24

续表

总排名	公司名称	固定资产周转率	分行业排名		分城市排名		分板块排名		分属性排名	
82	泰尔股份	1.472	制造	59	马鞍山	5	中小	22	民企	46
83	新光圆成	1.426	房产	2	马鞍山	6	中小	23	民企	47
84	黄山胶囊	1.412	制造	60	宣城	7	中小	24	民企	48
85	安利股份	1.412	制造	61	合肥	37	创业	14	民企	49
86	德力股份	1.355	制造	62	滁州	4	中小	25	民企	50
87	国风塑业	1.303	制造	63	合肥	38	主板	48	国企	25
88	华茂股份	1.282	制造	64	安庆	3	主板	49	国企	26
89	海螺水泥	1.235	制造	65	芜湖	12	主板	50	国企	27
90	皖维高新	1.162	制造	66	合肥	39	主板	51	国企	28
91	黄山旅游	1.036	水利	3	黄山	3	主板	52	国企	29
92	铜峰电子	0.949	制造	67	铜陵	6	主板	53	民企	51
93	凤形股份	0.942	制造	68	宣城	8	中小	26	民企	52
94	皖能电力	0.928	电力	2	合肥	40	主板	54	国企	30
95	皖江物流	0.897	交通	2	芜湖	13	主板	55	国企	31
96	九华旅游	0.674	水利	4	池州	1	主板	56	国企	32
97	新集能源	0.486	采矿	2	淮南	2	主板	57	央企	8
98	应流股份	0.439	制造	69	合肥	41	主板	58	民企	53
平均值:5.718					中位数:3.405					

资料来源：Wind。

附件4　2017年安徽省上市公司应收账款周转率排名表

总排名	公司名称	应收账款周转率	分行业排名		分城市排名		分板块排名		分属性排名	
1	合肥城建	4438.581	房产	1	合肥	1	中小	1	国企	1
2	古井贡酒	400.940	制造	1	亳州	1	主板	1	国企	2
3	安德利	350.885	批发	1	合肥	2	主板	2	民企	1
4	口子窖	245.329	制造	2	淮北	1	主板	3	民企	2
5	九华旅游	197.051	水利	1	池州	1	主板	4	国企	3
6	合肥百货	153.845	批发	2	合肥	3	主板	5	国企	4
7	亚夏汽车	110.438	批发	3	芜湖	1	中小	2	民企	3
8	海螺水泥	87.857	制造	3	芜湖	2	主板	6	国企	5
9	马钢股份	80.189	制造	4	马鞍山	1	主板	7	国企	6
10	辉隆股份	67.908	批发	4	合肥	4	中小	3	集企	1

续表

总排名	公司名称	应收账款周转率	分行业排名		分城市排名		分板块排名		分属性排名	
11	铜陵有色	63.998	制造	5	铜陵	1	主板	8	国企	7
12	六国化工	63.592	制造	6	铜陵	2	主板	9	国企	8
13	司尔特	44.979	制造	7	宣城	1	中小	4	民企	4
14	迎驾贡酒	44.725	制造	8	六安	1	主板	10	民企	5
15	黄山旅游	35.096	水利	2	黄山	1	主板	11	国企	9
16	皖天然气	34.745	电力	1	合肥	5	主板	12	国企	10
17	金禾实业	30.213	制造	9	滁州	1	中小	5	民企	6
18	恒源煤电	27.713	采矿	1	淮北	2	主板	13	国企	11
19	安纳达	27.039	制造	10	铜陵	3	中小	6	国企	12
20	中粮生化	24.737	制造	11	蚌埠	1	主板	14	央企	1
21	楚江新材	22.129	制造	12	芜湖	3	中小	7	民企	7
22	洽洽食品	21.211	制造	13	合肥	6	中小	8	民企	8
23	海螺型材	19.417	制造	14	芜湖	4	主板	15	国企	13
24	志邦股份	19.342	制造	15	合肥	7	主板	16	民企	9
25	丰乐种业	17.616	农林	1	合肥	8	主板	17	国企	14
26	众源新材	16.125	制造	16	芜湖	5	主板	18	民企	10
27	华孚时尚	15.287	制造	17	淮北	3	中小	9	民企	11
28	江淮汽车	15.177	制造	18	合肥	9	主板	19	国企	15
29	广信股份	14.898	制造	19	宣城	2	主板	20	民企	12
30	皖新传媒	13.899	文化	1	合肥	10	主板	21	国企	16
31	荃银高科	13.665	农林	2	合肥	11	创业	1	众企	1
32	新集能源	13.124	采矿	2	淮南	1	主板	22	央企	2
33	华茂股份	13.115	制造	20	安庆	1	主板	23	国企	17
34	金种子酒	12.738	制造	21	阜阳	1	主板	24	国企	18
35	安利股份	12.570	制造	22	合肥	12	创业	2	民企	13
36	皖江物流	12.442	交通	1	芜湖	6	主板	25	国企	19
37	皖维高新	12.016	制造	23	合肥	13	主板	26	国企	20
38	美菱电器	11.587	制造	24	合肥	14	主板	27	国企	21
39	常青股份	11.049	制造	25	合肥	15	主板	28	民企	14
40	山河药辅	10.984	制造	26	淮南	2	创业	3	民企	15
41	欧普康视	10.336	制造	27	合肥	16	创业	4	民企	16
42	长信科技	9.686	制造	28	芜湖	7	创业	5	民企	17
43	安徽合力	9.563	制造	29	合肥	17	主板	29	国企	22
44	山鹰纸业	9.311	制造	30	马鞍山	2	主板	30	民企	18

续表

总排名	公司名称	应收账款周转率	分行业排名		分城市排名		分板块排名		分属性排名	
45	皖能电力	9.308	电力	2	合肥	18	主板	31	国企	23
46	全柴动力	8.611	制造	31	滁州	2	主板	32	国企	24
47	众泰汽车	7.449	制造	32	黄山	2	主板	33	民企	19
48	三七互娱	7.279	信息	1	芜湖	8	中小	10	民企	20
49	时代出版	7.212	文化	2	合肥	19	主板	34	国企	25
50	开润股份	6.564	制造	33	滁州	3	创业	6	民企	21
51	精达股份	6.481	制造	34	铜陵	4	主板	35	民企	22
52	梦舟股份	6.302	制造	35	芜湖	9	主板	36	民企	23
53	国风塑业	6.106	制造	36	合肥	20	主板	37	国企	26
54	集友股份	5.559	制造	37	安庆	2	主板	38	民企	24
55	中钢天源	5.410	制造	38	马鞍山	3	中小	11	央企	3
56	美亚光电	5.398	制造	39	合肥	21	中小	12	民企	25
57	黄山胶囊	5.189	制造	40	宣城	3	中小	13	民企	26
58	中鼎股份	5.143	制造	41	宣城	4	主板	39	民企	27
59	永新股份	5.110	制造	42	黄山	3	中小	14	集企	2
60	四创电子	4.880	制造	43	合肥	22	主板	40	央企	4
61	安科生物	4.857	制造	44	合肥	23	创业	7	民企	28
62	雷鸣科化	4.812	制造	45	淮北	4	主板	41	国企	27
63	惠而浦	4.788	制造	46	合肥	24	主板	42	外企	1
64	泰禾光电	4.736	制造	47	合肥	25	主板	43	民企	29
65	中环环保	4.643	水利	3	合肥	26	创业	8	民企	30
66	新光圆成	4.506	房产	2	马鞍山	4	中小	15	民企	31
67	丰原药业	4.362	制造	48	芜湖	10	主板	44	民企	32
68	东华科技	4.358	建筑	1	合肥	27	中小	16	央企	5
69	皖通科技	3.934	信息	2	合肥	28	中小	17	民企	33
70	文一科技	3.917	制造	49	铜陵	5	主板	45	民企	34
71	精工钢构	3.842	建筑	2	六安	2	主板	46	民企	35
72	江南化工	3.842	制造	50	宣城	5	中小	18	民企	36
73	华菱精工	3.808	制造	51	宣城	6	主板	47	民企	37
74	国祯环保	3.802	水利	4	合肥	29	创业	9	民企	38
75	聚隆科技	3.673	制造	52	宣城	7	创业	10	民企	39
76	华菱星马	3.531	制造	53	马鞍山	5	主板	48	国企	28
77	铜峰电子	3.509	制造	54	铜陵	6	主板	49	民企	40
78	德力股份	3.501	制造	55	滁州	4	中小	19	民企	41

续表

总排名	公司名称	应收账款周转率	分行业排名		分城市排名		分板块排名		分属性排名	
79	凯盛科技	3.496	制造	56	蚌埠	2	主板	50	央企	6
80	凤形股份	3.415	制造	57	宣城	8	中小	20	民企	42
81	安徽水利	3.345	建筑	3	蚌埠	3	主板	51	国企	29
82	鸿路钢构	3.172	制造	58	合肥	30	中小	21	民企	43
83	乐金健康	3.002	制造	59	合肥	31	创业	11	民企	44
84	伯特利	2.800	制造	60	芜湖	11	主板	52	外企	2
85	安凯客车	2.584	制造	61	合肥	32	主板	53	国企	30
86	神剑股份	2.544	制造	62	芜湖	12	中小	22	民企	45
87	科大讯飞	2.503	信息	3	合肥	33	中小	23	央企	7
88	国机通用	2.383	制造	63	合肥	34	主板	54	央企	8
89	合锻智能	2.238	制造	64	合肥	35	主板	55	民企	46
90	中电鑫龙	2.131	信息	4	芜湖	13	中小	24	民企	47
91	应流股份	2.104	制造	65	合肥	36	主板	56	民企	48
92	富煌钢构	2.081	制造	66	合肥	37	中小	25	民企	49
93	阳光电源	2.018	制造	67	合肥	38	创业	12	民企	50
94	科大国创	1.868	信息	5	合肥	39	创业	13	民企	51
95	设计总院	1.436	科学	1	合肥	40	主板	57	国企	31
96	盛运环保	1.163	制造	68	安庆	3	创业	14	民企	52
97	泰尔股份	0.917	制造	69	马鞍山	6	中小	26	民企	53
平均值:73.080					中位数:7.212					

资料来源：Wind；皖通高速因未有应收账款不参与排名。

附件5　2017年安徽省上市公司存货周转率排名表

总排名	公司名称	存货周转率	分行业排名		分城市排名		分板块排名		分属性排名	
1	设计总院	6502.417	科学	1	合肥	1	主板	1	国企	1
2	皖通高速	186.723	交通	1	合肥	2	主板	2	国企	2
3	皖天然气	115.230	电力	1	合肥	3	主板	3	国企	3
4	皖能电力	62.007	电力	2	合肥	4	主板	4	国企	4
5	九华旅游	38.162	水利	1	池州	1	主板	5	国企	5
6	安凯客车	26.521	制造	1	合肥	5	主板	6	国企	6
7	三七互娱	22.482	信息	1	芜湖	1	中小	1	民企	1
8	江淮汽车	19.625	制造	2	合肥	6	主板	7	国企	7
9	新集能源	18.280	采矿	1	淮南	1	主板	8	央企	1

续表

总排名	公司名称	存货周转率	分行业排名		分城市排名		分板块排名		分属性排名	
10	众源新材	16.345	制造	3	芜湖	2	主板	9	民企	2
11	恒源煤电	15.379	采矿	2	淮北	1	主板	10	国企	8
12	皖江物流	13.886	交通	2	芜湖	3	主板	11	国企	9
13	长信科技	12.912	制造	4	芜湖	4	创业	1	民企	3
14	楚江新材	12.747	制造	5	芜湖	5	中小	2	民企	4
15	精达股份	12.100	制造	6	铜陵	1	主板	12	民企	5
16	海螺水泥	10.566	制造	7	芜湖	6	主板	13	国企	10
17	华菱精工	10.299	制造	8	宣城	1	主板	14	民企	6
18	中粮生化	9.465	制造	9	蚌埠	1	主板	15	央企	2
19	亚夏汽车	8.917	批发	1	芜湖	7	中小	3	民企	7
20	志邦股份	8.793	制造	10	合肥	7	主板	16	民企	8
21	金禾实业	8.756	制造	11	滁州	1	中小	4	民企	9
22	江南化工	8.685	制造	12	宣城	2	中小	5	民企	10
23	雷鸣科化	8.399	制造	13	淮北	2	主板	17	国企	11
24	神剑股份	8.339	制造	14	芜湖	8	中小	6	民企	11
25	众泰汽车	8.335	制造	15	黄山	1	主板	18	民企	12
26	中钢天源	8.271	制造	16	马鞍山	1	中小	7	央企	3
27	铜陵有色	8.228	制造	17	铜陵	2	主板	19	国企	12
28	山河药辅	8.162	制造	18	淮南	2	创业	2	民企	13
29	辉隆股份	8.027	批发	2	合肥	8	中小	8	集企	1
30	伯特利	7.748	制造	19	芜湖	9	主板	20	外企	1
31	聚隆科技	7.525	制造	20	宣城	3	创业	3	民企	14
32	国祯环保	7.252	水利	2	合肥	9	创业	4	民企	15
33	安纳达	7.141	制造	21	铜陵	3	中小	9	国企	13
34	皖维高新	6.719	制造	22	合肥	10	主板	21	国企	14
35	山鹰纸业	6.701	制造	23	马鞍山	2	主板	22	民企	16
36	安徽合力	6.659	制造	24	合肥	11	主板	23	国企	15
37	梦舟股份	6.539	制造	25	芜湖	10	主板	24	民企	17
38	皖新传媒	6.473	文化	1	合肥	12	主板	25	国企	16
39	海螺型材	6.365	制造	26	芜湖	11	主板	26	国企	17
40	合肥百货	6.210	批发	3	合肥	13	主板	27	国企	18
41	常青股份	6.192	制造	27	合肥	14	主板	28	民企	18
42	国风塑业	6.156	制造	28	合肥	15	主板	29	国企	19
43	惠而浦	5.894	制造	29	合肥	16	主板	30	外企	2

续表

总排名	公司名称	存货周转率	分行业排名		分城市排名		分板块排名		分属性排名	
44	马钢股份	5.779	制造	30	马鞍山	3	主板	31	国企	20
45	美菱电器	5.642	制造	31	合肥	17	主板	32	国企	21
46	四创电子	5.419	制造	32	合肥	18	主板	33	央企	4
47	全柴动力	5.389	制造	33	滁州	2	主板	34	国企	22
48	丰原药业	5.288	制造	34	芜湖	12	主板	35	民企	19
49	永新股份	5.247	制造	35	黄山	2	中小	10	集企	2
50	时代出版	5.183	文化	2	合肥	19	主板	36	国企	23
51	六国化工	5.064	制造	36	铜陵	4	主板	37	国企	24
52	中鼎股份	4.922	制造	37	宣城	4	主板	38	民企	20
53	司尔特	4.691	制造	38	宣城	5	中小	11	民企	21
54	欧普康视	4.612	制造	39	合肥	20	创业	5	民企	22
55	安利股份	4.602	制造	40	合肥	21	创业	6	民企	23
56	国机通用	4.387	制造	41	合肥	22	主板	39	央企	5
57	开润股份	4.157	制造	42	滁州	3	创业	7	民企	24
58	美亚光电	3.991	制造	43	合肥	23	中小	12	民企	25
59	安德利	3.856	批发	4	合肥	24	主板	40	民企	26
60	华茂股份	3.841	制造	44	安庆	1	主板	41	国企	25
61	华菱星马	3.783	制造	45	马鞍山	4	主板	42	国企	26
62	科大国创	3.718	信息	2	合肥	25	创业	8	民企	27
63	安科生物	3.552	制造	46	合肥	26	创业	9	民企	28
64	科大讯飞	3.543	信息	3	合肥	27	中小	13	央企	6
65	阳光电源	3.483	制造	47	合肥	28	创业	10	民企	29
66	中环环保	3.481	水利	3	合肥	29	创业	11	民企	30
67	黄山胶囊	3.260	制造	48	宣城	6	中小	14	民企	31
68	铜峰电子	3.160	制造	49	铜陵	5	主板	43	民企	32
69	华孚时尚	2.997	制造	50	淮北	3	中小	15	民企	33
70	凤形股份	2.982	制造	51	宣城	7	中小	16	民企	34
71	乐金健康	2.973	制造	52	合肥	30	创业	12	民企	35
72	凯盛科技	2.865	制造	53	蚌埠	2	主板	44	央企	7
73	广信股份	2.657	制造	54	宣城	8	主板	45	民企	36
74	德力股份	2.586	制造	55	滁州	4	中小	17	民企	37
75	安徽水利	2.446	建筑	1	蚌埠	3	主板	46	国企	27
76	文一科技	2.432	制造	56	铜陵	6	主板	47	民企	38
77	集友股份	2.360	制造	57	安庆	2	主板	48	民企	39

续表

总排名	公司名称	存货周转率	分行业排名		分城市排名		分板块排名		分属性排名	
78	洽洽食品	2.345	制造	58	合肥	31	中小	18	民企	40
79	皖通科技	2.337	信息	4	合肥	32	中小	19	民企	41
80	黄山旅游	2.184	水利	4	黄山	3	主板	49	国企	28
81	泰禾光电	2.094	制造	59	合肥	33	主板	50	民企	42
82	东华科技	1.701	建筑	2	合肥	34	中小	20	央企	8
83	丰乐种业	1.688	农林	1	合肥	35	主板	51	国企	29
84	富煌钢构	1.615	制造	60	合肥	36	中小	21	民企	43
85	鸿路钢构	1.452	制造	61	合肥	37	中小	22	民企	44
86	中电鑫龙	1.419	信息	5	芜湖	13	中小	23	民企	45
87	盛运环保	1.372	制造	62	安庆	3	创业	13	民企	46
88	合锻智能	1.332	制造	63	合肥	38	主板	52	民企	47
89	精工钢构	1.327	建筑	3	六安	1	主板	53	民企	48
90	荃银高科	1.229	农林	2	合肥	39	创业	14	众企	1
91	金种子酒	1.140	制造	64	阜阳	1	主板	54	国企	30
92	应流股份	0.894	制造	65	合肥	40	主板	55	民企	49
93	古井贡酒	0.853	制造	66	亳州	1	主板	56	国企	31
94	迎驾贡酒	0.609	制造	67	六安	2	主板	57	民企	50
95	泰尔股份	0.595	制造	68	马鞍山	5	中小	24	民企	51
96	口子窖	0.562	制造	69	淮北	4	主板	58	民企	52
97	合肥城建	0.353	房产	1	合肥	41	中小	25	国企	32
98	新光圆成	0.201	房产	2	马鞍山	6	中小	26	民企	53
平均值:76.054					中位数:5.215					

资料来源：Wind。

附件6　2017年安徽省上市公司综合营运能力及各指标排名表

总排名	公司名称	综合得分	总资产周转率	流动资产周转率	固定资产周转率	应收账款周转率	存货周转率
1	设计总院	0.5360	46	79	14	95	1
2	合肥城建	0.4313	91	95	1	1	96
3	众源新材	0.1089	1	2	2	26	9
4	辉隆股份	0.0868	4	13	3	10	28
5	楚江新材	0.0807	2	7	6	21	13
6	精达股份	0.0649	3	10	13	51	14

续表

总排名	公司名称	综合得分	总资产周转率	流动资产周转率	固定资产周转率	应收账款周转率	存货周转率
7	安德利	0. 0632	15	12	59	3	58
8	三七互娱	0. 0608	37	24	5	48	6
9	亚夏汽车	0. 0585	6	11	19	7	18
10	铜陵有色	0. 0566	5	6	27	11	26
11	皖新传媒	0. 0555	39	62	4	30	37
12	古井贡酒	0. 0528	41	47	45	2	92
13	皖天然气	0. 0504	31	3	80	16	2
14	长信科技	0. 0491	7	4	37	42	12
15	合肥百货	0. 0470	16	23	23	6	39
16	开润股份	0. 0468	9	38	9	50	56
17	众泰汽车	0. 0440	13	22	16	47	24
18	四创电子	0. 0436	20	39	10	60	45
19	美菱电器	0. 0431	11	40	12	38	44
20	皖能电力	0. 0430	72	1	93	45	3
21	中粮生化	0. 0429	14	5	58	20	17
22	安徽水利	0. 0422	30	54	7	81	74
23	安纳达	0. 0409	12	8	73	19	32
24	马钢股份	0. 0380	18	14	71	9	43
25	华菱精工	0. 0378	8	17	42	73	16
26	科大国创	0. 0348	63	88	8	94	61
27	安徽合力	0. 0341	10	28	26	43	35
28	六国化工	0. 0331	34	15	77	12	50
29	时代出版	0. 0331	27	42	18	49	49
30	口子窖	0. 0331	59	77	54	4	95
31	九华旅游	0. 0329	80	34	95	5	4
32	江淮汽车	0. 0318	19	29	33	28	7
33	东华科技	0. 0311	69	90	11	68	81
34	国祯环保	0. 0310	82	51	15	74	31
35	梦舟股份	0. 0297	22	26	39	52	36
36	志邦股份	0. 0296	17	32	38	24	19
37	海螺水泥	0. 0288	47	20	88	8	15
38	新集能源	0. 0286	93	9	96	32	8
39	丰原药业	0. 0276	23	25	53	67	47
40	中钢天源	0. 0268	21	37	41	55	25

续表

总排名	公司名称	综合得分	总资产周转率	流动资产周转率	固定资产周转率	应收账款周转率	存货周转率
41	中鼎股份	0.0266	32	35	31	58	51
42	常青股份	0.0265	25	27	57	39	40
43	伯特利	0.0260	24	45	29	84	29
44	华孚时尚	0.0253	26	33	52	27	68
45	金禾实业	0.0253	28	41	50	17	20
46	皖江物流	0.0252	61	16	94	36	11
47	山鹰纸业	0.0248	40	19	76	44	34
48	欧普康视	0.0241	68	89	17	41	53
49	皖维高新	0.0236	60	18	89	37	33
50	精工钢构	0.0235	53	71	20	71	88
51	安利股份	0.0235	38	21	84	35	54
52	全柴动力	0.0231	29	44	47	46	46
53	海螺型材	0.0228	35	36	70	23	38
54	惠而浦	0.0226	42	57	25	63	42
55	洽洽食品	0.0226	36	46	49	22	77
56	阳光电源	0.0218	49	75	22	93	64
57	永新股份	0.0211	33	43	56	59	48
58	安科生物	0.0204	65	30	63	61	62
59	皖通科技	0.0204	66	81	21	69	78
60	丰乐种业	0.0203	45	50	48	25	82
61	安凯客车	0.0203	48	73	28	85	5
62	神剑股份	0.0192	50	59	34	86	23
63	司尔特	0.0190	56	53	68	13	52
64	荃银高科	0.0188	51	68	32	31	89
65	国机通用	0.0183	43	61	44	88	55
66	凯盛科技	0.0178	44	52	60	79	71
67	华茂股份	0.0167	90	31	87	33	59
68	鸿路钢构	0.0160	52	70	46	82	84
69	华菱星马	0.0159	54	48	72	76	60
70	科大讯飞	0.0159	71	67	40	87	63
71	恒源煤电	0.0158	70	55	79	18	10
72	乐金健康	0.0157	76	60	43	83	70
73	迎驾贡酒	0.0155	58	78	64	14	93
74	山河药辅	0.0154	55	64	61	40	27

续表

总排名	公司名称	综合得分	总资产周转率	流动资产周转率	固定资产周转率	应收账款周转率	存货周转率
75	中环环保	0.0150	92	63	35	65	65
76	富煌钢构	0.0149	67	82	36	92	83
77	聚隆科技	0.0149	89	93	24	75	30
78	国风塑业	0.0147	57	49	86	53	41
79	美亚光电	0.0141	74	92	30	56	57
80	雷鸣科化	0.0138	75	56	66	62	22
81	广信股份	0.0138	64	65	67	29	72
82	泰禾光电	0.0133	62	84	51	64	80
83	黄山旅游	0.0116	85	66	90	15	79
84	德力股份	0.0113	77	58	85	78	73
85	文一科技	0.0112	83	69	69	70	75
86	金种子酒	0.0110	78	85	62	34	90
87	中电鑫龙	0.0106	86	86	55	90	85
88	集友股份	0.0104	73	76	78	54	76
89	江南化工	0.0103	88	72	75	72	21
90	合锻智能	0.0095	87	83	65	89	87
91	凤形股份	0.0086	84	74	92	80	69
92	黄山胶囊	0.0084	79	87	83	57	66
93	铜峰电子	0.0084	81	80	91	77	67
94	泰尔股份	0.0041	94	94	81	97	94
95	应流股份	0.0038	95	91	97	91	91
96	盛运环保	0.0027	97	96	74	96	86
平均数:0.0375				中位数:0.0236			

资料来源：Wind；皖通高速因应收账款周转率缺失不参与排名。

附件7 2017年安徽省上市公司综合营运能力分类排名表

总排名	公司名称	综合结果	分行业排名		分城市排名		分板块排名		分属性排名	
1	设计总院	0.5360	科学	1	合肥	1	主板	1	国企	1
2	合肥城建	0.4313	房产	1	合肥	2	中小	1	国企	2
3	众源新材	0.1089	制造	1	芜湖	1	主板	2	民企	1
4	辉隆股份	0.0868	批发	1	合肥	3	中小	2	集企	1
5	楚江新材	0.0807	制造	2	芜湖	2	中小	3	民企	2
6	精达股份	0.0649	制造	3	铜陵	1	主板	3	民企	3

续表

总排名	公司名称	综合结果	分行业排名		分城市排名		分板块排名		分属性排名	
7	安德利	0.0632	批发	2	合肥	4	主板	4	民企	4
8	三七互娱	0.0608	信息	1	芜湖	3	中小	4	民企	5
9	亚夏汽车	0.0585	批发	3	芜湖	4	中小	5	民企	6
10	铜陵有色	0.0566	制造	4	铜陵	2	主板	5	国企	3
11	皖新传媒	0.0555	文化	1	合肥	5	主板	6	国企	4
12	古井贡酒	0.0528	制造	5	亳州	1	主板	7	国企	5
13	皖天然气	0.0504	电力	1	合肥	6	主板	8	国企	6
14	长信科技	0.0491	制造	6	芜湖	5	创业	1	民企	7
15	合肥百货	0.0470	批发	4	合肥	7	主板	9	国企	7
16	开润股份	0.0468	制造	7	滁州	1	创业	2	民企	8
17	众泰汽车	0.0440	制造	8	黄山	1	主板	10	民企	9
18	四创电子	0.0436	制造	9	合肥	8	主板	11	央企	1
19	美菱电器	0.0431	制造	10	合肥	9	主板	12	国企	8
20	皖能电力	0.0430	电力	2	合肥	10	主板	13	国企	9
21	中粮生化	0.0429	制造	11	蚌埠	1	主板	14	央企	2
22	安徽水利	0.0422	建筑	1	蚌埠	2	主板	15	国企	10
23	安纳达	0.0409	制造	12	铜陵	3	中小	6	国企	11
24	马钢股份	0.0380	制造	13	马鞍山	1	主板	16	国企	12
25	华菱精工	0.0378	制造	14	宣城	1	主板	17	民企	10
26	科大国创	0.0348	信息	2	合肥	11	创业	3	民企	11
27	安徽合力	0.0341	制造	15	合肥	12	主板	18	国企	13
28	六国化工	0.0331	制造	16	铜陵	4	主板	19	国企	14
29	时代出版	0.0331	文化	2	合肥	13	主板	19	国企	14
30	口子窖	0.0331	制造	16	淮北	1	主板	19	民企	12
31	九华旅游	0.0329	水利	1	池州	1	主板	22	国企	16
32	江淮汽车	0.0318	制造	18	合肥	14	主板	23	国企	17
33	东华科技	0.0311	建筑	2	合肥	15	中小	7	央企	3
34	国祯环保	0.0310	水利	2	合肥	16	创业	4	民企	13
35	梦舟股份	0.0297	制造	19	芜湖	6	主板	24	民企	14
36	志邦股份	0.0296	制造	20	合肥	17	主板	25	民企	15
37	海螺水泥	0.0288	制造	21	芜湖	7	主板	26	国企	18
38	新集能源	0.0286	采矿	1	淮南	1	主板	27	央企	4
39	丰原药业	0.0276	制造	22	芜湖	8	主板	28	民企	16
40	中钢天源	0.0268	制造	23	马鞍山	2	中小	8	央企	5

续表

总排名	公司名称	综合结果	分行业排名		分城市排名		分板块排名		分属性排名	
41	中鼎股份	0.0266	制造	24	宣城	2	主板	29	民企	17
42	常青股份	0.0265	制造	25	合肥	18	主板	30	民企	18
43	伯特利	0.0260	制造	26	芜湖	9	主板	31	外企	1
44	华孚时尚	0.0253	制造	27	淮北	2	中小	9	民企	19
45	金禾实业	0.0253	制造	27	滁州	2	中小	9	民企	19
46	皖江物流	0.0252	交通	1	芜湖	10	主板	32	国企	19
47	山鹰纸业	0.0248	制造	29	马鞍山	3	主板	33	民企	21
48	欧普康视	0.0241	制造	30	合肥	19	创业	5	民企	22
49	皖维高新	0.0236	制造	31	合肥	20	主板	34	国企	20
50	精工钢构	0.0235	建筑	3	六安	1	主板	35	民企	23
51	安利股份	0.0235	制造	32	合肥	21	创业	6	民企	23
52	全柴动力	0.0231	制造	33	滁州	3	主板	36	国企	21
53	海螺型材	0.0228	制造	34	芜湖	11	主板	37	国企	22
54	惠而浦	0.0226	制造	35	合肥	22	主板	38	外企	2
55	洽洽食品	0.0226	制造	35	合肥	22	中小	11	民企	25
56	阳光电源	0.0218	制造	37	合肥	24	创业	7	民企	26
57	永新股份	0.0211	制造	38	黄山	2	中小	12	集企	2
58	安科生物	0.0204	制造	39	合肥	25	创业	8	民企	27
59	皖通科技	0.0204	信息	3	合肥	25	中小	13	民企	27
60	丰乐种业	0.0203	农林	1	合肥	27	主板	39	国企	23
61	安凯客车	0.0203	制造	40	合肥	27	主板	39	国企	23
62	神剑股份	0.0192	制造	41	芜湖	12	中小	14	民企	29
63	司尔特	0.0190	制造	42	宣城	3	中小	15	民企	30
64	荃银高科	0.0188	农林	2	合肥	29	创业	9	众企	1
65	国机通用	0.0183	制造	43	合肥	30	主板	41	央企	6
66	凯盛科技	0.0178	制造	44	蚌埠	3	主板	42	央企	7
67	华茂股份	0.0167	制造	45	安庆	1	主板	43	国企	25
68	鸿路钢构	0.0160	制造	46	合肥	31	中小	16	民企	31
69	华菱星马	0.0159	制造	47	马鞍山	4	主板	44	国企	26
70	科大讯飞	0.0159	信息	4	合肥	32	中小	17	央企	8
71	恒源煤电	0.0158	采矿	2	淮北	3	主板	45	国企	27
72	乐金健康	0.0157	制造	48	合肥	33	创业	10	民企	32
73	迎驾贡酒	0.0155	制造	49	六安	2	主板	46	民企	33
74	山河药辅	0.0154	制造	50	淮南	2	创业	11	民企	34

续表

总排名	公司名称	综合结果	分行业排名		分城市排名		分板块排名		分属性排名	
75	中环环保	0.0150	水利	3	合肥	34	创业	12	民企	35
76	富煌钢构	0.0149	制造	51	合肥	35	中小	18	民企	36
77	聚隆科技	0.0149	制造	51	宣城	4	创业	13	民企	36
78	国风塑业	0.0147	制造	53	合肥	36	主板	47	国企	28
79	美亚光电	0.0141	制造	54	合肥	37	中小	19	民企	38
80	雷鸣科化	0.0138	制造	55	淮北	4	主板	48	国企	29
81	广信股份	0.0138	制造	55	宣城	5	主板	48	民企	39
82	泰禾光电	0.0133	制造	57	合肥	38	主板	50	民企	40
83	黄山旅游	0.0116	水利	4	黄山	3	主板	51	国企	30
84	德力股份	0.0113	制造	58	滁州	4	中小	20	民企	41
85	文一科技	0.0112	制造	59	铜陵	5	主板	52	民企	42
86	金种子酒	0.0110	制造	60	阜阳	1	主板	53	国企	31
87	中电鑫龙	0.0106	信息	5	芜湖	13	中小	21	民企	43
88	集友股份	0.0104	制造	61	安庆	2	主板	54	民企	44
89	江南化工	0.0103	制造	62	宣城	6	中小	22	民企	45
90	合锻智能	0.0095	制造	63	合肥	39	主板	55	民企	46
91	凤形股份	0.0086	制造	64	宣城	7	中小	23	民企	47
92	黄山胶囊	0.0084	制造	65	宣城	8	中小	24	民企	48
93	铜峰电子	0.0084	制造	65	铜陵	6	主板	56	民企	48
94	泰尔股份	0.0041	制造	67	马鞍山	5	中小	25	民企	50
95	应流股份	0.0038	制造	68	合肥	40	主板	57	民企	51
96	盛运环保	0.0027	制造	69	安庆	3	创业	14	民企	52
97	新光圆成	0.0022	房产	2	马鞍山	6	中小	26	民企	53
平均值:0.0375					中位数:0.0236					

B.6
安徽省上市公司薪酬分配发展报告

本分报告以安徽省 101 家上市公司 2015 ~ 2017 年数据为样本，从行业、所有制、资产规模三个维度对安徽省上市公司员工和高管薪酬现状进行了统计描述，通过工资合理性相对系数、横向薪酬差距（省内—省外）和纵向薪酬差距（高管—员工）对薪酬分配进行了系统分析，力争为合理制订薪酬分配机制以及推动国资国企改革提供一定理论支持和经验参考。

一　安徽省上市公司职工薪酬分配现状

从安徽省的职工、高管和主要负责人平均薪酬三个方面对薪酬分配现状做了分析。

（一）上市公司员工薪酬总体评价

首先对样本公司职工薪酬分配总体情况进行评价。

1. 安徽省上市公司职工薪酬评价样本

研究以 2017 年度沪深 A 股归属地为安徽省的上市公司（不包括暂停上市公司、中止上市公司）进行上述筛选后，共选择 101 家上市公司用于分析。（职工薪酬总额采用数据为上市公司年报“现金流量表”中的“支付给职工以及为职工支付的现金”）

2. 安徽省上市公司职工薪酬分配总体情况评价

2017 年安徽省 101 家上市公司职工总数为 517199 人，上市公司支付的薪酬总额为 553. 37 亿元，平均职工薪酬为 10. 70 万元，相比 2016 年的 9. 42 万元增加 13. 58%，增速提升 4. 53 个百分点。

表1　2017年安徽省上市公司职工平均薪酬数据（前10名）

单位：万元，人

排名	证券代码	公司简称	职工工资总额	员工总数	职工平均薪酬
1	000979. SZ	中弘股份	65009	987	65. 86
2	002018. SZ	*ST华信	4469	111	40. 26
3	000728. SZ	国元证券	119988	3330	36. 03
4	002140. SZ	东华科技	28847	1169	24. 68
5	600318. SH	新力金融	7263	295	24. 62
6	603357. SH	设计总院	33274	1417	23. 48
7	002555. SZ	三七互娱	59718	2703	22. 09
8	600909. SH	华安证券	53874	2700	19. 95
9	600444. SH	国机通用	9157	472	19. 40
10	300274. SZ	阳光电源	47578	2661	17. 88

（二）上市公司2017年分行业薪酬分配情况

将安徽省101家上市公司按照13个行业进行分类，对每个行业的职工薪酬分配情况进行统计描述。

2017年13个行业中房地产业平均薪酬最高，为33.74万元，其次为金融业28.64万元，相比上一年房地产业由于中弘股份2017年披露员工数量大幅减少导致职工平均薪酬涨幅较大，而安徽省房地产行业上市公司只有3家，因而单一企业大幅变动对行业影响较大。2017年职工平均薪酬最低的是批发和零售业，为6.98万元（见表2）。

13个行业中，除了科学研究和技术服务业，交通运输、仓储和邮政业之外，其余行业平均薪酬相比2016年都有所增长，涨幅较大的为房地产业，采矿业，建筑业，信息传输、软件和信息技术服务业，分别为95.93%、28.60%、23.33%与18.46%。其中房地产业大幅增加主要是由中弘股份平均职工薪酬大幅变动所致。

表 2　2015～2017 年安徽省 101 家上市公司分行业职工平均薪酬水平

单位：万元

行业代码	行业	数量（家）	职工平均薪酬最大值	职工平均薪酬最小值	2015 年行业职工平均薪酬	2016 年行业职工平均薪酬	2017 年行业职工平均薪酬
A	农、林、牧、渔业	2	13.06	10.82	10.50	11.55	11.63
B	采矿业	2	12.43	11.74	10.56	9.37	12.05
C	制造业	67	19.40	4.11	8.22	8.71	9.84
D	电力、热力、燃气及水生产和供应业	2	17.11	11.37	16.06	15.60	16.06
E	建筑业	3	24.68	9.44	10.22	10.46	12.90
F	批发和零售业	5	40.26	4.46	7.05	6.82	6.98
G	交通运输、仓储和邮政业	2	15.87	11.90	11.41	15.33	14.85
I	信息传输、软件和信息技术服务业	5	22.09	8.86	11.22	11.70	13.86
J	金融业	3	36.03	19.95	24.73	28.17	28.64
K	房地产业	3	65.86	13.11	17.20	17.22	33.74
M	科学研究和技术服务业	1	23.48	23.48	21.45	23.81	23.48
N	水利、环境和公共设施管理业	4	10.73	5.97	7.71	9.28	9.68
R	文化、体育和娱乐业	2	12.40	10.59	10.61	11.04	11.22
平均					9.01	9.42	10.70

（三）上市公司2017年分所有制薪酬分配情况

按所有制的不同对安徽省上市公司职工薪酬平均水平进行分析，并分行业对不同所有制进行进一步分析。

1. 不同所有制上市公司职工薪酬平均水平

2017 年安徽省 101 家上市公司中，国有控股公司为 42 家（其中，中央

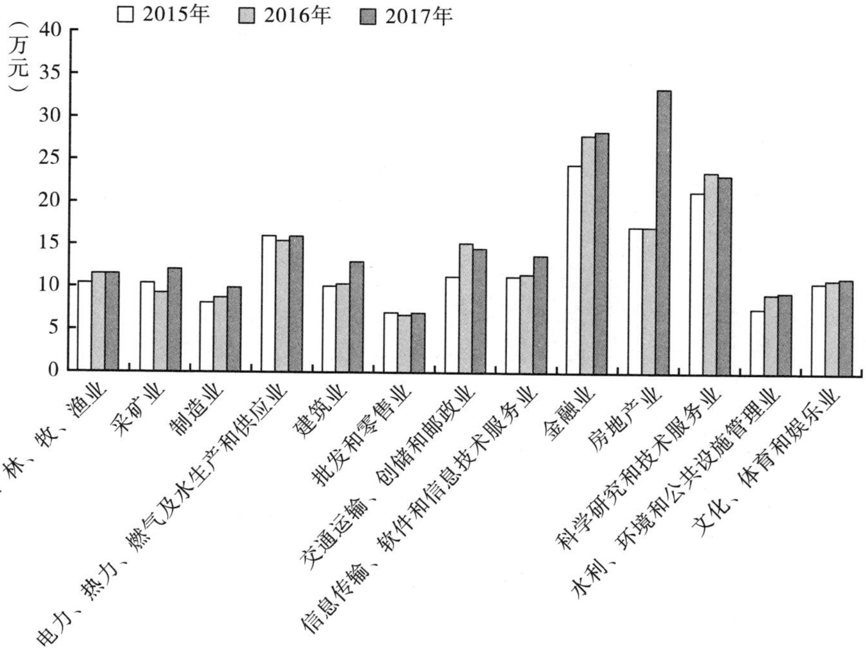

图1 安徽省2015～2017年上市公司分行业职工平均薪酬分布情况

国有控股上市公司8家，地方国有控股公司34家），占41.58%，非国有控股上市公司59家，占比为58.42%。国有控股上市公司职工平均薪酬水平高于非国有控股上市公司，2017年相比2016年差距有所减小但相比2015年差距有所扩大。

从不同所有制上市公司来比较，2017年安徽省国有控股上市公司的职工平均薪酬为11.92万元（其中，中央国有控股上市公司职工平均薪酬为11.62万元，地方国有控股上市公司职工平均薪酬为11.96万元），非国有控股上市公司为8.93万元，前者是后者的1.34倍。薪酬差距相比2016年有所减小，但相比2015年差距有所扩大（2016年为1.39倍，2015年为1.31倍，见表3）

表3　安徽省2015～2017不同所有制上市公司职工薪酬平均水平

单位：万元，家

所有制性质		数量	职工平均薪酬最大值	职工平均薪酬最小值	职工平均薪酬
2017年	国有控股公司	42	36.03	6.55	11.92
	其中:中央企业控股	8	24.68	7.81	11.62
	地方国有控股	34	36.03	6.55	11.96
	非国有控股公司	59	65.86	4.11	8.93
	国有控股公司/非国有控股公司职工平均薪酬(倍数)				1.34
2016年	国有控股公司	40	35.00	6.22	10.55
	其中:中央企业控股	8	23.65	6.38	9.43
	地方国有控股	32	35.00	6.22	10.73
	非国有控股公司	52	31.18	3.79	7.57
	国有控股公司/非国有控股公司职工平均薪酬(倍数)				1.39
2015年	国有控股公司	39	33.56	5.57	9.76
	其中:中央企业控股	8	25.99	3.07	9.41
	地方国有控股	31	33.56	5.57	9.81
	非国有控股公司	48	120.60	4.14	7.47
	国有控股公司/非国有控股公司职工平均薪酬(倍数)				1.31

2. 分行业不同所有制上市公司职工薪酬平均水平

从安徽省101家上市公司分行业薪酬水平数据分析来看，职工薪酬水平最高的四个行业依次为房地产业，金融业，科学研究和技术服务业，电力、热力、燃气及水生产和供应业。上市公司中共有9家企业涉及这4个行业，其中国有控股6家，占总数的66.7%，非国有控股3家，占比33.3%。这些行业都不同程度地涉及行政垄断或受到政府严格管制，这表明国有控股对某些行业的垄断优势仍然是造成上市公司中两种所有制性质的企业职工平均薪酬存在差距的重要原因之一。

按照行业划分来看，在13个行业中，农、林、牧、渔业，信息传输、软件和信息技术服务业，房地产业3个行业国有控股职工平均薪酬低于非国有控股职工平均薪酬。这3个行业职工平均薪酬高出程度分别为：农、林、牧、渔业2.24万元，信息传输、软件和信息技术服务业1.77万元、房地产业 18.54 万元。

除去 5 个行业（采矿业，电力、热力、燃气及水生产和供应业，交通运输、仓储和邮政业，科学研究和技术服务业，文化、体育和娱乐业）由于没有非国有控股公司不存在可比性，其余 5 个行业国有控股职工平均薪酬高于非国有控股。高出程度分别为：制造业 2.78 万元，建筑业 4.71 万元，批发和零售业 0.15 万元，金融业 4.21 万元，水利、环境和公共设施管理业 0.52 万元。

表 4　2017 年安徽省不同所有制上市公司分行业职工薪酬水平

行业代码	行业	数量（家）	国有控股企业数量（家）	非国有控股企业数量（家）	国有控股职工平均薪酬（万元）	非国有控股职工平均薪酬（万元）
A	农、林、牧、渔业	2	1	1	10.82	13.06
B	采矿业	2	2	0	12.05	—
C	制造业	67	23	44	11.15	8.37
D	电力、热力、燃气及水生产和供应业	2	2	0	16.06	—
E	建筑业	3	2	1	14.15	9.44
F	批发和零售业	5	1	4	7.05	6.90
G	交通运输、仓储和邮政业	2	2	0	14.85	—
I	信息传输、软件和信息技术服务业	5	1	4	13.02	14.79
J	金融业	3	2	1	28.83	24.62
K	房地产业	3	1	2	16.71	35.25
M	科学研究和技术服务业	1	1	0	23.48	—
N	水利、环境和公共设施管理业	4	2	2	9.87	9.35
R	文化、体育和娱乐业	2	2	0	11.22	—

（四）上市公司分资产规模薪酬分配情况

在介绍安徽省上市公司资产规模的基本情况后系统分析了资产规模的行业差异以及不同所有制下上市公司资产规模的差异及薪酬分配情况。

1. 安徽省上市公司资产规模基本情况

（1）2017 年度安徽省 101 家上市公司资产总规模达到 1.14 万亿元，平均资产规模为 111.14 亿元。

（2）资产规模与上市公司平均职工薪酬正相关。2017 年度安徽省 101 家上市公司资产规模排名前 10 位的上市公司平均职工薪酬 12.55 万元，是全部 101 家上市公司平均职工薪酬 10.7 万元的 1.17 倍。

（3）资产规模与上市公司高管薪酬正相关。2017 年度安徽省 101 家上市公司中资产规模排名前 10 位的上市公司高管平均薪酬为 54.69 万元，是安徽省 101 家上市公司高管平均薪酬 36.13 万元的 1.51 倍。资产规模排名前 10 位的上市公司平均资产规模为 378.93 亿元，是全部上市公司平均资产规模的 3.41 倍。另外，2017 年度 101 家上市公司中资产规模排名前 10 位的上市公司中，最高的是海螺水泥 1221.43 亿元，最低的是新集能源 305.93 亿元，最高是最低的 3.99 倍，可见安徽省不同上市公司资产规模大小依然差异较大。

表 5　2017 年度安徽省上市公司资产规模前 10 名数据

排名	公司简称	所处行业	资产规模（亿元）	高管平均薪酬（万元）	平均职工薪酬（万元）
1	海螺水泥	制造业	1221.43	89.83	10.95
2	国元证券	金融业	796.79	132.51	36.03
3	马钢股份	制造业	721.92	25.00	14.08
4	安徽水利	建筑业	635.07	34.00	13.31
5	铜陵有色	制造业	477.94	27.33	9.73
6	中弘股份	房地产业	451.82	238.88	65.86
7	江淮汽车	制造业	445.10	44.36	13.56
8	华安证券	金融业	399.08	62.14	19.95
9	众泰汽车	制造业	331.72	25.60	5.69
10	新集能源	采矿业	305.93	38.72	11.74

2017 年度，101 家上市公司中资产规模排名前 10 位的上市公司中，涉及 5 大行业，包括制造业、金融业、建筑业、房地产业和采矿业。上述资产规模较大的行业，其高管平均薪酬和职工平均薪酬均相对较高，可见从行业薪酬分配差异角度而言，资产规模也是影响上市薪酬水平的重要因素。

2. 安徽省上市公司资产规模的行业差异

（1）上市公司不同行业的资产规模差异巨大。2017 年，所有行业中金融业资产规模平均水平最高，为 419.78 亿元，其次为建筑业 270.74 亿元。资产规模最低的的行业仍然为农、林、牧、渔业，其平均资产规模为 18.9 亿元。2017 年，平均资产规模最高的行业是最低行业的 22.21 倍，行业差距巨大。

表 6　2017 年不同行业上市公司资产规模与职工平均薪酬

行业	数量（家）	资产规模最大值（亿元）	资产规模最小值（亿元）	平均资产规模（亿元）	职工平均薪酬（万元）
农、林、牧、渔业	2	21.93	15.88	18.9	11.63
采矿业	2	305.93	142.46	224.19	12.05
制造业	67	1221.43	5.4	94.95	9.84
电力、热力、燃气及水生产和供应业	2	265.48	30.96	148.22	16.06
建筑业	3	635.07	61.61	270.74	12.90
批发和零售业	5	100.96	15.85	62.02	6.98
交通运输、仓储和邮政业	2	172.63	141.76	157.2	14.85
信息传输、软件和信息技术服务业	5	133.4	12.63	63.32	13.86
金融业	3	796.79	63.47	419.78	28.64
房地产业	3	451.82	115.68	243.95	33.74
科学研究和技术服务业	1	26.77	26.77	26.77	23.48
水利、环境和公共设施管理业	4	80.99	10.71	37.86	9.68
文化、体育和娱乐业	2	122.88	67.41	95.15	11.22

（2）上市公司行业内部资产规模差异也十分明显。13 个行业中，制造业资产规模最大值是最小值的 226.19 倍，金融业是 12.55 倍。差距最不明显的是交通运输、仓储和邮政业，其资产规模最大值与最小值倍数仅为 1.22 倍。

3. 安徽省不同所有制上市公司资产规模及其薪酬分配差异

（1）国有控股上市公司平均资产规模高于非国有上市公司。2017 年，国有控股上市公司平均资产规模为 180.2 亿元，非国有控股上市公司平均资产规模为 63.58 亿元，国有控股上市公司平均资产规模是非国有上市公司的 2.83 倍。

表 7　2017 年不同所有制上市公司资产规模与职工平均薪酬

所有制性质	数量(家)	资产规模最大值(亿元)	资产规模最小值(亿元)	平均资产规模(亿元)	职工平均薪酬(万元)
国有控股公司	42	1221.43	8.28	180.2	11.92
其中:中央企业控股	8	305.93	8.28	87.8	11.62
地方国有控股	34	1221.43	9.9	201.94	11.96
非国有控股公司	59	451.82	5.4	63.58	8.93

（2）国有控股上市公司中的地方国有控股上市公司资产规模高于中央企业控股上市公司。2017 年，8 家中央企业控股上市公司平均资产规模为 87.8 亿元，34 家地方国有控股上市公司平均资产规模为 201.94 亿元，后者是前者的 2.3 倍。

（3）与国有控股上市公司资产规模高于非国有控股上市公司相同，国有控股上市公司职工平均薪酬水平要高于非国有控股上市公司。2017 年，前者平均薪酬水平为 11.92 万元，后者的平均薪酬水平为 8.93 万元。

（五）上市公司高管薪酬分配情况

在介绍了上市公司高管和主要负责人薪酬整体水平基本情况以后，分行业和所有制形式分析高管平均薪酬和主要负责人薪酬的差异，以及高管股权激励等中长期激励现状。

1. 上市公司全部高管薪酬整体水平基本情况

（1）在101家上市公司中，2017年全部领薪高管（1615人）薪酬整体平均水平为36.13万元，绝对值高于2016年的全部领薪高管（1580人）薪酬整体平均水平34.02万元以及2015年的全部领薪高管（1495人）薪酬整体平均水平30.37万元。

（2）2017年度101家上市公司中全部高管平均薪酬前50位（见表8）的上市公司中，领薪高管人均薪酬最高的是中弘股份238.9万元，最低的是皖天然气28.5万元，最高是最低的8.38倍。

表8　2017年度安徽省上市公司高管平均薪酬数据（前10名）

排名	证券代码	公司简称	领薪高管人数(人)	高管薪酬总额(万元)	高管人均薪酬(万元)
1	000979. SZ	中弘股份	10	2388. 8	238. 9
2	000728. SZ	国元证券	19	2517. 6	132. 5
3	002230. SZ	科大讯飞	22	2175. 3	98. 9
4	600585. SH	海螺水泥	14	1257. 6	89. 8
5	002555. SZ	三七互娱	17	1458. 0	85. 8
6	300274. SZ	阳光电源	20	1444. 0	72. 2
7	000596. SZ	古井贡酒	10	703. 0	70. 3
8	002042. SZ	华孚时尚	15	1015. 0	67. 7
9	600983. SH	惠而浦	25	1649. 0	66. 0
10	600567. SH	山鹰纸业	17	1082. 6	63. 7

2. 全部高管平均薪酬的行业差异

（1）全部高管平均薪酬排行前五位行业结构发生变化。2017年101家上市公司中，全部高管平均薪酬排行前五位（见表9）的行业分别是房地产，金融业，信息传输、软件和信息技术服务业，建筑业，农林牧渔业。

表 9　2017 年安徽省不同行业上市公司全部高管薪酬水平分析

行业	数量（家）	高管平均薪酬最大值(万元)	高管平均薪酬最小值(万元)	2017 年行业平均薪酬水平（万元）	2016 年行业平均薪酬水平(万元)	2015 年行业平均薪酬水平(万元)
农、林、牧、渔业	2	50.50	26.00	38.70	31.40	18.61
采矿业	2	38.70	33.50	36.21	34.60	31.11
制造业	67	89.80	7.10	32.60	31.64	29.24
电力、热力、燃气及水生产和供应业	2	29.00	28.50	28.74	23.69	28.94
房地产	3	238.90	15.30	85.11	52.18	50.48
建筑业	3	52.60	34.00	42.86	44.03	37.81
批发和零售业	5	58.40	10.90	26.70	25.81	20.69
交通运输、仓储和邮政业	2	23.91	20.10	21.43	16.61	13.01
信息传输、软件和信息技术服务业	5	98.90	15.90	54.82	47.20	35.48
金融业	3	132.50	33.90	79.91	92.17	103.19
科学研究和技术服务业	1	32.4	32.4	32.4	41.21	0.00
水利、环境和公共设施管理业	4	37.10	15.20	25.37	19.28	19.07
文化、体育和娱乐业	2	27.20	24.70	25.81	28.84	28.69

（2）全部高管平均薪酬的行业差距逐渐缩小。2017 年，所有行业中房地产业高管薪酬平均水平最高，3 家样本公司平均每家高管人均薪酬 85.11 万元（2016 年、2015 年金融业高管薪酬平均水平最高，分别为 92.17 万元、103.19 万元），高管平均薪酬最低的行业三年均为交通运输、仓储和邮政业，其 2017 年高管薪酬平均水平为 21.43 万元，高于 2016 年及 2015 年平均水平。2017 年，高管平均薪酬最高的行业是最低行业的 3.97 倍，2016 年为 5.55 倍，2015 年为 7.93 倍，行业差距呈逐年缩小的趋势。

（3）大多数行业高管平均薪酬有一定的提高。2017 年与 2016 年相比，13 个行业上市公司高管平均薪酬有 9 个行业有所提高，上升幅度在 3% ~ 63%，房地产业上升幅度最大为 63.11%，水利、环境和公共设施管理业为

31.59%，交通运输、仓储和邮政业为29.02%；有4个行业有所下降，科学研究和技术服务业为-21.38%，金融业为-13.30%，文化、体育和娱乐业为-10.51%，建筑业为-2.66%。2016年13个行业上市公司高管平均薪酬有11个行业有所提高，上升幅度在5.23%~68.73%，农、林、牧、渔业上升最大，上升幅度为68.73%；有2个行业有所下降：电力、热力、燃气及水生产和供应业为-18.14%，金融业为-10.68%。

3. 全部高管平均薪酬的所有制形式差异

（1）国有控股上市公司全部高管平均薪酬在2015年、2016年高于非国有上市公司，但在2017年国有控股上市公司全部高管平均薪酬低于非国有上市公司。2017年101家上市公司中国有控股上市公司为42家，非国有为59家（见表10）。国有控股上市公司高管平均薪酬为35.16万元（低于2016年的36.38万元），非国有控股上市公司高管平均薪酬为36.81万元（高于2016年的32.39万元），国有控股高于非国有控股公司的高管平均薪酬2016年为3.99万元，2015年为1.77万元，但是2017年低出非国有控股公司的高管平均薪酬1.65万元。

（2）国有控股上市公司中的中央企业控股上市高管平均薪酬高于地方国有控股上市公司。2017年，101家上市公司中国有控股上市公司为42家，其中，中央企业控股上市公司8家，地方国有控股上市公司34家（见表10）。中央企业控股上市公司全部高管平均薪酬为48.44万元，地方国有控股上市公司全部高管平均薪酬为32.06万元，前者是后者的1.51倍。

表10　2017年安徽省不同所有制上市公司全部高管平均薪酬水平

所有制		数量（家）	高管平均薪酬最大值（万元）	高管平均薪酬最小值（万元）	2017年高管人均收入（万元）	2016年高管人均收入（万元）	2015年高管人均收入（万元）
2017年	国有控股公司	42	132.5	14.2	35.16	36.38	31.39
	其中：中央企业控股	8	98.9	29.6	48.44	46.88	37.04
	地方国有控股	34	132.5	14.2	32.06	33.98	30.16
	非国有控股公司	59	238.9	7.1	36.81	32.39	29.62

4. 高管的股权激励等中长期激励现状

2017 年，安徽省 101 家上市公司中有 8 家采用了股票期权、限制性股票等股权激励形式对高管进行激励（见表 11），占全部上市公司的 7.92%，其中 2 家上市公司使用股票期权激励，5 家使用限制性股票激励，1 家同时使用股票期权和限制性股票两种激励方式。与 2016 年相比，股票期权激励的使用比例显著降低，限制性股票激励的使用比例有所提高，增加了对股票期权和限制性股票组合的使用。2016 年，沪、深 92 家上市公司中有 8 家对高管进行激励，占全部上市公司的 8.70%，其中 4 家采用了股票期权股权激励形式，4 家使用限制性股票激励形式，与 2015 年相比，股票期权激励和限制性股票使用比例都大幅度提高。2015 年，沪、深 87 家上市公司中仅有 3 家对高管进行激励，占全部上市公司的 3.44%。其中 1 家采用了股票期权股权激励形式，2 家使用限制性股票激励形式。

表 11　2015～2017 年上市公司高管股权激励方式一览

2017 年	激励方式:O = 股票期权,R = 限制性股票,A = 股票增值权	公司数量(家)
	O	2
	R	5
	O、R	1
	合计	8
2016 年	激励方式:O = 股票期权,R = 限制性股票,A = 股票增值权	公司数量(家)
	O	4
	R	4
	合计	8
2015 年	激励方式:O = 股票期权,R = 限制性股票,A = 股票增值权	公司数量(家)
	O	1
	R	2
	合计	3

5. 上市公司主要负责人薪酬整体水平及前50名基本情况

（1）在 101 家上市公司中，2017 年度主要负责人薪酬整体水平为 81.04 万元，是高管平均薪酬（36.13 万元）的 2.24 倍，是当年职工平均薪酬

（10.70 万元）的 7.57 倍。

（2）2017 年度 101 家上市公司中主要负责人平均薪酬前 50 位的上市公司中，最高的是中弘股份 587.3 万元，最低的为鸿路钢构 60 万元，最高是最低的 9.79 倍，上市公司主要负责人平均薪酬中处于前列的高管薪酬差距也十分明显（见表 12）。

表 12　2017 年 101 家上市公司主要负责人平均薪酬前 10 名数据

单位：万元

排名	公司简称	所处行业	担任职务	2017 年年薪（万元）
1	中弘股份	房地产业	董事长	587.3
2	科大讯飞	信息传输、软件和信息技术服务业	董事长，总裁	456.0
3	口子窖	制造业	董事长，总经理	294.5
4	国元证券	金融业	董事，董事长	274.3
5	荃银高科	农、林、牧、渔业	董事，总经理，董事长	243.3
6	华孚时尚	制造业	董事长	200.0
7	金禾实业	制造业	董事长	200.0
8	惠而浦	制造业	原董事长，原总裁	189.0
9	三七互娱	信息传输、软件和信息技术服务业	董事长	181.7
10	美亚光电	制造业	董事长，总经理	156.1

（3）主要负责人薪酬高的主要处于制造业、金融业、建筑业，占总体的 84%。2017 年度 101 家上市公司中主要负责人平均薪酬排名前 50 位的上市公司中，主要负责人所属行业主要集中在制造业 36 人，占 72%，金融业 3 人，占 6%，建筑业 3 人，占 6%，信息传输、软件和信息技术服务业和房地产业各 2 人，农、林、牧、渔业，水利、环境和公共设施管理业，交通运输、仓储和邮政业及采矿业各 1 人。

6. 上市公司主要负责人薪酬的行业差异

（1）主要负责人薪酬行业差距较大。2017 年，不同行业中房地产主要负责人薪酬平均水平最高，为 253.77 万元，其次为信息传输、软件和信息技术服务业，为 148 万元（见表 13）。主要负责人平均薪酬最低为电力、热力、燃气及水生产和供应业，其薪酬平均水平为15.75万元（远低于101家上市公司全部高管平均薪酬水平36.13万元）。2017年，主要负责人平均薪酬最高的行业是最低行业的16.11倍，行业差距较为明显。

表13　2017年安徽省不同行业上市公司主要负责人薪酬水平分析

行业	数量（家）	主要负责人薪酬最大值(万元)	主要负责人薪酬最小值(万元)	主要负责人平均薪酬(万元)
农、林、牧、渔业	2	243.30	46.00	144.64
采矿业	2	62.80	49.70	56.25
制造业	67	294.50	5.00	75.02
电力、热力、燃气及水生产和供应业	2	24.00	7.50	15.75
建筑业	3	88.60	67.30	76.46
批发和零售业	5	57.90	5.00	27.43
交通运输、仓储和邮政业	2	63.90	51.00	57.46
信息传输、软件和信息技术服务业	5	456.00	30.00	148.00
金融业	3	274.30	69.00	147.75
房地产	3	587.30	24.10	253.77
科学研究和技术服务业	1	46.5	46.5	46.5
水利、环境和公共设施管理业	4	70.70	32.60	50.50
文化、体育和娱乐业	2	42.00	20.70	31.34

（2）主要负责人薪酬行业内部差距显著。13个行业中主要负责人内部薪酬差距十分明显，其中，制造业主要负责人薪酬最大值是最小值的58.9倍，房地产是24.37倍，信息传输、软件和信息技术服务业为15.2倍。交通运输、仓储和邮政业和采矿业差距最不明显，其主要负责人薪酬最大值分别是最小值的1.25倍、1.26倍。

7. 主要负责人所有制薪酬的分配情况

（1）国有控股上市公司主要负责人平均薪酬低于非国有上市公司。

2017 年，国有控股上市公司主要负责人平均薪酬为 64 万元，非国有控股上市公司主要负责人平均薪酬为 92.78 万元（见表 14），国有控股与非国有控股之间的主要负责人平均薪酬差距为 28.78 万元，后者是前者的 1.45 倍。

表 14　2017 年安徽省不同所有制上市公司主要负责人平均薪酬水平

所有制		数量（家）	主要负责人薪酬最大值（万元）	主要负责人薪酬最小值（万元）	主要负责人平均薪酬（万元）
2017年	国有控股公司	42	456.00	5.10	64.00
	其中：中央企业控股	8	456.00	20.00	121.53
	地方国有控股	34	274.30	5.10	50.46
	非国有控股公司	59	587.30	5.00	92.78

（2）国有控股上市公司中的中央企业控股上市主要负责人平均薪酬高于地方国有控股上市公司。2017 年，101 家上市公司中中央企业控股上市公司主要负责人平均薪酬为 121.53 万元，地方国有控股上市公司主要负责人平均薪酬为 50.46 万元，前者高出后者 71.07 万元，前者是后者的 2.41 倍，差距较为明显。

二　安徽省上市公司薪酬分配的差距问题

为分析安徽省上市公司薪酬分配的差距问题，将从安徽省上市公司薪酬分配的合理性、纵向薪酬差距和横向薪酬差距三个方面进行分析。

（一）上市公司薪酬分配合理性分析

薪酬分配合理性分析将从上市公司职工平均薪酬水平与行业工资利润率相关度和上市公司工资水平合理性相对系数角度来分析。

1. 上市公司职工平均薪酬水平与行业工资利润率相关度研究

为分析上市公司薪酬分配行业差异的合理性，我们选择工资利润率（利润总额 ÷ 工资总额，企业劳动生产率的主要指标之一）对样本进行简要分析。

上市公司职工平均薪酬水平与行业工资利润率正相关。工资利润率反映了某行业投入单位工资产生利润能力，一般而言，工资利润率越高，表明该行业投入比其他行业能够产生更多利润。表 15 反映的是 13 个行业的工资利润率水平，其中工资利润率前五的分别为文化、体育和娱乐业，水利、环境和公共设施管理业，交通运输、仓储和邮政业，金融业，制造业，说明这些行业投入回报程度比较高。但工资利润率与职工平均薪酬之间就目前统计数据看并没有很强的线性关系，比如薪酬水平较高的金融业与薪酬水平较低的制造业都有较高的工资利润率。

2. 上市公司工资水平合理性相对系数研究

工资合理性相对系数[①]［R =（某行业职工平均工资 ÷ 全行业职工平均工资）÷（某行业工资利润率 ÷ 全行业工资利润率）］指标表明，整体而言，上市公司的职工平均薪酬相对合理，但部分行业上市公司的平均职工薪酬需要做出适当的调整。

2017 年安徽省 101 家上市公司分行业工资水平合理性相对系数表明，由于上市公司所处资本市场中市场机制发挥作用较为充分，因此上市公司的薪酬分配总体比较符合市场规律的要求。一般而言，在不考虑行业垄断利润的前提下，相对系数 R 大于 1.5 表明该行业工资水平相对劳动生产效率而言偏高，需要加以控制；如果小于 0.8，表明该行业工资水平相对劳动生产率而言偏低。应当适当提高工资水平；R 处于 0.8 ~ 1.5 属于正常水平。

国有控股公司、中央企业控制、地方国有控股、非国有控股上市公司的相对系数分别为 1.05、2.85、0.96、0.94，表明职工平均工资水平相对处于合理状态，但中央企业控股上市公司平均职工薪酬相对偏高。

借助工资水平合理性相对系数 R，可以表明交通运输、仓储和邮政业，信息传输、软件和信息技术服务业，制造业，文化、体育和娱乐业 4 个行业职工平均薪酬水平相对处于正常范围。电力、热力、燃气及水生产和供应业的相对系数最高，为 4.0，其平均职工薪酬为 16.06 万元，在行业中也处于

① 刘学民主编《中国薪酬发展报告（2015 年）》，中国劳动社会保障出版社，2015。

前列，这与该行业的垄断地位有关，可见垄断行业的工资率相对其创造利润能力匹配程度偏高，需要进行适当控制。另外建筑业，采矿业，科学研究和技术服务业，金融业，农、林、牧、渔业的相对系数也较高，除了金融业、科学研究和技术服务业因为存在一定的行业壁垒有较高的工资水平外，农、林、牧、渔业的工资水平其实并不高，也就说该行业创造利润能力偏低，需要加快对整个行业做出产业升级，提高创造利润能力。另一方面水利、环境和公共设施管理业，批发和零售业，房地产业相对系数偏低，其中房地产行业是因为中弘股份2017年业绩严重亏损导致整个行业利润水平为负不具有参考意义，其他两个行业从职工平均工资水平来看都偏低，说明相对于这些行业创造价值的能力，职工工资水平有提高的必要。

表15　2017年安徽省上市公司分行业工资利润率

行业代码	行业	数量（家）	2017年行业平均薪酬水平（万元）	2017年行业工资利润率	工资水平合理性相对系数（R）
A	农、林、牧、渔业	2	11.63	0.59	2.10
B	采矿业	2	12.05	0.50	2.54
C	制造业	67	9.84	1.25	0.83
D	电力、热力、燃气及水生产和供应业	2	16.06	0.42	4.00
E	建筑业	3	12.90	0.41	3.30
F	批发和零售业	5	6.98	1.14	0.65
G	交通运输、仓储和邮政业	2	14.85	1.32	1.19
I	信息传输、软件和信息技术服务业	5	13.86	1.25	1.17
J	金融业	3	28.64	1.29	2.35
K	房地产业	3	33.74	-0.36	-9.82
M	科学研究和技术服务业	1	23.48	1.05	2.36
N	水利、环境和公共设施管理业	4	9.68	1.46	0.70
R	文化、体育和娱乐业	2	11.22	1.50	0.79

续表

行业代码	行业	数量（家）	2017 年行业平均薪酬水平(万元)	2017 年行业工资利润率	工资水平合理性相对系数(R)
国有控股公司		42	11.92	1.19	1.05
其中:中央企业控股		8	11.62	0.43	2.85
地方国有控股		34	11.96	1.31	0.96
非国有控股公司		59	8.93	1.00	0.94
全行业		101	10.70	1.13	10.70

在分析了行业工资水平差异的合理性之后，后文我们将从横向和纵向两个维度来分析薪酬分配中存在的差距，纵向薪酬差距（Zpaygap）表示高管与普通员工的薪酬差距，用高管平均薪酬与普通员工平均薪酬的差值来表示，横向薪酬差距（Hpaygap）表示普通员工平均薪酬与同年度其他地区平均薪酬的比较。①

（二）安徽省上市公司高管与员工平均薪酬差距比较

2017 年，101 家上市公司全部高管平均薪酬为 36.13 万元，职工平均薪酬为 10.70 万元。上市公司高管最高薪酬为中弘股份 587.25 万元，是普通职工平均薪酬 10.70 万元的 54.88 倍，科大讯飞 456 万元是普通职工平均薪酬的 42.62 倍。与 2016 年相比，主要负责人平均薪酬为 71.6 万元，全部高管平均薪酬为 34.02 万元，职工平均薪酬为 9.42 万元，主要负责人平均薪酬是职工平均薪酬的 7.60 倍，差距比较明显。

1. 高管与员工间薪酬差距总体评价

（1）指标设计

高管与员工间的薪酬差距可以采用绝对量和相对量两个指标进行衡量。绝对量是用薪酬最高的三位高管的平均薪酬与非高管层员工的平均薪酬之间的差额来表示；相对量是用薪酬最高的三位高管的平均薪酬与非高管层员工

① 吕荣杰、董婷婷、吴超：《两种薪酬差距对员工的影响研究》，《财会通讯》2017 年第 30 期。

的平均薪酬之间的比值来衡量。具体公式如下：

高管与员工间的薪酬绝对差距 = 薪酬最高的三位高管的平均薪酬 - (员工总工资 - 高管总薪酬)/(员工总人数 - 高管人数)

高管与员工间的薪酬相对差距 = 薪酬最高的三位高管的平均薪酬 ÷ [(员工总工资 - 高管总薪酬) ÷ (员工总人数 - 高管人数)]①

（2）高管与员工间薪酬绝对差距

在101家安徽省上市公司中，高管与员工间薪酬绝对差距最大值是346.63万元，最小值是1.84万元，平均值是56.55万元，中位值是42.28万元，汇总分布情况参见表16。

表16　高管与员工间薪酬绝对差距分布

高管与员工间薪酬绝对差距(万元)	公司数量	占比(%)	累计占比(%)
0~10	3	2.91	2.91
10~20	13	12.62	15.53
20~30	19	18.45	33.98
30~40	12	11.65	45.63
40~50	15	14.56	60.19
50~60	10	9.71	69.90
60~70	6	5.83	75.73
70~80	5	4.85	80.58
80~90	4	3.88	84.47
90~100	2	1.94	86.41
100~110	3	2.91	89.32
110~120	3	2.91	92.23
120~130	1	0.97	93.20
130~140	2	1.94	95.15
140~150	0	0.00	95.15
150~160	2	1.94	97.09
160~170	1	0.97	98.06
200以上	2	1.94	100.00

① 高明华:《中国上市公司高管薪酬指数报告(2011)》,经济科学出版社,2011。

从表16中可以看到，高管与员工薪酬绝对差距在0～60万元的公司数量占比69.90%。差距在20万～30万元的公司最多，共有19家，占公司总数的比重为18.45%。差距超过60万元的公司数目相对较少，占总数的30.10%；差距超过100万的公司则更少，占总数的比重为13.59%；差距超过200万的公司只有两家，占1.94%。更直观的薪酬绝对差距分布图可参见图2。可以看到大部分企业的薪酬绝对差距分布在10万～60万元。

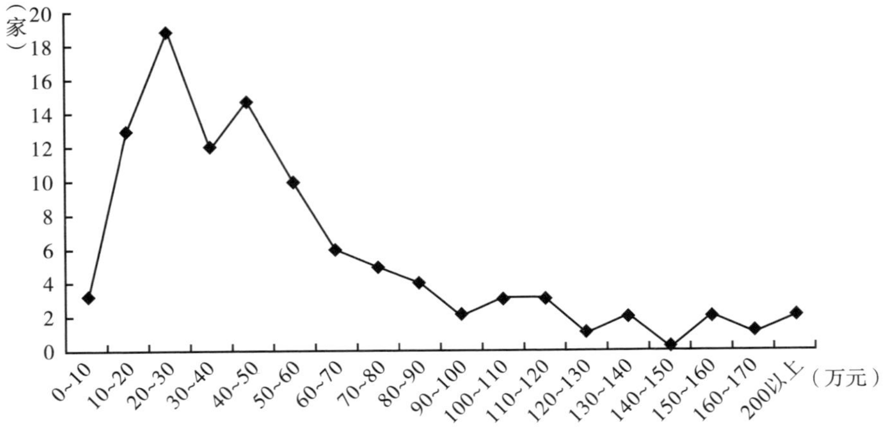

图2　高管与员工间薪酬绝对差距分布

（3）高管与员工间薪酬相对差距

在101家安徽省上市公司中，高管与员工间薪酬相对差距最大值是30.05倍，最小值是1.11倍，平均值是6.52倍，中位值是5.25倍，标准差为4.88，汇总分布情况参见表17。

表17　高管与员工间薪酬相对差距分布

高管与员工间薪酬相对差距(倍数)	企业数目	占比(%)	累计占比(%)
1～2	4	3.88	3.88
2～3	9	8.74	12.62
3～4	17	16.50	29.13
4～5	17	16.50	45.63
5～6	14	13.59	59.22
6～7	7	6.80	66.02

续表

高管与员工间薪酬相对差距(倍数)	企业数目	占比(%)	累计占比(%)
7～8	11	10.68	76.70
8～9	8	7.77	84.47
9～10	3	2.91	87.38
10～11	3	2.91	90.29
11～12	4	3.88	94.17
12～13	1	0.97	95.15
13～14	1	0.97	96.12
16～17	1	0.97	97.09
24～25	1	0.97	98.06
29～30	1	0.97	99.03
33～34	1	0.97	100.00

薪酬相对差距在2～6倍的公司数目占总公司数目的半数（55.34%）；差距在3～4倍与差距在4～5倍的企业数目同为最高，各有17家，均占总公司数目的16.5%；差距在10倍以上的公司数目为13家，占比12.62%；超过20倍的占比1.94%，已经属于少数情况。

更直观的薪酬相对差距分布图参见图3。图3显示，高管与员工薪酬相对差距多集中在2～8倍，而高管与员工薪酬相对差距大于10倍的公司数目逐渐减少。与薪酬绝对差距的分布基本类似。

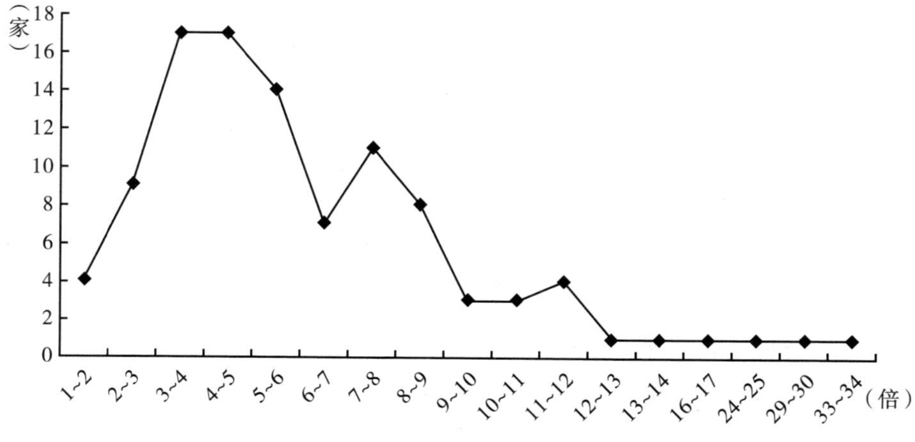

图3 高管与员工间薪酬相对差距分布

(4) 高管与员工薪酬绝对差距前10名

从表18可以看到，绝对差距较大的多为制造业企业，在前10名中有5家，占比达到50%，信息传输、软件和信息技术服务业有2家，占比20%。另外，前10名中国有控股企业有3家，非国有控股企业有7家，分别占比30%与70%，可见非国有企业占比更高。

表18 高管与员工间薪酬绝对差距前10名

排名	证券代码	证券简称	行业代码	行业	所有制属性	薪酬绝对差距（万元）
1	000979. SZ	中弘股份	K	房地产业	民营企业	346. 63
2	002230. SZ	科大讯飞	I	信息传输、软件和信息技术服务业	中央国有企业	303. 19
3	603589. SH	口子窖	C	制造业	民营企业	163. 86
4	600983. SH	惠而浦	C	制造业	外资企业	158. 26
5	000728. SZ	国元证券	J	金融业	地方国有企业	156. 42
6	002555. SZ	三七互娱	I	信息传输、软件和信息技术服务业	民营企业	135. 84
7	002042. SZ	华孚时尚	C	制造业	民营企业	130. 38
8	600585. SH	海螺水泥	C	制造业	地方国有企业	129. 85
9	002556. SZ	辉隆股份	F	批发和零售业	集体企业	116. 97
10	002690. SZ	美亚光电	C	制造业	民营企业	111. 81

从表19可以看到，相对差距较大的也多为制造业企业，在前10名中有8家，占比达到80%，信息传输、软件和信息技术服务业，批发和零售业各有1家，分别占比10%。从所有制来看，前10名中国有控股企业有2家，非国有控股企业有8家，分别占比20%与80%。可见在薪酬相对差距上，制造业领域以及民营企业中更容易出现较大分化。

表 19　高管与员工间薪酬相对差距前 10 名

排名	证券代码	证券简称	行业代码	行业	所有制属性	薪酬绝对差距（万元）
1	002042. SZ	华孚时尚	C	制造业	民营企业	33. 05
2	603589. SH	口子窖	C	制造业	民营企业	29. 73
3	002230. SZ	科大讯飞	I	信息传输、软件和信息技术服务业	中央国有企业	24. 68
4	600983. SH	惠而浦	C	制造业	外资企业	13. 11
5	600585. SH	海螺水泥	C	制造业	地方国有企业	12. 88
6	002556. SZ	辉隆股份	F	批发和零售业	集体企业	11. 97
7	002690. SZ	美亚光电	C	制造业	民营企业	11. 58
8	000980. SZ	众泰汽车	C	制造业	民营企业	11. 18
9	002014. SZ	永新股份	C	制造业	集体企业	11. 02
10	300577. SZ	开润股份	C	制造业	民营企业	10. 85

2. 分行业高管与员工间薪酬差距评价

每个行业都有其独特性，这必然会造成上市公司高管与员工间的薪酬差距的不同，所以有必要对高管与员工间薪酬差距进行分行业统计分析，我们仍然从绝对差距与相对差距两个角度展开讨论。

（1）分行业高管与员工间薪酬绝对差距比较

不同行业安徽省上市公司高管与员工间的薪酬绝对差距参见表 20。由表 20 可知，从均值看，有 4 个行业（房地产业，金融业，信息传输、软件和信息技术服务业，农、林、牧、渔业）的上市公司高管与员工间薪酬绝对差距高于总体均值（56. 55 万元），其余 9 个行业的上市公司高管与员工间薪酬绝对差距低于总体均值。

表 20　分行业高管与员工间薪酬绝对差距

排名	行业代码	行业	公司数目	薪酬绝对差距(万元)	
				均值	中位值
1	K	房地产业	3	147. 51	94. 04
2	J	金融业	3	100. 81	85. 45
3	I	信息传输、软件和信息技术服务业	5	99. 85	23. 44

续表

排名	行业代码	行业	公司数目	薪酬绝对差距(万元)	
				均值	中位值
4	A	农、林、牧、渔业	2	63.83	63.83
5	C	制造业	67	52.62	42.89
6	E	建筑业	3	51.55	52.44
7	F	批发和零售业	5	47.58	33.00
8	B	采矿业	2	42.23	42.23
9	G	交通运输、仓储和邮政业	2	37.95	37.95
10	D	电力、热力、燃气及水生产和供应业	2	34.54	34.54
11	N	水利、环境和公共设施管理业	4	31.73	31.85
12	R	文化、体育和娱乐业	2	26.56	26.56
13	M	科学研究和技术服务业	1	20.10	20.10

图4显示，不同行业上市公司高管与员工间薪酬绝对差距位于30万~70万元的行业相对较多，共有8个，占行业总数的61.54%；绝对差距最大的前两个行业分别是房地产业和金融业；排名3~5位的分别是信息传输、软件和信息技术服务业，农、林、牧、渔业，制造业，三者的高管与员工间薪酬绝对差距均超过50万元；差距排名后两位的两个行业分别是科学研究和技术服务业，文化、体育和娱乐业，两者的高管与员工间薪酬绝对差距均小于30万元。

从中位值看，中位值的分布更接近于总体，高管与员工间薪酬绝对差距在30万~70万的行业有8个，占行业总数的61.54%；绝对差距中位值最大的前两个行业分别是房地产业和金融业；最小的两个行业是信息传输、软件和信息技术服务业，科学研究和技术服务业。从均值与中位值的比较来看，信息传输、软件和信息技术服务业在两者的排序变动较大，其在均值上排名为第三，但在中位值上排名变成12。可见该行业头部效应比较强，也就是说前几位的公司高管与员工间薪酬绝对差距相对中间的企业更大，才会导致均值较高但中位值偏小的现象。

（2）分行业高管与员工间薪酬相对差距比较

高管与员工间薪酬相对差距的行业分布与绝对差距的行业分布存在着明

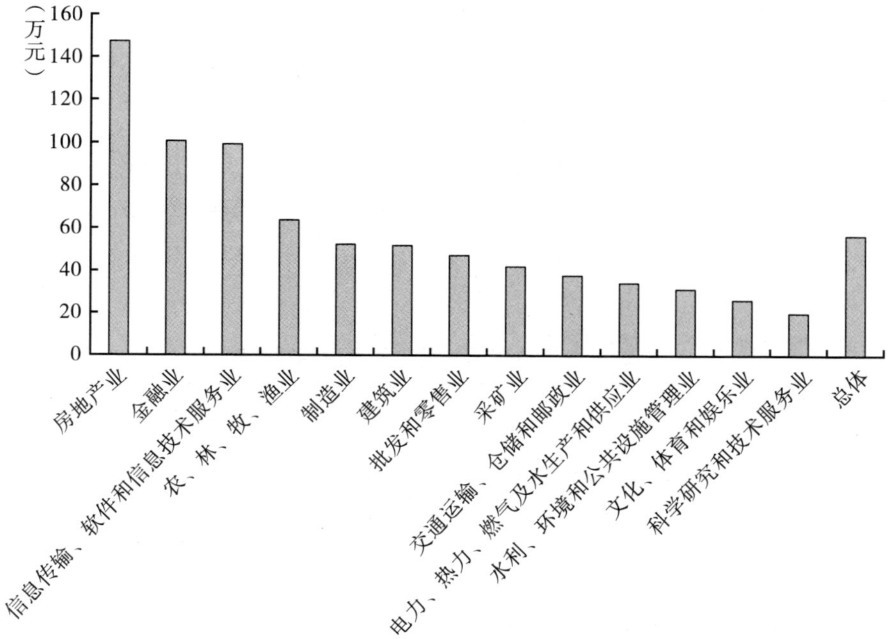

图4　分行业高管与员工间薪酬绝对差距（均值）

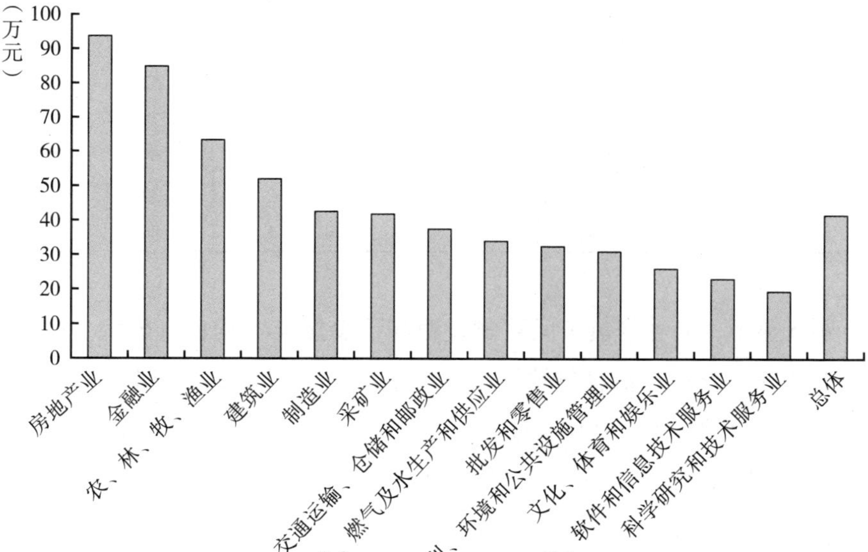

图5　分行业高管与员工间薪酬绝对差距（中位值）

显的不同。由表21可知，从均值看排名前三位的分别是信息传输、软件和信息技术服务业，制造业，农、林、牧、渔业，而在绝对差距中排名第一位与第二位的房地产业和金融业分别下滑到第五位于第八位；相对差距最小的三个行业分别是科学研究和技术服务业，文化、体育和娱乐业，电力、热力、燃气及水生产和供应业，这三个行业排序与绝对差距不大。薪酬差距最大的为8.12倍，最小的为1.86倍，位于3~6倍的行业数较多，有9个，占比69.23%。

表21　分行业高管与员工间薪酬相对差距

排名	行业代码	行业	公司数目	薪酬相对差距(倍数)	
				均值	中位值
1	I	信息传输、软件和信息技术服务业	5	8.12	3.00
2	C	制造业	67	7.14	6.07
3	A	农、林、牧、渔业	2	6.36	6.36
4	F	批发和零售业	5	5.92	4.92
5	K	房地产业	3	5.32	6.41
6	E	建筑业	3	4.88	4.46
7	N	水利、环境和公共设施管理业	4	4.78	4.76
8	J	金融业	3	4.76	5.35
9	B	采矿业	2	4.52	4.52
10	G	交通运输、仓储和邮政业	2	3.74	3.74
11	D	电力、热力、燃气及水生产和供应业	2	3.69	3.69
12	R	文化、体育和娱乐业	2	3.32	3.32
13	M	科学研究和技术服务业	1	1.86	1.86

图6显示，高管与员工间薪酬差距高于总体样本均值（6.52倍）的行业共有2个，分别是信息传输、软件和信息技术服务业，制造业，其余11个行业低于总体均值。从中位值看，高管与员工间薪酬相对差距中位值多位于3~6倍之间，高于6倍的行业有3个，分别是房地产业，农、林、牧、渔业，制造业；低于3倍的行业有1个，是科学研究和技术服务业。与在绝对差距中一样，信息传输、软件和信息技术服务业在均值排名与中位值排名中有较大变化，在均值排名中为第一，而在中位值排名中却在12位；均值排名后三位的与在中位值的排名差距不大。

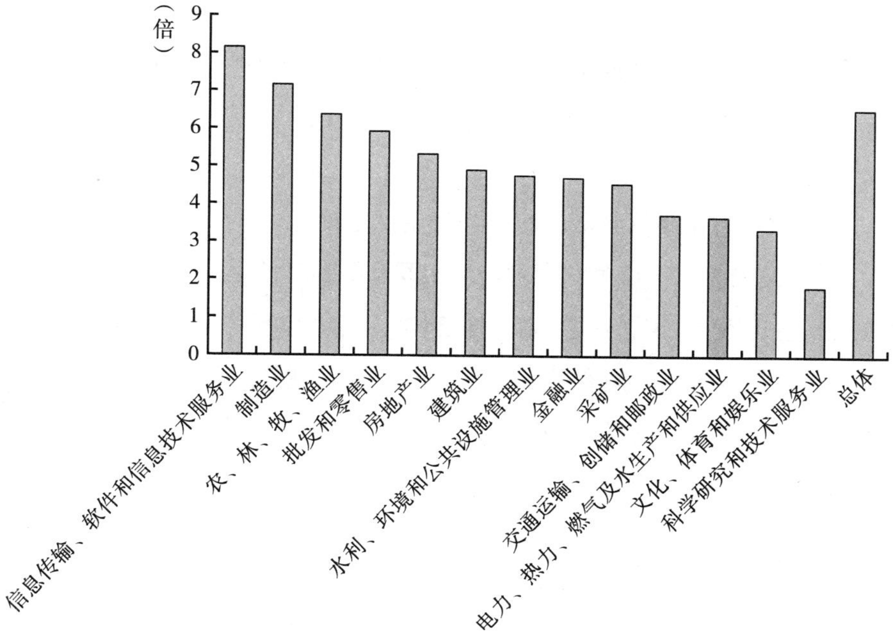

图6　分行业高管与员工间薪酬相对差距（均值）

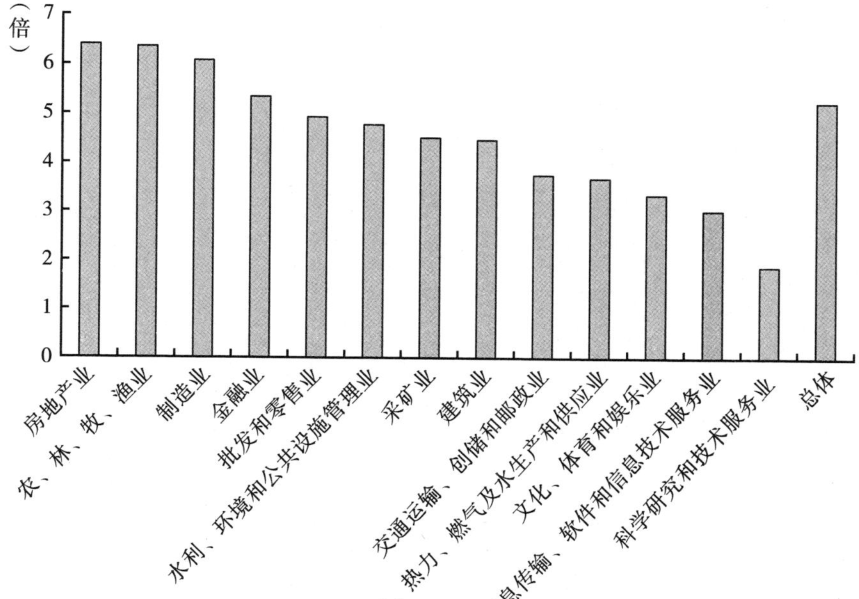

图7　分行业高管与员工间薪酬相对差距（中位值）

3. 分所有制高管与员工薪酬差距评价

所有制性质是中国上市公司的重要属性，不同所有制性质会直接影响高管薪酬的形式和数量，所以分析不同所有制上市公司高管与员工间薪酬差距十分有必要。

（1）分所有制高管与员工薪酬绝对差距比较

表22是安徽省上市公司高管与员工间薪酬绝对差距的所有制分布情况。国有控股企业有42家，占总数的41.58%，其中包括中央企业控股34家，地方国有控股8家；非国有控股企业59家，占总数的58.42%。从均值看，地方国有控股企业的高管与员工间薪酬绝对差距最大，为92.13万元，而中央国有控股高管与员工间薪酬绝对差距最小，为39.85万元，可见国有控股公司之间的分化较为显著。非国有控股公司薪酬绝对差距为61.19万元，相比国有控股企业差距更大，说明在非国有控股企业当中薪酬绝对差距更为明显。从中位值看，与均值得出的结论基本一致。

表22　分所有制高管与员工薪酬绝对差距比较

所有制性质	公司数目	薪酬绝对差距(万元)		标准差	变异系数
		均值	中位值		
国有控股公司	42	49.81	33.92	51.01	1.02
其中：中央企业控股	34	39.85	29.44	33.42	0.84
地方国有控股	8	92.13	63.19	86.29	0.94
非国有控股公司	59	61.19	48.20	52.51	0.86

图8更为直观地反映了不同所有制上市公司高管与员工间薪酬绝对差距的分布情况。可以看到，地方国有控股企业无论在均值还是中位值上都高于其他类型的企业，而中央企业控股则均为最小。非国有控股公司的均值与中位值与总体的均值与中位值更为接近，也可以看出国有企业内部的分化较大，而非国有控股企业更能反映市场的整体平均水平。

（2）分所有制高管与员工薪酬相对差距比较

与绝对差距不同的是，相对差距最大的是非国有控股企业，为8.58倍，

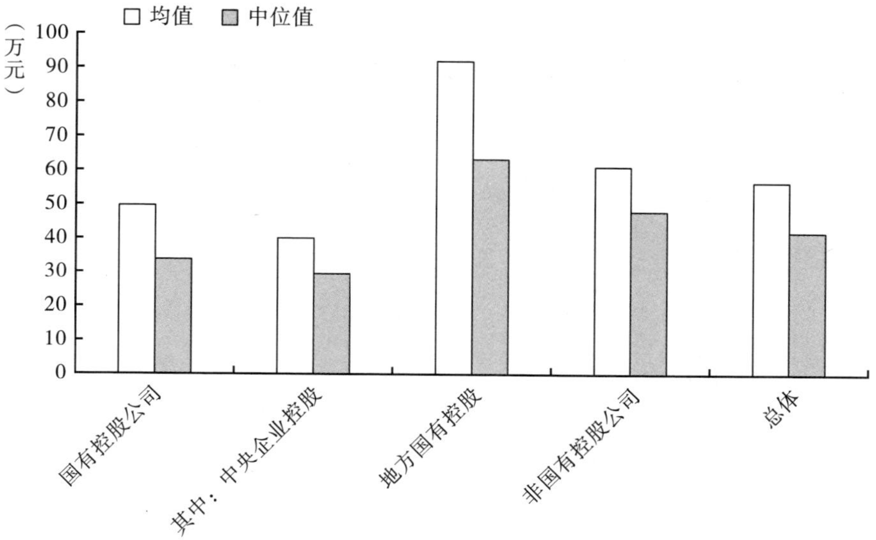

图 8　分所有制高管与员工薪酬绝对差距比较

最小的是中央企业控股企业，为 4.28 倍。这里可以看出在相对薪酬差距上，非国有企业更为明显，也就是说虽然高管薪酬与员工薪酬在绝对值上相对偏小，但是两者的比值会更大，也就是说薪酬分布更为不均。其实从标准差中也能够看出非国有控股企业比国有控股企业要高，而中央企业控股企业依然是最低。这说明中央企业控股企业薪酬分布更为均匀集中，而非国有企业薪酬分布较为分散，这与体制本身也有关系，国有企业的薪资标准相对民营企业更为体系化，而非国有企业的薪酬分配更为灵活，所以在薪酬差距的分布上，后者就更为分散。

表 23　分所有制高管与员工薪酬相对差距比较

所有制性质	公司数目	薪酬相对差距(倍数)		标准差	变异系数
		均值	中位值		
国有控股公司	42	5.10	4.18	3.77	0.74
其中:中央企业控股	34	4.28	4.00	1.98	0.46
地方国有控股	59	7.50	6.69	5.32	0.71
非国有控股公司	8	8.58	6.51	6.91	0.81

可以明显看到图 9 与图 8 之间的差异，非国有控股公司无论从均值上还是中位值上都位于首位，国有控股企业的薪酬相对差距相对较小。

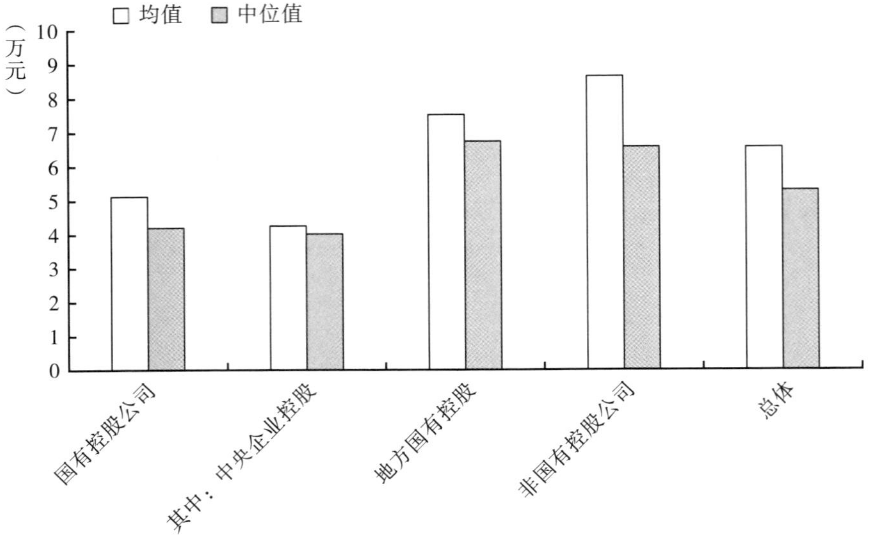

图 9　分所有制高管与员工薪酬相对差距比较

从高管和员工的薪酬差距来看，这种差距基本成持平行状态，差距依然十分明显，并没有随着新一轮以国企高管薪酬最高限定和职工持股核心的混合所有制改革出现明显变化，这种较大的薪酬内部差异需要得到重视。

（三）上市公司职工薪酬分配、股权激励与其他省份比较

上市公司薪酬的横向薪酬差距分析将比较安徽省上市公司与全国及其他省份职工平均薪酬的差异，同时也比较了安徽省上市公司高管股权激励强度系数与全国及其他省份的差异。

1. 安徽省上市公司职工平均薪酬与全国及其他省份的比较

（1）与全国及其他各省份上市公司职工平均薪酬分配情况比较

截至 2017 年 12 月 31 日，2017 年 A 股 3518 家上市公司职工总数

21713977 人，上市公司为他们支付的薪酬总额为 33572. 95 亿元，平均每位职工的薪酬为 15. 46 万元。

31 个省份中，职工平均薪酬最高的是天津市，人均薪酬高达 21. 25 万元。排名次之的是北京市，人均职工薪酬达到了 20. 96 万元，上海市以人均薪酬 20. 22 万元排名第三。新疆以 18. 2 万元排名第四，主要系中油工程、申万宏源和渤海金控这三家公司因为所占新疆总职工薪酬比重大，且人均职工薪酬高，因此带动新疆整体人均薪酬水平的提高。

安徽省 2017 年共计发放职工薪酬 553. 37 亿元，人均职工薪酬为 10. 7 万元，仅为全国水平的 69. 21%，排名全国各省份第 21 位。但值得关注的是，安徽省人均职工薪酬水平仍保持了上升趋势，由 2016 年的占全国平均水平的 65. 76% 提高到 2017 年的 69. 21%。

表 24　2017 年各省份人均职工薪酬水平排名

省份	职工工资总额(亿元)	员工人数(人)	职工平均薪酬(万元)
天　津	376. 65	177217	21. 25
北　京	12872. 57	6140879	20. 96
上　海	3526. 10	1744246	20. 22
新　疆	392. 90	215866	18. 20
贵　州	202. 44	147435	13. 73
江　苏	1567. 64	1148241	13. 65
福　建	778. 61	575300	13. 53
广　东	5041. 97	3731915	13. 51
山　西	475. 39	365965	12. 99
陕　西	313. 11	246450	12. 70
山　东	1246. 81	982027	12. 70
河　北	549. 74	437591	12. 56
浙　江	1580. 48	1294576	12. 21
重　庆	289. 65	239600	12. 09
海　南	138. 12	119162	11. 59
内蒙古	222. 50	194069	11. 47
广　西	118. 99	105004	11. 33
吉　林	142. 82	126307	11. 31
辽　宁	443. 88	393088	11. 29
西　藏	25. 96	23694	10. 96

续表

省份	职工工资总额(亿元)	员工人数(人)	职工平均薪酬(万元)
安　徽	553. 37	517199	10. 70
黑龙江	158. 81	149558	10. 62
四　川	522. 99	496166	10. 54
湖　北	528. 89	510663	10. 36
江　西	218. 96	212797	10. 29
甘　肃	134. 22	134989	9. 94
湖　南	431. 85	449417	9. 61
青　海	51. 46	54379	9. 46
河　南	482. 70	551583	8. 75
宁　夏	25. 05	30468	8. 22
云　南	158. 32	198126	7. 99
全　国	33572. 95	21713977	15. 46

（2）与东、中、西部上市公司职工平均薪酬分配情况比较

根据地域划分，将我国全部 31 个省级行政区划分为东、中、西部，其中东部地区包括：北京、天津、河北、辽宁、上海、江苏、浙江、福建、山东、广东和海南共计 11 个省级行政区；中部地区包括：山西、吉林、黑龙江、安徽、江西、河南、湖北和湖南共计 8 个省级行政区，西部地区包括：四川、重庆、贵州、云南、西藏、陕西、甘肃、青海、宁夏、新疆、广西和内蒙古共计 12 个省级行政区。

2017 年，东部地区人均职工薪酬 16. 8 万元，高出全国职工平均薪酬 8. 67%。东部地区职工薪酬平均水平优于全国水平的主要原因是大部分利润水平较好，规模较大的企业集中在东部地区。西部地区人均职工薪酬 11. 78 万元，低于全国平均水平，但高于中部地区水平，西部地区人均职工薪酬水平高于中部地区水平主要是由于新疆和贵州两省的人均薪酬水平较高的带动。中部地区人均职工薪酬 10. 38 万元，低于全国以及其他地区水平。

2017 年安徽省的平均职工薪酬水平远低于东部地区平均水平，同时也略低于西部地区的平均水平，仅仅高于其所处的中部地区的职工平均薪酬。

表 25　2017 年东、中、西部人均职工薪酬水平

地域	职工工资总额(亿元)	员工人数(人)	职工平均薪酬(万元)
东部	28122.58	16744242	16.80
中部	2992.79	2883489	10.38
西部	2457.59	2086246	11.78
全国	33572.95	21713977	15.46

（3）与中部地区上市公司职工平均薪酬分配比较情况

2017 年安徽省共计发放职工薪酬 553.37 亿元，人均职工薪酬 10.7 万元，在整个中部地区中排名第 3。相较于整个中部地区人均职工薪酬 10.38 万元高出 3.08%。安徽省连续三年的人均职工薪酬均高于中部地区平均水平，且增长速度略优于中部地区整体的增长水平。

2. 安徽省上市公司高管股权激励强度系数与全国及其他省份比较

（1）指标设计

高管股权激励强度系数可以采用近 3 年上市公司实行股权激励的次数与上市公司数量之间的比值来衡量。

具体公式为：高管股权激励强度系数 = 近 3 年拟实施及已实施的高管股权激励次数 ÷ 上市公司数量

（2）与全国及其他各省高管股权激励强度系数比较

统计显示 A 股 3467 家上市公司近 3 年共实行高管股权激励 836 次，高管股权激励强度系数 0.241。地区高管股权激励强度系数前三名分别为北京市（0.428）、广东省（0.350）、江西省（0.282）。安徽省高管股权激励强度系数为 0.186，低于全国平均，排名第 14 位。

表 26　各省份高管股权激励强度系数

省份	上市公司数量	近 3 年实行股权激励次数	高管股权激励强度系数
东　部	2477	669	0.270
北　京	306	131	0.428
广　东	568	199	0.350

续表

省份	上市公司数量	近3年实行股权激励次数	高管股权激励强度系数
上　海	275	68	0.247
福　建	131	32	0.244
江　苏	381	88	0.231
浙　江	414	91	0.220
河　北	55	10	0.182
辽　宁	74	13	0.176
山　东	194	29	0.149
天　津	49	6	0.122
海　南	30	2	0.067
中　部	532	98	0.184
江　西	39	11	0.282
河　南	78	16	0.205
湖　北	96	19	0.198
安　徽	102	20	0.186
山　西	38	7	0.184
湖　南	101	17	0.168
吉　林	42	5	0.119
黑龙江	36	4	0.111
西　部	458	68	0.148
四　川	115	26	0.226
重　庆	49	11	0.224
内蒙古	25	5	0.200
广　西	36	7	0.194
甘　肃	33	4	0.121
贵　州	27	3	0.111
云　南	34	3	0.088
陕　西	47	4	0.085
宁　夏	13	1	0.077
西　藏	15	1	0.067
新　疆	52	3	0.058
青　海	12	0	0.000
全　国	3467	836	0.241

2017 年，按区域从高到低划分东部地区高管股权激励强度系数为 0.27，中部地区高管股权激励强度系数为 0.184，西部地区高管股权激励强度系数为 0.148。安徽省的高管股权激励强度系数水平虽然低于东部地区平均水平，但是高于西部地区平均水平，也高于其所处的中部地区的平均水平，在其所处的中部地区中排名第 4。

三　研究结论及对策建议

（一）研究结论

本分报告主要研究了安徽省上市公司职工薪酬、高管薪酬和主要负责人薪酬情况等内容，系统分析了薪酬分配的合理性、横向薪酬差距和纵向薪酬差距；创造性地设立了度量高管薪酬股权激励强度的指标——高管薪酬股权激励强度系数（近 3 年上市公司实行股权激励的次数与上市公司数量之比）。发现的问题和得出的结论有以下四点：①从上市公司职工平均薪酬水平与行业工资利润率相关度来看，上市公司职工平均薪酬水平与行业工资利润率正相关，但工资利润率与职工平均薪酬之间并没有很强的线性关系。②从上市公司工资水平合理性相对系数来看，不同行业上市公司职工平均薪酬相对合理，但部分行业平均职工薪酬需要做出适当的调整。从所有制来看，除中央企业控制上市公司平均职工薪酬相对偏高外，其余职工平均工资水平相对处于合理状态。③安徽省上市公司高管与普通职工之间的薪酬差距明显，并没有随着新一轮以国企高管薪酬最高限定和职工持股核心的混合所有制改革出现变化，这种较大的薪酬内部差异需要得到重视。④安徽省上市公司职工平均薪酬低于全国平均水平，也低于东部和西部水平，仅高于中部地区平均水平，因此在薪酬方面仍需要重视。在高管股权激励强度方面，安徽省虽然低于全国平均水平，但从排名来看尚处在合理水平。

（二）对策建议

根据上述分析，为安徽省上市公司从如何提高职工薪酬、高管薪酬、普通职工薪酬和政策建议四个方面提出对策建议。

1. 健全职工薪酬长效增长机制，创新分配模式

安徽省上市公司2017年人均职工薪酬10.7万元，由2016年占全国平均水平的65.76%提高到2017年的69.2%，呈上升趋势。职工平均薪酬在中部地区排名第3，比中部地区平均薪酬10.38万元高3.08%，且增速略优于中部地区整体增速；但比全国平均职工薪酬15.46万元低30.79%，排名省份第21位，仍然有较大的提升空间。

建立健全工资长效增长机制，发挥工会作用。随着经济发展和物价水平等因素变化，省内有关部门应适时调整最低工资标准和平均工资水平，保障职工工资正常增长。此外，省内企业应当充分发挥工会的作用，增加劳动者的发言权，有助于维护职工收入的正常增长。

创新分配模式，推行职工参与利润分享机制。实行职工参与利润分享机制可使国家、企业与个人的利益更加趋于一致，保证了国家、企业与个人的收入按比例同步增长。

2. 优化高管薪酬激励结构，推进高管薪酬合理性

优化高管薪酬激励结构。安徽省上市公司高管的股权激励等中长期激励的使用情况与全国其他省份相比较为合理，但有提升空间。省内上市公司在制定薪酬制度时应改变单一的薪酬结构，实行薪酬结构多元化，从不同角度来加强薪酬的激励效果，优化高管薪酬激励结构。一方面应建立综合性的薪酬激励机制，即将短期激励和长期激励相结合，将物质激励和非物质激励相结合。另一方面，应增加高管持股比例，加大长期激励比重。①

健全企业高管薪酬标准体系，推进高管薪酬合理性。在注重高管激励的同时，也不能忽略其薪酬的合理性，即高管薪酬是否与其实际付出或贡献成正比。应健全高管薪酬标准体系，高管激励方案应与未来业绩挂钩，与公司的长期盈利能力挂钩，确保其薪酬合理。

① 郭淑娟：《上市公司高管薪酬激励机制研究》，企业管理出版社，2013。

3. 建立岗位评估机制和完善的绩效考核体系

建立岗位评估机制。建立一套规范、合理、公正的岗位评估体系和程序，根据企业所设岗位的职责大小、难易程度、技能要求等评估各岗位相对价值，并根据岗位相对价值和对企业的贡献度，确定各岗位之间的相对工资率和工资等级，准确地反映各岗位之间的薪酬水准差异，解决员工的内部公平问题。

建立完善的绩效考核体系。绩效考核是实现薪酬内部公平的重要环节。科学的绩效考核体系能对员工的实际贡献进行客观的评估，将考核业绩与收入挂钩有利于改善和提高员工对薪酬的公正感与满意感，提升薪酬激励作用，促进企业健康有序发展。

4. 强化垄断行业收入监管，兼顾效率与公平

强化对垄断行业收入分配的监管。垄断行业凭借其垄断地位攫取高额收入，其职工工资水平普遍较高，要加快垄断行业改革步伐，引入竞争，消除行业垄断，加强对垄断行业工资总额和工资水平的双重调控政策，严格规范其高管收入，减少行业收入差距。

兼顾企业薪酬分配效率与公平。企业内部高管与普通员工之间的利益分配比例趋于失调。普通员工的薪酬过低，高级管理人员与普通员工的薪酬差距过大。企业是社会的子系统，微观的企业内部薪酬分配是宏观的分配格局形成的基础，而宏观的社会环境又制约着微观的企业内部薪酬状况。因此，解决目前的收入差距过大问题，不仅仅需要从企业内部入手，强化公司治理，促使企业建立效率与公平相结合的薪酬分配政策。同时，还需要优化外部治理环境，加强法规建设，为企业建立效率与公平相结合的薪酬分配政策提供指导和保障。

B.7 安徽省上市公司行业结构发展报告

上市公司是各行业优秀企业的代表，是承载区域经济发展和引领产业结构转型升级的重要力量。因此，上市公司的行业分布情况、先进程度、竞争能力以及对行业代表的程度，是该地区制定产业发展规划和企业上市政策的重要参考因素。

本报告以安徽所有 A 股上市公司所处产业和行业为研究对象，分析了近五年来安徽上市公司行业分布、行业先进度、行业竞争力以及行业代表度。同时，与同处长三角地区的江苏、浙江两省以及全国整体水平进行比较，探讨安徽上市公司行业结构面临的问题，并提出相应的应对策略，为政府制定相关产业发展政策、上市公司提质增效发展、投资者投资决策等提供参考。

本报告数据来自 Wind 数据库、上市公司年报和相关统计年鉴。

一　安徽省上市公司行业分布

上市公司数量和规模分布，反映了所处行业利用资本市场的能力以及发展实力的强弱，而产业或行业结构能够反映地区经济发达程度和工业化程度。因此，本报告分析安徽省三次产业、行业门类以及制造业大类上市公司分布情况，并与江苏省、浙江省、全国进行比较，从而对全省经济发展质量做出判断并揭示出行业发展存在的问题。

（一）上市公司行业分布情况

1. 安徽上市公司在三次产业中的分布

根据我国《国民经济行业分类》（GB/T4754—2017），截至 2017 年末安徽省上市公司按三次产业划分，第一产业为2家，第二产业为74家，第三产业为25家，第二产业仍占主导地位；如图1所示，从变化趋势看，安徽省第一产业上市公司数量在2013～2017年间保持不变，第二产业增幅最大。这与安徽的产业结构相契合，2017年安徽三次产业结构为9.5∶49∶41.5，第二产业仍是安徽实体经济的中坚力量。因此，从行业结构、地区分布、竞争能力、代表度等方面分析安徽上市公司，可以一窥安徽省产业转型发展现状和面临的问题。

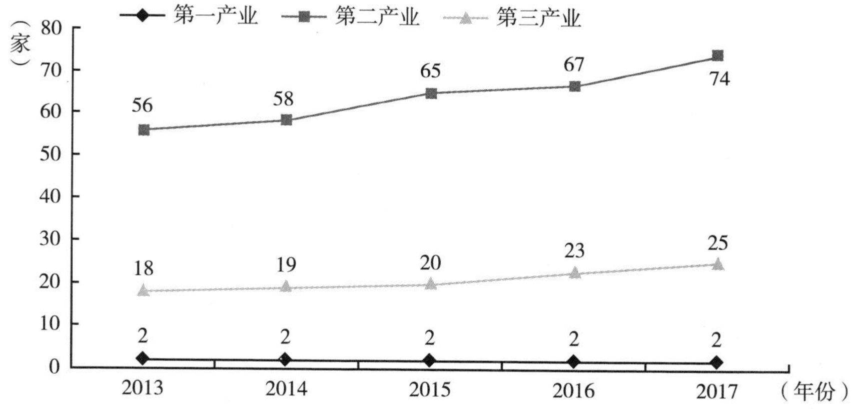

图1　2013～2017年安徽省上市公司在三次产业中的分布

2. 安徽上市公司的行业门类分布

根据证监会行业划分，2013年至2017年安徽省上市公司行业门类分布见表1，安徽省上市公司大部分集中在制造业，且数量增加最多，其他门类上市公司的数量增加较少。这表明具有成熟商业模式、发展前景相对明朗的制造业企业更容易得到发审部门及投资者认可。值得一提的是，2017年科学研究和技术服务业企业在股票市场实现零突破，表明安徽推进创新型“三个强省”建设在资本市场得到了有力验证。

3. 安徽上市公司在制造业大类中的分布

如表2，2017年，制造业大类中安徽省上市公司主要集中在化学原料及化学制品制造业、电气机械及器材制造业，数量分别为10家和7家，2013

年至2017年在专用设备制造业，医药制造业，金属制品业，酒、饮料和精制茶制造业中上市公司数量增加较多。

表1　安徽省上市公司2013～2017年行业门类分布

单位：家

行业	2013年	2014年	2015年	2016年	2017年
农、林、牧、渔业	2	2	2	2	2
采矿业	2	2	2	2	2
制造业	50	52	59	61	67
电力、热力、燃气及水生产和供应业	1	1	1	1	2
建筑业	3	3	3	3	3
批发和零售业	4	4	4	5	5
交通运输、仓储和邮政业	2	2	2	2	2
信息传输、软件和信息技术服务业	4	4	4	5	5
金融业	2	2	2	3	3
房地产业	3	3	3	3	3
科学研究和技术服务业	0	0	0	0	1
水利、环境和公共设施管理业	1	2	3	3	4
文化、体育和娱乐业	2	2	2	2	2

表2　安徽省上市公司2013～2017年制造业大类分布

单位：家

行业	2013年	2014年	2015年	2016年	2017年
农副食品加工业	1	1	1	1	1
酒、饮料和精制茶制造业	2	2	4	4	4
纺织业	2	2	2	3	3
家具制造业	0	0	0	0	1
造纸及纸制品业	1	1	1	1	1
印刷和记录媒介复制业	0	0	0	0	1
化学原料及化学制品制造业	9	9	10	10	10
医药制造业	2	2	3	4	4
化学纤维制造业	1	1	1	1	1
橡胶和塑料制品业	5	5	5	5	5
非金属矿物制品业	2	2	2	2	2

续表

行业	2013 年	2014 年	2015 年	2016 年	2017 年
黑色金属冶炼及压延加工	1	1	1	1	1
有色金属冶炼及压延加工	3	3	3	3	4
金属制品业	1	1	3	3	3
通用设备制造业	4	5	5	5	5
专用设备制造业	2	3	3	3	5
汽车制造业	4	4	4	4	5
电气机械及器材制造业	6	6	7	7	7
计算机、通信和其他电子设备制造业	4	4	4	4	4

（二）上市公司行业分布对比分析

1. 三次产业对比

三次产业的结构能反映国家或地区经济发达程度和工业化程度。表 3 统计了 2017 年末安徽、对比省份和全国上市公司在三次产业中的分布情况。总体看，无论是安徽、江浙还是全国，上市公司在三次产业中都主要集中在第二产业。安徽省第一产业上市公司数量占比接近全国水平，而第三产业低于全国水平，江苏、浙江第二产业上市公司的数量占比高于安徽，这应与安徽仍处于工业化中后期，而江苏、浙江已进入工业化后期有关。

表 3　安徽省、对比省份和全国上市公司三次产业分布

单位：家、%

产业	安徽		江苏		浙江		全国	
	数量	占比	数量	占比	数量	占比	数量	占比
第一产业	2	1.98	—	—	—	—	41	1.18
第二产业	74	73.27	299	78.48	330	79.52	2462	71.01
第三产业	25	24.75	82	21.52	85	20.48	964	27.81

2. 行业门类对比

表 4 统计了 2017 年末安徽、对比省份和全国上市公司在行业门类中的分布情况，可以看出，无论安徽省、对比省份还是全国，制造业在上市公司

中的占比最大，这与我国是制造业大国的国情相符。其次是批发和零售业、信息传输、软件和信息技术服务业，但与制造业占比差距较大。此外，安徽上市公司行业分布广泛程度低于江苏、浙江，安徽在住宿和餐饮业、租赁和商务服务业、卫生和社会工作、综合、教育以及居民服务、修理和其他服务业共6个行业中上市公司处于空白，江苏、浙江仅在4个行业没有上市公司，一方面体现了安徽服务业缺少上市公司，另一方面体现了安徽省行业多元化程度低于江苏和浙江。

表4　安徽省、对比省份和全国上市公司数量的行业门类分布

单位：家

行业	安徽	江苏	浙江	全国
农、林、牧、渔业	2	—	—	42
采矿业	2	—	2	74
制造业	67	285	313	2198
电力、热力、燃气及水生产和供应业	2	5	4	107
建筑业	3	9	11	98
批发和零售业	5	16	13	163
交通运输、仓储和邮政业	2	8	4	95
住宿和餐饮业	—	1	—	9
信息传输、软件和信息技术服务业	5	14	19	247
金融业	3	9	5	78
房地产业	3	7	12	126
租赁和商务服务业	—	2	8	47
科学研究和技术服务业	1	9	2	45
水利、环境和公共设施管理业	4	6	4	44
卫生和社会工作	—	1	4	9
文化、体育和娱乐业	2	5	11	58
综合	—	4	2	24
教育	—	—	—	3
居民服务、修理和其他服务业	—	—	—	—
总　计	101	381	414	3467

从数量上看，安徽、对比省份和全国上市公司都集中在制造业、批发和零售业、信息传输、软件和信息技术服务业；从市值上看（见表5），全国

上市公司在制造业、金融业和采矿业的市值较高，安徽与浙江相同，上市公司市值集中在制造业，信息传输、软件和信息技术服务业以及金融业，而江苏则是制造业、批发和零售业、金融业。

表 5　安徽省、对比省份和全国上市公司市值的行业门类分布

单位：亿元

行业	安徽	江苏	浙江	全国
农、林、牧、渔业	66. 60	—	—	4681. 18
采矿业	204. 81	—	79. 04	41180. 36
制造业	7403. 12	25480. 31	31954. 87	268596. 50
电力、热力、燃气及水生产和供应业	143. 30	521. 45	877. 68	19514. 71
建筑业	211. 79	1112. 29	973. 45	19261. 32
批发和零售业	330. 81	2765. 30	1409. 80	17600. 41
交通运输、仓储和邮政业	339. 84	865. 16	1686. 65	24507. 43
住宿和餐饮业	—	32. 13	—	830. 73
信息传输、软件和信息技术服务业	1415. 21	1887. 96	2254. 11	27300. 94
金融业	694. 91	3814. 22	2660. 56	155926. 57
房地产业	428. 59	1100. 49	1577. 61	25329. 97
租赁和商务服务业	—	244. 67	707. 21	6873. 44
科学研究和技术服务业	71. 01	493. 00	80. 17	3322. 19
水利、环境和公共设施管理业	260. 02	357. 40	604. 22	4035. 47
卫生和社会工作	—	568. 91	471. 76	1853. 21
文化、体育和娱乐业	269. 84	553. 27	1671. 26	7471. 99
综合	—	267. 09	219. 91	1916. 00
教育	—	—	—	276. 10
居民服务、修理和其他服务业	—	—	—	—
总　计	11839. 86	40063. 64	47228. 28	630478. 49

3. 制造业大类对比

我国是制造业大国，无论是全国范围还是各省份，上市公司数量和市值都集中在制造业。表 6 统计了 2017 年末安徽、对比省份和全国上市公司在制造业大类中的分布情况，安徽省在以下 10 个行业中没有上市公司：食品制造业，纺织服装、服饰业，皮革、毛皮、羽毛及其制品和制鞋业，木材加工及木、竹、藤、棕、草制品业，文教、工美、体育和娱乐用品制造业，石油加工、炼焦及核燃料加工业，铁路、船舶、航空航天和其他运输设备制造业，仪器仪表制造业，其他制造业，废弃资源综合利用业，江苏省和浙江省上市公司制造业的多元化程度仍然高于安徽省。

可将制造业大类分为劳动密集型的轻工业，如纺织、服装、皮革等；资源密集型的资源加工业，如石油加工、炼焦及核燃料加工业、化学原料及化学制品制造业等；技术或资金密集型的机电制造业，如电气机械及器材制造、汽车制造业等。从数量占比来看，安徽轻工业和资源加工业上市公司占所有制造业上市公司 16.4% 和 40.3%，均高于全国平均水平和对比省份；而代表先进制造的机电制造业占比则分别比全国、江苏和浙江低 9.5、17.8、14.2 个百分点。这说明安徽仍然处于工业化中后期，这主要由于安徽省工业发展起步晚，转型升级时间短，制造业经济主要依赖于劳动密集型和资源密集型传统产业，先进制造业和高端制造业实力薄弱。

表 6　安徽省、对比省份和全国上市公司制造业大类分布

单位：家，%

行业		安徽	江苏	浙江	全国
轻工业	农副食品加工业	1	1	4	49
	食品制造业	—	1	3	42
	酒、饮料和精制茶制造业	4	3	3	42
	纺织业	3	7	10	40
	纺织服装、服饰业	—	3	10	36
	皮革、毛皮、羽毛及其制品和制鞋业	—	1	3	11
	木材加工及木、竹、藤、棕、草制品业	—	2	1	9
	家具制造业	1	3	7	22
	造纸及纸制品业	1	—	5	28
	印刷和记录媒介复制业	1	—	—	12
	文教、工美、体育和娱乐用品制造业	—	1	3	14
	小计	11	22	49	305
	占比	16.4	7.7	15.7	13.9

续表

行业		安徽	江苏	浙江	全国
资源加工业	石油加工、炼焦及核燃料加工业	—	1	—	16
	化学原料及化学制品制造业	10	38	26	228
	医药制造业	4	16	26	210
	化学纤维制造业	1	5	7	22
	橡胶和塑料制品业	5	10	13	73
	非金属矿物制品业	2	8	4	85
	黑色金属冶炼及压延加工	1	3	2	31
	有色金属冶炼及压延加工	4	8	6	68
	小计	27	89	84	733
	占比	40.3	31.2	26.8	33.3
机电制造业	金属制品业	3	15	9	58
	通用设备制造业	5	23	36	127
	专用设备制造业	5	21	25	195
	汽车制造业	5	19	28	118
	铁路、船舶、航空航天和其他运输设备制造业	—	7	3	45
	电气机械及器材制造业	7	40	34	218
	计算机、通信和其他电子设备制造业	4	41	32	327
	仪器仪表制造业	—	8	9	47
	其他制造业	—	—	4	20
	废弃资源综合利用业	—	—	—	5
	小计	29	174	180	1160
	占比	43.3	61.1	57.5	52.8
总　　计		67	285	313	2198

二　安徽省上市公司行业先进度分析

上市公司能够充分利用资本市场，是区域经济发展的生力军，不仅可以引领区域主导产业的形成，还可通过其前向、后向和侧向联系，带动相关产业或行业的发展。因此，一个地区先进行业上市公司越多，该地区产业发展越有潜力，越有助于该地区产业转型升级。这就有必要对我国上市公司所处行业价值做出判断，筛选出当前具有发展优势和未来具有发展潜力的行业，即先进行业，从而分析安徽省先进行业上市公司分布，判断安徽省上市公司行业的先进度。

目前先进行业并无明确定义，国家和各地仅是根据产业发展基础和发展目标，提出一些重点发展的产业或行业，如“高技术产业”“先进制造业”“战略性新兴产业”等，各地的“先进行业”范围也不一致，而且也很难与现有上市公司行业分类一一对应。因此，本文参考相关报告的研究方法①，以盈利能力较强并且得到市场认可的行业，代表当前具有发展优势的行业；以战略性新兴产业代表未来具有更好增长前景和更大发展潜力的行业。通过分析安徽上市公司当前优势行业及战略性新兴产业分布情况，并与不同地区比较以此进行安徽省上市公司行业先进度分析。

（一）上市公司优势行业分析

1. 优势行业确定

具有发展优势的行业在当前应当有较强的盈利能力，并且能够得到市场和投资者的高度认可。为更好地体现优势行业的区分度，选取全球行业分类系统（GICS）分类方式将我国上市公司进行归类。我们选取总资产收益率（ROA）和净资产收益率（ROE）来反映盈利能力，指标越高，说明盈利能力越强；用市盈率（PE）和市净率（PB）来反映市场的认可程度，若指标较高，说明投资者愿意以更高价格获得行业内上市公司股份，市场的认可度较高。为避免极端值影响，按照行业总量数据计算上述指标，具体公式如下：

ROA = 行业净利润 ÷ 行业总资产 = 行业内企业净利润之和 ÷ 行业内企业资产总额之和
ROE = 行业净利润 ÷ 行业净资产 = 行业内企业净利润之和 ÷ 行业内企业净资产之和
PE = 行业市值 ÷ 行业净利润 = 行业内企业市值之和 ÷ 行业内企业净利润之和
PB = 行业市值 ÷ 行业净资产 = 行业内企业市值之和 ÷ 行业内企业净资产之和

① 薛誉华等：《苏州上市公司发展报告》，复旦大学出版社，2017。

将每项指标进行排名，值越高，排名越靠前，四项排名加和计算总排名。

统计数据发现，我国上市公司共涵盖61个GICS行业。为保证盈利等指标稳定性，分别计算2013～2017年总排名均在前20个行业作为优势行业。

表7　我国上市公司所处优势行业

序号	行业名称	序号	行业名称
1	生物科技	11	电子设备、仪器和元件
2	个人用品	12	信息技术服务
3	休闲设备与用品	13	综合消费者服务
4	商业服务与用品	14	媒体
5	软件	15	食品
6	医疗保健设备与用品	16	家庭耐用消费品
7	制药	17	酒店、餐馆与休闲
8	专业服务	18	医疗保健提供商与服务
9	饮料	19	汽车零配件
10	互联网软件与服务	20	航空货运与物流

2. 安徽省上市公司优势行业分布

由图2可以看出，2013～2017年安徽上市公司共涵盖13个优势行业。但个人用品、休闲设备与用品、互联网软件与服务、综合消费者服务、医疗保健提供商与服务、航空货运与物流行业上市公司仍为空白。安徽优势行业上市公司数量在不断增加，2017年为37家，比2013年增加13家；占全部上市公司总数36.6%，比2013年提高了5个百分点。

3. 不同省份上市公司优势行业分布对比分析

将安徽优势行业上市公司数量及占比与江苏、浙江和全国进行对比，具体情况见图3和表8。

总体来看，安徽优势行业上市公司绝对数量与江苏、浙江差距较大；占比虽高于江苏，但低于全国平均水平，与浙江相比差距更为明显。

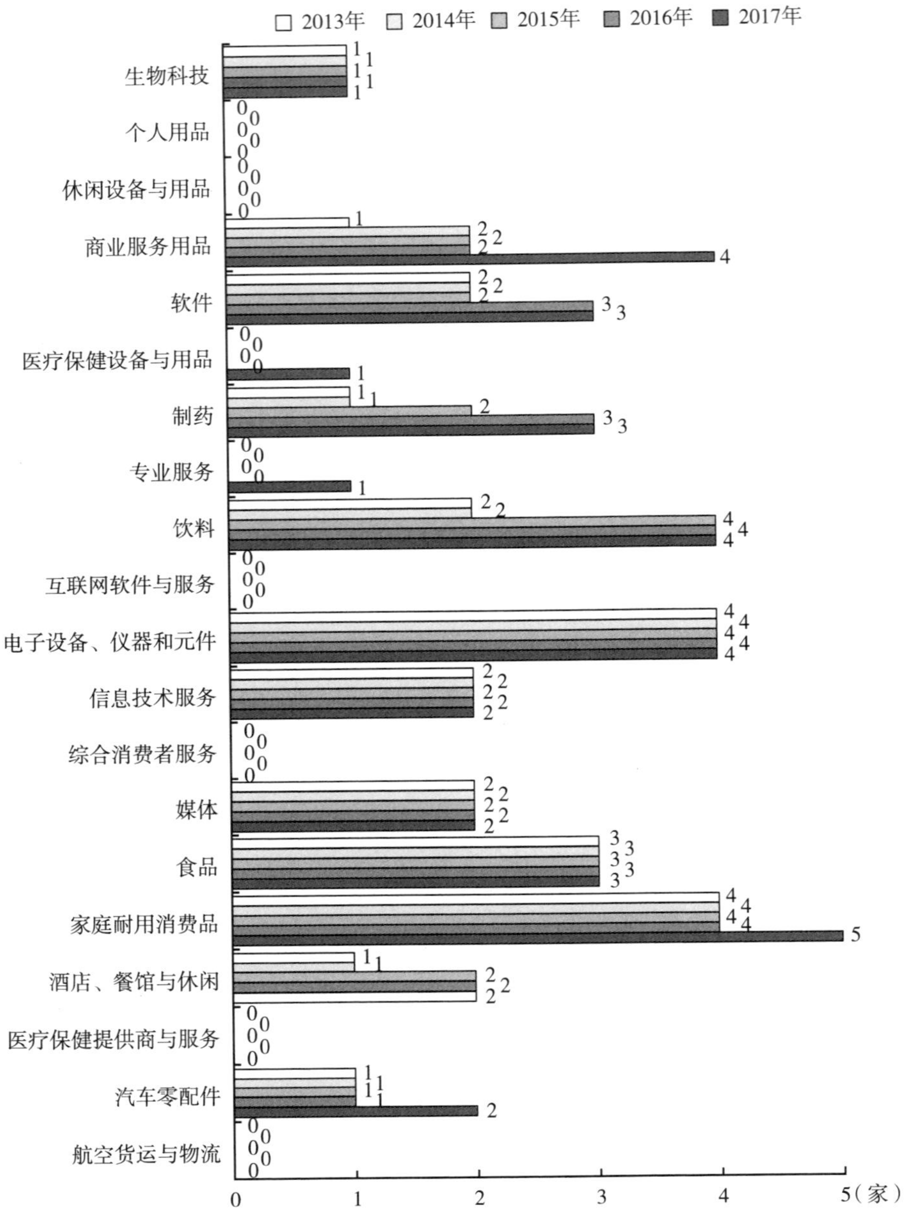

图2　2013～2017年安徽省优势行业上市公司数量分布

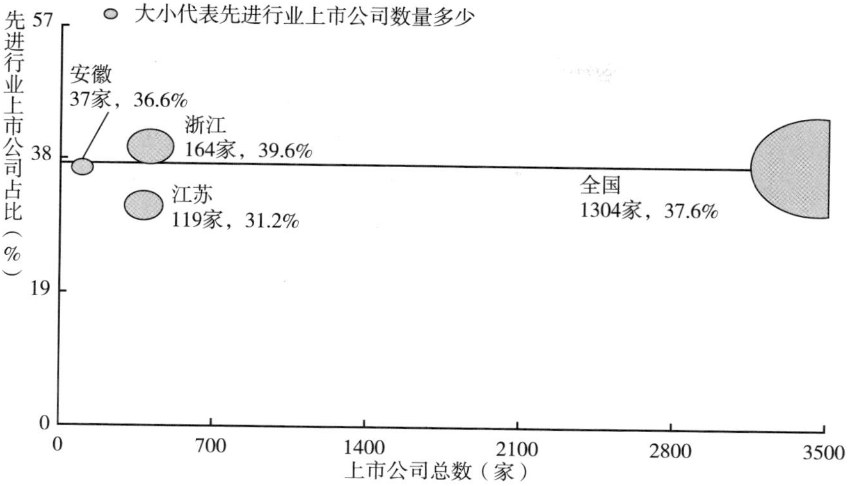

图3　2017年安徽省、江苏省、浙江省及全国优势行业上市公司分布

表8　2017年上市公司优势行业数量排名对比

单位：家

安徽			江苏			浙江			全国		
优势行业	数量	排名	优势行业	数量	排名	优势行业	数量	排名	优势行业	数量	排名
家庭耐用消费品	5	1	电子设备、仪器和元件	22	1	汽车零配件	33	1	电子设备、仪器和元件	195	1
商业服务与用品	4	2	汽车零配件	21	2	制药	26	2	制药	167	2
饮料	4	3	家庭耐用消费品	12	3	电子设备、仪器和元件	20	3	食品	125	3
电子设备、仪器和元件	4	4	制药	11	4	家庭耐用消费品	19	4	汽车零配件	119	4
软件	3	5	专业服务	7	5	媒体	12	5	家庭耐用消费品	93	5
制药	3	6	商业服务与用品	6	6	软件	10	6	软件	89	6
食品	3	7	互联网软件与服务	6	7	医疗保健提供商与服务	7	7	媒体	87	7
信息技术服务	2	8	媒体	6	8	商业服务与用品	6	8	信息技术服务	76	8

续表

安徽			江苏			浙江			全国		
媒体	2	9	软件	4	9	互联网软件与服务	5	9	商业服务与用品	52	9
酒店、餐馆与休闲	2	10	生物科技	3	10	信息技术服务	5	10	生物科技	45	10
汽车零配件	2	11	医疗保健设备与用品	3	11	食品	5	11	饮料	39	11
生物科技	1	12	信息技术服务	3	12	休闲设备与用品	4	12	互联网软件与服务	34	12
医疗保健设备与用品	1	13	食品	3	13	饮料	3	13	酒店、餐馆与休闲	34	13
专业服务	1	14	酒店、餐馆与休闲	3	14	医疗保健设备与用品	2	14	医疗保健设备与用品	32	14
个人用品	0	—	航空货运与物流	3	15	酒店、餐馆与休闲	2	15	医疗保健提供商与服务	31	15
休闲设备与用品	0	—	休闲设备与用品	2	16	航空货运与物流	2	16	专业服务	28	16
互联网软件与服务	0	—	饮料	2	17	生物科技	1	17	航空货运与物流	25	17
综合消费者服务	0	—	医疗保健提供商与服务	2	18	个人用品	1	18	休闲设备与用品	20	18
医疗保健提供商与服务	0	—	个人用品	0	—	专业服务	1	19	综合消费者服务	8	19
航空货运与物流	0	—	综合消费者服务	0	—	综合消费者服务	0	—	个人用品	5	20

分行业看，安徽各优势行业数量排名与全国基本一致。与江苏、浙江相比，安徽上市公司仅涉及 14 个优势行业，有 6 个行业处于空白，江苏、浙江则分别涉及 18 和 19 个行业。安徽汽车零配件行业排名靠后，实力偏弱，与安徽汽车制造产业的规模和实力不匹配；医疗保健设备与用品、互联网软件与服务等先进制造业和新兴行业也差距明显。

（二）上市公司战略性新兴产业分析

1. 安徽省战略性新兴产业上市公司发展情况

2017 年，安徽省战略性新兴产业上市公司数量由 2013 年的 25 家增长至 33 家，占上市公司总数的 32.7%。由图 4 可以看出，安徽战略性新兴产业上市公司主要集中在新一代信息技术、生物和新材料行业，而高端装备制造、节能环保、新能源行业上市公司数量偏少。

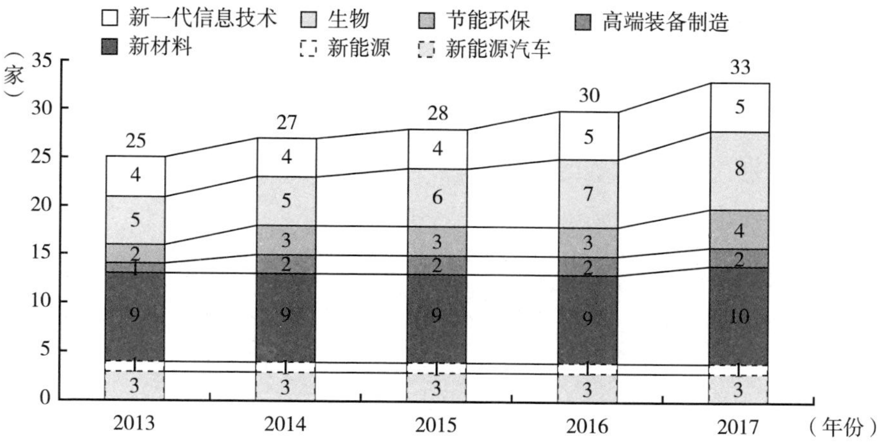

图 4　2013～2017 年安徽省战略性新兴产业上市公司数量分布

从图 5 可以看到，2013～2017 年，安徽战略性新兴产业上市公司市值和营收占比要低于数量占比，这表明，安徽战略性新兴产业上市公司实力仍然偏弱。但从增长趋势看，市值占比和营收占比不断向数量占比靠近，表明安徽战略性新兴产业上市公司市值增速和营收增速高于数量增速，同时，营收占比一直保持增长，体现了战略性新兴产业高成长性，这也表明安徽战略性新兴产业上市公司质量在不断提高，市场认可度逐步提升。

2. 不同省份战略性新兴产业上市公司对比分析

由图 6 可以看出，2017 年安徽战略性新兴产业上市公司数量 33 家，分别比江苏和浙江少 108 家和 116 家；战略性新兴产业上市公司数量占比为

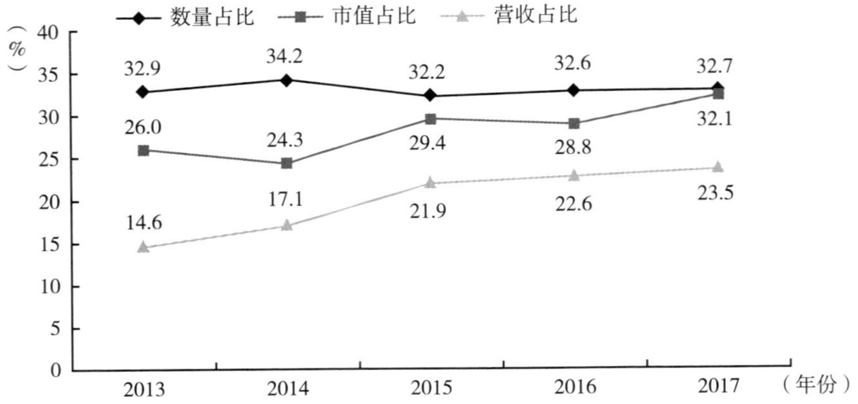

图5　2013～2017年安徽省战略性新兴产业上市公司数量、市值、营收占比

32.7%，分别比江苏和浙江低4.3和3.3个百分点。这表明安徽新兴行业和产业转型升级发展有待进一步加强。

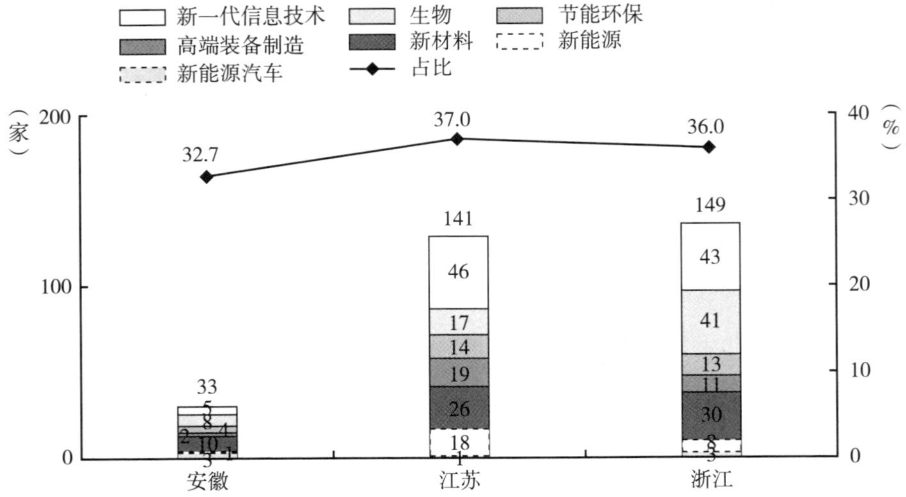

图6　2017年安徽、江苏、浙江战略性新兴产业上市公司分布

分行业来看，三个省份新材料行业数量排名都较靠前。安徽新能源汽车行业排名较高，领先江苏和浙江，但高端装备制造行业排名较江苏和浙江存在明显差距。

表 9　2017 年安徽、江苏、浙江上市公司战略性新兴行业数量排名及占比对比

单位：家、%

安徽				江苏				浙江			
行业	数量	占比	排名	行业	数量	占比	排名	行业	数量	占比	排名
新材料	10	9.9	1	新一代信息技术	46	12.1	1	新一代信息技术	43	10.4	1
生物	8	7.9	2	新材料	26	4.5	2	生物	41	9.9	2
新一代信息技术	5	5	3	高端装备制造	19	3.7	3	新材料	30	3.1	3
节能环保	4	4	4	新能源	18	5	4	节能环保	13	2.7	4
新能源汽车	3	3	5	生物	17	6.8	5	高端装备制造	11	7.2	5
高端装备制造	2	2	6	节能环保	14	4.7	6	新能源	8	1.9	6
新能源	1	1	7	新能源汽车	1	0.3	7	新能源汽车	3	0.7	7

行业上市公司数量占所有上市公司数量比例方面，安徽新能源汽车上市公司数量占比为 3%，而江苏和浙江仅为 0.3% 和 0.7%，优势明显；但安徽高端装备制造行业上市公司数量占比仅为 2%，分别比江苏和浙江低 1.7 和 5.2 个百分点。

我们通过计算三省战略性新兴产业上市公司平均市值和平均营收，来分析各自战略性新兴行业的规模竞争力。由表 10 可看出，2017 年安徽战略性新兴产业上市公司平均市值为 115.2 亿元，规模竞争力高于江苏低于浙江，平均营收为 51.6 亿元，高于浙江和江苏，这主要跟安徽新能源汽车营收较高有关。

表 10　2017 年安徽、江苏、浙江战略性新兴行业平均市值、平均营收对比

单位：亿元

行业名称	安徽		江苏		浙江	
	平均市值	平均营收	平均市值	平均营收	平均市值	平均营收
新一代信息技术	312.5	43.9	105.5	38.8	173.0	28.8
生物	54.9	10.3	185.0	37.1	109.6	28.8
节能环保	72.5	17.8	65.3	21.3	102.9	30.9

续表

行业名称	安徽		江苏		浙江	
	平均市值	平均营收	平均市值	平均营收	平均市值	平均营收
高端装备制造	70.8	28.9	84.9	30.4	50.1	9.7
新材料	61.6	42.8	63.2	17.1	120.1	40.2
新能源	271.9	88.9	87.1	22.1	122.0	50.4
新能源汽车	160.1	251.3	72.7	37.7	99.3	29.4
合计	115.18	51.57	97.93	29.57	125.49	31.04

分行业看，安徽新一代信息技术、新能源及新能源汽车行业规模竞争力优势比较明显，而生物和新材料行业平均市值和平均营收与江苏和浙江存在较大差距。此外，安徽节能环保行业规模竞争力虽然强于江苏，但弱于浙江；高端装备制造行业高于浙江，但低于江苏。

综上分析可以看出，安徽所处优势行业和战略性新兴产业的上市公司数量偏少，与江苏、浙江差距明显；优势行业上市公司占比低于全国平均水平，与浙江差距更大；战略性新兴产业上市公司主要集中在新一代信息技术、生物和新材料行业，而高端装备制造、节能环保、新能源行业上市公司数量和占比明显偏弱。这表明安徽省上市公司行业当前优势和未来发展潜力都有待进一步挖掘。未来应充分利用资本市场，做优存量，提高优势行业上市公司占比；加强产业发展引导，推动更具发展潜力行业企业上市，进一步提高安徽上市公司行业先进度。

三　安徽省上市公司行业竞争力分析

行业的竞争力一般表现为规模优势和盈利能力，本文以平均市值来分析各行业的规模竞争力，体现资本市场认可的行业规模；以总资产收益率（ROA）和净资产收益率（ROE）反映行业盈利能力，从而分析安徽上市公司行业竞争力，并与发达省份以及全国进行对比。

（一）行业规模竞争力分析

安徽上市公司所涵盖 13 个行业门类平均市值，如图 7 所示。

可以看到，安徽上市公司平均市值排名前五的行业门类分别为信息传输、软件和信息技术服务业，金融业，交通运输、仓储和邮政业，房地产业以及文化体育和娱乐业。

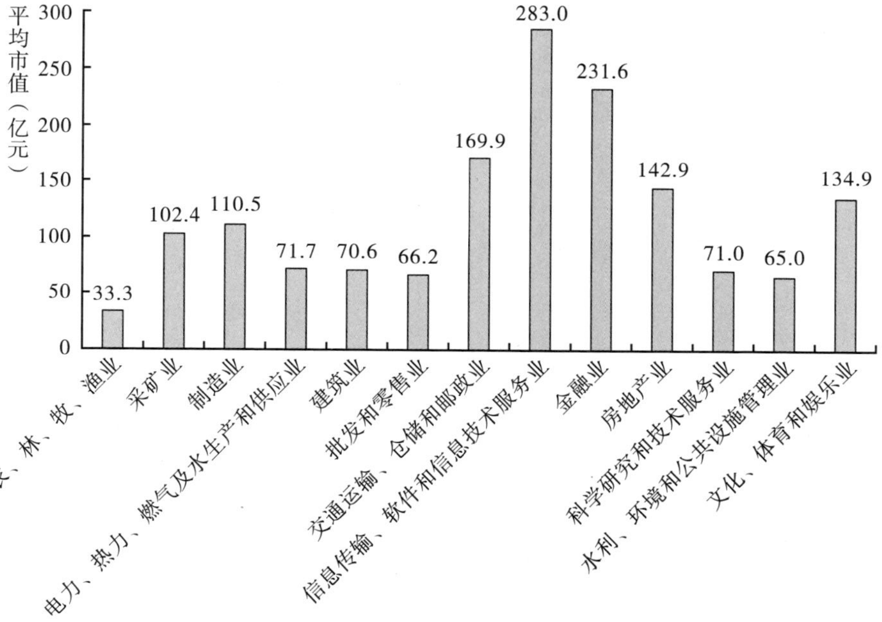

图 7　2017 年安徽上市公司行业门类平均市值

由于安徽上市公司数量较少，部分行业只有 1 ~ 2 家上市公司，因此在与其他省份对比时，选取安徽上市公司分布相对密集的行业（上市公司数至少达到 3 家）进行分析。

可以看到，2017 年安徽主要行业的平均市值均低于全国总体水平，而信息传输、软件和信息技术服务业平均市值是同行业全国平均市值的 2.6 倍，与上市公司科大讯飞市值在 2017 年暴涨有关。此外，在数量分布最密集的制造业上，安徽平均市值高于江苏和浙江，而建筑业、批发和零售业平

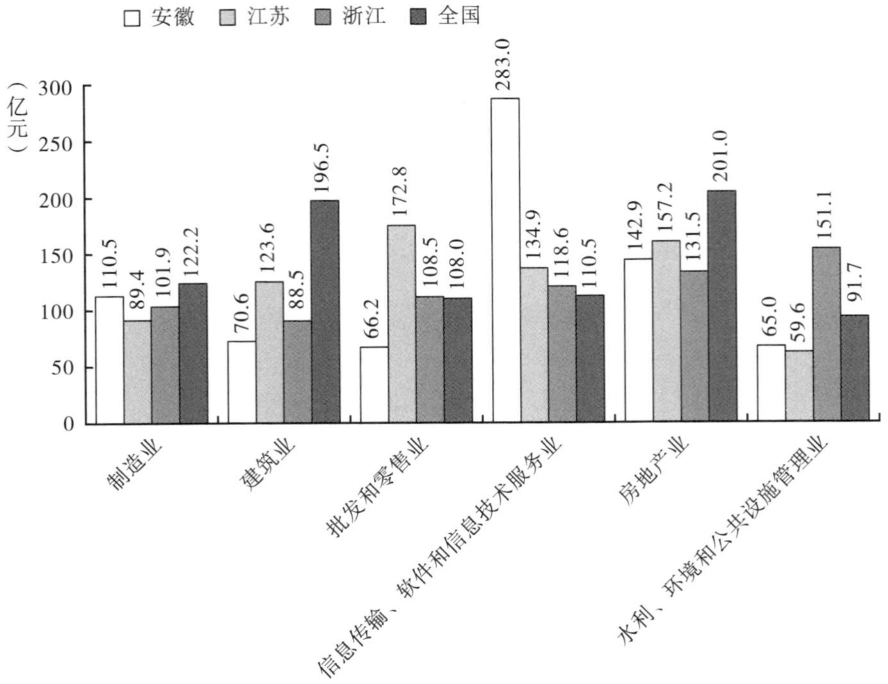

图8　安徽、江苏、浙江及全国主要行业平均市值对比

均市值则相对低于江苏和浙江，其他行业平均市值，安徽与对比省份则互有高低。

（二）行业盈利能力分析

以行业总资产收益率和行业净资产收益率来反映行业的盈利能力，2013～2017年安徽省分行业的ROA、ROE指标数据见表11。

可以看到，2013～2017年，安徽制造业，水利、环境和公共设施管理业，文化、体育和娱乐业做ROA和ROE比较稳定且保持在相对较高水平。代表新兴产业的信息传输、软件和信息技术服务业ROA和ROE持续提高，盈利能力增长较快。

同样，在与其他省份对比时，关注安徽上市公司数量分布相对密集的行业，即制造业，建筑业，批发和零售业，信息传输、软件和信息技术服务业，房地产业，水利、环境和公共设施管理业。具体数据如图9和10所示。

可以看到，除了建筑业和房地产业，安徽主要行业总资产收益率均高于全国水平，尤其是信息传输、软件和信息技术服务业不仅高于全国，而且高于江苏和浙江。房地产行业出现负值，与对比省份差距非常明显。安徽净资产收益率表现与总资产收益率基本一致，但信息传输、软件和信息技术服务业稍低于江苏。

表11　2013～2017年安徽省各行业ROA、ROE

行业门类	总资产收益率(%)					净资产收益率(%)				
	2013	2014	2015	2016	2017	2013	2014	2015	2016	2017
农、林、牧、渔业	2.7	2.9	2.5	2.1	3.0	4.0	4.1	3.4	3.3	4.7
采矿业	0.8	-4.5	-9.1	0.7	2.7	2.1	-13.9	-38.2	3.0	9.8
制造业	4.4	4.2	1.8	4.0	5.8	9.3	8.4	3.6	7.8	11.1
电力、热力、燃气及水生产和供应业	8.7	7.1	8.7	4.5	0.6	19.0	13.0	15.1	8.2	1.1
建筑业	3.0	2.6	2.1	1.5	1.0	11.6	10.5	7.5	5.0	5.3
批发和零售业	3.4	3.1	3.2	3.1	3.4	7.1	6.6	7.3	8.0	8.0
交通运输、仓储和邮政业	2.6	-7.4	6.3	4.4	4.9	7.8	-11.6	9.0	7.5	7.8
信息传输、软件和信息技术服务业	5.1	4.2	7.6	8.1	8.3	7.1	5.7	10.3	11.2	12.1
金融业	2.4	2.7	3.7	2.1	1.3	4.6	8.0	13.2	6.5	4.2
房地产业	1.8	1.9	1.3	3.0	-1.1	6.8	5.8	4.5	9.1	-4.3
科学研究和技术服务业	—	—	—	—	10.8	—	—	—	—	16.0
水利、环境和公共设施管理业	4.8	4.6	5.1	5.1	5.2	7.8	9.0	9.6	8.7	9.5
文化、体育和娱乐业	8.2	8.2	7.9	7.9	7.6	11.8	12.1	11.5	10.6	10.0

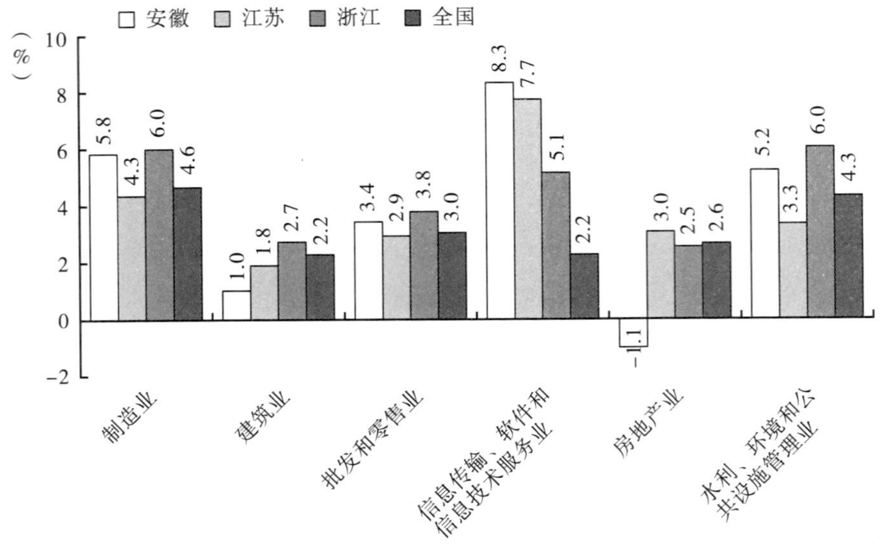

图9　安徽省、江苏省、浙江省及全国主要行业ROA对比

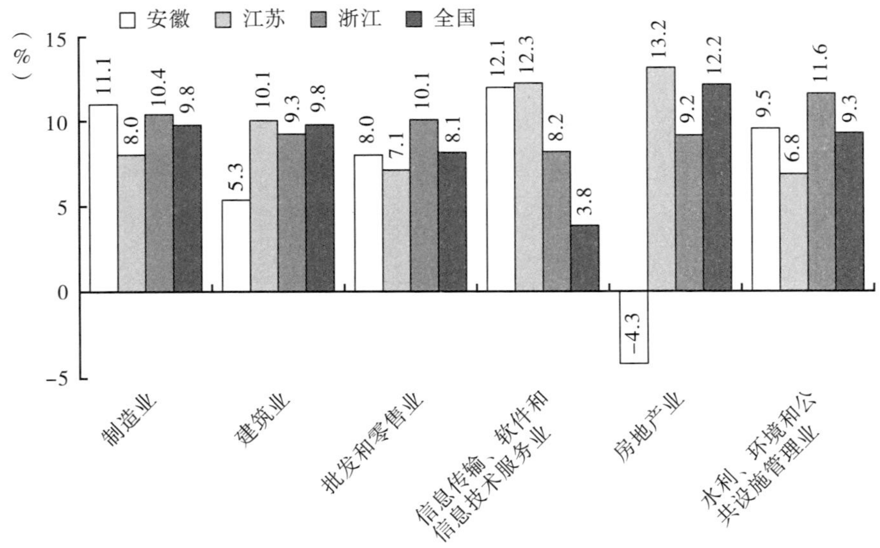

图10　安徽省、江苏省、浙江省及全国主要行业ROE对比

四 安徽省上市公司对全省行业代表度分析

上市公司是区域经济发展中最具活力的市场主体，是地区行业经济发展的典型代表，其在利用地方资源禀赋的同时，往往能够与地方企业产生纵、横向既相互独立又相互依存的分工协作关系，形成若干形态高级、分工复杂、结构合理的现代化产业集群。因此，分析上市公司对行业代表度，既可以直接客观地反映上市公司与区域经济的匹配程度，又可以体现上市公司整合产业链、推动地区产业耦合和集群联动的潜在能力。

（一）上市公司对行业门类的代表度分析

考虑到仅能够获取行业门类中行业的 GDP 数据，本文通过分析行业门类中上市公司市值占比与各行业 GDP 占比的比值，探讨上市公司对行业门类的代表度。如果比值≥1，意味着该行业门类的上市公司能够充分利用资本市场实现规模扩张，成为该行业门类中的典型代表；同时有能力运用自身的规模、资源等优势，拉长和延伸上下游的产业链条，提高企业间的关联度和集群效应，推进产业对接和配套协作，形成互相依赖、紧密联系的行业生态共生圈。为了便于后文表述，本部分将其定义为强代表性行业。如果 0 < 比值 < 1，意味着上市公司的体量和规模相对较小，利用自身平台优势对上下游企业的辐射带动能力有限，未能很好地通过有效的资源配置方式集聚经济能量，对地方经济的代表度不足。本部分将其定义为弱代表性行业。

1. 2017年总体情况

从表 12 可以看出，其一，2017 年安徽上市公司分布于证监会 13 个行业门类中。教育、住宿和餐饮业、租赁和商务服务业、卫生和社会工作、综合等六个行业门类的上市公司均为空白。这些行业同属服务业，与安徽工业化中后期服务业发展滞后的产业结构相吻合。其二，在存有上市公司的 13 个行业门类中，制造业，信息传输、软件和信息技术服务业，文化、体育和娱乐业，水利、环境和公共设施管理业的上市公司对行业的代表度较高，行业内的上市公司有能力为营造产业生态圈发挥积极作用。其三，交通运输、仓储和邮政业，房地产业，采矿业，电力、热力、燃气及水生产和供应业，批发和零售业，建筑业，农、林、牧、渔业，金融业，科学研究和技术服务业等10个行业门类的上市公司代表度较低。综上可见，安徽省强代表性行业主要是制造业和符合消费趋势、高附加值的现代服务业，而弱代表性的行业主要集中在原材料加工业、传统服务业以及农业。

表12　2013～2017年安徽上市公司对行业门类代表度统计

单位：%

行业	2017年			2013年		
	年末市值占比	行业GDP占比	比值	年末市值占比	行业GDP占比	比值
制造业	62.53	41.08	1.52	65.78	41.96	1.57
信息传输、软件和信息技术服务业	11.95	1.86	6.42	6.29	1.11	5.67
金融业	5.87	6.38	0.92	4.55	3.59	1.27
房地产业	3.62	5.49	0.66	2.06	3.87	0.53
交通运输、仓储和邮政业	2.87	3.27	0.88	2.92	3.78	0.77
批发和零售业	2.79	7.27	0.38	4.20	7.11	0.59
文化、体育和娱乐业	2.28	1.16	1.97	3.97	0.54	7.35
水利、环境和公共设施管理业	2.20	0.69	3.19	0.98	0.62	1.58
建筑业	1.79	6.93	0.26	3.38	8.01	0.42
采矿业	1.73	2.74	0.63	3.53	5.17	0.68
电力、热力、燃气及水生产和供应业	1.21	2.60	0.47	1.52	3.11	0.49
科学研究和技术服务业	0.60	1.06	0.57	0.00	0.77	0.00
农、林、牧、渔业	0.56	10.76	0.05	0.82	12.66	0.06
教育	0.00	2.55	0.00	0.00	2.40	0.00
住宿和餐饮业	0.00	1.90	0.00	0.00	1.56	0.00
租赁和商务服务业	0.00	4.28	0.00	0.00	2.04	0.00
卫生和社会工作	0.00	1.70	0.00	0.00	1.43	0.00
综合	0.00	—	0.00	0.00	—	0.00

注：2017年行业GDP按照2016年行业GDP与2016年行业GDP增速的乘积进行测算。

2. 五年间的变化

从表 12 可以看出，2013 年以来，上市公司对安徽行业门类的代表性呈现了以下变化：一是强代表性行业门类减少了一类，弱代表性行业门类增加了 2 类。金融业由 2013 年的强代表性行业转变为 2017 年的弱代表性行业。设计总院成功上市，填补全省科学研究和技术服务业上市公司的空白，同时对行业代表度有明显提高。二是代表度提高行业门类有 5 类，分别是信息传输、软件和信息技术服务业，水利、环境和公共设施管理业，交通运输、仓储和邮政业，房地产业和科学研究和技术服务业，主要集中于现代服务业和公共服务业。究其原因，安徽省近年来逐步意识到现代服务业发展的短板，通过不断完善政策环境、加大财政支出等手段，加快发展生产性服务业，培育反映消费升级趋势的新技术、新业态、新模式，推动制造业向信息化、智能化、高端化迈进，在产业资本和金融资本的相互带动下，全省现代服务业发展加速，上市节奏加快，“专精特新”类服务业企业对行业的代表度不断提高。三是代表度下降的行业门类有 8 类，分别是农、林、牧、渔业，制造业，金融业，建筑业，批发和零售业，电力、热力、燃气及水生产和供应业，文化、体育和娱乐业，主要集中在制造业和传统服务业以及农业领域。这既可能是由于市场总体行情低迷以及发审部门放慢 IPO 节奏所致，也要考虑安徽传统产业总体处于微笑曲线中段，产品附加值不高，市场竞争力欠佳，二级市场对企业的认可度不高。

3. 不同省份间上市公司对行业门类代表度的比较

从表 13 可见，与发达地区对比，上市公司对行业门类的代表度总体逊于江浙。安徽省强代表行业门类与江苏省和浙江省大体相当，但未上市行业门类明显多于江苏省和浙江省。这些行业门类由于缺乏上市公司，无法充分利用资本市场的资源增强构建产业集群的能力。同时，由于弱代表行业门类主要集中在原材料加工业、传统服务业以及农业，市场前景和企业价值不仅难以获得发审部门青睐，二级市场的估值也普遍较低，因此，发展先进制造业、现代服务业等强代表性行业门类中的上市公司是提高上市公司对行业代表度，赶超江浙发达地区的重要路径。

表 13　2017 年安徽与江苏、浙江上市公司对行业门类代表度统计

单位：%

行业	安徽				江苏				浙江			
	年末市值占比	行业 GDP 占比	比值	类型	年末市值占比	行业 GDP 占比	比值	类型	年末市值占比	行业 GDP 占比	比值	类型
制造业	62.53	41.08	1.52	强代表	63.60	35.40	1.80	强代表	67.70	37.70	1.80	强代表
信息传输、软件和信息技术服务业	11.95	1.86	6.42	强代表	4.71	3.86	1.22	强代表	4.78	5.69	0.84	弱代表
金融业	5.87	6.38	0.92	弱代表	9.52	8.25	1.15	强代表	5.65	6.12	0.92	弱代表
房地产业	3.62	5.49	0.66	弱代表	2.75	5.94	0.46	弱代表	3.35	5.55	0.60	弱代表
交通运输、仓储和邮政业	2.87	3.27	0.88	弱代表	2.16	3.60	0.60	弱代表	3.47	3.71	0.94	弱代表
批发和零售业	2.79	7.27	0.38	弱代表	6.90	9.67	0.71	弱代表	2.99	12.13	0.25	弱代表
文化、体育和娱乐业	2.28	1.16	1.97	强代表	1.38	1.21	1.14	强代表	3.55	0.83	4.28	强代表
水利、环境和公共设施管理业	2.20	0.69	3.19	强代表	0.89	0.74	1.20	强代表	1.28	0.62	2.06	强代表
建筑业	1.79	6.93	0.26	弱代表	2.78	5.20	0.53	弱代表	2.07	5.12	0.40	弱代表
采矿业	1.74	2.74	0.64	弱代表	0.00	0.15	0.00	—	0.17	0.00	—	—
电力、热力、燃气及水生产和供应业	1.21	2.60	0.47	弱代表	1.30	1.77	0.73	弱代表	1.86	2.97	0.63	弱代表
科学研究和技术服务业	0.60	1.06	0.57	弱代表	1.23	1.46	0.84	弱代表	0.17	1.67	0.10	弱代表
农、林、牧、渔业	0.56	10.76	0.05	弱代表	0.00	5.38	0.00	—	0.00	4.12	0.00	—
住宿和餐饮业	0.00	1.90	0.00	—	0.08	1.70	0.05	弱代表	0.00	2.42	0.00	—
租赁和商务服务业	0.00	4.28	0.00	—	0.61	5.07	0.12	弱代表	1.50	3.01	0.50	弱代表
卫生和社会工作	0.00	1.70	0.00	—	1.42	1.96	0.72	弱代表	1.00	1.97	0.51	弱代表
综合类	—	—	—	—	0.67	—	—	—	0.47	—	—	—

注：2017 年行业 GDP 按照 2016 年行业 GDP 与 2016 年行业 GDP 增速的乘积进行测算。

（二）上市公司对制造业行业的代表度分析

2017年全省制造业上市公司占比达66.3%，分析制造业大类中上市公司对各行业的代表度具有较强的现实意义。考虑到制造业大类中各行业仅能获取总产值的数据，本文通过比较上市公司营业收入占区域行业产值的比值[①]，探讨制造业上市公司对各行业的代表度大小。如果比值较大，认为上市公司能够很好地代表地区行业经济，其有能力借助资本市场，发挥协作引领、产品辐射、技术示范、知识输出和营销网络的优势，促进区域上下游企业朝规模化、专业化、集群化的方向发展。反之，则既认为上市公司对行业的代表度欠佳，对周边产业链上下游的辐射力有限，也表明上市公司所在的行业对资本市场的利用不足。

1. 2017年整体总体情况

由表14可知，2017年，安徽省上市的制造业共有19个行业，占所有行业的61.3%。未上市的制造业共有12个行业大类，这些行业虽然主要集中在纺织服装、皮革毛皮、木材加工、食品制造业、烟草制品业等传统制造业，但也不乏铁路船舶航空航天和其他运输设备制造业、仪器仪表制造业等先进制造业。上市公司营业收入合计占制造业大类产值的12.0%，占所处行业产值的13.9%。制造业产值排名前十的行业均有上市公司，营业收入占所处行业产值的23.7%。

表14　2017年制造业上市公司营业收入与行业总产值比例统计

单位：亿元、%

行业	行业总产值	上市公司行业营业收入	上市营收占产值的比例	排序
化学纤维制造业	99.56	47.06	47.27	1
有色金属冶炼和压延加工业	2449.60	1018.34	41.57	2
黑色金属冶炼和压延加工业	1835.80	732.28	39.89	3

① 薛誉华等：《苏州上市公司发展报告》，复旦大学出版社，2017。

续表

行业	行业总产值	上市公司行业营业收入	上市营收占产值的比例	排序
造纸及纸制品业	498. 32	174. 70	35. 06	4
非金属矿物制品业	2871. 20	761. 07	26. 51	5
汽车制造业	3894. 09	833. 63	21. 41	6
酒、饮料和精制茶制造业	802. 43	150. 00	18. 69	7
纺织业	1121. 27	161. 02	14. 36	8
化学原料和化学制品制造业	2715. 82	272. 08	10. 02	9
橡胶和塑料制品业	2015. 35	195. 32	9. 69	10
电气机械和器材制造业	5889. 84	453. 99	7. 71	11
计算机通信和其他电子设备制造业	2794. 11	203. 02	7. 27	12
专用设备制造业	1825. 50	115. 56	6. 33	13
金属制品业	1639. 48	82. 13	5. 01	14
家具制造业	468. 09	21. 57	4. 61	15
医药制造业	1013. 55	43. 00	4. 24	16
通用设备制造业	2577. 40	63. 31	2. 46	17
农副食品加工业	3506. 91	36. 03	1. 03	18
印刷和记录媒介复制业	504. 04	2. 34	0. 46	19
纺织服装、服饰业	1283. 06	0. 00	0. 00	20
木材加工及木竹藤棕草制品业	807. 13	0. 00	0. 00	21
食品制造业	852. 97	0. 00	0. 00	22
石油加工、炼焦和核燃料加工业	321. 42	0. 00	0. 00	23
废弃资源综合利用业	635. 98	0. 00	0. 00	24
皮革、毛皮、羽毛及其制品和制鞋业	554. 12	0. 00	0. 00	25
烟草制品业	236. 10	0. 00	0. 00	26
文教、工美、体育和娱乐用品制造业	547. 90	0. 00	0. 00	27
铁路、船舶、航空航天和其他运输设备制造业	372. 40	0. 00	0. 00	28
仪器仪表制造业	269. 63	0. 00	0. 00	29
其他制造业	164. 63	0. 00	0. 00	30
金属制品、机械和设备修理业	37. 47	0. 00	0. 00	31

注：2017 年行业总产值按照 2016 年行业总产值与 2016 年行业总产值增速的乘积进行测算。

制造业大类中上市公司对行业的代表度表现不同。一是原材料、化工等资源加工制造业的上市公司代表度相对较高。全省上市公司营业收入占产值的比重超过 10% 的行业共有 9 个，依次是化学纤维制造业，有色金属冶炼和压延加工业，黑色金属冶炼和压延加工业，造纸及纸制品业，非金属矿物制品业，汽车制造业，酒、饮料和精制茶制造业，纺织业，化学原料和化学制品制造业。二是机电制造等先进制造业上市公司代表度相对欠佳。全省上市公司营收占产值的比重低于10%共有22个行业大类，包含了绝大多数的高端制造业，如电气机械和器材制造业、计算机通信和其他电子设备制造业、专用设备制造业、通用设备制造业、医药制造业。行业总产值最高的电气机械和器材制造业，上市公司营业收入仅占产值7.71%，计算机通信和其他电子设备制造业、专业设备制造业、医药制造业、通用设备制造业占比也分别仅为8.5%、6.7%、4.9%和2.7%，铁路、船舶、航空航天和其他运输设备制造业、仪器仪表制造业甚至未能成功挂牌上市。

从宏观上看，虽然“十一五”以来，安徽坚持“工业强省”战略，推动工业经济平稳较快发展，但由于全省工业发展起步晚、底子薄以及转型升级的时间短，导致传统的能源原材料产业在制造业中占比较高，代表高技术、高附加值的高端制造产业发展较为滞后。2017年，安徽能源原材料工业增加值总量占规上工业的比重超过三分之一，消费品工业占比超三成；而代表先进制造水平的高技术产业增加值占比只在10%左右，低于全国平均水平（12.4%左右）。这样的环境自然使得安徽能源原材料行业中容易出现大的老牌龙头企业和上市公司，对行业代表性和牵动力比先进制造业强。从微观看，先进制造业的产业链比传统制造业的产业链更长，形成完整的产业链需要的时间更长、技术标准更高。因此，在安徽省这样的欠发达地区，先进制造业的上市公司形成产业链较为完善的产业集群要比传统制造业需要更多的时间和条件，这些共同导致先进制造业的代表性和带动力缺乏优势。

2. 五年间的变化

近年来安徽省积极推进企业上市，利用资本市场推动上市公司做优做强做大，提高上市公司对全省产业经济的示范带动作用。如表15所示，一是从总体看，2013~2017年间，志邦股份和集友股份的上市，弥补了家具制造业、印刷和记录媒介复制业对接资本市场的空白。二是从行业结构看，有11个大类行业上市公司的代表度增强，营业收入占产值的比重提高幅度最大（超过5%）的2个行业为造纸及纸制品业，酒、饮料和精制茶制造业，五年里分别提高了10.43和6.8百分点；营业收入占产值的比重超过10%的行业中，总量保持为9大类，但纺织业取代了橡胶和塑料制品业，由2013年的9.84%扩张至2017年的14.36%，这主要是由于企业效益变化所致，如2017年开润股份、华孚时尚、华茂股份等三家纺织业上市公司营业收入实现了快速增长，分别增长49.84%、42.54%和19.2%，而国风塑业、海螺型材等5家橡胶和塑料制品业的营业收入增长不佳，其中80%的上市公司低于7%甚至出现负增长。

值得注意的是，除去12类没有上市公司的行业外，11类行业营收占产值的比重提高，8类行业出现回落。但从总体看，制造业上市公司营业收入总计占制造业产值却从12.65%降低至12.03%，占所处行业从15.5%降至13.93%。这可能是由于营收占产值的比重排名前十的行业有6个行业出现了下滑，并且主要集中在重化工行业和原材料加工行业。这些行业受行业周期、去产能和环保硬约束的影响，生产经营困难，转型升级的压力较大，对产业链上下游的示范带动作用趋弱。

表15　2013～2017年安徽上市公司营收占制造业产值变化统计

单位：%

行业	2013年	2017年	五年间占比变化
化学纤维制造业	48.41	47.27	降低
有色金属冶炼和压延加工业	48.00	41.57	降低
黑色金属冶炼和压延加工业	35.43	39.89	提高
造纸及纸制品业	24.63	35.06	提高
非金属矿物制品业	28.90	26.51	降低
汽车制造业	22.70	21.41	降低
酒、饮料和精制茶制造业	11.90	18.69	提高
纺织业	9.84	14.36	提高
化学原料和化学制品制造业	11.68	10.02	降低
橡胶和塑料制品业	10.69	9.69	降低
电气机械和器材制造业	6.90	7.71	提高
计算机通信和其他电子设备制造业	3.58	7.27	提高

续表

行业	2013 年	2017 年	五年间占比变化
专用设备制造业	6.09	6.33	提高
金属制品业	4.41	5.01	提高
家具制造业	0.00	4.61	提高
医药制造业	3.71	4.24	提高
通用设备制造业	2.97	2.46	降低
农副食品加工业	1.17	1.03	降低
印刷和记录媒介复制业	0.00	0.46	提高
纺织服装、服饰业	0.00	0.00	不变
木材加工及木竹藤棕草制品业	0.00	0.00	不变
食品制造业	0.00	0.00	不变
石油加工、炼焦和核燃料加工业	0.00	0.00	不变
废弃资源综合利用业	0.00	0.00	不变
皮革、毛皮、羽毛及其制品和制鞋业	0.00	0.00	不变
烟草制品业	0.00	0.00	不变
文教、工美、体育和娱乐用品制造业	0.00	0.00	不变
铁路、船舶、航空航天和其他运输设备制造业	0.00	0.00	不变
仪器仪表制造业	0.00	0.00	不变
其他制造业	0.00	0.00	不变
金属制品、机械和设备修理业	0.00	0.00	不变
上市公司营业收入占制造业总产值比重	**12.65**	**12.03**	**降低**
上市公司营业收入占所处行业总产值比重	**15.50**	**13.93**	**降低**

3. 不同省份间上市公司对制造业行业代表度的比较

由表 16 可知，2017 年，安徽未上市的制造业大类行业分别比江苏和浙江多 5 类和 6 类，主要集中于铁路、船舶、航空航天和其他运输设备制造业，仪器仪表制造业，纺织服装、服饰业，皮革、毛皮、羽毛及其制品和制鞋业，木材加工及木竹藤棕草制品业，文教、工美、体育和娱乐用品制造业。

制造业上市公司营业收入总计占制造业产值比浙江低 4.3 个百分点，但比江苏省高6.9个百分点；制造业上市公司营业收入总计占所处行业比浙江低 3.3 个百分点，但比江苏省高 8.6 个百分点；安徽省制造业上市公司营业收入占产值的比重超过10%的行业共有9类，但江苏省仅有1类，浙江省有16类。综上所述，安徽省制造业上市公司对区域行业经济的代表度弱于浙江，但强于江苏省。这可能是由于江苏省制造业基础雄厚，2017总产值是安徽省的3.8倍，且江苏省工业企业单位数为安徽省的2.41倍，导致上市公司对行业示范作用不占优势。而浙江省在经济转型升级的大背景下，产业结构调整起步早，转型效果领先于江苏省和安徽省，并在各细分领域涌现出一大批的领军企业；同时，浙企省利用资本市场的意识较强，上市公司数量位居全国第二。这些共同导致浙江制造业大类中上市公司对行业的代表度和带动作用表现得较为突出。

表16　安徽与江苏、浙江营业收入与工业总产值占比对比

单位：%

行业	安徽	江苏	浙江
化学纤维制造业	47.27	4.18	59.20
有色金属冶炼和压延加工业	41.57	5.86	26.52
黑色金属冶炼和压延加工业	39.89	5.81	14.75
造纸及纸制品业	35.06	0.00	7.46
非金属矿物制品业	26.51	3.12	6.69
汽车制造业	21.41	4.75	19.78
酒、饮料和精制茶制造业	18.69	21.45	11.37
纺织业	14.36	2.51	3.45
化学原料和化学制品制造业	10.02	3.69	21.06
橡胶和塑料制品业	9.69	7.29	7.75
电气机械和器材制造业	7.71	9.75	16.48
计算机通信和其他电子设备制造业	7.27	6.70	30.60
专用设备制造业	6.33	7.07	18.81
金属制品业	5.01	3.83	12.88
家具制造业	4.61	8.14	16.65
医药制造业	4.24	9.05	41.02
通用设备制造业	2.46	3.79	18.21
农副食品加工业	1.03	0.78	7.63
印刷和记录媒介复制业	0.46	0.00	0.00
纺织服装、服饰业	0.00	4.85	12.48

续表

行业	安徽	江苏	浙江
石油加工、炼焦和核燃料加工业	0.00	0.29	0.00
文教、工美、体育和娱乐用品制造业	0.00	0.12	2.23
皮革、毛皮、羽毛及其制品和制鞋业	0.00	1.26	5.23
铁路、船舶、航空航天和其他运输设备制造业	0.00	3.43	3.10
仪器仪表制造业	0.00	1.81	19.46
食品制造业	0.00	0.00	0.00
烟草制品业	0.00	0.00	0.00
木材加工及木竹藤棕草制品业	0.00	2.88	8.13
其他制造业	0.00	0.00	28.55
废弃资源综合利用业	0.00	0.00	0.00
金属制品、机械和设备修理业	0.00	0.00	0.00
上市公司营收占制造业总产值比重	12.03	5.09	16.28
上市公司营收占所处行业总产值比重	13.93	5.26	17.18

五　研究结论及对策

（一）安徽上市公司行业结构的问题

（1）上市公司在部分行业中过于集中。自“十一五”以来，安徽省立足于工业化发展需要，提出“工业强省”战略，在资源配置时积极向工业领域倾斜，制造业取得了快速发展，但对农业和服务业的发展形成了一定的挤出效应。因此，从三次产业企业上市的角度看，安徽省的上市公司主要集聚在第二产业，服务业企业上市明显滞后于江苏省和浙江省。从行业门类看，安徽省的上市公司主要集中在制造业，其中，轻工业和资源加工制造业上市公司占比领先于江浙和全国，但机电制造业却明显滞后，这与安徽省制造业大多处于价值链低端，品牌价值和综合竞争力偏弱密切相关。值得关注的是，安徽省的生产性服务业企业上市较少甚至空白，这既不利于生产性服务业与先进制造业有机融合发展，促进制造业智能化、信息化、自动化发展，也使得安徽板块的股票价格更容易受到制造业，尤其是轻工业和资源加工业行业周期的冲击①。

（2）上市公司在先进行业中席位偏少。安徽是传统的农业大省，工业基础相对薄弱，产业转型升级步伐较缓，导致产业结构层次低、发展滞后，这种情形折射到资本市场时，体现为在全球行业分类系统（GICS）分类下，安徽省先进行业的上市公司占比低于全国平均水平，尤其是与浙江差距较大。此外，安徽战略性新兴上市公司数量远低于江苏省和浙江省，且主要集中在新一代信息技术、生物和新材料行业，高端装备制造、节能环保、新能源行业上市公司数量偏少。说明安徽省未能充分利用资本市场，为先进行业导入优势资源，企业利用战略重组等手段提升品牌价值和综合竞争力的能力有限。

（3）上市公司对部分行业的代表度有待提高。从行业门类看，安徽省上市公司对行业的代表度总体低于江浙地区，突出表现为住宿餐饮业、租赁和商务服务业、卫生和社会工作类企业仍未上市。在已上市的企业中，制造业上市公司目前对行业的代表度较高，但近五年来代表的力度有所减弱，这可能是由于占比较大的重化工业和原材料加工业受去产能、环保硬约束影响，生产经营困难引致示范带动作用趋弱。原材料加工业、传统服务业以及农业上市公司对行业的代表度总体偏低，且五年来甚至还在下滑。从制造业大类看，制造业大类中41.3%的行业仍未实现公司上市，导致制造业的市场规模与利用资本市场的能力不匹配。制造业大类行业中，代表度较高的上市公司主要集中在原材料和化工等资源加工制造业，而机电制造等先进制造业缺乏规模大、带动能力强的龙头上市公司，对构建产业集群的辐射带动能力不强。安徽省推进制造业价值链迈上中高端，打造世界级产业集群依然任重而道远。

（二）安徽省上市公司行业结构应对策略

在证券市场与实体经济紧密关联的前提下，上市公司的行业结构，尤其

---

① 薛誉华等：《苏州上市公司发展报告》，复旦大学出版社，2017。

是新增上市公司的结构，不仅能够反映政府在引导企业上市方面的政策导向，更能体现出宏观经济发展和产业结构优化趋势。优化安徽省上市公司的行业结构，利用资本市场为产业转型升级导入优质资源，离不开政府、上市公司以及投资者的共同关注和支持。

政府层面，一是积极为先进行业蓄势储能。围绕建链、补链、强链，聚力发展战略性新兴产业、先进制造业、现代服务业，同时引导资金更多地向传统产业的科技创新、技术改造、质量提升等方面集聚，为培育符合IPO要求的优质企业营造良好的产业生态。二是挖潜短板行业的潜力。筛选先进制造业和生产性服务业企业，充实上市资源储备库。加强对其专业辅导，定期开展政策解读和上市辅导。加大税费减免和财政奖补力度，对上市企业的上市费用进行减免并加大财政扶持奖励力度。三是优化上市政策环境。加大企业上市与产业政策的融合力度。依据现有上市核准制，加强政策评估和监督，完善政策措施。积极创造对接推介机会，搭建政府类引导基金与高端行业上市后备资源对接桥梁。鼓励金融和类金融机构为安徽上市公司提供融资便利，帮助其扩大资产规模，提高竞争优势。提升政府服务效率，对拟上市公司涉及的立项、社保、土地、环评、税收、工商等环节开启绿色通道。

上市公司层面，宜注重加强和规范企业内部控制，着力提高公司经营管理水平和风险防范能力。制造业企业在日常生产经营中宜注重科技研发投入和核心技术的攻关，提高产品服务综合竞争优势和品牌影响力，增强二级市场投资者的吸引力。企业在条件成熟的情况下，可围绕产业链上下游开展兼并、重组、并购，着力在做强做精做优主业同时，加快向产业链前后端领域拓展。此外，企业宜注重利用自身的规模、资源、品牌等优势，加强产业对接和配套协作，构建产业链上下游协作联盟，提高企业间的关联度和集群效应，着力形成以上市公司为龙头、中小企业为配套的产业集群，打造互相依赖、紧密联系的行业生态共生圈。

投资者层面，普通投资者和机构投资者在二级市场选择投资对象时，宜在研究全省产业发展政策导向的基础上，更多关注企业的长期价值和内在成长性。股权投资机构宜围绕安徽省战略性新兴产业、现代服务业等优势行业，与其上市公司建立多层次战略合作关系，既可采取直接并购的方式成为控股股东，取得自主可控的产业整合和资本运作平台；也可通过直接举牌、定增等方式取得董事会席位，成为战略投资者；还可联合上市公司设立以上市公司产业为核心的并购基金，围绕主业上下游开展联合并购投资。产业投资机构宜围绕传统优势行业积极开展以上市公司为核心的产业整合。既可以通过嫁接产业资源，打通上市公司产业链；也可以联合上市公司开展纵向整合，打造以上市公司为核心的产业生态圈，开展跨区域、跨行业的横向整合，打造具有行业影响力和龙头地位的大企业、大集团；还可以培育和挖掘新兴行业的优质中小企业，重点培育孵化，助其登陆资本市场。

B.8
安徽省上市公司社会贡献与责任发展报告

企业作为社会经济活动的主体和基本单元，既然使用着人类社会共有的各种资源，就应该承担相应的社会责任，为社会创造价值，对社会做出应有的贡献。企业在追求经济利益的同时，也应该积极为社会创造价值，强化责任管理意识，对利益相关者负责，依法经营，关爱员工，保护生态环境，做一个有社会担当的企业。本报告对企业社会贡献和社会责任进行界定和概述，运用定性和定量方法，对安徽省上市公司社会贡献和社会责任做了分指标分析，且进行了综合评价；探讨了安徽省上市公司在为社会做贡献和履行社会责任过程中存在的问题，提出相应的对策建议。

一 安徽省上市公司社会贡献和社会责任概述

为了让读者对社会贡献和社会责任有初步的了解，本部分首先对社会贡献和社会责任的基本内涵进行简单介绍。然后，指出本报告研究安徽省上市公司社会贡献和社会责任的三大重要意义。最后，说明社会贡献和社会责任测量指标的选择和测算方法。我们选取能够反映企业社会贡献和社会责任的一系列指标，形成了安徽省上市公司社会贡献和社会责任发展指数评价指标体系。

（一）社会贡献和社会责任的基本内涵

企业社会责任（Corporate Social Responsibility，CSR），指的是企业在创造利润、对股东和员工承担法律责任的同时，还要承担对消费者、社区和环境的责任。企业在其商业运作里应遵循可持续发展原则，并且对利益相关者负起应该负的责任。企业社会责任的概念是英国学者谢尔顿（Sheldon O.）在 1923 年首次提出的。在《管理的哲学》一书中，他认为企业的目标不再单纯地只是生产产品，而且应该考虑到社会的因素，并认为企业社会责任应包含道德责任[①]。鲍恩（Bowen H. R.）被称为“企业社会责任之父”。1953 年，他的著作《商业的社会责任》明确提出，“商人根据社会的目标和价值，逐渐向国家有关政策靠拢，做出自己相应的决策，并采取最佳的具体行动的义务”[②]。这表明了早期企业履行社会责任与政府立法执法的推动密不可分。1979 年，卡罗尔（Carroll A. B.）提出了“企业社会责任表现”的三维概念模型，并认为“企业社会责任是指某一特定时期社会对企业所寄托的经济、法律、伦理和自由决定（慈善）的期望”[③]。

企业的社会贡献，主要指企业在一定期间内通过生产经营活动，为社会和国家创造的价值，反映企业对社会或国家的贡献水平。主要包括对员工、政府、投资者等方面做出的贡献，在本报告中，投资者是指包括股东和债权人在内的广义投资者。企业根据自身发展的实际情况，合法合规经营、依法履行纳税义务、积极吸纳社会劳动力并保证员工权益、对资本所有者的回馈、主动帮助社会困难群体等行为，都是企业对社会所做的贡献。企业对社会做贡献，从表面看是付出了成本，但是从长期来看，实际是改善企业外部环境的一种方式，有利于企业价值的提高。

从理论上看，广义的社会责任包含了社会贡献。本报告采用狭义的社会责任，与社会贡献相区别。社会贡献采用定量指标来衡量，数据来源于上市公司的公开数据。社会责任采用定性指标来衡量，数据来源于企业年报和社会责任报告等。

---

① Sheldon O., *The philosophy of management*, Routledge, 2004.

② Bowen H. R., Johnson F. E., *Social responsibility of the businessman*, Harper, 1953.

③ Carroll A. B., A three-dimensional conceptual model of corporate performance, *Academy of Management Review*, 1979, 4 (4): 497 - 505.

（二）上市公司社会贡献和社会责任的研究意义

本报告对安徽省上市公司的社会贡献和社会责任进行研究，具有重要意义。

对安徽省上市公司的社会贡献和社会责任的研究，符合我国证券市场规范化的要求。随着我国证券市场的规范化，披露企业的社会贡献和社会责任相关信息，已经成为上市公司需要承担的义务。例如，2006 年，深圳证券交易所发布了《深圳证券交易所上市公司社会责任指引》，要求在深圳证券交易所上市的公司自愿积极地披露公司的社会责任报告，包括职工保护、环境污染、产品质量、社会关系等方面的社会责任制度的建设和执行情况。2008 年，上海证券交易所发布了《上海证券交易所上市公司环境信息披露指引》，鼓励上市公司加强披露社会贡献和社会责任的相关信息，包括年度报告、年度社会责任报告，以及每股社会贡献值。此后，又指出社会责任报告可以独立发布，不需要再仅仅作为财务年报中的附件。本报告对安徽省上市公司的社会贡献和社会责任进行研究，符合证券市场规范化的要求。

对安徽省上市公司社会贡献和社会责任的研究，有助于发现不足之处，从而提出相应的对策建议。上市公司履行社会责任，为社会做贡献，轻则关系到上市公司在公众心目中的形象，重则关系到个人健康、企业生存、行业发展等重大问题。对安徽省上市公司社会贡献和社会责任披露信息的关注，有助于发现其中的不足和问题，并提出相应对策建议，督促这些企业在未来更加详细、诚实地披露社会责任相关信息。这在一定程度上可以保障企业的安全生产，保护员工薪酬和福利、消费者利益以及生态环境。

对安徽省上市公司社会贡献和社会责任的研究，是对现有市场上地域性上市公司社会贡献和社会责任报告资料的补充。社会贡献和社会责任的信息一般会在上市公司发展研究报告中披露。综观市场上，目前能搜索到的地域性的上市公司发展报告非常稀少，而且仅有河北省、上海市、贵州省等少量省市的上市公司发展报告中包含企业社会责任和社会贡献相关信息。安徽省上市公司的社会贡献和社会责任发展报告则一直是缺失的状态。本研究是对现有中国地域性上市公司社会贡献和社会责任研究的补充。本报告对2015～2017年安徽省上市公司相关数据的分析，为将来对安徽省上市公司社会贡献和社会责任的深入研究起到了抛砖引玉的作用。

（三）社会贡献和社会责任指标选择及测算方法

1. 社会贡献指标选择及测算方法

衡量社会贡献的指标主要包括：社会贡献率、社会积累率和每股社会贡献值。

（1）社会贡献率

社会贡献率是公司社会贡献总额与公司平均资产总额的比值，是衡量公司运用全部资产为社会创造价值的能力。社会贡献率是衡量公司社会贡献最直接、最主要的指标[①]。社会贡献总额是以货币形式表现的公司为社会创造的国民收入总额。包括工资、劳保退休统筹及其他社会福利支出、利息支出净额、应交或已交的增值税、消费税、营业税、有关销售税金及附加、所得税及有关费用和净利润等[②]。计算公式为：

社会贡献总额 = 工资、奖金、津贴和补贴 + 税金及附加 + 所得税 + 利息支出 + 净利润等

公司平均资产总额 =（期初资产 + 期末资产）÷ 2

社会贡献率 = 公司社会贡献总额 ÷ 公司平均资产总额 × 100%

（2）社会积累率

社会积累率，又被称为财政贡献率[③]。是公司上缴财政的税费总额与公司社会贡献总额的比值，衡量了公司对社会的贡献总额中，上交国家财政的税费所占的份额。上缴财政的税费总额，包括应交或已交增值税、消费税、营业税、有关销售税金及附加、所得税及有关费用等。计算公式为：

---

① 安琪：《上市公司社会贡献计量与披露研究》，中国海洋大学，2014。

② 黄珺、陈英：《企业社会贡献度对环境信息披露的影响——来自上证治理板块上市公司的经验证据》，《湖南大学学报：社会科学版》2012 年第 26 期。

③ 田淑华：《企业的社会贡献率与社会积累率》，《辽宁财税》1998 年第 4 期。

公司上交的税费总额 = 税金及附加 + 所得税 + 应交或已交增值税等

社会贡献总额 = 工资、奖金、津贴和补贴 + 税金及附加 + 所得税 + 利息支出 + 净利润等

社会积累率 = 公司上缴财政的税费总额 ÷ 公司社会贡献总额 × 100%

（3）每股社会贡献值

每股社会贡献值指公司为股东创造的基本每股收益的基础上，增加公司本会计年度为利益相关者所创造的国家税收、员工工资、借款利息、慈善捐款及公益事业等社会价值，并扣除公司造成的生态破坏、环境污染、资源浪费等社会成本，从而计算公司每股股票为社会创造的附加价值。通常来说，每股社会贡献值 = 每股收益 + （纳税总额 + 职工费用 + 利息支出 + 公益收入总额 − 社会成本） ÷ 期末总股本。在本报告中，为股东创造的每股收益用净利润与期末总股本的比值表示，其他为利益相关者创造的价值涉及上缴的税收、员工工资、利息支出等贡献，也包含在公司社会贡献总额里。由于公司未披露社会成本和公益投入总额，因此本处不计入。综上所述，每股社会贡献值是公司社会贡献总额与上市公司期末总股本的比值。计算公式为：

社会贡献总额 = 工资、奖金、津贴和补贴 + 税金及附加 + 所得税 + 利息支出 + 净利润等

每股社会贡献值 = 公司社会贡献总额/公司期末总股本

2. 社会责任指标选择及测算方法

（1）社会责任指标选择

在社会责任的测量指标上，我们参考了《上海上市公司社会责任研究报告 2016》[①] 的上市公司社会责任评价指标体系，使用定性指标来评价社会责任。定性指标是指用文字进行描述的指标，这部分的指标不涉及数字和金额，侧重于社会、环境、安全生产、员工福利、客户满意等要素。社会责任的测量指标分为四个一级指标（责任板块），十个二级指标（责任议题），七十九个三级指标（责任指标）。指标设置的具体情况见表 1。

---

① 钟宏武等：《上海上市公司社会责任研究报告（2016）》，经济管理出版社，2016。

表1　安徽省上市公司社会责任评价指标体系

责任板块	责任议题	责任指标
责任管理	责任管理	1. 企业社会责任理念;2. 核心社会责任议题;3. 企业社会责任规划或年度计划;4. 社会责任领导机构;5. 社会责任组织体系;6. 社会责任管理制度;7. 利益相关方识别;8. 利益相关方的期望及企业回应措施;9. 利益相关方沟通、参与机制;10. 是否发布社会责任报告;11. 报告是否有第三方评价;12. 官网上是否有 CSR 专栏;13. 是否有单项报告;14. 高层领导参与的社会责任活动
市场责任	股东权益	1. 投资者关系管理制度;2. 营业收入;3. 净利润;4. 资产总额;5. 资产负债率
	供应链管理	1. 供应商管理理念;2. 供应商资质要求;3. 责任采购制度及方针;4. 推动供应商履行社会责任
	客户满意	1. 客户关系管理制度;2. 售后服务体系;3. 积极应对客户投诉;4. 客户信息保护;5. 客户满意度调查;6. 产品质量管理体系及认证;7. 广告宣传合规
	科技创新	1. 支持科技研发的制度及创新;2. 研发人员数量及比例;3. 研发投入;4. 新增专利数
社会责任	依法经营	1. 守法合规体系;2. 反腐败和商业贿赂;3. 纳税总额;4. 报告期内吸纳就业总人数
	员工关爱	1. 平等雇佣制度;2. 劳动合同签订率/集体合同覆盖率;3. 社会保险覆盖率;4. 参加工会的员工比率;5. 禁止强迫劳动;6. 保护雇员个人信息和隐私;7. 每年人均带薪休假天数;8. 女性管理者比例;9. 残疾人雇佣率或雇佣人数;10. 民主管理与厂务公开;11. 困难员工帮扶投入;12. 为特殊人群提供特殊保护;13. 员工满意度;14. 员工流失率;15. 员工培训制度;16. 员工培训绩效;17. 员工职业发展通道;18. 员工成长激励机制
	社区关系	1. 社区沟通参与机制和渠道;2. 支持员工本地化的政策;3. 支持本地化采购;4. 支持社区成员的教育学习;5. 和当地政府、非政府组织等建立关系;6. 公益方针、基金会;7. 支持员工志愿者制度/员工志愿活动绩效;8. 捐赠总额
	安全生产	1. 安全生产管理体系;2. 安全应急管理机制;3. 安全教育与培训;4. 安全培训绩效;5. 安全生产投入;6. 员工伤亡人数
环境责任	绿色经营	1. 环境管理体系及认证;2. 环保培训与宣教;3. 环保总投入;4. 能源消耗总量;5. 水资源消耗总量;6. 环保技术设备研发与应用;7. 绿色办公;8. 应对气候变化目标及计划;9. 温室气体排放量及减排量

注：指标体系来源于《上海上市公司社会责任研究报告 2016》。

（2）社会责任指标赋权与评分

第一步，根据社会责任评价指标体系，对每个企业的责任管理、市场责任、社会责任、环境责任四大指标进行赋值。考虑到数据的标准化问题，将每个指标的初始总分设置为相同的10分，按照细分指标对企业的这四部分进行赋值。例如责任管理，是根据企业是否有社会责任理念、核心社会责任议题等进行评分，责任管理包含14项细分指标，将这14项指标按照平均权重思想，每项指标为0.714分，有则为0.714分，无则为0分；市场责任的细分指标有股东权益、供应链管理、客户满意、科技创新四项，同理每一项为2.5分，再根据第三级指标具体打分；社会责任的细分指标有依法经营、员工关爱、社区关系、安全生产四块，每一块为2.5分，根据第三级指标具体打分；环境责任三级指标有9项，每项指标为0.78分，有责任0.78分，无则为0分。根据三级指标加总分数，得到安徽省上市公司责任管理、市场责任、社会责任、环境责任的二级指标分数。第二步，运用熵值赋权法确定责任管理、市场责任、社会责任、环境责任四大责任板块的权重。第三步，根据权重和各项责任板块的得分，计算各企业的社会责任综合得分。

3. 样本选择和数据来源

本报告中社会贡献数据主要来自Wind数据库、RESSET数据库和每个企业的财务报告等权威报告。以2017年度沪深上市公司为初始样本进行筛选，选择归属地为安徽省的上市公司。社会责任的指标数据则通过浏览安徽省上市公司在2015~2017年3年间的年度报告、社会责任报告、公司官网、新浪财经、巨潮资讯网、证券交易所等其他权威网站中的信息，汇总统计得出。

样本选择标准如下：（1）不包括暂停上市公司、中止上市公司；（2）样本上市公司覆盖所有按照中国证券监督委员会CSRC分类标准涉及的13个行业类别；（3）样本不包括经营连续三年亏损，被进行退市风险警示的股票（在其股票简称前冠以“*ST”标记）的境内上市公司；（4）样本不包括严重亏损，市值严重低于净资产的股票。进行上述筛选后，共选择101家上市公司用于分析。

二　安徽省上市公司社会贡献分析

以下将从社会贡献率、社会积累率和每股社会贡献值三个方面对社会贡献进行研究，并分行业、分城市、分板块地对安徽省上市公司进行具体分析。然后采用熵值赋权法，对安徽省上市公司的社会贡献进行综合评价。所采用的数据皆为定量数据，以实现安徽省上市公司社会贡献评价结果的客观性和科学性。

（一）上市公司社会贡献指标分析

1. 安徽省上市公司社会贡献率分析

基于以上社会责任信息含义的界定及目前会计报表体系对社会责任会计信息的披露情况，同时借鉴 1995 年财政部公布的评价企业十大经济效益指标中“社会贡献率”指标（即社会贡献率 = 企业社会贡献总额/平均资产总额），社会贡献总额包括工资、劳保退休统筹及其他社会福利支出、利息净支出额、应交增值税、营业税、消费税、所得税等各种税金及附加费和净利润等。

（1）安徽省上市公司社会贡献率总体分析

2017 年安徽省上市公司的社会贡献总额共计 1936.87 亿元，相比 2016 年的 969.97 亿元增加 99.68%。2017 年社会贡献率平均值为 13.44%，相比 2016 年的 13.01% 增加 0.43 个百分点。

2017 年安徽省上市公司社会贡献率排名前 10 的上市公司数据见附件 1，分别是古井贡酒、口子窖、国机通用、迎驾贡酒、开润股份、三七互娱、金禾实业、安纳达、中鼎股份和华菱精工。其中，古井贡酒的社会贡献率最高（税率高），为 39.13%，是安徽省 2017 年上市公司社会贡献率平均值 13.44% 的 2.91 倍。社会贡献率排名第十的是华菱精工，社会贡献率是 23.63%，是安徽省上市公司平均社会贡献率的 1.76 倍。盛运环保和凤形股份的社会贡献率为负值，原因是盛运环保的经济绩效不好，资金周转困难，负债较高，净利润为负值，社会贡献总额也为负值。风形股份投资的联营企业通化风形持续亏损，2017 年度亏损额超过预期，并需对长期雇员投资计提较大金额的减值。

2017 年安徽省上市公司中社会贡献率高于平均数 13.44% 的企业有 41 家，其中 31 家是制造业企业，说明 45% 的制造业企业运用资产为社会创造或支付价值的能力处于中上水平。社会贡献率低于平均数 13.44% 的有 60 家企业，23 家企业社会贡献率在 13.44% ~20%，高于 30% 的企业仅有 4 家，其中 3 家是酒水企业（税率高）（图 1 将上市公司的社会贡献率划分为四个区间：区间 1 为“13.44% 以下”，区间 2 为“13.44% ~20%”，区间 3 为“20% ~30%”，区间 4 为“30% ~40%”）。

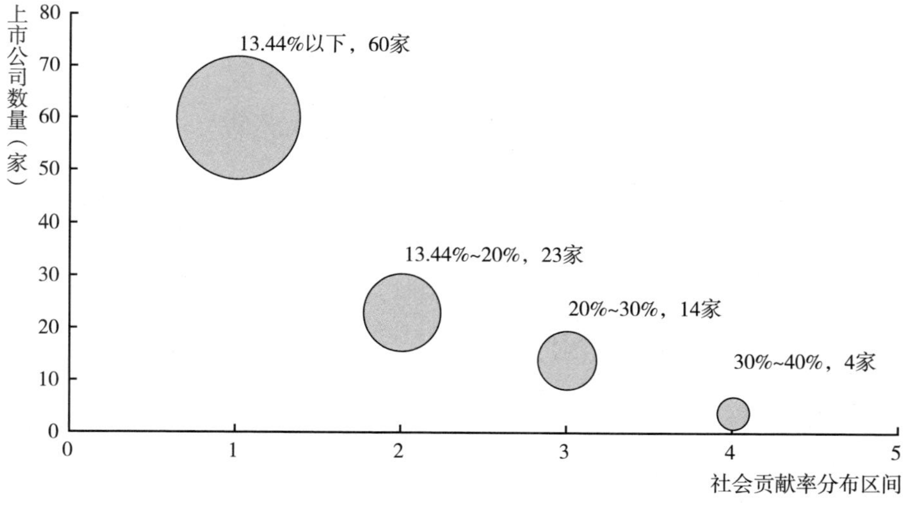

图 1　2017 年安徽省上市公司社会贡献率分布

（2）安徽省上市公司社会贡献率具体分析

从行业来看，2017 年平均社会贡献率最高的是科学研究和技术服务业，为 22.52%。但科学研究和技术服务业只有一家上市公司，不能代表整个行业水平。其次是采矿业，为 17.56%。制造业里上市公司数量最多，为 69 家。制造业社会贡献率得分最小值是盛运环保，为 -5.09。该公司 2017 年社会贡献总值为负值（盛运环保为 BOT 项目提供项目建设总包、建造服务等收入约 6 亿元，该收入构成 BOT 项目建设成本，但在建设过程中并不产生现金流入）。13 个行业中，除电力、热力、燃气及水生产和供应业，文化、体育和娱乐业，建筑业和金融业社会贡献率呈现下降趋势之外，其他行业的社会贡献率基本保持稳定或者上升态势。

表 2　2017 年安徽省上市公司社会贡献率分行业排名

单位：%

行业	数量	社会贡献率最大值	社会贡献率最小值	2015 年行业平均社会贡献率	2016 年行业平均社会贡献率	2017 年行业平均社会贡献率
农林	2	12.43	6.12	8.17	7.96	9.27
采矿	2	21.92	13.21	2.51	11.21	17.56
制造	69	39.13	-5.09	11.89	13.78	14.10
电力	2	6.12	4.18	9.87	6.77	6.74
建筑	3	6.81	5.08	10.27	7.64	6.04
批发	4	15.54	7.00	10.90	10.15	10.90
交通	2	11.68	10.06	10.10	8.50	10.87
信息	5	26.97	6.54	13.03	16.53	16.19
金融	3	3.42	1.38	6.01	4.92	2.59
房产	2	17.53	6.97	5.75	12.47	10.68
科学	1	22.52	22.52	14.70	30.07	22.52
水利	4	18.34	7.64	12.14	12.97	12.90
文化	2	13.83	10.18	12.75	12.46	12.00
平均				9.85	11.96	11.72

位于首位的亳州市仅有一家上市公司古井贡酒（税率高），因此并不代表整个城市的社会贡献率都高。六安市、淮北市和滁州市的社会贡献率均处于 20% 左右。上市公司企业数量最多的合肥社会贡献率为 11.68%，低于城市均值 17.22%，说明合肥市上市公司的整体社会贡献率分布并不均衡，差距较大。

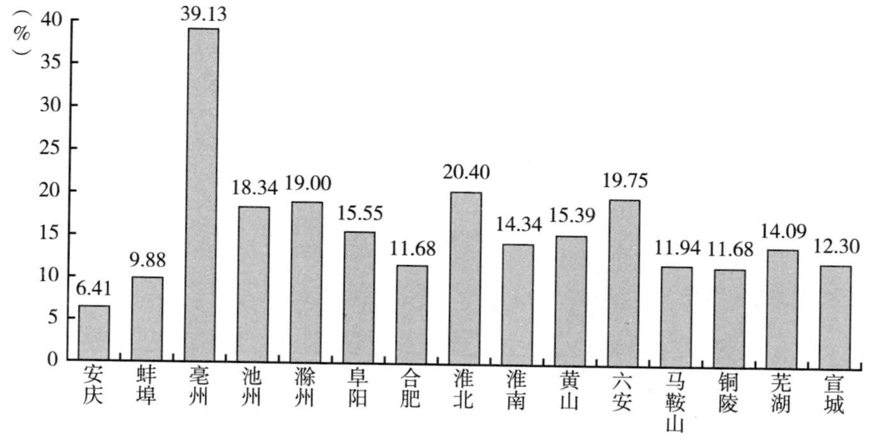

图 2　社会贡献率分城市分布情况

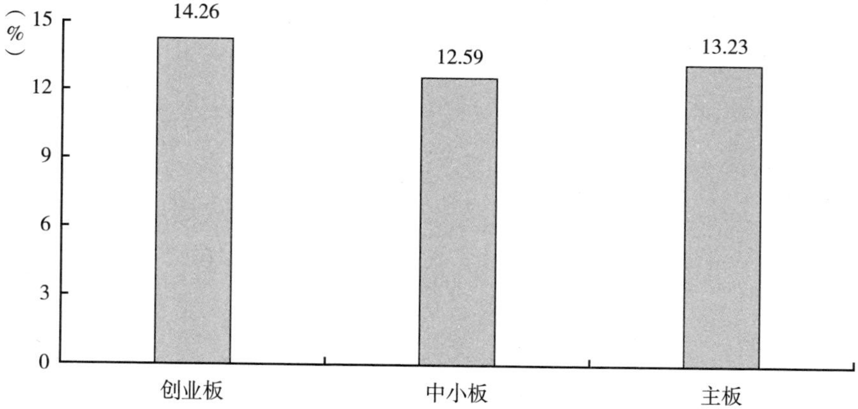

图 3　社会贡献率分板块分布情况

从板块来看，创业板的社会贡献率高于主板和中小板，但是整体而言板块之间社会贡献率差别不大，各板块还有进一步上升的空间。

从企业属性来看，央企的社会贡献率最高，其次是外企和民企，除集企外，其他属性的企业社会贡献率得分基本上在属性均值附近波动。集企里面新力金融社会贡献率较低，仅为1.38%，拉低了集企的社会贡献率。

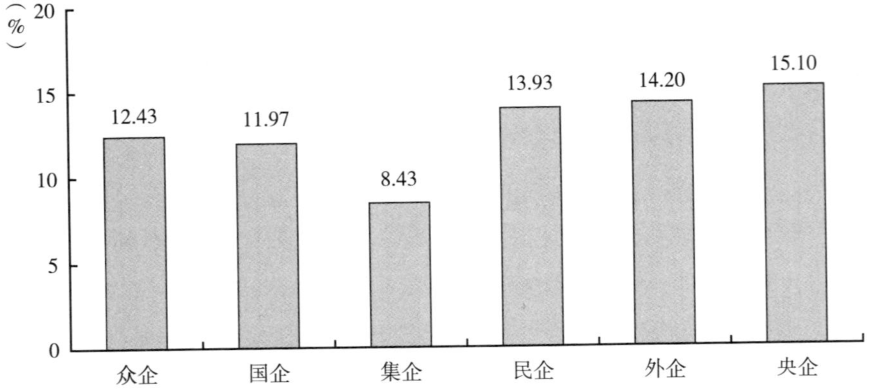

图4　社会贡献率分属性分布情况

2. 安徽省上市公司社会积累率分析

（1）安徽省上市公司社会积累率总体分析

2017年社会积累率平均值为15.53%，相比2016年的15.88%下降了2.20%。2017年安徽省上市公司社会积累率排名前10的上市公司数据见附件2。其中，金种子酒的社会积累率最高，计61.71%，是平均值15.53%的3.97倍。前五名社会积累率最低的是迎驾贡酒，社会积累率是48.90%，是安徽省上市公司平均社会积累率的3.15倍。得分最小的企业是盛运环保，为-0.525。凤形股份在2017年的社会积累率也为负值。原因是这两个企业的经济效益不太好，净利润为负值，社会贡献总额也为负值。

2017年安徽省上市公司社会积累率平均数为15.53%，有36家企业高于平均值。其中包括19家制造业企业和3家建筑业企业。建筑业的社会贡献不仅包括建筑业对经济增长的贡献，还包括建筑业对社会就业的贡献。当前政府出台了一系列产业政策促进建筑业发展，着力发展循环经济，以制度创新带动技术创新，形成发展循环经济的技术支撑，从而降低企业成本，增加企业利润，提升企业核心竞争力。社会贡献率低于平均值15.53%的有65家企业，29家企业社会贡献率在15.53%～45%，高于45%的企业仅有7家，其中4家是制造业企业（图5将上市公司的社会积累率划分为四个区间：区间 1 为“10% 以下”，区间 2 为“10% ~ 15.53%”，区间 3 为“15.53% ~45%”，区间 4 为“45% 以上”）。

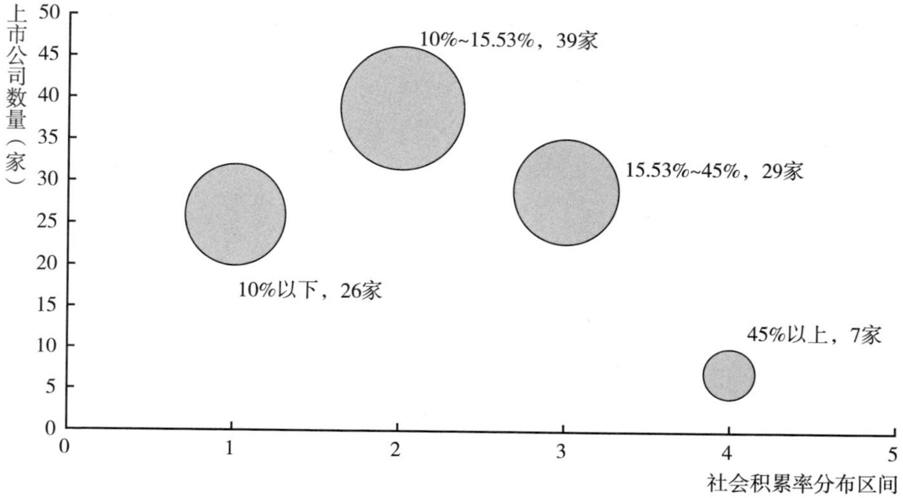

图 5　2017 年安徽省上市公司社会积累率分布

（2）安徽省上市公司社会积累率具体分析

从行业来看，2017 年平均社会积累率最高的是房地产业，为 39.90%，其次是建筑业，为 31.38%。13 个行业中，除金融业，制造业，科学研究和技术服务业，水利、环境和公共设施管理业，信息传输、软件和信息技术服务业这 5 个行业的社会积累率呈现较明显的下降趋势之外，其他行业的社会积累率基本保持稳定或者上升态势。制造业社会积累率最小值为 -69.98%，为凤形股份，该公司 2017 年社会贡献总值为负值。

表 3　2017 年安徽省上市公司社会积累率分行业排名

单位：%

行业	数量	社会积累率最大值	社会积累率最小值	2015 年行业平均社会积累率	2016 年行业平均社会积累率	2017 年行业平均社会积累率
农林	2	15.92	8.60	4.66	11.65	12.26
采矿	2	33.60	15.90	19.52	24.29	24.75
制造	69	61.71	-69.98	16.29	14.50	14.07

续表

行业	数量	社会积累率最大值	社会积累率最小值	2015 年行业平均社会积累率	2016 年行业平均社会积累率	2017 年行业平均社会积累率
电力	2	26.39	12.45	9.98	12.33	19.42
建筑	3	50.50	21.82	29.18	31.75	31.38
批发	4	48.85	15.76	21.39	23.69	26.29
交通	2	14.57	12.34	9.88	12.66	13.45
信息	5	17.16	3.43	12.71	10.14	8.81
金融	3	32.87	8.70	24.54	18.65	17.88
房产	2	50.36	29.44	29.00	51.64	39.90
科学	1	11.08	11.08	20.91	7.73	11.08
水利	4	16.42	11.58	19.02	14.70	14.07
文化	2	9.95	3.46	6.24	7.80	6.70
平均				17.18	18.58	18.47

阜阳和亳州只有 1 家上市公司，六安有 2 家上市公司，这三个城市得分高不代表整个城市的社会积累率就高。社会积累率的城市均值为 21.70%，低于均值的有 9 个城市，高于均值的有 6 个城市。

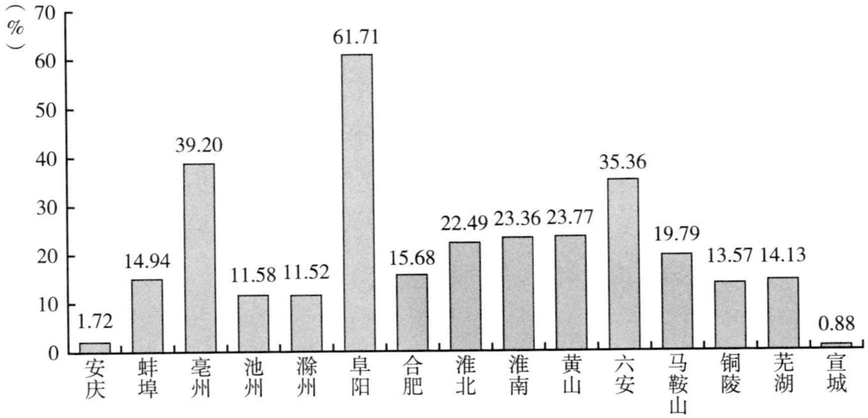

图 6 社会积累率分城市分布情况

结合板块来看，社会积累率主板值高于中小板和创业板，创业板表现较低，远低于板块平均值 13.54%。

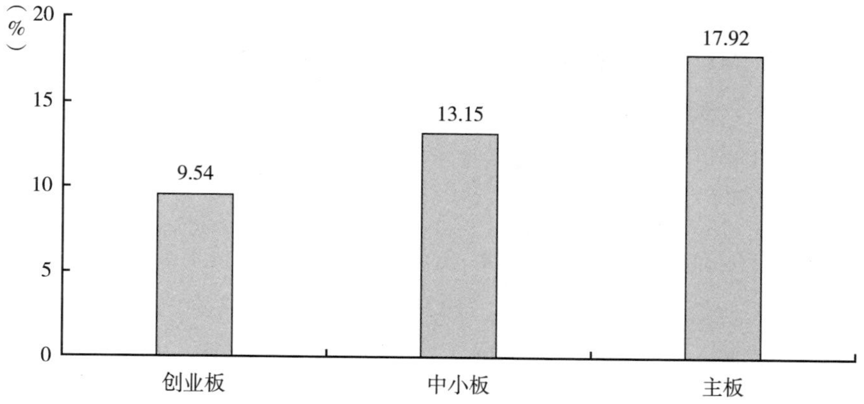

图7　社会积累率分板块分布情况

结合企业属性来看，央企的社会积累率最高，其中央企、国企以及集企的差别不大，均高于属性平均值15.21%，民企、众企以及外企的社会积累率相对较低。

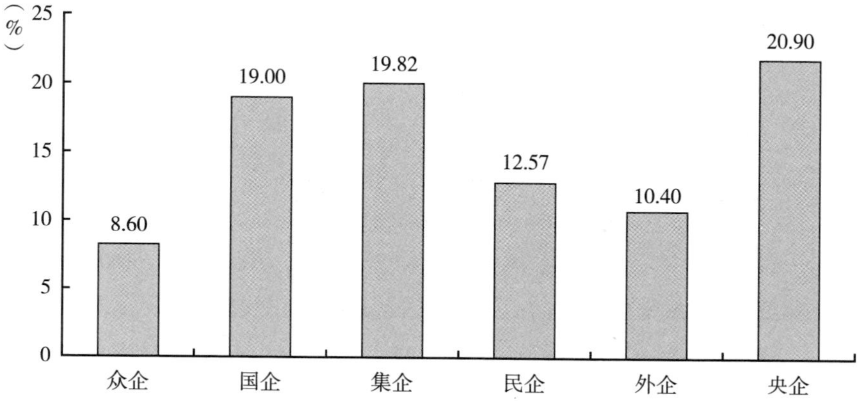

图8　社会积累率分属性分布情况

3. 安徽省上市公司每股社会贡献值分析

（1）安徽省上市公司每股社会贡献值总体分析

2017年每股社会贡献值平均值为1.221，相比2016年的0.990上升了23.33%。2017年安徽省上市公司每股社会贡献值排名前十的上市公司数据见附件3。其中，古井贡酒的每股社会贡献值最高（税率高），为7.888，是平均值1.221的6.46倍，其次是海螺水泥，每股社会贡献值为4.775。前五名每股社会贡献值最低的是志邦股份，每股社会贡献值是3.466，是安徽省上市公司平均每股社会贡献值的2.84倍。盛运环保和凤形股份的每股社会贡献值也为负值。

2017年安徽省上市公司每股社会贡献值低于平均值1.221的有68家企业，19家企业每股社会贡献值在1.221～2.00，高于2.00的企业有14家，其中9家是制造业企业，1家建筑企业，1家房地产企业，以及1家采矿业企业（图7.9将上市公司的每股社会贡献值划分为四个区间：区间1为“0.5以下”，区间2为“0.5～1.221”，区间3为“1.221～2.00”，区间4为“2.00以上”）。

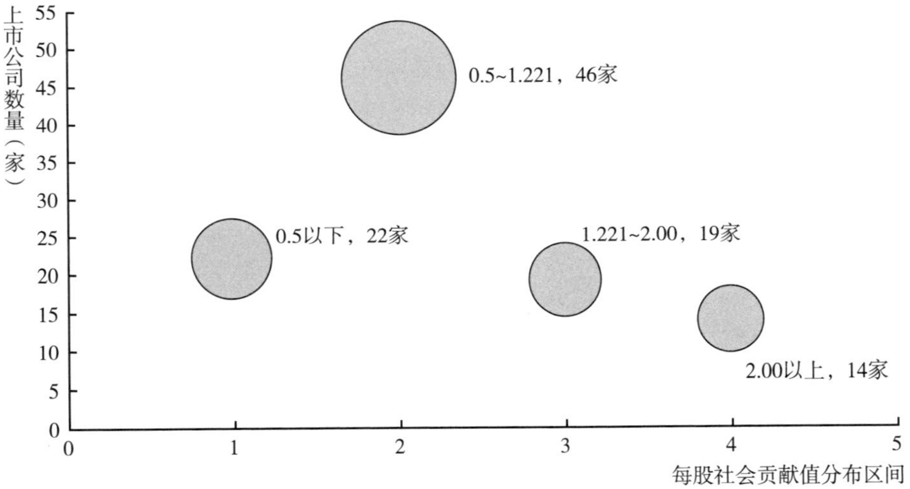

图9　2017年安徽省上市公司每股社会贡献值分布

（2）安徽省上市公司每股社会贡献值具体分析

从行业来看，2017年平均每股社会贡献值最高的是采矿业，为2.341，其次是房地产业，为2.048。13个行业中，除金融业，电力、热力、燃气及水生产和供应业这2个行业的每股社会贡献值呈现下降趋势之外，其他行业的每股社会贡献值基本保持稳定或者上升态势。制造业行业每股社会贡献值最小值是盛运环保，为 -0.525。

表 4　2017 年安徽省上市公司每股社会贡献值分行业排名

单位：%

行业	数量	每股社会贡献值最大值	每股社会贡献值最小值	2015 年行业平均每股社会贡献值	2016 年行业平均每股社会贡献值	2017 年行业平均每股社会贡献值
农林	2	0.467	0.449	0.349	0.401	0.458
采矿	2	3.122	1.559	0.277	1.445	2.341
制造	69	7.888	-0.525	0.774	1.004	1.260
电力	2	0.620	0.564	1.106	0.823	0.592
建筑	3	2.298	0.434	0.861	0.717	1.144
批发	4	2.012	0.481	1.099	1.093	1.253
交通	2	0.998	0.447	0.480	0.614	0.722
信息	5	1.289	0.545	0.570	0.763	0.917
金融	3	0.740	0.180	0.943	0.690	0.433
房产	2	2.520	1.576	0.614	1.606	2.048
科学	1	1.856	1.856	0.558	1.381	1.856
水利	4	2.025	0.575	0.994	1.193	1.417
文化	2	1.356	0.854	1.050	1.194	1.105
平均				0.744	0.994	1.196

除了亳州拥有异常高的每股社会贡献值（古井贡酒税率高），其他各城市的每股社会贡献值差别不是很大，基本上分布均匀，都维持在一个相对较低的水平。每股社会贡献值的城市均值为 1.744，低于该均值的城市有 12 个，高于该均值的城市仅有 3 个。如果不考虑亳州市的情况，安徽省城市整体每股社会贡献值应该是 1.305，高于平均水平以下的城市只有 5 个，低于平均水平以下的城市超过 1/2，这也说明安徽省整体上社会贡献能力有更高的上升空间。

从板块的情况看，每股社会贡献值的板块均值为 1.069，主板的每股社会贡献值更加突出，中小板和创业板有待进一步的发展，两大板块的企业应该积极向主板企业看齐。

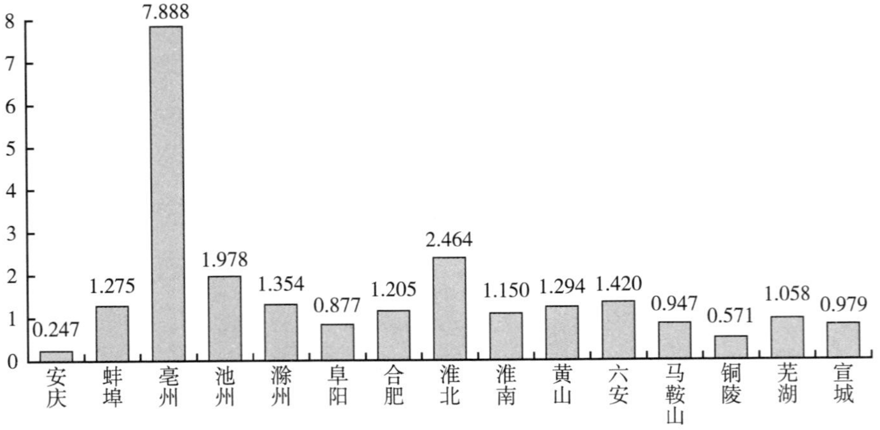

图 10 每股社会贡献值分城市分布情况

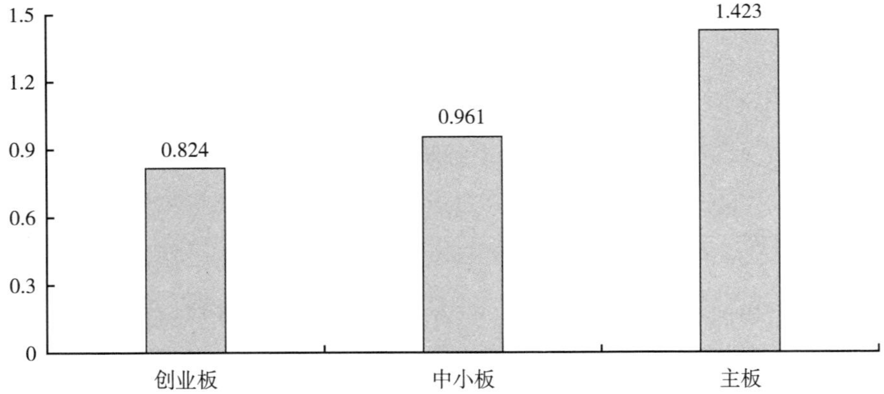

图 11 每股社会贡献值分板块分布情况

从企业属性来看，央企和国企在每股社会贡献值的得分上要高于外企、民企、集企和众企。众企和集企的每股社会贡献值偏低。

（二）上市公司社会贡献综合评价

1. 安徽省上市公司社会贡献综合指标总体分析

根据熵值赋权法，对安徽省上市公司的社会贡献进行了综合得分的计

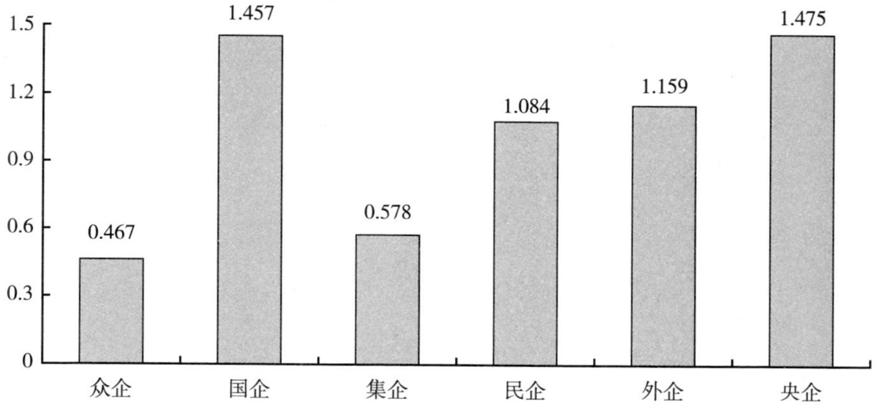

图 12　每股社会贡献值分属性分布情况

算，结果如附件 4 所示，排名前十的企业分别为古井贡酒（税率高）、口子窖（税率高）、海螺水泥、迎驾贡酒（税率高）、中鼎股份、志邦股份、金禾实业、国机通用、恒源煤电和四创电子。

前五名企业中有三名是酒水企业，“高税率”是促使酒水企业社会贡献综合得分较高的原因，并不能表示酒水企业相对于其他行业的企业对社会的贡献就更大。根据 2017 年数据进一步分析（见表 5），发现在这三个酒水企业中，古井贡酒的员工薪酬是最高的，而迎驾贡酒和口子窖的员工薪酬在前五名企业里是最低的。口子窖的高管薪酬最高，其次是古井贡酒，迎驾贡酒的高管薪酬在前五名企业里是最低的。此外，古井贡酒的净利润最高，其次是口子窖，迎驾贡酒的净利润最低。

第三名的海螺水泥作为水泥行业龙头，先后建成了铜陵、英德、池州、枞阳、芜湖 5 个千万吨级特大型熟料基地，并在安徽芜湖、铜陵兴建了 4 条 12000 吨生产线，2017 年，海螺水泥的每股社会贡献值排名全省第二，说明海螺水泥作为水泥行业龙头，具有为其员工、投资者、社会创造价值的意识。第五名的中鼎股份的社会贡献率和每股社会贡献值的得分都在前十，说明该企业的社会贡献情况不错。

排名后十的公司分别是皖维高新、国元证券、新力金融、梦舟股份、国风塑业、华安证券、安凯客车、泰尔股份、凤形股份和盛运环保。其中一些公司 2017 年经营绩效不佳，例如安凯客车、泰尔股份、凤形股份和盛运环保，对其整体排名有影响；梦舟股份所属的有色金属行业在 2017 年也处于下降趋势，行业步入调整期，公司整体经营绩效亦不算理想；新力金融、国元证券和华安证券所属金融行业，金融行业在 2017 年整体处于下滑阶段，行业蓄力待新，正处于下调阶段，行业内企业整体经营绩效不甚理想，其社会贡献得分不高；国风塑业的社会贡献率、社会积累率和每股社会贡献值均处于行业平均水平以下，公司 2017 年经营绩效一般，且处于下调阶段。

表 5　2017 年社会贡献综合排名前五位企业薪酬与净利润

企业名称	员工平均年薪（万元）	前三名最高高管薪酬总和（万元）	净利润（亿元）
古井贡酒	15.39	385.42	11.85
口子窖	4.90	508.70	11.14
海螺水泥	8.61	422.32	158.55
迎驾贡酒	4.70	125.26	6.67
中鼎股份	11.72	270.00	11.27

2017 年安徽省上市公司社会贡献综合得分平均值为 0.2968，有 41 家企业高于平均值，高于 0.6 的企业仅有 3 家，为古井贡酒、口子窖和海螺水泥。社会贡献综合得分低于平均值 0.2968 的有 60 家企业，其中 58 家企业社会贡献综合得分在 0.1～0.2968（图 13 将上市公司的社会贡献综合得分划分为四个区间：区间 1 为“0.1 以下”，区间 2 为“0.1～0.2968”，区间 3 为“0.2968～0.6”，区间 4 为“0.6 以上”）。

2. 安徽省上市公司社会贡献综合指标具体评价

从行业来看，2017 年行业综合得分平均值为 0.2860（见表 6）。其中采矿业，科学研究和技术服务业，房地产业，水利、环境和公共设施管理业，制造业，软件和信息技术服务业，批发和零售业这 7 个行业得分高于平均值。

从表 7 可知，综合得分高于平均值 0.3496 的城市有亳州市、淮北市、

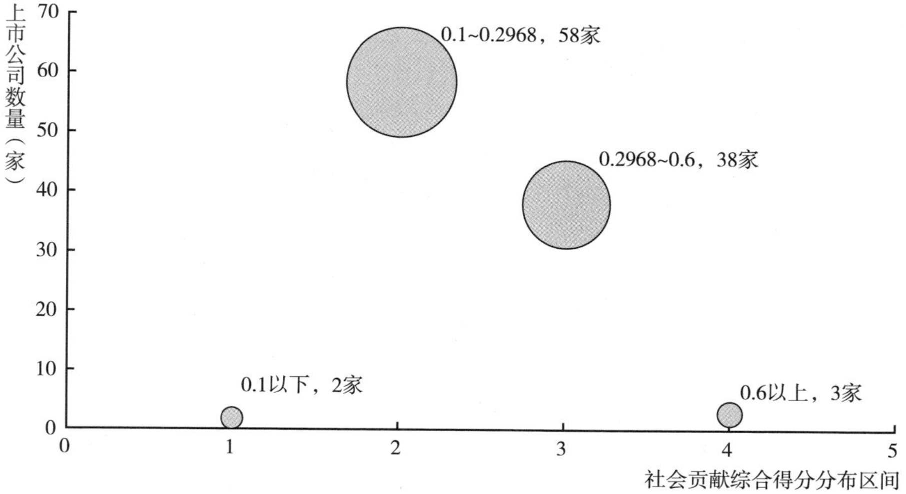

图 13　2017 年安徽省上市公司社会贡献综合得分分布

池州市和六安市。其中淮北市有 4 家上市企业，更具代表性，说明该城市上市公司整体社会贡献值较高。合肥市有 44 家上市公司，在安徽所有城市中上市企业最多。虽然它的整体的社会贡献综合得分并未靠前，但说明合肥市具有吸引人才和聚集上市公司强大力量。

从板块来看，主板和创业板的得分极为相近，不同板块的企业无明显差异。

从属性来看，不同属性公司综合得分分布较为均匀，也无明显差异。央企的综合得分比其他属性的企业要高些。

表 6　2017 年安徽省上市公司社会贡献综合得分分行业排名

单位：%

行业	数量	社会贡献率得分	社会积累率得分	每股社会贡献值得分	综合得分
采矿	2	0. 5123	0. 5164	0. 3406	0. 4116
科学	1	0. 6243	0. 4419	0. 2831	0. 4087
房产	2	0. 3922	0. 599	0. 3058	0. 3581
水利	4	0. 407	0. 4582	0. 2308	0. 3075
制造	69	0. 434	0. 4579	0. 2121	0. 3054
信息	5	0. 4813	0. 4295	0. 1714	0. 2947

续表

行业	数量	社会贡献率得分	社会积累率得分	每股社会贡献值得分	综合得分
批发	4	0.3616	0.5248	0.2114	0.2864
文化	2	0.3865	0.418	0.1938	0.2756
建筑	3	0.2517	0.5525	0.1984	0.2447
交通	2	0.3609	0.4548	0.1483	0.2434
农林	2	0.3249	0.4483	0.1168	0.2124
电力	2	0.2317	0.4873	0.1328	0.1942
金融	3	0.1749	0.6254	0.1138	0.1754
平均值		0.3802	0.4934	0.2045	0.2860

表7　2017年安徽省上市公司社会贡献综合得分分城市排名

城市	数量	社会贡献率得分	社会积累率得分	每股社会贡献率得分	综合得分
亳州	1	1	0.5952	1	0.9672
淮北	4	0.5766	0.5041	0.3552	0.4405
池州	1	0.5298	0.4446	0.2975	0.3862
六安	2	0.5616	0.5742	0.2312	0.3682
滁州	4	0.5447	0.4442	0.2233	0.3474
黄山	3	0.4631	0.5111	0.2162	0.3217
阜阳	1	0.4667	0.7179	0.1666	0.3104
淮南	2	0.4392	0.5088	0.199	0.3035
芜湖	13	0.4337	0.4585	0.1881	0.2912
合肥	44	0.3798	0.477	0.2056	0.2851
蚌埠	3	0.3385	0.4629	0.2139	0.2753
马鞍山	6	0.385	0.486	0.1749	0.2696
宣城	8	0.3933	0.3862	0.1787	0.2665
铜陵	6	0.3791	0.4554	0.1303	0.2389
安庆	3	0.2601	0.3908	0.0917	0.1716
平均值		0.4767	0.4945	0.2581	0.3496

表 8　2017 年安徽省上市公司社会贡献综合得分分板块排名

板块	数量	社会贡献率得分	社会积累率得分	每股社会贡献值得分	综合得分
主板	61	0.4082	0.4869	0.2149	0.3008
创业板	14	0.4616	0.4386	0.1912	0.3006
中小板	26	0.3994	0.4484	0.1990	0.2854
平均值		0.4231	0.4579	0.2017	0.2956

表 9　2017 年安徽省上市公司社会贡献综合得分分属性排名

属性	数量	社会贡献率得分	社会积累率得分	每股社会贡献值得分	综合得分
央企	8	0.4566	0.4954	0.2378	0.3310
国企	34	0.3858	0.485	0.2356	0.3054
外资	2	0.4361	0.4381	0.2002	0.2975
民企	53	0.4301	0.4496	0.1912	0.2911
公众	1	0.3963	0.4284	0.1179	0.2351
集体	3	0.3057	0.6359	0.1311	0.2297
平均值		0.4018	0.4887	0.1856	0.2816

3. 安徽省上市公司社会贡献综合指标制造业二级行业分析

由于制造业大类里包含很多二级行业，为了更清楚地了解每个企业的状况，我们对制造业行业进一步细分。在本研究中，制造业被划分为非金属矿物制品业、纺织业、橡胶和塑料制品业等 19 个二级行业。除去 6 个只有一个企业的二级行业（造纸及纸制品业、印刷和记录媒介复制业、农副食品加工业、家具制造业、化学纤维制造业、黑色金属冶炼及压延加工业），我们对剩下的 13 个制造业二级行业进行了行业内的对比和排名分析（见表 10，表 11 和表 12）。根据表 10，除了酒、饮料和精制茶制造业之外专业设备制造业和汽车制造业这两个行业的情况也较为突出，都有 4 家公司社会贡献得分高于平均值 0.2968，超过该行业总数的 50%。

表 10　2017 年制造业二级行业上市公司社会贡献（11 个二级行业）

细分行业	排名	公司	社会贡献	细分行业	排名	公司	社会贡献
非金属矿物制品业	1	海螺水泥	0.6023	橡胶和塑料制品业	1	中鼎股份	0.5141
	2	德力股份	0.2395		2	安利股份	0.2963
纺织业	1	开润股份	0.4224		3	永新股份	0.2929
	2	华孚时尚	0.2897		4	海螺型材	0.2630
	3	华茂股份	0.2011		5	国风塑业	0.1729
金属制品业	1	鸿路钢构	0.3166	专用设备制造业	1	安徽合力	0.3818
	2	富煌钢构	0.2465		2	欧普康视	0.3360
	3	凤形股份	0.0512		3	泰禾光电	0.3303
计算机、通信和其他电子设备制造业	1	四创电子	0.4905		4	美亚光电	0.3082
	2	长信科技	0.3252		5	应流股份	0.2530
	3	凯盛科技	0.2550	汽车制造业	1	常青股份	0.3708
	4	铜峰电子	0.1932		2	江淮汽车	0.3562
酒、饮料和精制茶制造业	1	古井贡酒	0.9672		3	众泰汽车	0.3559
	2	口子窖	0.6900		4	伯特利	0.3429
	3	迎驾贡酒	0.5398		5	华菱星马	0.2259
	4	金种子酒	0.3104		6	安凯客车	0.1556
医药制造业	1	安科生物	0.3165	通用设备制造业	1	国机通用	0.4954
	2	丰原药业	0.2948		2	华菱精工	0.3534
	3	黄山胶囊	0.2840		3	全柴动力	0.2253
	4	山河药辅	0.2787		4	合锻智能	0.1928
有色金属冶炼及压延加工业	1	楚江新材	0.2923		5	泰尔股份	0.1129
	2	众源新材	0.2767		6	盛运环保	0.0256
	3	铜陵有色	0.1875				
	4	梦舟股份	0.1743				

表 11　2017 年制造业二级行业上市公司社会贡献（电气机械及器材制造业）

排名	公司	社会贡献	排名	公司	社会贡献
1	美菱电器	0.2951	5	聚隆科技	0.2454
2	阳光电源	0.2768	6	文一科技	0.1968
3	惠而浦	0.2520	7	乐金健康	0.1869
4	精达股份	0.2460			

表 12 2017 年制造业二级行业上市公司社会贡献（化学原料及化学制品制造业）

排名	公司	社会贡献	排名	公司	社会贡献
1	金禾实业	0.5025	6	司尔特	0.2417
2	安纳达	0.3850	7	广信股份	0.2416
3	中钢天源	0.3147	8	六国化工	0.2247
4	雷鸣科化	0.2872	9	江南化工	0.2004
5	中粮生化	0.2483	10	神剑股份	0.1914

三 安徽省上市公司社会责任分析

企业社会责任发展指数是对企业社会责任管理体系建设现状和社会/环境信息披露水平进行评价的综合指数。以下将安徽省上市公司作为研究对象，对企业的社会责任进行分析。基于《上海上市公司社会责任研究报告（2016）》的研究方法和指标体系，本报告采用“责任管理”“市场责任”“社会责任”“环境责任”四个分指标来评价社会责任。通过熵值赋权法，计算社会责任的综合指标并进行排名，并按照不同行业、城市、板块、属性进行了分析。

（一）上市公司社会责任指标分析

企业社会责任综合指标通过四个分指标衡量，在这四个分指标中，“责任管理”位于模型的核心，是每个企业社会责任实践的原点。“责任管理”包括责任战略、责任治理、责任融合、责任绩效、责任沟通和责任能力。“市场责任”居于模型基部。企业是经济性组织，为市场高效率、低成本地提供有价值的产品或服务，取得较好的财务绩效是企业可持续发展的基础。“市场责任”包括客户责任、伙伴责任和股东责任等与企业业务活动密切相关的责任。“社会责任”为模型的左翼，包括政府责任、员工责任和社区责任。“环境责任”为模型的右翼，包括环境管理、节约资源能源、降污减排等内容。四个指标的原始数据来源于企业年度报告、社会责任报告、公司官网、新浪财经、巨潮资讯网、证券交易所等其他权威网站中的信息，分别汇总统计得出。

从附件5可知，“责任管理”得分排名前十的企业有国元证券、海螺水泥、新集能源、三七互娱、安徽合力、皖维高新、安徽水利、四创电子、时代出版、华安证券。“市场责任”得分排名前十的企业有新集能源、洽洽食品、华孚时尚、安徽合力、全柴动力、海螺水泥、惠而浦、众源新材、皖新传媒、鸿路钢构（并列第十）、雷鸣科化（并列第十）。“社会责任”得分排名前十的企业有新集能源、海螺水泥、皖新传媒、华孚时尚、安徽水利、众源新材、洽洽食品、雷鸣科化、三七互娱（并列第十）、科大讯飞（并列第十）、铜峰电子（并列第十）。“环境责任”排名前十的企业有海螺水泥、盛运环保、安徽合力、应流股份、四创电子、鸿路钢构、金禾实业、广信股份、口子窖、梦舟股份（并列第十）、皖维高新（并列第十）、楚江新材（并列第十）、司尔特（并列第十）、华茂股份（并列第十）。

（二）上市公司社会责任综合评价

1. 安徽省上市公司社会责任综合指标总体分析

通过熵值赋权法，我们计算出2017年安徽省上市公司社会责任的综合得分。根据附件6可知，综合得分排名前十的企业分别为：海螺水泥、安徽合力、新集能源、洽洽食品、众源新材、金禾实业、梦舟股份、皖新传媒、华孚时尚、惠而浦。前七位企业的社会责任综合得分都在8分以上，说明它们拥有较好的社会责任理念，能够在公司获得效益的同时，较好地履行对社会发展的责任。其中，海螺水泥的社会责任综合得分高于9分，说明海螺水泥的社会责任意识较好。2017年，海螺水泥积极为贫困地区民众捐赠现金及物资：捐赠1000吨水泥（价值43.5万元）用于当地乡村道路及水利设施建设，盈江允罕公司提供人力、设备和材料为当地小学架设水管3600米，帮助村民修整乡村道路；广元海螺水泥有限责任公司等子公司为当地贫困村建立了“海螺水泥扶贫直营店”销售网，推行村集体“代销分红”模式助力脱贫攻坚；礼泉海螺水泥有限责任公司积极参与贫困大学生资助活动，广大干部职工纷纷慷慨解囊，共同资助当地贫困学生；中国厂、英德海螺等子公司积极开展社区服务、爱心捐款、走访慰问等公益活动。第二位的安徽合力股份有限公司合肥铸锻厂，为安徽省铸造中心企业，具有四十多年的铸件生产历史。在社会责任综合指标的打分体系中，安徽合力的“环境责任”分数为9.5分，“责任管理”为9.2分，这两个指标的得分很突出。第三位的新集能源的“环境责任”为7分，其他三项均在9.5分左右；第四名洽洽食品的“市场责任”为9.5分，说明它切实履行了对相关利益者的承诺，创造了企业价值；第五位众源新材的“社会责任”为9.2分，说明众源新材的公益活动和对员工的保障机制较为突出；第六位金禾实业的“环境责任”为9.1分，说明金禾实业的环保意识较强；第七位梦舟股份的“环境责任”得分为8.7分，说明梦舟股份的环保履责状况较好；第八位皖新传媒的“社会责任”得分为9.5分，说明皖新传媒能够在依法经营的同时，积极履行对员工、社区以及整个社会的责任；第九位华孚时尚的“市场责任”和“社会责任”得分均为9.5分，说明华孚时尚能够很好地履行对相关利益者以及对社区、贫困地区的帮扶责任；第十位惠而浦的各项指标得分较为平均，其中“环境责任”得分为7分，其他三项得分均在8分以上，说明惠而浦的整体履责情况较好。

2017年安徽省上市公司社会责任综合得分排名后十位的公司分别是：华菱星马、泰尔股份、国机通用、神剑股份、中电鑫龙、国风塑业、美菱电器、合肥城建、皖天然气、伯特利。这十家企业的各项指标得分均为0.2分，原因是这些企业在年报中披露的社会责任信息很少，所以统一打分为0.2。从侧面反映出这些企业没有完善的社会责任理念，不能很好地履行社会责任。

2017年安徽省上市公司社会责任综合得分平均数为4.297，中位数为4.449，二者相差不大，说明安徽省上市公司社会责任整体情况分布较为均匀。其中，高于平均值的公司一共有51家，占总公司数量的50.49%，高于中位数的公司一共有50家，占总公司数量的49.5%，说明将近一半的公司社会责任情况优于一般水平。

2017 年安徽省上市公司社会责任综合得分低于平均值 4.297 的有 50 家企业，占比 49.5%。38 家企业社会责任综合得分在 4.297 ~ 7.5 分，高于 7.5 的企业有 13 家，其中有 10 家是制造业企业（图 14 将上市公司的社会责任综合得分划分为四个区间：区间 1 为“2 分以下”，区间 2 为“2 ~ 4.297 分”，区间 3 为“4.297 ~ 7.5 分”，区间 4 为“7.5 ~ 10 分”）。

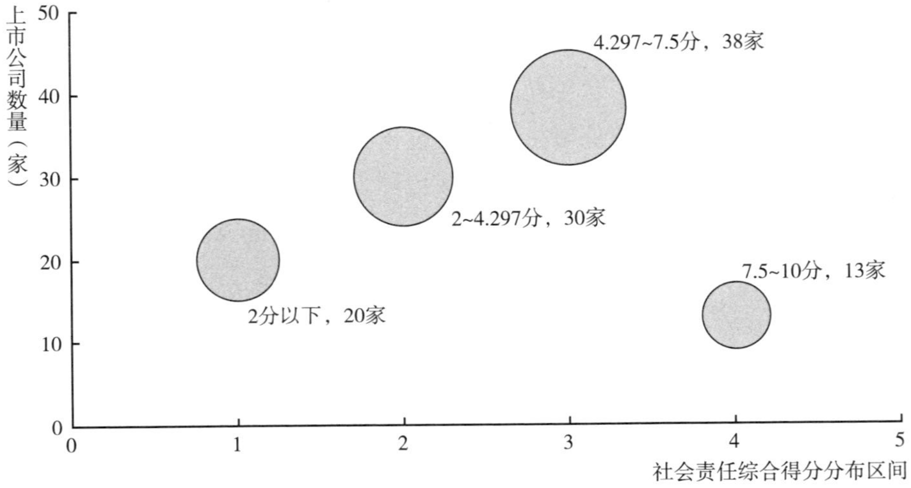

图 14　2017 年安徽省上市公司社会责任综合得分分布

此外，我们采用 2015 ~ 2017 年的社会责任综合得分均值，对安徽省上市公司三年的社会责任做了整体趋势分析。结果显示，安徽省上市公司的社会责任综合得分均值呈不断上升趋势。这表明近三年来，安徽省上市公司的社会责任整体的履行情况越来越好。

2. 安徽省上市公司社会责任综合指标具体分析

在社会责任综合指标具体分析中，我们采用社会责任综合得分均值进行分析。2017 年里，社会责任综合得分排名前三的行业是文化、体育和娱乐业，建筑业，科学研究和技术服务业（见图 16）。制造业企业紧随其后。从行业来看，社会责任综合得分排名前十的公司多属于制造业，一方面是因为制造业公司数量较多，另一方面也说明制造业内部分企业社会责任整体意识

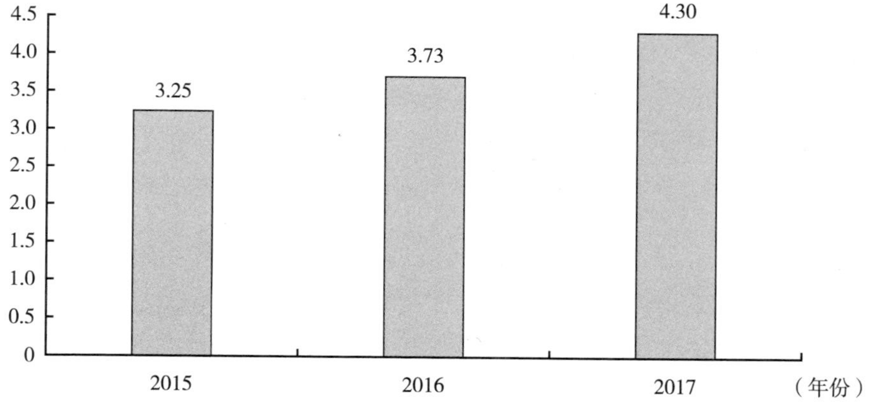

图 15　2015～2017 年安徽省上市公司社会责任综合得分趋势

要优于其他行业。从安徽省上市公司社会责任分行业趋势图来看（图 17），信息、传输、软件和信息技术服务业的社会责任处于较高水平，并且2015～2017 年总体趋势略有上升，而制造业的社会责任水平处于稳定上升趋势，并且在 2017 年制造业社会责任综合得分超过了信息行业。批发和零售业，水利、环境和公共设施管理的社会责任水平相对较低，其中水利、环境和公共设施管理业。2016～2017 年略有下降，批发和零售业处于稳步上升趋势，并且在 2017 年超过了水利、环境和公共设施管理业。说明批发和零售业上市公司在不断提高自己的社会责任水平，积极履行相应的社会责任。

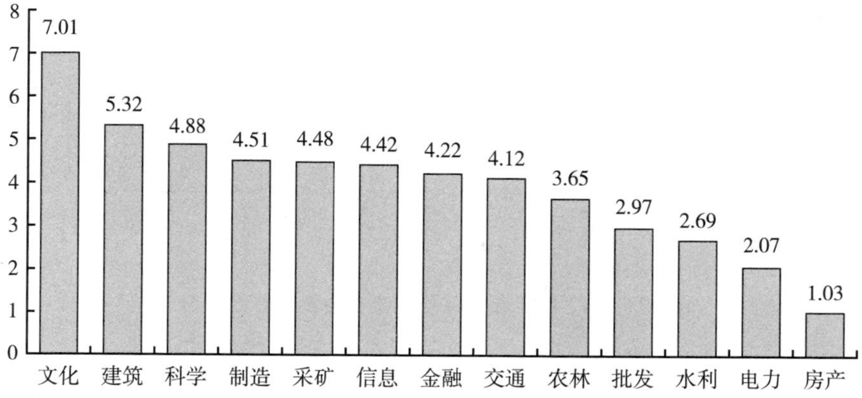

图 16　2017 年安徽省不同行业社会责任综合得分

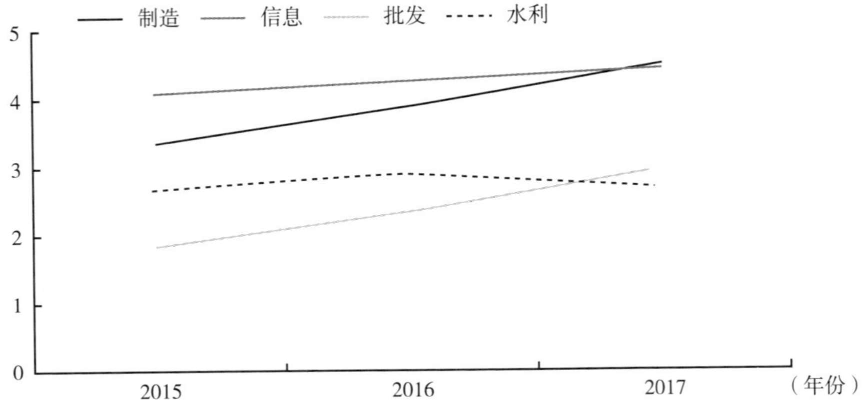

图 17　2015～2017 年安徽省不同行业社会责任综合得分

从图 18 可知，位于亳州、淮南、安庆这几个城市的上市公司社会责任履行情况较好。但是亳州市只有 1 家上市公司，淮南市只有 2 家上市公司，因此，它们的排名不具有代表性，并不表示一个城市的整体社会责任都比较好。淮北市有 4 家上市公司，铜陵市有 6 家上市公司，合肥市有 44 家上市公司，这些城市的企业的社会责任整体履行情况也不错。

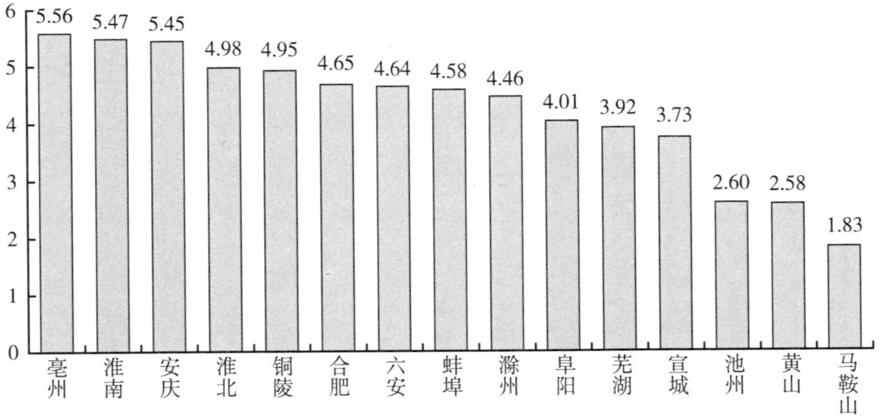

图 18　2017 年安徽省不同城市社会责任综合得分

从城市趋势图来看（图 19），2015～2017 年合肥市、芜湖市、铜陵市和宣城市的社会责任逐年加强，说明这四个城市上市公司的社会责任意识都在逐年增强。芜湖市的整体社会责任水平和宣城市相差不大，宣城市 2016 年社会责任均值为 3.68，芜湖市为 3.42。但在 2017 年，芜湖市的社会责任均值为 3.92，宣城市的社会责任均值为 3.73。芜湖市的上升趋势更为明显。马鞍山的社会责任则呈现出下降趋势，而且整体水平在这五个城市中是最低的，说明马鞍山上市公司整体社会责任履行情况较差，而且有逐年降低的趋势，应加强社会责任意识的培养，严格履行相应的责任。

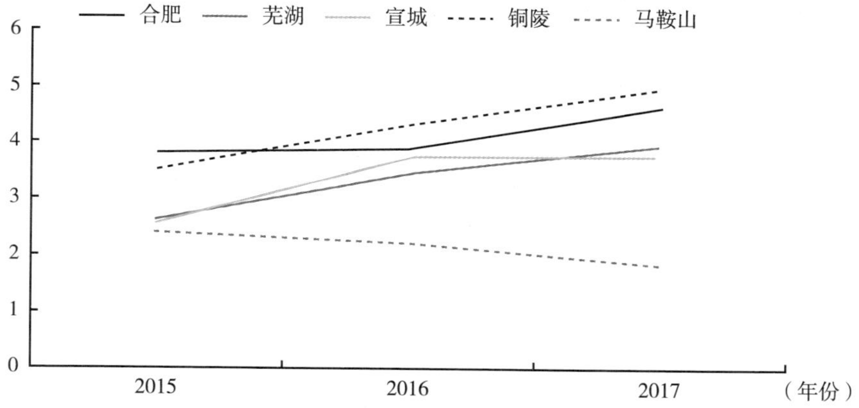

图 19　2015～2017 年安徽省不同城市社会责任综合得分

从安徽省上市公司板块图来看（见图 20），社会责任整体水平最高的是主板，其次分别是中小板和创业板。主板相对较高的社会责任说明主板上市

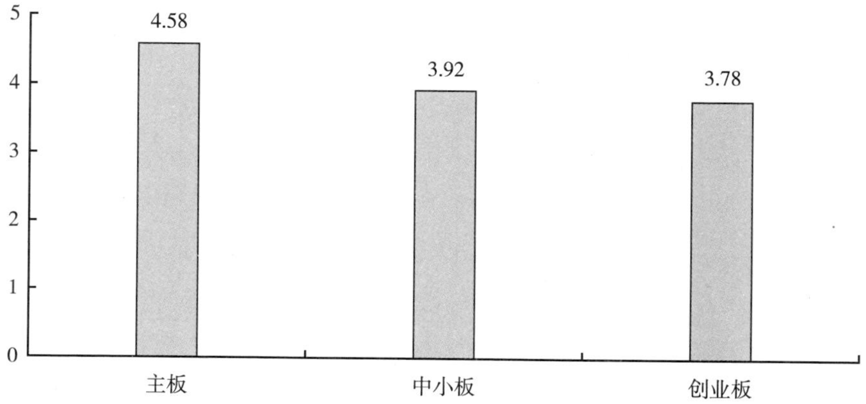

图 20　2017 年安徽省不同板块社会责任综合得分

公司的履责情况较好。而创业板上市公司可能由于处于创业期，对社会责任的意识不够强烈，容易重视追求经济利益而忽视社会责任发展，因此，创业板上市公司应努力加强自己的责任感。从 2015 ~ 2017 年的整体趋势来看，三大板块的上市公司社会责任都呈上升趋势。这意味着安徽省上市公司社会责任意识逐渐增强，信息披露逐渐完善，应继续保持。

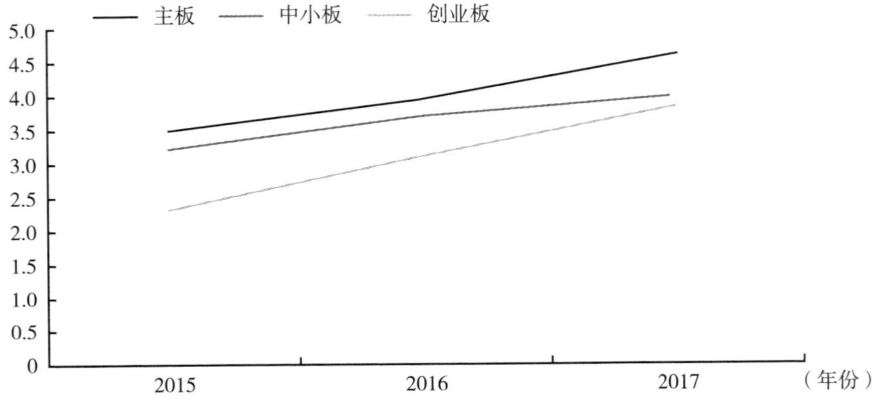

图 21　2015 ~ 2017 年安徽省不同板块社会责任综合得分

从图 22 可见，2017 年央企具有较高的社会责任意识，社会责任履行的情况比较好，其次是民营企业、地方国有企业。

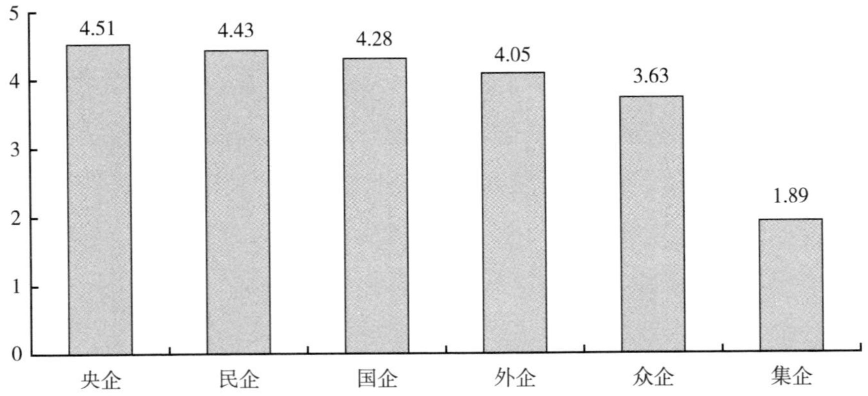

图 22　2017 年安徽省不同属性企业社会责任综合得分

从属性趋势图来看（图 23），央企的社会责任水平最高，这与央企的示范作用相符合，说明央企在社会责任方面能够起到领头作用，其次是外企和国企、民企。在 2015 年，民企的社会责任要低于国企和外企，到 2017 年，民企的社会责任要高于国企和外企，说明民企的社会责任发展趋势较好，呈现后来者居上的整体趋势。其次，社会责任水平相对较差的是众企和集企，一方面这两类企业的上市公司数量不多，可能不具有代表性，另一方面也说明这两类企业内的上市公司应加强社会责任管理，积极履行社会责任。

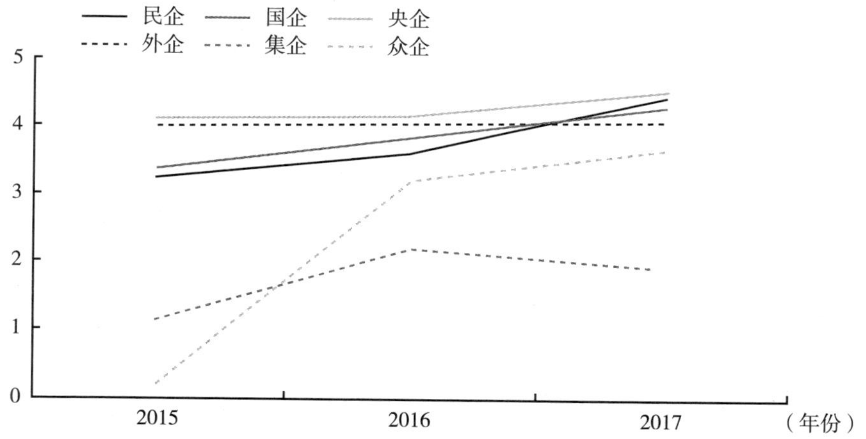

图 23　2015 ~ 2017 年安徽省不同属性企业社会责任综合得分

3. 安徽省上市公司社会责任综合指标制造业二级行业分析

我们对 13 个制造业二级行业进行了行业内的对比和排名分析（见表 13，表 14 和表 15）。2017 年安徽省上市公司社会责任综合得分排名前十的公司分别属于非金属矿物制品业、专用设备制造业、农副食品加工业、有色金属冶炼及压延加工业、化学原料及化学制品制造业、纺织业、电气机械及器材制造业。其中，有色金属冶炼及压延加工业有 4 家公司，社会责任综合得分都高于平均值 4. 297。说明该二级行业内企业的社会责任意识较强，能够较好地履行各方面的社会责任。此外，化学原料及化学制品制造业情况也较为突出，有 6 家公司社会责任综合得分高于平均值，超过该行业总数的 50%。

表 13　2017 年制造业二级行业上市公司社会责任（电气机械及器材制造业）

排名	公司	社会责任	排名	公司	社会责任
1	惠而浦	7.9054	5	精达股份	3.412
2	聚隆科技	4.117	6	阳光电源	2.491
3	乐金健康	3.534	7	美菱电器	0.2
4	文一科技	3.53			

表 14　2017 年制造业二级行业上市公司社会责任（化学原料及化学制品制造业）

排名	公司	社会责任	排名	公司	社会责任
1	金禾实业	8.033	6	雷鸣科化	4.6012
2	广信股份	7.452	7	中粮生化	3.137
3	六国化工	6.507	8	中钢天源	2.512
4	司尔特	4.874	9	江南化工	0.355
5	安纳达	4.738	10	神剑股份	0.2

表 15　2017 年制造业二级行业上市公司社会责任（11 个二级行业）

细分行业	排名	公司	社会责任	细分行业	排名	公司	社会责任
非金属矿物制品业	1	海螺水泥	9.335	橡胶和塑料制品业	1	安利股份	6.91
	2	马钢股份	3.377		2	中鼎股份	2.472
纺织业	1	华孚时尚	7.982		3	永新股份	1.888
	2	华茂股份	5.153		4	海螺型材	1.039
	3	开润股份	2.665		5	国风塑业	0.2
金属制品业	1	鸿路钢构	7.775	专用设备制造业	1	安徽合力	8.89
	2	富煌钢构	6.939		2	应流股份	6.925
	3	凤形股份	3.359		3	泰禾光电	5.33
计算机、通信和其他电子设备制造业	1	四创电子	7.096		4	美亚光电	4.132
	2	铜峰电子	6.72		5	欧普康视	2.621
	3	长信科技	3.495	汽车制造业	1	江淮汽车	6.808
	4	凯盛科技	3.07		2	常青股份	6.471
酒、饮料和精制茶制造业	1	口子窖	7.093		3	众泰汽车	4.592
	2	古井贡酒	5.565		4	安凯客车	1.927
	3	迎驾贡酒	4.799		5	华菱星马	0.2
	4	金种子酒	4.014		6	伯特利	0.2

续表

细分行业	排名	公司	社会责任	细分行业	排名	公司	社会责任
医药制造业	1	黄山胶囊	5.153	通用设备制造业	1	全柴动力	6.824
	2	安科生物	4.557		2	盛运环保	6.758
	3	丰原药业	4.469		3	合锻智能	5.8404
	4	山河药辅	2.231		4	华菱精工	2.032
有色金属冶炼及压延加工业	1	众源新材	8.155		5	国机通用	0.2
	2	梦舟股份	8.028		6	泰尔股份	0.2
	3	楚江新材	6.038				
	4	铜陵有色	4.768				

此外，还有部分企业发生了重大负面新闻，对企业造成了不良影响。在综合评分时，我们并未把这种情况考虑进去。因此，我们将这部分企业的负面新闻向读者披露。根据该公司 2017 年年报披露的信息，这些企业分别发生了以下负面新闻：

（1）盛运环保：出现 3 个财务报告重大缺陷，1 个非财务报告重大缺陷；2018 年 4 月 28 日，由于部分对外提供担保存在违规、部分债务逾期信息未及时披露等问题，盛运环保被安徽证监局采取出示警示函措施的决定；2018 年 6 月 11 日，盛运环保公告显示，因公司资金周转困难，致使部分到期债务未能清偿，总计超过 6.67 亿元。

（2）德力股份：报告期内，公司因 2015 年、2016 年连续两个会计年度经审计净利润均为负值，根据《深圳证券交易所股票上市规则》13.2.1 的有关规定，公司股票交易被实施了“退市风险警示”特别处理。

（3）国元证券：2017 年 4 月 6 日，国元证券（香港）有限公司全资子公司国元证券经纪（香港）有限公司因在 2010 年 9 月至 2012 年 7 月期间未严格审查经纪业务客户资金流转（第三者资金存取交易），违反了相关监管条例要求，被香港证监会公开谴责并处以 450 万港元罚款。

（4）全柴动力：2016 年 2 月，本公司客户山东沃尔华工程机械有限公司向济宁高新技术产业开发区人民法院提起诉讼，以本公司在 2011 年 4 月至 2013 年 3 月期间向其销售的柴油机存在质量问题为由，要求法院判定支付其修复及赔偿等费用共计775万元。公司800万元因该诉讼事项被冻结，该案于2016年8月和2017年2月两次开庭审理，2017年3月，济宁高新技术产业开发区人民法院出具《民事调解书》，公司与山东沃尔华工程机械有限公司自愿达成协议。2017年5月2日，双方关于民事调解协议已执行完毕，再无其他纠纷。此外，公司报告中显示，发生一般缺陷两项，但不影响内部控制目标的实现。母公司无缺陷项，子公司在存货、营业成本方面存在两项缺陷项。

四 研究结论及对策建议

本报告以安徽省上市公司为样本，依据Wind数据库、RESSET数据库上市公司公布的财务报告、年表和社会责任报告、新浪财经等网站所披露的数据和文字资料，对安徽省上市公司的社会贡献和社会责任进行研究。通过熵值赋权法，分别计算社会贡献和社会责任的综合指标，并分行业、分城市、分板块、分属性进行排名和分析，得出研究结论，揭示研究中发现的问题。根据研究结论，向企业、政府、投资者提出相应对策建议。

（一）研究结论

基于对安徽省上市公司的社会贡献和社会责任的分析，本报告得出以下结论。

1. 安徽省上市公司社会贡献能力和社会责任履行情况都较为接近

2017年安徽省101家上市公司社会贡献综合得分平均值为0.2968，中位数为0.2840，两者较为接近，差异不大，说明安徽省上市公司的整体社会贡献能力比较均衡。同样地，2017年安徽省上市公司社会责任的平均值为4.297，中位数为4.449，二者相差也不大，说明安徽省上市公司社会责任履行情况也比较接近。

2. 安徽省上市公司的社会贡献能力和社会责任履行意识仍需加强

从具体情况来看，社会贡献综合得分高于平均值的安徽省上市公司有

41家，不到上市公司总数的50%，大部分上市公司的社会贡献综合得分集中在0.1～0.2968。社会责任综合得分低于平均值的上市公司有51家，占上市公司总数量的50.5%。其中，只有13家上市公司社会责任得分集中在7.5分～10分，数量较少。说明仍需加强安徽省上市公司的社会贡献能力和社会责任履行意识。

3. 合肥市上市公司社会贡献综合得分不高，社会责任履行情况良好

从合肥市的情况看，合肥市拥有44家上市公司，为安徽省上市企业最多的城市，证明合肥市具有聚集企业和吸引人才的强大力量。但也因为上市公司的数量众多，各个公司的社会贡献能力参差不齐，因此，合肥市的社会贡献综合得分在城市排名里并未靠前。但在社会责任综合指标排名上，合肥市上市公司排名较为靠前，说明合肥市上市公司的整体社会责任意识较强。

4. 安徽省上市公司对全省财政贡献逐渐增大

安徽省统计局的数据表明，2017年全省财政收入4858亿元，增长11.1%，比去年提高2.1个百分点，比全国高3.7个百分点。税收占比由上年的69.5%提高到70.1%。其中，上市公司税收占比从去年的5.94%提高到7.71%。说明安徽省上市公司对安徽省的财政贡献逐渐增大，财政增收步伐加快。

5. 同行业的社会贡献能力两极分化

即便在同行业里，上市公司之间社会贡献能力也极其悬殊。例如，由于制造业里企业类型众多且数量巨大，企业所创造的价值也比较悬殊。在三个衡量社会贡献的指标里，全省得分最高和得分最低的企业都出现在制造业。例如，社会贡献率最高的企业属于制造业，为39.13%，而全省社会贡献率最低的企业也属于制造业，为-5.09%，差距接近44个百分点。此外，批发和零售业里企业的社会贡献能力也比较悬殊。例如，该行业里社会积累率最大值为48.85%，最小值为15.76%，差距为33个百分点。

6. 社会贡献部分指标的信息披露状况不够完善

以每股社会贡献值为例，该指标作为上海证券交易所官方指定的指标，在衡量上市公司每股股票为社会创造的附加价值上具有一定的准确性和代表

性。即便证券交易所要求上市公司在自己的报告中披露该指标，但主动披露该指标的上市公司几乎没有。而且计算该指标的部分关键数据也并未呈现，比如公益投入总额、社会成本等，导致公众及监管部门无法更准确地评估上市公司的社会贡献情况。

7. 不同属性企业的社会责任履行情况差异较大

央企的社会责任指数高于其他企业，存在步伐不一致、平行差异大的问题。在2015～2017年，央企的社会责任水平都是最高的，遥遥领先与其他企业，特别是众企和集企。一方面说明央企具有较高的社会责任意识，社会责任履行的情况也较好。另一方面也反映出其他企业需提高社会责任意识，加强社会责任的履行程度。其中，众企的社会责任履行情况虽然逐渐有所改善，但远远赶不上其他企业。集企的表现相对较差，应加强管理。

（二）对策建议

1. 正确看待社会贡献和社会责任，强化社会责任意识

上市公司应认识到社会贡献和社会责任发展与企业的经济利益并不冲突。以往研究表明，企业的社会贡献能力、社会责任履行程度与企业经济利益呈现相关关系。因此，上市公司应进行全员社会责任意识培训，提高员工特别是高管的社会责任意识。重视企业社会贡献和社会责任。既要利润最大化，也要为股东、员工、消费者创造价值，承担公益、慈善、环保等社会责任，实现企业“利润”与“责任”“贡献”的平衡。

2. 制定社会责任发展战略，加强相关指标的披露

战略是企业前行路上的指南针，要让企业更好地履行社会责任，应建立符合企业自身的社会责任发展战略，完善相应制度。在公司战略层面，上市公司应增加社会责任相关战略部署，如环境保护战略、能源节约战略、职工培训发展战略等。开展工艺创新、管理创新，强化新技术、新工艺在生产中的开发应用，提高能源的利用效率。增强企业的软实力，如营造积极履行社会责任的企业文化等。此外，公司内部应建立相应的社会责任披露制度，来规范企业的社会责任报告披露章程。加强每股社会贡献值、环境等信息的披

露，主动发布独立的社会责任报告，接受公众的监督。该举措既可以让上市公司的形象更加良好，也使得公众对上市公司的发展更有信心。

3. 积极投身社会公益活动，坚持“绿色公益”的理念

社会公益投入是社会责任的重要衡量指标，可以体现企业社会责任意识的高低，更是企业履行社会责任的直接反映。安徽省上市公司中部分企业已在进行持续性的公益活动，如每年向当地贫困人口或其他困难群体提供资金上或物质上的帮扶，实现精准扶贫。但仍有少部分上市公司没有相应的公益活动。这部分上市公司应该认识到，上市公司作为企业中的先进代表，积极投身社会公益，有利于企业良性的发展。因此，上市公司应完善公司公益体系，制定具体可操作的公益战略，从战略层面上明确本企业应履行的社会责任，并积极投身于社会公益活动。在开展公益活动的同时，坚持“绿色公益”的理念，致力于绿色生态建设，减少能源消耗和排放。

4. 政府应实施激励和约束机制，并与企业社会贡献能力和社会责任履行情况相挂钩

对社会贡献能力和社会责任履行情况良好的上市公司，要增加支持力度，给予优惠政策倾斜。树立行业标杆，让优秀上市公司在本行业中起到带头的作用。鼓励排名靠后的上市公司向排名靠前的上市公司学习。对一些只追求企业利益最大化而不顾及社会贡献和社会责任，并且屡教不改的上市公司，应实行一定的约束机制。可以将该上市公司的社会贡献能力和社会责任履行程度与该上市公司的发行审核、再融资、增发配股、并购重组等行为联系起来。严格执行环保总局、央行和银监会颁布的《关于落实环境保护政策法规防范信贷风险的意见》，商业银行对上市公司发放贷款时，应当考核其社会贡献和社会责任的履行情况，遏制那些只顾自身发展不顾社会和环境的上市公司的盲目扩张。

5. 根据上市公司的不同属性，实行有针对性的分业管理

政府应根据社会贡献和社会责任相关议题的相对重要性优先布局，重点强化社会贡献能力和环境责任履行能力。需要根据上市公司的不同属性和规模，实行有针对性的分业管理。政府以“自上而下”的方式推动社会贡献

能力和环境责任履行能力，通常会在央企和国企产生较好的反响。接下来政府应该把其他类型的上市公司（如民企、外企、众企、集企）作为重点，优先考虑对这些上市公司在内部管理程序、向利益相关方报告，以及其他与社会贡献和社会责任相关的方面，给予更灵活和适当的政策。

6. 参考上市公司的社会贡献能力和社会责任履行情况进行投资

投资者要深刻认识到，能够履行良好社会责任、积极为社会做贡献的上市公司，也能够对投资者履行相应的责任。为了规避损失，投资者不妨从上市公司是否能较好地履行社会责任、提高社会贡献能力进行考量。能否为相关利益者创造价值、承担相应责任分别是衡量社会贡献和社会责任的维度之一。因此，社会贡献和社会责任在一定程度上反映了上市公司对投资者利益的重视程度。此外，上市公司的经营业绩往往与其社会责任履行程度和社会贡献能力相挂钩。一个想长久发展的上市公司，必然会积极履行社会责任、为社会做贡献，营造良好的公司形象，间接促进公司经营业绩的提高。从长远的眼光来看，这样的上市公司更值得投资。

附件1　2017年安徽省上市公司社会贡献率排名

总排名	公司名称	社会贡献率(%)	分行业排名		分城市排名		分板块排名		分属性排名	
1	古井贡酒	39.13	制造	1	亳州	1	主板	1	国企	1
2	口子窖	34.22	制造	2	淮北	1	主板	2	民企	1
3	国机通用	33.47	制造	3	合肥	1	主板	3	央企	2
4	迎驾贡酒	32.68	制造	4	六安	1	主板	4	民企	2
5	开润股份	29.24	制造	5	滁州	1	创业	1	民企	3
6	三七互娱	26.97	信息	1	芜湖	1	中小	1	民企	4
7	金禾实业	26.96	制造	6	滁州	2	中小	2	民企	5
8	安纳达	25.71	制造	7	铜陵	1	中小	3	国企	3
9	中鼎股份	25.04	制造	8	宣城	1	主板	5	民企	6
10	华菱精工	23.63	制造	9	宣城	2	主板	6	民企	7
11	安科生物	22.58	制造	10	合肥	2	创业	2	民企	8
12	设计总院	22.52	科学	1	合肥	3	主板	7	国企	4
13	长信科技	22.27	制造	12	芜湖	2	创业	3	民企	9
14	恒源煤电	21.92	采矿	1	淮北	2	主板	8	国企	5

续表

总排名	公司名称	社会贡献率(%)	分行业排名		分城市排名		分板块排名		分属性排名	
15	欧普康视	21.87	制造	14	合肥	4	创业	4	民企	10
16	志邦股份	21.16	制造	13	合肥	5	主板	9	民企	11
17	海螺水泥	20.72	制造	14	芜湖	3	主板	10	国企	6
18	科大国创	20.65	信息	2	合肥	6	创业	5	民企	12
19	中钢天源	19.29	制造	18	马鞍山	1	中小	4	央企	7
20	美亚光电	19.24	制造	16	合肥	7	中小	5	民企	13
21	安徽合力	19.15	制造	17	合肥	8	主板	11	国企	8
22	伯特利	19.10	制造	18	芜湖	4	主板	12	外企	1
23	泰禾光电	18.68	制造	19	合肥	9	主板	13	民企	14
24	九华旅游	18.34	水利	1	池州	1	主板	14	国企	9
25	新光圆成	17.53	房产	1	马鞍山	2	中小	6	民企	15
26	集友股份	17.45	制造	25	安庆	1	主板	15	民企	16
27	黄山旅游	17.05	水利	2	黄山	1	主板	16	国企	10
28	楚江新材	16.94	制造	22	芜湖	5	中小	7	民企	17
29	永新股份	16.91	制造	22	黄山	2	中小	8	集企	1
30	洽洽食品	16.25	制造	23	合肥	10	中小	9	民企	18
31	常青股份	16.21	制造	24	合肥	11	主板	17	民企	19
32	科大讯飞	15.76	信息	3	合肥	12	中小	10	央企	11
33	金种子酒	15.55	制造	27	阜阳	1	主板	18	国企	12
34	合肥百货	15.54	批发	1	合肥	13	主板	19	国企	13
35	山河药辅	15.46	制造	29	淮南	1	创业	6	民企	20
36	马钢股份	15.05	制造	27	马鞍山	3	主板	20	国企	14
37	山鹰纸业	14.41	制造	28	马鞍山	4	主板	21	民企	21
38	精达股份	14.09	制造	29	铜陵	2	主板	22	民企	22
39	皖新传媒	13.83	文化	1	合肥	14	主板	23	国企	15
40	众源新材	13.80	制造	30	芜湖	6	主板	24	民企	23
41	安利股份	13.58	制造	31	合肥	15	创业	7	民企	24
42	雷鸣科化	13.36	制造	32	淮北	3	主板	25	国企	16
43	丰原药业	13.26	制造	33	芜湖	7	主板	26	民企	25
44	新集能源	13.21	采矿	2	淮南	2	主板	27	央企	17
45	黄山胶囊	13.05	制造	35	宣城	3	中小	11	民企	26
46	安德利	12.53	批发	2	合肥	16	主板	28	民企	27
47	荃银高科	12.43	农林	1	合肥	17	创业	8	众企	1
48	众泰汽车	12.20	制造	37	黄山	3	主板	29	民企	28

续表

总排名	公司名称	社会贡献率(%)	分行业排名		分城市排名		分板块排名		分属性排名	
49	华孚时尚	12.11	制造	36	淮北	4	中小	12	民企	29
50	德力股份	11.85	制造	37	滁州	3	中小	13	民企	30
51	凯盛科技	11.83	制造	38	蚌埠	1	主板	30	央企	18
52	皖通高速	11.68	交通	1	合肥	18	主板	31	国企	19
53	中粮生化	11.58	制造	42	蚌埠	2	主板	32	央企	20
54	皖通科技	11.03	信息	4	合肥	19	中小	14	民企	31
55	司尔特	11.02	制造	44	宣城	4	中小	15	民企	32
56	鸿路钢构	10.81	制造	41	合肥	20	中小	16	民企	33
57	阳光电源	10.79	制造	42	合肥	21	创业	9	民企	34
58	四创电子	10.58	制造	43	合肥	22	主板	33	央企	21
59	海螺型材	10.48	制造	44	芜湖	8	主板	34	国企	22
60	聚隆科技	10.40	制造	45	宣城	5	创业	10	民企	35
61	时代出版	10.18	文化	2	合肥	23	主板	35	国企	23
62	美菱电器	10.11	制造	51	合肥	24	主板	36	国企	24
63	皖江物流	10.06	交通	2	芜湖	9	主板	37	国企	25
64	江淮汽车	10.05	制造	53	合肥	25	主板	38	国企	26
65	惠而浦	9.29	制造	48	合肥	26	主板	39	外企	2
66	中环环保	8.59	水利	3	合肥	27	创业	11	民企	36
67	江南化工	8.54	制造	56	宣城	6	中小	17	民企	37
68	亚夏汽车	8.52	批发	3	芜湖	10	中小	18	民企	38
69	广信股份	8.33	制造	58	宣城	7	主板	40	民企	39
70	铜峰电子	8.20	制造	51	铜陵	3	主板	41	民企	40
71	神剑股份	7.97	制造	52	芜湖	11	中小	19	民企	41
72	全柴动力	7.93	制造	53	滁州	4	主板	42	国企	27
73	应流股份	7.75	制造	54	合肥	28	主板	43	民企	42
74	六国化工	7.66	制造	55	铜陵	4	主板	44	国企	28
75	国祯环保	7.64	水利	4	合肥	29	创业	12	民企	43
76	文一科技	7.64	制造	65	铜陵	5	主板	45	民企	44
77	合锻智能	7.50	制造	57	合肥	30	主板	46	民企	45
78	乐金健康	7.41	制造	58	合肥	31	创业	13	民企	46
79	辉隆股份	7.00	批发	4	合肥	32	中小	20	集企	2
80	合肥城建	6.97	房产	2	合肥	33	中小	21	国企	29
81	富煌钢构	6.88	制造	2	合肥	34	中小	22	民企	47
82	华茂股份	6.88	制造	60	安庆	2	主板	47	国企	30

续表

总排名	公司名称	社会贡献率(%)	分行业排名		分城市排名		分板块排名		分属性排名	
83	精工钢构	6.81	建筑	1	六安	2	主板	48	民企	48
84	铜陵有色	6.76	制造	61	铜陵	6	主板	49	国企	31
85	皖维高新	6.69	制造	62	合肥	35	主板	50	国企	32
86	国风塑业	6.64	制造	63	合肥	36	主板	51	国企	33
87	中电鑫龙	6.54	信息	5	芜湖	12	中小	23	民企	49
88	梦舟股份	6.48	制造	64	芜湖	13	主板	52	民企	50
89	安徽水利	6.23	建筑	2	蚌埠	3	主板	53	国企	34
90	皖天然气	6.12	电力	1	合肥	37	主板	54	国企	35
91	丰乐种业	6.12	农林	2	合肥	38	主板	55	国企	36
92	华菱星马	5.33	制造	65	马鞍山	5	主板	56	国企	37
93	东华科技	5.08	建筑	3	合肥	39	中小	24	央企	38
94	皖能电力	4.18	电力	2	合肥	40	主板	57	国企	39
95	华安证券	3.42	金融	1	合肥	41	主板	58	国企	40
96	国元证券	3.12	金融	2	合肥	42	主板	59	国企	41
97	安凯客车	2.42	制造	66	合肥	43	主板	60	国企	42
98	新力金融	1.38	金融	3	合肥	44	主板	61	集企	3
99	泰尔股份	0.01	制造	67	马鞍山	6	中小	25	民企	51
100	凤形股份	-1.60	制造	68	宣城	8	中小	26	民企	52
101	盛运环保	-5.09	制造	69	安庆	3	创业	14	民企	53
平均值:13.44%					中位数:11.83%					

注：1. 行业、板块和企业属性的简称同分报告附件 1 一致。行业标准为证监会 2016 行业分类标准。

2. 截至目前，安徽省共有上市公司 103 家，因企业经营问题，本报告剔除了 * ST 华信和中弘股份。

3. 各项指标数据源来自 Wind 数据库、RESSET 数据库和企业的财务报告等权威报告。

4. 以上第 1 点和第 2 点适用于本报告各图表，第 3 点适用于本报告社会贡献分析的所有图表。

附件 2　2017 年安徽省上市公司社会积累率排名

总排名	公司名称	社会积累率(%)	分行业排名		分城市排名		分板块排名		分属性排名	
1	金种子酒	61.71	制造	1	阜阳	1	主板	1	国企	1
2	东华科技	50.50	建筑	1	合肥	1	中小	1	央企	2
3	口子窖	50.48	制造	2	淮北	1	主板	2	民企	1

续表

总排名	公司名称	社会积累率（%）	分行业排名		分城市排名		分板块排名		分属性排名	
4	合肥城建	50.36	房产	1	合肥	2	中小	2	国企	3
5	迎驾贡酒	48.90	制造	3	六安	1	主板	3	民企	2
6	合肥百货	48.85	批发	1	合肥	3	主板	4	国企	4
7	众泰汽车	45.32	制造	4	黄山	1	主板	5	民企	3
8	古井贡酒	39.20	制造	5	亳州	1	主板	6	国企	5
9	新集能源	33.60	采矿	1	淮南	1	主板	7	央企	6
10	新力金融	32.87	金融	1	合肥	4	主板	8	集企	1
11	新光圆成	29.44	房产	2	马鞍山	5	中小	3	民企	4
12	安凯客车	28.18	制造	6	合肥	5	主板	9	国企	7
13	皖能电力	26.39	电力	1	合肥	6	主板	10	国企	8
14	亚夏汽车	24.18	批发	2	芜湖	1	中小	4	民企	5
15	江淮汽车	22.90	制造	7	合肥	7	主板	11	国企	9
16	铜陵有色	22.42	制造	8	铜陵	1	主板	12	国企	10
17	安徽水利	21.82	建筑	2	蚌埠	1	主板	13	国企	11
18	精工钢构	21.82	建筑	3	六安	2	主板	14	民企	6
19	丰原药业	20.52	制造	9	芜湖	2	主板	15	民企	7
20	华菱星马	20.41	制造	10	马鞍山	2	主板	16	国企	12
21	泰尔股份	20.00	制造	11	马鞍山	3	中小	5	民企	8
22	皖维高新	19.27	制造	12	合肥	8	主板	17	国企	13
23	马钢股份	19.19	制造	13	马鞍山	4	主板	18	国企	14
24	海螺水泥	17.63	制造	14	芜湖	3	主板	19	国企	15
25	中电鑫龙	17.16	信息	1	芜湖	4	中小	6	民企	9
26	楚江新材	17.08	制造	15	芜湖	5	中小	7	民企	10
27	海螺型材	16.55	制造	16	芜湖	6	主板	20	国企	16
28	中环环保	16.42	水利	1	合肥	9	创业	1	民企	11
29	辉隆股份	16.38	批发	3	合肥	10	中小	8	集企	2
30	中钢天源	16.34	制造	17	马鞍山	5	中小	9	央企	17
31	国机通用	16.32	制造	18	合肥	11	主板	21	央企	18
32	鸿路钢构	16.19	制造	19	合肥	12	中小	10	民企	12
33	丰乐种业	15.92	农林	1	合肥	13	主板	22	国企	19
34	恒源煤电	15.90	采矿	2	淮北	2	主板	23	国企	20
35	黄山旅游	15.79	水利	2	黄山	2	主板	24	国企	21
36	安德利	15.76	批发	4	合肥	14	主板	25	民企	13
37	聚隆科技	15.19	制造	20	宣城	1	创业	2	民企	14

续表

总排名	公司名称	社会积累率（%）	分行业排名		分城市排名		分板块排名		分属性排名	
38	皖江物流	14.57	交通	1	芜湖	7	主板	26	国企	22
39	江南化工	14.51	制造	21	宣城	2	中小	11	民企	15
40	科大讯飞	14.47	信息	2	合肥	15	中小	12	央企	23
41	雷鸣科化	14.32	制造	22	淮北	3	主板	27	国企	24
42	安科生物	14.30	制造	23	合肥	16	创业	3	民企	16
43	志邦股份	13.93	制造	24	合肥	17	主板	28	民企	17
44	乐金健康	13.82	制造	25	合肥	18	创业	4	民企	18
45	阳光电源	13.71	制造	26	合肥	19	创业	5	民企	19
46	中粮生化	13.69	制造	27	蚌埠	2	主板	29	央企	25
47	众源新材	13.64	制造	28	芜湖	8	主板	30	民企	20
48	精达股份	13.45	制造	29	铜陵	2	主板	31	民企	21
49	山鹰纸业	13.37	制造	30	马鞍山	6	主板	32	民企	22
50	铜峰电子	13.18	制造	31	铜陵	3	主板	33	民企	23
51	山河药辅	13.12	制造	32	淮南	2	创业	6	民企	24
52	美菱电器	13.06	制造	33	合肥	20	主板	34	国企	26
53	四创电子	12.94	制造	34	合肥	21	主板	35	央企	27
54	神剑股份	12.81	制造	35	芜湖	9	中小	13	民企	25
55	金禾实业	12.75	制造	36	滁州	1	中小	14	民企	26
56	司尔特	12.53	制造	37	宣城	3	中小	15	民企	27
57	国祯环保	12.49	水利	3	合肥	22	创业	7	民企	28
58	皖天然气	12.45	电力	2	合肥	23	主板	36	国企	28
59	皖通高速	12.34	交通	2	合肥	24	主板	37	国企	29
60	德力股份	12.27	制造	38	滁州	2	中小	16	民企	29
61	华安证券	12.08	金融	2	合肥	25	主板	38	国企	30
62	洽洽食品	11.87	制造	39	合肥	26	中小	17	民企	30
63	六国化工	11.81	制造	40	铜陵	4	主板	39	国企	31
64	合锻智能	11.80	制造	41	合肥	27	主板	40	民企	31
65	常青股份	11.72	制造	42	合肥	28	主板	41	民企	32
66	开润股份	11.69	制造	43	滁州	3	创业	8	民企	33
67	九华旅游	11.58	水利	4	池州	4	主板	42	国企	32
68	梦舟股份	11.57	制造	44	芜湖	10	主板	43	民企	34
69	惠而浦	11.38	制造	45	合肥	29	主板	44	外企	1
70	设计总院	11.08	科学	1	合肥	30	主板	45	国企	33
71	广信股份	10.80	制造	46	宣城	4	主板	46	民企	35

续表

总排名	公司名称	社会积累率(%)	分行业排名		分城市排名		分板块排名		分属性排名	
72	安徽合力	10.67	制造	47	合肥	31	主板	47	国企	34
73	文一科技	10.67	制造	48	铜陵	5	主板	48	民企	36
74	应流股份	10.60	制造	49	合肥	32	主板	49	民企	37
75	永新股份	10.21	制造	50	黄山	3	中小	18	集企	3
76	时代出版	9.95	文化	1	合肥	33	主板	50	国企	35
77	安纳达	9.90	制造	51	铜陵	6	中小	19	国企	36
78	伯特利	9.41	制造	52	芜湖	11	主板	51	外企	2
79	华菱精工	9.36	制造	53	宣城	5	主板	52	民企	38
80	全柴动力	9.35	制造	54	滁州	5	主板	53	国企	37
81	凯盛科技	9.32	制造	55	蚌埠	3	主板	54	央企	38
82	美亚光电	9.30	制造	56	合肥	34	中小	20	民企	39
83	华孚时尚	9.27	制造	57	淮北	4	中小	21	民企	40
84	国风塑业	9.26	制造	58	合肥	35	主板	55	国企	39
85	富煌钢构	9.05	制造	59	合肥	36	中小	22	民企	41
86	华茂股份	8.78	制造	60	安庆	1	主板	56	国企	40
87	国元证券	8.70	金融	3	合肥	37	主板	57	国企	41
88	荃银高科	8.60	农林	2	合肥	38	创业	9	众企	1
89	安利股份	8.52	制造	61	合肥	39	创业	10	民企	42
90	欧普康视	8.40	制造	62	合肥	40	创业	11	民企	43
91	集友股份	8.22	制造	63	安庆	2	主板	58	民企	44
92	中鼎股份	7.75	制造	64	宣城	6	主板	59	民企	45
93	黄山胶囊	6.84	制造	65	宣城	7	中小	23	民企	46
94	长信科技	5.20	制造	66	芜湖	12	创业	12	民企	47
95	皖通科技	5.02	信息	3	合肥	41	中小	24	民企	48
96	泰禾光电	4.89	制造	67	合肥	42	主板	60	民企	49
97	科大国创	3.96	信息	4	合肥	43	创业	13	民企	50
98	皖新传媒	3.46	文化	2	合肥	44	主板	61	国企	42
99	三七互娱	3.43	信息	5	芜湖	13	中小	25	民企	51
100	盛运环保	-11.85	制造	68	安庆	3	创业	14	民企	52
101	凤形股份	-69.98	制造	69	宣城	8	中小	26	民企	53
平均值:15.53%					中位数:13.12%					

注：泰尔股份和新力金融公司在2017年的利润为负值，且绝对值较大，造成社会贡献总额较小，社会积累率指标过大，因此，两家公司该指标数值取2015年和2016年均值。

附件 3　2017 年安徽省上市公司每股社会贡献值排名

总排名	公司名称	每股社会贡献值	分行业排名		分城市排名		分板块排名		分属性排名	
1	古井贡酒	7.888	制造	1	亳州	1	主板	1	国企	1
2	海螺水泥	4.775	制造	2	芜湖	1	主板	2	国企	2
3	口子窖	4.379	制造	3	淮北	1	主板	3	民企	1
4	四创电子	4.289	制造	4	合肥	1	主板	4	央企	3
5	志邦股份	3.466	制造	5	合肥	2	主板	5	民企	2
6	恒源煤电	3.122	采矿	1	淮北	2	主板	6	国企	4
7	中鼎股份	3.114	制造	6	宣城	1	主板	7	民企	3
8	金禾实业	2.711	制造	7	滁州	1	中小	1	民企	4
9	合肥城建	2.520	房产	1	合肥	3	中小	2	国企	5
10	迎驾贡酒	2.406	制造	8	六安	1	主板	8	民企	5
11	江淮汽车	2.363	制造	9	合肥	4	主板	9	国企	6
12	安徽水利	2.298	建筑	1	蚌埠	1	主板	10	国企	7
13	国祯环保	2.025	水利	1	合肥	5	创业	1	民企	6
14	合肥百货	2.012	批发	1	合肥	6	主板	11	国企	8
15	众泰汽车	1.987	制造	10	黄山	1	主板	12	民企	7
16	常青股份	1.985	制造	11	合肥	7	主板	13	民企	8
17	九华旅游	1.978	水利	2	池州	2	主板	14	国企	9
18	国机通用	1.891	制造	12	合肥	8	主板	15	央企	10
19	设计总院	1.856	科学	1	合肥	9	主板	16	国企	11
20	安徽合力	1.834	制造	13	合肥	10	主板	17	国企	12
21	安德利	1.773	批发	2	合肥	11	主板	18	民企	9
22	鸿路钢构	1.759	制造	14	合肥	12	中小	3	民企	10
23	新光圆成	1.576	房产	2	马鞍山	1	中小	4	民企	11
24	新集能源	1.559	采矿	2	淮南	1	主板	19	央企	13
25	美菱电器	1.545	制造	15	合肥	13	主板	20	国企	14
26	洽洽食品	1.498	制造	16	合肥	14	中小	5	民企	12
27	马钢股份	1.410	制造	17	马鞍山	2	主板	21	国企	15
28	时代出版	1.356	文化	1	合肥	15	主板	22	国企	16
29	开润股份	1.329	制造	18	滁州	3	创业	2	民企	13
30	伯特利	1.291	制造	19	芜湖	2	主板	23	外企	1
31	科大国创	1.289	信息	1	合肥	16	创业	3	民企	14
32	华孚时尚	1.278	制造	20	淮北	3	中小	6	民企	15
33	富煌钢构	1.221	制造	21	合肥	17	中小	7	民企	16

续表

总排名	公司名称	每股社会贡献值	分行业排名		分城市排名		分板块排名		分属性排名	
34	安利股份	1.220	制造	22	合肥	18	创业	4	民企	17
35	应流股份	1.212	制造	23	合肥	19	主板	24	民企	18
36	阳光电源	1.207	制造	24	合肥	20	创业	5	民企	19
37	泰禾光电	1.184	制造	25	合肥	21	主板	25	民企	20
38	安纳达	1.184	制造	26	铜陵	1	中小	8	国企	17
39	三七互娱	1.163	信息	2	芜湖	3	中小	9	民企	21
40	丰原药业	1.157	制造	27	芜湖	4	主板	26	民企	22
41	黄山胶囊	1.112	制造	28	宣城	2	中小	10	民企	23
42	黄山旅游	1.090	水利	3	黄山	2	主板	27	国企	18
43	雷鸣科化	1.077	制造	29	淮北	4	主板	28	国企	19
44	惠而浦	1.027	制造	30	合肥	22	主板	29	外企	2
45	海螺型材	1.025	制造	31	芜湖	5	主板	30	国企	20
46	华菱星马	1.021	制造	32	马鞍山	3	主板	31	国企	21
47	科大讯飞	1.010	信息	3	合肥	23	中小	11	央企	22
48	皖通高速	0.998	交通	1	合肥	24	主板	32	国企	23
49	广信股份	0.985	制造	33	宣城	3	主板	33	民企	24
50	华菱精工	0.958	制造	34	宣城	4	主板	34	民企	25
51	欧普康视	0.902	制造	35	合肥	25	创业	6	民企	26
52	众源新材	0.884	制造	36	芜湖	6	主板	35	民企	27
53	金种子酒	0.877	制造	37	阜阳	1	主板	36	国企	24
54	皖新传媒	0.854	文化	2	合肥	26	主板	37	国企	25
55	山鹰纸业	0.849	制造	38	马鞍山	4	主板	38	民企	28
56	中钢天源	0.824	制造	39	马鞍山	5	中小	12	央企	26
57	凯盛科技	0.812	制造	40	蚌埠	2	主板	39	央企	27
58	六国化工	0.809	制造	41	铜陵	2	主板	40	国企	28
59	永新股份	0.806	制造	42	黄山	3	中小	13	集企	1
60	全柴动力	0.804	制造	43	滁州	4	主板	41	国企	29
61	聚隆科技	0.791	制造	44	宣城	5	创业	7	民企	29
62	美亚光电	0.781	制造	45	合肥	27	中小	14	民企	30
63	楚江新材	0.750	制造	46	芜湖	7	中小	15	民企	31
64	辉隆股份	0.748	批发	3	合肥	28	中小	16	集企	2
65	山河药辅	0.740	制造	47	淮南	2	创业	8	民企	32
66	国元证券	0.740	金融	1	合肥	29	主板	42	国企	30
67	长信科技	0.725	制造	48	芜湖	8	创业	9	民企	33

续表

总排名	公司名称	每股社会贡献值	分行业排名		分城市排名		分板块排名		分属性排名	
68	中粮生化	0.715	制造	49	蚌埠	3	主板	43	央企	31
69	东华科技	0.701	建筑	2	合肥	30	中小	17	央企	32
70	集友股份	0.692	制造	50	安庆	1	主板	44	民企	34
71	司尔特	0.689	制造	51	宣城	6	中小	18	民企	35
72	皖能电力	0.620	电力	1	合肥	31	主板	45	国企	33
73	皖通科技	0.578	信息	4	合肥	32	中小	19	民企	36
74	中环环保	0.575	水利	4	合肥	33	创业	10	民企	37
75	华茂股份	0.574	制造	52	安庆	2	主板	46	国企	34
76	德力股份	0.570	制造	53	滁州	5	中小	20	民企	38
77	皖天然气	0.564	电力	2	合肥	34	主板	47	国企	35
78	中电鑫龙	0.545	信息	5	芜湖	9	中小	21	民企	39
79	安科生物	0.510	制造	54	合肥	35	创业	11	民企	40
80	亚夏汽车	0.481	批发	4	芜湖	10	中小	22	民企	41
81	荃银高科	0.467	农林	1	合肥	36	创业	12	众企	1
82	丰乐种业	0.449	农林	2	合肥	37	主板	48	国企	36
83	皖江物流	0.447	交通	2	芜湖	11	主板	49	国企	37
84	精工钢构	0.434	建筑	3	六安	2	主板	50	民企	42
85	文一科技	0.419	制造	55	铜陵	3	主板	51	民企	43
86	精达股份	0.416	制造	56	铜陵	4	主板	52	民企	44
87	华安证券	0.377	金融	2	合肥	38	主板	53	国企	38
88	合锻智能	0.370	制造	57	合肥	39	主板	54	民企	45
89	江南化工	0.350	制造	58	宣城	7	中小	23	民企	46
90	皖维高新	0.308	制造	59	合肥	40	主板	55	国企	39
91	铜陵有色	0.307	制造	60	铜陵	5	主板	56	国企	40
92	神剑股份	0.293	制造	61	芜湖	12	中小	24	民企	47
93	铜峰电子	0.293	制造	62	铜陵	6	主板	57	民企	48
94	乐金健康	0.283	制造	63	合肥	41	创业	13	民企	49
95	安凯客车	0.278	制造	64	合肥	42	主板	58	国企	41
96	梦舟股份	0.216	制造	65	芜湖	13	主板	59	民企	50
97	国风塑业	0.193	制造	66	合肥	43	主板	60	国企	42
98	新力金融	0.180	金融	3	合肥	44	主板	61	集企	3
99	泰尔股份	0.000	制造	67	马鞍山	6	中小	25	民企	51
100	凤形股份	-0.166	制造	68	宣城	8	中小	26	民企	52
101	盛运环保	-0.525	制造	69	安庆	3	创业	14	民企	53
平均值:1.221					中位数:0.902					

附件 4　2017 年安徽省上市公司社会贡献综合得分排名

总排名	证券简称	综合得分	分行业排名		分城市排名		分板块排名		分属性排名	
1	古井贡酒	0.96724	制造	1	亳州	1	主板	1	国企	1
2	口子窖	0.690046	制造	2	淮北	1	主板	2	民营	1
3	海螺水泥	0.602294	制造	3	芜湖	1	主板	3	国企	2
4	迎驾贡酒	0.539803	制造	4	六安	1	主板	4	民营	2
5	中鼎股份	0.514076	制造	5	宣城	1	创业	1	民营	3
6	志邦股份	0.512463	制造	6	合肥	1	中小	1	民营	4
7	金禾实业	0.502471	制造	7	滁州	1	中小	2	民营	5
8	国机通用	0.495363	制造	8	合肥	2	中小	3	央企	1
9	恒源煤电	0.494883	采矿	1	淮北	2	主板	5	国企	3
10	四创电子	0.490503	制造	9	合肥	3	主板	6	央企	2
11	开润股份	0.422367	制造	10	滁州	2	创业	2	民营	6
12	设计总院	0.40874	科学	1	合肥	4	主板	7	国企	4
13	三七互娱	0.390167	信息	1	芜湖	2	创业	3	民营	7
14	九华旅游	0.386214	水利	1	池州	1	主板	8	国企	5
15	安纳达	0.385007	制造	11	铜陵	1	创业	4	国企	6
16	合肥百货	0.384078	批发	1	合肥	5	主板	9	国企	7
17	安徽合力	0.381824	制造	12	合肥	6	主板	10	国企	8
18	常青股份	0.370795	制造	13	合肥	7	创业	5	民营	8
19	新光圆成	0.3599	房产	1	马鞍山	1	中小	4	民营	9
20	合肥城建	0.356239	房产	2	合肥	8	中小	5	国企	9
21	江淮汽车	0.356177	制造	14	合肥	9	主板	11	国企	10
22	众泰汽车	0.355851	制造	15	黄山	1	主板	12	民营	10
23	华菱精工	0.353426	制造	16	宣城	2	主板	13	民营	11
24	科大国创	0.35195	信息	2	合肥	10	主板	14	民营	12
25	伯特利	0.342919	制造	17	芜湖	3	中小	6	外资	1
26	洽洽食品	0.337107	制造	18	合肥	11	主板	15	民营	13
27	欧普康视	0.335955	制造	19	合肥	12	主板	16	民营	14
28	安德利	0.33031	批发	2	合肥	13	中小	7	民营	15
29	泰禾光电	0.330285	制造	20	合肥	14	中小	8	民营	16
30	新集能源	0.328278	采矿	2	淮南	1	中小	9	央企	3
31	马钢股份	0.325259	制造	21	马鞍山	2	主板	17	国企	11
32	长信科技	0.325187	制造	22	芜湖	4	中小	10	民营	17
33	安徽水利	0.322538	建筑	1	蚌埠	1	主板	18	国企	12
34	鸿路钢构	0.316631	制造	23	合肥	15	主板	19	民营	18

续表

总排名	证券简称	综合得分	分行业排名		分城市排名		分板块排名		分属性排名	
35	安科生物	0.316496	制造	24	合肥	16	创业	6	民营	19
36	黄山旅游	0.316327	水利	2	黄山	2	主板	20	国企	13
37	中钢天源	0.314711	制造	25	马鞍山	3	主板	21	央企	4
38	金种子酒	0.310438	制造	26	阜阳	1	主板	22	国企	14
39	国祯环保	0.309969	水利	3	合肥	17	主板	23	民营	20
40	美亚光电	0.30822	制造	27	合肥	18	主板	24	民营	21
41	科大讯飞	0.3005	信息	3	合肥	19	创业	7	央企	5
42	安利股份	0.296305	制造	28	合肥	20	主板	25	民营	22
43	美菱电器	0.295059	制造	29	合肥	21	主板	26	国企	15
44	丰原药业	0.294786	制造	30	芜湖	5	主板	27	民营	23
45	永新股份	0.292938	制造	31	黄山	3	中小	11	集体	1
46	楚江新材	0.292267	制造	32	芜湖	6	主板	28	民营	24
47	华孚时尚	0.289689	制造	33	淮北	3	创业	8	民营	25
48	集友股份	0.28816	制造	34	安庆	1	主板	29	民营	26
49	雷鸣科化	0.287218	制造	35	淮北	4	中小	12	国企	16
50	黄山胶囊	0.28403	制造	36	宣城	3	中小	13	民营	27
51	时代出版	0.281	文化	1	合肥	22	主板	30	国企	17
52	山河药辅	0.278748	制造	37	淮南	2	主板	31	民营	28
53	山鹰纸业	0.278694	制造	38	马鞍山	4	主板	32	民营	29
54	阳光电源	0.276811	制造	39	合肥	23	中小	14	民营	30
55	众源新材	0.27669	制造	40	芜湖	7	中小	15	民营	31
56	皖新传媒	0.270288	文化	2	合肥	24	中小	16	国企	18
57	皖通高速	0.268186	交通	1	合肥	25	创业	9	国企	19
58	海螺型材	0.263024	制造	41	芜湖	8	主板	33	国企	20
59	凯盛科技	0.255032	制造	42	蚌埠	2	主板	34	央企	6
60	应流股份	0.252991	制造	43	合肥	26	创业	10	民营	32
61	惠而浦	0.251988	制造	44	合肥	27	主板	35	外资	2
62	中粮生化	0.248285	制造	45	蚌埠	3	主板	36	央企	7
63	富煌钢构	0.24646	制造	46	合肥	28	主板	37	民营	33
64	精达股份	0.246043	制造	47	铜陵	2	主板	38	民营	34
65	聚隆科技	0.245417	制造	48	宣城	4	主板	39	民营	35
66	司尔特	0.241735	制造	49	宣城	5	创业	11	民营	36
67	广信股份	0.241603	制造	50	宣城	6	中小	17	民营	37
68	德力股份	0.23954	制造	51	滁州	3	中小	18	民营	38

续表

总排名	证券简称	综合得分	分行业排名		分城市排名		分板块排名		分属性排名	
69	荃银高科	0. 23509	农林	1	合肥	29	主板	40	公众	1
70	皖通科技	0. 230789	信息	4	合肥	30	主板	41	民营	39
71	华菱星马	0. 225916	制造	52	马鞍山	5	中小	19	国企	21
72	全柴动力	0. 22533	制造	53	滁州	4	主板	42	国企	22
73	六国化工	0. 224665	制造	54	铜陵	3	主板	43	国企	23
74	皖江物流	0. 218563	交通	2	芜湖	9	主板	44	国企	24
75	辉隆股份	0. 21755	批发	3	合肥	31	创业	12	集体	2
76	中环环保	0. 217357	水利	4	合肥	32	主板	45	民营	40
77	东华科技	0. 214956	建筑	2	合肥	33	主板	46	央企	8
78	亚夏汽车	0. 213648	批发	4	芜湖	10	创业	13	民营	41
79	华茂股份	0. 201061	制造	55	安庆	2	中小	20	国企	25
80	江南化工	0. 200385	制造	56	宣城	7	中小	21	民营	42
81	中电鑫龙	0. 200224	信息	5	芜湖	11	中小	22	民营	43
82	文一科技	0. 19678	制造	57	铜陵	4	主板	47	民营	44
83	精工钢构	0. 196555	建筑	3	六安	2	主板	48	民营	45
84	皖天然气	0. 196346	电力	1	合肥	34	主板	49	国企	26
85	铜峰电子	0. 193226	制造	58	铜陵	5	主板	50	民营	46
86	合锻智能	0. 192848	制造	59	合肥	35	主板	51	民营	47
87	皖能电力	0. 191965	电力	2	合肥	36	中小	23	国企	27
88	神剑股份	0. 191382	制造	60	芜湖	12	主板	52	民营	48
89	丰乐种业	0. 1898	农林	2	合肥	37	主板	53	国企	28
90	铜陵有色	0. 187542	制造	61	铜陵	6	主板	54	国企	29
91	乐金健康	0. 186905	制造	62	合肥	38	主板	55	民营	49
92	皖维高新	0. 185739	制造	63	合肥	39	主板	56	国企	30
93	国元证券	0. 184604	金融	1	合肥	40	中小	24	国企	31
94	新力金融	0. 178613	金融	2	合肥	41	主板	57	集体	3
95	梦舟股份	0. 174292	制造	64	芜湖	13	主板	58	民营	50
96	国风塑业	0. 172879	制造	65	合肥	42	主板	59	国企	32
97	华安证券	0. 16297	金融	3	合肥	43	主板	60	国企	33
98	安凯客车	0. 155634	制造	66	合肥	44	主板	61	国企	34
99	泰尔股份	0. 112911	制造	67	马鞍山	6	中小	25	民营	51
100	凤形股份	0. 0512	制造	68	宣城	8	中小	26	民营	52
101	盛运环保	0. 025641	制造	69	安庆	3	创业	14	民营	53
平均值:0. 2968					中位数:0. 2840					

附件5　2017年安徽省上市公司社会责任各指标得分

公司名称	责任管理	市场责任	社会责任	环境责任
海螺水泥	9.3	8.5	9.5	9.8
安徽合力	9.2	8.7	7.9	9.5
新集能源	9.3	9.5	9.8	7
洽洽食品	7.9	9.5	8.9	7
众源新材	7.9	8.3	9.2	7.5
金禾实业	7.5	7	8	9.1
梦舟股份	8.1	7.5	7.5	8.7
皖新传媒	7.9	8	9.5	7
华孚时尚	7.1	9.5	9.5	6.5
惠而浦	8.57	8.5	8	7
鸿路钢构	5.7	8	7.5	9.2
皖维高新	8.6	7.5	5.7	8.7
安徽水利	8.6	6.2	9.5	6.3
广信股份	6.7	7.4	6	9
科大讯飞	8.2	6.8	8.7	6.4
国元证券	10	5	7.5	7
四创电子	8.6	3.7	5.6	9.4
口子窖	6	5.2	7.5	8.8
富煌钢构	4.3	7.1	7.5	8.2
应流股份	4.3	7.7	5	9.5
安利股份	6.4	5	6.8	8.6
全柴动力	6.4	8.6	7	5.8
江淮汽车	7.9	6.7	4.3	7.9
盛运环保	3.7	5	7	9.8
铜峰电子	5	6.1	8.7	6.9
六国化工	5	4.2	8.3	7.8
常青股份	5.6	7.5	8	5.3
三七互娱	9.3	7.5	8.7	1.6
楚江新材	3.6	4	6.5	8.7
时代出版	8.6	3	7.5	5.3
合锻智能	2.9	4.6	7.2	7.68
皖通高速	7.9	3	6.6	5.7
志邦股份	3.2	7	5.5	6.5
古井贡酒	7.8	3.6	5.4	5.5

续表

公司名称	责任管理	市场责任	社会责任	环境责任
泰禾光电	2	5	5	8
皖通科技	7.9	5.1	3.9	4.7
华茂股份	3.4	3	3.8	8.7
黄山胶囊	5.7	5.5	7.1	3.2
合肥百货	3.5	2.8	6.3	6.5
设计总院	3.8	7.5	4.8	3.9
司尔特	3.4	3.3	2.3	8.7
迎驾贡酒	2.1	7.5	5.8	4.1
铜陵有色	7.2	3.3	7.1	2.5
安纳达	3.9	0.6	4.1	8.5
雷鸣科化	2.86	8	8.9	0.5
众泰汽车	4.3	4	6	4.2
安科生物	3.1	2.1	2.5	8.6
华安证券	8.6	3	7.5	0.8
精工钢构	8.1	5.5	6.2	0.2
丰原药业	2.8	3.5	2.5	7.6
集友股份	4.8	4.4	3.8	4.7
国祯环保	3.4	2.7	2.6	6.8
美亚光电	3	7	5.1	2.3
聚隆科技	3.3	6	4.7	3
金种子酒	3.6	4.5	2.1	5.3
东华科技	3.9	6.5	5.5	1.2
皖能电力	2.1	0.5	2.7	8.3
丰乐种业	2.8	4	2.1	5.1
荃银高科	4.3	4.2	6.5	0.8
乐金健康	3.6	6.5	4.7	0.7
文一科技	3.6	2.7	7.6	1.2
长信科技	3.4	6	5.2	0.7
精达股份	2.3	5.3	5.7	1.3
马钢股份	0.8	5.3	1.1	5.4
凤形股份	3.1	6.5	3.7	1.2
中粮生化	0.4	2.7	0.2	7.3
凯盛科技	0.7	0.9	1.2	7.4
辉隆股份	3.4	4.7	3.6	1.1

续表

公司名称	责任管理	市场责任	社会责任	环境责任
科大国创	6.1	2.4	4.5	0.2
山鹰纸业	2.3	3.7	4.8	1.2
安德利	3.6	2.7	5.8	0.2
中环环保	1.4	0.2	0.2	7
开润股份	3.6	4.7	2.5	0.8
欧普康视	3.6	4.5	2.5	0.8
九华旅游	3.8	2.5	5	0.2
中钢天源	3.6	0.6	2.6	3
阳光电源	3.4	1.6	4.9	0.8
中鼎股份	2.1	3.4	5.2	0.2
皖江物流	0.2	0.2	0.2	7
山河药辅	0.7	4.5	2	1.9
华菱精工	1.2	6.3	0.8	0.6
安凯客车	3.6	3.5	1.3	0.2
永新股份	2.1	2.8	1.8	1.2
新光圆成	3.6	3	0.8	0.7
黄山旅游	2.7	0.2	2.4	0.2
亚夏汽车	2.8	1.5	0.6	0.2
海螺型材	2.9	1	0.5	0.2
新力金融	0.4	0.3	2.5	0.2
江南化工	0.7	0.3	0.3	0.2
德力股份	0.2	0.2	0.2	0.5
恒源煤电	0.2	0.2	0.3	0.3
华菱星马	0.2	0.2	0.2	0.2
泰尔股份	0.2	0.2	0.2	0.2
国机通用	0.2	0.2	0.2	0.2
神剑股份	0.2	0.2	0.2	0.2
中电鑫龙	0.2	0.2	0.2	0.2
国风塑业	0.2	0.2	0.2	0.2
美菱电器	0.2	0.2	0.2	0.2
合肥城建	0.2	0.2	0.2	0.2
皖天然气	0.2	0.2	0.2	0.2
伯特利	0.2	0.2	0.2	0.2

注：1. 各项指标数据来自上市公司年度报告、社会责任报告、公司官网、新浪财经、巨潮资讯网、证券交易所等其他权威网站。

2. 部分上市公司年报里只提到社会责任这个概念，但是未详尽披露社会责任分指标信息，这些分指标统一打分为0.2。

3. 以上第1点适用于本报告各图表。

附件6　2017年安徽省上市公司社会责任综合得分排名

总排名	公司名称	社会责任	分行业排名		分城市排名		分板块排名		分属性排名	
1	海螺水泥	9.335	制造	1	芜湖	1	主板	1	国企	1
2	安徽合力	8.89	制造	2	合肥	1	主板	2	国企	2
3	新集能源	8.7	采矿	1	淮南	1	主板	3	央企	1
4	洽洽食品	8.185	制造	3	合肥	2	中小	1	民企	1
5	众源新材	8.155	制造	4	芜湖	2	主板	4	民企	2
6	金禾实业	8.033	制造	5	滁州	1	中小	2	民企	3
7	梦舟股份	8.028	制造	6	芜湖	3	主板	5	民企	4
8	皖新传媒	7.993	文化	1	合肥	3	主板	6	国企	3
9	华孚时尚	7.982	制造	7	淮北	1	中小	3	民企	5
10	惠而浦	7.9054	制造	8	合肥	4	主板	7	外企	1
11	鸿路钢构	7.775	制造	9	合肥	5	中小	4	民企	6
12	皖维高新	7.724	制造	10	合肥	6	主板	8	国企	4
13	安徽水利	7.52	建筑	1	蚌埠	1	主板	9	国企	5
14	广信股份	7.452	制造	11	宣城	1	主板	10	民企	7
15	科大讯飞	7.413	信息	1	合肥	7	中小	5	央企	2
16	国元证券	7.335	金融	1	合肥	8	主板	11	国企	6
17	四创电子	7.096	制造	12	合肥	9	主板	12	央企	3
18	口子窖	7.093	制造	13	淮北	2	主板	13	民企	8
19	富煌钢构	6.939	制造	14	合肥	10	中小	6	民企	9
20	应流股份	6.925	制造	15	合肥	11	主板	14	民企	10
21	安利股份	6.91	制造	16	合肥	12	创业	1	民企	11
22	全柴动力	6.824	制造	17	滁州	2	主板	15	国企	7
23	江淮汽车	6.808	制造	18	合肥	13	主板	16	国企	8
24	盛运环保	6.758	制造	19	安庆	1	创业	2	民企	12
25	铜峰电子	6.72	制造	20	铜陵	1	主板	17	民企	13
26	六国化工	6.507	制造	21	铜陵	2	主板	18	国企	9
27	常青股份	6.471	制造	22	合肥	14	主板	19	民企	14
28	三七互娱	6.225	信息	2	芜湖	4	中小	7	民企	15
29	楚江新材	6.038	制造	23	芜湖	5	中小	8	民企	16
30	时代出版	6.026	文化	2	合肥	15	主板	20	国企	10
31	合锻智能	5.8404	制造	24	合肥	16	主板	21	民企	17
32	皖通高速	5.797	交通	1	合肥	17	主板	22	国企	11
33	志邦股份	5.654	制造	25	合肥	18	主板	23	民企	18
34	古井贡酒	5.565	制造	26	亳州	1	主板	24	国企	12

续表

总排名	公司名称	社会责任	分行业排名		分城市排名		分板块排名		分属性排名	
35	泰禾光电	5.33	制造	27	合肥	19	主板	25	民企	19
36	皖通科技	5.308	信息	3	合肥	20	中小	9	民企	20
37	华茂股份	5.153	制造	28	安庆	2	主板	26	国企	13
38	黄山胶囊	5.153	制造	28	宣城	2	中小	10	民企	21
39	合肥百货	4.98	批发	1	合肥	21	主板	27	国企	14
40	设计总院	4.877	科学	1	合肥	22	主板	28	国企	15
41	司尔特	4.874	制造	30	宣城	3	中小	11	民企	22
42	迎驾贡酒	4.799	制造	31	六安	1	主板	29	民企	23
43	铜陵有色	4.768	制造	32	铜陵	3	主板	30	国企	16
44	安纳达	4.738	制造	33	铜陵	4	中小	12	国企	17
45	雷鸣科化	4.6012	制造	34	淮北	3	主板	31	国企	18
46	众泰汽车	4.592	制造	35	黄山	1	主板	32	民企	24
47	安科生物	4.557	制造	36	合肥	23	创业	3	民企	25
48	华安证券	4.541	金融	2	合肥	24	主板	33	国企	19
49	精工钢构	4.484	建筑	2	六安	2	主板	34	民企	26
50	丰原药业	4.469	制造	37	芜湖	6	主板	35	民企	27
51	集友股份	4.449	制造	38	安庆	3	主板	36	民企	28
52	国祯环保	4.184	水利	1	合肥	25	创业	4	民企	29
53	美亚光电	4.132	制造	39	合肥	26	中小	13	民企	30
54	聚隆科技	4.117	制造	40	宣城	4	创业	5	民企	31
55	金种子酒	4.014	制造	41	阜阳	1	主板	37	国企	20
56	东华科技	3.949	建筑	3	合肥	27	中小	14	央企	4
57	皖能电力	3.932	电力	1	合肥	28	主板	38	国企	21
58	丰乐种业	3.662	农林	1	合肥	29	主板	39	国企	22
59	荃银高科	3.629	农林	2	合肥	30	创业	6	众企	1
60	乐金健康	3.534	制造	42	合肥	31	创业	7	民企	32
61	文一科技	3.53	制造	43	铜陵	5	主板	40	民企	33
62	长信科技	3.495	制造	44	芜湖	7	创业	8	民企	34
63	精达股份	3.412	制造	45	铜陵	6	主板	41	民企	35
64	马钢股份	3.377	制造	46	马鞍山	1	主板	42	国企	23
65	凤形股份	3.359	制造	47	宣城	5	中小	15	民企	36
66	中粮生化	3.137	制造	48	蚌埠	2	主板	43	央企	5
67	凯盛科技	3.07	制造	49	蚌埠	3	主板	44	央企	6
68	辉隆股份	2.973	批发	2	合肥	32	中小	16	集企	1

续表

总排名	公司名称	社会责任	分行业排名		分城市排名		分板块排名		分属性排名	
69	科大国创	2.971	信息	4	合肥	33	创业	9	民企	37
70	山鹰纸业	2.82	制造	50	马鞍山	2	主板	45	民企	38
71	安德利	2.786	批发	3	合肥	34	主板	46	民企	39
72	中环环保	2.708	水利	2	合肥	35	创业	10	民企	40
73	开润股份	2.665	制造	51	滁州	3	创业	11	民企	41
74	欧普康视	2.621	制造	52	合肥	36	创业	12	民企	42
75	九华旅游	2.602	水利	3	池州	1	主板	47	国企	24
76	中钢天源	2.512	制造	53	马鞍山	3	中小	17	央企	7
77	阳光电源	2.491	制造	54	合肥	37	创业	13	民企	43
78	中鼎股份	2.472	制造	55	宣城	6	主板	48	民企	44
79	皖江物流	2.444	交通	2	芜湖	8	主板	49	国企	25
80	山河药辅	2.231	制造	56	淮南	2	创业	14	民企	45
81	华菱精工	2.032	制造	57	宣城	7	主板	50	民企	46
82	安凯客车	1.927	制造	58	合肥	38	主板	51	国企	26
83	永新股份	1.888	制造	59	黄山	2	中小	18	集企	2
84	新光圆成	1.867	房产	1	马鞍山	4	中小	19	民企	47
85	黄山旅游	1.256	水利	4	黄山	3	主板	52	国企	27
86	亚夏汽车	1.15	批发	4	芜湖	9	中小	20	民企	48
87	海螺型材	1.039	制造	60	芜湖	10	主板	53	国企	28
88	新力金融	0.795	金融	3	合肥	39	主板	54	集企	3
89	江南化工	0.355	制造	61	宣城	8	中小	21	民企	49
90	德力股份	0.299	制造	62	滁州	4	中小	22	民企	50
91	恒源煤电	0.256	采矿	2	淮北	4	主板	55	国企	29
92	华菱星马	0.2	制造	63	马鞍山	5	主板	56	国企	30
93	泰尔股份	0.2	制造	63	马鞍山	5	中小	23	民企	51
94	国机通用	0.2	制造	63	合肥	40	主板	56	央企	8
95	神剑股份	0.2	制造	63	芜湖	11	中小	23	民企	51
96	中电鑫龙	0.2	信息	5	芜湖	11	中小	23	民企	51
97	国风塑业	0.2	制造	63	合肥	40	主板	56	国企	30
98	美菱电器	0.2	制造	63	合肥	40	主板	56	国企	30
99	合肥城建	0.2	房地产	2	合肥	40	中小	23	国企	30
100	皖天然气	0.2	电力	2	合肥	40	主板	56	国企	30
101	伯特利	0.2	制造	63	芜湖	11	主板	56	外企	2
平均值:4.297					中位数:4.449					

B.9
安徽省上市公司综合发展能力发展报告

上市公司综合发展能力是综合考查上市公司多方面系统性发展的能力。为了从整体上考察安徽省上市公司的发展水平，在从业绩发展、创新能力、投融资情况、营运能力、社会贡献与责任履行情况、行业结构、多层次资本市场以及薪酬分配等8个侧面分析安徽省上市公司的发展状况的基础上，本报告重点选取业绩发展、创新能力、营运能力、社会贡献与责任4个一级指标及15个二级指标，形成综合性指标体系，运用熵值赋权法对安徽省上市公司98家上市公司（三家金融业新力金融、华安证券、国元证券以及*ST华信、中弘股份没有列入总体评价）的综合发展能力进行分析评价，更加综合性地反映了安徽省上市公司发展状况，并给出了综合性的排行榜，分行业、区域、板块、属性四个视角探讨了上市公司发展差异，并得出了相应结论和对策建议。

一 上市公司综合发展能力概述

发展能力是企业生存的基础，是企业持续发展和获得未来价值的源泉，对发展能力进行分析，可以预测企业未来的成长性，从而评估企业的价值。综合发展能力更是衡量上市公司发展状况的一个重要指标，反映了上市公司持续健康发展的能力和长期竞争力。本节首先阐述上市公司综合发展能力的基本内涵，随后分析评价安徽省上市公司综合发展能力的意义，最后介绍安徽省上市公司综合发展能力评价指标的选择及测算方法。

本报告数据来源于万得数据库（Wind）。截至目前，安徽省共有A股上市公司103家。本报告因为行业差距较大和少数企业最近出现了一些不良情况，没有将三家金融业企业（新力金融、华安证券、国元证券）以及*ST华信、中弘股份列入本综合评价之列。

（一）上市公司综合发展能力基本内涵

综合发展能力是指企业通过自身的生产经营活动，不断扩大积累而形成的发展潜能。上市公司的综合发展能力不是一蹴而就的，是企业不断积累发展的结果。上市公司的发展具有全面性和系统性，其业绩发展、创新能力、营运能力、社会贡献与责任等要素之间的差异都会导致综合发展能力的不同。因此，上市公司的综合发展需要各个层面的协调配合，综合发展能力的提升不仅仅依靠利润的增加，还需要创新能力的提升、营运能力的改善，以及为国家或社会创造更多的价值。上市公司的经济、创新、营运、社会贡献状况是衡量上市公司综合发展能力的重要因素。企业的持续成长是各利益相关者追求长期利益的结果，这些利益相关者与企业的关系不同，对企业发展善关注的角度也不同，例如投资者关注企业的业绩发展和股利分配情况；管理者主要关注企业的营运能力；员工主要关心企业效益；政府更关注企业的社会贡献。只有各利益相关者的利益得到满足，企业才能得到更好的发展，同样，只有保障企业持续健康成长，企业各利益相关者的利益才能得到满足。企业的业绩发展、创新能力、营运能力及社会贡献与责任正是各方利益的表征，因此，评价企业的综合发展能力，需要综合分析其业绩发展能力、创新能力、营运能力及社会贡献与责任，从整体上把握上市公司发展状况，为促进安徽省上市公司的发展提供参考与借鉴。

（二）上市公司综合发展能力的评价意义

当前我国处于转变经济发展方式、调整经济增长结构的关键时期。在市场竞争全球化及日趋激烈化的大环境下，需要更好地发挥上市公司对安徽省经济的积极带动作用。上市公司的综合发展能力是衡量一个区域经济发展的重要指标，也反映了这个区域企业长期竞争力水平。上市公司的综合评价能够全面客观地反映上市公司的总体运行状况，广泛应用于各个方面。客观、科学、全面地评价上市公司综合发展能力，可以为一个区域的上市公司制定整体发展战略，为进一步的宏观调控、提升上市公司的竞争能力提供科学依据。基于此，对安徽省各上市公司的发展能力综合评价具有必要性，其主要意义包括以下四个方面。

（1）构建上市公司综合发展能力评价指标体系，完善丰富了上市公司综合发展能力评价体系和方法。上市公司的财务报表提供了大量上市公司数据，如何从种类繁多、数据特征各异的海量数据中找到重要且能合理反映上市公司发展能力的信息，是一个复杂的过程。通过构建上市公司综合发展能力评价指标体系，建立上市公司综合评价指数，有助于外部投资者与政府等更准确地掌握上市公司的发展状况，进而做出科学决策。

（2）有利于政府政策的制定和实施。综合发展指数代表了一定时期内上市公司整体的发展状况，相关部门可以根据综合发展指数了解安徽省上市公司发展动态，明晰不同行业、区域、板块、属性的企业发展状况及排名情况。由此，政府部门可以进行相应的宏观调控和引导，如优化资源配置，调整产业结构，引导资金投向等。另一方面，综合发展能力评价系统也是政府政策实施的反馈系统，有助于政府监测政策实施效果。政府制定的财政、金融等宏观经济政策对上市公司的影响，能够通过综合发展能力指数的变动反映出来。

（3）有利于上市公司进行自我评价。通过构建上市公司综合发展能力评价系统，对上市公司综合发展能力及业绩发展、创新能力、营运能力、社会贡献与责任等子要素进行评价，最终形成综合发展能力排名及四个子要素的排名。基于此，上市公司可以确定自身的发展水平，明确自己在各行业、各区域、各板块、各属性的位置；可以明确自身的不足和改进空间，确定努力目标，制定公司未来的发展目标和规划，加快自身发展。

（4）有利于投资人和债权人做出决策。上市公司是资本市场的基石，上市公司质量的高低，直接关系到千千万万投资者的切身利益和资本市场的健康稳定发展。通过对上市公司综合发展指数分析，投资人和债权人能够更加有效地判断上市公司的综合发展能力及其潜在的投资价值，从而做出理性的投资决策。这也可以使股票市场走势趋于理性，降低股市的非理性波动。

综上所述，上市公司综合发展能力评价的理论意义补充上市公司综合能力评价体系的构建，不断完善综合发展能力评价体系和方法。现实意义在于通过评价结果为各类主体合理决策提供参考，改进创新主体或利益相关者的行为模式。安徽省经济发展已经进入转型升级的关键时期，上市公司的发展是建设创新安徽的重要支撑。因此，开展安徽省上市公司的发展能力综合评价工作，分析其区域、行业、板块和属性之间的差异，对于加快安徽经济发展方式转变，探寻安徽企业发展道路，建设美好安徽意义重大。

（三）综合评价指标选择及测算方法

综合评价指的是对以指标体系描述的对象做出全局性、整体性的评价，即针对全体评价对象，采用一定的方法给每个评价对象赋予一个评价值，以此为基础对评价结果进行择优或排序。从本质上来讲，综合评价也就是按照给定的目标，对研究对象进行全面的分类和排序的过程。根据评价对象和评价目的，从不同的侧面选取刻画系统某种特征的评价指标，建立指标体系，并通过一定的数学模型将多个评价指标值“整合”为一个整体性的综合评价值。综合评价的核心是评价指标体系的构建及测算方法的选择。

1. 综合发展能力评价指标体系构建原则①

建立完善的评价指标体系是进行科学、合理、公正评价的重要保证。因此，在设置评价指标体系时，应从实际出发，做到既科学合理，又切实可行，需要遵循以下原则：

（1）客观性原则

评价指标体系应能客观准确反映上市公司的绩效，要克服主观因素的影响，同时结合必要的专项调查和考证，定性、定量相结合。通过综合考核评价，得出科学合理、客观真实的评价结果。

① 王红娟：《上市公司绩效评价方法和指标的改善》，载中国会计学会管理会计与应用专业委员会《国际化与价值创造：管理会计及其在中国的应用——中国会计学会管理会计与应用专业委员会2012年度学术研讨会论文集》，2012年9月。彭峰：《我国上市公司营运资金管理绩效评价研究》，广西大学，2012。

（2）层次性原则

多指标评价是一种全面性的评价，对上市公司的发展能力进行综合评价应尽可能全面系统地揭示发展能力的特征。因此，指标的选取要符合系统性特点，各指标之间要有一定的逻辑关系。每一个子系统由一组指标构成，各指标之间相互独立，又彼此联系；尽可能照顾到系统的主要方面，又要认识到系统指标不是简单堆砌，要具有一定的层次性。

（3）科学性原则

评价指标体系必须能够明确地反映目标与指标间的相关关系，指标体系的大小也必须适宜。评价指标体系过大，指标层次过多，子指标过细，会使评价过程集中在细小的问题上，增加评价的工作量，而且容易扭曲评价的结果；评价指标体系过小，指标层次过少，子指标过粗，又不能充分反映被评价对象的整体状况。

（4）可比性原则

指标设置应体现可比性，具有一定的弹性空间，要考虑各个上市公司之间的横向比较，通过比较使之成为衡量综合发展能力的尺度。

（5）可操作性原则

指标的设计要在准确反映上市公司综合发展能力的基础上，尽可能选取具有共性的综合性指标，同时力求数据的可操作性。可操作性原则包括两层含义：一是资料数据的易得性；二是指标容易量化，对定量指标要保证其可信度，对定性指标应尽量适用，或选择那些能间接赋值或计算予以转化的定量指标，同时能够便于他人进行操作和使用。

2. 综合发展能力评价方法及赋权

综合评价是指当一个复杂系统同时受到多种因素影响时，依据多个相关指标对系统进行评价。本部分对现有主要的综合评价方法概述，分析指标权重设置方法。基于本研究的目的和数据特性，选取适当的数学模型，并具体剖析综合评价过程。

（1）主要综合评价方法

由于各种评价方法原理不同、适用范围不同，分析具体问题时需要选择适当的方法。对已有的学术成果进行总结和分析，主要综合评价方法①有模糊评价法、秩和比法、综合指数法、Topsis 法、灰色关联度评价法。对现有的典型综合评价方法进行比较分析，列出其优缺点，具体见表 1。

表 1　常用的综合评价方法及优缺点

方法名称	优点	缺点
模糊评价法①	可以将不完全信息、不确定信息转化为模糊概念，使定性问题定量化，提高评估的准确性、可信性	1. 只考虑了主要因素的作用，忽视了次要因素，使评价结果不够全面。 2. 当指标数较多时，权向量与模糊矩阵不匹配，易造成评判失败。 3. 评价的主观性明显
秩和比法②	1. 不引入主观变量，克服了主观定权的缺陷； 2. 综合能力强，可作为一个专门的综合指标来进行统计分析； 3. 可以进行分档排序，消除异常值的干扰，显示数据间的微小差异	1. 指标值进行秩代换的过程中有可能会损失一些信息，导致对信息利用不完全； 2. 对离群值不敏感
综合指数法	1. 评价过程系统、全面，计算简单； 2. 数据利用充分，通过对综合指数和个体指数的分析，找出薄弱环节，为改进提供依据	1. 对比较标准依赖太强，同时标准的确定较为困难； 2. 指标值无上下限，若存在极大值会影响评价结果的准确性
Topsis 法③	1. 对样本资料无特殊要求； 2. 比较充分地利用了原有的数据信息，与实际情况较为吻合； 3. 可对每个评价对象的优劣进行排序	1. 当两个评价对象的指标值关于最优方案和最劣方案的连线对称时，无法得出准确的结果； 2. 只能对每个评价对象的优劣进行排序，不能分档管理，灵敏度不高
灰色关联度评价法④	1. 思路清晰，在很大程度上减少由于信息不对称带来的损失； 2. 对数据要求较低，工作量较小	要求对各项指标的最优值进行先行确定，主观性过强，同时部分指标最优值难以确定

注：①马瑞恩：《利用模糊评价法对企业环境效益进行评价》，《山东省青年管理干部学院学报》2009 年第 2 期。

②沈敏学、曾娜、胡婧璇、吴公平、许林勇：《加权 TOPSIS 法与加权秩和比法在湖南省农村药品监督与供应网络建设评价中的应用》，《中南大学学报（医学版）》2013 年第 38 期。

③杜挺、谢贤健、梁海艳、黄安、韩全芳：《基于熵权 TOPSIS 和 GIS 的重庆市县域经济综合评价及空间分析》，《经济地理》2014 年第 34 期。

④刘思峰、蔡华、杨英杰、曹颖：《灰色关联分析模型研究进展》，《系统工程理论与实践》2013 年第 33 期。

---

① 彭张林、张强、杨善林：《综合评价理论与方法研究综述》，《中国管理科学》2015 年第 23 期。

由于不同评价方法对原始数据的处理、权数的确定有着较大的差异，评价方法本身确定的标准和计算方法也不相同，因此应根据不同的资料类型采取不同的方法，使得分析评价的结果最接近于真实结果。

考虑到本报告的研究对象是安徽省上市公司，主要分析其综合发展能力，评价目的明确，评价对象差异小，各项指标值波动不大，而综合指数法是最基本、最简便的综合评价方法，是用单一统计指标定量地反映多个指标综合变动水平的一种方法。因此，本研究选择综合指数法，通过将不同性质、不同单位的各种实测指标值通过指数变换，加权得出综合指数，并对综合指数进行比较分析，进而进行排名分析。

（2）指标权重设置

在统计理论和实践中，权重是指各个评价指标（或者评价项目）重要性的权数，表示各个评价指标在总体中所起的不同作用。指标权重的设置是综合评价方法中的关键一步，目前指标权重的设置主要分为主观赋权法和客观赋权法两大类。主观赋权法是指用于构建权数的原始数据来自评价者对所研究对象各个指标的主观判断，主要包括德尔菲法（Delphi）、AHP 法、专家排序法等；客观赋权法是指以所研究对象各个指标实际观测值为原始数据来构建权数的方法，主要包括熵权法、变异系数法、坎蒂雷赋权法、CRITIC 法。

由于主观赋权法和客观赋权法各有其优缺点，因此，如果将主观法所得权数与客观法所得权数按照一定的数学方法进行组合的话，可能会产生出更合理的权数，这就是在主、客观赋权法的基础上形成的组合赋权法。总之，每种方法的侧重点不尽相同又各有优缺点。因而，在进行综合评价时，应具体问题具体分析，有针对性地选择适合的赋权方法。考虑到本研究重点评价上市公司的综合发展能力，在综合分析时主要从原始数据出发，从样本中提取信息，相较于主观赋权法得到的权数偏差更小，更能反映众多评价指标真实的重要程度，因此本研究采用客观赋权法中的熵值法来确定各指标的权重。

二　安徽省上市公司综合发展能力评价指标体系

综合发展能力评价指标体系的构建是建立多属性综合评价的核心，是对评价对象进行准确排序或分类的基础和前提。基于当前上市公司发展状况和时代需求，依据评价指标选取原则，本部分主要从上市公司综合发展能力评价的目的和目标及综合发展能力评价指标体系构建两方面分析。

（一）综合发展能力评价的目的和目标

1. 综合发展能力评价的目的

（1）上市公司综合发展能力评价，为安徽省创新驱动发展提供依据。当前，安徽省正处在转变经济发展方式，加快建设创新型省份，推动科学发展的关键时期。破解发展难题、创新发展模式、抢占未来制高点，实现创新驱动发展，迫切需要发挥企业的支撑引领作用。企业是创新的主体，21 世纪以来，安徽省高度重视微观经济主体的发展，从招商引资到鼓励创业、从优化投资环境到改善基础设施，从提高政府工作效率到弘扬创业文化，从鼓励投资到积极引导企业创新。这些措施到底有何成效，上市公司的发展状况如何，通过综合评价分析，进而为安徽省的创新驱动发展提供政策建议。

（2）上市公司综合发展能力评价，是推动企业发展的重要参考。准确描述、分析、评价、监测上市公司的各项活动，掌握上市公司的主要进展，能够分析上市公司不同层面的发展状况。分行业、区域、板块和属性对上市公司发展进行评价，能够充分认识安徽省上市公司的发展质量；通过分析不同特性的上市公司发展状况，为各省市领导、行业协会和企业自身在下一步发展中制定政策和发展对策提供参考。

2. 综合发展能力评价的目标

（1）构建一个能够综合评判和科学判断上市公司发展状况的评价指标体系。评价指标体系是指由表征评价对象各方面特性及其相互联系的多个指标所构成的具有内在结构的有机整体。合适的评价指标，是衡量上市公司综合发展能力的评价基础，也是指导上市公司进行决策活动的重要依据。

（2）提出综合发展能力指数，客观了解安徽省上市公司的发展现状。从业绩发展、创新能力、营运能力、社会贡献与责任四个维度分解，分析制约安徽省上市公司综合能力发展的瓶颈，监控不同领域的发展情况，掌握上市公司的发展能力概况。

（3）分析上市公司综合发展能力，提出政策建议。从行业、区域、板块、属性四个视角考察安徽省上市公司的综合发展能力，明确不同特性上市公司的发展差异，为政府及相关部门为提升上市公司发展能力制定政策提供基本依据，以更好地发挥企业创新主导作用。

（二）综合发展能力评价指标体系的构建

评价指标体系是系统全面描述和评价社会经济现象的一种行之有效的方法，如何设计全面、系统和可操作性强的上市公司综合发展能力评价指标，将直接影响到上市公司发展的政策导向、资源分配乃至整个省市上市公司的未来走向。而确定评价指标体系的关键是对构成上市公司综合发展能力各要素的把握和理解。

建立科学统一的上市公司综合发展能力评价指标体系，是有效开展上市公司综合评价考核工作的重要基础。基于上市公司综合发展能力评价的目的和目标，遵循评价指标体系的选取原则，参考国内外有关上市公司的综合发展能力的评价文献①②，深入研究上市公司综合发展评价的相关研究成果。指标体系坚持共性与个性相结合、绝对与相对相结合、理论与实际相结合、评价和考核相结合的原则，确保所选指标在某一领域具有关键性和代表性，

① 李延喜、曾伟强、马壮、陈克兢：《外部治理环境、产权性质与上市公司投资效率》，《南开管理评论》2015 年第 18 期。

② 孙莹、王竹泉、张先敏、杜瑞、程六兵：《中国上市公司营运资金管理调查：2014》，《会计研究》2015 年第 12 期。

相应指标数据具有可获得性和可考核性，指标体系运行具有可操作性。本报告综合考虑业绩发展、创新能力、营运能力和社会贡献与责任四个方面的指标，构建了上市公司的综合评价指标体系。整个评价体系共15项评价指标，具体指标体系见表2。

表2　上市公司综合发展能力评价指标体系

一级指标	二级指标	指标说明
业绩发展	权益净利率	指企业净利润与所有者权益的比率，它反映企业所有者权益创造净利润的能力
	资产收益率	资产收益率，指的是企业在增加收入和节约资金等方面的成效，表明企业资产的利用效果
	营业收入净利率	指企业净利润与营业收入的比率，它反映企业营业收入创造净利润的能力
	每股收益	指税后利润与股本总数的比率。是测定股票投资价值的重要指标之一，是分析每股价值的一个基础性指标，是综合反映公司获利能力的重要指标
创新能力	研发支出	指在研究与开发过程中所使用资产的折旧、消耗的原材料、直接参与开发人员的工资及福利费、开发过程中发生的租金以及借款费用等
	高学历员工比例	本科及以上学历人数占员工总数的比重，是衡量企业人力资源状况的指标
	每百人专利申请数	是衡量企业创新水平的一个指标，表明该企业的创新能力和创新潜力
	主营业务利润率	指企业在一定时期内主营业务利润同主营业务收入的比率。它表明企业每单位主营业务收入能带来多少主营业务利润，反映了企业主营业务的获利能力，是评价企业经营效益的主要指标
营运能力	流动资产周转率	是销售收入与流动资产平均余额的比率，它反映的是全部流动资产的利用效率。流动资产周转率是分析流动资产周转情况的一个综合指标，流动资产周转得快，可以节约资金，提高资金的利用效率
	总资产周转率	指企业在一定时期内销售（营业）收入同平均资产总额的比值。总资产周转率是综合评价企业全部资产的经营质量和利用效率的重要指标
	固定资产周转率	是企业年产品销售收入净额与固定资产平均净值的比率，它反映企业固定资产周转状况，从而衡量固定资产利用效率。该比率高，表明固定资产利用效率高，利用固定资产效果好

续表

一级指标	二级指标	指标说明
社会贡献与责任	社会责任	基于商业运作必须符合可持续发展的要求,企业除了考虑自身的财政和经营状况外,也要考量其对社会和自然环境所造成的影响
	社会贡献率	指社会总贡献与公司平均资产的比值。其中社会总贡献包括工资、奖金、津贴和补贴,税金及附加、所得税、净利润、利息净支出额。用以衡量企业运用全部资产为国家或社会创造或支付的价值的能力
	社会积累率	指所得税与社会总贡献的比值。用于衡量企业社会贡献总额中多少用于上交国家财政和支持社会公益事业,从而直接或间接反映企业的社会贡献与责任
	每股社会贡献率	指社会总贡献与股本的比值

1. 业绩发展

业绩是企业经营的最终成果，也是企业持续发展的基础和价值支撑。安徽省上市公司的业绩状况会直接影响到安徽省经济增长以及经济发展水平。要衡量一个企业的业绩发展，不能仅仅从企业的利润进行评价，还应该考虑其资产质量，反映其债务风险、经营发展情况等。以国务院对中央企业进行财务绩效评价的指标体系为基准，本研究选择衡量业绩发展的指标有：权益净利率（ROE）、资产收益率（ROA）、营业收入净利率和每股收益（EPS）。

2. 创新能力

创新能力是企业发展的关键要素，是企业核心竞争力的重要体现，是全社会创新的基础。企业要按照社会主义市场经济体制要求，增强创新驱动发展的内在动力，加强研发能力，提高持续创新能力和核心竞争力。企业的创新能力包括创新投入和创新产出、创新支撑要素等，具体指标有研发支出、高学历员工比例、每百人专利申请数、主营业务利润率。

3. 营运能力

企业营运能力，主要指企业营运资产的效率与效益。企业营运资产的效率主要指资产的周转率或周转速度。企业营运资产的效益通常是指企业的产出量与资产占用量之间的比率。通过对企业的营运能力的评价分析，为企业提高业绩指明方向。本研究选择的营运能力衡量指标为流动资产周转率、总资产周转率、固定资产周转率。

4. 社会贡献与责任

企业社会责任是企业在创造利润、对股东和员工承担法律责任的同时，还要承担对消费者、社区和环境的责任。履行企业社会贡献与责任可以为企业带来一系列好处，如提高企业利润与投资回报率；加强品牌建设，赢得顾客信任；提升员工使命感、幸福度及满意度。从企业战略发展的角度综合考虑，承担企业社会贡献与责任可以使企业优化与所有利益相关者的关系，更全面综合地规划企业发展，为企业带来发展和前进的动力。考虑到数据的可获得性，本研究选取社会责任、社会贡献率、社会积累率、每股社会贡献率作为衡量指标。

（三）综合评价过程

基于上述评价指标选择原则、综合评价方法及指标权重的分析，本部分具体分析综合评价的数据处理步骤。综合指数的计算是在评价体系结构的基础上，计算各指标反映的综合信息。综合评价的数学模型有线性加权综合模型和非线性加权综合模型两种，由于上市公司综合发展能力反映的是一种相互组合产生的效果，本研究采用线性加权的评价数学模型。

设 y_{ij} 为第 i 个上市公司的第 j 个评价指标的值，其中 $i=1, 2, \cdots, m$；$j=1, 2, \cdots, n$。

首先，统一评价指标属性。若评价指标体系中既有正向评价指标，又有反向评价指标，在进行综合评价之前需要对评价指标作类型的一致化处理。通过无量纲化，将各元素转化为效益型指标。

将数据采用线性函数法进行归一化处理，消除不同量纲的影响。通过公式（1）或（2）得到单个指标的可比数据，评价指标最小的值为0，最大的值为1。

a. 对于正向评价指标，规范化处理公式为：

$$X_{ij}=\frac{y_{ij}-y_j^{min}}{y_j^{max}-y_j^{min}} \tag{1}$$

b. 对于反向评价指标，规范化处理公式为：

$$X_{ij}=\frac{y_j^{min}-y_{ij}}{y_j^{max}-y_j^{min}} \tag{2}$$

式中，$y^{max}=MAXy_{ij}$；$y_j^{min}=MINy_{ij}$；

y_{ij}表示第 i 个上市公司第 j 个评价指标的原始数据；

y_j^{max} 表示各个上市公司中第 j 个评价指标原始数据的最大值；

y_j^{min} 表示各个上市公司中第 j 个评价指标原始数据的最小值；

X_{ij}表示第 i 个地区第 j 个评价指标的标准化数据。

根据评价标准矩阵，通过统一指标属性，建立无量纲化评价标准矩阵B。

其次，确定各指标的权重。

本研究确定各指标权重采用的是熵值赋权法，其原理是：若某一指标对所有样本都相等或相差不大，则这项指标包含的信息量不大，其权重应很小；反之，若某项指标对所有样本相差极大，则这项指标包含的信息量极大，其权重应很大。依据这个原理，各评价指标向量熵值 E_j 的计算公式为

$$E_j=-(ln\ n)^{-1}\cdot\sum_{i=1}^{n}p_{ij}\cdot Inp_{ij}$$

其中 E_j 表示第 j 个指标的信息熵，n 为评价对象的个数，$p_{ij}=\frac{x_{ij}}{\sum_{i=1}^{n}x_{ij}}$，式中 X_{ij}为标准化数据。同时，如果 p_{ij}，则定义$\lim\limits_{p_{ij}\to 0}p_{ij}\cdot Inp_{ij}=0$。

对矩阵 X 的各个评价指标向量的熵值进行归一化处理：

$$W_j=\frac{1-E_j}{n-\sum_{j=1}^{n}E_j}\quad(j=1,2,\cdots,n)$$

则权向量为 $W=(\omega_1,\ \omega_2,\ \cdots,\ \omega_n)$

上市公司综合发展能力评价指标的权重见表 3。

最后，计算综合评价值。

将无量纲化数据矩阵 X 与权向量 W 乘积，得到综合评价向量 R。

$$R_i = \sum_{j=1}^{n} \omega_j X_{ij}$$

其中，X_{ij}为第 i 个上市公司的第 j 个指标无量纲化后的评价值，ω_j 为第 j 项评价指标的权重系数。如果矩阵 X 是效益型矩阵，综合评价向量 R 对应分量越大，该指标的排名越靠前；如果矩阵 X 是成本型矩阵，综合评价向量 R 对应分量越小，该指标的排名越靠前。

表 3　2017 年安徽省上市公司综合发展能力各评价指标赋权

指标	研发强度	高学历员工比例	每百人申请专利数	主营业务利润率	社会责任	社会贡献率	社会积累率	每股社会贡献率
权重系数	0.125	0.117	0.195	0.039	0.082	0.025	0.003	0.042
指标	流动资产周转率	总资产周转率	固定资产周转率	权益净利率	资产收益率	营业收入净利率	每股收益	
权重系数	0.077	0.073	0.165	0.009	0.022	0.005	0.023	

三　安徽省上市公司发展能力综合评价分析

考虑到各个城市创新资源和基础设施等要素之间的差异，企业所处行业的差异性，上市公司所处的板块，以及上市公司的属性特点等等，本报告在分析 2017 年安徽省 98 家上市公司综合发展能力的基础上，将从行业、区域、板块及属性的角度进一步探讨安徽省上市公司之间的差异性。

（一）安徽省上市公司综合发展能力分析

利用综合评价法，本研究得出安徽省上市公司综合发展能力指数值及排名情况，并得到其四个一级指标：业绩发展指数、创新能力指数、营运能力指数和社会贡献与责任指数的具体排名情况。评价结果见附件 1 与附件 2。

就综合评价分析结果而言，98 家上市公司的综合发展能力指数均值为 0.24，中位数为 0.21，综合发展能力平均值大于中位数，说明综合发展能力较强的企业数偏少，有 36 家企业的综合发展能力指数高于平均值，2 家企业的综合发展能力指数等于平均值，60 家企业的综合发展能力指数低于平均值。综合发展能力指数排名前十位的企业分别是四创电子、科大讯飞、众源新材、安徽合力、阳光电源、江淮汽车、三七互娱、科大国创、美亚光电和东华科技，综合发展能力指数处于 0.34 ~ 0.48 之间，综合发展能力相对较强，其中，四创电子的综合发展能力指数为 0.48，排名第一；综合发展能力指数排名后十位的企业分别是盛运环保、金种子酒、海螺型材、恒源煤电、江南化工、德力股份、皖江物流、黄山旅游、华菱星马和凤形股份，其综合发展能力指数处于 0.11 ~ 0.15，综合发展能力较弱。整体而言，安徽省上市公司综合发展能力不容乐观，有待提高。

上市公司的综合发展能力是业绩发展、创新能力、营运能力、社会贡献与责任四个要素的综合作用结果。对综合发展能力指数排名前十的上市公司进行具体分析，可以看出，综合发展能力较强的上市公司，其各个指标的发展能力发展并不均衡。一般来说，综合发展能力强的公司，其子要素的发展也应较强，但从附件 1 可以看出，其各指标发展状况不一。如综合发展能力指数排名第 1 的四创电子，其创新能力排名为 3，社会贡献与责任排名为 5，营运能力排名为 13，业绩发展排名为 31，整体而言发展较好；综合发展能力指数排名第 2 的科大讯飞，创新能力和社会贡献与责任发展突出，创新能力排名为 1，社会贡献与责任排名为 12，但业绩发展和营运能力发展薄弱，业绩发展排名为 56，营运能力排名 67，表明科大讯飞的业绩发展和营运能力有待增强；综合发展能力指数排名第 3 的众源新材，其营运能力居于首位，社会贡献与责任和业绩发展能力突出，但创新能力有待提升；综合发展能力指数排名第 4 的安徽合力，其各子要素发展良好，都高于平均水平；综合发展能力指数排名第 10 的东华科技，虽然创新能力和营运能力发展较好，但是其业绩发展能力非常薄弱，远远低于平均水平。整体而言，综合发展能力较强的上市公司，其优势子要素个数较多，且优势要素表现较为突出。

对综合发展能力指数排名后十位的上市公司进行分析，可以看出，其各子要素发展能力都较为薄弱，进而导致综合发展能力的不足。如综合发展能力指数排名倒数两位的凤形股份和华菱星马，其业绩发展、创新能力、营运能力、社会贡献与责任的发展都处于较低水平；综合发展能力指数排名倒数第 3 的黄山旅游，除了业绩发展水平相对较好外，其创新能力、营运能力、社会贡献与责任发展都非常薄弱；其余 7 家上市公司，除个别公司某个子要素表现良好外，整体而言，各子要素发展都处于较低水平。

对综合发展能力表现一般的上市公司进行分析，可以看出上市公司发展各有所长。从附件 1 可以看到，海螺水泥的综合发展能力指数排名 26，业绩发展和社会贡献与责任排名均为第 1，但创新能力排名为 61，这是因为海螺水泥的研发强度并未向外披露，导致创新能力评价指标较差，海螺水泥作为水泥行业龙头，业绩发展和社会贡献与责任均非常强；口子窖的综合发展能力指数排名为 47，业绩发展和社会贡献与责任排名均为第 4，这是由于安徽省作为白酒生产大省，在全国白酒市场占据着重要的作用，而口子窖作为安徽省白酒企业中的佼佼者，其业绩发展和社会贡献与责任均较强。排名处于 40 位到 50 位的上市公司，其综合发展能力指数处于 0.21 ~0.23，分布较为集中。其中，就业绩发展而言，综合发展能力指数排名 47 位的口子窖和排名 50 位的集友股份的业绩发展表现优异，而综合发展能力指数排名 45 位的丰乐种业和排名 46 位的惠而浦的业绩发展表现较差；就创新能力而言，除综合发展能力指数排名 42 位荃银高科、排名 45 位的丰乐种业和排名 50 位的集友股份的创新能力处于中上等水平，其余 7 家公司的创新能力都处于较低水平；就营运能力而言，综合发展能力指数排名 44 位的铜陵有色，其营运能力排名前 10，而综合发展能力指数排名 50 位的集友股份营运能力居于后 10 名；就社会贡献与责任而言，综合发展能力指数排名 47 位的口子窖和排名 43 位的洽洽食品的社会贡献与责任表现突出，都处于前 10 名。综合而言，不同上市公司发展同时存在优势要素和劣势要素，不能仅仅从综合发展能力分析，有必要针对具体公司的具体要素进行深入分析。

（二）分行业上市公司综合发展能力分析

根据证监会最新行业分类，截至2017年底，本分报告研究的98家上市公司分属12个行业。本分报告对12个行业上市公司的综合发展能力指数进行排名，并将各个行业的综合发展能力指数平均值由大到小进行排列，结果如图1。

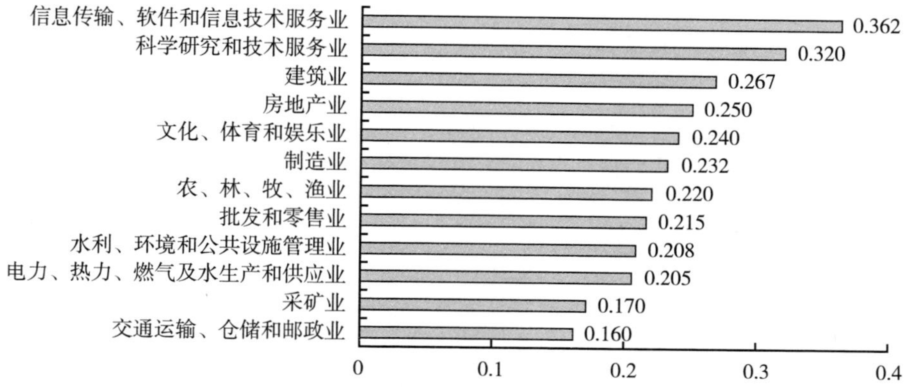

图1　2017年安徽省各行业上市公司的综合发展能力指数均值

由图1可以看出，从行业视角来看，综合发展能力指数平均值由高到低的排序为信息传输、软件和信息技术服务业（0.362）、科学研究和技术服务业（0.320）、建筑业（0.267）、房地产业（0.250）、文化、体育和娱乐业（0.240）、制造业（0.232）、农、林、牧、渔业（0.220）、批发和零售业（0.215）、水利、环境和公共设施管理业（0.208）、电力、热力、燃气及水生产和供应业（0.205）、采矿业（0.170）和交通运输、仓储和邮政业（0.160）。

信息传输、软件和信息技术服务业和科学研究和技术服务业的综合发展能力指数平均值大于0.320，说明信息传输、软件和信息技术服务业和科学研究和技术服务业的综合发展能力相对突出。排名第三的建筑业的综合发展能力指数的平均值为0.267，显著低于前两名，与第二名相差0.053，接下来是房地产业、文化、体育和娱乐业，三者的综合发展能力指数平均值处于

0. 240～0. 267，大于98 家上市公司综合发展能力指数的平均值0. 240。可以看出建筑业、房地产业和文化、体育和娱乐业的综合发展能力处于上游，综合发展能力普遍较强。制造业、批发和零售业与农、林、牧、渔业的综合发展能力指数平均值处于0. 215～0. 232 之间，高于附件1 中的综合指数的中位数0. 210，可以看出这三个行业上市公司的综合发展能力稍高于排于中部位置的上市企业，综合发展能力稍强。其他行业的综合发展能力指数平均值处于0. 160～0. 208，综合发展能力相对较弱，处于最低水平，综合发展能力有待提高。

表4　上市公司综合发展、业绩、创新、营运和社会贡献与责任指数均值

总排名	行业	综合发展能力	业绩发展及排名		创新能力及排名		营运能力及排名		社会贡献与责任及排名	
1	信息	0. 362	0. 500	6	0. 440	1	0. 204	7	0. 384	4
2	科学	0. 320	0. 660	1	0. 340	2	0. 220	6	0. 330	6
3	建筑	0. 267	0. 390	12	0. 213	4	0. 237	5	0. 407	3
4	房产	0. 250	0. 530	4	0. 210	5	0. 280	4	0. 210	11
5	文化	0. 240	0. 535	2	0. 105	9	0. 320	2	0. 420	2
6	制造	0. 232	0. 505	5	0. 189	7	0. 178	8	0. 374	5
7	农林	0. 220	0. 415	11	0. 240	3	0. 135	10	0. 270	10
8	批发	0. 215	0. 428	9	0. 070	11	0. 373	1	0. 270	9
9	水利	0. 208	0. 533	3	0. 190	6	0. 128	12	0. 303	8
10	电力	0. 205	0. 425	10	0. 130	8	0. 285	3	0. 180	12
11	采矿	0. 170	0. 495	7	0. 065	12	0. 145	9	0. 425	1
12	交通	0. 160	0. 495	8	0. 080	10	0. 135	11	0. 315	7

从综合发展能力的各项指标来看（表4），不同行业的业绩发展、创新能力、营运能力和社会贡献与责任的发展参差不齐。就业绩发展而言，排在前三位的行业分别是科学研究和技术服务业（0. 660）、文化、体育和娱乐业（0. 535）和水利、环境和公共设施管理业（0. 533），这与综合发展能力排名有较大的不同。如综合发展能力指数排名第一的科学研究和技术服务业的业绩发展排名第六（0. 550）。业绩发展排名后三位的行业是电力、热力、燃气及水生产和供应业（0. 425）、农、林、牧、渔业（0. 415）和建筑业

（0.390），业绩发展能力处于较弱水平；就创新能力而言，信息传输、软件和信息技术服务业和科学研究和技术服务业的创新能力平均值为 0.440 和 0.340，创新能力具有明显优势，排在第三位的农、林、牧、渔业的创新能力平均值为 0.240，显著低于前两位，其后四、五分别是建筑业（0.213）、房地产业（0.210），剩余行业的创新能力平均值均低于 0.200，处于最末端的批发和零售业和采矿业分别为 0.070 和 0.065，创新能力处于较低水平，亟待加强；就营运能力而言，各行业排名与综合发展能力排名有很大的差别，排在前四位的行业是批发和零售业（0.373）、文化、体育和娱乐业（0.320）、电力、热力、燃气及水生产和供应业（0.285）和房地产业（0.280），排在最末的行业是水利、环境和公共设施管理业（0.128），排在第七位的信息传输、软件和信息技术服务业的营运能力值为 0.204，超过一半的行业高于附件 1 中的平均水平，表明营运能力整体处于较高水平；就社会贡献与责任而言，采矿业、文化、体育和娱乐业、建筑业、信息传输、软件和信息技术服务业和制造业排于前五位，高于 98 家上市企业平均值，其他都低于平均水平。整体而言，社会贡献与责任的发展处于较低水平。

（三）分区域上市公司综合发展能力分析

图 2 为安徽省各地市上市公司的综合发展能力指数均值，各地市上市公司的综合发展能力指数均值由大到小进行排列。从图 2 中可以看出，亳州市的综合发展能力指数为 0.320，居于榜首，但是，亳州市只有一家上市企业，不能代表亳州市整体的综合发展能力，只能说明该上市企业的综合发展能力较强。

合肥市上市公司的综合发展能力指数为 0.272，虽然在 98 家上市企业中，合肥市的上市公司有 39 家之多，但综合发展能力指数均值依旧排名前列，居于第二，表现出非常明显的优势。从图 2 中也可以看出，安徽省各地市综合发展能力指数呈现个别突出、整体落后的状态，即合肥市具有明显游离于其他地市之外的突出表现，综合发展能力指数处于 0.272 以上的较高水平。芜湖市的综合发展能力指数等于 98 家企业的平均值，芜湖市的综合发展能力指数为0.240，由于芜湖市的上市企业有13家，综合指数均值仍位居排行榜第三，说明芜湖市的上市企业的综合发展能力仍然较强。其他地市综合发展能力指数则集中分布在0.230以下的较低水平，呈现规律性的逐级递减状态，有4个地市的综合发展能力指数集中分布在0.213～0.230，包括滁州市、蚌埠市、铜陵市和宣城市，综合发展能力指数相差不大，综合发展能力指数较低的地市主要是马鞍山市、淮北市、安庆市、六安市、淮南市、黄山市、池州市、阜阳市。

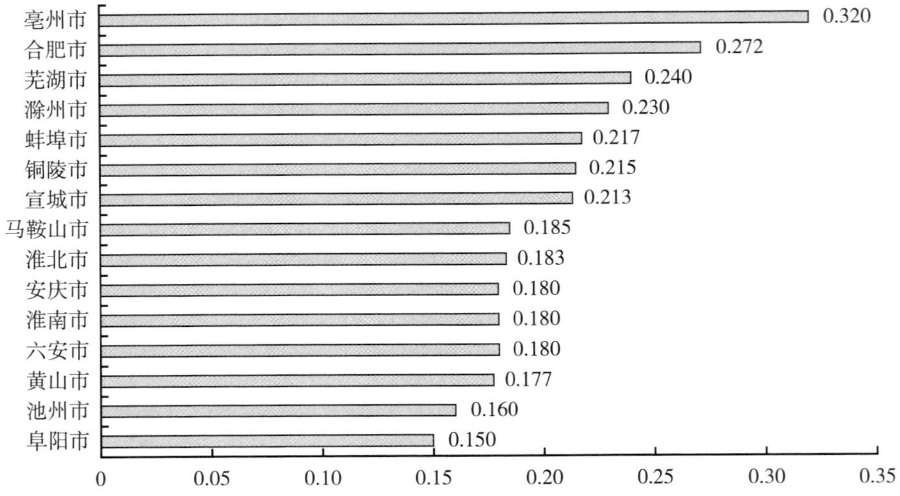

图2　2017年安徽省各区域上市公司的综合发展能力指数均值

表5　各区域上市公司综合发展、业绩、创新、营运、社会贡献与责任指数均值

总排名	行业	综合发展能力	业绩发展及排名		创新能力及排名		营运能力及排名		社会贡献与责任及排名	
1	亳州市	0.320	0.790	1	0.250	2	0.150	7	0.740	1
2	合肥市	0.272	0.485	9	0.261	1	0.200	4	0.374	6
3	芜湖市	0.240	0.524	6	0.142	7	0.295	1	0.335	9
4	滁州市	0.230	0.605	3	0.155	6	0.190	5	0.423	3
5	蚌埠市	0.217	0.443	13	0.117	10	0.247	3	0.367	7
6	铜陵市	0.215	0.463	11	0.122	9	0.248	2	0.358	8

续表

总排名	行业	综合发展能力	业绩发展及排名		创新能力及排名		营运能力及排名		社会贡献与责任及排名	
7	宣城市	0.213	0.474	10	0.201	3	0.120	11	0.323	12
8	马鞍山市	0.185	0.488	8	0.160	5	0.127	10	0.242	15
9	淮北市	0.183	0.610	2	0.085	15	0.118	12	0.460	2
10	安庆市	0.180	0.360	15	0.187	4	0.070	14	0.327	11
10	六安市	0.180	0.515	7	0.095	12	0.130	9	0.395	5
10	淮南市	0.180	0.460	12	0.090	13	0.150	8	0.405	4
13	黄山市	0.177	0.547	5	0.113	11	0.180	6	0.243	14
14	池州市	0.160	0.560	4	0.090	13	0.110	13	0.330	10
15	阜阳市	0.150	0.370	14	0.130	8	0.070	15	0.310	13

从表5可以看到，从综合发展能力的各个指标来看，不同城市的业绩发展、创新能力、营运能力和社会贡献与责任依旧参差不齐。综合发展能力排名前列的城市，必有发展较强的子要素。如合肥市的综合发展能力指数排名第二，创新能力排名第一（0.261），营运能力（0.200）排名第四，社会贡献与责任（0.374）均排名第六，业绩能力（0.485）排名第九；芜湖市的综合发展能力指数排名第三，营运能力（0.295）排名第一，业绩发展（0.524）、创新能力（0.142）、社会贡献与责任（0.335）分别排名第六、第七、第九。作为自主创新综合试验区，合肥市和芜湖市的上市公司发展领先于其他地市，从数量上看合肥市拥有39家上市公司，芜湖市有13家上市公司；从发展质量看，合肥市的创新能力（0.261）位居第一、营运能力（0.200）位居第四，芜湖市的营运能力（0.295）则居于第一位。

滁州市排名相对靠前，且其业绩发展（0.605）和社会贡献与责任（0.423）均具备很强的竞争力，创新能力（0.155）和营运能力（0.190）也有不错的表现，发展态势较好。蚌埠市的营运能力（0.247）较好，社会贡献与责任（0.367）排名居中。接下来是铜陵市、宣城市、马鞍山市，较为落后，综合发展能力水平普遍偏低。

黄山市、池州市、阜阳市的综合发展能力指数处于0.150~0.180之间，综合发展能力水平较低，扮演“拖后腿”角色。这三个地市共有5家上市公司，包括4家制造业公司。从子要素看，除了黄山市和池州市的业绩发展指数处于中游以上，其余子要素都处于末尾。说明这三个地市上市公司综合发展水平亟待加强。淮北市、淮南市、安庆市和六安市的发展相对而言稍微乐观，但整体仍处于中等偏下水平。

（四）分板块上市公司综合发展能力分析

图3为安徽省各板块上市公司的综合发展能力指数均值，各板块的综合发展能力指数平均值由大到小排列。

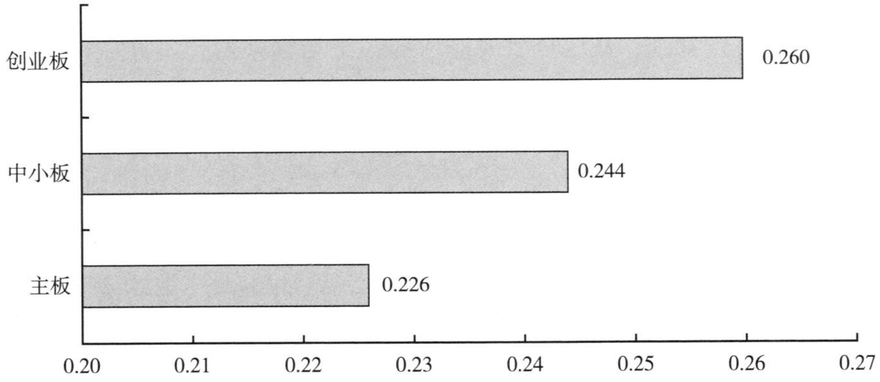

图3　2017年安徽省各板块上市公司的综合发展能力指数均值

由图3可以看出，从企业所属板块看，综合发展能力指数平均值由高到低的排序为创业板（0.260）、中小板（0.244）、主板（0.226）。相较于中小板和主板企业，创业板上市公司的综合发展能力较强。这是因为创业板上市公司主要是以信息、生物和新材料技术为代表的高新技术企业，以及传统行业与现代技术融合所派生的新兴行业中的企业，具有主业突出、技术独特、产品市场潜力大等特征，因此综合发展能力表现较好。

表6　各板块上市公司综合发展、业绩、创新、营运、社会贡献与责任综合指数均值

总排名	板块	综合发展能力	业绩发展及排名		创新能力及排名		营运能力及排名		社会贡献与责任及排名	
1	创业板	0.260	0.490	3	0.275	1	0.170	3	0.308	3
2	中小板	0.244	0.492	2	0.215	2	0.197	1	0.337	2
3	主板	0.226	0.502	1	0.163	3	0.196	2	0.382	1

从综合发展能力的各指标来看（见表6），不同板块企业的业绩发展、创新能力、营运能力和社会贡献与责任发展水平不一。创业板上市公司的综合发展能力指数平均值为0.260，排在第一位，相比中小板和主板上市的企业具有明显的优势。这一优势主要体现在创新能力指数（0.275）上，创业板主要是以自主创新企业及其他成长型创业企业为服务对象的，因此，创新能力较强。创业板上市企业的创新能力平均值超过主板上市企业0.112，与中小板上市企业差距相对较小，差值为0.06，而创业板上市企业在营运能力和社会贡献与责任上均位居第三，处于较低水平。

在营运能力子要素上，中小板上市企业排名第一，而在业绩发展（0.492）、创新能力（0.215）和社会贡献与责任（0.337）这三个子要素上，中小板上市企业的表现趋中，均排在第二位。综合来看，中小板企业在四个要素上没有明显的短板，但是，就创新能力而言，中小板上市企业（0.215）与创业板上市企业（0.275）差距相对较大；就社会贡献与责任而言，中小板上市企业（0.337）与主板上市企业（0.382）差距较大。

主板上市企业的综合发展能力指数平均值为0.226，居于末位，除了创新能力较差，其业绩发展（0.502）和社会贡献与责任（0.382）均位列第一，尤其在社会贡献与责任上，主板上市企业（0.382）有明显的优势。这是因为主板企业多为市场占有率高、规模较大、基础较好、高收益、低风险的大型优秀企业，部分企业社会贡献与责任较强。主板上市企业的创新能力平均值为0.163，排在最后一位，创新能力不足。综合而言，主板上市企业的创新能力有待加强。

（五）分属性上市公司综合发展能力分析

图4为安徽省各属性综合发展能力指数均值，各属性的综合发展能力指数平均值由大到小排列。

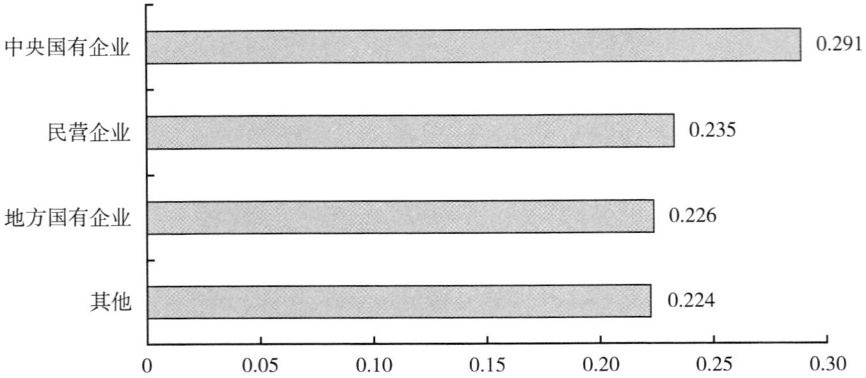

图4　2017年安徽省各属性上市公司综合发展能力指数均值

由图4可以看出，从企业属性来看，综合发展能力指数平均值由高到低的排序为中央国有企业（0.291）、民营企业（0.235）、地方国有企业（0.226）、其他（外资、集体、公众）（0.224）。相较于其他类型企业，中央国有企业的综合发展能力具有明显优势。这可能是因为中央国有企业作为国民经济的重要支柱能够享受经济和政策上的支持，具有稳定的市场。

综合发展能力是业绩发展、创新能力、营运能力、社会贡献与责任四个要素的综合作用结果。就中央国有企业而言，其业绩发展（0.499）排在第二位，仅次于民营企业（0.507），而创新能力（0.288）和社会贡献与责任（0.396）都排在第一位，整体发展水平较高，相较于其他类型企业具有明显的优势（见表7）。

由图3和表7可知，民营企业、地方国有企业和其他类型企业的综合发展能力指数处于0.20～0.24，分布较为集中。民营企业的综合发展能力位于第二位，其中，业绩发展（0.507）居于第一位，创新能力（0.198）和社会贡献与责任（0.361）均居于第二位，营运能力（0.178）较弱，排在第四位，整体表现良好。地方国有企业和其他类型企业的综合发展能力排在民营企业之后，分别位列第三位和第四位，但二者的综合发展能力指数相差不大，分别为0.226和0.224。地方国有企业的营运能力（0.206）位于第二，仅次于中央国有企业，但是其业绩发展（0.486）、创新能力（0.175）和社会贡献与责任能力（0.355）都居于第三位，说明其综合发展能力表现较差。尤其是在创新能力方面，地方国有企业（0.168）明显弱于中央国有企业（0.288），且具有较大的差距，需要进一步的加强与改善。

表7　各属性上市公司综合发展、业绩、创新、营运、社会贡献与责任综合指数均值

总排名	属性	综合发展能力	业绩发展及排名		创新能力及排名		营运能力及排名		社会贡献与责任及排名	
1	央企	0.291	0.499	2	0.288	1	0.201	3	0.396	1
2	民企	0.235	0.507	1	0.198	2	0.178	4	0.361	2
3	国企	0.226	0.486	3	0.168	3	0.206	2	0.355	3
4	其他	0.224	0.480	4	0.156	4	0.246	1	0.306	4

其他类型企业包括外资、集体和公众型企业，除了营运能力，在业绩发展、创新能力和社会贡献与责任三个方面，其他类型企业都排在最后一位，整体而言，各子要素的发展都处于较低水平。在创新能力（0.156）和社会贡献与责任（0.306）两个方面，其他类型企业的平均能力指数与排在第三位的企业相比（分别为0.168和0.355）有较大差距。因此，其他类型企业在三个方面都需要做出相应的改进与加强，以弥补综合发展能力上与其他类型企业的差距。

四　研究结论与对策

本部分在上述研究结论的基础上，总结安徽省上市公司综合发展能力评价的主要结论，并进一步提出针对性的建议。

（一）研究结论

本报告对安徽省98家上市公司在2017年的综合发展能力进行评价分析，并具体从行业、区域、板块、属性四个视角分析，针对上市公司的业绩发展、创新能力、营运能力、社会贡献与责任四个侧面深入剖析，得出安徽省98家上市公司的综合发展状况，能够对安徽省上市公司发展的综合状况和主要存在问题有一个清晰的认识。

1. 不少企业亮点突出，综合发展能力不够理想

从安徽省上市公司综合发展能力整体来看，安徽省98家上市公司的综合发展能力指数均值为0.24，最高值不足0.5（0.48），说明其综合发展能力整体不足。就四个指标而言，业绩发展指数均值为0.50，表现较好，而创新能力、营运能力、社会贡献与责任发展水平相对落后。近年来，安徽省不少上市公司综合发展能力表现突出，其中，四创电子、科大讯飞、众源新材与安徽合力表现最为抢眼，综合发展能力排名前四。具体指标来看，科大讯飞创新能力最佳，众源新材营运能力突出，海螺水泥业绩发展、社会贡献与责任两项排名独占鳌头。结合上市公司的综合发展能力及四个指标的指数值，可以看出上市公司在某些方面有亮点，而综合四个侧面均表现突出的企业较少，应具体分析，不能一概而论。

2. 高新产业优势明显，行业发展能力差距较大

从行业来看，各行业发展存在差距、高技术产业优势突出，安徽省各个行业上市公司综合发展能力差距较大。高技术产业因其独特的政策优惠及较强的市场竞争力，综合发展能力相对突出，其中信息传输、软件和信息技术服务业综合发展能力指数最高，综合发展能力较好；相较之下，囿于传统产业固有的发展模式，采矿业、交通运输、仓储和邮政业综合发展能力较差，传统产业亟待进行结构转型升级，提升综合发展水平。

3. 合芜实力显著较强，区域整体发展有待协调

从区域来看，区域经济与上市公司发展密切相关，两者之间相互促进也相互制约。上市公司主要集中在合肥市、芜湖市等经济发达的城市，而六安

市、池州市较少。从发展能力来看，合肥市、芜湖市发展能力较强，主要是由于其经济基础、地理位置优势在一定程度上为上市公司发展创造良好的条件。而黄山市、池州市、阜阳市等地市经济基础较差，上市公司综合发展能力较为落后，虽然上市公司数量少，但也能够体现出区域经济整体发展水平。

4. 中央国有企业发展较好，板块属性发展尚需均衡

从企业所属板块上看，创业板上市公司主要以高新技术企业及战略新兴企业为主，具有主业突出、技术独特、产品市场潜力大等优势特征，因此，其上市公司综合发展能力优于中小板、主板上市公司。从企业属性看，得益于经济和政策上较多的支持，中国国有企业的综合发展能力表现高于其他三个属性的上市公司。

（二）对策建议

安徽省上市公司要想进一步提高综合发展能力，必须认清现有薄弱的环节，采取有效措施弥补不足，充分发挥现有的优势。政府要认识到各个行业、区域、板块和属性公司的发展特点，采取有效措施引导上市公司的发展，提升上市公司的综合发展能力。因此，政府应多措并举为企业发展营造良好环境，更重要的是上市公司要发挥主观能动性，提升安徽省上市公司综合发展能力。

1. 政府应发挥引导激励作用

政府在区域经济发展和企业发展方面有着重要的引导作用，尤其是在经济比较滞后的区域和省市，政府的引导作用就更加明显。因此建议：第一，正确认识上市公司发展差异，统筹区域经济协调发展。上市公司之间形成的差异，有的属于行业差异，有的属于经营管理水平的差距，上市公司之前形成的差异，有的属于行业差异，有的属于经营管理水平的差距，我们运用同样的指标和企业公开数据对上市公司所做出的评价，总体上是可以反映出各上市公司之间的差距，至少在同一行业具有很强的可比性。从区域来看，各城市不仅上市公司数量差距较大，各区域上市公司的运作水平差距也较大，

能够反映出区域经济社会发展的差距。各地政府要高度重视这些差距，做好上市公司发展的支持和引导工作，促进其全面提高发展能力。省政府要统筹协调区域经济发展，引导各地重视公司上市融资和上市公司发展。第二，积极向兄弟省市学习，优化上市公司相关政策。在国家有关资本市场相关政策的大框架下，研究学习兄弟省市好的做法，结合本省、本市经济发展实际，在现有政策基础上，进一步优化激励企业上市融资发展和支持引导上市公司发展的政策。第三，各有关部门应采取相关配套政策措施，引导和鼓励上市公司，实施跨地区、跨行业、跨所有制的并购重组，通过资本市场吸引外资和民营资本，增强地区产业竞争力。针对不同阶段的在审企业，提供适应不同阶段的扶持服务。第四，建立上市公司评价机制。对于综合经营能力优异和再融资或对外并购成绩突出的上市公司领导团队，对企业上市工作做的优秀和该市上市公司发展好的城市主要领导和部门领导，给予物质和精神上的奖励。

2. 企业应发挥创新主体能动作用

企业的发展是一个不断自我完善的过程，企业发展不能够以“上市”为目的，上市只是发展的起点，面向社会大众筹资发展，上市公司需要兢兢业业做好企业的经营管理，提高综合发展能力，为股东为社会创造更大的价值。因此建议：第一，优化企业发展战略，保障企业健康发展。上市公司发展要有明确的发展战略，以更长远的眼光和切实可行的战略规划，为企业未来发展理清思路，保障企业可持续发展。这既是投资者的意愿，也是员工的希望，是企业高层管理者的基本责任和义务，更是区域经济发展的需要。其二，提高综合经营能力，为股东和社会创造更大价值。提高综合经营能力，是企业协调发展各方面经营管理能力的综合表现，既要注重业绩表现，又要强化创新能力；既要提高企业运营能力，又要重视社会贡献和社会责任。全方位全过程统筹各方面的具体经营能力形成合力，才能够为股东为社会创造更大价值。其三，高度重视创新驱动，增强上市公司核心竞争能力。企业的创新主体，包含着技术创新、管理创新和商业模式创新等多个侧面。企业要以技术创新为核心，打造具有核心技术能力的企业；以管理创新为抓手，理顺企业经营机制，建立激励相容的内部分配机制，调动一切可以调动的因素为企业发展做出贡献，整合企业所有的资产和资金，发挥最大的作用，全面提高投入产出效率；以商业模式创新为路径，顺应市场变化，及时调整客户关系管理模式、资源整合模式、生产运作管理模式、营销与品牌管理模式、财务及盈利模式等，适应市场需要，获得竞争优势。其四，加强人才队伍建设，打造高素质运营团队。企业的一切竞争，归根到底是人才的竞争。企业要高度重视人才队伍建设，高管团队是企业发展的战略运作团队，必须加强培训，打造成一支懂资本市场、善于企业经营管理和高度责任感的高管团队。高度重视企业中层管理队伍建设，这是企业战略落实的中坚力量。重视员工队伍建设，培养员工工匠精神，建设一支稳定的业务技能够优秀具有强大凝聚力的员工队伍。最为关键的是要建立或建设一支技术研发队伍，构筑核心技术优势，为企业可持续发展提供源源不断的创新动力。

3. 投资者应发挥理性投资作用

投资者是上市公司的股东，是最关心上市企业发展的主体力量。投资就要有回报，投资者可以在一级市场选择投资对象，在二级市场选择上市公司股票，无论是一级市场，还是二级市场，我们都希望投资者支持安徽企业发展，督促安徽上市公司规范经营、创造价值并获得满意的回报。因此建议：第一，熟悉安徽企业发展，积极投资安徽企业。安徽省近些年来，经济社会发展有诸多新亮点，安徽企业发展总体上处于上升趋势，有不少好企业亟待获得资金发展，希望广大投资者关注优秀企业积极投资安徽企业。安徽省上市公司总体上在资本市场表现良好，希望更多的投资者在二级市场保持对安徽上市公司的信心，积极投资购买安徽上市公司的股票。特别是在再融资过程中，积极投资安徽企业。第二，关注安徽政府有关政策，增强投资安徽企业积极性。安徽是改革开放最早的省份，也是进一步加大改革力度，经济社会全面发展的新兴发展中省份，正在实施“五大发展行动”和“三重一创”等系列战略和政策，在新兴行业也有不少优质企业值得投资，相关上市公司在这些政策支持下，下一步会获得更进一步的发展，投资者有很多投资机会和很好的投资回报。第三，加强与上市公司的沟通，积极推进安徽上市公司经营管理绩效改善。投资者是上市公司的股东，除了可以通过上市公司公告在资本市场上选择自己的“投票权”，还有重要的手段就是积极参与上市公司股东大会等相关活动，加强与上市公司高管层沟通，了解上市公司经营管理状况，敦促上市公司改善经营管理；中小型股东也可以通过与独立董事沟通，积极提出自己的利益诉求和权利主张。第四，合规合法投资，控制投资风险。遵守相关法律法规，做一个守法的投资者。不参与内幕炒作，不参与恶意收购，自觉维护资本市场秩序。投资者应深入研究上市公司的特征及风险，随时关注国家政策、投资企业运营和高管层的经营管理决策，做一个有理性、善于投资和守法的投资者。

总体而言，上市公司综合发展能力是通过系列指标综合评价所反映出来的能力，本研究在前面分别考察各侧面的能力或者业绩的基础上，再次综合评价，并同时又给出了各个侧面的表现，各上市公司、政府各相关部门或者投资者，既可以依据本报告研究的相关结论来认识安徽上市公司发展情况，也可以进一步阅读前面各分报告中做出的评价来识别上市公司之间的差异。上市公司可以参考这一综合排行，找到自己的差距，进一步优化经营管理，提高整体经营水平；政府相关部门或者各地方政府要针对上市公司各种表现积极采取提示、质询、劝告和警示，来引导企业健康发展。投资者可以根据本评价，选择优势企业投资，也可以敦促发展不足的企业，改善经营管理，提高经营业绩，争取获得满意的投资回报。

附件1　2017年安徽省上市公司分业绩、创新、营运、社会贡献与责任及综合排名

总排名	公司名称	综合发展能力	业绩发展及排名		创新能力及排名		营运能力及排名		社会贡献与责任及排名	
1	四创电子	0.48	0.56	31	0.52	3	0.32	13	0.63	5
2	科大讯飞	0.45	0.46	56	0.63	1	0.11	67	0.57	12
3	众源新材	0.42	0.58	23	0.10	66	0.79	1	0.61	8
4	安徽合力	0.41	0.52	39	0.42	9	0.25	24	0.69	3
5	阳光电源	0.41	0.56	29	0.60	2	0.16	50	0.23	79
6	江淮汽车	0.41	0.41	70	0.48	6	0.22	29	0.56	15
7	三七互娱	0.40	0.74	7	0.32	17	0.43	6	0.48	23

续表

总排名	公司名称	综合发展能力	业绩发展及排名		创新能力及排名		营运能力及排名		社会贡献与责任及排名	
8	科大国创	0.38	0.40	76	0.48	5	0.25	23	0.34	47
9	美亚光电	0.34	0.65	13	0.44	8	0.10	78	0.38	38
10	东华科技	0.34	0.33	94	0.41	11	0.23	27	0.32	53
11	楚江新材	0.33	0.53	37	0.10	69	0.58	3	0.48	24
12	广信股份	0.33	0.56	27	0.37	14	0.09	82	0.56	16
13	古井贡酒	0.32	0.79	5	0.25	26	0.15	54	0.74	2
14	泰禾光电	0.32	0.61	20	0.39	12	0.10	80	0.47	28
15	志邦股份	0.32	0.69	10	0.28	20	0.21	33	0.57	14
16	设计总院	0.32	0.66	12	0.34	16	0.22	30	0.33	48
17	合肥城建	0.31	0.44	60	0.20	35	0.55	4	0.15	89
18	安凯客车	0.31	0.24	96	0.50	4	0.14	60	0.11	93
19	辉隆股份	0.31	0.42	65	0.13	59	0.60	2	0.25	75
20	聚隆科技	0.31	0.51	43	0.42	10	0.10	75	0.29	63
21	安科生物	0.30	0.62	18	0.34	15	0.15	56	0.33	50
22	中环环保	0.29	0.51	42	0.39	13	0.11	71	0.26	70
23	中电鑫龙	0.29	0.44	59	0.46	7	0.08	86	0.10	95
24	皖通科技	0.29	0.46	55	0.31	18	0.15	57	0.43	33
25	安纳达	0.28	0.72	9	0.18	42	0.29	18	0.44	32
26	海螺水泥	0.28	0.89	1	0.11	61	0.16	51	0.81	1
27	安徽水利	0.28	0.46	53	0.13	50	0.31	15	0.57	13
28	全柴动力	0.27	0.41	67	0.25	25	0.17	48	0.50	21
29	安利股份	0.26	0.34	92	0.25	22	0.17	46	0.47	27
30	金禾实业	0.26	0.87	2	0.14	49	0.17	45	0.62	7
31	开润股份	0.26	0.72	8	0.13	56	0.34	11	0.35	44
32	国祯环保	0.26	0.49	48	0.20	34	0.22	28	0.42	35
33	精达股份	0.26	0.49	47	0.09	81	0.47	5	0.25	71
34	欧普康视	0.25	0.78	6	0.23	27	0.17	44	0.30	58
35	皖新传媒	0.25	0.57	24	0.09	80	0.40	7	0.35	43
36	国机通用	0.25	0.84	3	0.26	21	0.13	61	0.24	78
37	常青股份	0.24	0.52	38	0.13	51	0.19	38	0.55	18
38	中钢天源	0.24	0.56	32	0.21	31	0.19	37	0.28	68
39	时代出版	0.23	0.50	45	0.12	60	0.24	25	0.49	22
40	美菱电器	0.23	0.37	88	0.19	38	0.31	14	0.15	88
41	华菱精工	0.23	0.62	19	0.13	54	0.28	20	0.28	65

续表

总排名	公司名称	综合发展能力	业绩发展及排名		创新能力及排名		营运能力及排名		社会贡献与责任及排名	
42	荃银高科	0. 22	0. 45	57	0. 25	24	0. 13	62	0. 25	74
43	洽洽食品	0. 22	0. 55	34	0. 10	75	0. 16	53	0. 63	6
44	铜陵有色	0. 22	0. 39	80	0. 06	93	0. 38	8	0. 36	40
45	丰乐种业	0. 22	0. 38	87	0. 23	28	0. 14	58	0. 29	60
46	惠而浦	0. 22	0. 33	93	0. 13	53	0. 16	49	0. 58	11
47	口子窖	0. 22	0. 81	4	0. 09	83	0. 10	77	0. 64	4
48	马钢股份	0. 22	0. 53	35	0. 09	79	0. 23	26	0. 44	31
49	众泰汽车	0. 21	0. 50	44	0. 10	72	0. 32	12	0. 25	72
50	集友股份	0. 21	0. 68	11	0. 23	29	0. 07	88	0. 29	64
51	梦舟股份	0. 21	0. 42	66	0. 07	91	0. 22	31	0. 55	17
52	皖天然气	0. 21	0. 47	52	0. 16	44	0. 29	17	0. 11	94
53	中鼎股份	0. 21	0. 60	21	0. 13	55	0. 19	36	0. 35	45
54	华孚时尚	0. 21	0. 52	41	0. 07	92	0. 18	40	0. 58	10
55	中粮生化	0. 21	0. 47	50	0. 07	90	0. 30	16	0. 33	51
56	黄山胶囊	0. 20	0. 53	36	0. 19	39	0. 06	94	0. 42	34
57	长信科技	0. 20	0. 52	40	0. 04	97	0. 35	10	0. 29	61
58	新集能源	0. 20	0. 37	91	0. 05	94	0. 20	35	0. 60	9
59	永新股份	0. 20	0. 57	25	0. 16	45	0. 15	55	0. 28	67
60	皖维高新	0. 20	0. 39	81	0. 09	77	0. 17	47	0. 53	19
61	鸿路钢构	0. 20	0. 47	51	0. 11	63	0. 12	64	0. 53	20
62	应流股份	0. 20	0. 40	79	0. 20	36	0. 03	96	0. 46	29
63	富煌钢构	0. 20	0. 41	69	0. 18	43	0. 11	70	0. 35	42
64	皖能电力	0. 20	0. 38	84	0. 10	71	0. 28	19	0. 25	76
65	亚夏汽车	0. 19	0. 40	74	0. 07	89	0. 37	9	0. 14	90
66	皖通高速	0. 19	0. 58	22	0. 11	62	0. 10	73	0. 47	25
67	国风塑业	0. 19	0. 42	64	0. 25	23	0. 10	76	0. 09	97
68	合锻智能	0. 19	0. 41	71	0. 19	40	0. 07	90	0. 35	41
69	新光圆成	0. 19	0. 62	17	0. 22	30	0. 01	98	0. 27	69
70	合肥百货	0. 19	0. 43	61	0. 05	96	0. 26	22	0. 39	36
71	六国化工	0. 19	0. 41	72	0. 10	73	0. 21	32	0. 34	46
72	乐金健康	0. 19	0. 41	68	0. 21	32	0. 11	68	0. 18	84
73	文一科技	0. 18	0. 39	83	0. 19	37	0. 08	85	0. 29	62
74	神剑股份	0. 18	0. 45	58	0. 21	33	0. 14	59	0. 10	96
75	丰原药业	0. 18	0. 43	62	0. 10	70	0. 20	34	0. 30	59

续表

总排名	公司名称	综合发展能力	业绩发展及排名		创新能力及排名		营运能力及排名		社会贡献与责任及排名	
76	华茂股份	0.18	0.40	78	0.15	47	0.12	65	0.30	57
77	迎驾贡酒	0.18	0.65	14	0.09	84	0.09	83	0.46	30
78	精工钢构	0.18	0.38	85	0.10	67	0.17	43	0.33	49
79	伯特利	0.17	0.63	15	0.11	64	0.19	39	0.17	86
80	司尔特	0.17	0.48	49	0.13	57	0.11	69	0.32	54
81	山鹰纸业	0.17	0.56	30	0.08	87	0.18	41	0.28	66
82	泰尔股份	0.17	0.27	95	0.28	19	0.03	95	0.06	98
83	安德利	0.17	0.46	54	0.03	98	0.26	21	0.30	56
84	铜峰电子	0.16	0.38	86	0.11	65	0.06	93	0.47	26
85	凯盛科技	0.16	0.40	75	0.15	48	0.13	63	0.20	82
86	雷鸣科化	0.16	0.49	46	0.10	76	0.10	79	0.37	39
87	九华旅游	0.16	0.56	28	0.09	82	0.11	72	0.33	52
88	山河药辅	0.16	0.55	33	0.13	58	0.10	74	0.21	81
89	盛运环保	0.15	0.00	98	0.18	41	0.02	97	0.39	37
90	金种子酒	0.15	0.37	90	0.13	52	0.07	87	0.31	55
91	海螺型材	0.14	0.37	89	0.10	74	0.16	52	0.17	85
92	恒源煤电	0.14	0.62	16	0.08	88	0.09	81	0.25	77
93	江南化工	0.14	0.40	77	0.15	46	0.07	89	0.11	92
94	德力股份	0.13	0.42	63	0.10	68	0.08	84	0.22	80
95	皖江物流	0.13	0.41	73	0.05	95	0.17	42	0.16	87
96	黄山旅游	0.12	0.57	26	0.08	86	0.07	91	0.20	83
97	华菱星马	0.12	0.39	82	0.08	85	0.12	66	0.12	91
98	凤形股份	0.11	0.09	97	0.09	78	0.06	92	0.25	73
平均值		0.24	0.50		0.19		0.19		0.36	
中位数		0.21	0.48		0.14		0.16		0.33	

注：1. 行业、板块和企业属性的简称同分报告附件1一致。

2. 本报告数据来源于万得数据库（Wind）。截至目前，安徽省共有A股上市公司103家。因指标适用性问题，以及企业经营问题，本报告将剔除三家金融业（新力金融、华安证券、国元证券）以及*ST华信、中弘股份。

3. 各项指标数据源来自Wind和CSMAR。

附件 2 2017 年安徽省上市公司分行业、城市、板块和属性综合发展能力排名

总排名	公司名称	综合发展能力	行业及排名		城市及排名		板块及排名		属性及排名	
1	四创电子	0.48	制造	1	合肥市	1	主板	1	央企	1
2	科大讯飞	0.45	信息	1	合肥市	2	中小板	1	央企	2
3	众源新材	0.42	制造	2	芜湖市	1	主板	2	民企	1
4	安徽合力	0.41	制造	3	合肥市	3	主板	3	国企	1
5	阳光电源	0.41	制造	4	合肥市	4	创业板	1	民企	2
6	江淮汽车	0.41	制造	5	合肥市	5	主板	4	国企	2
7	三七互娱	0.40	信息	2	芜湖市	2	中小板	2	民企	3
8	科大国创	0.38	信息	3	合肥市	6	创业板	2	民企	4
9	美亚光电	0.34	制造	6	合肥市	8	中小板	4	民企	5
10	东华科技	0.34	建筑	1	合肥市	7	中小板	3	央企	3
11	楚江新材	0.33	制造	7	芜湖市	3	中小板	5	民企	6
12	广信股份	0.33	制造	8	宣城市	1	主板	5	民企	7
13	古井贡酒	0.32	制造	9	亳州市	1	主板	6	国企	3
14	泰禾光电	0.32	制造	10	合肥市	10	主板	8	民企	8
15	志邦股份	0.32	制造	11	合肥市	11	主板	9	民企	9
16	设计总院	0.32	科学	1	合肥市	9	主板	7	国企	4
17	合肥城建	0.31	房产	1	合肥市	12	中小板	6	国企	5
18	安凯客车	0.31	制造	12	合肥市	14	主板	10	国企	6
19	辉隆股份	0.31	批发	1	合肥市	13	中小板	7	企业	1
20	聚隆科技	0.31	制造	13	宣城市	2	创业板	3	民企	10
21	安科生物	0.30	制造	14	合肥市	15	创业板	4	民企	11
22	中环环保	0.29	水利	1	合肥市	16	创业板	5	民企	12
23	中电鑫龙	0.29	信息	4	芜湖市	4	中小板	9	民企	14
24	皖通科技	0.29	信息	5	合肥市	17	中小板	8	民企	13
25	安纳达	0.28	制造	15	铜陵市	1	中小板	10	国企	7
26	海螺水泥	0.28	制造	16	芜湖市	5	主板	12	国企	9
27	安徽水利	0.28	建筑	2	蚌埠市	1	主板	11	国企	8
28	全柴动力	0.27	制造	17	滁州市	1	主板	13	国企	10
29	安利股份	0.26	制造	18	合肥市	19	创业板	8	民企	17
30	金禾实业	0.26	制造	19	滁州市	2	中小板	11	民企	18
31	开润股份	0.26	制造	20	滁州市	3	创业板	6	民企	15
32	国祯环保	0.26	水利	2	合肥市	18	创业板	7	民企	16
33	精达股份	0.26	制造	21	铜陵市	2	主板	14	民企	19

续表

总排名	公司名称	综合发展能力	行业及排名		城市及排名		板块及排名		属性及排名	
34	欧普康视	0.25	制造	22	合肥市	21	创业板	9	民企	20
35	皖新传媒	0.25	文化	1	合肥市	20	主板	15	国企	11
36	国机通用	0.25	制造	23	合肥市	22	主板	16	央企	4
37	常青股份	0.24	制造	24	合肥市	23	主板	17	民企	21
38	中钢天源	0.24	制造	25	马鞍山市	1	中小板	12	央企	5
39	时代出版	0.23	文化	2	合肥市	24	主板	18	国企	12
40	美菱电器	0.23	制造	26	合肥市	25	主板	19	国企	13
41	华菱精工	0.23	制造	27	宣城市	3	主板	20	民企	22
42	荃银高科	0.22	农林	1	合肥市	26	创业板	10	企业	2
43	洽洽食品	0.22	制造	28	合肥市	28	中小板	13	民企	23
44	铜陵有色	0.22	制造	29	铜陵市	3	主板	25	国企	16
45	丰乐种业	0.22	农林	2	合肥市	27	主板	21	国企	14
46	惠而浦	0.22	制造	30	合肥市	29	主板	22	企业	3
47	口子窖	0.22	制造	31	淮北市	1	主板	23	民企	24
48	马钢股份	0.22	制造	32	马鞍山市	2	主板	24	国企	15
49	众泰汽车	0.21	制造	33	黄山市	1	主板	29	民企	27
50	集友股份	0.21	制造	34	安庆市	1	主板	26	民企	26
51	梦舟股份	0.21	制造	35	芜湖市	6	主板	30	民企	28
52	皖天然气	0.21	电力	1	合肥市	30	主板	28	国企	17
53	中鼎股份	0.21	制造	36	宣城市	4	主板	31	民企	29
54	华孚时尚	0.21	制造	37	淮北市	2	中小板	14	民企	25
55	中粮生化	0.21	制造	38	蚌埠市	2	主板	27	央企	6
56	黄山胶囊	0.20	制造	39	宣城市	5	中小板	18	民企	33
57	长信科技	0.20	制造	40	芜湖市	7	创业板	11	民企	30
58	新集能源	0.20	采矿	1	淮南市	1	主板	35	央企	7
59	永新股份	0.20	制造	41	黄山市	2	中小板	17	企业	4
60	皖维高新	0.20	制造	42	合肥市	32	主板	33	国企	19
61	鸿路钢构	0.20	制造	43	合肥市	34	中小板	16	民企	32
62	应流股份	0.20	制造	44	合肥市	35	主板	34	民企	34
63	富煌钢构	0.20	制造	45	合肥市	33	中小板	15	民企	31
64	皖能电力	0.20	电力	2	合肥市	31	主板	32	国企	18
65	亚夏汽车	0.19	批发	2	芜湖市	8	中小板	20	民企	37
66	皖通高速	0.19	交通	1	合肥市	36	主板	36	国企	20
67	国风塑业	0.19	制造	46	合肥市	38	主板	38	国企	22

续表

总排名	公司名称	综合发展能力	行业及排名		城市及排名		板块及排名		属性及排名	
68	合锻智能	0.19	制造	47	合肥市	39	主板	39	民企	38
69	新光圆成	0.19	房产	2	马鞍山市	3	中小板	19	民企	36
70	合肥百货	0.19	批发	3	合肥市	37	主板	37	国企	21
71	六国化工	0.19	制造	48	铜陵市	4	主板	40	国企	23
72	乐金健康	0.19	制造	49	合肥市	40	创业板	12	民企	35
73	文一科技	0.18	制造	50	铜陵市	5	主板	44	民企	42
74	神剑股份	0.18	制造	51	芜湖市	9	中小板	21	民企	39
75	丰原药业	0.18	制造	52	芜湖市	10	主板	45	民企	43
76	华茂股份	0.18	制造	53	安庆市	2	主板	41	国企	24
77	迎驾贡酒	0.18	制造	54	六安市	2	主板	43	民企	41
78	精工钢构	0.18	建筑	3	六安市	1	主板	42	民企	40
79	伯特利	0.17	制造	55	芜湖市	11	主板	48	企业	5
80	司尔特	0.17	制造	56	宣城市	6	中小板	23	民企	45
81	山鹰纸业	0.17	制造	57	马鞍山市	4	主板	47	民企	47
82	泰尔股份	0.17	制造	58	马鞍山市	5	中小板	22	民企	44
83	安德利	0.17	批发	4	合肥市	41	主板	46	民企	46
84	铜峰电子	0.16	制造	59	铜陵市	6	主板	52	民企	49
85	凯盛科技	0.16	制造	60	蚌埠市	3	主板	49	央企	8
86	雷鸣科化	0.16	制造	61	淮北市	3	主板	51	国企	26
87	九华旅游	0.16	水利	3	池州市	1	主板	50	国企	25
88	山河药辅	0.16	制造	62	淮南市	2	创业板	13	民企	48
89	盛运环保	0.15	制造	63	安庆市	3	创业板	14	民企	50
90	金种子酒	0.15	制造	64	阜阳市	1	主板	53	国企	27
91	海螺型材	0.14	制造	65	芜湖市	12	主板	55	国企	29
92	恒源煤电	0.14	采矿	2	淮北市	4	主板	54	国企	28
93	江南化工	0.14	制造	66	宣城市	7	中小板	24	民企	51
94	德力股份	0.13	制造	67	滁州市	4	中小板	25	民企	52
95	皖江物流	0.13	交通	2	芜湖市	13	主板	56	国企	30
96	黄山旅游	0.12	水利	4	黄山市	3	主板	57	国企	31
97	华菱星马	0.12	制造	68	马鞍山市	6	主板	58	国企	32
98	凤形股份	0.11	制造	69	宣城市	8	中小板	26	民企	53

注：1. 行业、板块和企业属性的简称同分报告附件 1 一致。

2. 本报告数据来源于万得数据库（Wind）。截止目前，安徽省共有 A 股上市公司 103 家。因指标适用性问题，以及企业经营问题，本报告将剔除三家金融业（新力金融、华安证券、国元证券）以及 * ST 华信、中弘股份。

3. 各项指标数据源来自 Wind 和 CSMAR。

专题报告

Special Research Reports

B.10
安徽省多层次市场发展研究

本报告在简要阐述安徽多层次资本市场体系基础上，深入梳理了国内和安徽省内相关的政策背景，将安徽多层次资本市场划分为场内市场和场外市场两部分，从公司分布特点及业绩表现两个维度选取多个代表性指标，充分展现安徽各层次资本市场的发展现状，并与江苏省、湖北省进行对标分析，从而发现目前安徽省多层次资本市场发展存在的优势与不足，进而针对相关问题提出了相应的政策建议。本研究有助于充分了解安徽多层次资本市场发展状况，推动和完善安徽资本市场健康良性发展，促进安徽省经济实现持续快速发展。

一　安徽省多层次资本市场发展研究概述

我们首先阐述多层次资本市场的基本内涵，然后揭示安徽省多层次资本市场发展的研究意义，最后简要介绍本报告的具体研究方法及选用的相关指标。

（一）多层次资本市场体系的基本内涵

资本市场中不同规模大小和主题特征的投资及融资者对于金融产品和服务的需求是不一样的，这决定了资本市场应该是多层次结构发展以满足不同主体的需求。简单来说，多层次资本市场需要满足两方面的条件，一是投资标的多元化，即资本市场标的应该包括股票、债券、期货、产权以及其他金融衍生品等；二是结构上的多层次，即对应上述投资标的市场形态应该呈现出金字塔式的结构，包括场内市场（即交易所）、全国性的场外市场、区域性场外市场等。

目前我国多层次资本市场体系已具雏形，可分为场内市场和场外市场两大部分。场内市场包括主板、中小企业板（即中小板）、创业板；场外市场包括全国中小企业股份转让系统（即新三板）、各地方政府主导设立的区域性股权交易市场。主板、中小板主要服务于发展较成熟、规模较大的企业；创业板主要服务于高成长、高科技企业；新三板主要服务于成长性高、具有发展潜力的非上市企业；区域性股权交易市场更专注于服务于本区域企业，主要为区域内企业提供股权、债券转让等投融资服务。

（二）安徽省多层次资本市场体系发展的研究意义

研究多层次资本市场有助于了解市场中投融资双方的多层次需求。对于投资者来说，不同的风险偏好决定了其投向的区别，而对于融资者来说不同发展阶段、不同规模以及不同行业的企业融资需求也会不同。这其中，大规模、稳健型、成熟性好的企业一般发展历史相对较长、业绩稳定、经营稳健，这类企业较容易在资本市场获得资金；而规模小、产品不成熟以及不确定性较大的企业（创业型、创新型的高新技术企业）则较难在主板市场实现融资。因而，现行多层次资本市场结构与企业融资需求是否匹配很大程度上影响了公司的发展。

目前，我国资本市场呈倒金字塔模式，主板上市企业数量最多，这意味着大量中小企业并没有获得有效的融资渠道，资金更倾向于具有某些优势的企业，尤其是在服务国企思想的主导下，市场更愿意选择大企业服务，并将中小企业排斥在外。虽然创业板市场加强了对创新型企业的服务，但由于其附属于交易所且门槛仍相对较高，实际上限制了其融资能力。安徽省亦是如此，截至2017年底，安徽省在A股主板上市的公司共有60家，在中小板上市的公司共有27家，在创业板上市的公司共有14家，多层次资本市场对上市公司的支持力度显然不足。因此，研究多层次资本市场结构对于帮助促进安徽省上市公司持续健康发展有着十分重要的现实意义。

（三）安徽省多层次资本市场体系的研究方法及指标选择

研究安徽省多层次资本市场体系发展首先要充分把握目前市场的基本情况，包括每个板块内上市公司的规模、行业分布以及地域分布，选取指标包括上市公司的数量、总市值、市值占比及全国排名，从而总体把握安徽省内上市公司的发展水平和特点。其次要充分考察上市公司发展业绩，我们选取净利润和加权平均净资产收益率作为代表指标来衡量上市公司盈利能力，并通过对标发达省份代表——江苏省以及中部省份代表——湖北省，分析安徽上市公司与兄弟省份发展现状间的差异，从而找出自身发展的优势和不足之处。

二　安徽省多层次资本市场发展背景

本章首先通过介绍全国及安徽资本市场的发展历程了解安徽多层次资本市场的发展背景，从而整体上把握安徽多层次资本市场的发展现状，然后梳理了近年来我国以及安徽省政府出台的一系列资本市场发展的相关政策，最后给出安徽省多层次资本市场的发展目标。

（一）发展历程及现状

1. 发展历程

改革开放之前我国实行的是计划经济体制，随着党的十一届三中全会提出改革开放以后，资本市场逐渐开始形成。1990 年 12 月 19 日上海证券交易所成立，安徽省国际信托投资公司（国元证券的“前身”）正是发起会员之一。1991 年 7 月 3 日深圳证券交易所成立。2004 年，中国证监会发布了《关于同意在深圳证券交易所设立中小企业板块的批复》，主要安排具有成长性的中小型企业股票上市。中小企业板的设立虽有特殊意义，但由于其上市标准和法律法规与主板市场一致，只是在企业的规模上有所区别，并没有完全表现出其具有创业、创新和高成长、高风险的特点，设立创业板的呼声持续高涨。2009 年 3 月 31 日，中国证监会发布《首次公开发行股票并在创业板上市管理暂行办法》，同年 10 月 30 日，首批 28 家上市公司发行的股票在深圳证券交易所创业板上市，标志着我国资本市场掀开了新篇章。在建设主板和二板市场的同时，三板市场的建设也在有条不紊地进行。2006 年 1 月 16 日，中国证券业协会发布了《证券公司代办股份转让系统中关村科技园区非上市股份有限公司股份报价转让试点办法》和配套规则等文件。2013 年 1 月 16 日，全国中小企业股份转让系统正式揭牌。此外，全国各地也在积极探索建立区域性的产权交易中心和股权托管交易中心。2007 年北京成立了专门从事非上市公司股权托管登记与管理服务的北京股权登记与管理中心。随着各地纷纷设立各类交易机构，金融风险陡增，2011 年，国务院专门发文要求清理整顿各类交易场所，其中包括各类产权和股权交易场所，建设统一、规范的区域性股权交易市场，是完善地方多层次资本市场体系建设的重要任务，也是促进金融服务实体经济的重要举措。遵循国务院对我国多层次资本市场体系建设的统一要求，2013 年 7 月，安徽省政府办公厅出台了《安徽省人民政府办公厅关于推进区域性股权交易市场规范发展的意见》（皖政办〔2013〕25 号），明确了安徽省区域性股权交易市场的建设要求、功能定位、业务范围和运作机制等基本框架；7 月 23 日，省政府正式批复同意设立安徽省股权托管交易中心，由安徽国元（控股）集团有限责任公司、国元证券股份有限公司、华安证券股份有限公司、安徽省产权交易中心、合肥兴泰控股集团有限公司、芜湖市建设投资有限公司及蚌埠产权交易中心共同出资，于 2013 年 8 月 1 日组建成立，注册资本 2 亿元。

2. 发展现状

安徽资本市场近年来实现了快速发展。在省级层面建立起了良好的工作机制：第一，建立全省推进直接融资工作联席会议机制，由省直17个相关部门作为成员单位参加，对全省直接融资工作进行会商和调度，形成工作合力；第二，建立起全省直接融资后备企业资源库工作机制，由科技、经信、农业、文化、旅游等行业主管部门分别牵头建立本行业直接融资后备企业资源库，并由省政府金融办汇总，系统收集拟上市、拟发债、拟在场外市场挂牌企业的相关信息，全面掌握企业上市需求，并以此为依托，建立省、市、县三级政府部门企业上市培育工作联动机制，落实部门责任，强化企业服务；第三，建立证券机构保荐代表人联系市县工作机制，充分调动国元、华安两家省内券商的积极作用，安排保荐代表人对口联系市县，"点对点"开展上市指导服务工作；第四，与交易所、港交所、银行间交易商协会、全国股转系统建立常态化、制度化的沟通合作机制。得益于逐渐完善的工作机制，2017年全省累计直接融资5893.4亿元，同比增长34.4%，大幅度超额完成全年预期目标4500亿元，领跑中部省份。其中，股票融资942亿元，同比增长43.9%。分市来看，合肥、马鞍山、芜湖、淮南、黄山直接融资额居全省前5位；黄山、合肥、淮南、亳州、蚌埠、马鞍山、安庆7市超额完成全年直接融资目标任务。在多层次资本市场体系建设方面，企业上市挂牌呈现梯次推进、集群化发展，多层次资本市场"安徽板块体系"持续发展壮大，拥有国元、华安2家证券公司和徽商、安粮、华安3家期货公司。2017年，全省新增境内上市公司9家，新增"新三板"挂牌企业82家；区域股权交易市场也在稳步发展，国元证券旗下的安徽省股权托管交易中心目前挂牌、托管企业均超过2000家，累计帮助挂牌企业融资超130亿元。金融支持创新发展方面，省级股权投资基金体系建设全面布局，截至2017年末，省级股权投资基金设立6只，已设立和拟设立子基金29支，累计募资49.9亿元。

具体来看，截至2017年底，安徽省A股上市企业总数共101家，次于广东省（569家）、浙江省（414家）和江苏省（381家），居全国第9位。

按照证监会行业分类来看，安徽省 101 家上市公司中，制造业 67 家，占比 66%；批发零售和信息软件信息服务业各 5 家，占比均为 5%；水利、环境和公共设施管理业 4 家。截至 2017 年底，安徽上市公司总市值达到 11762.38 亿元。市值排名前十的公司总市值超过 4919.96 亿元，占安徽上市公司总市值近 50%。其中第一名为海螺水泥，第二为人工智能龙头科大讯飞；第三到第十名分别为三七互娱、国元证券、铜陵有色、马钢股份、古井贡酒、口子窖、阳光电源、华安证券。从区域发展水平来看，安徽省以长江和淮河为地理分界分成皖北、皖中、皖南三大区域，各区域经济发展水平存在较大分化。皖中地区包括合肥市、安庆市、滁州市、六安市四市，以省会合肥为中心，其余地区经济发展水平相对较差。皖北地区包括阜阳市、宿州市、蚌埠市、淮南市、亳州市、淮北市；皖南地区包括芜湖市、马鞍山市、宣城市、铜陵市、黄山市、池州市。皖北六市地区经济发展水平处于全省偏弱水平，但近年来差距正在缩小。此外，皖江城市带依托沿江优势和产业转移政策的支持，经济带动效应持续增强。

值得一提的是，为了直观反映安徽省上市公司整体发展状况，国元证券股份有限公司与深圳证券信息有限公司于 2012 年 12 月 18 日联合编制发布皖江 30 指数（399350. SZ），该指数由根据营业收入、净利润、成交额以及总市值四个指标选取的安徽省内上市公司中行业排名相对靠前的 30 只股票构成，市值规模占到总上市企业的 50% 以上，是我国交易所发布的首个省级区域指数。

（二）近期相关政策

1. 国家政策

2017 年 4 月，习总书记在中共中央政治局第 40 次集中学习会上就维护金融安全提出 6 大任务，其中第 4 条“为实体经济发展创造良好金融环境，疏通金融进入实体经济的渠道，积极规范发展多层次资本市场，扩大直接融资，加强信贷政策指引，鼓励金融机构加大对先进制造业等领域的资金支持，推进供给侧结构性改革”。2017 年 7 月，习总书记在中央金融工作会议上明确提出“直接融资要补短板，把发展直接融资特别是股权融资放在突出位置，加快资本市场改革，尽快形成融资功能完备、基础制度扎实、市场监管有效、投资者合法权益得到充分保护的多层次市场体系”。李克强总理在2017年3月的十二届人大五次会议政府工作报告中也强调指出“深化多层次资本市场改革，完善主板市场基础性制度，积极发展创业板、新三板，规范发展区域性股权市场”。

党的十八大报告中就已经指出“深化金融体制改革，健全促进宏观经济稳定；支持实体经济发展的现代金融体系；发展多层次资本市场，推进利率和汇率市场化改革”；十九大报告进一步提出“深化金融体制改革，增强金融服务实体经济能力，提高直接融资比重，促进多层次资本市场健康发展”，为资本市场发展指明了方向，标志着我国多层次资本市场发展迈入了新的阶段。深化供给侧结构性改革、建设现代化社会主义市场经济，防止资金“脱实入虚”，促进金融支持实体经济，离不开多层次资本市场体系为不同发展阶段的企业提供资本支持。近年来，中央强调守住不发生系统性金融风险底线的同时，保持一定扩容速度，逐步推进多层次资本市场互联互通，这是未来我国多层次资本市场体系建设的两项重要内容。

2. 安徽省的政策

为了促进安徽省的企业发展，近年来安徽省政府出台了省级、市级层面鼓励企业上市的奖励政策，鼓励企业到资本市场直接融资。2015年9月23日，省政府出台了《安徽省人民政府关于充分利用多层次资本市场着力调结构转方式促升级的意见》（以下简称《意见》）。《意见》提出，到2020年末，全省在沪深港证券交易所上市公司数量力争达到200家，在全国中小企业股份转让系统（以下简称“新三板”）挂牌企业数量力争达到650家，在省区域性股权交易市场挂牌企业数量力争达到1000家。全省直接融资额年均增长15%以上，2015～2020年直接融资净额累计力争达到1万亿元，其中，股权融资额力争达到2000亿元，全省证券化率力争达到60%。并提出以下四项政策保障：

（1）强化资金奖补。企业上市（挂牌）改制和内部资产重组、办理上市辅导备案登记及成功在“新三板”和省区域性股权交易市场挂牌融资的中小企业等奖补政策，按照《安徽省人民政府关于金融支持服务实体经济发展的意见》（皖政〔2015〕87号）精神执行。鼓励开展股权激励，对合芜蚌自主创新实验区内高新技术企业全面执行股权激励分期缴纳个人所得税优惠政策。

（2）强化综合金融服务。鼓励银行、证券、保险等金融机构运用多种方式加大向上市（挂牌）公司及后备企业的投融资力度。省、市政策性融资担保机构要建立担保资源库与上市（挂牌）后备企业资源库对接机制，把上市（挂牌）后备企业作为重点服务对象，给予担保费率优惠，年化费率最高不超过1.5%。推广新型政银担合作模式，对单户在保余额2000万元以下的拟上市企业贷款担保业务，担保机构、省信用担保集团、贷款银行、地方政府按照4∶3∶2∶1比例承担代偿责任。

（3）优先安排项目用地。企业上市（挂牌）首发募投项目和已上市（挂牌）企业再融资募投项目，按照《安徽省省级预留建设用地计划指标使用管理办法》规定，优先安排用地指标。各地要优先办理核准预审，及时报批，优先供地。在沪深港交易所每新增1家上市公司，省国土资源部门在建设用地计划分解中给予上市公司所在地政府奖励100亩土地指标。

（4）优先享受扶持政策。在同等条件下，优先支持符合条件的上市（挂牌）及其后备企业申报高新技术企业、省级以上创新型企业、农业产业化龙头企业和专、精、特、新中小企业等资格认证，并相应给予政策性资金扶持。探索将省区域性股权交易市场打造成各级政府中小微企业扶持政策综合运用平台。

2016年4月，《安徽省国民经济和社会发展第十三个五年规划纲要》（以下简称“安徽省十三五规划”）指出：要深化金融改革创新；推进金融组织创新、机制创新、产品和服务方式创新。安徽省历来高度重视加快发展和利用资本市场，充分发挥资本市场筹集社会资金、优化资源配置、推动结构调整和转换企业经营机制等作用，更好地促进全省经济和社会发展。其中提出：鼓励国元证券、华安证券等建成全功能现代投资银行；积极跟进股票和债券发行交易制度改革，加快企业上市（挂牌）步伐；推进省区域性股权交易市场“综合融资服务中心”功能建设；完善产业、创业引导基金管理运行机制；推进信贷资产和企业资产证券化，稳妥发展各类金融衍生品。

2017 年 1 月，安徽省人民政府办公厅印发《安徽省“十三五”金融业发展规划》（以下简称“安徽金融规划”）。其中明确指出，在“十三五”期间，安徽省要充分利用多层次资本市场；大力推动股份制改造，加强上市后备企业培育，到 2020 年末，力争全省上市（挂牌）后备资源库企业达到 3000 家；鼓励企业对接沪深港交易所，推进企业上市；支持暂未达到公开发行上市标准的中小微企业在“新三板”和省股权托管交易中心挂牌融资，鼓励挂牌企业通过做市交易等方式促进股权顺畅流转；推动上市公司再融资和并购重组；支持企业发债，探索发行新型债务融资工具，努力扩大债券融资规模；推进与期货交易所战略合作，争取将安徽省优势产品纳入期货交易品种范围；鼓励企业参与期货交易，开展套期保值。

2017 年 8 月，为充分贯彻落实省委十届二次全会审定印发的作为安徽省经济社会发展今后一个时期总抓手的五大发展行动计划，安徽省政府出台了《关于加快建设金融和资本创新体系的实施意见》（以下简称《实施意见》）。《实施意见》共 18 条，从大力发展股权投资基金、推动企业对接多层次资本市场上市挂牌、提升省区域性股权市场平台服务功能、深化科技金融创新、创新科技金融服务体制机制五个方面，提出建设金融和资本创新体系的具体政策措施，省发改委牵头对五大发展行动计划进行了丰富提升，制定了《安徽省五大发展行动计划（修订版）》，经省委十届六次全会审定后于 2017 年 12 月正式印发实施。

（三）发展目标及结构

虽然随着我国场外市场尤其是新三板市场的发展，企业挂牌数量、流通市值、成交量快速增加，我国多层次资本市场体系呈现出由“倒金字塔”结构逐步向“正金字塔”回归。然而，就上市家数与流通市值而言，目前我国仍存在资本市场之间区分度不大，主体定位不明确，市场间分割独立、各自为政等问题，还没有形成真正意义上的多层次资本市场体系。

参照国外完善的多层次资本市场的布局设计，在挂牌上市的公司数量上，场外市场应多于创业板，同时创业板多于中小板上市公司数，最后中小板应多于主板市场上市公司数。具体地，我国多层次资本市场的发展目标是进一步完善发展五层结构：第一层为上交所及深交所主板；第二层为深交所中小板及创业板；第三层为全国中小企业股份转让系统，即新三板；第四层为地方区域性股权托管交易中心；第五层为证券公司设立的场外柜台交易市场（OTC）。

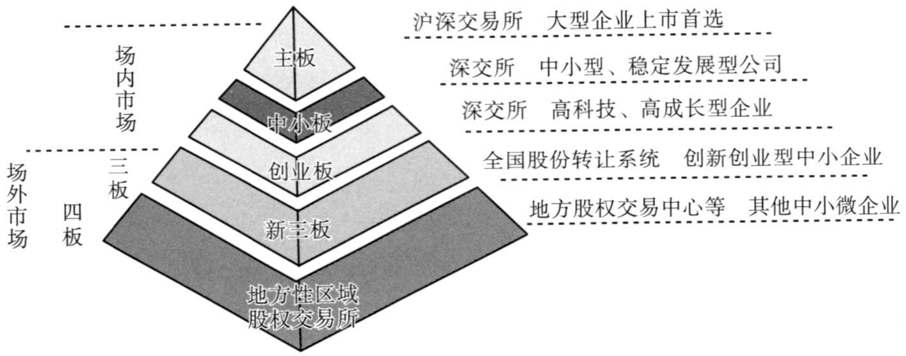

图1　我国多层次资本市场体系

三　安徽省场内市场

本章主要研究安徽省场内上市公司现状，通过与江苏和湖北省相应公司在规模、分布以及盈利特点上的对标分析，找出安徽场内市场发展的特色及不足，加深对安徽省场内市场的认识和理解。主板市场方面，上市公司数量和总市值都位于全国中上区间，但上市公司的总市值占比低于数量占比，这表明安徽省主板上市公司个体平均规模相对较小；地域分布主要集中在以省会合肥为代表的城市中，地区差异相对较大；行业分布上，大型规模企业的龙头效应明显，如建筑及白酒行业；业绩表现上，安徽和湖北表现基本持平，安徽较为平稳，湖北则波动性较大，虽然均实现了较快增长，但与江苏省仍有较大差距。中小板市场方面，上市公司数量和总市值位于全国中上列，与主板类似；地域分布同样基本集中在以省会合肥为代表的城市，地区差异相对较大；行业分布上，计算机行业的科大讯飞独占鳌头，规模遥遥领先；业绩表现上，安徽省在波动中略有下滑，湖北省则呈现逐年下滑的态势，江苏省利润总额虽然较快增长但净资产收益率则大幅下降。创业板市场方面，上市公司数量和总市值分列全国11位和10位，与主板、中小板排名基本持平；地域分布上，合肥市的集中度进一步提高；行业分布上，前三名为医药生物、电气设备、公用事业，市值均超过200亿元，相差较小；业绩表现上，三省净利润均实现持续增长，其中江苏增长迅猛，三省的净资产收益率在波动中均略有下滑，江苏省略高于安徽省和湖北省。

（一）主板市场

1. 公司概况

截至2017年底，安徽省在A股主板上市的公司共有60家，合计总市值为7550.22亿元，单个上市公司的平均市值为125.84亿元（全国单个主板上市公司的平均市值为247.80亿元）。其中，上市公司数量和总市值占国内A股主板市场占比分别为3.24%和1.65%，分列全国的第十位和第十一位，处于中上区间。上市公司的总市值占比稍低于数量占比，反映了安徽省主板上市公司个体平均规模相对较小。具体的地域及行业分布分析如下：

（1）地域分布

统计数据表明，截至2017年底，安徽省内60家主板上市公司中，主要集中在合肥市，共24家，占比达到40%；其次是芜湖市，共6家，占比为10%；第三为铜陵市，共5家，占比为8%，三市合计占比近60%。其余各市数量较少，且分布相对平均。

从市值分布来看，前三位是合肥市、芜湖市、马鞍山市，市值分别为

2213.96亿元、1889.40亿元、527.12亿元。其中由于建材行业龙头公司海螺水泥位于芜湖市，公司总市值达1889.40亿元，因此虽然公司数量远低于合肥市，但是总市值差距相对较小。

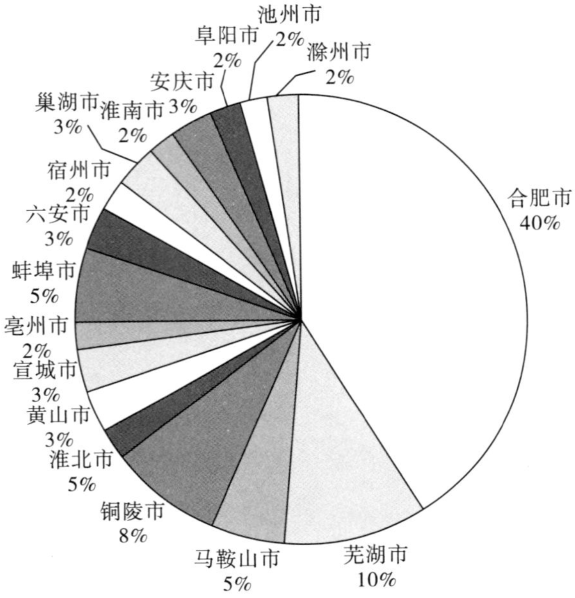

图2　安徽省主板上市公司数量占比分地域统计

（2）行业分布

从安徽省主板上市公司的行业划分来看，分布较为广泛。以申万一级行业分类，共涉及建筑材料、食品饮料、汽车等23个行业。其中，机械设备行业共9家上市公司，占比15%；汽车、食品饮料和化工行业各有5家上市公司，占比均为8%，合计占比为40%。

从上市公司市值分布来看，建筑材料行业、食品饮料行业的市值排名领先，分别为1658.79亿元和775.39亿元，但是对应的上市公司数量相对偏少，分别是3家、5家。同样由于海螺水泥拉升了建材行业的整体市值，而食品饮料行业市值较高则主要得益于古井贡酒和口子窖。

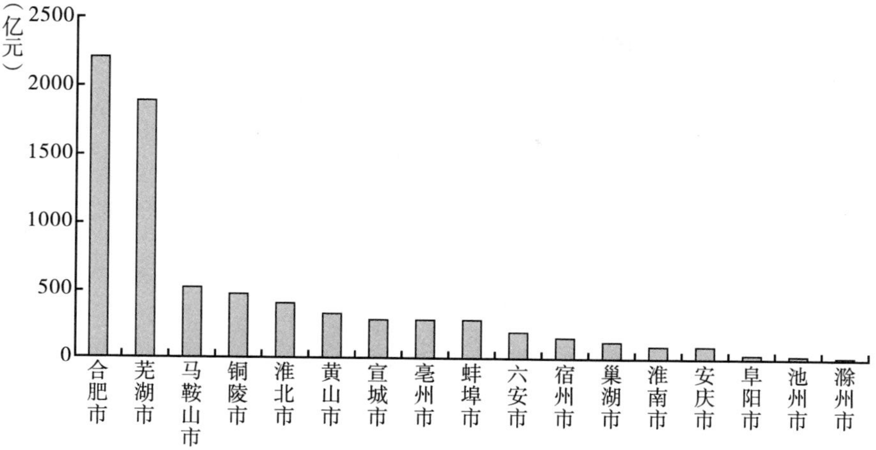

图3　安徽省主板上市公司总市值分地域统计

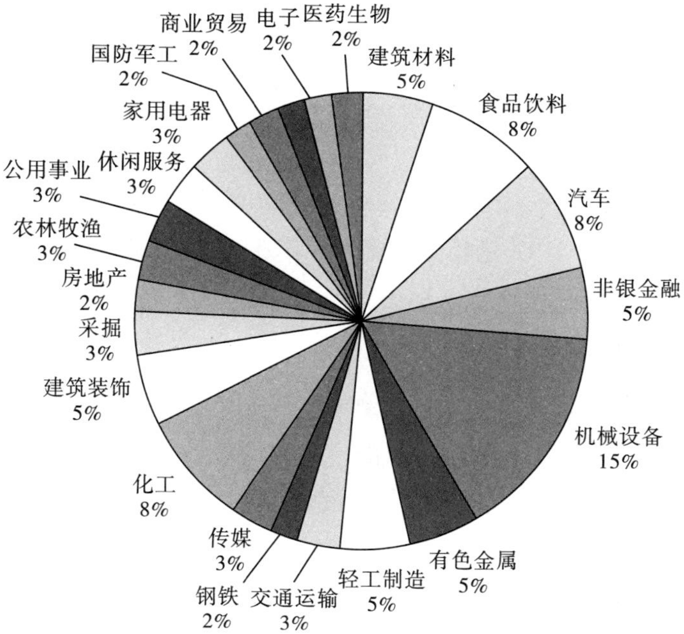

图4　安徽省主板上市公司数量占比分行业统计

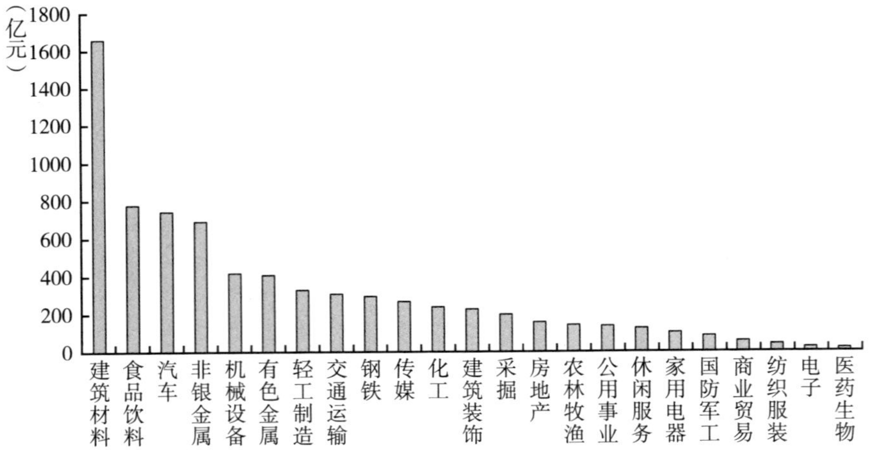

图5　安徽省主板上市公司总市值分行业统计

2. 公司业绩表现

我们选用净利润和加权平均净资产收益率作为代表指标来衡量上市公司盈利能力，并选取了发达省份代表——江苏省以及中部省份代表——湖北省进行对标分析。

2013～2017五年间，安徽省主板上市公司净利润基本保持增长态势，2017年净利润为364.41亿元，同比增长109.38%。江苏省2017年净利润为975.93亿元，同比增长22.56%，湖北省2017年净利润为396.73亿元，同比增长61.60%。相比之下，中部地区省份净利润基本持平，虽然增长速度较快，但距离发达省份仍有较大差距。

从加权净资产收益率来看，安徽、江苏、湖北三省2017年加权ROE分别为7.82%、14.29%、3.77%。其中安徽省波动中基本保持平稳，江苏省净资产收益率较高但呈现逐年下滑的态势，湖北省波动率相对较大。

（二）中小板市场

1. 公司概况

截至2017年底，安徽省在A股中小板上市的公司共有27家，合计总市

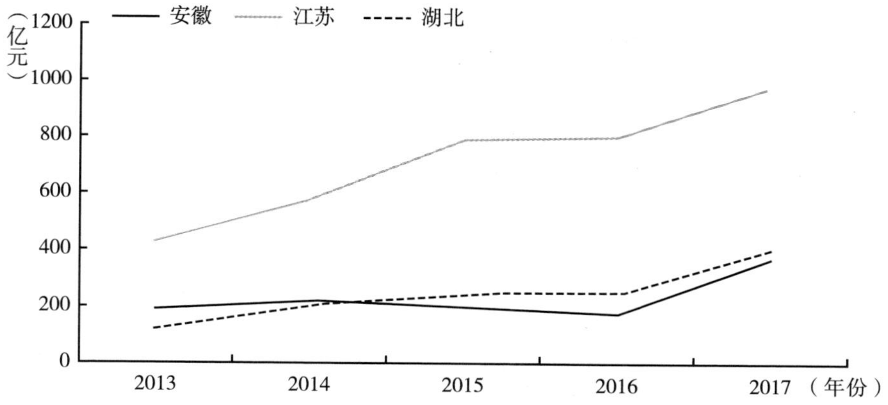

图 6　2013～2017 年安徽省、江苏省、湖北省主板上市公司净利润

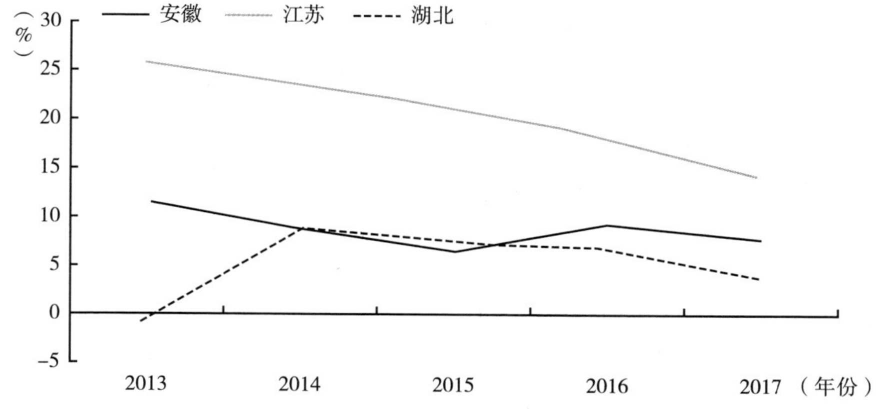

图 7　2013～2017 年安徽省、江苏省、湖北省主板上市公司加权 ROE

值为 2976.80 亿元，单个上市公司的平均市值为 110.25 亿元。其中，上市公司数量和总市值占国内 A 股中小板市场占比分别为 2.99% 和 2.84%，均列全国的第 9 位，与主板排名变动幅度不大。具体的地域及行业分布分析如下：

（1）地域分布

从数量来看，截至 2017 年底，安徽省内 27 家中小板上市公司中，主要集中在合肥市、芜湖市和马鞍山市，分别是 8 家、5 家、4 家，占比达到

30%、18%、15%。

从市值分布来看，其与公司数量密切相关。合肥市以1248.65亿元占据了中小板市场近一半的市值，主要是由于辖区内科大讯飞撑起半壁江山，而芜湖市、马鞍山市以662.85亿元、459.32亿元位列二、三位。

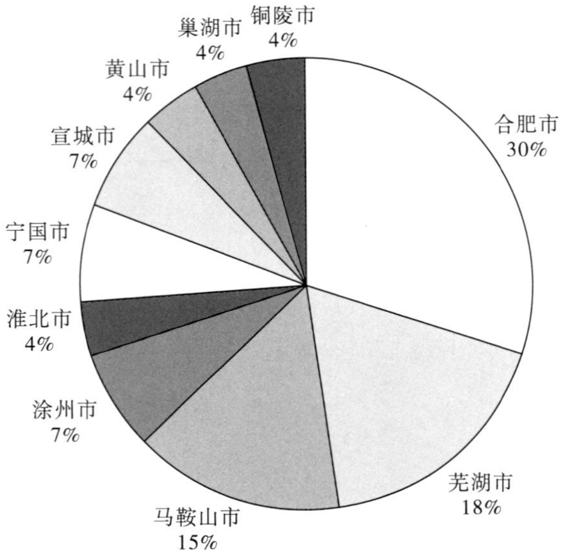

图8 安徽省中小板上市公司数量占比分地域统计

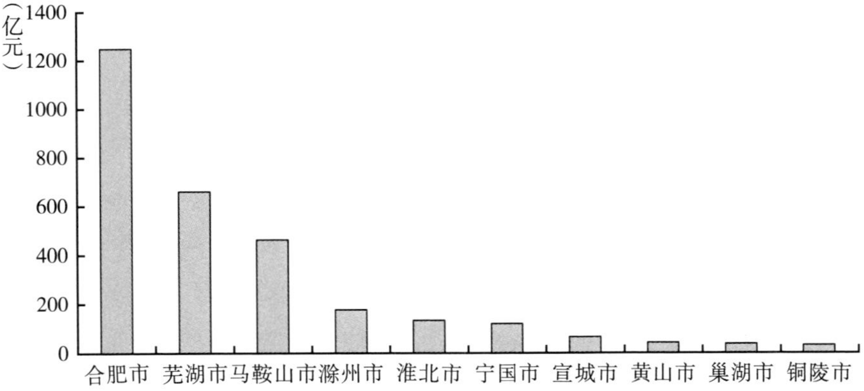

图9 安徽省中小板上市公司总市值分地域统计

（2）行业分布

安徽省中小板上市公司行业分布较主板范围略有缩小，共涉及计算机、机械设备、化工等 14 个行业。其中，化工行业共 6 家上市公司，占比为 22%；机械设备行业共 4 家上市公司，占比为 15%；建筑装饰行业共 3 家公司，占比为 11%，合计占比达到 48%。计算机、有色金属、轻工制造行业各 2 家上市公司，剩余行业均只有 1 家上市公司。

从上市公司市值分布来看，排名前三分别为计算机行业 857. 22 亿元，传媒行业 441. 22 亿元，机械设备行业 433. 98 亿元。

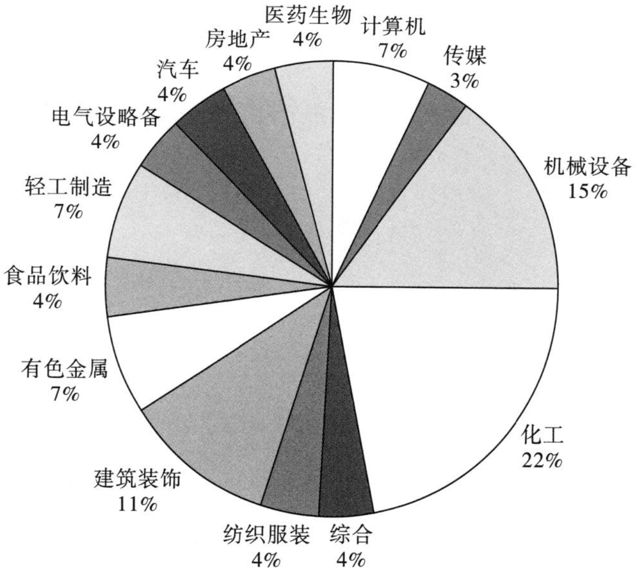

图 10　安徽省中小板上市公司数量占比分行业统计

2. 公司业绩表现

2013 ~2017 五年间，安徽省中小板上市公司净利润基本保持稳步增长态势，2017 年净利润为 82. 89 亿元，同比增长 41. 97%。江苏省 2017 年净利润为 414. 97 亿元，同比增长 74. 82%，增长较快。湖北省 2017 年净利润为 11. 41 亿元，同比下降 25. 24%。

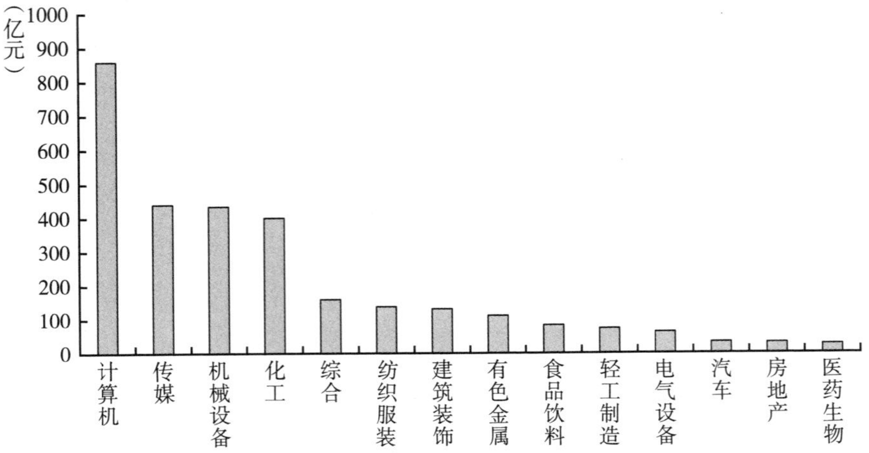

图 11　安徽省中小板上市公司总市值分行业统计

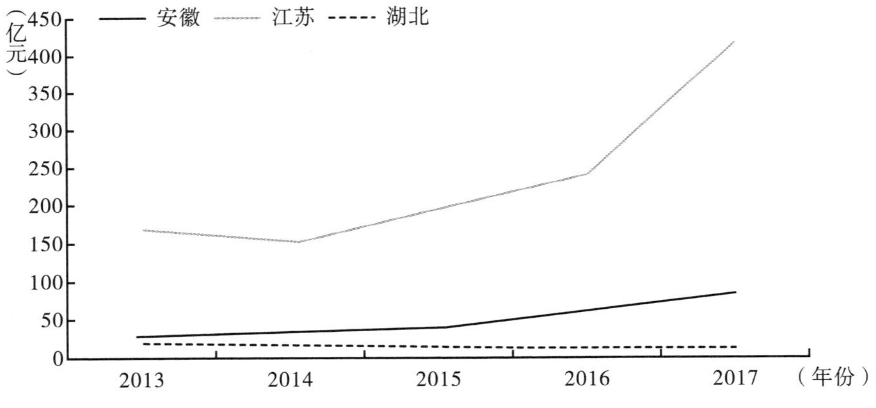

图 12　2013～2017 年安徽省、江苏省、湖北省中小板上市公司净利润

从加权净资产收益率来看，安徽、江苏、湖北三省 2017 年加权 ROE 分别为 8.84%、8.06%、3.63%。其中，安徽省波动中略有下滑，江苏省降幅较大，湖北省净资产收益率则呈现逐年下滑的态势。

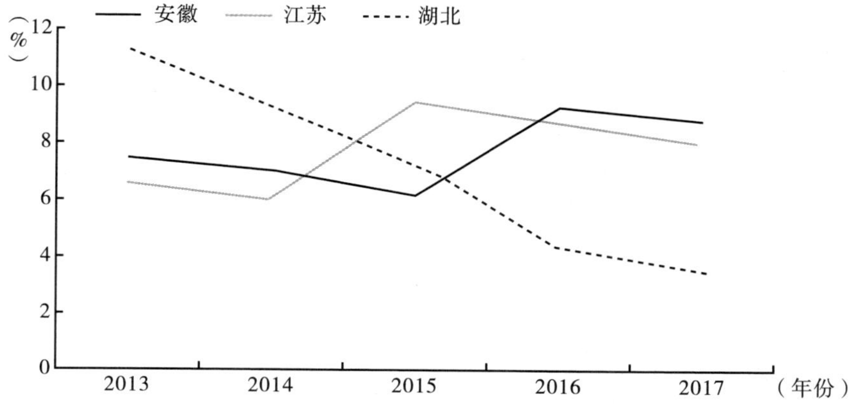

图 13　2013 ~ 2017 年安徽省、江苏省、湖北省中小板上市公司加权 ROE

（三）创业板市场

1. 公司概况

截至 2017 年底，安徽省在 A 股创业板上市的公司共 14 家，合计总市值 1235.35 亿元，单个上市公司的平均市值 88.24 亿元。其中，上市公司数量和总市值占国内 A 股创业板市场占比分别为 1.97% 和 2.40%，分列全国 11 位和 10 位。具体的地域及行业分布分析如下：

（1）地域分布

从数量来看，截至 2017 年底，安徽省内 14 家创业板上市公司中，有 9 家位于合肥市，占比达到 65%。

同样，市值分布与数量分布基本一致，合肥市创业板公司总市值为 802.30 亿元，稳居全省第一。

（2）行业分布

安徽省创业板上市公司虽然数量相对较少，但也涉及 9 个行业。其中，医药生物、电气设备、公用事业分别以 275.69 亿元、271.88 亿元、240.55 亿元排名前三位，代表公司有安科生物、阳光电源等。

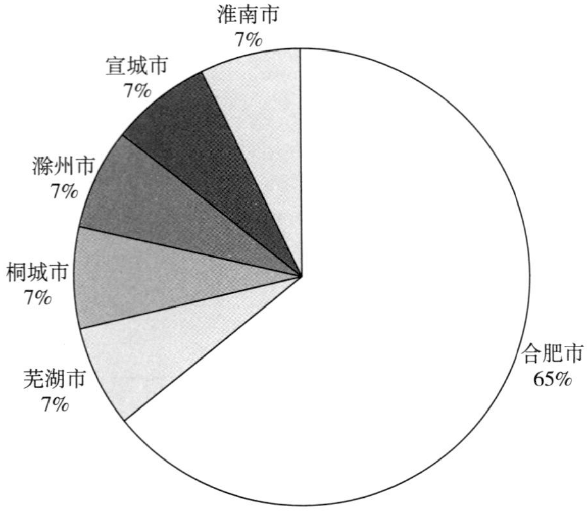

图 14　安徽省创业板上市公司数量占比分地域统计

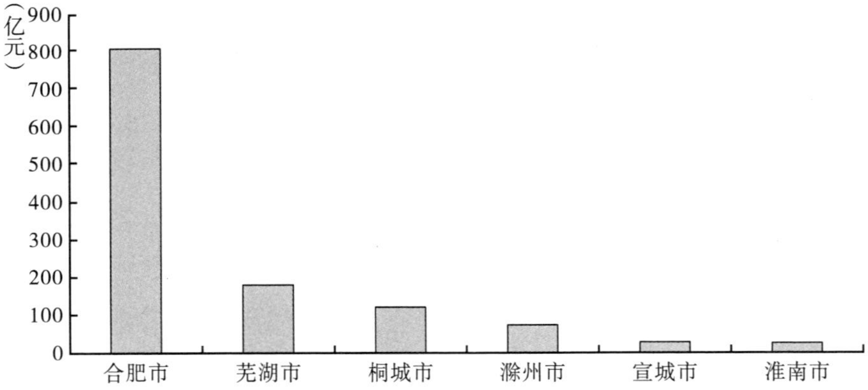

图 15　安徽省创业板上市公司总市值分地域统计

2. 公司业绩表现

2013 ~2017 五年间，安徽省创业板上市公司净利润保持增长，2017 年增速略有放缓，2017 年净利润为 25. 61 亿元，同比增长 8. 20% 。江苏省创业板利润增长幅度较大，2017 年净利润为 95. 45 亿元，同比增长 54. 41% 。

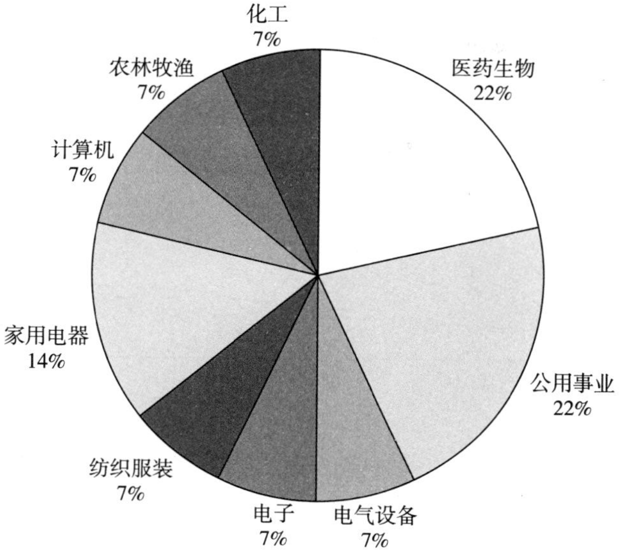

图 16　安徽省创业板上市公司数量占比分行业统计

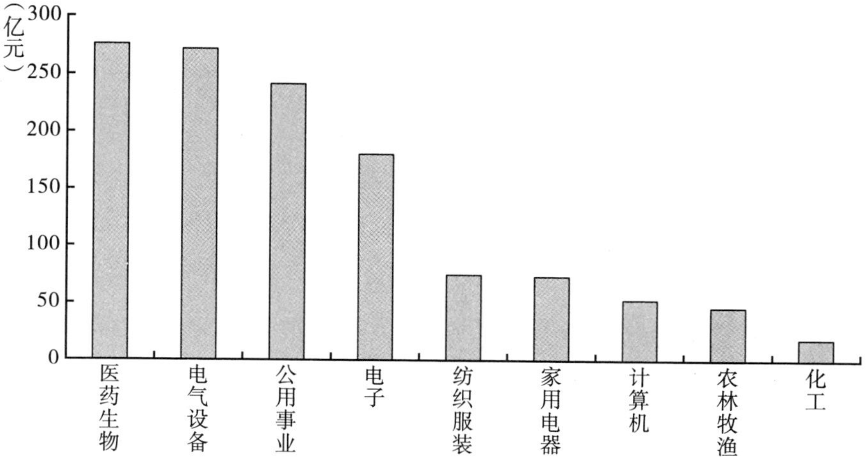

图 17　安徽省创业板上市公司总市值分行业统计

湖北省则保持逐年稳步增长，2017 年增速略有提高，净利润为 26.18 亿元，同比增长 69.13%。

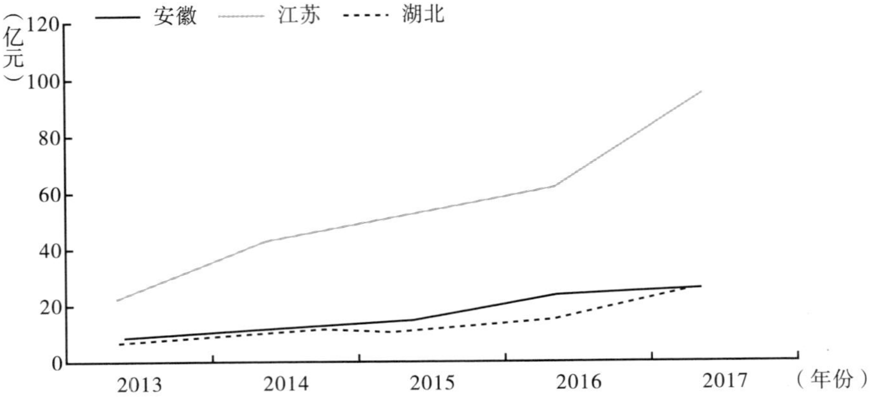

图 18　2013～2017 年安徽省、江苏省、湖北省创业板上市公司净利润

从加权净资产收益率来看，安徽、江苏、湖北三省 2017 年加权 ROE 分别为 8.13%、10.24%、7.57%。其中，三省均在波动中有所下滑，江苏稍高于安徽、湖北。

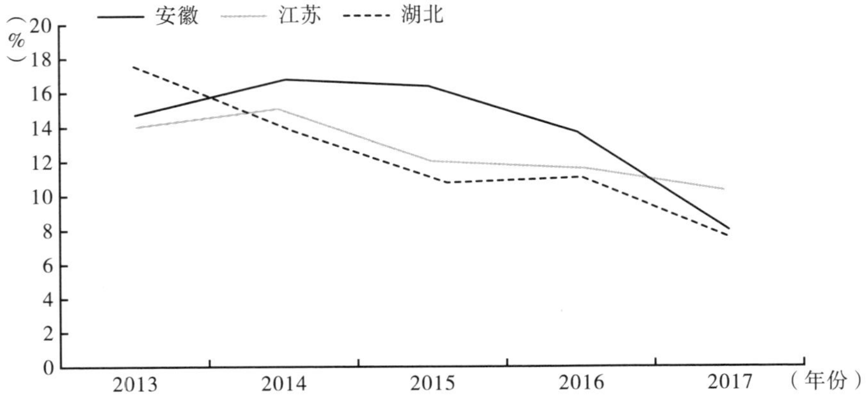

图 19　2013～2017 年安徽省、江苏省、湖北省创业板上市公司加权 ROE

四　安徽省场外市场

本章主要研究安徽省场外市场的发展现状，包括新三板和区域性股权交易市场。新三板市场方面，截至2017年底，我省在新三板挂牌公司共有358家，占市场比重为3.08%，位列全国第10；地域分布上主要集中在合肥市及芜湖市；行业分布较为集中，工业、材料、信息技术、可选消费四个行业占比最高，合计占比近80%；营业收入上，安徽省新三板挂牌企业营业收入出现先升后降态势，江苏省和湖北省则一直保持增长趋势，收入总量上安徽和湖北基本持平，江苏省则大幅领先；净利润上，近四年来安徽均高于湖北，但均远逊于江苏，且均为前期涨幅较快后期则较为平稳。区域性股权交易市场方面，简要介绍了安徽股权托管交易中心目前的发展概况及业绩表现，并对比分析了全国各区域性股权交易市场的挂牌、融资、转让情况。

（一）安徽省新三板市场

1. 公司概况

截至2017年底，安徽省在新三板挂牌公司共有358家，占市场比重为3.08%，位列全国第十。股份数量总计有282.54亿股，其中可交易股份数为147.98亿股，资产合计1324.49亿元，营业收入达到623.58亿元，净利润合计45.58亿元。

（1）地域分布

截至2017年底，在安徽省新三板挂牌企业中，合肥市、芜湖市比重较大，合肥市共计有104家，芜湖市共计62家，分别占全省挂牌企业的29%和17%，蚌埠市、安庆市、马鞍山市、滁州市、宣城市占比基本相同在6%~7%。

（2）行业分布

截至2017年底，以Wind行业分类，在安徽新三板挂牌企业中，工业、

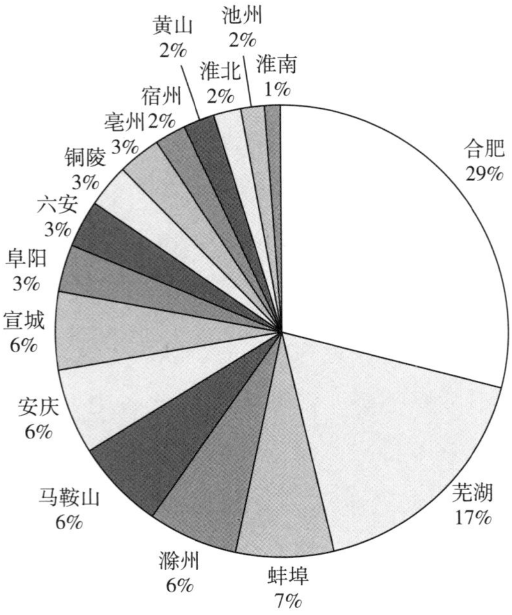

图 20　安徽省新三板上市公司数量占比分地域统计

材料、可选消费、信息技术四个行业占据比重最高，挂牌企业数分别为 96 家、73 家、56 家和 55 家，占比分别为 27%、20%、16% 和 15%，接近 80%。

2. 公司业绩表现

2014～2017 年，安徽省新三板挂牌企业营业收入出现先升后降态势，从 2014 年 78.11 亿元快速上升至 2016 年 586.17 亿元，增幅高达 650%，但 2016 至 2017 年营收有所回落，降至 485.45 亿元，降幅为 17.18%。相比之下，江苏省和湖北省一直保持增长趋势，江苏省从 2014 年 318.92 亿元上升至 2017 年 2522.05 亿元，增幅为 691%，湖北省从 2014 年的 157.23 亿元增长至 2017 年的 599.71 亿元，增幅达到 281%。比较来看，中部省份基本持平，与江苏省仍有较大差距。

从净利润总额来看，安徽、江苏、湖北三省挂牌新三板公司 2017 年净利润分别为 46.5 亿元、159.71 亿元、34.16 亿元；安徽较湖北高，但均远

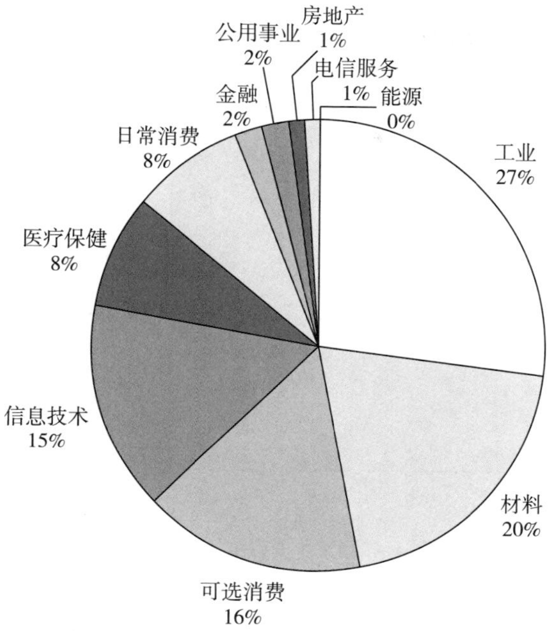

图 21　安徽省新三板上市公司数量占比分行业统计

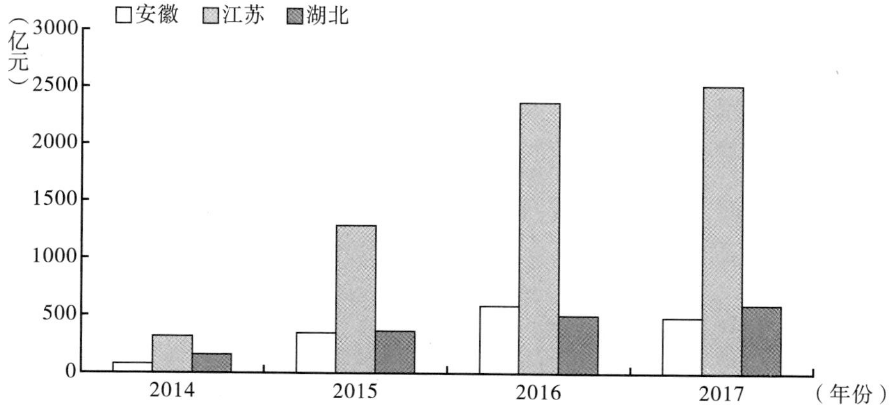

图 22　2014～2017 年安徽省、江苏省、湖北省新三板企业营业收入

小于江苏；三省均在前期涨幅较大，后期平稳增长，江苏省利润额相较中部省份更高。

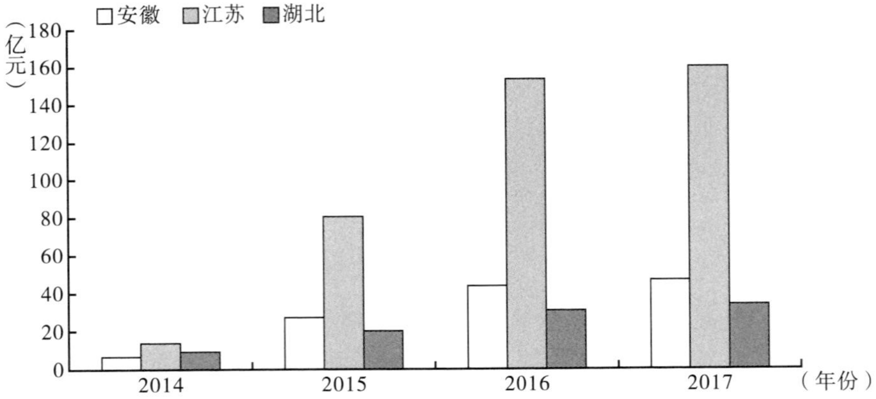

图 23　2014～2017 年安徽省、江苏省、湖北省新三板企业净利润合计

（二）安徽省四板市场：股权托管交易中心

区域性股权交易市场，也即俗称的四板市场，是为特定区域内的企业提供股权、债权的转让和融资服务的私募市场，对于促进企业特别是中小微企业股权交易和融资、鼓励科技创新和激活民间资本、加强对实体经济薄弱环节的支持具有积极作用。目前，在国家政策的鼓励和支持下，区域性股权交易市场发展迅速，基本实现国内的全部覆盖，区域性股权交易市场的主要构架已经形成。我国中小企业数量众多，对经济发展具有不可或缺的作用。然而，融资难、企业管理水平低、市场竞争能力弱等问题，严重制约着中小企业发展。新三板市场虽然进入门槛较主板市场低很多，但由于其主要面向高新技术企业，大部分中小企业仍被挡在其外。发展区域性股权交易市场，不仅有利于解决中小企业存在的以上问题，也是完善我国多层次资本市场的需要。

截至 2017 年底，全国共设立 39 家区域性股权市场。共有挂牌企业

26315家（其中股份公司7589家），展示企业82245家；累计为企业实现各类融资9557.59亿元，其中股权融资1129.27亿元，债券融资2076.35亿元，股权质押融资3732.82亿元。

1. 安徽股权托管交易中心概况

安徽股权托管交易中心成立于2013年8月，目前已形成由成长板、科技创新版、农业板、文化旅游版、中医药版、专精特新版组成的六个板块。截至2018年5月底，中心已有挂牌企业2043家、托管企业2265家，挂牌企业中成长板178家，科技、农业、文旅、中医药、专精特新版共计1865家，累计帮助企业实现融资156.18亿元，挂牌企业融资覆盖率已达18.24%。阜阳市、合肥市、亳州市为挂牌企业数量前三位的城市，挂牌数分别为418家、296家、184家。

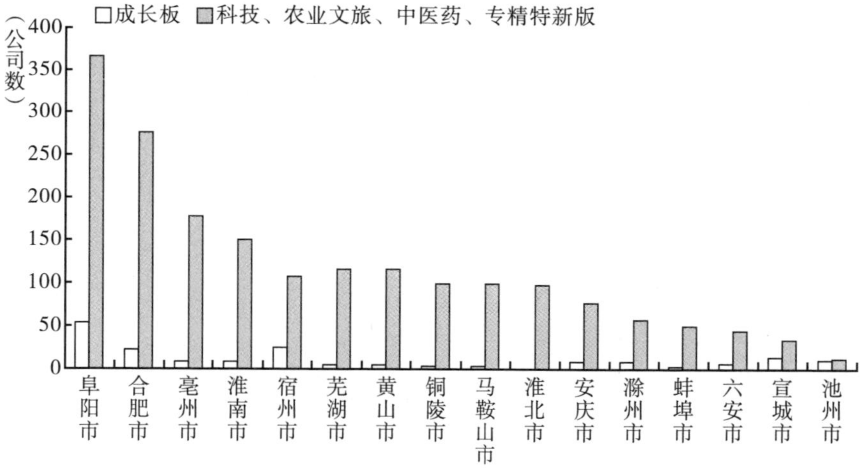

图24　安徽省股交中心挂牌企业地区及板块分布

成长板所挂牌企业必须完成股份制改革，主要侧重于企业改制规范和融资对接，通过为这些企业提供服务，帮助挂牌企业转板至更高层次的资本市场。科技创新板、农业板、文旅板、中医药板及专精特新板作为培育展示板块主要侧重于企业形象展示和规范培育，也是中心结合省情，先后与省科技厅、省农委、黄山市、亳州市等政府部门及地方政府联合打造的特色专版。

2. 公司业绩表现

对截至2017年底的股交中心挂牌企业数据进行统计，不同板块挂牌企业营业收入存在较大区别，挂牌企业中，前一年度营业收入最大值达到8亿元，均值接近4000万元。分板块来看，农业板营收最高约为238.68亿元，文旅板收入为6.97亿元。

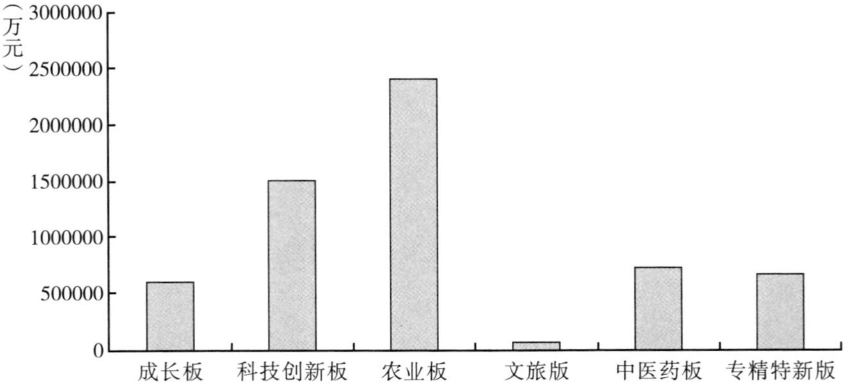

图25　安徽省各板块挂牌企业营业收入统计

3. 国内四板市场的比较及简析

（1）全国企业挂牌、展示、托管情况

区域性股权市场挂牌、展示、纯托管企业的数量总体呈持续增长趋势。2015年3月至2017年底各类型企业家数增长趋势如下图：

共有29家市场服务的企业（含挂牌、展示和纯托管企业）超过1000家。其中，前海股交中心、上海股交中心、齐鲁股交中心、武汉股交中心、广州股交中心、浙江股交中心、北京股交中心等7家市场服务的企业均超过5000家。截至2018年3月底，各市场共有挂牌企业26315家，较去年同期增加7625家（增幅41%）。其中，股份公司7589家（占29%），有限责任公司18684家（占71%），合伙企业42家。2018年3月新增挂牌企业284家，较去年同期（679家）降幅较大。

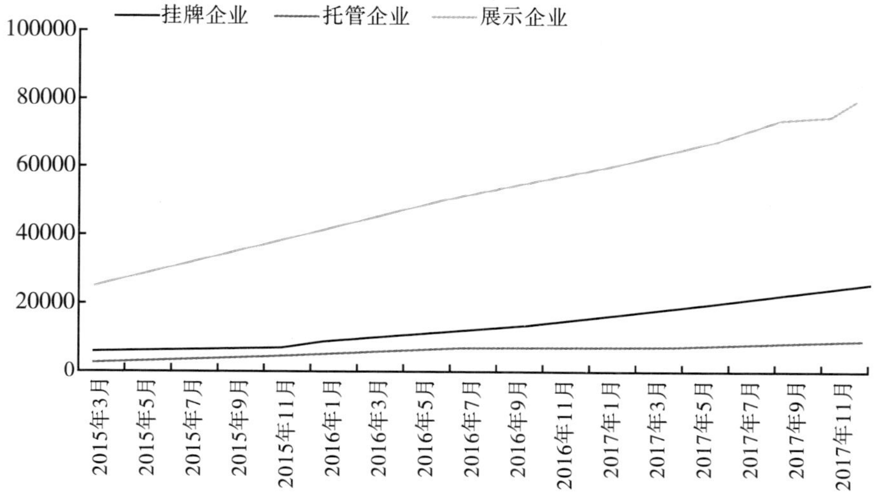

图 26　全国区域性股权市场企业情况

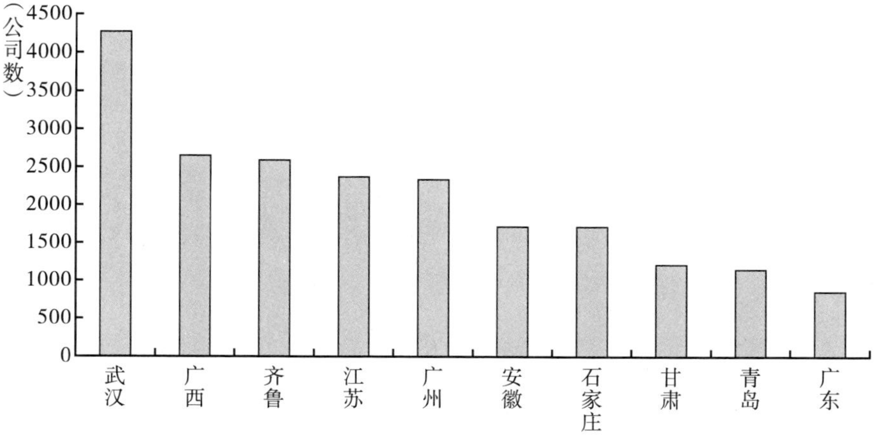

图 27　挂牌企业数排名前十的区域性股权市场

挂牌企业家数前十位的市场中，武汉股交中心、齐鲁股交中心挂牌的股份公司与有限责任公司数量大致相当；其余市场挂牌企业均以有限责任公司为主，分别是广西北部湾股交所（占 98%，指有限责任公司占比，下同）、江苏股交中心（占 97%）、广州股交中心（占 97%）、广东金融高新区股交中心（占 95%）、甘肃股交中心（占 92%）、青岛蓝海股交中心（占 92%）、安徽股交中心（占 90%）、石家庄股交所（占 67%）。截至 2018 年 3 月底，各市场挂牌股份公司共有 7589 家，较去年同期增加 1979 家（增幅 35%）。

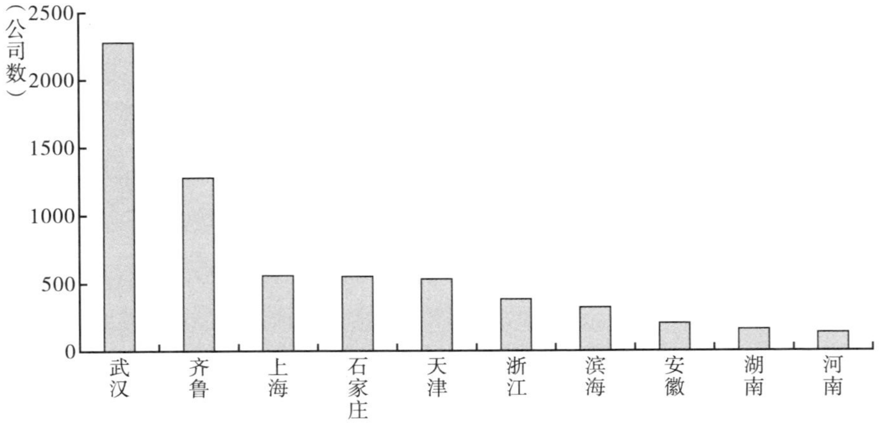

图 28　挂牌股份公司数排名前十的区域性股权市场

截至 2018 年 3 月底，各市场共有展示企业 82245 家，较去年同期增加 18247 家（增幅 29%）。2018 年 3 月新增展示企业 906 家，较去年同期（2346 家）下降 61%。纯托管企业 9218 家，较去年同期增加 1892 家（增幅 26%）。2018 年 3 月纯托管企业较上月增加 75 家（去年同期减少 36 家）。

（2）融资情况

截至 2018 年 3 月底，各市场累计为企业实现各类融资 9557.59 亿元。区域性股权市场累计融资额持续保持增长。从融资方式来看，股权质押融资金额最大，为 3732.82 亿元，占 39%；其次是债券融资和股权融资金额，分别为 2076.35 亿元（占 22%）和 1129.27 亿元（占 12%）。有 10 家市场（浙江、前海、海南、广东、齐鲁、青海、陕西、贵州、厦门、广州）的企业通过类资产证券化方式（如收益权转让）实现融资 984.96 亿元（占 10%）。此外，通过其他方式实现融资 1634.19 亿元，主要包括银行信用贷款、知识产权质押、融资租赁等。

共有32家市场的企业通过私募股权方式累计实现融资1129.27亿元。2018年3月股权融资16亿元，较去年同期（14.09亿元）增加14%。31家市场的企业通过债券方式累计实现融资2076.35亿元（未偿付余额为609.58亿元）。30家市场的企业通过股权质押方式累计实现融资3732.82亿元。融资总额排名前五位的市场分别为甘肃股交中心（1206.24亿元）、广东股交中心（948.01亿元）、武汉股交中心（800.61亿元）、重庆股转中心（715.96亿元）、湖南股交所（646.15亿元）。

（3）转让情况

区域性股权市场转让不活跃，转让金额相对较小。截至2018年3月底，共有29家市场累计实现转让金额1198.68亿元。从转让方式来看，股权转让金额为561.41亿元，占转让总额的47%，债券转让金额为309.45亿元，占转让总额的26%，24家市场累计实现股权转让561.41亿元，16家市场累计实现债券转让309.45亿元。

（4）投资者和会员情况

截至2018年3月底，各市场共有投资者76.97万户，比去年同期减少5.9万户（降幅7%），较上月减少1672户。全部合格投资者中，机构投资者2.08万户，个人投资者74.89万户，个人投资者占比97%。各市场合计有会员9953家，比去年同期增加1301家（增幅15%），比上月增加82家（增幅0.8%）。各市场共有推荐机构4498家，较去年同期增加385家（增幅约9%）。推荐机构中，证券公司、私募基金和商业银行分别占6%、19%和4%。

五　安徽省多层次资本市场发展存在的问题与建议

（一）主要问题

1. 上市公司市值行业集中度过高，业绩与发达省份仍有一定差距

安徽上市公司的数量和平均市值都位列前十左右，处于全国中上区间，

略好于安徽省整体经济情况在全国的排名（2017 年安徽省 GDP 为 27518.70 亿元，位居全国第 13 位），这表明安徽资本市场建设是卓有成效的。然而，根据前述分析，我们也可以看到安徽上市公司还存在如下问题：

（1）上市公司市值行业集中度过高。主板市场方面，建筑材料和食品饮料行业市值相对高于其他行业，分别为 1658.79 亿元和 775.39 亿元，上市公司数量仅为 3 和 5 家，市值占比却分别为 21.97%、10.27%，合计占比超过 30%，这是因为建材行业主要靠海螺水泥、食品饮料行业则主要得益于古井贡酒和口子窖；中小板市场方面，计算机、传媒、机械设备三个行业显著高于其他行业，分别为 857.22 亿元、441.22 亿元、433.98 亿元，上市公司数量仅分别是 2 家、1 家、4 家，市值占比分别为 28.80%、14.82%、14.58%，合计约 60%；创业板方面，医药生物、电气设备和公用事业行业市值明显高于其他行业，分别为 275.69 亿元、271.88 亿元和 240.55 亿元，上市公司数量为 3 家、1 家、3 家，市值占比分别为 22.32%、22.01%、19.47 合计超过 60%；新三板市场方面，安徽新三板挂牌企业主要集中在工业、材料、信息技术、可选消费四个行业，挂牌企业数分别为 96 家、73 家、56 家、55 家，占比分别为 26.82%、20.39%、15.64%、15.36%，合计近 80%。

（2）上市公司业绩与发达省份有一定差距。安徽场内市场上市公司的平均业绩水平与湖北省相当，湖北省的上市公司业绩波动性较大，安徽省上市公司业绩则较为平稳；但与代表发达省份的江苏省，无论在利润总额还是加权平均净资产收益率上面均有较大差距，仍有较大提升空间。新三板市场方面，安徽省挂牌企业营业收入与湖北基本持平，净利润虽然比湖北高，但近两年营业收入有较大幅度回落，但无论营业收入，还是净利润与发达省份代表江苏省仍存在较大差距。

2. 地域发展不平衡

从前文分析中可以明显发现，安徽资本市场各层次的上市公司无论是从企业数量、企业规模包括行业成长性方面，大多集中于省会合肥市，其次是皖南地区，皖北地区发展则相对滞后，区域发展不平衡现象较为突出，且这一趋势仍在继续。如果缺乏强有力的引导，地域发展差距将会日益拉大，显然不利于安徽省多层次资本市场的发展。

3. 安徽股权托管交易中心发展面临诸多困境

安徽股权托管交易中心成立近五年来发展迅速，为安徽省中小企业融资和发展做出了重要贡献，取得了可喜的成绩，各项指标已稳居全国区域性股权交易市场前十名。尤其值得一提的是，2017 年 12 月 28 日，国元集团、国元证券牵头，联合安徽省股权托管交易中心其他 5 家股东单位，以及亳州、淮北、阜阳三地国资公司，共同出资设立了安徽省股权服务集团，注册资本达 8.7 亿元，标志着安徽区域性股权交易市场将会在安徽多层次资本市场体系中发挥更大作用。尽管取得了诸多成绩，然而目前安徽股交中心的发展依然存在诸多困境。首先，市场法律定位不明确。现行《公司法》要求股份有限公司股东转让其股份，应当在规定交易场所内进行，《证券法》也对公开发行证券的交易场所做了规范，但是对于区域性股权市场是否纳入在这一范围中并没有书面规定。第二，交易制度单一。受政策法规规定，区域性股权市场只能实行单一协议转让制度，不能进行集合竞价、做市商等制度，严重影响市场的定价功能，降低流动性，从而影响企业的融资效率。第三，融资功能有限。安徽省股交中心目前融资整体覆盖率仍然较低，主要是由于初创期的小微企业财务制度不健全，缺乏持续经营能力，而政府在融资支持方面缺少相关的制度安排，因而融资积极性不高。第四，政策输出平台功能未得到体现。由于政府知晓率不高、项目多头申报等问题，区域性股权市场的政策输出功能未能得以体现，包括基本的挂牌、融资补贴，企业未能及时享受政策福利。

4. 安徽省多层次资本市场发展与目标差距较大，急需奋起直追

前文已经指出，安徽省政府一直十分重视和大力支持多层次资本市场建设，制定了许多极具针对性的相关政策，如早在 2015 年 9 月就出台了《安徽省人民政府关于充分利用多层次资本市场着力调结构转方式促升级的意见》、2017 年 8 月进一步制定了《关于加快建设金融和资本创新体系的实施意见》、2017 年 12 月完善修订了《安徽省五大发展行动计划（修订版）》

并正式印发实施。同时也对安徽多层次资本市场提出了具体的发展目标："到2020年末，全省在沪深港证券交易所上市公司数量力争达到200家，在全国中小企业股份转让系统挂牌企业数量力争达到650家，在省区域性股权交易市场挂牌企业数量力争达到1000家。"截至2017年底，沪深交易所安徽上市公司共101家，香港联合交易所安徽上市公司9家，在新三板挂牌企业358家，在安徽股权托管交易中心挂牌企业2000多家。显然，除省区域性股权交易市场挂牌企业已超额完成目标外，其他层次资本市场发展与目标差距较大。离目标截止日期只有不到两年半的时间，发展压力已十分巨大，急需奋起直追。

（二）政策建议

1. 真抓实干，市场化运营，加强舆论引导，强调金融思维

首先，继续大力推动优质企业加快上市步伐，帮助企业直接融资。持续督导资质优良的省内企业上市后备资源库，分层次、分批次对接多层次资本市场。在推动企业首发上市融资，支持上市公司和挂牌企业实施增发、配股的同时，鼓励企业发行公司债、企业债、中期票据。其次，统筹规划各级基金，加强管理监督。进一步发展政府引导基金和产业基金，引导社会资本和民间资本投资，推动战略性新兴产业发展壮大。同时，各级应对基金设立情况进行梳理，做好统筹规划，适度提高准入门槛，通过严密科学的制度设计为基金市场化运行提供管理模式、组织架构保障，以防止行政权力干预投资项目或子基金运行；尤其要注意针对政府引导基金特点，严格遴选基金管理人，加强监督，优化国有股权投资基金考核。最后，加强舆论宣传，充分重视发展多层次资本市场和推动优质企业利用资本市场做优做强做大的重要性和紧迫性，加大对各级相关领域主要领导干部金融素养的学习与培训，提高对资本市场的认识和理解，强调金融意识和思维。

2. 统筹协调各地域资本市场平衡发展

统筹平衡地域资本市场发展对于全省多层次资本市场的可持续健康发展意义重大。首先，在政策方面对于发展相对落后区域例如皖北区域应给予相

应的倾斜政策。譬如可以在符合产业发展政策前提下，对这些地区的公司上市条件、再融资条件、债券发行等给予照顾或其他特殊政策；对发展相对滞后的地区企业税收、投资等给予优惠政策等。其次，发展相对落后地区尤其需要积极培养和开发一批质地优良的重点上市公司后备军，支持本地区企业进入资本市场，以便使本地企业能够源源不断地得到资本市场的支持。第三，引导和促进相关资本市场中介机构尤其是证券公司在相对落后地区有所作为，充分利用各种资本市场工具，为资源相对优势行业和公司提供投融资服务，带动地区发展，服务地方实体经济发展。

3. 优化政策环境，促进安徽股权托管交易中心发展

首先，加大财税优惠支持。建议财税部门出台相关政策，一是对企业因进入资本市场，发生改制、挂牌、融资等产生的成本，给予适当奖补和税收优惠；二是对参与股交中心并购重组、股权投资、可转债产品投资的金融机构、投资者给予财政优惠；三是对股交中心给予一定的财税优惠，通过适当的财税减免、专项资金奖补等优惠措施，引导培育安徽股权托管交易中心健康规范发展。

其次，明确股交中心可参与国企混改。2015 年 9 月 23 日，国务院正式发布《国务院关于国有企业发展混合所有制经济的意见》（国发〔2015〕54 号），第二十三条指出，“健全多层次资本市场，加快建立规则统一、交易规范的场外市场，促进非上市股份公司股权交易，完善股权、债权、物权、知识产权及信托、融资租赁、产业投资基金等产品交易机制。建立规范的区域性股权市场，为企业提供融资服务，促进资产证券化和资本流动，健全股权登记、托管、做市商等第三方服务体系。以具备条件区域性股权、产权会场为载体，探索建立统一结算制度，完善股权公开转让和报价机制”。该意见给区域性股权市场参与国企混改提供了正常依据，因此建议省政府批准安徽股交中心可以从事国有股权的转让，参与国企混改服务。

最后，推进政策扶持综合运用平台建设。中小企业扶持政策的制定与实施由经信委、科技厅、农业厅、发改委、财政厅等多个部门负责，且职能各有侧重，缺乏统筹管理，存在机构不统一、协调不顺畅的问题，从而产生博

弈和寻租空间，导致中小企业扶持政策落地不到位。建议省政府明确牵头单位，统筹协调相关部门，对有关政策法规进行梳理，将安徽股权托管交易中心打造成安徽中小企业政策扶持综合运用平台，负责安徽省现有中小企业扶持政策的集中申报办理，并对政策的实施效果进行实时跟踪反馈。这样不仅可以解决政策落地效率低下的问题，还可以反哺我省区域性股权市场发展，让更多的中小企业更加高效地对接资本市场；同时也可以统筹管理扶持资金，让财政资金通过区域性股权市场流入地方中小企业，精准对接扶持政策，切实帮助安徽省中小企业做大做强。

4. 支持省属券商增加净资本，做大做强，提升综合服务能力

多层次资本市场的参与主体是各类金融机构，其中最重要的是证券公司。安徽省属券商国元证券和华安证券在省内多层次资本市场建设中一直发挥着十分重要的作用。尽管国元证券和华安证券已先后在深沪交易所上市，自身也实现了跨越式发展，但由于种种原因，目前综合实力在国内同行中均在 20 名以外，与国内一流券商相比还有较大差距。在现有以净资本为核心的监管体系下，拥有畅通融资渠道和资本优势的大型证券公司将在竞争中日益占据有利位置，且呈现出强者恒强的马太效应，因此建议省政府继续加大对国元证券、华安证券的支持力度，尽快采取各种有效措施帮助它们增加净资本，做大做强，积极引导它们根据自身情况准确定位，努力提高在股权融资、债券承销和并购重组等代表现代投行实力的综合服务能力，提升核心竞争力，更好地服务省内企业，引领安徽省多层次资本市场发展。

六　小结

本报告依据定性和定量分析、比较研究、调查等方法，运用来自 Wind 数据库、安徽省金融办网站、安徽省股权交易托管中心网站、证监局网站等公布的相关数据及资料，并实地调研了安徽省股权交易托管中心，研究了安徽省多层次资本市场体系的发展现状及业绩表现，指出了目前安徽省多层次

资本市场体系建设中存在如下问题：其一，上市公司市值行业集中度过高、业绩与发达省份仍有一定差距；其二，地域发展不平衡，各层次的上市公司无论是从企业数量、企业规模包括行业成长性方面，大多集中于省会合肥市，其次是皖南地区，皖北地区发展则相对滞后；其三，安徽股权托管交易中心发展面临市场法律定位不明确、交易制度单一、融资功能有限、政策输出平台功能未得到体现等诸多困境；其四，安徽省多层次资本市场发展与目标差距较大、急需奋起直追等问题。针对这些问题提出了以下政策建议：首先，真抓实干，继续大力推动优质企业加快上市步伐，帮助企业直接融资，采用市场化方式运营各种政策基金，加强舆论引导，强调金融思维；其次，高度重视并积极采取包括政策倾斜在内的各种办法统筹协调各地域资本市场平衡发展；再次，优化政策环境，如加大财税优惠支持、明确股交中心可参与国企混改、推进政策扶持综合运用平台建设等政策措施多方面促进安徽股权托管交易中心发展；最后，继续大力支持省属券商尽快增加净资本，做大做强，提高综合服务能力，提升核心竞争力，更好地服务省内企业，引领安徽省多层次资本市场发展。

B.11
安徽省上市公司与现代产业集群关系分析

产业集群是当今世界各地区域经济发展的重要形式，而企业是产业集群的细胞结构，一方面企业是集群搭建的基础，另一方面集群像机体一样为企业提供了良好的成长环境。上市公司作为一个行业或地区企业的佼佼者，在产业集群的产生和发展过程中更能发挥模范作用。本报告基于企业与产业集群相辅相成的关系，通过衡量安徽省现代产业集群较为集中的合芜蚌地区上市公司与产业集群的竞争力契合程度，并辅以案例说明两者相互促进的发展脉络，为省内上市公司和产业集群竞争力的加强以及资本市场投资机会的把握提供参考。

一　上市公司与产业集群评价方法构建

（一）产业集群竞争力评价体系的构建和指标选取

产业集群演化过程在学术界中意见不一，本报告结合大部分国内产业集群的形成过程，认为是由市场自发、生产要素禀赋等因素共同作用形成的。产业集群的形成，经历了先由地区创办或者引进少数生产同类产品企业的小型聚集，然后到吸引了更多同类企业进入的行业集聚，再到促进了产业链延伸的产业集聚，最终发展成产业集群，从而增强了区域竞争力。本报告认为产业集群竞争力构成的要素中，主要有核心要素、一般要素、辅助要素。基于此，并结合安徽省内产业集群的特征，对省内产业集群的竞争力程度进行分析。

图 1　产业集群形成过程

核心要素构成了产业集群的基本框架，包含核心企业、合作企业、竞争企业、供应商和客户。一个城市行业的集聚情况是产业集群的形成基础，因而产业专业化或集聚化程度是重要的竞争力衡量指标。本报告引入区位熵（LQ）对产业集群的竞争力进行测度。根据数据的可获取性，本报告选取2011～2016年安徽省和各市的统计年鉴国民经济体系中的产业增加值或产值对地区产业集聚或产业集群进行衡量。

表 1　区位熵的含义及意义

数值	含义	意义
$LQ < 1$	表明该地区该产业在整体区域中处于劣势,竞争力较弱	劣势行业
$1 < LQ < 1.5$	表明该地区该产业拥有一定的比较优势,具备一定的竞争力	优势行业
$LQ > 1.5$	表示该地区该产业拥有明显的比较优势,竞争力强	显著优势行业

一般要素是在行业集聚后相关支持机构的集聚，即为核心要素提供如知识、信息、技术、资金、交通、政策上的支持，具体包括大学及科研机构、金融服务机构、政府部门等，一个城市这些部门的专业化集聚化程度、公共设施的发达程度以及政府的重视程度反映了该城市一般要素的竞争力。本报告主要对城市的竞争力测度，以定量和定性的方法相结合。对于金融、科研等支持性行业的竞争力我们采用区位熵衡量，对交通状况进行定性分析。

辅助要素构成了产业集群的外围环境。本报告着眼于一个更大的地区环境。根据安徽省“十三五”规划，我们从合肥城市圈、皖江城市带、皖北六市的城市带协同发展情况来衡量辅助要素的竞争力。本报告采用区域协调发展进行测度，主要采用定性的方式。

（二）上市公司竞争力评价方法介绍

本报告主要参考国务院国资委对央企财务绩效评价体系，从盈利能力、资产质量、债务风险、经营增长四个方面较为全面地展示了省内上市公司资产现阶段的经营状况、风险管控以及未来增长潜力，衡量其在相应申万二级行业中的竞争地位。报告在国资委评价体系基础上选取了 21 个财务指标进行测量，详见表 2。

表 2　财务指标选取及相应权数

评价内容与权数		基本指标	权数	修正指标	权数
盈利能力	34	净资产收益率	20	销售利润率	10
		总资产报酬率	14	盈余现金保障倍数	9
				成本费用利润率	8
				投入资本回报率	7
资产质量	22	总资产周转率	10	不良资产比率	9
		应收账款周转率	12	流动资产周转率	7
				资产现金回收率	6
债务风险	22	资产负债率	12	速动比率	8
		已获利息倍数	10	现金流动负债比率	8
				带息负债比率	6
经营增长	22	销售增长率	12	销售利润增长率	10
		资本保值增值率	10	总资产增长率	7
				技术投入比率	5

资料来源：企业绩效评价标准体系（2017）。

根据得分结果以 85、70、50、40 分作为类型判定的分数线，85 分以上的为优，70 分到 85 分之间的为良，50 分到 70 分之间的为中，40 分到 50 分之间的为低，低于 40 分的为差。

二　合芜蚌上市公司与产业集群分析

合芜蚌地区现代产业集群和对应上市公司分析部分，首先概述其发展状况，然后围绕产业集群竞争力评价的三个维度进行逐一阐述，之后结合上市公司竞争力情况分析，最后就产业集群和上市公司竞争力契合度分析形成结论。

（一）合芜蚌上市公司与产业集群发展综述

2016年国务院批复了合芜蚌国家自主创新示范区建设，使得合芜蚌成为省内推进全面创新改革的重要依托，率先探索创新驱动调结构转方式促升级的新机制。合芜蚌三市经济总量保持全省前列，在省内现代产业体系建设中起到示范引领作用。

从图2可以看出，合肥市GDP一马当先，远超其他地市，其次是芜湖市；增速上，芜湖市、蚌埠市超过了全省GDP平均水平，合肥市与省增长水平持平。全省16市中，仅合芜蚌三市的GDP就占全省的43%。可以看出，合肥、芜湖、蚌埠三市是安徽省重要的经济支柱和增长来源（图3）。

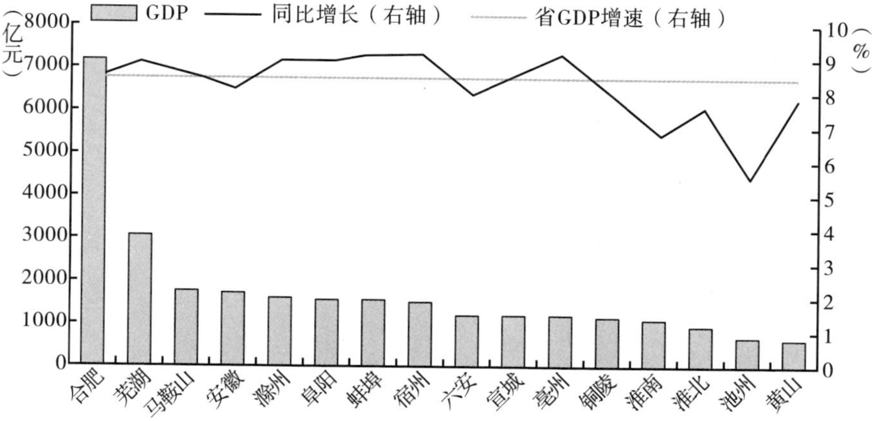

图2　安徽各市2017年GDP及增速

我们从各市统计年鉴中获取农业、工业、建筑业、第三产业相关59个细分行业产值数据，对其进行重新分类划分上中下游，上游行业主要提供原材料及基础产品，中游为制造业及基建行业，下游为直接向消费者提供食物产品及服务的部门。根据省“十三五”规划和《中国制造2025安徽篇》，“十三五”期间基本形成以战略性新兴产业为先导、先进制造业为主导、现

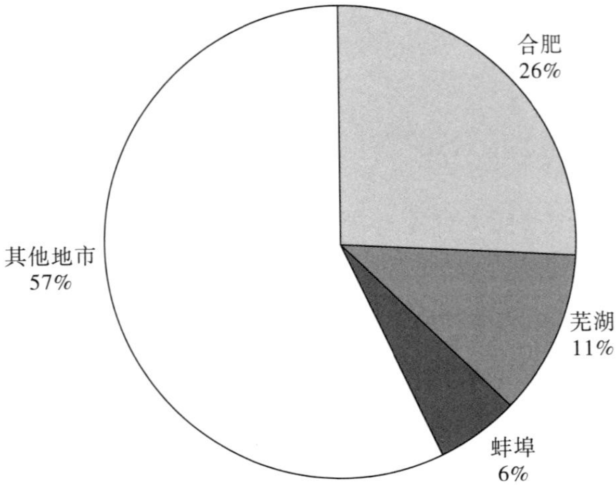

图 3 合芜蚌 2017 年 GDP 占比

代服务业为支撑的现代产业新体系，同时到 2020 年，制造强省基本确立。制造业和服务业主要集中在中下游产业，所以中下游产业的壮大体现了现代产业的发展趋势。

根据上述分类方法，全省上游产业占比 25%，中游 38%，下游 37%，可以看出全省以制造业、基建等中游产业为主（图 4）；增速上，下游产业增速高于中游产业，中游产业高于下游产业，总体来看呈现出向中下游转移的趋势。合芜蚌三市在全省的产业优化升级趋势中率先表现出现代产业特征，中下游产业占比较全省优势性更显著，都在 85% 左右，而且发展增速也更高。结合合芜蚌三市在安徽省 GDP 的高占比，我们认为以合芜蚌区域为代表的现代产业体系的建立将引领全省的发展（图 5、图 6、图 7、图 8、图 9、图 10）。

目前安徽省共有 103 家上市公司，其中合肥市有 44 家，呈现一城独大，芜湖市有 13 家，仅合肥芜湖就已占据了省内上市公司半壁江山，合芜蚌三地合计上市公司 60 家。从三市上市公司分布情况来看，主要集中在中下游，中游占 45%，多为制造业企业，下游占 35%，符合合芜蚌地区现代产业发展特点（图 11）。

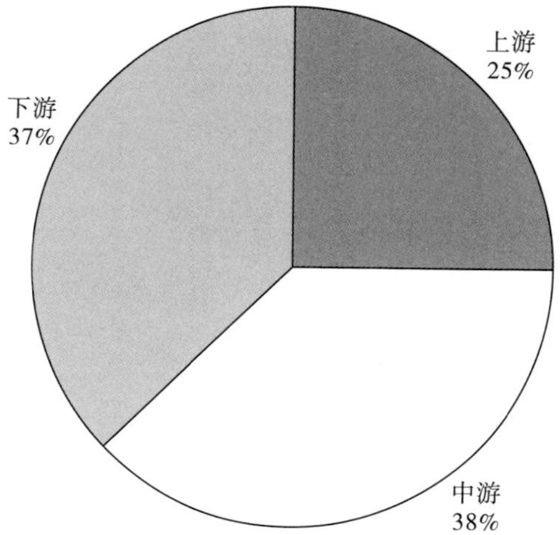

图 4　安徽省 2016 年产业分布情况

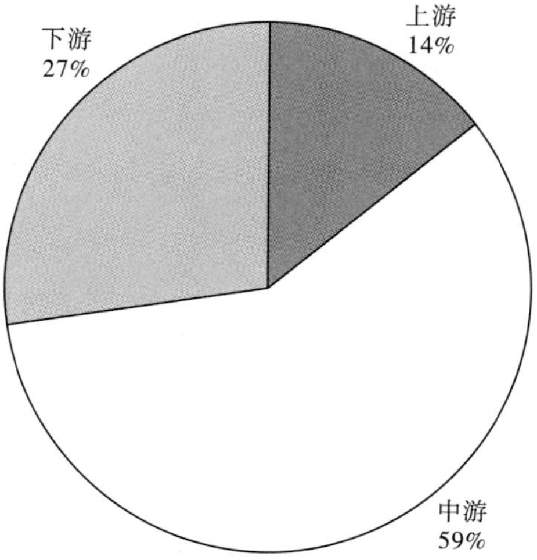

图 5　合肥市 2016 年产业分布情况

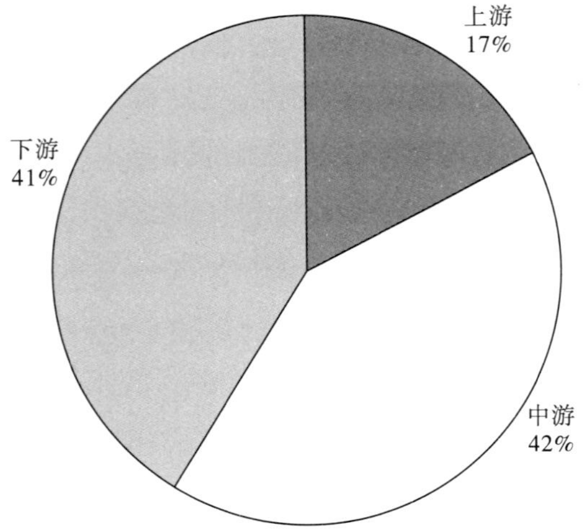

图 6　芜湖市 2016 年产业分布情况

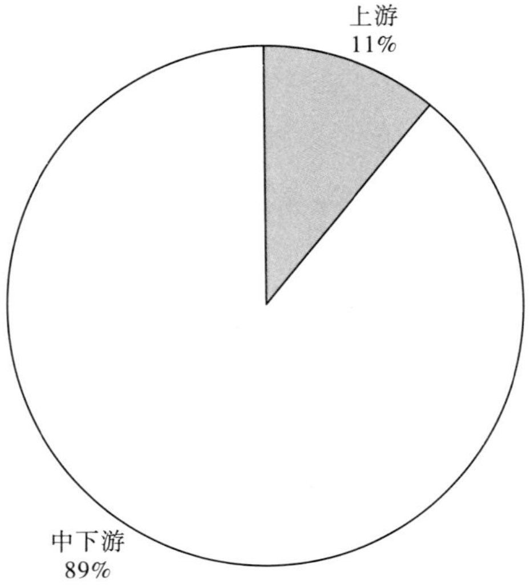

图 7　蚌埠市 2016 年产业分布情况

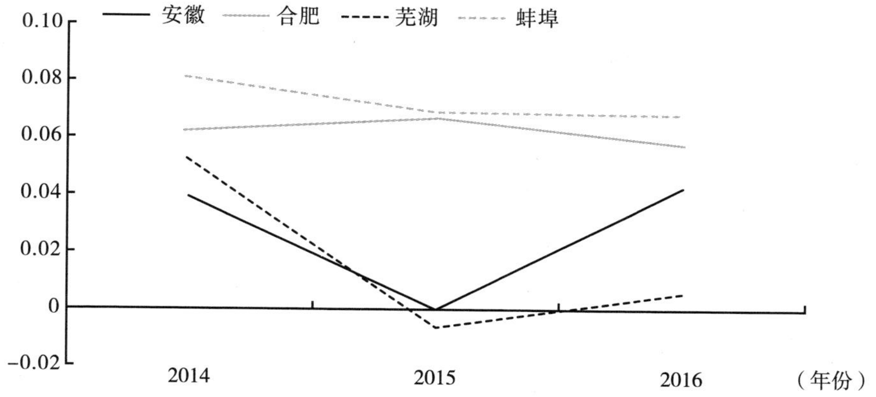

图 8　上游产业增长情况

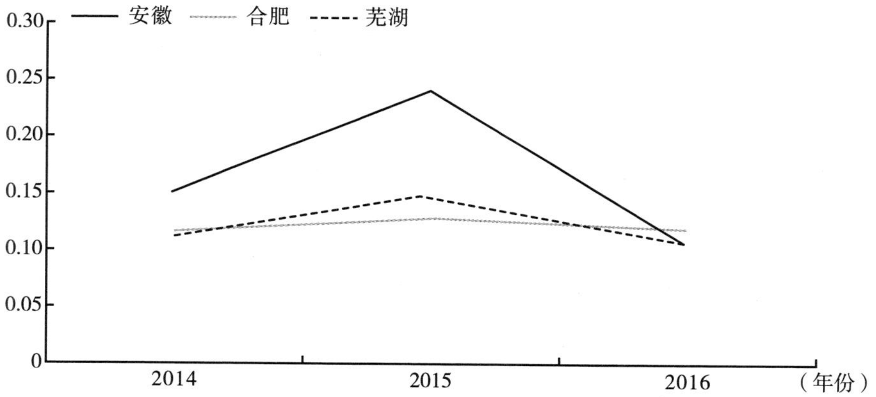

图 9　中游产业增长情况

（二）合芜蚌产业集群竞争力评价

1. 产业竞争力评价

通过对合芜蚌地区行业的整理，我们发现了部分行业朝着产业集群化发展的态势。结合合肥、芜湖、蚌埠三市战略新兴产业和已有的传统产业，我们将合芜蚌部分产业划分出 17 个产业集群，主要聚焦在制造业和生产性服务业（见图 12）。

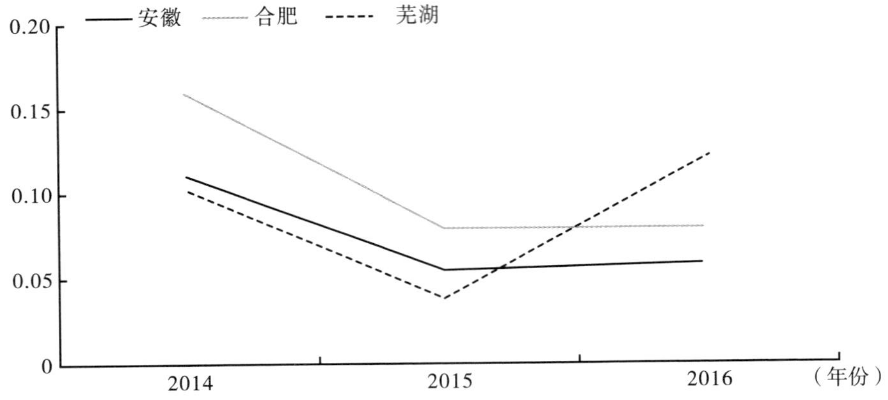

图 10　下游产业增长情况

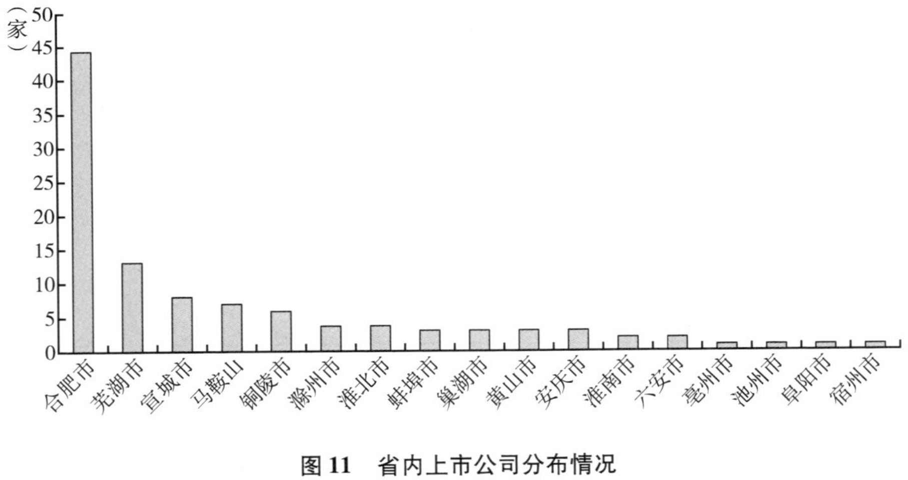

图 11　省内上市公司分布情况

从产业链上下游来看，合肥拥有最大规模的产业集群分布，总数达到 11 个，产业链分布比较完整，上中下游均有涉及，其中，中下游产业集群结构较为发达，总数分别为 4 个、6 个，也侧面印证了合肥市是以工业立市，正加大拓展第三产业的特征。相比较而言，芜湖市和蚌埠市的产业集群发展相对弱势不少。就芜湖市而言，共形成了 5 个产业集群，上中下游均有涉及，虽然数量不及合肥，但总体产业链结构较为完善。其中上游 2 个，中

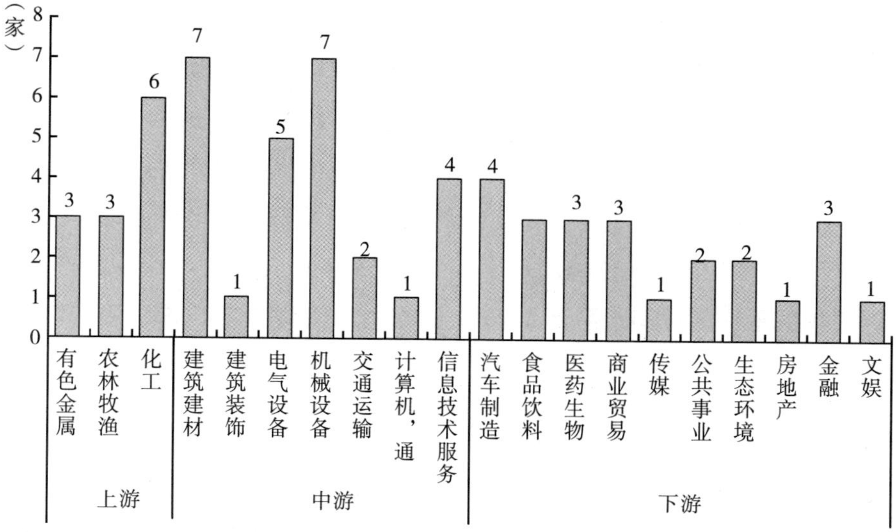

图 12　合芜蚌上市公司分布情况

游 2 个，下游 1 个。就蚌埠市而言，只形成了以玻璃制造为代表的硅基产业集群，产业结构较为单一（表 3）。

表 3　合芜蚌产业集群上下游分布情况

	合肥	芜湖	蚌埠
上游	现代化工产业集群	有色金属产业集群	
		化工产业集群	
中游	新能源产业集群	新型显示产业集群	硅基产业集群
	建筑建材家装产业集群	建材产业集群	
	现代装备制造产业集群		
	家电产业集群		
下游	汽车及零部件产业集群	汽车产业集群	
	医药生物集群		
	新型显示产业集群		
	新一代信息技术产业集群		
	节能环保产业集群		
	创意文化产业集群		

城市行业集聚情况是产业集群的形成和发展的基石。我们分别对合芜蚌地区各个产业集群的行业区位熵进行测度，窥探目前行业发展状况及比较优势。总体来看，多数产业集群具备一定的行业区位熵优势。

就合肥而言，中游产业集群所在的行业区位熵优势比较明显，4 个产业集群 2016 年区位熵均超过了 1，其中新能源产业集群和家电产业集群的这 2 大产业集群的 2016 年区位熵超过了 1.5（见表 4）。此外，4 个中游产业集群近三年的平均区位熵水平和 2016 年的相仿，说明了近年来均保持了省内较高的发展水平。合肥的上游产业集群相对较弱，只有现代化工产业集群一家，且 2016 年的区位熵水平只有 0.82，处于相对劣势地位。合肥的下游产业集群发展水平不一，具备显著优势的产业集群有两个，分别是新型显示产业集群和新一代信息技术产业集群，2016 年的区位熵规模分别是 2.3 和 1.9。具备优势的行业集群有 1 个，即汽车及零部件产业集群，2016 年的区位熵为 1.32。处于劣势地位的产业集群占到有 3 个，占到合肥市下游产业集群的一半。其中医药生物产业集群的 2016 年区位熵只有 0.23，显著低于其他产业集群。

就芜湖而言，上游的有色金属产业集群所在行业 2016 年区位熵达到 1.17，具有优势地位；而另一个上游产业集群—化工产业集群，2016 年的区位熵为 0.57，处于弱势地位。中游产业链的 2 个产业集群呈现类似格局，新型显示产业集群 2016 年的区位熵水平为 1.65，达到了显著优势水平，且高于近三年平均值 1.21，反映出了近年来优势不断提升。下游中，汽车产业集群的优势地位最为突出，其所在的行业 2016 年的区位熵水平达到 4.03，显著高于芜湖市其他产业集群水平，且 2016 年水平高于近三年的区位熵 3.65 的水平，侧面反映了芜湖汽车产业集群的比较优势近年来愈发显著。就蚌埠而言，仅有的硅基产业集群优势非常显著，所在的行业区位熵 2017 年达到了 8.40，近三年的平均水平为 8.52。

2. 城市竞争力评价

（1）金融与科研服务

金融服务起到了所在城市产业集群和资本的黏合剂的作用，大学及科研

表4　合芜蚌产业集群区位熵情况

城市		产业集群	分布行业	区位熵（2016年）	区位熵（近三年平均）
合肥	上游	现代化工产业集群	化工	0.82	0.81
	中游	新能源产业集群	电气设备	1.64	1.72
		建筑建材家装产业集群	建筑建材、建筑装饰、房地产	1.12	1.16
		现代装备制造产业集群	机械设备	1.12	1.16
		家电产业集群	电气设备	1.64	1.72
	下游	汽车及零部件产业集群	汽车制造	1.32	1.32
		医药生物集群	医药生物	0.23	0.27
		新型显示产业集群	计算机、通信、电子制造	2.30	2.42
		新一代信息技术产业集群	信息技术服务、计算机、通信、电子制造	1.90	2.02
		节能环保产业集群	公共事业、生态环境	0.65	0.68
		创意文化产业集群	传媒	0.66	0.74
芜湖	上游	有色金属产业集群	有色金属	1.17	1.18
		化工产业集群	化工	0.57	0.57
	中游	新型显示产业集群	计算机、通信、电子制造	1.65	1.21
		建材产业集群	建筑建材	0.73	0.74
	下游	汽车产业集群	汽车制造	4.03	3.65
蚌埠	中游	硅基产业集群	建筑建材	8.40	8.52

机构的综合能力体现了所在城市后续发展的潜力。国民经济统计中的范围中，包含了金融和科研服务，其所代表的增加值，一定程度上体现了整个城市在金融和科研方面的实力。所以我们试图通过对比区位熵来判断城市在金融和科研服务的综合实力。合肥市和芜湖市是考察的两个重点城市，原因是：①产业集群发展现状因素。合肥市和芜湖市是相对来说是产业集群发展较为全面、分布范围较广的城市；②样本因素。蚌埠市的金融和科研服务数据未在其统计年鉴中详细列出。

整体来看，合肥在金融和科研服务方面具有非常明显的优势。就合肥而言，金融业的区位熵虽有下滑趋势，但总体上保持在1以上水平，始终保持行业区位优势（见图13）；科研服务方面优势更加明显，常年保持在2.3以上，虽然2016年有所下滑，但仍具备非常显著的区位熵优势（见图14）。就芜湖而言，两者均没有区位熵优势，但我们也可以看到，芜湖在最近6年中，区位熵水平在缓慢提升，呈现整体向好的发展态势。其中，金融业区位熵在2016年已经达到0.96，已经贴近安徽省整体发展水平。

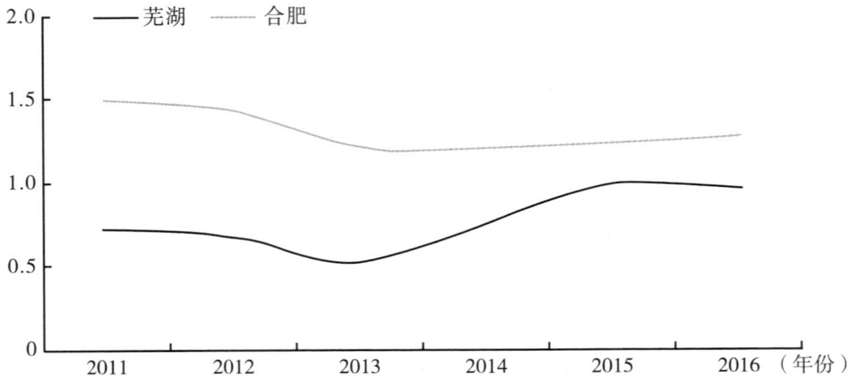

图13　合肥芜湖金融区位熵情况

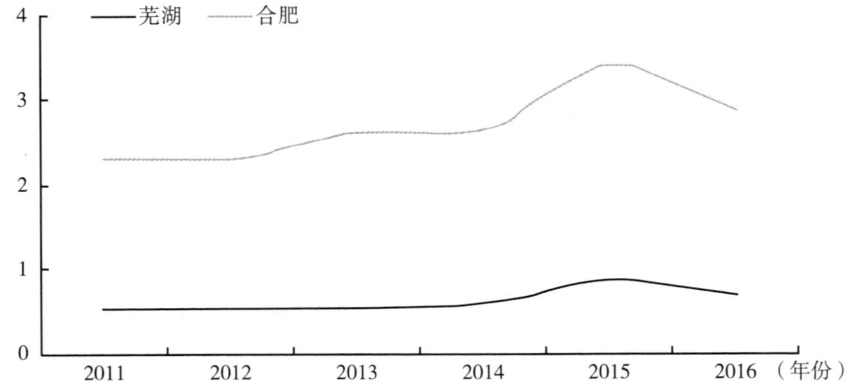

图14　合肥芜湖科研服务区位熵情况

（2）交通发展

从公路里程来看，芜湖市和蚌埠市总体体量相当，合肥市无论在公路总里程方面还是高速公路方面都具有明显优势。具体来看，截至 2016 年，合肥市共有公路里程共计 18860 公里，占到安徽省总里程数的 10.09%，其中高速公路 443 公里，占到安徽省总里程数的 10.42%。而芜湖市和蚌埠市的公路总里程数分别为 10898、8813 公里，分别占到安徽省总里程数的 5.83%、4.71%，其中高速公路分别 191 和 195 公里，分别占到安徽省总里程的 4.49%、4.35%。芜湖市和蚌埠市的体量只有合肥市的一半左右。

从高铁来看，合肥市在高铁建设方面近年来突飞猛进。蚌埠市被誉为“火车拉来的城市”，是华东地区铁路铁路运输网的重要节点，火车对蚌埠市的重要性不言而喻。但近年来逐渐被合肥市所超越。就目前合肥市规划而言，以合福线、合蚌线、沪汉蓉线、商杭线、合西线及宁西线、合九线、淮南线等铁路干线为骨架，衔接北京、上海、杭州、福州、西安、成都、九江、商丘等八个方向，形成“米”字型铁路网总体格。芜湖市在高铁方面相对较弱，目前只开通了沿江高铁线，和省内其他主要城市连接仍以普铁为主。

从港口来看，合肥市、芜湖市、蚌埠市水系均较发达，分别拥抱巢湖、长江、淮河，但以芜湖为尊。芜湖市是沿江重要的港口城市，是东部沿海经济发达城市和西部内陆城市的结合部，在长江水运体系中，芜湖市港位列第五大港，是安徽省内最大的货运、外贸、集装箱中转港，此外芜湖市还有裕溪口港，是安徽省最大的内陆煤港。

从机场来看，合肥市拥有最大优势。自合肥机场由骆岗机场搬迁至新桥机场后，客运人流量和货运吞吐量均实现了翻倍增长。作为安徽第二大城市的芜湖，民航方面主要依靠南京禄口国际机场，自身的湾里机场属军用机场；蚌埠的仁和集机场是军民两用机场，2014 年才开通了民航支线。相对来说，合肥市与芜湖市、蚌埠市相比，拉开了较大差距。

综上所述，我们认为合肥市在交通方面是全面、立体的，除了芜湖市在港口航道方面因背靠长江具有较大优势外，其他都显著落后于合肥市（见

表5)。合肥市作为安徽省省会，定位国家交通枢纽城市，已经建立以新桥机场、合肥港以及主要铁路、公路客货运站场为枢纽，以干线铁路、高等级干线公路、合裕航道为骨架的综合、立体的交通运输体系。

表5 交通发展状况测评

城市	公路	高铁	港口	机场	综合评价
合肥	★★★	★★★	★	★★★	★★★
芜湖	★★	★	★★★	★	★★
蚌埠	★★	★★	★★	★	★★

3. 辅助要素竞争力评价

产业集群离不开区域产业结构发展的调整。总体来看，合肥市居皖之中部，地处华东、江淮之间，环抱巢湖；芜湖市乃近代“四大米市”之首，长江巨埠、皖之中坚，蚌埠市有“火车拉来的城市”之称，淮上明珠之城。蚌埠市、合肥市、芜湖市分别位于在安徽省的北、中、南，分布贯穿安徽省南北。

安徽省的区域协调发展整体思路是积极深化与沪苏浙沿海发达地区的一体化发展，协同推进科技创新和产业分工合作，以一圈一带三区的建设带动全省经济的协同发展。细化来看，合肥市作为安徽省省会城市，目前已经形成了合肥都市圈，是长三角城市群中新兴的都市圈，也是长江经济带中创新驱动的重要聚集区、全国重要的现代产业基地。芜湖市作为皖江城市带双核之一，积极参与泛长三角地区发展分工，主动承接产业转移，构建现在产业体系，培育现代产业集群。

我们认为合芜蚌地区产业集群的总体发展方向是朝着以创新为主的现代产业集群发展。合肥市作为安徽省省会，长三角城市群副中心城市，也是全国重要的科研教育基地、全国性综合交通枢纽、全国重要的现代制造业基地。合肥市未来将会突出呈现产业转移的特色和示范作用，促进产业升级和创新，发挥以合肥为核心带动作用。同时，增强区域产业聚集和辐射能力，形成合肥市与皖北、沿江城市群协同发展的体系。

（三）合芜蚌上市公司竞争力评价

根据本报告搭建的上市公司竞争力评价体系，我们对合芜蚌三地 60 家上市公司进行打分，结果显示 50% 的公司处于中等水平，34% 的公司竞争力较全国其他上市公司表现较强，16% 的公司缺乏竞争力。总体来看，合芜蚌缺少优秀的公司，大部分公司处于行业中等水平。具体来看，合肥竞争力得分 70 分以上的公司占合芜蚌地区的 65%，构筑了合芜蚌地区上市公司强竞争力主力军；但从地区竞争力分布来看，合肥市竞争力得分在 70 分以上的公司占全市的 30%，低于三市平均水平，得分低于 50 分以下的 18%，高于三市平均水平，中庸型公司较多，反映出合肥上市公司整体缺乏竞争力。芜湖市竞争力得分在 70 分以上占比 46%，高于合芜蚌地区整体水平，整体竞争力较合肥市略强（见图 15）。

我们沿用前文对产业集群的划分的 17 个产业集群，剔除没有上市公司分布的，共有 16 个上市公司产业集群。从表 6 中可以看出，这 16 个上市公司产业集群囊括了 44 家上市公司，优秀企业共 4 家，良好企业共 14 家，中等企业 21 家，竞争力偏差的企业共有 6 家。竞争力较强的上市公司（得分

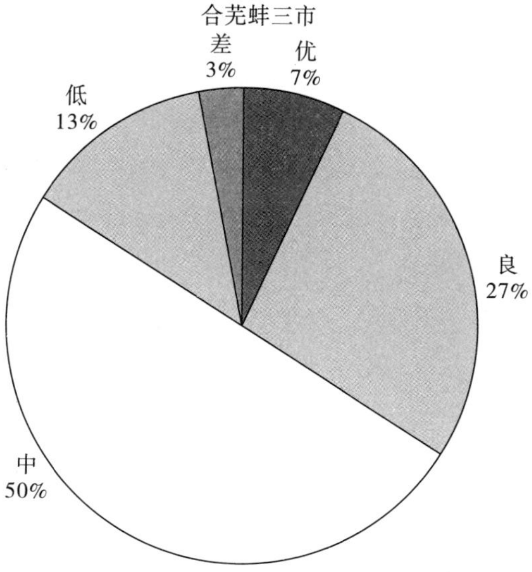

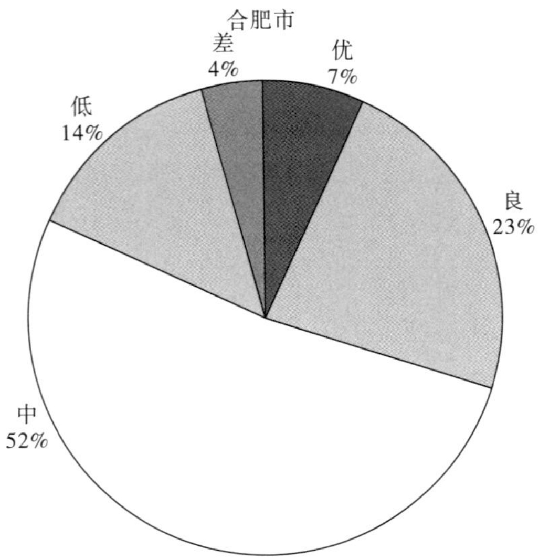
合肥市
差
4%
优
7%
低
14%
良
23%
中
52%

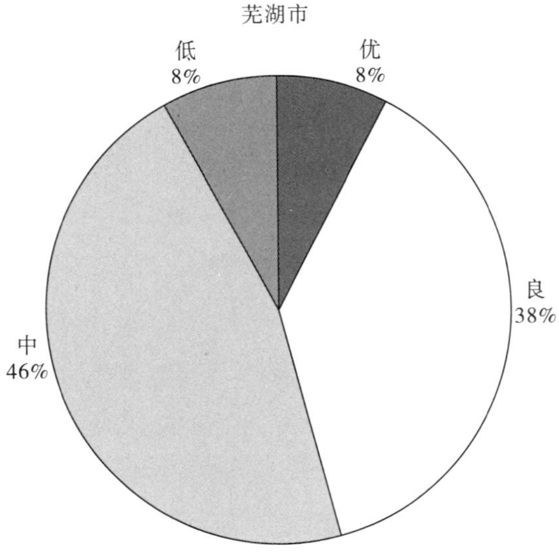
芜湖市
低
8%
优
8%
良
38%
中
46%

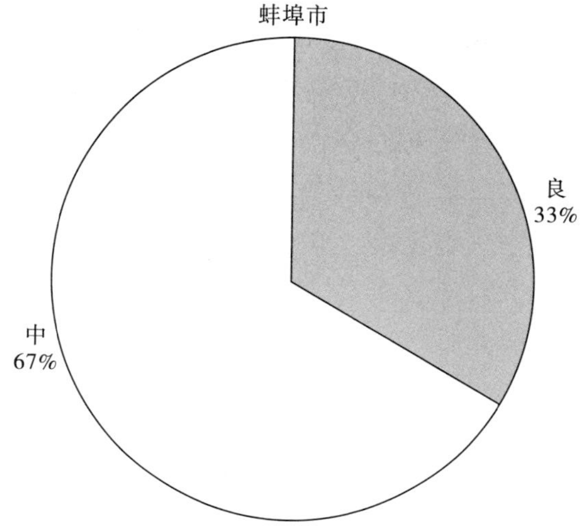

图 15　合芜蚌上市公司竞争力情况

在 70 以上），合肥市有 12 家，占到整个区域的 2/3，芜湖市 5 家，蚌埠市 1 家。

产业分布来看，合肥上市公司中布局的战略性新兴产业更为齐全，包括新能源、医药生物、新一代信息技术、节能环保、现代装备制造，初步形成了以战略新兴产业为先导的现代产业体系，而芜湖市和蚌埠市的上市公司以其传统产业为主。合肥市竞争力较强的上市公司集群有新能源产业、医药生物和现代装备制造，节能环保、新一代信息技术表现一般；传统产业家电产业竞争力低于全国水平，建筑建材家装产业虽然有优秀公司，但整体竞争力水平一般，化工和汽车及零部件产业严重缺乏有竞争力的企业。芜湖市传统产业竞争力较强，其中海螺水泥得分 90 彰显了在全国建材市场的超强竞争优势，有色金属显示出一定的竞争力，但化工及汽车产业一般，布局战略新兴产业的上市公司少。蚌埠市上市公司少，但以凯盛科技一枝独秀，集中发展在硅基新材料方面的竞争优势。

从评价体系的盈利能力、资产质量、债务风险、经营增长四个角度分开分析：合肥战略新兴产业在盈利能力方面都显著高于汽车、家电、化工等传

表 6　合芜蚌部分上市公司按产业划分竞争力情况

地区	产业	> =85	> =70，<85	> =50，<70	> =40，<50	<40	平均得分	评级
合肥	新能源产业		1				79.08	良
	汽车及零部件产业			2		1	53.90	中
	医药生物	1	1	1			77.84	良
	建筑建材家装	1	1	2	2		62.49	中
	新一代信息技术		1	2			61.99	中
	节能环保产业		2	2			69.43	中
	现代装备制造	1	3	3			71.39	良
	现代化工			3	1		51.44	中
	家电产业				2		45.22	低
	创意文化产业			2			58.37	中
芜湖	有色金属产业		2	1			76.13	良
	化工产业			2			63.26	中
	汽车产业		1	1			68.99	中
	新型显示产业		1				72.54	良
	建材产业	1					90.07	优
蚌埠	硅基新材料产业		1				75.55	良

统行业，其中新能源产业、医药生物和现代装备制造显著超过平均水平，传统产业方面建筑行业盈利能力一改传统产业盈利低迷的状态，高于平均水平。资产质量方面，新能源、节能环保、现代装备制造、创意文化都高于平均水平，传统产业的资产质量普遍较差。债务风险方面，合肥市上市公司产业集群整体竞争力弱，平均得分刚到满分的一半，细分来看，战略新兴产业表现优于传统产业，而传统产业中汽车、家电行业得分过低。经营增长方面，医药生物得分接近满分，显示出在全国医药生物领域的强竞争力，此外新能源产业得分也较高，与传统产业相比，整个新兴产业都表现出强劲的增

长势头。整体来看，合肥市上市公司中，战略新兴产业竞争力都强于传统产业，其中除了新能源、医药生物、现代装备制造产业整体竞争力较强外，节能环保、建筑、信息技术在四项能力测试上可圈可点，有望成为潜在竞争力较强的上市公司产业集群（见图16）。

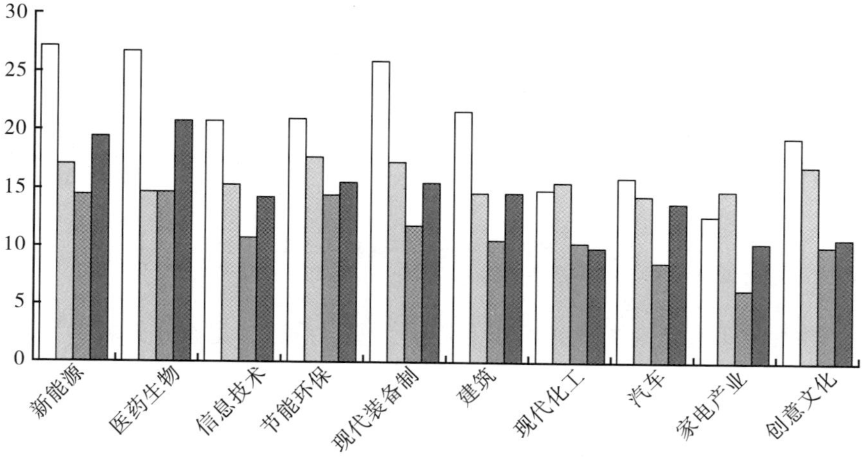

图16　合肥上市公司产业集群竞争力情况

芜湖市上市公司中，海螺水泥的盈利能力在全国建材行业中居前，其次是有色金属行业和汽车行业，传统产业盈利能力较新兴行业依然表现强劲（见图17）。经营增长方面，汽车产业增长竞争力较强，其次是有色金属，而长信科技代表的新兴产业不及大部分传统产业。资产质量上，化工和汽车较弱，其他上市公司表现都较强。债务风险方面，汽车产业风险较大，而建材产业风险较小，其他产业表现一般。整体来看，芜湖市的传统产业竞争力较强，除了建材和有色金属，汽车产业具有竞争力提升的潜力，而相对孤立的新型显示行业在全国表现较强，但增长能力偏弱，有待加强。

总体来看，合肥市以新能源、医药生物、现代装备制造新兴产业为主的上市公司拥有较强的竞争力，节能环保、建筑建材以及新一代信息技术的上市公司具有潜在竞争力，初步形成了以战略性新兴产业为先导的现代产业体

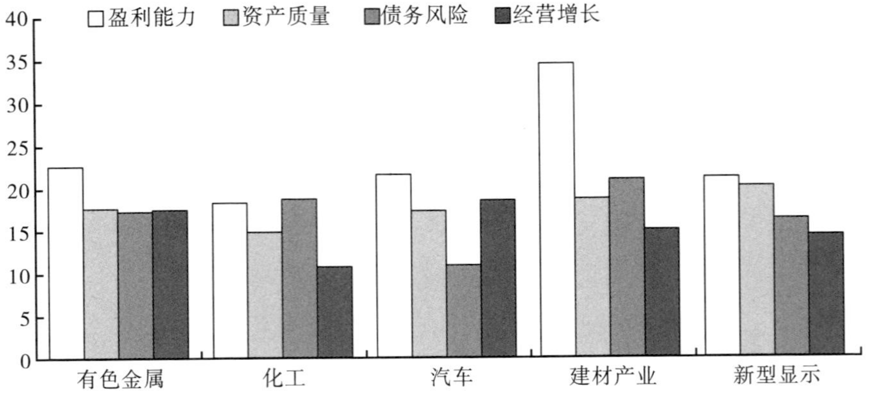

图 17　芜湖上市公司产业集群竞争力情况

系，相比之下化工、家电、汽车等传统产业上市公司竞争力偏弱。芜湖市拥有较强竞争实力的上市公司主要分布在建材、有色金属和新型显示产业，汽车领域的上市公司拥有潜在竞争力，而化工竞争力偏弱。蚌埠市的凯盛科技拥有较强竞争力。

（四）合芜蚌产业集群与上市公司契合度分析与评价

上市公司是拥抱资本市场最为的活跃的企业，发展壮大，打造成为产业集群优秀名片，带动这个产业集群的提升。相应地，上市公司做大做强也离不开整个产业集群的支持，两者相辅相成，所以我们试图通过对比产业集群的整体发展状态和该产业集群上市公司的发展情况，窥探两者发展的契合度。

结论一：产业集群与上市公司实现一一对应

通过我们的整理可以发现，在已经形成规模的产业集群中，除了新型显示以外，所有的产业集群孕育出了1家以上本地上市公司，大部分的产业集群都对应的1～3家不等的上市公司，这都彰显出了合芜蚌地区产业集群强大的吸引力（见图18）。就合肥市而言，现在装备制造产业集群和建筑建材家装产业集群涉及数量最多的上市公司，也是合芜蚌地区产业集群中拥有最多上市公司的，分别有7家和6家上市公司。就芜湖市而言，上游的有色金属产业集孕育出的企业最多，达到3家。合肥市的新型显示是唯一没有对应的省内上市公司的产业集群，其主要原因是该产业在合肥的发展是通过从外引进以京东方为代表的公司实现的从无到有，目前已经逐步走向了世界之巅。由此可见，合芜蚌地区产业集群拥有极强的孕育和培养本地上市公司的能力。

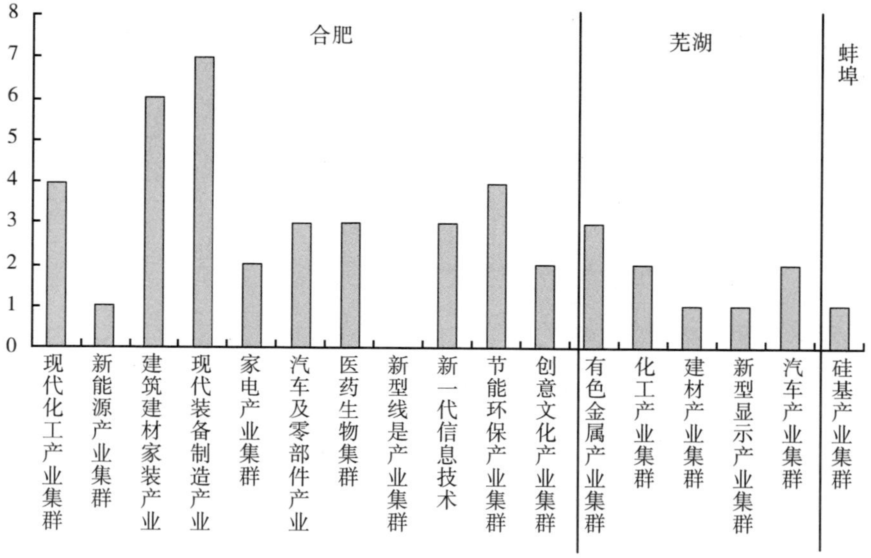

图18　合芜蚌地区产业集群上市公司数量统计

结论二：产业集群与上市公司相辅相成，优势产业集群有望孕育出优质上市公司，优质上市公司有望带动优势产业集群的形成

通过合芜蚌产业集群竞争力评价结果可以看出，2016年的区位熵水平和近三年平均水平差别不大，所以我们用2016年的区位熵水平来衡量该产业集群是否处于优势地位。整体来看，绝大部分产业集群所涉及的上市公司都处于中以上评级，但我们同时也发现了产业集群的优劣程度和上市公司的竞争力水平并没有显著的正相关关系。我们下面就显著优势产业集群、优势产业集群以及劣势产业集群与对应的上市公司竞争力情况做对比分析。

就显著优势产业集群而言，共有6个产业集群，涉及10家本土上市公司。其中，有3个显著优势产业集群中的上市公司竞争力为良好评级，占到一半，有2个显著优势的产业集群中的上市公司竞争力评级为中等评级，初步呈现了“强产业集群－强上市公司”特征（见表7）。但我们也看到这一关系并不是恒定的。例如合肥市的家电产业集群中的2家上市公司，竞争力明显偏弱，呈现出了“强产业集群－弱上市公司”格局，形成了一定的错配现象。

表7 显著优势产业集群契合度分析

类别	城市	产业集群评价	产业链位置	区位熵	上市公司家数	上市公司竞争力水平
显著优势产业集群	合肥	新能源产业集群	中游	1.64	1	良
		家电产业集群	中游	1.64	2	低
		新型显示产业集群	下游	2.30		
		新一代信息技术产业集群	下游	1.90	3	中
	芜湖	新型显示产业集群	下游	1.65	1	良
		汽车产业集群	下游	4.03	2	中
	蚌埠	硅基产业集群	中游	8.40	1	良
优势产业集群	合肥	建筑建材家装产业集群	中游	1.12	6	中
		现代装备制造产业集群	中游	1.12	7	良
		汽车及零部件产业集群	下游	1.32	3	中
	芜湖	有色金属产业集群	上游	1.17	3	良
劣势产业集群	合肥	现代化工产业集群	上游	0.82	4	中
		医药生物集群	下游	0.23	3	良
		节能环保产业集群	下游	0.65	4	中
		创意文化产业集群	下游	0.66	2	中
	芜湖	化工产业集群	上游	0.57	2	中
		建材产业集群	中游	0.73	1	优

就优势产业集群而言，涉及19家本土上市公司，相较于显著优势和劣势产业集群，数量最多。其中，合肥市的建筑建材家装产业集群和汽车及零部件产业集群中的上市公司竞争力水平为中等评级，合肥市的现代装备制造

产业集群和芜湖市的有色金属产业集群中的上市公司竞争力水平为良好评级，总体呈现中、良各半的格局。

就劣势产业集群而言，合肥最多，共有4个产业集群，以下游居多，涉及16家本土上市公司，高于显著优势的产业集群中的数量。4个劣势产业集群中的上市公司竞争力评价为中，占比超过一半。初步呈现了一定的“弱产业集群－弱上市公司”格局，但这并不是恒定的，例如，合肥市的医药生物产业集群的16年的区位熵为0.23，处在明显偏低位置，其拥有3家上市公司，其竞争力水平为良。芜湖市的建材产业集群也是如此。其区位熵水平为0.73，虽然仅有一家上市公司，但其竞争力极强，评级为优秀，是唯一一个拥有竞争力评级为优秀的产业集群。

我们进一步回顾2011～2016年产业集群的区位熵以及对应上市公司上市时间，来分析产业集群与上市公司之间的关联关系。在“强产业集群－强上市公司”与“弱产业集群－强上市公司”组合中，我们发现存在一定的关联关系，但并不是一一对等关系，部分产业集群存在一定的错配现象。例如合肥的新能源产业集群和现代装备制造产业集群，在早期就已形成较强的区位优势，在后期培育出了如阳光电源、美亚光电、泰禾光电等有一定竞争力的本地公司上市（见图19）。而以合肥的医药生物产业集群和芜湖的建材产业集群为例，虽然其产业集群区位优势并不明显，但是对应的上市公司拥有较强的竞争力，按照前文对产业集群形成过程的分析，有望以这些上市公司为中心逐步吸引同类企业及产业链相关企业的进入，进而形成有较强区位优势的产业集群。

结论三：优势产业集群吸引外来优质上市公司，外来优质上市公司带动产业集群发展

我们列举部分产业集群合芜蚌地区上市公司和驻扎的其他知名上市公司情况。基本上具有显著优势的产业集群，具备本土上市公司和外来的优质企业，这也侧面说明了在孕育本土上市企业的同时，也吸引了外来优质企业来做大做强产业集群，两者相互促进强化了整个产业优势。例如，合肥市的建筑建材家装产业集群，不仅合肥6家上市公司，还有来自蚌埠的安徽水利、

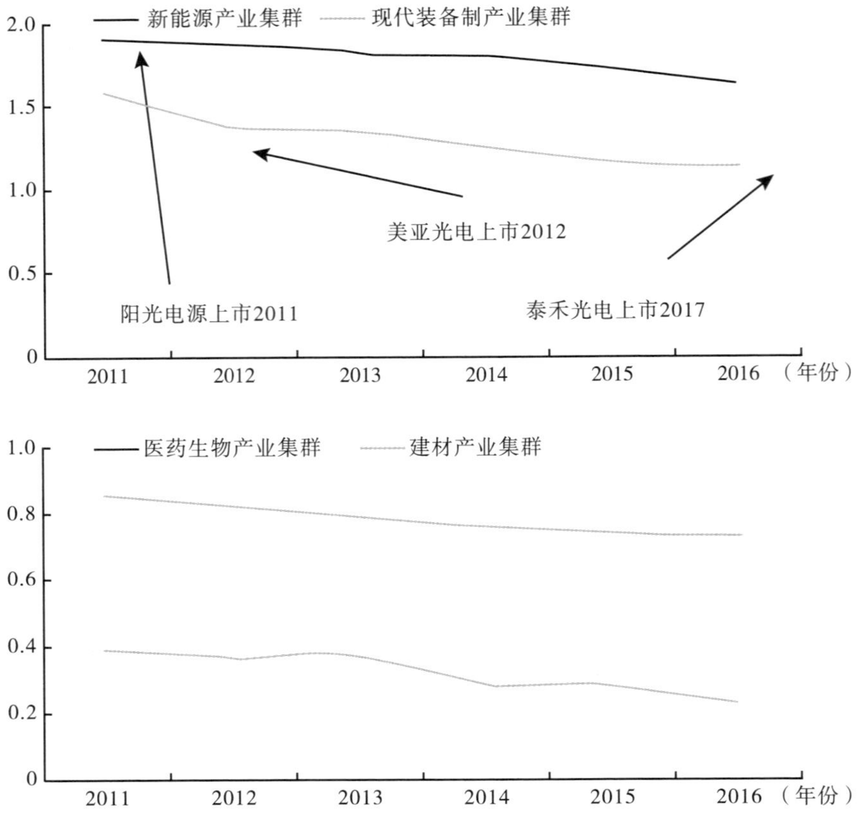

图 19　部分“强产业集群 – 强上市公司”与“弱产业集群 – 强上市公司”回顾

安徽建工企业，体现了一定产业区域协调性以及联动发展效应。不过有时外来企业的进入也是一把双刃剑，例如合肥市的家电产业集群，自身区位熵优势显著，产业集群发展根基很深，但已经上市的惠而浦和美菱电器的竞争力水平表现并不如人意。

虽然大部分上市公司的雁阵效应显著，并非所有的产业集群都是如此。例如芜湖市的汽车及零部件产业集群，芜湖市最大企业奇瑞汽车并没有选择上市，但所带动的地区产业集群的区位熵优势同样显著。又如合肥市的新型显示产业集群，引入的京东方带动了合肥新型显示产业集群的发展。虽然引进来的企业带动了该产业集群的发展，把区位熵水平推向了显著优势的水平，但目前还没有孕育出新的上市公司（见表8）。

表8　合肥芜湖部分产业集群契合度分析

城市	产业集群	分布行业	区位熵（2016年）	本地上市公司	其他地区知名公司
合肥	新型显示产业集群	计算机、通讯、电子制造	2.3		京东方
合肥	家电产业集群	电气设备	1.64	惠而浦、美菱电器	惠科 合肥凌达 TCL 晶弘电器
合肥	新能源产业集群	电气设备	1.64	阳光电源	国轩高科 中航工业合肥 恒宇新能源 通威太阳能
合肥	汽车及零部件产业集群	汽车制造	1.32	江淮汽车、安凯客车 常青股份	长安汽车 上海松芝车用制冷设备 新港轻卡 恒信汽车零部件
合肥	建筑建材家装产业集群	建筑建材、建筑装饰、房地产	1.12	东华科技、鸿路钢构 富煌钢构、设计总院 志邦股份、合肥城建	安徽水利 中建国际 安徽建工
合肥	现代装备制造产业集群	机械设备	1.12	美亚光电、国机通用 安徽合力、四创电子 合锻智能、应流股份 泰禾光电	日立建机 东昇
合肥	现代化工产业集群	化工	0.82	辉隆股份、安利股份 皖维高新、国风塑业	中盐红四方 大陆马牌轮胎 新中远、联合利华
芜湖	汽车产业集群	汽车制造	4.03	亚夏汽车、伯特利	奇瑞汽车

三　上市公司与产业集群案例分析

通过前文的结论，我们可以发现安徽省内产业集群的强弱与上市公司竞争力强弱的关系并非一一对应，存在一定的错配关系，这需要一定的政府引导和企业带动；此外积极引入外来优势企业对拉动本省产业集群及省内上市公司的发展有着积极的作用。本报告首先选择了新型显示产业集群来分析引入外省优质企业拉动本省产业集群发展，然后通过分析新能源产业集群来展示本身优势本身“强上市公司－强产业集群”作用下，吸纳外省资源，继续做大做强产业集群，最后通过合肥医药产业集群来剖析强上市公司拉动弱产业集群，并为政府、企业、投资者形成一定的参考。

（一）合肥京东方与新型显示产业集群关系案例分析

近年来，全球显示产业链发展迅猛，下游需求增长主要表现在智能手机、车载显示、公共显示及大尺寸显示屏等方面，新型显示产业链在我国越发受到投资者的青睐，合肥市政府也从中看到了城市发展的契机。2006 年，合肥市政府明确了新型显示产业链的发展战略，随即将新站区定位为新型工业化新区，其中标志性事件是 2008 年引入京东方液晶显示器件生产线项目。2008 年 10 月，合肥京东方成立，2010 年 11 月，合肥京东方光电科技实现液晶面板 6 代线实现量产。公司 2012 年实现净利润 1.24 亿元，2017 年 14.69 亿元，年复合增长率超过 60%（见表 9）。

表 9　京东方与合肥市合作发展的过程

时间	具体内容
2006 年 4 月	孙金龙书记会见京东方前独立董事张百哲教授一行，提出了欢迎包括京东方在内的投资者来合肥建设液晶显示项目
2008 年 3 月	吴存荣市长一行到京东方参观考察，向京东方董事长王东升表示合肥愿与京东方加强合作，希望将合肥纳入其未来发展规划

续表

时间	具体内容
2008 年 10 月	合肥京东方光电科技有限公司正式成立
2009 年 4 月	国内首条 6 代液晶面板线在合肥正式动工，成为国家《电子信息产业振兴计划》出台后首个开工建设的大型项目
2010 年 9 月	合肥京东方光电科技有限公司获得 2 亿元的中央补助资金，表明了国家队合肥打造新型平板显示产业基地的持续支撑
2010 年 11 月	合肥京东方液晶显示屏 6 代线实现量产，预计产能可达 1500 万片/年
2013 年 12 月	京东方 8.5 代液晶面板线投入建设，是国内首条"金属氧化物"半导体液晶面板生产线，投资达 285 亿元
2015 年 12 月	京东方合肥 10.5 代线开工建设，成为全球最高世代线，投资达 400 亿元

京东方作为合肥市引进的战略合作企业，为合肥市后来形成的新型显示产业集群奠定了基础。京东方作为国内显示行业的领军企业，1993 年 4 月 9 日在北京成立，总部位于北京。公司第一大股东是北京国有资本经营管理中心，实际控制人是北京市国资委。公司的主营业务包括显示器件业务、智慧系统业务、健康服务业务，其中显示器件业务一直是公司最核心的主营，2017 年单项业务实现营收 826.36 亿元，占总营收比例达到 88.10%。近年来京东方营收水平一直保持高速增长态势，盈利水平受到行业竞争加剧影响虽有所波动，但整体上行趋势不改，2017 年实现归母净利润 75.68 亿元，同比大幅增长 301.99%，行业龙头地位尽显。

围绕着合肥京东方光电科技，合肥市新站区在新型显示上下游布局力度明显加码。2013 年，合芜蚌新型显示产业被国家批准为战略性新兴产业区域集聚发展试点；2015 年，新站区新型显示产业获批全省首批战略性新兴产业集聚发展基地；2017 年合肥新型显示基地实现产值 532.2 亿元，同比增长 20.1%，连续三年保持 20% 以上增速。截至 2017 年末，新站区新型显示产业基地从业企业达到 75 家，其中上市公司 9 家，累计投资项目超过 110 个，已完成投资超过 1350 亿元，建成一条 6 代线、一条 8.5 代线、一条 OGS 触摸屏生产线以及全球首条 10.5 代线。

合肥市的“十三五”规划中从显示面板、显示产业链、新兴显示技术等方面对新型显示产业明确提出了发展要求，将按照“培育龙头项企业—引进大项目—完善产业链—培育产业集群—打造产业基地”的思路推进新站区显示产业的发展（见表10）。

表10　合肥市“十三五”规划中关于新型显示产业的内容

战略安排	主要内容
目标	以新站高新区为核心，做好新型显示国家战略性新兴产业区域集聚发展试点建设，打造创新能力行业领先、产业链相对完备的世界级新型显示产业集群。到2020年，产值突破2000亿元
显示面板方面	新型显示产业基地将推动完善京东方“6代+8.5代+10.5代”面板生产线布局，到2020年，面板年产能达2700万平方米，规模位居国内第一
全产业链布局方面	产业链条持续优化，“从砂子到整机”的全产业链优势被培育起来。全市将形成以骨干面板企业为核心，涵盖上游玻璃基板、光学膜、偏光片、电子化学品、特种气体等原材料—中游面板和模组—下游终端整机在内的较完整产业链，加速产业集聚和集群化发展
新兴显示技术方面	合肥将依托京东方合肥研究院、合肥现代显示研究院、安徽新型显示创新中心等平台，着力推进关键共性技术和前瞻性技术研究，突破OLED、3D显示、激光显示、VR/AR显示等量产技术瓶颈，积极开展量子点、全息投影、柔性显示等新兴技术研究

引入京东方合作无疑是合肥市新型显示产业战略发展的重要一步，使得合肥在新型显示产业方面的吸引力与日俱增，上下游关联产业在新站区逐步铺开，一批行业龙头企业如康宁、三利谱、彩虹股份、住友化学、法液空等纷纷进驻合肥，新型显示产业基地羽翼渐丰（见表11）。

表11　合肥新型显示产业基地吸引省外企业投资建厂

主要企业	投资项目
彩虹股份	建成国内第一条6代液晶玻璃基板生产线，国内自主建设第二条8.5代液晶玻璃基板生产线实现量产
康宁	两条10.5代液晶玻璃基板生产线，与京东方10.5代液晶面板实现本地配套

续表

主要企业	投资项目
乐凯	建成国内第一条光学级聚酯薄膜及功能膜生产线,产品实现进口替代
三利谱	国内最大的宽幅偏光片生产基地投产
惠科	年产3000万台液晶整机投产
长虹	年产200万台智能电视整机投产

合肥新站区新型显示产业在政府政策引导和资金支撑的大背景下正飞速发展，虽然安徽省内尚无产业内上市公司出现，但是省外优秀显示企业的进驻，使得该产业集群的区位熵值在合肥市所有产业集群中处于领先地位。

合肥市政府应在当前发展的基础上继续完善产业链上下游，借助显示基地的平台优势进一步吸引新的优秀企业进入，同时，需要加大技术研发方面的投入，提升该产业集群下本地企业的竞争力。

（二）阳光电源与新能源产业集群关系案例分析

1. 合肥光伏产业集群形成过程

20世纪90年代起，世界上主要的工业发达国家先后制定了光伏发电发展规划，而国内起步较晚，天威英利、尚德电力、江西赛维LDK、天合光能、保利协鑫等是国内最早进入光伏产业的一批企业，在全球光伏产业需求的快速增长中不断发展壮大，相继成为全国甚至全球的重要供应商。2009年开始实施“金太阳示范工程”也推动国内加大光伏发电产业化和规模化发展。

（1）以阳光电源为核心的产业集聚

国内光伏发展早期阳光电源就应运而生。阳光电源聚焦逆变器细分领域，通过多年的自主研发，形成了与国际一流品牌竞争的产品体系，2009年公司产品被列入国家重点新产品，并通过了国内外的权威认证，市场份额居全国第一。与此同时，借助合肥中科院循环经济工程院和合肥工业大学教育部光伏研究中心的技术支持，聚能新能源和天宇太阳能两家逆变器生产厂家相继成立。至此合肥光伏产业形成了以阳光电源为核心的光伏逆变器行业集聚，同时向产业上下游拓展的发展趋势。

早期的合肥光伏产业集聚虽然有沿产业链布局特点，但是总体呈现出下游强而上游弱的问题。具体来看，产业向上游延伸，光伏组件环节的生产商数量少，规模相对较小，竞争力偏弱，光伏电池片和硅片无企业布局，生产硅棒/硅锭的企业就更少。

（2）政府引导下的产业链延伸，形成产业集群

面对光伏产业发展问题，合肥市政府大力引进省外龙头企业入驻。2010～2011 年两年时间里先后引入和集聚了赛维 LDK、海润光伏、晶澳太阳能、彩虹新能源、中建材新能源等企业，填补了玻璃基板、电池片的空白，同时利用龙头的行业地位带动相应领域的发展壮大，形成强强联合的上下游产业链。合肥市在“十二五”规划中特别提出以赛维 LDK、合肥海润、彩虹光伏、阳光电源等企业为龙头，加快新能源产业研发、制造和示范应用，重点发展光伏太阳能电池组件、太阳能电池、大型多晶硅提纯、硅铸锭、切片、光伏电站等。这些引入的公司纷纷建立大型工厂，使合肥市成为其重要的生产基地（见图 20）。

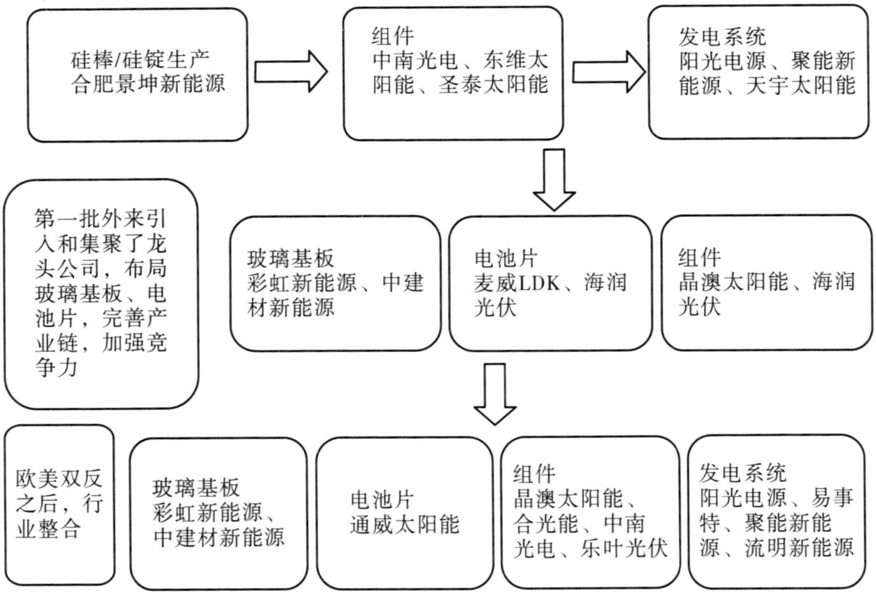

图 20　合肥光伏产业 2009 年至今的发展情况

（3）欧美双反后，行业整合，合肥光伏产业集群继续壮大

2011年下半年起，欧美国家开始了针对中国的光伏企业进行“双反”活动，使得依赖出口的国内电池片和组件生产商接连受到重创，加上部分企业盲目扩张，如尚德、英利、赛维LDK等多家国内光伏巨头相继被债务压垮。对此国家加大光伏建设力度，将需求转至国内，同时此轮市场的剧烈波动推动了产业加速整合，提高行业集中度。

面对行业变动，合肥市政府出台《关于加快光伏推广应用促进光伏产业发展的实施意见》，加大对本地光伏产业的招商引资和扶持力度，从设备生产到电站建设再到电站运营，在国家和省有补贴之外给予相应的补贴和奖励，支持产业融资便利性和科研创新产业化，同时打造“中国光伏应用第一城”，力争将合肥市建设成为中国重要的光伏生产和发电集聚地。之后国务院将安徽、山西、青海等6个省的30个县列为“实施光伏扶贫工作”试点，合肥光伏产业开始收获多项政策“红利”。

政策推动下合肥市光伏产业也随之发生变化，2013年通威太阳能8.7亿元接手赛维LDK太阳能高科技（合肥）公司100%股权，合肥晶澳太阳能成为全球最大的单体太阳能组件生产基地，利用光伏打造新能源互联网生态圈的天合光能和单晶硅生产龙头隆基股份旗下的乐叶光伏相继进驻合肥。

“十二五”期间，合肥市光伏产业保持两位数增长，2016年光伏产业实现增加值93.22亿元，增速达31.4%，电池片、组件产量6.5GW、逆变器10GW，产值突破400亿元，光伏控制、逆变设备出货量居世界第一。在应用方面，至2016年底，全市已并网各类光伏发电系统4500余个、规模突破1GW，列省会城市之首；光伏累计发电达4.32亿千瓦时，节约标准煤约12.6万吨，减排二氧化碳达32.6万吨，光伏发电量占全市社会用电量约1.7%，助推合肥市成功获批国家新能源示范城市和低碳城市试点，并获省“节能综合性示范城市”称号。合肥高新区入选全国第一批分布式光伏发电应用示范区，并率先完成建设任务。经开区入围第一批国家低碳工业园区试点（见表12）。

表 12　当前光伏产业相关企业及科研院所

产业集群要素	涉及的企业及科研院所
本土企业	阳光电源、中南光电、睿晶科技、大恒能源、流明新能源、晶晨光伏、微纳电工、聚能新能源
外来进入企业	晶澳太阳能、通威太阳能、彩虹新能源、中建材新能源、天合光能、乐叶光伏、三星SDI
本地科研	中科院合肥物质研究院、教育部光伏系统工程研究中心、中科大先进技术研究院、合工大智能院、可再生能源电能变换技术国家地方联合工程研究中心、智慧能源创新平台

2. 借助产业集群阳光电源强化优势布局新领域

在合肥市光伏产业从产业集聚到产业集群的发展过程中，阳光电源在其中发挥引领者作用的同时，也获得了集群发展红利（见图 21）。合肥光伏产业链的不断完善、生产分工细化、生产规模的壮大，使得上下游间的交易成本下降，单个领域的规模经济效应提升，行业竞争下参与者优胜劣汰，同时企业和科研院所加快创新研发产业化速度，整个产业集群内部形成了良性的合作与竞争氛围。这些都为阳光电源的成长提供了良好的外部环境，使其在全球光伏逆

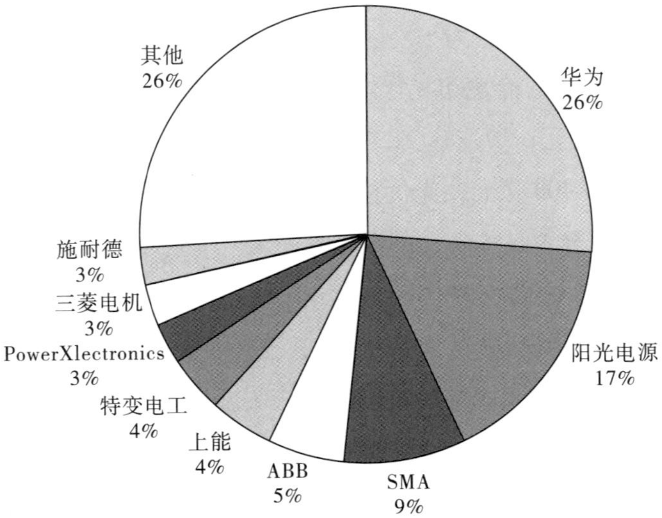

图 21　2017 年全球光伏逆变器出货量占比

变器市场的排名从2010年的第十名开外跃升至全球第二。公司近三年竞争力得分是79.08，其中2017年得分为81.55，也说明其在全国电气设备类上市公司中的竞争力不断提高（见表13、图22、图23）。

表13　阳光电源近年来排名变化

年份	2010	2011	2012	2013	2014	2015	2016
华为	>15	>15	>15	>15	4	1	1
阳光电源	11	6	4	2	2	2	2
SMA	1	1	1	1	1	3	3
ABB	2	2	2	3	3	4	5
日本东芝三菱	>15	>15	>15	5	5	5	4

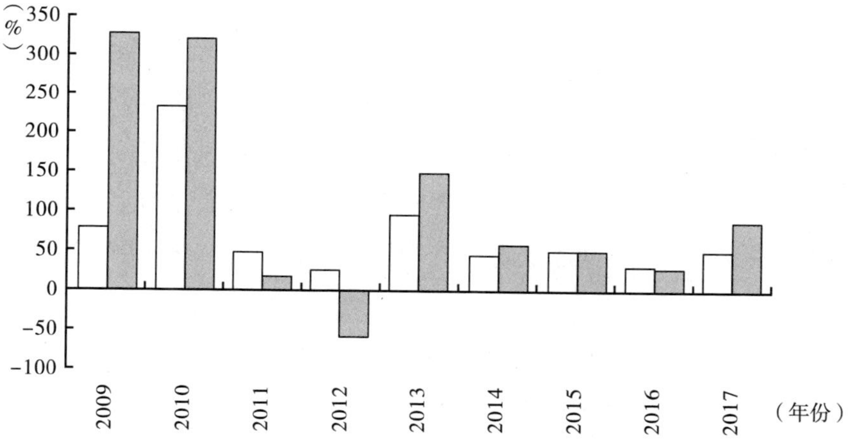

图22　阳光电源近年来成长能力

光伏产业逐渐形成强者恒强的态势后，阳光电源开始积极布局产业链下游储能领域以解决新能源发电消纳问题。以新能源与储能装机量10∶1的比例来测算，当前我国131GW的光伏装机规模就需要储能13GW。考虑到未来国内能源发展路线，未来储能的市场需求属于硬性需求。2017年国内储能装机容量200～300MW，预计2018年将超出1GW，而国外的市场空间更大，仅韩国就达到5GW。

安徽省能源和合肥市“十三五”规划都中提出发挥合肥部分企业在光

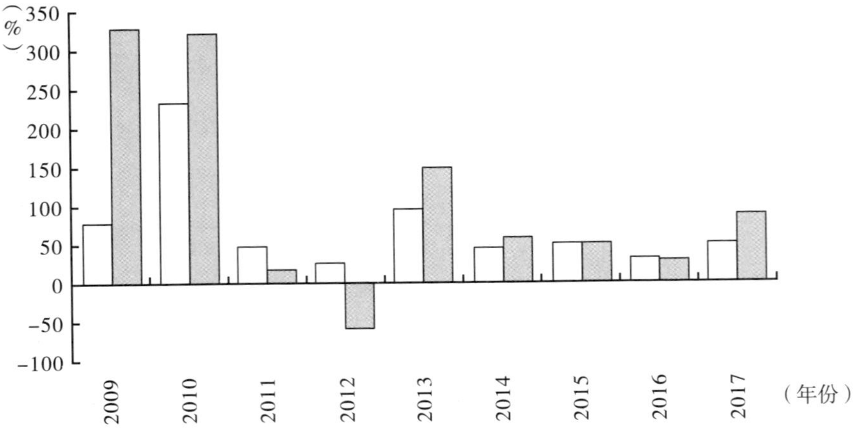

图 23　阳光电源竞争力评价得分变化情况

伏产业上的生产制造优势，加快构建世界级光伏产业集群的同时，强调重点发展储能系统产品，其中阳光电源储能系统项目建设成为重点项目之一。因而阳光电源再次走在产业集群的前列，并有可能带动产业集群的升级或者新的产业集群的形成。阳光电源与三星 SDI 合资的 2GW 储能项目，主要从事电力用锂离子电池包、储能变流器和储能系统的开发、生产和销售，目前投产 1GW，生产较为饱和，产品主要是出口（以韩国为主）。公司生产的电池是三元锂电，技术标准很高，能达到循环使用4000 次，度电成本能做到 6 ~ 7 毛钱，系统成本 2 ~ 3 元/w（见图 24）。

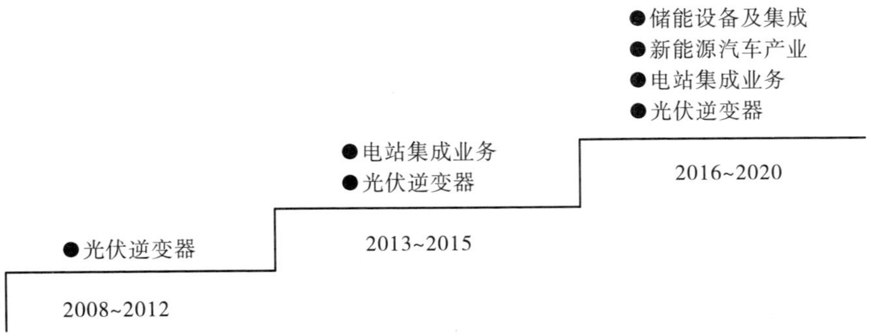

图 24　阳光电源业务拓展情况

可以看出，阳光电源早期已然成为国内光伏逆变器龙头企业，合肥光伏产业集群就以阳光电源为核心逐渐集聚形成，在集群的地域优势逐渐强大的过程中，阳光电源也汲取地区产业和政策优势大力发展，一举跃升为全球领先企业，并有望凭借科研力量向下游储能领域延伸开创新的产业集聚，形成上市公司与产业集群之间的良性互动。

（三）安科生物与医药生物产业集群关系案例分析

医药生物行业作为高新技术产业，也是战略性新兴产业。其对人才、技术等高端要素需求大，产品具有高附加值，是提升产业层次，转变经济发展方式，培育新动能的重要载体，成为政府重点支持的产业。经过多年的努力，合肥市在医药生物产业也取得了一定成绩，积累了人才、技术等方面优势，为产业做大做强提供了有力保障。合肥以园区为依托，目前已构建高新区、经开区、巢湖经济开发区三大核心的基地，已经形成了部分优质公司为核心的产业集聚，正向着产业集群方向发展。

“十二五”期间合肥市医药生物产业增速高，产业规模持续扩大，整体实力显著提升，现已拥有化学原料药、中成药、生物制药、卫生材料等门类，形成了研发—生产—流通的产业体系，不同企业布局在产业链不同节点上。2013 和 2014 年合肥市生物产业实现产值都在 200 亿元以上，同比增幅约 45%，其中医药生物行业发展势头最为迅猛，北大未名、同路生物、兆科药业、安科生物等龙头企业快速成长，初步形成了较为完整的产业链。截至 2014 年底，合肥市主要生物医药企业数量为 32 家。其中合肥市高新区生物医药企业数量最多，集聚度居省内前列，集中了省内最强的研发力量，拥有较好的配套资源。

目前合肥医药生物产业集群和国内其他地区医药生物产业集群相比，在产值、企业数量、企业规模、创新能力、配套资源等方面还有较大差距，整体竞争力较弱。合肥市拥有三家医药类的上市公司，分别为安科生物（生物医药）、乐金健康（健康服务）、欧普康视（医疗器械）。根据上文中企业综合绩效评价的结果，三家上市公司整体综合绩效较高，其中欧普康视以

89 分排名第一，第二名安科生物得分 82，乐金健康得分 62，说明了合肥三家医药类上市公司竞争力强，其中安科生物上市最早，合肥市高新区医药生物类的核心企业，最具有代表性（见表 14）。

表 14　医药生物类上市公司基本情况及竞争力评价水平

上市公司	上市时间	主要业务	指标得分	等级评判
安科生物	2009 年	公司主要业务涵盖生物制品、核酸检测产品、多肽药物、现代中成药、化学合成药等产业领域，基因检测、靶向抗肿瘤药物开发、细胞免疫治疗技术等	82. 31	良
乐金健康	2011 年	公司主要生产销售桑拿设备、空气净化产品、健身器材等相关产品，2015 年确立转型大健康产业	62. 30	中
欧普康视	2017 年	公司专业研发、生产、销售硬性透气性角膜接触镜类产品，是目前中国大陆唯一合法的角膜塑形镜研发生产企业	88. 91	优

安科生物是高新区医药生物类核心企业，成立于 1994 年，厂址位于合肥市高新区，经过 20 多年的稳步发展，现已成为省内医药行业的领军企业。公司也是国家创新型试点企业，国家火炬计划重点高新技术企业，国家“863”计划成果产业化基地，首批中国创业板上市公司（2009）。目前公司主营业务现已涵盖生物制品、现代中成药、化学合成药、多肽类原料药的研发、生产和销售，主要产品包括重组人生长激素、重组人干扰素和活血止痛膏，其中生长激素市占率约 20%，是公司的明星产品。

公司通过技术转让、参股等方式进军精准医疗，重点布局 CAR－T、PD－1、溶瘤病毒三个重要的肿瘤治疗前沿领域，其中 CAR－T 临床已经申报，HER－2 单抗进度全国处于第一梯队，为公司未来发展奠定了坚实的基础。公司业绩稳步增长，研发支出保持高投入。2017 年公司实现营业收入 10. 96 亿元，同比增幅为 29%。2010 ~ 2017 年公司营收年均复合增长率为 25. 14%，保持较高增速。公司是医药企业，每年需要大量的研发投入，2017 年高达 1. 31 亿元，2010 ~ 2017 年公司研发支出年均复合增长率为 44. 41%，企业科研持续投入呈现稳步增长趋势。

为了推动生物产业的快速发展，合肥市“十三五”规划中明确把生物产业作为重点发展产业之一，为合肥未来生物医药产业集群发展指明了明确方向（见表15）。

表15 “十三五”规划中关于生物产业的内容

战略安排	主要内容
目标	聚焦生物医药、医疗器械、生物农业等领域，打造国内重要的生物产业集群
方向一	培育发展生物制品、原料药、化学制剂、中成药、中药饮片加工等，培育生物医药产业链，构建生物医药产业基地
方向二	瞄准高性能医学影像设备、专科医疗设备、植入材料及制品、新型体外诊断产品等，加快推进超导质子刀治疗系统研发和产业化
方向三	加快引进一批国内外龙头企业，加快生物装备产业园、生物医药产业基地等建设。突出生物育种、农用生物制品、生物畜禽用疫苗等，加快壮大生物农业产业规模，打造现代种业强市
方向四	围绕生物基产品、非粮原料生物糖化工程、绿色生物工艺应用等领域，加快一批安全食品产业示范基地建设

通过上文分析我们可以发现，合肥市的生物医药产业集群由少数几家优质公司向培育更多有竞争力的医药企业转变，产业集群正在形成，具备了形成优势产业集群的潜力。

但产业集群的核心要素之一的产业集群的竞争力方面处于劣势，呈现“弱产业集群－强上市公司”的典型特点，未来如何利用上市公司的优势，把医药生物产业集群做大做强是我们必须要加以解决的问题。我们结合合肥医药生物产业实际情况以及合肥“十三五”规划，提出以下建议。

第一，实现科研机构和企业资源优势互补。医药生物行业每年需要大量的研发支出，仅依靠企业，对企业资金压力较大，不利于企业发展。合肥当地有科大、合工大、安医等高校，其科研实力雄厚。政府可以做企业和科研机构沟通的桥梁，充分利用高校研发优势和企业科技成果转化优势，实现资源互补，加快医药创新成果转化，提升创新能力。

第二，积极利用上市公司的辐射效应。上市公司具有资金、研发等优势，在发展到一定阶段会产生知识、技术外溢效应，中小企业要充分利用上市公司产品的外溢效应，在某一个领域实现突破，实现新发展，促进中小企业快速成长。

第三，鼓励相关中小企业发展。政府要大力扶持中小医药企业发展，培育一批具有发展潜力，产品市场前景广阔的中小企业。中小企业和上市公司分担着不同的角色，二者之间差异竞争，可以实现良性互动，带动中小企业快速发展，实现突破，从而实现合肥市医药生物产业集群竞争力的提升。

四　结论及政策建议

本报告依据产业集群的发展理论，通过构建产业集群评价体系和上市公司竞争力评价体系，运用来自安徽省及合芜蚌地区统计年鉴和万德数据库等相关资料，探寻合芜蚌地区上市公司与现代产业集群关系，得到了产业集群与上市公司实现一一对应、产业集群与上市公司相辅相成、优势产业集群吸引外来优质上市公司带动产业集群发展三大结论，并通过合肥京东方与新型显示产业集群、阳光电源与新能源产业集群、安科生物与生物医药产业集群三大案例进行上市公司与产业集群的详细分析。

（一）对政府的建议

基于以上结论，我们对于政府建议如下：第一，承东启西，加大承接产业转移力度。以合芜为双核的皖江城市带主要以承接沪江浙等沿海发达地区产业转移为宗旨。从目前产业集群的形成来看，外来引入或承接的产业，只有新型显示产业集群，已经形成了产业集群区位优势，有效带动地区产业发展，但其他的并未形成集群化特征。第二，发挥强制造业优势，打造以优质上市公司为核心的产业集群。我们发现合肥制造业方面，虽然部分产业集群在上市公司竞争力方面和区位熵来看，均具备了一定的优势地位，但产业优势并不显著，也缺乏优秀的上市公司。第三，以合肥为龙头，带动区位经济协调发展。虽然芜湖和蚌埠分别形成了具有特色的汽车及零配件产业集群和硅基产业集群，但总体上来看，合肥的产业集群分布显著优于蚌埠和芜湖两市，数量更多，范围更广、体量更大，而芜湖和蚌埠相对偏和专。建议未来建立起以合肥市为核心，带动皖北及沿江城市群协同发展的体系。

（二）对上市公司的建议

我们对上市公司的建议如下：第一，优质上市公司反哺产业集群发展。我们可以看到合肥市和芜湖市部分下游上市公司具备相当的竞争力优势，但所在产业集群的优势并不显著，形成了“弱产业集群—强上市公司”格局。上市公司可借助在资本市场的优势，以成立产业并购基金或者其他资本方式辅助所在产业集群有潜力的中小企业，拓展及优化上市公司结构，同时也带动所在产业集群的发展。第二，学习外来优质上市企业，补足自身短板。以合肥市家电产业集群为例，其自身区位熵优势十分显著，但当地上市公司竞争力处于劣势地位，形成“强产业集群－弱上市公司格局”。而合肥市的新能源产业集群做到将两者有效结合，优质的上市公司拉动产业集群发展，吸引外省企业共同推动产业集群的做大做强。

（三）对投资者的建议

我们对未来投资机会建议如下：第一，合肥市是最具有投资潜力地区。无论从上市公司竞争力水平来看，还是产业集群发展状况来看，合肥无疑是最具有竞争力的地区。第二，从产业集群和上市公司竞争力角度选择潜在投资领域。合芜蚌以制造业立市的特征显著，中游培育出了数量和质量最多的产业集群，不少上市公司正在朝向战略新兴产业方向发展，建议关注合肥市的新能源产业和现代装备制造业、芜湖市的新型显示产业、蚌埠市的硅基材料产业，这类以“强产业集群－强上市公司”为搭配形成的强强联合组合，作为潜在投资领域。合肥市和芜湖市在产业链下游不乏优质标的公司，虽然下游产业集群并未出现特别显著的优势，但我们认为优质的上市公司在弱产业集群中，具备一定的产业集群内资源整合能力，建议关注以“弱产业集群－强上市公司”为逻辑选择潜在投资领域，如合肥市的医药产业集群，已经具备了发展成为优秀产业集群的潜力。

B.12

安徽省国企改革主题 ETF 设立研究

首先介绍了 ETF 基金的概况，详细分析了其在反应国企整体运行情况，对国有资本进行高效管理，推动资本市场创新等的诸多方面的特点。对国企改革的历史进程及当前阶段面临的问题，国企改的紧迫性，中央及地方改革面临的困难进行了介绍；对安徽国企的整体状况，面临的产业结构问题，进行了详细分析，并介绍了下一步改革的重点方向。

最后，介绍了安徽国企指数的编制方法，并对指数的历史运行状况，收益风险指标等进行了统计分析。对 ETF 发行的相关要素进行了介绍，对安徽国企 ETF 设立的创新性进行了详细分析。

研究数据来自 Wind 数据库、上市公司年报、政府文件、统计年鉴及相关报告。

一　ETF 在国企改革中的应用分析

（一）ETF 介绍

1. ETF 概念

交易型开放式指数基金，即“Exchange Traded Funds”，简称“ETF”，是一种在交易所上市交易的、基金份额可变的一种开放式基金。

交易型开放式指数基金是开放式基金的一种特殊类型，它结合了封闭式基金和开放式基金的运作特点，投资者既可以向基金管理公司用“以一篮子股票换取基金份额或者以基金份额换回一篮子股票”的方式进行申购或赎回基金份额，同时，又可以像封闭式基金一样在二级市场上按市场价格买卖ETF份额。

根据投资方法的不同，ETF可以分为指数基金和积极管理型基金，国外绝大多数ETF是指数基金，目前国内推出的ETF也是指数基金。ETF指数基金代表一篮子股票的所有权，是指像股票一样在证券交易所交易的指数基金，其交易价格、基金份额净值走势与所跟踪的指数基本一致。因此，投资者买卖一只ETF，就等同于买卖了它所跟踪的指数，可取得与该指数基本一致的收益。

2. ETF与开放式基金的区别

ETF的中文名称为“交易型开放式指数基金”，虽然从名称来看跟一般传统开放式共同基金类似，但实际上在交易成本、基金管理方式与交易方式等方面有较大的差异（见表1）。

表1　ETF与传统开放式基金区别

	ETF	传统开放式基金
申购、赎回方式	申购:用指定的一篮子指数成分股实物换取固定数量的份额 赎回:用固定数量的ETF基金份额换取一篮子指数成分股	现金申购、赎回
交易成本	管理费:约0.3% ~0.5% 佣金:交易时支付最多0.2%	管理费:1.0% ~1.5% 手续费:申购1%左右,赎回1.5%左右
基金管理方式	被动式管理	多数为主动式管理
交易方式	如股票一样可以买卖根据收盘后的基金份额净值作	
为交易价格	如股票一样可以买卖根据收盘后的基金份额净值作为交易价格	

一级市场交易方式：ETF的基金管理人每日开市前会根据基金资产净值、投资组合以及标的指数的成分股情况，公布“实物申购与赎回”清单，也称“一篮子股票档案文件”。投资人可依据清单内容，将成分股票交付

ETF 的基金管理人而取得“实物申购基数”或其整数倍的 ETF；以上流程将创造出新的 ETF，使得 ETF 在外流通量增加，称之为实物申购。实物赎回则是与之相反的程序，使得 ETF 在外流通量减少，也就是投资人将“实物申购基数”或其整数倍的 ETF 转换成实物申购赎回清单的成分股票的流程。

ETF 的实物申购与赎回只能以实物交付，只有在个别情况下（例如当部分成分股因停牌等原因无法从二级市场直接购买），可以有条件地允许部分成分股采用现金替代的方式。实物申购、赎回的交易对手方是投资者和基金。

二级市场交易方式：ETF 的二级交易与股票和封闭式基金的交易完全相同，基金份额是在投资者之间买卖的。投资者利用现有的上海证券账户或基金账户即可进行交易，而不需要开设任何新的账户。ETF 的二级市场交易同样需要遵守交易所的有关规则，如当日买入的基金份额当日不得卖出，并可适用大宗交易的相关规定等（见表 2）。[①]

表 2　二级市场交易规则

	交易规则
交易时间	上海证券交易所的开市时间：周一至周五的上午 9:30 ~ 11:30 和下午 1:00 ~ 3:00（节假日除外）
交易方式	在交易日的交易时间通过任何一家证券公司委托下单
开户	需开立上海证券交易所 A 股账户或基金账户
交易单位	100 份基金份额为 1 手，并可适用大宗交易的相关规定
交易价格	每 15 秒计算一次参考性基金单位净值（IOPV），大约等于“上证 50 指数/1000”，供投资者参考
价格最小变动单位	0.001 元
涨跌幅限制	10%
交易费用	无印花税，佣金不高于成交金额的 0.3%，起点 5 元
清算交收	T 日交易，T + 1 日交收

① 上海证券交易所：《ETF 投资：从入门到精通》，上海远东出版社，2013。

（二）上海国企 ETF 分析

1. 上海国资运营平台介绍

上海目前已经建立了两大国资运营平台——国盛集团和国际集团，自 2015 年初实质启动运作。按有关规划国资运营平台的功能包括：一方面成为部分企业国有股权的持股主体、国有资本市场化运营的执行主体，另一方面成为部分一般竞争性领域国资退出的主要通道。截至目前，上海已经向两大平台划拨了上汽集团、电气集团、华谊集团、建工集团、光明食品集团、隧道股份、纺织集团等企业的部分国有股权（见表 3）。

表 3　上海国资运营平台

	国盛集团	上海国际集团
成立时间	2007 年 9 月	2000 年 4 月
注册资本	100 亿元	105.6 亿元
经营范围	以非金融投资为主、金融为辅的投资，资本运作与资产管理，产业研究，社会经济咨询等	以金融为主、非金融为辅的投资、资本运作与资产管理业务，进行金融研究，提供社会经济咨询等
业务领域	未来重点将在新材料、食用农产品、节能减排、文化创意等四个领域发挥国资引导和带动作用	以金融产业为核心，涵盖银行、信托、证券、基金、保险、资产管理、金融服务等多个金融领域
财务状况	截至 2017 年末，集团并表资产总额 788.9 亿元，净利润 7.52 亿元	截至 2017 年末，集团并表资产总额 2107.2 亿元，净利润 68.2 亿元

国资运营平台也在通过其他金融创新来推动上海国有股权的流动，如 2015 年 11 月，国盛集团发行了以上海建工股票为标的的可交换公司债等。目前上海国资的运作方式囊括了协议转让、二级市场交易、发行可交换债以及 ETF 换股，相应的操作方法比较灵活，也可满足适时进行市值管理的要求。通过国资的有序流动，也有力促进了混合所有制经济的发展。据上海国资系统方面数据，混合所有制企业已成为上海国有企业中最有活力、最有实力、最有发展潜力的部分，混合所有制企业占上海市国资委直接监管企业比例分别为总户数 68.5%、资产总额 86.4%、营业收入 88.9%、净利润 93.4%。

2. 上海国企 ETF 介绍

上海国企 ETF 的成立，背后实际上是由作为上海国资流动平台之一的上海国盛（集团）有限公司牵头并得到了包括国务院国资委、证监会、上交所等方面的支持，其核心是为盘活国有资产。同时上海国企作为国企龙头，其相关概念板块较受关注，有一定的市场需求，也有相关的投资机会。

上海国企 ETF 机构持有人份额占比达到95%以上，其中多个成分股中上市公司大股东以股份换购的方式获取基金份额，根据证监会及交易所的相关规定，换购国企 ETF 视为特殊情况，并不定性为减持，因此不受监管层关于股票减持的相关规定约束。此外，会计上产生的税收，经与地方税务沟通后可进行递延处理，金融创新成果令人瞩目。

上海国企 ETF（510810. OF）的跟踪标的是中证上海国企指数，该指数为 ETF 特意编制，于2016 年5 月11 日正式发布，初始样本股66 只，全部以上海市（含区县）国有企业上市公司为待选样本，结合市值、国资持股比例、分红比率、市场预期等情况进行选样并加权，对于被非上海市国企借壳后的成分股，调出成分股。经过调整目前新纳入了畅联股份（603648. SH）、数据港（603881. SH）、上海银行（601229. SH），剔除了被借壳的三爱富（600636. SH），共计68 只成分股（见表4）。

表4　上海国企 ETF 持仓前十位股票（2018. 03. 31）

股票简称	持股数量(万股)	占流通股比重(%)	持股市值(万元)	占净值比(%)
上汽集团	2190. 33	0. 19	74493. 02	7. 92
上港集团	10035. 86	0. 44	70752. 80	7. 52
中国太保	2081. 16	0. 33	70613. 84	7. 51
上海机场	1369. 25	1. 25	66873. 93	7. 11
浦发银行	5268. 96	0. 19	61383. 43	6. 53
上海电气	7505. 50	0. 76	44582. 68	4. 74
绿地控股	5551. 81	1. 72	41138. 88	4. 38
华域汽车	1516. 31	0. 53	36740. 14	3. 91
陆家嘴	1740. 55	0. 71	32861. 50	3. 50
国泰君安	1672. 74	0. 35	28536. 93	3. 04

根据该 ETF 的上市交易公告书，机构持有 144.21 亿份，占总份额的 94.75%，个人投资者持仅有 7.99 亿份，占 5.25%。这一持有人结构也更加凸显了量身定制的特点。不难发现，在前十大持有人中，上海国盛、申能集团、上海城投、上海华谊、上海久事、上海盛睿、上海上实都是上海地方国企，合计持有了该基金 68.44% 的份额。

持有 39.35 亿份额占整只基金 20.64% 的上海国盛，主要服务于产业型企业流动，为部分国有股权的持股主体、国资运营的执行主体、部分一般性竞争领域的国资提供退出的主要通道。份额占比达 15.62% 和 15.09% 的申能集团和上海城投，都是上海国资委出资监管的国有独资企业，仅这三家公司合计就占到整只 ETF 基金份额的 51.35%（见图 1）。

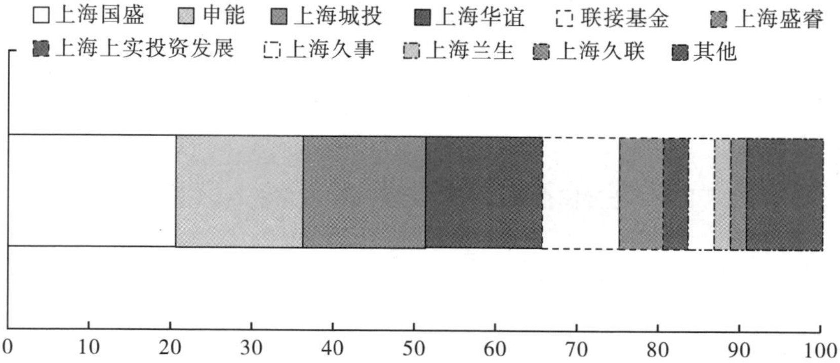

图 1　上海国企 ETF 持有人结构（2017 年 12 月 31 日）

行业分布方面，与上交所行业权重不同，上海交易所上市公司中金融行业占比很高，但上海国有上市企业金融行业占比并不高。上海国企 ETF 行业分布如图 2 所示，可以看到金融仅占 25%，工业占比较高。成分股规模分布也比较适中，66 个成分股，流通市值的中位数在 55 亿元左右，是一个大小盘股比例比较合适的指数。

上海国企 ETF 跟踪指数为中证上海国企指数（950096. CSI），基准日为 2012 - 12 - 31，基点为 1000 点，于 2016 - 05 - 11 发布，目前点数为 1613.38 点（2018 - 05 - 24），收益为 61.34%。同期的上证综指收益为 39.02%，超额收益 22.32%（见图 3）。

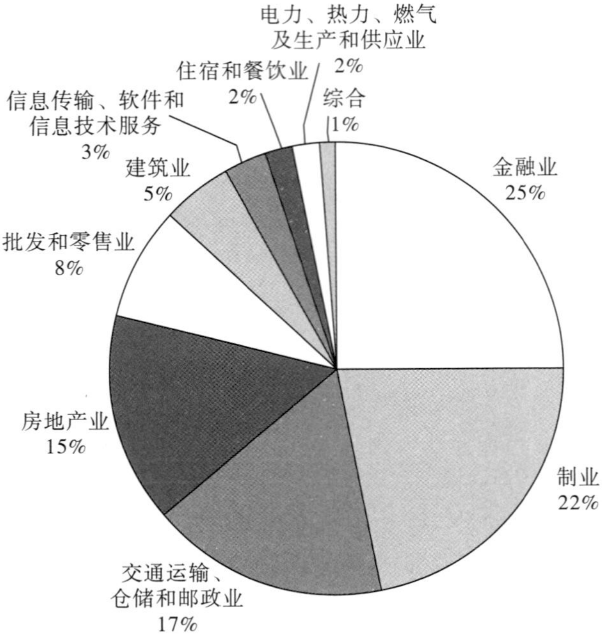

图 2　上海国企 ETF 行业配置（2018 年 3 月 31 日）

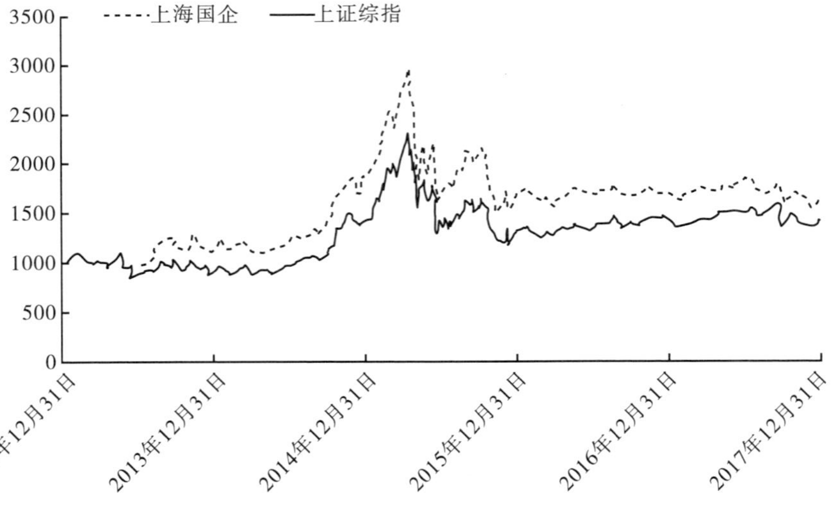

图 3　上海国企指数与上证综指走势

截止至 2018 年 5 月 25 日，上海国企指数的市盈率约为 12. 93，上证综指市盈率为 14. 14，低于上证综指市盈率，相对低的市盈率也凸显了上海国企指数的投资价值（见图 4）。

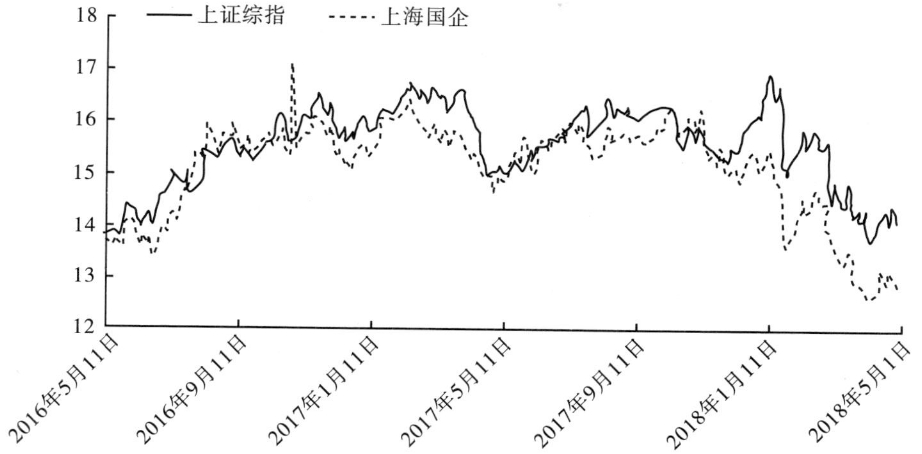

图 4　上海国企指数与上证综指 PE（市盈率）走势

上海国企指数权重股分红率普遍较高，指数 2017 年的分红率达到 2. 12，高于上证综指的分红率 1. 85，从历史上看上海国企分红率也一直高于上证综指（见图 5）。而长期持续的高现金分红意味着上市公司经营状况良好，有较强的盈利能力作支撑，这类公司往往也是良好的价值投资标的。

总的来说，国企改革作为国家推进的重要改革事项，上海国企指数的表现比同期上证综指要好很多，目前上证国企指数估值水平处于合理区间，对上海地区国企来说，一方面避免了国有资产流失，另一方面又可以提升流动性，降低经营性风险。对普通投资者来说，上海国企指数低估值，高分红的特性适合作为一种价值投资的储备工具，择机进行投资。

3. 机构及市场参与分析

上海国企改革 ETF 成立以来，先后有多家上海国有企业宣布参与 ETF 的认购。2016 年 7 月 19 日，兰生股份发布公告，以自有资金 3 亿元认购 ETF 份额。2016 年 7 月 29 日，上港集团、交运股份先后发布公告，控股股

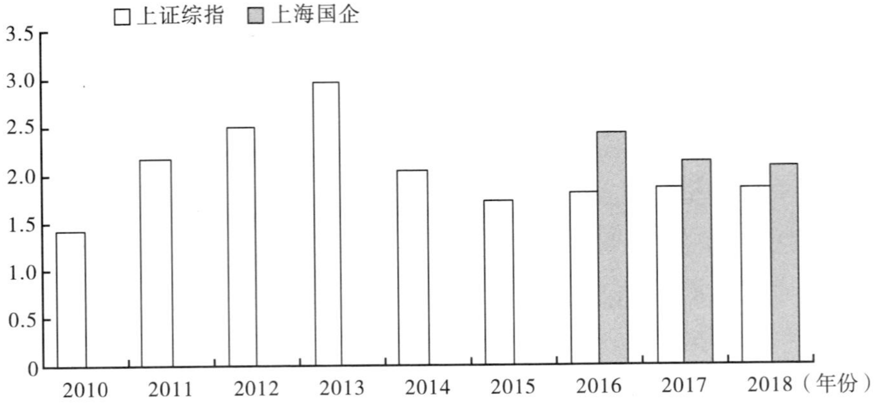

图5　上海国企指数与上证综指历史分红率比较

东上海城投集团、上海久事集团采用部分上市公司的股份参与换购 ETF 份额。2016 年 7 月 30 日，上海国盛集团也将隧道股份 1.57 亿股换购成上海国企 ETF 份额（见表 5）。

表5　多家公司披露持股5%以上股东换购上海国企 ETF 份额

上市公司	发布时间	换购股份	具体内容
隧道股份	2016 年 7 月 30 日	1.57 亿股	公司第二大股东国盛集团将其所持有的约 1.57 亿股(约占隧道股份总股本的 4.99%)换购上海国企 ETF
上港集团	2016 年 7 月 29 日	3 亿股	公司持股5%以上股东上海城投于7 月 28 日将其持有的3 亿股(占上港集团总股本的 1.29%)换购上海国企 ETF 份额。本次换购后,上海城投直接持有上港集团 9.75 亿股 A 股股份,占上港集团总股本的 4.21%
交运股份	2016 年 7 月 29 日	3449.49 万股	持股 5% 以上股东久事集团于 7 月 28 日将其持有的 3449.49 万股股份(占交运股份总股本的 4%)换购上海国企 ETF 份额。本次换购后,久事集团持有交运股份 2729.85 万股股份,占交运股份总股本的 3.17%
兰生股份	2016 年 7 月 19 日	3 亿元自有资金	兰生股份以 3 亿元自有资金认购上海国企 ETF

从参与上海国企 ETF 份额的方式来看，兰生股份是以自有资金认购。上海城投集团、上海久事集团和上海国盛集团均是采用持有上市公司股份进

行换购。四家上市公司参与 ETF 认购份额，具有不同的作用。根据兰生股份的公告，兰生股份参与 ETF 认购，有效提升了资金运营的效率，分享上海国资改革的红利。

根据上港集团的公告，上海城投集团参与 ETF 份额是为了支持参与上海国资流动平台建立，进一步丰富所持的资产组合，降低非系统性风险的影响，分享上海国资国企改革过程中的价值增值，从而进一步优化资源配置。城投集团通过股份换购实现国有资本的优化布局和国有资本的保值增值。

根据交运集团的公告，在本次 ETF 换购之前，久事集团持有交运股份 61793435 股股份，占交运股份总股本的 7.17%。换购之后，久事集团持有交运股份 27298535 股股份，占交运股份总股本的 3.17%。本次股份变动的股东久事集团不属于公司控股股东、实际控制人；本次股份变动后，久事集团不再是持有交运股份 5% 以上股份的股东。久事集团通过股份换购实现了竞争性领域国有资本的调整和有序退出。

根据隧道股份的公告，国盛集团为了发挥国资运营平台资本运作功能、优化资产配置，于 2016 年 7 月 28 日将持有的隧道股份 156890300 股（占上市公司总股本 4.99%）换购上海国企 ETF 份额。换购后，国盛集团仍持有隧道股份 75421951 股，持股比例为 2.40%，不再是上市公司持股 5% 以上股东。国盛集团通过换购 ETF 同样实现了国有资本的调整和退出。

上海国企 ETF 自发行以来基金份额一直在 100 亿份至 160 亿份区间波动，目前基金份额 102 亿份，处于历史相对低位。对比上海国企指数与 ETF 份额变化可以发现，在Ⅰ和Ⅲ阶段指数上行区间，份额显著下降；Ⅱ阶段指数显著下降，份额回升显著。总的来说，在指数相对高点赎回份额，在指数相对低点申购份额，低买高卖，实现了较好的市值管理效果（见图 6）。

（三）国企 ETF 意义及影响分析

1. ETF 对国企改革的意义

目前我国已进入转型升级的关键期，国企改革是经济转型升级的重中之重。上海是中国国资重镇，国企占全国地方国有资产总量的 1/10，且产业

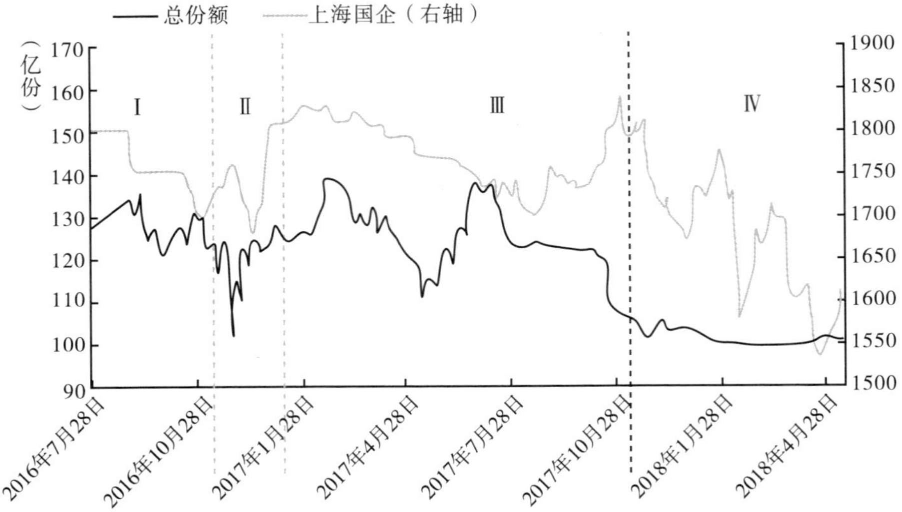

图 6　指数走势与 ETF 份额变化

结构合理、上市公司资产质量优秀。上海国资是本轮国企改革排头兵，早在2013 年 12 月就率先发布了首个地方国资国企改革方案。上海国企改革的加速落地，给资本市场带来了战略性投资机遇，上海国企长期投资价值显著提升。

汇添富发行上海国企 ETF 基金，是充分借助国企改革步伐加快，上海作为国企改革的排头兵进行的战略性布局。上海国企 ETF 基金通过创新发挥资产管理机构职能，服务国企改革、服务实体经济，助力上海国企改革、推动上海国际金融中心建设和完善资本市场都具有重要的作用。①

通常来说，股份换购 ETF 是大股东进行变相减持的一种方式。但是在上海国企改革背景加速的条件下，上海国资参与 ETF，是通过金融创新的方式进一步推动国企改革。对于提升国有资本的流动性，扩大国有资本的控制力和影响范围，优化资本布局都具有重要的意义。

① 《首只公募地方国企 ETF 落地》，《上海国资》2016 年第 8 期。

（1）上海国资参与股份换购，有利于降低国有企业非系统性风险，实现国有企业保值增值。

从上海国资委通过股份换购 ETF，实际将单个国有企业的股份换成了“一篮子”股份。将单一股票投资品种换成流动性更好的 ETF，降低了国有资产的非系统性风险。ETF 基金具有可以通过申购赎回的方式退出，也可以通过二级市场退出。良好的流动性为国有企业的保值增值提供重要的保证。

（2）上海国资参与股份换购，在保持国有资本控制力的基础上引入混合所有制，提升国有企的运营效率。

上海国资将部分股份换为 ETF，对应的将部分股权交到了市场的手中。从股权结构的角度来看，上海国资委继续实现对企业的控制，另一方面将民间资本通过 ETF 基金的形式引入，有利于推动一定程度的混合所有制。从公司治理的角度来看，通过 ETF 换购由 ETF 持有人行使对应部分的权利，对国有企业的运营、监督都具有良好的意义，有利于提升国企的运营效率。久事集团在换购后也表示，换购的目的在于优化资源配置，并完善上市公司股权结构，提高资本运营效率。ETF 的设立有利于投资者参与国企改革，能将国家、企业和个人三者利益有机结合起来。

（3）投资者通过上海国企 ETF 基金可以参与上海国企改革，分享上海国资改革的红利。

上海国企 ETF 的发行，可以方便投资者高效准确地对相关区域概念的股票进行配置：参与阶段性交易机会、减少了投资单个股票业绩不稳定的风险，同时有效分享区域发展的价值增值。

2. 参考与借鉴

继“上海国企 ETF”之后，汇添富基金又在 2017 年 12 月 1 日，成立了汇添富上证上海改革发展 ETF。与此同时，北京也借鉴了上海国资系统与公募基金的这种合作方式，嘉实基金于 2017 年 6 月 7 日成立的嘉实中关村 ETF 可以认为是“上海国企 ETF”的同款产品。该 ETF 所跟踪的指数是中关村 A 股综合指数，于 2015 年 2 月与中关村 A 股 50 指数一同由深圳证券交易所编制发布，它是国内第一个以科技园区上市公司为样本编制的系列股票指数，受到了来自中关村管委会、北京市金融工作局、海淀区政府及北京股权交易中心的支持（见表6）。

表6　市场类似区域 ETF

代码	证券简称	跟踪指数	管理费(%)	托管费(%)	成立日期
510810. SH	汇添富中证上海国企ETF	中证上海国企指数	0.45	0.1	2016-07-28
159951. SZ	嘉实中关村A股ETF	中关村A指	0.5	0.1	2017-06-07
510820. SH	汇添富上证上海改革发展ETF	上证上海改革发展主题指数	0.45	0.1	2017-12-01

2018年6月14日首只央企结构调整ETF基金正式获批，华夏、博时央企结构调整ETF将于上交所挂牌交易，银华央企结构调整ETF将于深交所挂牌交易。央企结构调整ETF将追踪中证央企结构调整指数。指数结合定性和定量选样方法，以国务院国资委管辖的约300家央企控股上市公司为待选样本，综合评估其在产业结构调整、科技创新投入、国际业务发展等方面的情况，选取较具代表性的100只企业股票加权计算构成指数。指数反映了中央企业结构调整板块在A股市场的整体走势，旨在引导市场关注优质央企、关注结构调整改革，强化价值投资理念，帮助投资者分享国企央企改革的红利。[①]

结合安徽国企改革的现状，研究如何将ETF创新应用到安徽省国企改革中来，服务于国企改革，促进国企升级转型具有重要的意义。安徽国资行业多集中于钢铁、煤炭、有色金属等，此类产业多处于下行周期，属于"去杠杆"的主要行业；其次，国资委在改革过程中需兼顾国有资产保值增值和及其他多种诉求，难度较大。而通过发行ETF的方式，一方面能够降低国有持股比例，部分国企可以选择ETF的卖出，形成国资适当退出，并实现"去杠杆"的目标；另一方面，良好的流动性为国有企业的保值增值提供重要的保证；同时可以在保持国有资本控制力的基础上引入混合所有制，提升国有企业的运营效率。

---

① 于德良：《央企结构调整ETF获批华夏等三公司率先入列》，《证券日报》2018年第6期。

二　ETF 对安徽省国企改革的意义分析

（一）国企改革回顾及困难分析

1. 国企改革回顾及存在的问题

中国历史上有三轮国企改革：第一轮国企改革（1978～1992 年），将国企从完全计划经济模式转向自主经营、自负盈亏；思想层面，解决了企业“姓资姓社”的问题。第二轮国企改革（1993～2013 年），国企通过兼并重组、下岗分流和债转股等措施，提高盈利能力，建立了现代企业经营管理制度；思想层面，解决了企业“姓公姓私”的问题，将非公有制经济的管理理念和管理方式融入国有经济运行中，盘活了大量的国有资产。第三轮国企改革（2013 年至今），2013 年 11 月通过的中共十八届三中全会《中共中央关于全面深化改革若干重大问题的决定》中，为国企改革确立了方向：积极发展混合所有制经济、完善国有资产管理体制、推动国有企业完善现代企业制度。①

国企改革虽然取得了巨大成就，但很多国企存在的问题依然有待解决。国企最核心的问题依旧是产权制度问题，也由此衍生出了一系列问题。国有股一股独大，难以建立起完善的现代企业制度，缺乏监管，缺乏激励，缺乏问责，从而导致国企效率低下。主要问题形式见表 7。

表 7　国企存在的问题

问题	具体内容
政企难分	导致了很多制度缺陷：产权不清、内部人控制；国企受益政策性垄断，限制了民企的发展；企业缺失决策权，难以实现“自主经营、自负盈亏、自我扩张、自我约束”的机制

① 王佳宁、盛朝迅：《重点领域改革节点研判：供给侧与需求侧》，《改革》2016 年第 1 期。

续表

问题	具体内容
国有股一股独大	股权过分集中:缺乏多元股权制衡机制,中小股东缺乏话语权,股东大会、监事会形同虚设,企业无法摆脱行政干预,资源配置效率低下
管理层缺乏约束	国企高管往往都是国资委任命,很难确定高管是否具有企业家才能,国资委行为干扰董事会履行其职责,导致无人对高管的失职行为负责
高管薪酬激励机制不规范	高管设定对自己有利的考核指标,确定自己的高薪酬,却难以体现出激励和约束职业经理人的作用,经营失误不担责任,造成国有资源浪费
布局分散、分类不清	除分布在重要行业和关键领域的功能性国企外,竞争性国企的布局也无所不在,对民企存在很大的挤出效应,阻碍市场经济的资源配置效率,助推了"国进民退"的现象的产生
经营效率低下	国企盈利能力远低于民企

相较前几轮改革，新一轮国企改革聚焦于“做强做优”国企，更注重在监管、产权、经营等多方面进行全面深化改革，国有企业的经营从管资产变为管资本，是国家对国企运营效率提出了要求；而混合所有制则是提升效率的有效手段，因为涉及产权层面，具有“牵一发而动全身”的效果，关乎战略投资者的选择、企业的激励约束机制和治理结构的完善，同时也关乎企业办社会职能的剥离，因此混改的意义最大，2016 年 12 月中旬召开的中央经济工作会议强调混改是国企改革的重要突破口；企业内部董事会管理制度可以保障不同主体之间的协调运转、有效制衡；为确保改革内容顺利推进，监管力度也空前加强。

可以看出，改革的核心着力点在产权方面，即国企通过引入增量或出售存量，引入战略投资者，或实行内部股权激励，以增加运营效率；通过适度降低持股比例，在股权上实现一定的制衡局面，起到一定的监管作用，或是产生决策表决的不同声音，有利于充分行使法人治理的结构；通过管资本，明确所有者、监督者、经营者的责任权利，更好地建立起现代企业制度。①

① 刘翔、许佳明、崔雯静：《供给侧结构性改革下的安徽省国有企业改革最优化目标与路径选择研究》，《中国乡镇企业会计》2017 年第 3 期。

2. 国企改革存在的困难

从国企改革进展情况来看，全国各省进度不一，但总体来看并不尽如人意。究其原因，国企改革可谓困难重重。

首先，国资业务多集中于基础行业，此类产业多处于下行周期，“三去一降一补”的压力非常大，相关企业将面临一段长期和痛苦的挑战。改革的同时，也需要考虑到员工家庭福祉和社会安定因素。因此产业类国企一般更愿意在增量部分开展改革，涉及业务规模小，改革层次低。

其次，“国有资产流失”与“利益输送”始终制约着改革当事人的行为。在具体实践中，分歧比较大的地方主要围绕混合所有制经济、生产要素分配方面，没有可以借鉴的系统性形式和途径，国有资产价格界定存在争论，在国有资本退出的过程中，涉及国有资产的转让和交易，每一个具体环节包括评估、作价，如何界定国有资产流失和利益输送，都存在一定分歧；同时目前处于反腐高压时期，国企领导选择保守观望，降低犯错的风险。当前经济下滑压力大的背景下，不少国企薪酬下滑，高管无心作为，中青年业务和管理骨干出现流失，改革中坚力量被削弱。

最后，国资委需要从管资产到管资本的角色转变，本身就需要权力下放，自我革命，叠加改革涉及部门较多，协商、会签流程长，导致效率不高；国有资产保值增值和合理兼顾多种诉求难度较大。①

（二）安徽国企改革 ETF 设立的意义

1. 安徽国企改革的成就及未来重心

（1）安徽国企改革的成就

总体来说，依照中央关于国企改革的定调，各地方的国企改革方式相类似：都是通过进行混合所有制改革、打造国有资本投资运营平台以及供给侧改革等方式。但是各地方的禀赋特征存在差异，在具体实施时，各自的着重点和创新点又有不同（见表8）。

---

① 胡锋、翟娜：《新一轮国企改革中实施混合所有制的困难与对策》，《江南论坛》2014 年第 8 期。

表8 安徽国企改革阶段性的成果

股改上市	九华旅游、华安证券、皖天然气、设计总院已经首发上市；长城军工已经过会
整体上市	江淮汽车已率先完成整体上市；建工集团完成整体上市；（按照安徽省政府的要求，马钢集团、海螺集团、铜陵有色等省属企业，后续都要实现整体上市）
资本运作	新力金融曲线借壳巢东股份
员工持股	江淮汽车、国元证券、铜陵有色、建工集团内均已完成员工持股计划
开放项目	大力推广 PPP 模式是安徽省混改的一大抓手，列入国家发展改革委 PPP 项目库的项目个数和总投资均居全国前列
参股民企	安徽省在战略新兴高成长领域与民企加深合作。其中重要方式之一是"推动产业基金发展"，设立了总规模800亿元至1000亿元的安徽省产业发展基金。先期设立的600亿元，省信用担保集团和省投资集团各发起设立300亿元
"三去一降一补"	去产能："三煤一钢"去产能，两年来马钢集团退出炼铁产能284万吨、炼钢产能345万吨，省属3户煤炭企业退出煤炭产能1569万吨； 去杠杆：推进银行与高杠杆企业签订债转股合作协议；"三煤一钢"企业市场化债转股到位资金已达135亿元，平均降低企业资产负债率5个百分点。省建工集团、中煤矿建集团等企业也正在通过实施债转股、引入战略投资者、盘活存量资产等方式，不断降低企业资产负债率

2016年5月推出了《关于深化国资国企改革的实施意见》（简称《意见》），其中整体上市、员工持股和引入战投成为推动安徽国企改革大提速的"三驾马车"（见图7）。《意见》明确提出，到2020年要在省国资国企改革重要领域和关键环节取得决定性成果。目前安徽国资资产证券化率约为40%，根据规划，未来五年将达到60%。这一目标的提出，也预示着安徽将加速推进国有资产管理从"管资产"向"管资本"转变。①

（2）安徽省国企改革的未来重心

安徽省国资委相关领导曾指出，下一步安徽省国企改革将从几个方面发力（见表9）。

① 刘向红：《目标已明安徽国企改革"再出发"》，《上海证券报》2016年8月23日。

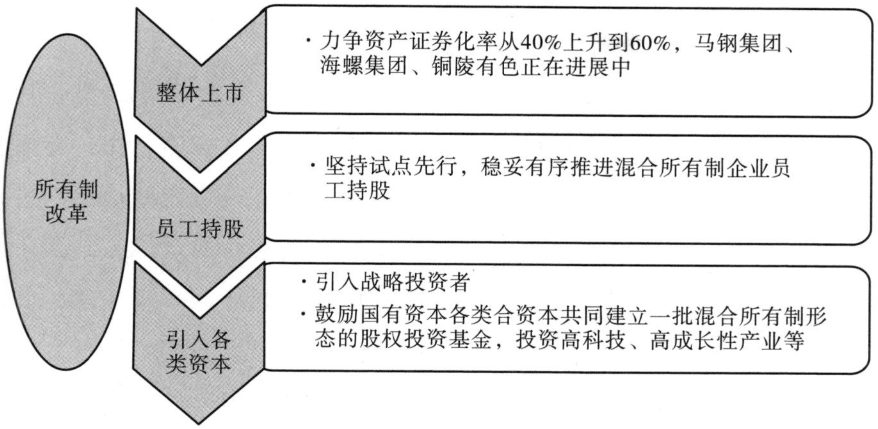

图7　安徽国企改革“三驾马车”

表9　安徽省国企改革下一步的发力点

供给侧结构性改革	落实“三去一降一补”五大任务，化解过剩产能，推进省属企业去杠杆、降成本、补短板，全面推进省属企业提质增效
完善国有资产监管体制	以管资本为主推进国资监管机构职能转变。改革国有资本授权经营体制。以国有资产保值增值、防止国有资产流失为目标，形成国有资产监督体系
调整国有经济布局结构	积极推进国有资本逐步从不具备竞争优势的行业和领域退出，推动国有资本向产业升级的前沿集中，向重点行业、关键领域和优势企业集中，不断增强国有经济控制力、影响力和竞争力
发展混合所有制经济	积极引进各类战略投资者，大力推动国有企业改制上市和省属企业集团公司整体上市，推进国有企业在多层次资本市场上市（挂牌）。与此同时，稳妥有序开展国有控股混合所有制企业员工持股
着力完善公司法人治理结构	积极推进股份制改革。推进规范董事会建设，力争在2020年前基本完成集团公司规范董事会建设工作。逐步推进经理层市场化选聘和契约化管理
党建工作	从严加强省属企业党的建设

2. 国企改革 ETF 对安徽国企改革的促进作用

（1）混合所有制的新尝试

从国资委研究中心发布的《2018 中国国企国资改革发展报告》来看，混改依然是改革的突破口。通过混改引入非国有资本，按一定规则和速度降低国有股权比例，最终使国有企业从国有独资或政府绝对控股的企业逐步转变为政府相对控股的混合所有制企业，通过股权适当的多元化和分散化，最终形成良好的公司治理机制，到达国有资本增值保值的目的。①

安徽省国企改革，将部分股份换为 ETF，对应的将部分股权交到了市场的手中。从股权结构的角度来，安徽省国资委继续实现对企业的控制，另一方面将民间资本通过 ETF 基金的形式引入，有利于推动一定程度的混合所有制。从公司治理的角度来看，通过 ETF 换购由 ETF 持有人行使对应部分的权利，对国有企业的运营、监督都具有良好的意义，有利于提升国企的运营效率，同时也有效降低改革的阻力。

（2）为安徽供给侧改革提供可选手段

2018 年“去杠杆”“防风险”是政策重心之一，国企去杠杆也被放在突出的位置；而安徽供给侧改革“补短板”中，也明确指出了“要补齐金融风险监管短板，降低企业负债率及担保与类金融等方面风险爆发的可能性”。目前国企降杠杆的主要方式主要包括：盘活存量资产、兼并重组、债转股、破产清算、股权融资等方式——也就是说，降杠杆需要让“死”的资产“活”起来，并用部分资产去抵偿债务。

而根据国企改革的产业结构调整目标，对于政府意欲退出的行业，如钢铁、煤炭、有色金属加工和商业零售等传统竞争性行业，政府可以采取存量出售的方式进行混改。所以通过 ETF 的方式，降低国有持股比例，部分国企可以选择 ETF 的卖出，形成国资适当退出，并实现“去杠杆”的目标，一举两得。

---

① 刘丽靓：《今年央企重组将呈四个趋势》，《中国证券报》2018 年 4 月 23 日。

（3）由“管资产”转变“管资本”，国资保值增值的工具

安徽省国资参与安徽省国企 ETF 可以看作是一种更加市场化的国资流动平台，有利于加强市值管理，对于国资的保值增值大有裨益；同时也有利于降低国有企业非系统性风险，实现国有企业保值增值。国资委通过股份换购 ETF，实际将单个国有企业的股份换成了“一篮子”股份。将单一股票投资品种换成流动性更好的 ETF，降低了国有资产的非系统性风险。ETF 基金可以通过申购赎回的方式退出，也可以通过二级市场退出。良好的流动性为国有企业的保值增值提供重要的保证。安徽省国资管理平台，可以以所持上市公司股份换购安徽省国企 ETF 份额，进一步丰富所持的资产组合，降低非系统性风险的影响，分享安徽省国企改革过程中的价值增值，进一步优化资源配置。

（三）安徽省国企改革 ETF 的投资价值分析

交易的活跃性是衡量 ETF 是否成功的一大指标。安徽省国企改 ETF 能否吸引到众多投资者，还需看自身是否有足够的投资看点。

1. 安徽省国企现状：量大质优

安徽省的国资体量很大，截至 2015 年底，安徽省属国有资产总量为 9897.6 亿元，全国排名第五（见图 8）。而据安徽国资委透露，2018 年一季度，安徽省属资产总额已经达到 14661.5 亿元、所有者权益总额 5613.7 亿元；一季度安徽省属企业累计实现营业收入 1729.7 亿元，同比增长 6.8%；实现利润总额 123.5 亿元，同比增长 59.4%。截至 2 月末，与全国省级监管企业相比，安徽省属企业资产总额位居第十，营业收入位居第八，利润总额位居第五。与中部地区省级监管企业相比，利润总额位居第一。

从经营效率来看，2016 年，安徽省国企净资产利润率为 4.7%，全国排名第五，高于全国平均值的 2.4%，反映了安徽省国企整体较为优良的盈利能力（见图 9）。

依据国企整体效率较高、国资体量较大、国企改革进展速度较快以及预期强烈程度，选择了上海、广东、北京、江苏、浙江、山东国资最为优秀的

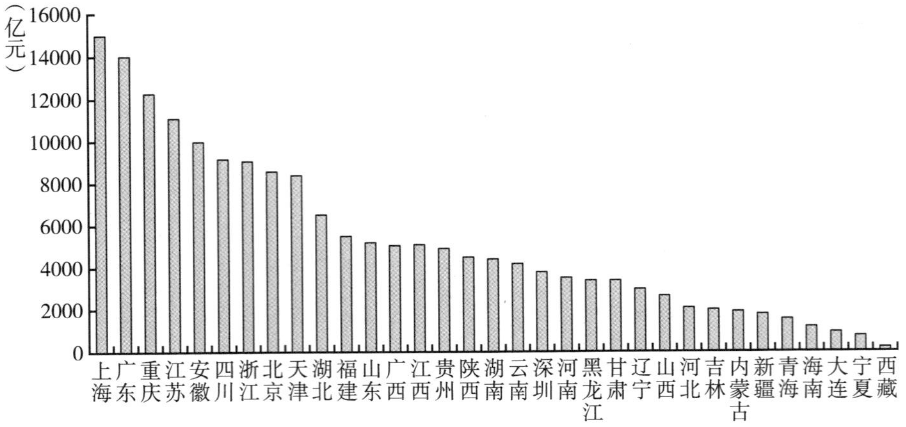

图 8　2015 年我国各地区国有资产总量

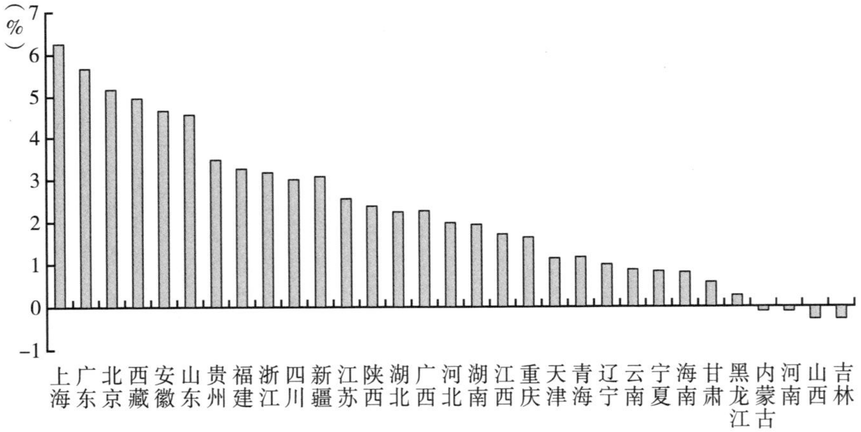

图 9　2016 年国企净资产利润率

几个地区，对国企净资产利润率变化情况进行比较。

从近几年的趋势来看，上海国资净资产利润率情况表现最好，水平较高且稳定。安徽省国资净资产利润率总体来看属于中等水平，且波动率较大。但从 2014 年以后，受到国企改革及供给侧改革的影响，安徽省国资盈利能力反弹的力度是最强的（见图 10）。2017 年以及 2018 年一季度，安徽省属国企实现利润总额同比增长分别高达 57.3% 和 59.4%，整体效益继续维持强劲增长态势。

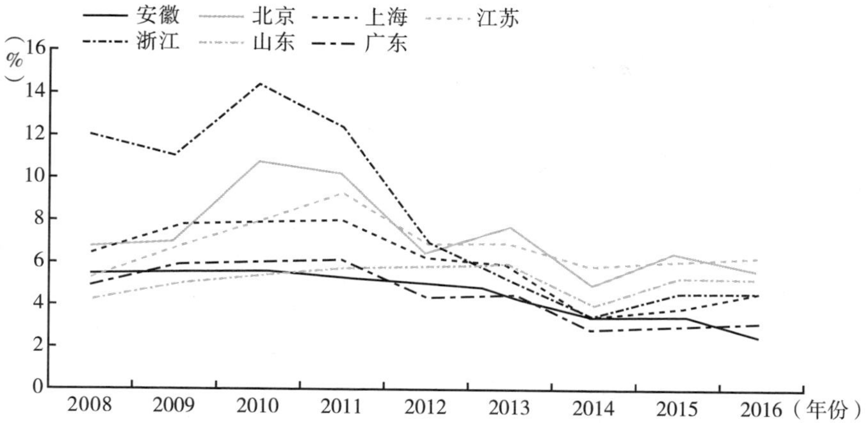

图10　国资最为优秀的几个地区净资产利润率变化情况

2. 安徽国企改革的机会

（1）平台化布局，整体上市预期普遍，转型负荷强

安徽省国资委和安徽省政府下属企业共31家，其中国资委下属企业29家，省政府下属企业2家（省出版集团、新华发行集团）。目前，有16家省属国资集团有上市公司平台，4家集团旗下有2家上市公司平台，基本上一个集团控制一家上市公司，股权结构明晰，有利于推进集团整体上市。另外还有15家集团公司没有上市公司平台（见表10）。

表10　安徽省国资平台持股及其规模

代码	上市公司	所属集团	控股股东持股比例(%)	集团总资产(亿元)	集团所持上市公司权益净资产(亿元)
省属					
000543	皖能电力	安徽省能源集团	44.98	438.1	58.8
603689	皖天然气	安徽省能源集团	45.27		9.1
000619	海螺型材	海螺集团	30.63	1144	8.1
600585	海螺水泥	海螺集团	36.40		334.7
000630	铜陵有色	铜陵有色金属集团	36.53	835.2	67.9
000728	国元证券	国元控股	28.14	885	54.3

续表

代码	上市公司	所属集团	控股股东持股比例(%)	集团总资产(亿元)	集团所持上市公司权益净资产(亿元)
600909	华安证券	公司整体上市	24.63	399	30.8
600012	皖通高速	安徽交通控股集团	31.63	2200	31.7
603357	设计总院	安徽交通控股集团	48.63		8.8
600418	江淮汽车	江淮汽车集团	23.55	500	36.7
000868	安凯客车	江淮汽车集团	21.13		2.4
600502	安徽水利	建工集团整体上市	32.32	635	28.6
600761	安徽合力	安徽叉车集团	37.97	—	18.2
600971	恒源煤电	安徽皖北煤电集团	54.96	526.5	38.7
600985	雷鸣科化	淮北矿业集团	35.66	905	6.6
600063	皖维高新	安徽皖维集团	30.74	93	14.8
600575	皖江物流	淮南矿业集团	58.18	1525	54.8
600808	马钢股份	马钢集团	45.54	850	124.0
600551	时代出版	安徽出版集团	58.35	274	28.2
601801	皖新传媒	安徽新华发行集团	58.44	270	52.1
		市属			
000417	合肥百货	合肥建设投资集团	38.00	3252	16.4
000713	丰乐种业	合肥建设投资集团	34.11		4.7
000859	国风塑业	合肥产业投资集团	25.11	450	3.8
002208	合肥城建	兴泰控股	57.90	460	10.8
002014	永新股份	黄山永佳集团	31.70	—	5.7
600054	黄山旅游	黄山旅游集团	39.69	69	16.7
603199	九华旅游	九华山旅游集团	32.63	52.8	3.3
600375	华菱星马	马鞍山华神建材工业	15.23	—	3.1
600218	全柴动力	安徽全柴集团	34.32	24	6.7
002136	安纳达	铜陵化学工业集团	30.91	133.5	2.1
600470	六国化工	铜陵化学工业集团	25.49		5.0
002556	辉隆股份	安徽供销商业总公司	40.56	—	9.9
600318	新力金融	安徽新力投资集团	23.32	—	5.4
000850	华茂股份	安徽华茂集团	46.40	—	21.7
000596	古井贡酒	古井集团	53.89	165	36.9
600199	金种子酒	金种子集团	32.07	—	7.2

安徽省的省属及地方国资控股上市公司 36 家，其中省国资委及省政府控股 20 家，合肥市国资委控股 4 家，其他地市政府部门控股 12 家。从持股比例分布来看，64% 的大股东持股比例在 20% ~40%，平均持股比例 37.36%，控制力适中，存在国资股权降低的空间。从分布特点来看，省国资委及省政府控股的上市公司家数最多，相关上市公司市值占省内国资市值比例达到 82.40%，旗下铜陵有色、海螺水泥、马钢股份、江淮汽车、皖通高速等，均是省内支柱产业龙头；地方国资委控股的上市公司规模较小，主要是消费类企业，或是地方产业链的一端。安徽的国企传统产业、重工业比重较大，而这些传统工业现在面临着内需不足、外需持续低迷的双重压力，产能过剩突出。

（2）资产证券化率整体水平将不断提高

安徽省属国资的资产证券化率目前约为 40%，在全国排在中等偏上的位置，但并不算高，资产证券化率有待提升。在安徽省国资委《2014 年深化全省国资国企改革的安排意见》就已经开始提出“提升证券化率、推动整体上市”。2016 年 7 月，安徽省发布《关于深化国资国企改革的实施意见》，提出了国企改革的抓手，即要通过整体上市、引入战投和员工持股等路径，使国企改革提速。根据安徽省政府的规划，安徽省属国资的资产证券化率在未来五年要从目前的 40% 提高到 60%（见图 11）。

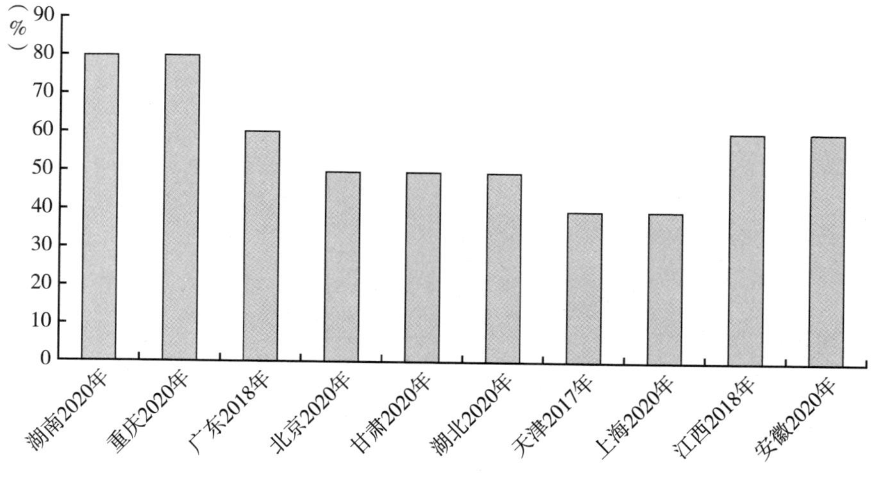

图 11　我国各省“十三五”省属国企资产证券化目标

（3）战略板块布局，国资将集中

按照安徽省国资委的规划，在引导国有企业进一步突出主业的同时，对主业相同或相近似的国有企业实施合理重组，即“同业同级”间的合并；在未来 3 至 5 年内，安徽将把 90% 的国有资本集中到四大板块中，即能源、交通板块，原材料板块，先进制造业板块及现代服务业板块。按照安徽省经济发展“十三五”规划所提出的产业机构优化目标，三类产业结构优化为：8.5∶50∶41.5，产业将迈向中高端水平，战略新兴产业和现代服务业比重明显提高，制造强省基本确立（见图 12）。

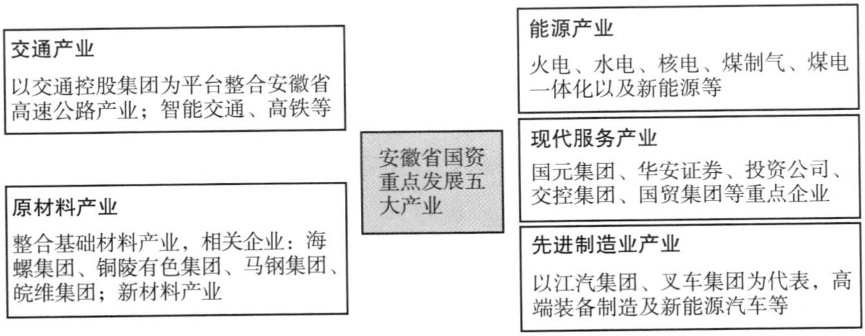

图 12　安徽省战略板块布局结构

三　安徽省国企改革 ETF 设计

（一）安徽国企 ETF 要素设计

1. ETF 发行要素

一般来说 ETF 发行过程中要素包括，参与各方的主体，基础指数和申购赎回规则设计，主要分析如下。

（1）参与主体

ETF 主要涉及 3 个参与主体，即发起人、受托人和投资者。发起人及基金产品创始人，一般为证券交易所或大型基金管理公司、证券公司，受托人受发起人委托托管和控制股票信托组合的所有资产。由于指数型 ETF 采用指数被动跟踪策略，一般受托人根据指数成分变化调整股票组合，但 ETF 的受托人有一定的投资决策自由处置权，受托人一般为银行、信托投资公司等金融机构，投资者为购买 ETF 的机构或个人。

（2）基础指数设计

指数型基金 ETF 能否发行成功与基础指数的选择有密切关系。基础指数应该是有大量的市场参与者广泛使用的指数，以体现它的代表性和流动性，同时基础指数的调整频率不宜过于频繁，以免影响指数股票组合与基础指数间的关联性。

为实现模拟指数的目的，发起人将组合基础指数的成分股票，然后将构成样本的股票种类及权数交付受托机构形成信托资产。当指数编制机构对样本股票或权数进行调整时，受托机构必须对信托资产进行相应调整，同时在二级市场进行买进或卖出，使 ETF 的净值与指数始终保持联动关系。

（3）构造单位的分割

指数型 ETF 的发起人将组成基础指数的股票依照组成指数的权数交付信托机构托管成为信托资产后，即以此为实物担保通过信托机构向投资者发行 ETF。ETF 的发行量取决于每构造单位净值的高低。通过这种股票组合资产分割程序，使 ETF 的单位净值与损益变化和股价指数的走势相联系。一个构造单位的价值应符合投资者的交易习惯，不能太高或太低，通常将一个构造单位的净值设计为标准指数的某一百分比。构造单位的分割使投资者买卖 ETF 的最低投资金额远远低于买入单个指数成分股所需的最低投资金额，实现了以较低金额投资整个市场的目的，并为投资者进行价值评估和市场交易提供了便利。

（4）申购与赎回

ETF 的重要特征在于它独特的双重交易机制。ETF 的双重交易特点表现在它的申购与赎回与 ETF 本身的市场交易是分离的，分别在一级市场和二级市场进行。也就是说，ETF 同时为投资者提供了两种不同的交易方式：一方面投资者可以在一级市场交易 ETF，即进行申购与赎回；另一方面，投资者可以在二级市场交易 ETF，即在交易所挂牌交易。

2. 前期准备建议

从目前来看，如果需要打造安徽省国企 ETF，参与各方需要进行相关工作部署（见表 11）。

表 11　安徽国企 ETF 前期准备工作

参与方	重要任务	具体描述
国资委	协调管理	协调哪些上市公司参与 ETF 发行，如何进行 ETF 份额申购，以及确定发行基金公司。
上市公司	ETF 认购	通过现金申购或者股份换购的方式进行 ETF 认购
基金公司	指数编制 ETF 发行	指数编制过程包括：指数编制、官方发布和实时更新运行。

（二）安徽国企指数编制

1. 指数编制方法

安徽国企指数以安徽省内国有企业上市公司为待选样本，结合流通市值等情况进行选样并加权，反映国企的整体走势。在指数的编制过程中，指数的样本成分每半年度调整一次，样本权重每季度调整一次，样本股调整实施时间分别是每年 3 月 1 日、6 月 1 日、9 月 1 日和 12 月 1 日，在下一个定期调整日前，权重因子一般固定不变。指数的基础点为 1000 点，编制起始时间为 2013 年 1 月 4 日（见图 13）。

2. 历史运行概况

依据上述指数的编制方法，从数据库中提取了 2013 年 1 月 1 日至 2018 年 5 月 1 日的历史数据，按照半年度调整成分，季度调整权重的方法计算了安徽国企的历史走势，如图 13 所示。

纵观安徽省国企指数走势，可以看到指数在 2014 ~ 2015 年的牛市中表现较为突出，涨幅较高；2017 年以来，指数表现相对一般。对标指数

图 13 安徽国企指数历史走势

走势和安徽省国企改革来看，2015 年是安徽省国企改革刚推出的年度，省内上市公司看点较多，因此指数表现优异；2017 年，经历了两年的消化，国企改革进度相对放缓，省内资源型企业业绩表现不佳，因此指数表现偏弱；通过安徽省国企改革指数的表现可以较为全面地反映安徽省国企改革现状。

安徽国企指数最新成分见表 12，成分股权重走势如图 14 所示，最新一期指数成分股共有 37 只股票，其中海螺水泥权重最高，达到了 19.4%，另外国元证券、铜陵有色及华安证券等个股权重相对较高，达到了 6% 以上。从权重历史走势可以看出，成分股权重各季度并没有明显波动。

表 12 安徽国企指数成分股概况（2018 年 4 月 1 日）

代码	名称	权重（%）	代码	名称	权重（%）
000417. SZ	合肥百货	1. 48	600199. SH	金种子酒	0. 93
000521. SZ	美菱电器	0. 97	600218. SH	全柴动力	0. 61
000543. SZ	皖能电力	2. 19	600318. SH	新力金融	1. 36
000596. SZ	古井贡酒	5. 71	600375. SH	华菱星马	0. 73
000619. SZ	海螺型材	0. 67	600418. SH	江淮汽车	3. 70
000630. SZ	铜陵有色	7. 03	600470. SH	六国化工	0. 71

续表

代码	名称	权重(%)	代码	名称	权重(%)
000713. SZ	丰乐种业	0. 54	600502. SH	安徽水利	2. 40
000728. SZ	国元证券	7. 96	600551. SH	时代出版	1. 51
000850. SZ	华茂股份	1. 02	600575. SH	皖江物流	3. 71
000859. SZ	国风塑业	0. 71	600585. SH	海螺水泥	19. 41
000868. SZ	安凯客车	1. 16	600761. SH	安徽合力	1. 88
002014. SZ	永新股份	1. 05	600808. SH	马钢股份	5. 40
002136. SZ	安纳达	0. 75	600909. SH	华安证券	6. 50
002208. SZ	合肥城建	1. 52	600971. SH	恒源煤电	2. 14
002556. SZ	辉隆股份	1. 20	600985. SH	雷鸣科化	1. 02
300087. SZ	荃银高科	1. 17	601801. SH	皖新传媒	4. 98
600012. SH	皖通高速	2. 80	603199. SH	九华旅游	0. 77
600054. SH	黄山旅游	1. 72	603689. SH	皖天然气	0. 97
600063. SH	皖维高新	1. 61			

3. 收益风险分析

（1）历史走势与市场指数基本相似

将安徽省国企指数表现与上证50指数、沪深300、中证500、国企改革指数以及上海市国企等市场走势进行比较，可以看到指数走势大致相当，充分说明了安徽省国企指数可以有效地反映市场的方向，可以作为投资者的跟踪指数（见图15）。

（2）收益率及波动率位于市场中游，2017年以来表现弱势

自2013年以来，安徽国企指数各个年度的收益率及波动率基本处于市场中游水平，2015年和2016年安徽国企表现优异，年度收益率分别位于市场指数的第二位和第一位（见表13）。波动率方面，2014年安徽国企波动率在所有指数中排名最低，不过2017年以来，指数收益率表现偏弱，且波动率较高（见表14）。

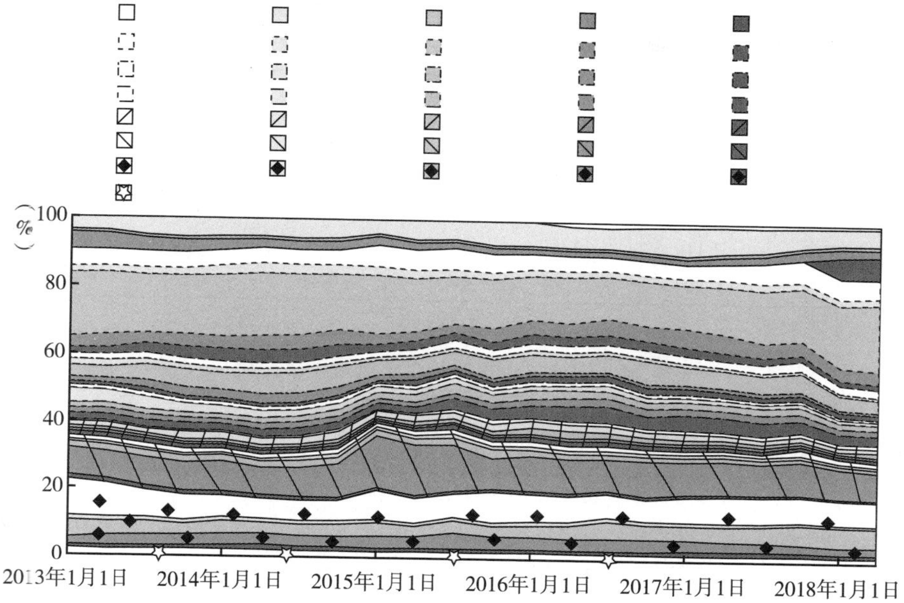

图 14　安徽国企指数权重走势

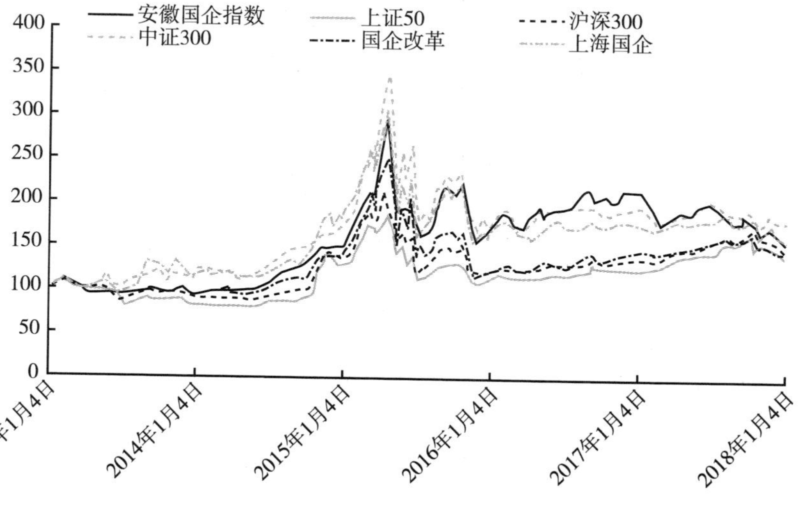

图 15　安徽国企指数与市场指数比较

表 13　安徽国企指数各个年度收益率分析

单位：%

年度	安徽国企	上证 50	沪深 300	中证 500	国企改革	上海国企
2013	0. 51	-15. 16	-6. 04	19. 84		21. 35
2014	43. 10	54. 51	45. 25	35. 47		43. 18
2015	49. 02	-1. 24	10. 34	45. 51	24. 82	26. 88
2016	9. 11	2. 61	-2. 62	-6. 97	-5. 26	-12. 28
2017	-14. 80	22. 89	19. 95	-0. 06	14. 56	0. 77

表 14　安徽国企指数各个年度波动率分析

单位：%

年度	安徽国企	上证 50	沪深 300	中证 500	国企改革	上海国企
2013	23. 18	25. 08	22. 27	23. 08		26. 84
2014	19. 21	22. 52	19. 29	19. 67		21. 15
2015	47. 75	40. 20	39. 39	44. 79	45. 10	45. 92
2016	29. 91	19. 23	21. 09	29. 16	26. 97	24. 69
2017	15. 36	11. 17	10. 13	14. 80	10. 83	10. 26

（3）各项指数均位居中游偏上水平，投资价值凸显

通过分析比较各个指数的年化收益率、波动率、夏普比率、最大回撤比率和 Calmar 比率等，得出的结果别为第 4、第 6、第 4、第 3 和第 2，总体来看处于指数中等偏上水平，夏普、回撤及 Calmar 指标反映了指数历史走势较为稳健，具有一定的投资价值（见表 15）。

表 15　安徽国企指数各项指标分析

单位：%

指数	年化收益率	年化波动率	夏普比率	最大回撤率	Calmar 比率
安徽国企	13. 22	29. 13	39. 53	48. 34	27. 34
上证 50	9. 97	25. 24	32. 78	44. 70	22. 31
沪深 300	10. 64	24. 16	37. 02	46. 70	22. 79
中证 500	15. 36	28. 07	48. 66	54. 35	28. 26
国企改革	13. 81	28. 26	42. 84	55. 92	24. 70
上海国企	12. 53	27. 78	38. 98	50. 53	24. 80

四　安徽省国企改革 ETF 设立的创新性

（一）提升国资形象，协调发展省内经济

1. 提供改革工具，增强安徽国资形象

安徽省国企 ETF 对安徽省国企改革具有较好的推动作用，可以作为安徽国企改革的整体形象的“名片”，有助于资本市场深入了解国企改革进展。同时也可以帮助国资委有效地进行市值管理和运作，各家上市公司的最新市值变动情况都将在 ETF 中有所体现，ETF 净值变化将会体现安徽国企的最新发展情况，有利于国资委对标其他 ETF 进行自我研究诊断，发现问题和不足。

2. 协调发展，共享国企上市公司红利

安徽省国资企业近几年来发展状况良莠不齐，上市公司股息率几年来差别较大，合肥百货、永新股份、皖通高速和海螺水泥近年来都保持着较高的分红比例，反映了企业良好的经营状况（见图 16）。上市公司通过股权换购 ETF，可以共同分享安徽省国有企业改革发展红利，改善企业运营状况，进一步促进企业转型升级。

（二）提供市值管理工具，改善上市公司流动性

1. ETF 流动性较好，上市公司资产流动性增强

流动性是 ETF 的突出优势，ETF 大多采取实物申购赎回形式。当二级市场价格偏离基金净值时，将触发套利交易，也正是折溢价套利，使得在二级市场买卖 ETF 变得非常方便。我们选择了五只安徽省国有上市公司与同等规模的 ETF 基金进行分析，比如 2018 年以来的日均成交额和日均换手率，从比较结果可以看出，ETF 基金流动性明显高于同等规模个股（见表 16）。

事实上股东将个股转换为 ETF 份额，本质上相当于将个股流动性转换为指数整体成分股的流动性，这样上市公司的资产流动性明显增强。

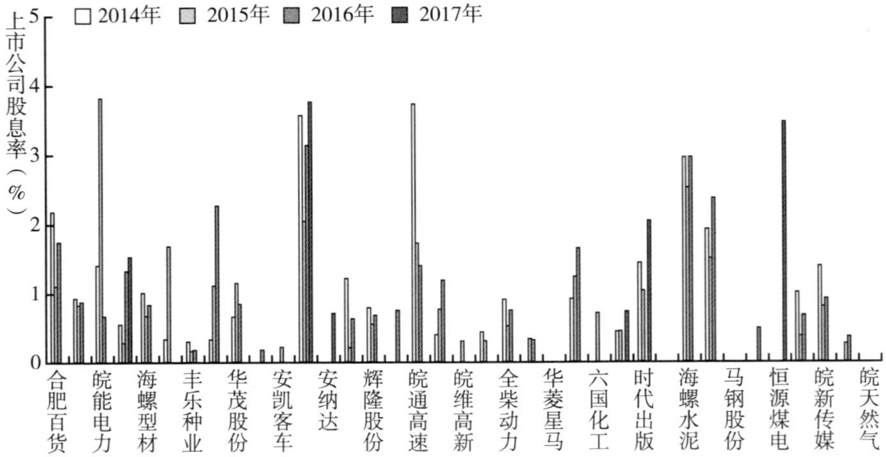

图 16　安徽国企近年来分红情况

表 16　上市公司日均换手率（2018 年 1 月 1 日～2018 年 6 月 1 日）与市场 ETF 比较

代码	名称	市值(亿元)	日均成交额(亿元)	日均换手率(%)
000728. SZ	国元证券	283. 37	1. 93	0. 68
000596. SZ	古井贡酒	392. 54	1. 96	0. 50
000630. SZ	铜陵有色	266. 32	1. 55	0. 58
600502. SH	安徽水利	81. 32	0. 57	0. 70
000543. SZ	皖能电力	89. 88	0. 65	0. 72
510050. OF	50ETF	336. 26	13. 65	4. 06
510300. OF	300ETF	221. 73	4. 74	2. 14
510500. OF	500ETF	223. 74	3. 46	1. 55
510900. OF	H 股 ETF	111. 28	14. 56	13. 08
159915. OF	创业板	100. 15	7. 14	7. 13

2. 市值管理更加灵活，对于市场冲击更小

上述我们分析了 ETF 流动性的优势，上市公司股东将持有股份换购为 ETF 份额后，可以更加灵活地进行市值管理。我们提取了 2017 年发布减持预披露公告的十家上市公司，分析了个股在公告后，20 个交易日的表现，并计算了相对于安徽国企指数收益走势，其中七家 ETF 走势明显强于个股，两家持平，一家弱于个股表现，且 20 个交易日内，ETF 波动率低于个股波

动率。

一般来说，上市公司股东直接从交易所减持股票，市场容易解读为股东对于上市企业未来发展没有信心，被认为是套现离场行为，从而上市公司的股价走势和形象有较大损害；而通过 ETF 换购减持，形式上来看并非直接卖出股份，对市场整体的心理影响较小，且由于 ETF 流动性优势，进行市值管理时冲击成本较小，预期获利空间相对更高（见图 17 和表 17）。

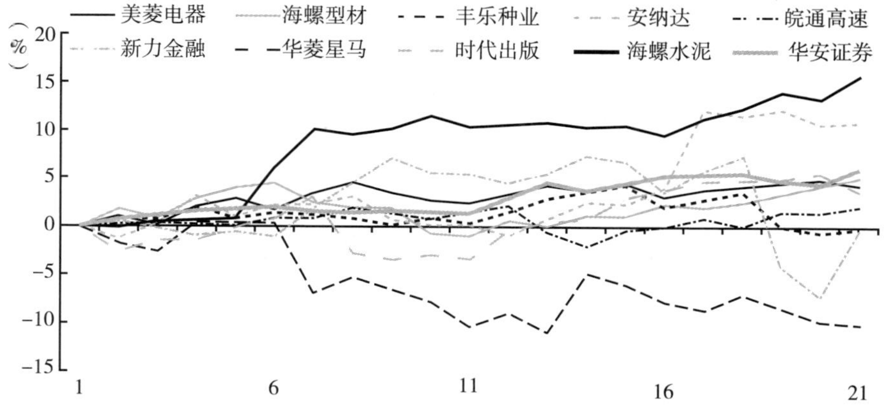

图 17　2017 年安徽省国有上市公司减持后 20 个交易日相对指数走势

表 17　2017 年安徽省国有上市公司减持后 20 个交易日收益率表现统计

单位：%

股票名称	减持公告日	指数收益率	个股收益率	指数波动率	个股波动率
美菱电器	2017/1/25	0.32	0.22	0.73	1.23
海螺型材	2017/3/13	-0.13	-0.17	0.79	3.70
丰乐种业	2017/3/9	-0.03	-0.32	0.79	1.10
安纳达	2017/4/29	-0.45	-0.99	1.08	2.79
皖通高速	2017/8/2	0.06	-0.19	1.01	1.13
新力金融	2017/9/8	0.21	0.01	0.75	2.13
华菱星马	2017/10/21	-0.36	-1.11	0.98	2.23
时代出版	2017/11/25	-0.03	-0.24	0.93	1.48
海螺水泥	2017/12/23	0.14	0.63	1.05	3.09
华安证券	2017/12/7	0.23	0.23	0.82	1.68

（三）区域与主题概念并重，为投资者提供资产配置工具

安徽省国企改革 ETF 兼顾了区域经济指数和国企改革两个概念，一方面来说，投资者如果倾向于对安徽省经济发展前景的信任，可以选择持有 ETF 来分享经济发展的红利，从 2012 年到 2017 年全省生产总值从 1.72 万亿元增加到 2.75 万亿元，年均增长 9.1%。财政收入年均增长 9.9%，在全国均处于靠前位置；另一方面，国企改革目前已经进入了重要阶段，从 2018 年李克强总理作政府工作报中可以看出，今后仍将继续推行国资改革，深化国有资本投资、运营公司等改革试点，赋予更多自主权、稳妥推进混合所有制改革、完善产权制度和要素市场化配置机制，长期来看，国企改革仍然具有很多看点，安徽国企 ETF 可以作为投资者主题投资的选择对象。

表 18　2017 年安徽省国有上市公司减持后 20 个交易日表现统计

股票名称	市净率	市盈率	股票名称	市净率	市盈率
合肥百货	1.71	14.03	金种子酒	1.90	169.24
美菱电器	1.03	21.60	全柴动力	1.37	16.74
皖能电力	0.82	-56.13	新力金融	4.75	78.40
古井贡酒	5.53	20.28	华菱星马	1.10	85.40
海螺型材	1.22	-107.60	江淮汽车	1.27	16.37
铜陵有色	1.83	53.31	六国化工	1.49	-35.59
丰乐种业	1.49	-87.88	安徽水利	2.68	60.77
国元证券	1.77	38.26	时代出版	1.16	12.80
华茂股份	0.94	98.64	皖江物流	1.94	31.83
国风塑业	2.20	96.84	海螺水泥	1.97	18.05
安凯客车	4.46	-62.19	安徽合力	1.76	18.78
永新股份	2.51	23.99	马钢股份	1.54	8.82
安纳达	5.71	23.95	华安证券	2.19	39.83
合肥城建	1.74	17.07	恒源煤电	1.71	9.07
辉隆股份	2.44	32.92	雷鸣科化	3.10	72.23
荃银高科	6.92	428.52	皖新传媒	2.29	8.42
皖通高速	2.03	15.54	九华旅游	3.50	23.37
黄山旅游	2.59	57.05	皖天然气	2.98	35.02
皖维高新	1.95	66.23	安徽国企指数	1.76	12.55

从资产配置角度来看，安徽国企 ETF 也有较强的配置意义，目前安徽国企指数市净率 1.76 倍、市盈率 12.55 倍，低于目前沪深 300 的 23 倍市盈率和中证 500 的 26 倍市盈率，从估值角度来看 ETF 相对于市场指数更有投资价值。另一方面，安徽国企指数收益率及波动率基本处于市场中游水平，可以作为投资者资产配置的工具之一（见图 18）。

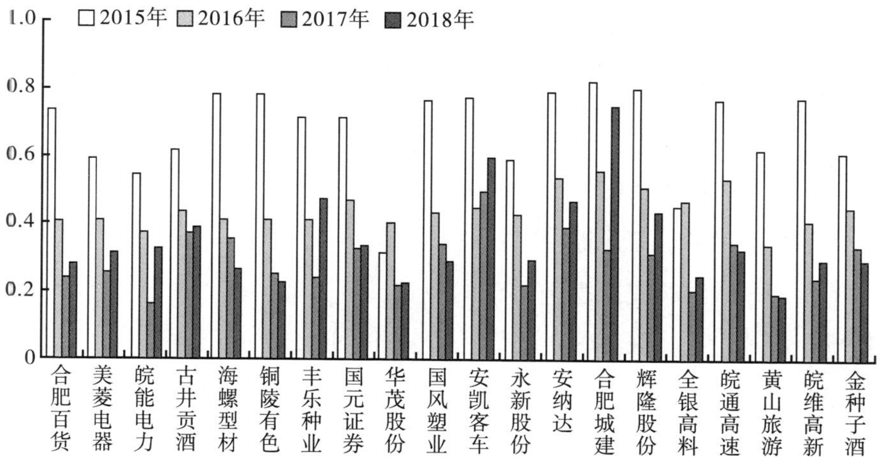

图 18　波动率比较

五　总结

我们研究分析了 ETF 基金在国企改革中的应用，对安徽省国企改革中面临的困难，安徽国企的现状进行了剖析，综合分析了结合 ETF 基金特色助力安徽国企改革的方法。并提出了安徽国企改革 ETF 的初步设计方案。

交易型开放式指数基金（ETF）是开放式基金的一种特殊类型，它结合了封闭式基金和开放式基金的运作特点，即可在一级市场申购、赎回又可在二级市场进行交易，其灵活方便的特点，使得管理“一篮子”股票（指数组合）如同管理一只股票一样简单，这也使其不再仅是一个投资品种，而逐渐成为一种工具化的管理产品。

从汇添富基金发行的上海国企 ETF 基金来看，基金创新发挥资产管理机构职能，服务国企改革、服务实体经济，在助力上海国企改革、推动上海国际金融中心建设和完善资本市场都具有重要的作用。目前通过 ETF 进行国有资产的管理运营，这一创新应用金融工具的方法，已经逐渐被用到央企改革及地方国有资产管理中来。

从整体来看安徽省国资体量大，与全国省级监管企业相比，各项指标均位于前列，随着国企改革逐渐深入，整体效益将继续维持强劲增长态势。安徽省属国资的资产证券化率目前在全国排在中等偏上的位置，资产证券化率有待进一步提升，行业结构需进一步优化。根据省国资委的有关规划，安徽国资将逐步提升证券化率、推动整体上市，同时对国有资本布局结构进行优化，有效配置国有资产，提高国有资本营运效率。

综上所述，结合安徽国企改革的现状，研究如何将 ETF 创新应用到安徽省国企改革中来，服务国企改革，促进国企升级转型具有重要的意义。安徽省国资行业多集中于钢铁、煤炭、有色金属等，此类产业多处于下行周期，属于“去杠杆”的主要行业；其次，国资委在改革过程中需兼顾国有资产保值增值和及其他多种诉求，难度较大。而通过发行 ETF 的方式，一方面能够降低国有持股比例，部分国企可以选择 ETF 形式的卖出，形成国资适当退出，并实现“去杠杆”的目标；另一方面，良好的流动性为国有企业的保值增值提供重要的保证；同时可以在保持国有资本控制力的基础上引入混合所有制，提升国有企的运营效率。

B.13 安徽省国有上市公司国资国企改革研究

国有上市公司是国有企业中的优质企业，在国企改革过程中起着领头羊的作用，国有上市公司的国资国企改革对其他国有企业具有示范效应。研究国有上市公司国资国企改革不仅能加深对国企改革的认识，国有上市公司的背景、改革路径与过程也能为其他国企改革提供宝贵的经验，有利于国资国企改革持续健康推进。本报告通过对安徽省国有上市公司国资国企改革所面临的政策环境及改革进展的梳理，对比分析上市国企的现状和特征，归纳国有上市公司国资国企改革的主要路径，简要介绍安徽省国资国企的阶段性成果和具体的典型案例，较全面地展示了安徽国有上市公司国资国企改革状况，并在此基础上有针对性地提出了存在的主要问题并给出了相关建议，从而为更好地推进安徽省国有企业国资国企改革工作提供参考。报告内容包括以下几个部分：第一部分简要阐述了国有上市公司国资国企改革的研究意义、思路和方法；第二部分梳理了十八届三中全会以来新一轮国资国企改革的进程和相关政策；第三部分利用纵向和横向对比分析方法分析安徽国有上市公司的现状和特征，展示了安徽省国资国企改革推进以来安徽省国有上市公司带来的变化；第四部研究提炼了安徽国资国企改革的推进路径和部分重要的改革成果，并对作为国资国企改革对象和重要参与方的省属证券公司情况进行了较为深入分析；第五部分指出了安徽国资国企改革存在的问题并给出了相应建议；第六部分为小结。

一 安徽省国有上市公司国资国企改革研究概述

（一）安徽省国有上市公司国资国企改革的研究意义

国有企业是我国国民经济的支柱，发展社会主义生产力，实现国家的工业化和现代化，必须要依靠和发挥国有企业的重要作用。在经济全球化和科技进步不断加快的形势下，国有企业面临着日趋激烈的市场竞争。国有企业改革是中央实施做强做优做大国有企业方针的重大战略步骤，推进国有企业改革，有利于国有资本保值增值，有利于提高国有经济竞争力，有利于国有企业更好地服务我国人民对美好生活的向往。

研究国有上市公司国资国企改革的意义主要体现在两方面：一方面，国有上市公司国资国企改革是整个国资国企改革的一部分，国有上市公司往往是国有企业中经营状况比较好的企业，在国企改革过程中起着领头羊的作用，对其他国有企业具有示范效应。研究国有上市公司国资国企改革不仅能加深对国有企业改革的认识，国有上市公司的背景、改革路径和过程也能为其他国有企业改革提供宝贵的经验，帮助国企改革进展更加顺利。另一方面，通过不同省份国有上市公司的对比分析，能够在深入了解安徽省国有上市公司发展现状的同时，找出差距，及时发现问题，从而改进现阶段的国资国企改革措施，有利于安徽省国资国企改革持续健康推进。

（二）安徽省国有上市公司国资国企改革的研究思路和方法

报告首先深入研究国资国企的相关政策，新一轮国资国企改革自党的十八届三中全会后开启，我们将其分为整理划分为三个阶段，对各个阶段的政策导向、重点任务进行梳理。之后对安徽省国有上市公司现状和特征进行较为深入分析，使用纵向和横向分析结合的方法对安徽省国有上市公司情况和国资国企改革市场化操作重要参与者的地方券商进行分析。其中，纵向分析是与安徽省自身的相关历史数据进行对比；横向分析则选择了与安徽省相邻的两个对标省份——湖北省和江苏省的相关数据进行对比，选择这两个省份的原因主要是考虑它们在地理位置、行政面积、经济发展的某些方面与安徽省存在相似之处（湖北与安徽各方面情况相近，江苏则是有待赶超的榜样），通过对标分析可以更深入地反映安徽省国有上市公司改革情况。具体分析中，我们从地位、地域、行业以及运营情况等方面分析国有上市公司的基本情况；分析运营情况时，选择营业收入、利润总额、净利润等绝对指标和净资产收益率、营业收入增长率、总资产周转率、资产负债率等相对指标来衡量上市公司的盈利能力、成长能力、偿债能力、营运能力；分析地方券商时，选择营业收入、净利润、净资本、总资产、净资产和权益乘数来衡量其经营状况。进一步地，我们研究提炼了安徽国资国企改革的推进路径和部分重要的改革成果。在前文分析的基础上，我们针对性地提出了安徽省国资国企改革存在的问题并给出了相应建议。报告最后对全文内容进行了简要小结。

二　安徽省国资国企改革的政策环境

对我国国资国企改革相关政策的理解和认识是进行安徽省国有上市公司国资国企改革研究的基础。本章梳理了十八届三中全会后的新一轮国资国企改革进程和工作重点，将其划分为十八届三中全会后重要政策文件陆续出台形成体系的总体部署阶段、供给侧结构调整与国企改革同步推进的全面实施阶段和十九大后的国资国企改革新阶段；安徽省国资国企改革的主要政策则主要体现在安徽省“十三五”规划、《关于深化国资国企改革的实施意见》、安徽省《2018 年政府工作报告》中。研究学习国资国企改革的相关政策，可以帮助我们深入理解和认识安徽省国有上市公司国资国企改革所面临的政策环境和主要任务。

（一）我国新一轮国资国企改革的政策与实施

一般认为，新一轮国资国企改革开启于十八届三中全会，大致可以分为三个阶段：2013 年 12 月到 2015 年 9 月，以十八届三中全会为起点、混合所有制为开端，标志性事件为《中共中央关于全面深化改革若干重大问题的决定》到《关于深化国有企业改革的指导意见》的出台，相关重要政策文件开始形成体系；2015 年 11 月到 2017 年 10 月，供给侧结构调整与国企改革同步推进，一方面以供给侧结构性改革为主线，大力推进“三去一降一补”及央企重组，另一方面以管资本为主题的国资混合所有制改革持续推进；2018 年到 2020 年，十九大后国资国企改革进入新的阶段，从过去的“做强做优做大国有企业”到“做强做优做大国有资本”，从“培育具有国际竞争力的国有骨干企业”到“培育具有全球竞争力的世界一流企业”，其实质是新时代中国特色社会主义与高质量发展阶段对于国企深化改革的新要求。

1. 总体部署：重要政策文件陆续出台形成体系

2013 年 11 月 12 日十八届三中全会审议通过《中共中央关于全面深化改革若干重大问题的决定》，对全面深化国资国企改革做出了总体部署，提出了一系列新思路、新任务、新举措。主要包括两大方面：①深化国有企业改革。一是加快国有企业股权多元化改革，积极发展混合所有制经济。国有企业在发展混合所有制经济中将逐步降低国有股权的比例；大力支持各种非公资本特别是民营资本参与国有企业的股权多元化改革；国有企业通过实施股权多元化改革，一方面吸引更多的社会资本与国有资本共同发展，另一方面促进国有企业进一步完善公司治理结构和内部运行机制。二是深化国有企业管理体制改革，健全完善现代企业制度。②完善国有资产管理体制，向以管资本为主转变。向管资本为主转变有三种途径：改革国有资本授权经营体制，组建若干国有资本运营公司，支持有条件的国有企业改组为国有资本投资公司。这一转变是把国企做大做强的客观要求，有利于优化国有资本配置，落实国家发展战略和产业政策；实现这一转变，国有资本功能不仅不会弱化，而且会放大和强化。

2015 年 8 月，国有企业改革顶层设计《关于深化国有企业改革的指导意见》发布，标志着新时期深化国有企业改革工作全面启动。此后，国务院《关于国有企业发展混合所有制经济的意见》、《关于改革和完善国有资产管理体制的若干意见》以及国务院办公厅《关于加强和改进企业国有资产监督防止国有资产流失的意见》等文件陆续出台，形成了以《关于深化国有企业改革的指导意见》为引领，多个配套文件协同配合，由“1+N”个文件组成的深化国资国企改革的政策体系。

2. 全面实施：供给侧结构调整与国企改革同步推进

在国企改革政策和顶层设计方案出台基本形成后，2016 年国企改革政策进入全面实施阶段，深入推进“十项改革试点”。这一阶段国企改革举措的发力点是针对供给侧结构性改革，重点是中央企业，其标志是“三去一降一补”和央企重组得到成功推进。在国有资产管理方面，以管资本为主题继续推进国资国企混合所有制改革。

李克强总理在 2016 年政府工作报告中明确指出：以改革促发展，坚决打好国有企业提质增效攻坚战；推动国有企业特别是中央企业结构调整，创新发展一批，重组整合一批，清理退出一批；推进股权多元化改革，开展落实企业董事会职权、市场化选聘经营者、职业经理人制度、混合所有制、员工持股等国企改革试点。

3. 新阶段：十九大后的国资国企改革

十九大之后，国资国企改革进入新的阶段，改革核心理念发生重大变化。从过去的“做强做优做大国有企业”到“做强做优做大国有资本”，从“培育具有国际竞争力的国有骨干企业”到“培育具有全球竞争力的世界一流企业”，这是新一届党中央关于国企深化改革的新思想，其实质是新时代中国特色社会主义与高质量发展阶段对于国企深化改革的新要求，对十九大后进一步深化国企改革具有极其重要的指导意义。其核心内容包括：①国资改革引领国企改革。十九大报告、中央经济工作会议以及 2018 年政府工作报告都明确要求，做强做优做大国有资本，以改革国有资本授权经营体制为重要内容的国资改革将被摆在突出位置。未来将以管资本、改革国有资本授权经营体制为核心，进一步放权、授权，使所有权与经营权进一步分开。改革国有资本授权经营体制是国资改革的基本定位。②打造世界一流企业。近年来国有企业综合实力显著增强，但放眼国际市场，竞争力仍需不断提升，从“世界水平”到“世界一流”，实现新目标、新任务，需要新手段、新动力。重组整合做强做优做大国企，是打造世界一流企业的重要途径。培育世界一流企业不仅是规模的扩大，还包括企业的产品和技术、管理和团队、文化和品牌等各方面综合素质的提高，任重道远。坚持党的全面领导、加强国有企业党的建设，将成为国有企业打造具有全球竞争力的世界一流企业的根本保证和最大优势。

2018 年以来，国企改革不断落地，央企层面的公司制改革方案已全部批复完成，重点领域混合所有制改革持续推进已取得阶段性成果，为未来国企改革进一步深化和突破奠定了良好基础。预计下半年国资国企改革力度将进一步加大：央企重组将提速增质，重组整合方案更加多元化，重要领域的战略性重组将继续稳步推进；混合所有制改革将在更广更深层次上加快破局，鼓励外资参与国企混改，大幅放宽市场准入，深入推进高水平开放；“管资本”将迈出新步伐，国有资本投资和运营公司试点有望扩围升级，在央企引领下，地方国企改革 ETF 有望全面铺开，国资证券化将进一步提速；国企“债转股”将全面提速。近期的央行定向降准有利于国有大型商业银行和股份制商业银行进行市场化法治化的“债转股”，加大对小微企业的支持力度，国企通过“债转股”能够进一步降杠杆、深化国资证券化水平。

（二）安徽省国资国企改革的主要政策

安徽省国资国企改革政策建立在党中央国资国企改革政策基础上，根据安徽省国有企业的实际情况制定，对推进安徽省国资国企改革推进具有针对性的指导意义。通过对安徽省国资国企改革政策的了解，能够帮助我们更好地理解作为安徽省国企组成部分的国有上市公司改革的进程和措施，也能更加明确安徽省国有企业未来改革发展方向。

1. 安徽省“十三五”规划

2016 年 4 月，安徽省发布《安徽省国民经济和社会发展第十三个五年规划纲要》，第九章专讲“深化国资国企改革”指出：不断增强国有经济的活力、控制力、影响力和抗风险能力，实现国有资产效益最大化和效率最优化。以商业类国企整体上市为重点，积极稳妥推进混合所有制改革，推进具备条件的国有企业实现集团层面整体上市。坚持一企一策、分类推进，支持各类社会资本以出资入股、认购可转债、收购股权、股权置换等方式，参与国有企业改制。支持国有资本与各类资本共同设立股权投资基金、产业投资基金。鼓励国有企业对成长性强的非国有企业进行股权投资，探索优先股和国家特殊管理股方式。推进市场化、开放式重组，进一步优化国有企业布局。完善现代企业制度，推动国有企业建立市场化导向的经营运作机制，形成规范的法人治理结构。建立省属企业领导人员分层分类管理、职业经理人制度和长效约束激励机制。以管资本为主加强国有资产监管，提高国有资本运营效率。改革国有资本授权经营体制，加强国有资本运营平台建设，引导国有资本更多投向战略性新兴产业、现代服务业等领域。加快解决国有企业社会职能移交等历史遗留问题，到2020年，国有资本收益上缴公共财政比例逐步提高到30%，形成若干国际有影响、国内有位次、具有较强竞争力的大企业大集团。

“十三五”规划关于深化国资国企改革的核心要义可以概括为两方面要求：一是混合所有制改革，要求通过推进混合所有制增强国有经济的活力、控制力、影响力和抗风险能力，实现国有资产效益最大化和效率最优化。二是以管资本为主加强国有资产监管，提高国有资本运营效率。

2.《关于深化国资国企改革的实施意见》

为深入学习贯彻习近平总书记系列重要讲话和视察安徽重要讲话精神，认真落实中共中央国务院《关于深化国有企业改革的指导意见》（中发〔2015〕22号）等文件精神，2016年5月底，安徽省委、省政府印发了《关于深化国资国企改革的实施意见》（以下简称“实施意见”）。《实施意见》指出，要按照“五位一体”总体布局和“四个全面”战略布局，深入贯彻落实创新、协调、绿色、开放、共享的发展理念，着眼于发挥国有企业对经济增长的重大牵引作用，抢抓我省列入国家全面创新改革试验区的有利时机，紧密结合深化供给侧结构性改革、推进调转促“4105”行动计划，突出问题导向，全面深化新时期国资国企改革。意见结合了安徽省国有企业的特点，确定了通过整体上市、引入战略投资和员工持股等路径，使国企改革提速。具体措施包括：

（1）整体上市，安徽国资企业在此方面有着明显的“便利性”。主要是因为相关企业集团股权结构明晰，基本上一个集团控制着一家上市平台，资产结构相对合理，集中度较高；尤其是省属国资与合肥市属国资，早年即通过兼并重组完成分类管理，上市资产与未上市资产的股权结构清晰，有利于推进整体上市。

（2）引入战略投资是实现混合所有制改革的重要途径，也是安徽国资国企改革的重要方向。特别是对于充分竞争行业，将基本不考虑实施股权激励等内增性增长的模式，而是把企业交给善于管理的战略合作者。通过引入战略投资者，适当降低国资持股比例，有利于企业的经营效率和竞争力的提升，长远来看必然是利好企业的。

（3）员工持股方面，安徽国企改革积极探索混合所有制企业员工持股，坚持试点先行，稳妥有序推进混合所有制企业员工持股。2017 年安徽国资委决定开展国有控股混合所有制企业员工持股试点。同时，支持对企业经营业绩和持续发展有直接或较大影响的经营管理人员、科研人员和业务骨干等持股。完善相关政策，健全审核程序，规范操作流程，严格资产评估，依法建立完善职工股权流转和退出机制，确保员工持股公开透明，防止利益输送。

3. 安徽省《2018年政府工作报告》

2018 年 1 月 22 日在安徽省第十三届人民代表大会第一次会议上，李国英省长代表安徽省政府做了安徽省《2018 年政府工作报告》，提到了安徽国资国企改革的诸多成绩，包括“积极推进国有企业改革，大力发展混合所有制经济，江淮汽车、华安证券、建工集团整体上市。”并指出 2018 年的重点工作之一是“纵深推进重点领域改革，推动开放型经济加快发展”，特别强调“深化国资国企改革。加强国有资产有效监管，开展出资人委派总会计师试点。改革国有资本授权经营体制，推动国有企业战略性、专业化重组，促进国有资本做强做优做大。推进国有企业混合所有制改革，支持整体上市。完善国有企业法人治理结构，推进规范董事会建设和职业经理人制度试点。基本完成国有企业‘三供一业’分离移交，切实减轻企业负担。”显然，安徽省国资国企改革2018年将以国资改革为重点，同时推进国企改革进一步深化，多点突破，全面加速。

三 安徽省国有上市公司现状与特点

本部分主要是通过不同的角度、指标展现安徽省国有上市公司的发展现状与特点。通过对安徽省国有上市公司的数量和市值、地域、行业、运营情况、市场表现等方面的分析，我们发现：安徽省区域内的国有上市公司共45家，合计总市值为5697.78亿元，国有上市公司的总市值占比明显低于数量占比，这表明安徽国有上市公司个体平均规模相对较小。进一步地，我们运用历史数据的纵向分析，同时与湖北江苏两省的横向对比揭示出：安徽国有上市公司地域分布很不平衡，主要集中分布在省会合肥市，共有23家，占比高达51.11%，总市值2507.8亿元，占比44.01%；行业分布上，国有上市公司主要集中在材料、工业和可选消费类，分别有12家、11家和9家，数量占比26.27%、24.44%和20%，合计占比约70%；产业结构上，安徽省国有上市公司仍以传统产业为主，战略新兴产业涉足较少；安徽省国有上市公司在数量、资产总额和总市值方面均远低于江苏省，略高于湖北省，这表明安徽省在推进国有企业上市、增加资产规模以及优化市值管理上都有进一步提升空间；盈利能力上，安徽省国有上市公司的净资产收益率始终处于中等水平，高于湖北省，低于江苏省；成长能力上，2016年安徽省国有上市公司的营业收入增长率最小，远小于全国平均水平，但在2017年、2018年大幅增加，超过江苏省和湖北省，也高于全国水平，可见随着国资国企改革的推进，安徽省国有上市公司的经营情况有了明显的改善，成长速度较快；偿债能力上，安徽省国有上市公司的资产负债率一直是三省中最低的，始终没有超过50%，远低于全国平均水平，且逐年下降，这表明我省供给侧改革去杠杆工作卓有成效；营运能力上，安徽省国有上市公司的总资产周转率三省中最高，且一直超过全国平均水平，这表明我省国有上市公司资产使用效率较高；市场表现上，安徽省国有上市公司与湖北相当，较其波动性低，但不如江苏省好。通过这些分析可以加深对我省国有上市公司国资国企改革发展情况的认识，发现不足之处，为后续持续健康推进相关工作提供参考。

（一）现状概览

安徽省一直以来都是国资大省，目前省属国企共有28家，国资规模较大，盈利能力强。从资产总额来看，2017年末国有资产总额为14490.1亿元，所有者权益总额为5363.9亿元。从盈利水平上看，全年实现营业收入7426.4亿元，实现利润总额5363.8亿元。截至2017年底，安徽省省属国有企业资产总额在全国省级监管类企业中排名第10位，营业收入位居全国第9位，利润总额在全国居第3位（仅次于上海、北京）；在中部地区，资产总额和营业收入均位居第2位（仅次于山西），利润总额位居第一。

安徽省国有资产一直有以下特点：资产证券化率低，截至2017年底，资产证券化率为40%左右；混合所有制程度较高，混合所有制企业户数占省属企业户数的63%，混合形态的资产占省属企业资产总额的68.4%；国资产业层次较低，传统产业、重工业比重较大。但安徽省属企业集团股权结构明晰，基本上一个集团控一家上市公司，有利于推进集团整体上市。

目前，安徽省区域内的国有上市公司共45家（见附件134.1），其中受国务院国资委监管8家，分别是中粮生化、中钢天源、国机通用、凯盛科技、四创电子、东华科技、科大讯飞和新集能源；受省国资委监管18家，包括：马钢股份、皖通高速、海螺水泥、海螺型材、皖能电力、雷鸣科化、皖江物流、国元证券、铜陵有色、江淮汽车、安凯客车、恒源煤电、安徽合力、皖维高新、安徽水利、华安证券、设计总院、皖天然气；由地方国资委监管10家，其中铜陵市2家，绵阳市1家，黄山市1家，合肥市4家，九华山 1 家，阜阳市 1 家；由省及地方人民政府监管 5 家，由省及地方供销社监管 3 家，由地方财政局监管 1 家。

（二）特征分析

1. 基本情况

截至 2018 年 5 月底，全国范围内国有上市公司共 1121 家，合计总市值为 306784.79 亿元。安徽地区共有国有上市公司 45 家，合计总市值为 5697.78 亿元，国有上市公司数量和总市值国内占比分别为 4.01% 和 1.86%。国有上市公司的总市值占比明显低于数量占比，可见安徽国有上市公司个体平均规模相对较小（见表 1）。

表 1　国有上市公司数量和市值统计（截至 2018 年 05 月 31 日）

地区	上市公司数量（家）	数量占比（%）	上市公司市值（亿元）	市值占比（%）
全国	1121	—	306784.79	—
安徽省	45	4.01	5697.78	1.86
江苏省	72	6.42	11918.01	3.88
湖北省	40	3.57	4432.99	1.44

安徽省国有上市公司的数量在周边省份中处于中等地位。如上表所示，与江苏省、湖北省相比，安徽省区域内的上市公司总数量和总市值均低于江苏省高于湖北省。

2. 地域分布

安徽省 45 家国有上市公司主要集中分布在省会合肥市，共有 23 家，占比高达 51.11%；其次是芜湖市、马鞍山市、铜陵市和蚌埠市，各有 3 家，占比均为 6.67%。其他几个地级市则相对较少，只有 1 ~2 个。位于省会合肥的 23 家国有上市公司截至 2018 年 5 月底的合计总市值为 2507.8 亿元，占比 44.01%，单个上市公司平均市值为 109.03 亿元，高于大部分安徽其他地区的国有上市公司，但低于芜湖市和亳州市。芜湖市 3 家国有上市公司的同期合计总市值为 1540.72 亿元，占比 27.04%，单个上市公司平均市值为513.57亿元，是安徽省单个上市公司平均市值最高的地方，这主要是由于海螺水泥市值高达1369.50亿元，单个上市公司的市值占比就已达到24.04%，远远超过其他上市公司。亳州市只有1家国有上市公司古井贡酒，其市值为388.21亿元，占比为6.81%（见图1）。

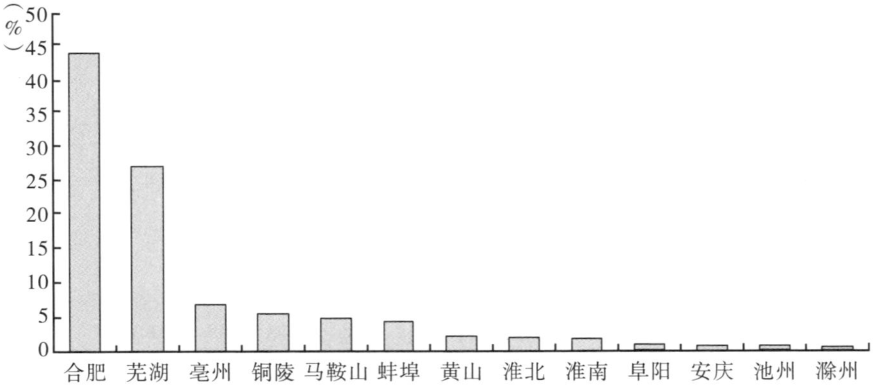

图1　安徽国有上市公司各地域市值占比分布情况

3. 行业分布

从行业分布来看，45家上市公司主要集中在材料、工业和可选消费类，分别有12家、11家和9家，数量占比分别为26.27%、24.44%和20%，合计占比约70%。从产业结构看，安徽省国有上市公司仍以传统产业为主，战略新兴产业涉足较少（见表2、图2）。

表2　安徽国有上市公司数量和市值分行业统计表（截至2018年5月31日）

Wind 行业(一级)	上市公司个数	占比（%）	总市值（亿元）	占比（%）	平均市值（亿元）
材料	12	26.67	2217.48	38.92	184.79
工业	11	24.44	674.08	11.8	61.28
可选消费	9	20.00	662.67	11.63	73.63
日常消费	3	6.67	452.38	7.94	150.79

续表

Wind 行业(一级)	上市公司个数	占比(%)	总市值(亿元)	占比(%)	平均市值(亿元)
金融	3	6.67	561.49	9.85	187.16
能源	3	6.67	196.90	3.46	65.63
信息技术	2	4.44	801.47	14.07	400.73
房地产	1	2.22	41.61	0.73	41.61
公用事业	1	2.22	89.70	1.57	89.70
合计	45	—	5697.78	—	126.62

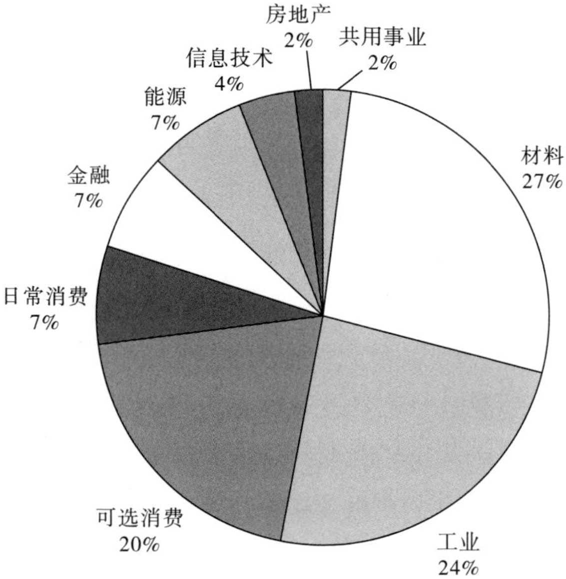

图 2　安徽国有上市公司行业分布情况

（三）运营情况

运营情况反映了一个公司运行管理的有效性，是体现公司发展好坏的决定性因素。我们测算了安徽省 45 家国有控股上市公司自新一轮国企改革以来的营业收入、利润总额、净利润等绝对指标，以及净利润率、净资产收益率、总资产周转率、资产负债率等相对指标，并将这些指标进行纵向和横向对比，以期较全面把握安徽省国有上市公司的运营情况。此外，本部分还对国有上市公司的市场表现进行分析，通过安徽省国有上市公司的市值水平来反映市场对安徽省国有上市公司的认可程度。

1. 财务绩效特征

2018 年一季度，安徽省 45 家上市国企累计实现营业收入 1202.84 亿元，同比增长 12.38%；累计实现利润总额 134.3 亿元，同比增长 51.54%；累计实现净利润 107.43 亿元，同比增长 49.56%。一季度净资产收益率平均为 1.85，其中有 5 家为负；净资产收益率最高的是古井贡酒，为 8.62，最低的是安凯客车，为 -7.80。安徽国有上市公司的平均总资产周转率为 0.16，其中辉隆股份最高，为 0.42，最低为国元证券，为 0.0078。总资产周转率的高低与上市公司所属行业有关。所有安徽国有控股上市公司资产负债率平均为47.65%，其中有 20 家资产负债率高于 50%，资产负债率最高的是安凯客车，高达 86.87%；资产负债率最低的黄山旅游，仅有 9.98%。

从图 3、图 4 可以看出，2013 年至 2017 年，安徽国有上市公司的营业收入、利润总额和净利润都呈现出“V”型，2013 ~2015 年整体盈利水平大幅下滑，2015 ~2017 年则快速上升。从财务比率指标来看，除资产负债率外，其余指标在 2015 年后均有所改善，营业收入增长率由负转正；总资产周转率也显著提高。净资产收益率和净利润率的上升意味着企业盈利水平的提高，净利润率的增加还说明了成本相对减少；资产负债率整体呈现下降的趋势，虽然在 2016 年有所增加，但在 2017 年安徽省“去杠杆”政策切实实行后，安徽省国有上市公司的资产负债率有很大改善。无论是安徽省国有上市公司营业成本的降低、盈利水平的提高，还是运营效率的提升、杠杆率的下降，很大程度上都得益于安徽省供给侧改革的“三去一降一补”的有效实施以及混合所有制改革的积极推进。

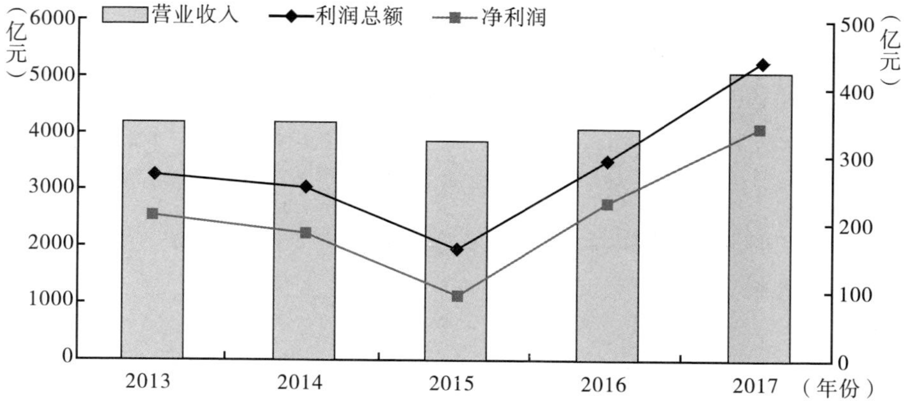

图 3　2013～2017 年安徽国有上市公司盈利水平

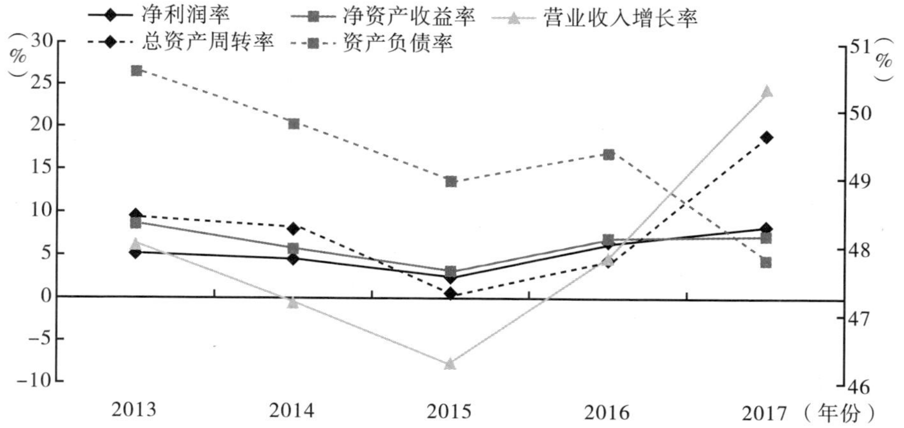

图 4　2013～2017 年安徽国有上市公司财务情况

2. 运营情况对比

我们选择湖北省和江苏省进行对标分析，其中湖北与安徽同属于中部崛起规划省份，安徽和江苏历史上曾同属一个省份，三者同属于长江流域地区。安徽省虽然在地理位置上与这两省相邻，但经济发展水平却不如它们。2017 年的统计数据显示，无论是 GDP 总量还是人均 GDP，安徽省在三省中均排在末尾，特别是与江苏省差距巨大。不过，安徽省 GDP 增速在三省中最快，达到 8.5%，可见安徽省经济处于高速发展中，未来 GDP 水平有望继续保持高速增长（见表3）。从国有上市公司情况来看，安徽省国有上市公司在数量、资产总额和总市值方面均远低于江苏省，略高于湖北省。由此可见，安徽省国有上市公司情况与湖北省相似，不及江苏省。安徽省在推进国有企业上市、增加资产规模以及优化市值管理上都有进一步提升空间。我们将湖北省和江苏省选为对标省份，有助于认识安徽省国有上市公司发展运行过程中的特点和不足，为促进安徽省国有上市公司未来发展提供参考。

表3　安徽省、湖北省和江苏省国有上市公司基本情况对比（截至2017年底）

省份	面积（平方千米）	人口（万人）	GDP（万亿元）	GDP增速（%）	人均GDP（万元）	公司数量（个）
安徽	139067	6254.8	2.75	8.50	44206	45
湖北	186004	5902.0	3.65	7.80	61972	41
江苏	103102	8029.3	8.59	7.20	107189	72

省份	总资产（亿元）	总市值（亿元）	平均市值（亿元）	资产证券化率目标（%）
安徽	5296.74	5358.36	119.07	60
湖北	4956.27	4717.74	115.07	50
江苏	43791.61	11878.38	164.98	50

从盈利能力来看（见图5），安徽省国有上市公司的净资产收益率始终处于中等水平。2016年、2017这两年始终高于全国平均水平，高于湖北省，低于江苏省；2018年一季度安徽省国有上市公司平均净资产收益率超过江苏省。湖北省国有上市公司的盈利能力始终较差，不仅一直低于全国平均水平，且2018年一季度平均净资产收益率为负。

从成长能力来看（见图6），2016年安徽省国有上市公司的营业收入增长率最小，远远小于全国平均水平。但在2017年、2018年，这一指标大大增加，超过江苏省和湖北省，也高于全国水平。可见随着国企改革的推进，安徽省国有上市公司的经营情况有了明显的改善，成长速度还是较快的。

从偿债能力来看（见图7）安徽省的资产负债率在逐年下降，安徽省供给侧改革的去杠杆工作卓有成效。安徽省国有上市公司的资产负债率一直是

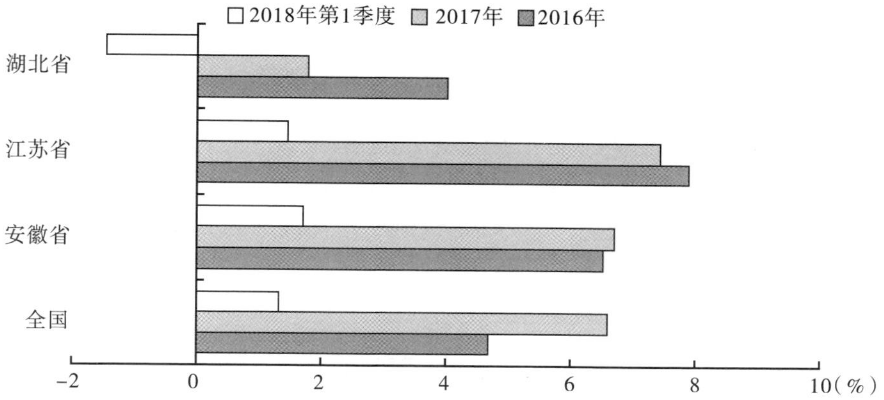

图 5　2016～2018 年一季度净资产收益率平均值对比

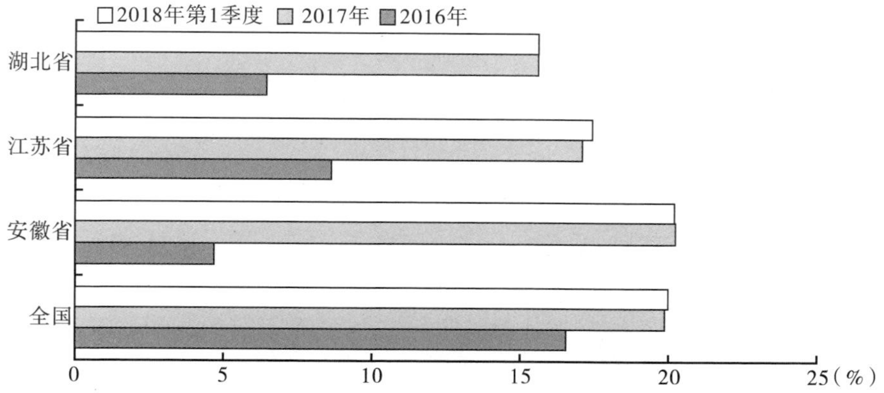

图 6　2016～2018 年一季度营业收入增长率平均值对比

三省中最低的，始终没有超过 50%，2018 年第 1 季度更是降到了 48% 以下。江苏和湖北省的国有上市公司资产负债率虽然也有所下降，但却一直较高，且一直高于全国国有上市公司的平均水平。

从营运能力来看（见图 8），安徽省国有上市公司的总资产周转率最高，而江苏省最低。此外，湖北省、安徽省及全国国有上市公司的平均总资产周转率在 2016～2017 年都有所提高，只有江苏省不升反降。

3. 市场表现

安徽省 45 家国有控股上市公司 2018 年一季度平均涨跌幅为 -6.04%，

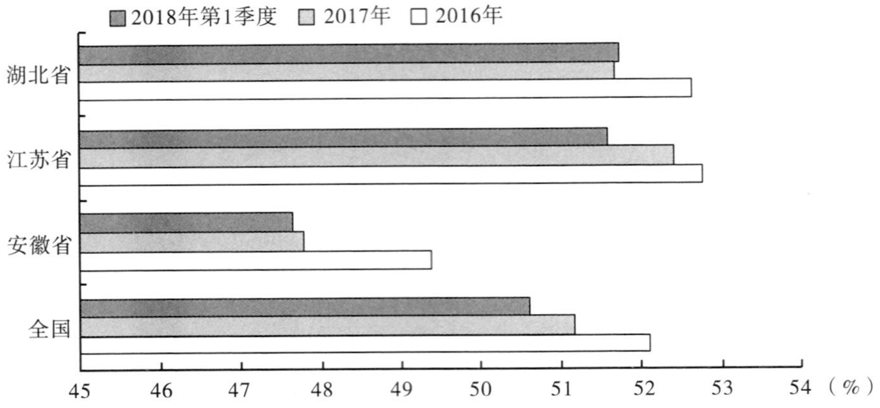

图7　2016～2018年一季度资产负债率对比

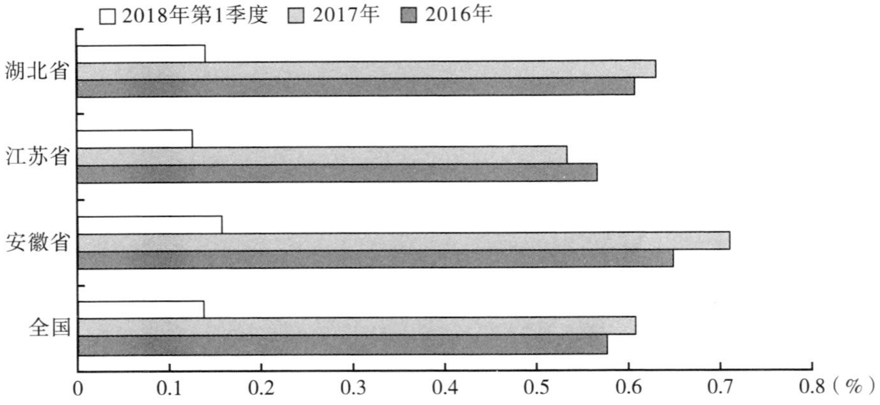

图8　2016～2018年一季度总资产周转率平均值对比

其中仅有5家上涨，涨幅最高的是合肥城建，一季度涨幅为96.94%；跌幅最大的是皖天然气，一季度下跌27.92%（见表4）。

表4　2018年一季度安徽省国有上市公司涨跌幅前五名

证券代码	证券简称	2018年1季度涨跌幅(%)
002208. SZ	合肥城建	96. 94
600585. SH	海螺水泥	9. 68
002014. SZ	永新股份	3. 92
600985. SH	雷鸣科化	1. 62
600551. SH	时代出版	1. 11

续表

证券代码	证券简称	2018 年 1 季度涨跌幅(%)
601918. SH	新集能源	-17.78
600971. SH	恒源煤电	-18.12
600418. SH	江淮汽车	-18.39
000868. SZ	安凯客车	-20.07
603689. SH	皖天然气	-27.92

在 2015 年的牛市行情中，湖北省的国有上市公司在二级市场的表现最为突出，安徽省紧随其后，优于江苏省，但不及全国平均水平，国有上市公司整体表现优于沪深 300。2016 年安徽省国有上市公司下跌近 10%，虽然比沪深 300 好，但是不如湖北省和江苏省。2017 年在价值投资理念的引领之下，沪深 300 表现较好，全年涨幅超过 20%。但国有上市公司的整体表现却不理想，全国上市公司整体跌幅为 5.83%，其中安徽省国有上市公司下跌 8.84%，在三省中跌幅最小。在刚刚过去的 2018 年一季度中，沪深 300 涨跌幅为 0，对比分析中只有江苏省国有上市公司有小幅上涨，其他均下跌，安徽省国有上市公司的下跌幅度与全国国有上市公司的平均下跌幅度持平，好于湖北省（见图 9、表 5）。

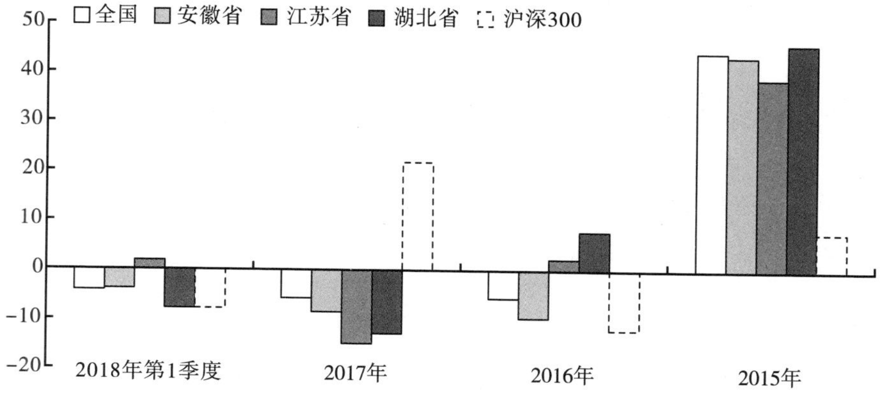

图 9　2016~2018 年一季度国有上市公司分地域涨跌幅

表5　国有上市公司市场表现分地域统计表

单位：%

地区	2018Q1	2017	2016	2015
全国	-4.33	-5.83	-5.46	44.61
安徽省	-4.28	-8.84	-9.67	43.49
江苏省	1.72	-15.23	2.05	39.59
湖北省	-7.59	-12.86	7.87	45.72
沪深300	0.00	21.78	-12.09	7.91

四　安徽省国有上市公司国资国企改革进展

本章主要阐述安徽省国有上市公司国资国企改革的进展。首先归纳整理了国有上市公司国资国企改革的主要路径，包括改制重组、整体或核心资产上市、引入战略投资者、引导基金的产权改革、员工持股等，近年来国资参与ETF成为推动国企改革的创新方式。然后简要分析了资本市场尤其地方券商在国有上市公司国资国企改革中发挥的重要作用，并通过对比分析指出安徽省两家券商的资产规模和盈利能力均偏低，整体实力不及江苏省和湖北省，且经营相对较为保守；有必要尽快补充安徽省券商的资本金，提高综合实力，并采取各种措施激发和调动积极性，从而更好地帮助安徽省国有企业进行国资国企改革。最后，我们简要介绍了安徽国资国企在供给侧改革、混合所有制改革、国资流动平台等方面的阶段性工作成果，并结合海螺集团、江淮汽车、安徽水利、铜陵有色、交通规划设计总院等典型案例，多方位展示了安徽省国有上市公司国资国企改革的成果。

（一）国有上市公司国资国企改革路径

目前，国有上市公司国资国企改革的实现方式主要有五种，分别为改制重组、整体或核心资产上市、引入战略投资者、引导基金的产权改革、员工持股。

1. 改制重组

重组是通过业务、资产以及债务等要素的重新组合，优化业务和资源配置、减轻包袱、提高国企竞争力。比如，天津的国资国企改革方案提出按照产业相近、行业相关、主业相同的原则，通过合并、划转、并购等多种方式，推进国有企业重组；上海提出推动国有控股上市公司、非上市公司开放性市场化重组整合等。

2. 整体或核心资产上市

整体上市或核心资产上市主要有三种模式，即首次公开发行上市、借助控股上市公司实现整体上市或核心资产上市以及借壳上市。在我国当前的政策环境下，整体上市或核心资产上市需要上市主体、证券经营机构等事前做大量准备性工作，且还需报备证监会审核等，流程较为复杂、经历时间较为漫长。

3. 引入战略投资者

战略投资者往往是国内外专业的行业/财务投资者。国企在混改中引入战略投资者，是看中了其丰富的投资经验及整合经验，希望其在市场、行业、商业模式上给企业提供参考，并且在资金、管理方法、管理人才、资本市场等方面提供资源，协助引入战略投资者的国企实现更大的价值。

4. 引导基金的产权改革

引导基金的产权改革是指国有资本利用基金载体，共担改革成本，分享混改收益，解决国企改革“钱从哪里来？业从何处兴？人往何处去？”的问题。目前以基金为载体推动的混改几乎只涉及项目业绩增量部分，而尚不触及国资存量。

5. 员工持股

员工持股旨在有效建立激励约束长效机制，激发国有企业内在活力。相对来说，实行员工持股事前准备较少，且实行面临阻力也较小，因而，在五种方式中，实行最为容易。

除了以上提到的五种常见路径外，近些年还出现了新的方式，其中最受关注的是国企 ETF。随着地方国企改革的加速，国资参与 ETF 成为推动国企改革的一大金融创新方式。对于提升国有资本的流动性，扩大国有资本的控制力和影响范围，优化资本布局都具有重要的意义。目前，已有上海、北京等地成功发行国企 ETF 产品。国资参与股份换购，实际上是将单一国有企业的股份换成了一揽子股份，降低了国有资产的非系统性风险；从公司治理的角度来看，通过 ETF 换购由 ETF 持有人行使对应部分的权利，在保持国有资本控制力的基础上引入混合所有制，对国有企业的运营、监督都具有良好的意义，有利于提升国企的运营效率。国企 ETF 可以看作一种更加市场化的国资流动平台，有利于加强市值管理，对于国资的保值增值大有裨益。

（二）资本市场助力国资国企改革

1. 资本市场是国资国企的“助推器”

资本市场在推进国企改革方面发挥非常重要和独特的作用。从过往的历史和实践来看，资本市场对于改革的“助推器”作用主要体现在以下几个方面：其一，利用资本市场融资功能扩大了企业筹集资金的渠道，利用资本市场流动性和定价功能，促进了国有企业资产重组和资源优化配置；其二，推动了企业的公司制改造以及现代企业制度的建立和完善；其三，实现了企业的股权多元化改革，帮助企业构建了有效率的激励和约束机制，这种功能的实现依赖于资本市场所特有的股票定价机制和企业接管机制的存在；其四，促进了企业法人治理结构改善，进而提高了上市公司质量。结合当前国有企业改革，特别是混合所有制改革的整体部署和要求，此轮国企改革将借助于资本市场推进，包括通过资本市场实施国企股权激励改革、并购重组、完成改制上市，提高国资证券化。

2. 地方券商在国资国企中发挥重要作用

券商在地方国资国企改革过程中的作用不容忽视。首先，我国地方券商一般都是重要的国有控股或参股企业，自身就是国资国企改革的重要对象；其次，高效推进国资国企改革需要借助资本市场，因此地方券商则毫无疑问是本轮国资国企改中的重要参与方，譬如前文提到的国有资本整合重组和国有资产证券化都必须依赖于券商投行业务才能完成；进一步地，地方券商的能力显然将对相关国资国企改革进程产生重大影响。

3. 安徽省属券商发展现状简析

安徽省共有 2 家券商，国元证券和华安证券，两家均已在沪深交易所挂牌上市。湖北省也有 2 家券商，长江证券和天风证券，目前仅长江证券在深交所上市，天风证券正在沪市 A 股 IPO 申报中。江苏省的地方券商数量最多，共 5 家，分别为华泰证券、东吴证券、南京证券、东海证券以及国联证券；其中华泰、东吴和南京证券已在沪深交易所挂牌上市，国联证券在香港上市，东海证券则在新三板挂牌。

从营业收入对比来看，2017 年营业收入最高的是江苏省的华泰证券，远远超出于其他券商，收入高达 211.09 亿元；其次是湖北省的长江证券，2017 年营业收入为 56.40 亿元；江苏省的东吴证券紧随其后，营业收入为 41.44 亿元。安徽省的国元证券营业收入仅排第四位，而华安证券则排在第七位。无论是从单个券商的营业收入来看，还是从各省份券商总营业总收入来看，安徽省两家券商的表现都不及湖北省，远远落后于江苏省（见表 6、图 10）。

表 6　安徽、湖北和江苏三省地方券商实力对比（截至 2017 年底）

证券代码	证券简称	省份	营业收入（亿元）	净利润（亿元）	净资本（亿元）	总资产（亿元）	净资产（亿元）	权益乘数（剔除客户交易保证金）
000728. SZ	国元证券	安徽省	35. 11	12. 14	176. 19	796. 79	253. 85	2. 61
600909. SH	华安证券	安徽省	19. 18	6. 52	91. 01	399. 08	125. 74	2. 48
000783. SZ	长江证券	湖北省	56. 40	15. 43	234. 78	1131. 52	267. 68	3. 42
A15331. SH	天风证券	湖北省	29. 86	6. 15	103. 93	514. 98	182. 83	4. 06
601688. SH	华泰证券	江苏省	211. 09	94. 08	467. 43	3814. 83	885. 90	3. 60
601555. SH	东吴证券	江苏省	41. 44	8. 11	190. 04	943. 60	210. 56	3. 86
601990. SH	南京证券	江苏省	13. 85	4. 12	74. 17	235. 02	94. 00	1. 76
832970. OC	东海证券	江苏省	19. 68	4. 50	71. 65	344. 49	86. 67	2. 97
1456. HK	国联证券	江苏省	12. 62	3. 74	72. 15	240. 66	75. 93	2. 26

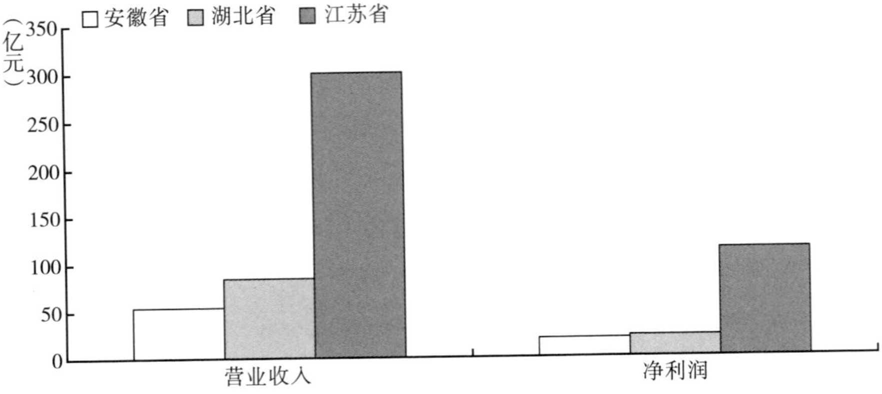

图 10　2017 年安徽、湖北和江苏三省地方券商营收情况对比

从净利润来看，华泰证券和长江证券依然是前两名，国元证券以 12.14 亿的净利润排第三位，华安证券以 6.52 亿排第五位。从各省券商的净资本和总资产指标来看，安徽券商的表现也不如其他两个省份，净资本和总资产排名情况与营业收入基本一致，而净资产与净利润的排名一致（见图 11）。

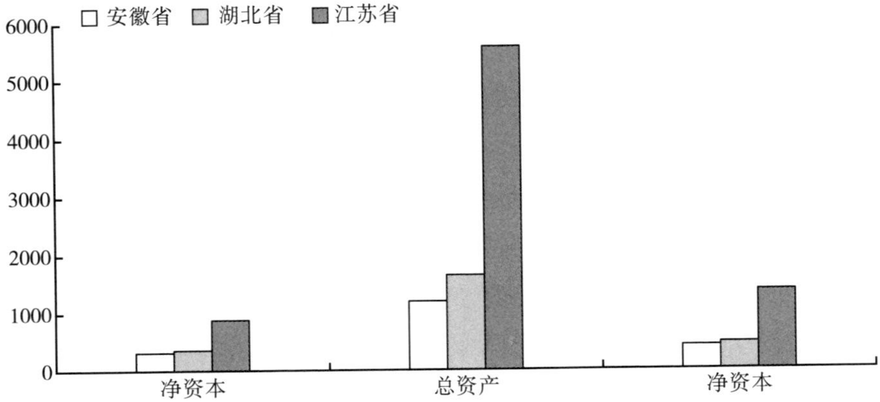

图 11　2017 年安徽、湖北和江苏三省地方券商资产规模对比

从权益乘数上看，安徽省两家券商的权益乘数较小，约为 2.5 倍左右，而湖北省券商的权益乘数较大，平均为 3.74；江苏省券商处于中间水平（见图 12），这表明安徽省券商经营较湖北省、江苏省保守。

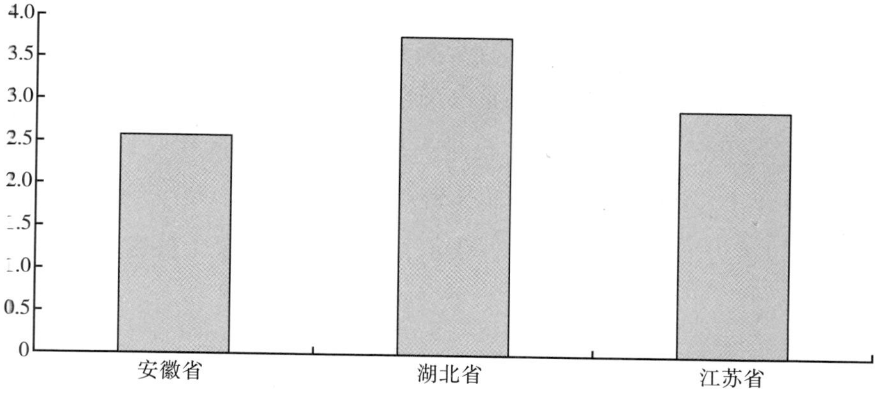

图 12 2017 年安徽、湖北和江苏三省地方券商权益乘数对比

综合以上分析可以看出，安徽省两家券商的资产规模和盈利能力均偏低，整体实力不及江苏和湖北，且经营相对较为保守。为了更好地帮助安徽省国有企业进行国资国企改革，有必要加强安徽省属券商的综合实力，急需补充资本金扩大规模，且应采取各种措施激发和调动积极性，深化金融改革和创新，以更加进取的心态开展工作，使老牌券商换发新的活力。

（三）阶段性工作成果

1. 供给侧改革

安徽省的供给侧改革推进艰难但成果坚实。拥有上市平台的“三煤一钢”企业，即淮南矿业集团、淮北矿业集团、皖北煤电集团与马钢集团是安徽省去产能任务的重头，在 2017 年 11 月份顺利通过国家和省两级验收。两年来马钢集团退出炼铁产能 284 万吨、炼钢产能 345 万吨，省属 3 户煤炭企业退出煤炭产能 1569 万吨。在此过程中，省国资委与省人社部门及市级政府联动，4 户企业 5 万多名职工得到转岗、内退、再就业等妥善安置。在去杠杆方面，省国资委坚持“一企一策”指导企业去杠杆，针对负债率超过 80% 的 5 户企业，多次通过召开专题会议、出具业务支持函等方式，推进银行与高杠杆企业签订债转股合作协议。目前，“三煤一钢”企业市场化债转股到位资金已达135亿元，平均降低企业资产负债率5个百分点。省建工集团、中煤矿建集团等企业也正在通过实施债转股、引入战略投资者、盘活存量资产等方式，大力推进去杠杆，不断降低企业资产负债率。截至2017年11月末，省属企业总体资产负债率63%，同比下降1.1个百分点。通过大力推进供给侧结构性改革，省属企业经营质量与效益持续改善。

2. 混合所有制改革

安徽省混合所有制改革正在走向深入。2014年以来，省属企业实施了近50户企业的混合所有制改革。截至目前，省国资委监管企业中的混合所有制企业占比达63%。在推进省属企业改革重组和提升资产证券化率方面，扎实推进整体上市与员工持股，并建立省级股权投资基金。安徽省先后实现了江汽集团、华安证券、建工集团等整体上市，以及安徽天然气、省交规院等子企业首发上市。截至目前，省国资委监管的29户企业中有18家上市公司。同时，省属外贸企业、科研院所已基本推行员工持股改革，铜陵有色、建工集团、国元证券等上市公司开展了员工持股，今年又按照员工持股试点的新要求，选择10户不同类型不同行业的企业开展试点。

3. 国资流动平台

2018年3月底，安徽省出台安徽省国有资产运营公司改组为国有资本运营公司试点方案，将安徽省国有资产运营有限公司改组为国有资本运营公司，暂定名安徽省国有资本运营集团有限公司。从“国有资产运营”到“国有资本运营”，意味着安徽省国资监管机构职能正在由“管企业为主”向“管资本为主”转变，无论是管理对象还是管理手段都发生了改变。省国有资本运营集团有限公司将以提升资本运营能力为重点，主要承担国有资产运营处置、国有股权管理、国有资本投融资三大战略任务。到2020年要将省国有资本运营集团有限公司打造成为治理规范、制度科学、运作专业、管控有力、竞争力强的国有资本运营平台，更好地服务安徽省产业转型升级和国有企业改革发展。此外，2018 年 5 月 14 日，安徽省属企业改革发展基金管理有限公司通过中国证券投资基金业协会登记备案，取得私募基金管理人资格。该基金主要支持省属国有独资与国有控股（含相对控股）企业的改革创新发展。总规模为 200 亿元的省属企业改革发展基金将广泛参与省属企业改革发展，优化全省国有资本布局，提升国资运营效率，支持企业做强做优做大，实现国有资本保值增值。

（四）经典案例

我们选取 5 个经典的安徽省国有上市公司改革案例，简要介绍其改革进程，分享其改革成功经验。每个案例公司的情况各不相同，其改革的路径和过程也各具特色，它们的成功为后续其他安徽省国有企业的混合所有制改革提供了宝贵的经验。

1. 海螺集团

2014 年 2 月，海螺集团通过员工持股计划完成改制。改制后，海螺集团由原来的国有独资公司变更为国有控股的有限责任公司，仍保持国有控股地位。其中，安徽省投资集团作为安徽省省属国有资产出资人占比 51%；安徽海螺创业投资有限责任公司（以下简称海创）占比 49%。海创是海螺集团及旗下子公司、孙子公司的 8 名高管和 7750 名职工通过四家工会投资设立。集团旗下两家上市公司海螺型材和海螺水泥，集团拨付的身份置换金和工资结余占了转让价款的一半左右。51% 与 49% 这个比例既实现了高管和职工持股的最大化，同时由于国有控股地位不变，对上市公司的控制权不变，不需要经过国资委和证监会的审批。

2. 江淮汽车

江淮汽车是安徽省此轮国企改革的领跑者，身兼“引入战投、股权激励、整体上市”三大改革于一身。2014 年 4 月，江淮汽车公告江汽集团拟通过重大资产重组方式实现整体上市，同年 7 月上市方案出台，江淮汽车拟通过向江汽集团全体股东江汽控股、建投投资、实勤投资发行股份方式吸收合并江汽集团。江淮汽车为拟吸收合并方和吸收合并完成后的存续方，江汽集团为被吸收合并方。合并完成后，江汽集团全部资产、负债、业务及与业务、资产直接相关员工并入江淮企业，江汽集团予以注销，江汽集团持有的江淮汽车股份也相应注销。2014 年 12 月 24 日，经中国证监会审核，公司以新增股份换股吸收合并安徽江淮汽车集团有限公司暨关联交易事项获得无条件通过。江淮汽车公司股票自 2014 年 12 月 25 日开市起复牌，安徽省国资委控股比例由 78.21% 降至 70.37%，安徽省国资委旗下的江汽控股仍为江淮汽车第一大股东。通过引入战略投资者“建投投资有限责任公司”，江汽集团实现了股权多元化。集团高管和技术骨干通过“实勤股权投资合伙企业”间接持股江淮汽车，实现了管理层利益和公司利益的绑定，有利于核心人才队伍的稳定。整体上市减少了管理层级和关联交易，有效促进了企业发展，尤其在经济下行压力较大的背景下，改革后的江淮汽车保持了较快发展，2015 年江淮汽车利润总额 10.07 亿元，同比增长 47.34%，并一度在 SUV 细分市场荣获全国销量冠军。

3. 安徽水利

安徽省建工集团整体上市是安徽省国企改革的亮点之一，实现了整体上市、引入战投与员工持股的一次性成功。2017 年 8 月，安徽建工集团通过上市子公司安徽水利吸收合并集团的方式整体上市，在重组的同时募集包括了战略投资者与员工持股的配套资金，减少了集团层面引进战投的改制环节。整体上市成功后，建工集团此前未上市的主业资产转入上市公司，大大提升了国有股东持股比例，增强了国有资本的控制力。上市公司股本由 9.04 亿股增至 14.34 亿股，国有资本持股比例同时也由 16.07% 增至 32.32%。安徽建工集团整体上市实质性改善了法人治理结构和企业形象，提高了企业回应市场需求的条件和能力；有利于企业充分利用资本市场融资功能，提升资金实力和投资能力，改善资产负债结构，推进转型升级；有利于企业依托资本市场，以获取关键技术、核心资源、市场渠道和完善产业链为重点，积极开展市场化并购重组，做强做优做大企业主业。同时，员工持股计划的成功实施，将进一步打造资本所有者和劳动者利益共同体，完善激励约束机制，巩固人才根基，释放企业活力。

4. 铜陵有色

2016 年铜陵有色在国元证券的帮助下，完成了两件资本市场的大事，企业得以有效去杠杆、轻装上阵，各项业绩都有了大幅增长。第一件是完成了全省规模最大的员工持股计划，总金额约为 7.96 亿元，参与员工约 11000 人；第二件是通过股权回购及股权转换非公开发行股票募集资金 26.75 亿元，推进了混合所有制改革。铜陵有色改革改制的总体目标是分步实施混合所有制、最终实现整体上市和产权多元化。员工持股计划是这次分步实施混合所有制改革的重要一环。实施员工持股计划是响应安徽省积极推进混合所有制改革、鼓励整体上市、强化资本运作等多项改革要求所做出的战略决策，对公司改革发展有重大意义。

5. 交通规划设计总院

2017 年 8 月 1 日，在历时 4 年多的规范运作、持续推进，历经员工持股、同业重组、上市申报、反馈审核等阶段后，省交通控股集团所属安徽省交通规划设计研究总院在上海证券交易所正式挂牌上市，这标志着省属企业实行混合所有制改革、推进员工持股和首发上市实现新突破，也标志着省交通控股集团坚持双轮驱动发展、大力实施资本运营取得重大突破。交规院上市后，成为在安徽省注册的第 100 家上市公司，是省属国有企业第 18 家上市企业，也是省交通控股集团第二个上市平台。省交通控股集团早在 2013 年就开始以提高国有资本效率、增强国有企业活力为中心，以培育优质企业上市为方向，在设计板块重组的基础上，实施交规院股份制改革。此次交规院成功上市，进一步提高了资产证券化水平，完善了“四位一体”资本运营平台体系，对省属企业股改上市具有示范效应，同时充分放大了国有资本杠杆效应，有利于撬动更大规模、更低成本、更优结构的各类资本，更好地服务安徽省综合交通产业发展，服务和推动五大发展美好安徽建设。

五　安徽国有上市国资国企改革存在的问题和建议

（一）主要问题

1. 平均市值规模小，个体差异大

由前文分析可知，截至2018年5月底，安徽省国有上市公司45家，合计总市值为5697.78亿元，国有上市公司数量和总市值国内占比分别为4.01%和1.86%。国有上市公司的总市值占比明显低于数量占比，可见安徽省国有上市公司个体平均规模小于全国平均水平。与相邻的湖北省和江苏省相比，虽然安徽省上市公司的平均市值略大于湖北省，但与江苏省相比还有不小差距，江苏省上市公司的平均市值是安徽省的1.5倍左右。从单个上市公司市值来看，市值排名第一的海螺水泥高达1369.50亿元，占比达24.04%，远远超过其他上市公司；其次是科大讯飞，市值为784.05亿元，占比12.42%；排名第三古井贡酒市值为388.21亿元，占比6.81%。显然，安徽省国有上市公司市值的个体差距较大，仅前三大上市公司市值占比就高达43%左右，其余上市公司单个市值占比均不足5%。

2. 行业结构失衡，地域分布过于集中，缺乏创新力

安徽省国有上市企业近些年来的整体经营状况较好，在盈利水平、成长能力、偿债能力和营运能力上均有不错表现。然而，安徽省国有企业在行业结构和区域分布上仍然存在一些问题。行业结构上，安徽省国有上市公司多布局于传统行业，主要集中在制造业，即材料类和工业类，这两类行业上市公司数量占比分别为26.27%、24.44%，市值占比为38.92%、11.80%，无论是在数量上还是市值上制造业的合计占比均超过50%；而在金融、信息技术、房地产等行业分布较少，特别是战略新兴产业涉足不多。同时，安徽省国有上市企业依然存在产能过剩、创新动力不足、活力不够，缺乏具有自主知识产权的关键技术和知名品牌。地域分布上，安徽

省国有上市公司分布在 13 个城市，但主要集中省会合肥市，共有 23 家；其次是芜湖市、马鞍山市、铜陵市和蚌埠市，各有 3 家；其他几个地级市较少。

3. 作为国资国企改革资本市场参与主体的地方券商实力不足

作为资本市场参与主体之一的地方券商在地方国资国企改革中发挥着重要作用，国资国企改革多重路径的实现都离不开券商。然而，从 2017 年的财务数据对比来看，安徽省 2 家券商——国元证券和华安证券的盈利水平、资本实力和资本结构等方面与湖北和江苏省均存一定差距。营业收入上，无论是单个券商还是各省份总额，安徽省两家券商的表现都不及湖北省，远远落后于江苏省；在三省券商营业收入对比中，江苏省的华泰证券和东吴证券分列一、三位，湖北省的长江证券位居第二，而国元证券和华安证券则分别排在第四和第七位。净利润上，华泰证券和长江证券依然是前两名，国元证券以 12. 14 亿元的净利润排第三位，华安证券以 6. 52 亿元排第五位。资产规模上，安徽券商的表现也与盈利水平类似，资本实力相对较弱。在总量上，安徽省券商的净资本、净资产和总资产这三个指标均最小；具体到券商个体，表现最好的华泰证券的净资本是 2 家安徽券商中较大的国元证券的 2. 5 倍左右，总资产接近国元证券的 5 倍。从权益乘数上看，安徽省两家券商的权益乘数约为 2. 5 倍左右，在三省中也是最小的，反映了安徽两家券商的经营也相对保守。

4. 国资监管尚未统一

我国企业国有资产（经营性国有资产）主要分为工商、金融、文化、军工及涉密四大类企业，分别由不同的部门代表国家进行管理。从安徽省地方国有上市公司的监管情况来看，由省或地市级国资委监管的有 18 家，多为工商类企业，和少数金融、文化类企业；由省或市县人民政府监管的有 5 家，涉及工商、文化类企业；由省或地方供销合作社联合社监管的有 3 家，包括 1 家金融类企业和 2 家工商类企业；还有 1 家由安庆市财政局监管的华茂股份。由此可以看出，安徽省目前有经营性国有资产尚没有实现集中统一监管，由于历史原因安徽省各级国资委对本级政府部分所有资产仍然缺乏出资管理权限，这一权力分散在各个部门手中，导致政企不分、政资不分的问题。此外安徽省经营性国有资产还存在多头管理、职责不清的问题；各级国资监管机构管得过多过细，出资人监管定位不准、审批备案事项多等问题也不同程度存在。

5. 企业经营管理体制有待完善

随着国企改革的推进，全国 90% 以上的国有企业完成了公司制股份制改革，实现了股权多元化，形成了混合所有制的股份有限公司。与此同时，多数企业建立了股东会、董事会、经理层和监事会等机构，公司治理结构逐步规范。从前面的财务数据分析可以看到，安徽省国有上市公司现代企业制度的建设使得企业经营管理效率明显提升、营业收入大幅增加。但在落实过程中诸如董事会规模不匹配、结构不够合理，以及职业经理人制度缺乏等常见问题也依然存在。

（二）工作建议

1. 多策并举做大做强国有上市公司

首先对还未实现整体上市的国有企业，要积极引进各类战略投资者，开展员工持股计划，推动国有企业改制上市、省属企业集团公司整体上市和核心子公司首发上市，推进国有企业在多层次资本市场上市（挂牌）。其次，对国有上市公司，要充分利用证券市场平台，积极开展并购重组，优化配置，推动国有上市公司向各地区和行业的龙头企业发展。同时，要发挥资本运作平台作用，将优质资产向上市公司集中，促进上市公司做优做强。

2. 完善行业和地域布局，高度重视提高企业创新力

对于安徽省国有上市企业产业布局偏重的问题，应该积极推进国有资本逐步从落后行业退出，向重点行业、关键领域内的优势企业集中，在推动引导企业优化股权结构，促进企业加速发展的同时，增强国有经济控制力、影响力和竞争力。对于安徽省国有上市公司地域分布不均的问题，应该积极发掘安徽省各县市的优质企业，推动有条件的企业上市。地方各级政府在准备

上市过程中配合证监会和企业做好相关工作，协调解决上市过程中存在的问题。对于无法在场内市场上市的企业，积极争取场外市场（新三板）挂牌。针对创新动力不足，缺乏关键技术和知名品牌的问题。首先，要加大创新投入，引入创新人才，拓展企业与知名高校、科研院所产学研合作。其次，企业创新要与市场创新、产业创新机制，处于产业链上下游的安徽省国有企业要加强合作、协同发展，共同推动技术进步、产业升级。最后，要充分利用“一带一路”等平台走出去，扩大安徽省国有企业的影响力，打造行业领军企业。

3. 加大对地方券商的扶持力度

地方券商作为资本市场的参与者在地方国资国企改革中有着重要的作用，其实力对推进国资国企改革进程影响重大。现在证券业监管体系以净资本为核心，拥有畅通融资渠道和资本优势的大型证券公司的优势将日益凸显，并呈现出强者恒强的格局。通过前文分析可以看出，安徽省 2 家券商均存在资本不足的问题。为了更好地服务安徽省国有企业进行混合所有制改革，建议省政府继续有必要加大对国元证券和华安证券的支持力度，提高它们的综合实力，采取加大资本金注入，引导金融改革和创新等有效措施，帮助两家券商扩大营业范围和规模，为老牌券商带来新的活力，从而更有效推动全面加快和推进安徽省国资国企改革进程，特别是混合所有制改革、资产证券化进程，完成“十三五”规划中资产证券化率 60% 的目标。

4. 完善国有资产监管体制

国务院国资委 2009 年 9 月就出台了《关于进一步加强地方国有资产监管工作的若干意见》提供相应的工作指导。之后出台的《中共中央国务院关于深化国有企业改革的指导意见》也明确提出把完善国有资产管理体制作为深化国有企业改革的重要任务。为落实相关部署，国务院又印发了《国务院关于改革和完善国有资产管理体制的若干意见》积极推进经营性国有资产的集中统一监管。在国务院国资委的呼吁下，多地均已积极开启经营性国有资产统一监管的探索。全国已有半数省级国资委监管覆盖面超过

90%，部分城市国资委，包括深圳、郑州等基本实现全覆盖，上海、广州、宁波等地区县国资委也基本完成了这一工作。

针对安徽省国有企业改革中依然存在的国有资产监管问题，建议在国务院相关政策文件的指导下，加快推进经营性国有资产统一监管，将经营性国有资产划归各级国资委统一管理，强化履行出资人监管职责，完善国有资产监督体系；对可能划转资产的质量不佳的问题，要明确资产分类及相适应的资产管理方式，实现分类管理。

5. 建设现代企业制度，加强和改进国企党建工作

首先，为了实现国有企业做强做优做大的目标，需要不断完善企业法人治理结构，做到权责清晰。建议规范国有企业董事会、监事会等的规模和结构，做到与企业规模和经营相适应。其次，为了吸引优秀的人才，提高自身的竞争力。建议在用人制度上实行党管干部原则与市场化选聘相结合，建立与国有资产管理体制和现代企业制度相适应的选人用人机制。另外，针对国企领导人员管理，要适应企业的发展要求，优化配置国企领导人员；同时建立激励约束机制，对国有企业领导人员监督管理。最后，要加强和改进国有企业党的建设。党组织在公司法人治理结构中有着重要的地位和作用，在建立现代企业制度的同时，也要继续落实全面从严治党的要求，提升国有企业党建工作水平。

六　小结

本报告首先梳理了新一轮国资国企改革的发展进程和各个阶段的工作重点、政策体系，以及在我国深化国资国企改革的大框架下，安徽省国资国企改革的相关政策，从而明确了安徽省国有上市公司所面临的政策环境和主要改革任务。然后运用 Wind 上市公司相关资料和数据对安徽省 45 家国有上市公司的地位、地域、行业、运营情况、市场表现等方面的整理分析，发现安徽国有上市公司主要集中在省会合肥、行业分布集中在材料类、工业类和可选消费类以及新一轮国资国企改革以来实现了盈利水平的

提高，从多方面对安徽省国有上市公司的发展现状进行了解。特别地，还将安徽省的各项指标与地理上相邻、经济情况相似的湖北省和经济发展更好更快的江苏省进行对比、分析，发现安徽省国有上市公司的运营情况好于湖北省、不及江苏省。此外，通过查阅安徽省国资委的公开资料和相关的新闻报道，研究国资国企改革路径，以及安徽省国有上市公司现阶段取得的改革成果，发现安徽省国企改革已经在供给侧改革、混合所有制改革以及国资流动平台建立上取得了阶段性成果，并借助5个经典案例，展示安徽省国有上市公司国资国企改革的部分成果。我们还着重分析了资本市场特别是地方券商在国有上市公司国资国企改革过程中的重要作用，并进一步通过对比分析发现安徽省地方券商综合实力不及对标省份，有待进一步加强。最后，报告在前文分析基础上指出了安徽省国有上市公司在国企改革过程中存在的主要问题，包括国有上市公司平均市值规模小、个体差异大，国有上市公司行业结构失衡、地域分布过于集中、缺乏创新力，作为国资国企改革资本市场参与主体的地方券商实力不足，国资监管尚未统一，企业经营管理体制有待完善；并提出了针对性建议：多策并举做大做强国有上市公司，完善行业和地域布局、高度重视提高企业创新力，加大对地方券商的扶持力度，完善国有资产监管体制，建设现代企业制度、加强和改进国企党建工作。

附件1　安徽国有上市公司一览

证券简称	实际控制人名称	第一大股东名称	第一大股东持股比例（%）
新集能源	国务院国有资产监督管理委员会	中国中煤能源集团有限公司	30.31
四创电子	国务院国有资产监督管理委员会	中国电子科技集团公司第三十八研究所	45.67
凯盛科技	国务院国有资产监督管理委员会	安徽华光光电材料科技集团有限公司	21.74
国机通用	国务院国有资产监督管理委员会	合肥通用机械研究院有限公司	36.82
中钢天源	国务院国有资产监督管理委员会	中国中钢股份有限公司	23.09

续表

证券简称	实际控制人名称	第一大股东名称	第一大股东持股比例(%)
中粮生化	国务院国有资产监督管理委员会	大耀香港有限公司	15.76
东华科技	中国化学工程集团有限公司	化学工业第三设计院有限公司	58.60
科大讯飞	刘庆峰,中科大资产经营有限责任公司	中国移动通信有限公司	12.90
皖天然气	安徽省人民政府国有资产监督管理委员会	安徽省能源集团有限公司	42.74
设计总院	安徽省人民政府国有资产监督管理委员会	安徽省交通控股集团有限公司	48.63
雷鸣科化	安徽省人民政府国有资产监督管理委员会	淮北矿业(集团)有限责任公司	35.66
恒源煤电	安徽省人民政府国有资产监督管理委员会	安徽省皖北煤电集团有限责任公司	54.96
华安证券	安徽省人民政府国有资产监督管理委员会	安徽省国有资产运营有限公司	24.50
马钢股份	安徽省人民政府国有资产监督管理委员会	马钢(集团)控股有限公司	45.54
安徽合力	安徽省人民政府国有资产监督管理委员会	安徽叉车集团有限责任公司	37.97
海螺水泥	安徽省人民政府国有资产监督管理委员会	安徽海螺集团有限责任公司	36.40
皖江物流	安徽省人民政府国有资产监督管理委员会	淮南矿业(集团)有限责任公司	56.61
安徽水利	安徽省人民政府国有资产监督管理委员会	安徽省水利建筑工程总公司	32.32
江淮汽车	安徽省人民政府国有资产监督管理委员会	安徽江淮汽车集团控股有限公司	24.08
皖维高新	安徽省人民政府国有资产监督管理委员会	安徽皖维集团有限责任公司	30.74
皖通高速	安徽省人民政府国有资产监督管理委员会	安徽省交通控股集团有限公司	31.63
安凯客车	安徽省人民政府国有资产监督管理委员会	安徽江淮汽车集团股份有限公司	21.13

续表

证券简称	实际控制人名称	第一大股东名称	第一大股东持股比例(%)
国元证券	安徽省人民政府国有资产监督管理委员会	安徽国元控股(集团)有限责任公司	21.41
铜陵有色	安徽省人民政府国有资产监督管理委员会	铜陵有色金属集团控股有限公司	36.53
海螺型材	安徽省人民政府国有资产监督管理委员会	安徽海螺集团有限责任公司	30.63
皖能电力	安徽省人民政府国有资产监督管理委员会	安徽省能源集团有限公司	42.69
皖新传媒	安徽省人民政府	安徽新华发行(集团)控股有限公司	54.44
时代出版	安徽省人民政府	安徽出版集团有限责任公司	58.36
新力金融	安徽省供销合作社联合社	安徽新力投资集团有限公司	23.32
辉隆股份	安徽省供销合作社联合社	安徽辉隆投资集团有限公司	40.56
合肥城建	合肥市人民政府国有资产监督管理委员会	合肥兴泰金融控股(集团)有限公司	57.90
国风塑业	合肥市人民政府国有资产监督管理委员会	合肥市产业投资控股(集团)有限公司	25.11
丰乐种业	合肥市人民政府国有资产监督管理委员会	合肥市建设投资控股(集团)有限公司	34.11
合肥百货	合肥市人民政府国有资产监督管理委员会	合肥市建设投资控股(集团)有限公司	38.00
六国化工	铜陵市人民政府国有资产监督管理委员会	铜陵化学工业集团有限公司	25.49
安纳达	铜陵市人民政府国有资产监督管理委员会	铜陵化学工业集团有限公司	30.91
金种子酒	阜阳市人民政府国有资产监督管理委员会	安徽金种子集团有限公司	32.07
黄山旅游	黄山市人民政府国有资产监督管理委员会	黄山旅游集团有限公司	39.69

续表

证券简称	实际控制人名称	第一大股东名称	第一大股东持股比例(%)
九华旅游	九华山国有资产监督管理委员会	安徽九华山旅游(集团)有限公司	32.63
华菱星马	马鞍山市人民政府	马鞍山华神建材工业有限公司	10.89
古井贡酒	亳州市人民政府	安徽古井集团有限责任公司	53.89
华茂股份	安庆市财政局	安徽华茂集团有限公司	46.40
永新股份	黄山市供销合作社联合社	黄山永佳投资有限公司	31.70
全柴动力	全椒县人民政府	安徽全柴集团有限公司	34.32
美菱电器	绵阳市人民政府国有资产监督管理委员会	四川长虹电器股份有限公司	22.47

B.14
安徽省企业 IPO 上市的政策环境与案例分析

一 安徽 IPO 企业所处的宏观政策环境

作为安徽国民经济发展的重要组成部分和支持力量，安徽省 IPO 企业无论是在产业结构调整、经济增长方式转变、还是在带动区域经济发展等方面，都日益发挥着更加重要的作用。为了进一步加快发展资本市场，充分发挥多层次资本市场自身筹措社会资金、优化资源配置、推动结构调整和转换企业经营机制的作用，更好地促进经济社会发展，对公司 IPO 上市和安徽省上市公司政策环境进行较深入、系统性的研究，在现阶段具有极其重要的价值。

（一）我国企业 IPO 上市的政策环境

作为相互共生、互相促进的两位一体，实体经济发展是资本市场繁荣重要的前提条件，而资本市场又可通过支持企业的融资、并购、转型等方式支持实体经济发展。如何进一步有效地推动资本市场服务实体经济，首先，需借助资本市场的制度设计、体制改革，给予希望通过资本市场融资的企业创造更多的通道条件，使其在一定充分的空间内，实现更加透明、阳光地上市、挂牌。其次，资本市场本身也可参与到实体经济当中，如在化解过剩产能过程中，通过企业兼并重组，资本市场可以设立并购基金，对并购重组的企业在资本市场的交易进行税收减免，鼓励其解决劳动力市场的就业问题等。

而我国资本市场的证券化率水平，从世界发展视角看，依然存在较大的上升空间。目前，我国的股票市值和 GDP 的比重约为 80%，而全球平均水平接近 100%。无论是跟世界平均水平，还是同发达经济体相比，我国证券化率水平都存在较大的提升空间。作为体量庞大的新兴经济体，一方面，依托充足的市场空间，我国的证券化率水平可向发达国家不断看齐；另一方面，处在转型升级的过程当中，我国新兴产业的市值扩张空间依然较大。

《国民经济和社会发展第十三个五年（2016～2020 年）规划纲要》中提出要积极培育公开透明、健康发展的资本市场。规划明确指出："健全金融市场体系。积极培育公开透明、健康发展的资本市场，提高直接融资比重，降低杠杆率。创造条件实施股票发行注册制，发展多层次股权融资市场，深化创业板、新三板改革，规范发展区域性股权市场，建立健全转板机制和退出机制。"第十二届全国人民代表大会三次会议上，政府工作报告中同样明确指出，将"加强多层次资本市场体系建设，实施股票发行注册制改革"。

"十三五"期间的金融改革、健全金融市场体系的一项重要内容就是让资本市场健康发展。中国的资本市场发展存在空间，除了资本市场融资的需求及改善公司治理的需求之外，还需兼顾当下我国经济中，整体杠杆率水平偏高，特别是企业部门借贷比例占 GDP 的比重过高的现实。需逐步通过发展多层次资本市场，让更多的资金有条件、有渠道实现股权投资，降低企业对于借贷杠杆的过度依赖性。

（二）安徽省企业 IPO 上市的政策环境

"十二五"时期，安徽省金融业持续快速发展，金融体系不断健全，金融规模不断扩大，金融改革不断深化，金融业服务全省经济社会发展取得显著成效。"十二五"期间，安徽省累计实现直接融资 7526 亿元，新增 A 股上市公司 36 家，2015 年末全省有 A 股上市公司 88 家，居全国第九位、中部第 1 位。

"十三五"期间，安徽省上市公司与资本市场具有良好的经济环境。而今后一段时期内，世界经济在深度调整中曲折复苏，新一轮科技革命和产业变革蓄势待发，我国经济也将保持中高速增长，安徽省加快发展面临诸多有利因素。国家深入实施“一带一路”建设和京津冀协同发展和长江经济带战略，有利于安徽省发挥沿江近海、居中靠东的区位优势，进一步提升在全国区域发展格局中的战略地位；安徽省在全国率先系统推进全面创新改革试验，有利于有效集聚创新要素资源，加快培育新的竞争优势；全面深化改革扎实推进，将为全省发展持续注入新动力；国家大力实施制造强国战略、“互联网+”行动计划等，有利于安徽省加快调结构、转方式、促升级；新型城镇化试点省建设扎实推进，将进一步挖掘经济增长潜力；国家加快完善基础设施网络，将为经济增长提供有力支撑。

但现实情况中，发展不足、发展不优、发展不平衡问题依然突出；创新能力不强，产业结构不尽合理，部分产业产能过剩，发展方式较为粗放，资源环境约束趋紧，城乡区域发展差距明显，城镇化水平较低，市场主体总量不多，对外开放程度不高，基本公共服务供给不足，扶贫攻坚任务繁重，法治建设任务艰巨，政府治理能力和服务意识有待增强。综合判断，虽然风险挑战并存，但整体经济长期向好的基本面和新的增长动力加速孕育的态势没有变化，总体上机遇大于挑战，依然处于重要的战略机遇期。

1. 总体部署：核心政策文件明确要求

《安徽省国民经济和社会发展第十三个五年规划纲要》（以下简称《安徽省十三五规划》）指出：要深化金融改革创新。推进金融组织创新、机制创新、产品和服务方式创新。安徽省历来高度重视加快发展和利用资本市场，充分发挥资本市场筹集社会资金、优化资源配置、推动结构调整和转换企业经营机制等作用，更好地促进全省经济和社会发展。

《安徽省十三五规划》指出，鼓励国元证券、华安证券等建成全功能现代投资银行。积极跟进股票和债券发行交易制度改革，加快企业上市（挂牌）步伐。推进省区域性股权交易市场“综合融资服务中心”功能建设。完善产业、创业引导基金管理运行机制。推进信贷资产和企业资产证券化，稳妥发展各类金融衍生品。力争到2020年，全省在沪深港交易所上市公司达到200家，在“新三板”和省区域性股权交易市场挂牌企业分别达到650

家、1000 家，证券化率达到 60%。

2. 具体实施：详细规划文件陆续出台

2017 年 1 月，安徽省人民政府办公厅印发《安徽省“十三五”金融业发展规划》（以下简称：《安徽金融规划》）。规划明确了“十三五”时期金融工作的指导思想、发展目标、主要任务和保障措施，对全省金融工作进行全面部署。《规划》中阐明了安徽地区上个五年计划以来，金融行业发展所取得的成果。并指出了全省“初步形成了银行、证券、保险、信托、期货、基金等传统业态与汽车金融、财务公司、金融（融资）租赁、小额贷款公司、融资担保公司、典当、P2P、众筹等新兴业态共同发展的多元化金融组织体系”。

根据《安徽金融规划》，“十三五”期间，安徽省将通过强化金融支撑作用、完善金融组织体系、大力发展普惠金融、优化金融产业布局、营造良好金融生态环境等途径，促进金融业持续健康发展，充分发挥金融在全省经济转型升级和跨越式发展中的支撑引领作用。

《安徽金融规划》指出，十三五期间，安徽省要充分利用多层次资本市场。大力推动股份制改造，加强上市后备企业培育，到 2020 年末，力争全省上市（挂牌）后备资源库企业达到 3000 家。鼓励企业对接沪深港交易所，推进企业上市。支持暂未达到公开发行上市标准的中小微企业在“新三板”和省股权托管交易中心挂牌融资，鼓励挂牌企业通过做市交易等方式促进股权顺畅流转，推动上市公司再融资和并购重组。支持企业发债，探索发行新型债务融资工具，努力扩大债券融资规模。推进与期货交易所战略合作，争取将安徽省优势产品纳入期货交易品种范围。鼓励企业参与期货交易，开展套期保值。

《安徽金融规划》确定的发展目标是，十三五期间，安徽省直接融资比重显著提升。具体目标是，到 2020 年末，全省在沪深港证券交易所上市公司数量力争达到 200 家，在全国中小企业股份转让系统挂牌企业数量力争达到 650 家，在省区域性股权交易市场挂牌企业数量力争达到 1500 家。全省直接融资额年均增长 15% 以上，2016～2020 年直接融资净额力争累计达到

1万亿元，其中，股权融资额力争达到2000亿元。全省证券化率力争达到60%。到2020年，全省社会融资规模力争达到8000亿元，其中，直接融资占比超过30%。

3. 深入实施：重要政策文件形成体系

2017年8月，安徽省政府出台了《关于加快建设金融和资本创新体系的实施意见》（皖政〔2017〕76号，以下简称《实施意见》）。发展是第一要务，创新是引领发展的第一动力。当前，安徽省经济发展正处于新旧动能转换的关键阶段，必须主动把握和引领经济发展新常态，实施创新驱动发展战略，把创新摆在发展全局的核心位置。金融是现代经济的核心，是经济发展的“血液”，在企业培育、产业发展、技术创新、结构调整等方面有着举足轻重的作用。推进金融和资本创新体系建设，是落实新发展理念、发展新经济、培育新动能的迫切要求，是构建创新发展四大支撑体系的关键环节。

《实施意见》总共18条，从大力发展股权投资基金、推动企业对接多层次资本市场上市挂牌、提升省区域性股权市场平台服务功能、深化科技金融创新、创新科技金融服务体制机制五个方面，提出建设金融和资本创新体系的具体政策措施。《实施意见》在第二部分重点指出要“推动企业对接多层次资本市场上市挂牌”，具体实施提出3条意见。

（1）培育上市挂牌后备企业资源。分类建立战略性新兴产业企业、高新技术企业、“专精特新”企业上市挂牌后备资源库，将战略性新兴产业优质企业、高新技术企业、“专精特新”企业全部纳入，并向资本市场中介机构和投资机构推介。开展“拟上市挂牌企业走进交易所”行动。

（2）梯次推进企业上市挂牌。按照“改制一批、辅导一批、达标一批、申报一批、上市挂牌一批”梯次，完善保荐代表人联系市县、服务企业的上市挂牌机制，指导企业开展股份制改造。各级政府预算安排的产业发展、技术改造、技术研发等专项资金，同等条件下优先安排改制企业。及时调度在辅导拟上市企业，跟进服务在审上市挂牌企业。对改制完成并办理上市辅导备案登记、成功上市的企业，省财政分阶段给予不超过100万元奖励。对成功在全国中小企业股份转让系统挂牌融资的中小企业，省财政按首次股权融资额的1%给予不超过70万元奖励。

（3）支持再融资和并购重组。推动上市公司股债并举、公募私募并行，多渠道再融资。鼓励全国中小企业股份转让系统和省股权托管交易中心挂牌企业运用私募方式对接天使投资、风险投资等，提升资本实力。推动省属国有企业结合行业整合整体上市和并购重组。支持优势产业企业并购重组海内外产业链高端资产以及研发、品牌与技术资源。安徽省科技创新型企业通过并购重组省外上市公司并将其注册地迁至省内的，省财政一次性给予企业100万元奖励，鼓励各级财政根据实际情况给予奖励。

4. 激励补充：相关奖励政策补充规范

2015年12月，安徽省财政厅印发《安徽省企业上市（挂牌）省级财政奖励实施办法的通知》，为发挥财政引导作用，鼓励企业上市（挂牌），根据《安徽省人民政府关于金融支持服务实体经济发展的意见》（皖政〔2015〕87号）和《安徽省人民政府关于充分利用多层次资本市场着力调结构转方式促升级的意见》（皖政〔2015〕90号），印发《安徽省企业上市（挂牌）省级财政奖励实施办法》（以下简称《财政奖励实施办法》）。《财政奖励实施办法》指出，奖励对象是符合条件的拟上市企业、成功上市企业、挂牌融资的中小企业以及皖北地区和大别山片区地方政府。奖励条件和标准是：①对改制完成并办理上市辅导备案登记的拟上市企业，省财政给予30万元奖励，成功上市后再给予70万元的奖励（其中，对拟在H股上市的，成功上市后一次性给予100万元的奖励）；②皖北地区和大别山片区每培育1家在沪深港交易所上市的企业，省财政给予企业所在地政府100万元奖励；③对成功在“新三板”和省区域性股权交易市场挂牌融资的中小企业，省财政按首次股权融资额的1%给予奖励，单个企业省财政奖励金额不超过70万元（与第1条不重复奖励）。

（三）企业IPO上市政策环境的横向比较

1. 推进政策：相关奖励政策的补充规范

如果以安徽省周边的浙江省、湖北省为例，考察各省市在推进企业上市方面政策的优势与差异，浙江省推进企业上市和并购重组“凤凰行动”计划则是将企业IPO上市的奖励与推进放在首位。

2017年9月，浙江省人民政府印发《浙江省推进企业上市和并购重组“凤凰行动”计划的通知》（以下简称“凤凰行动计划”）。围绕金融强省建设目标，以上市公司为平台、并购重组为手段，提升上市公司发展水平，做强产业链，做深价值链，提高核心竞争力。把对接多层次资本市场与改造提升传统产业、培育新兴产业有机结合起来，促进制度创新、科技创新、产业创新和管理创新，加快“腾笼换鸟”“凤凰涅槃”，全面振兴实体经济，为加快实现“两个高水平”目标做出更大贡献。

“凤凰行动计划”的主要目标是，经过4年（2017~2020年）努力，进一步巩固提升浙江省在资本市场上的全国领先地位，建设金融强省，企业上市和并购重组工作促进经济转型升级成效显著。

一是数量和质量显著提升。到2020年，争取全省境内外上市公司达到700家、重点拟上市企业达到300家，实现上市公司数量倍增；“新三板”挂牌企业达到1200家，浙江股权交易中心挂牌企业达到5000家；股份公司达到8000家；通过资本市场融资累计达到2万亿元，全省直接融资占比35%上，股权与债权融资均衡发展，融资结构不断优化；获得资本市场服务的企业占全省规模以上企业数的12%以上。

二是区域行业布局优化。到2020年，力争实现上市公司县县有、行行有。全省上市公司中八大万亿产业和高新技术产业的企业分别占比50%、60%以上。

三是并购重组深入实施。到2020年，并购重组活跃度持续提升，60%以上的上市公司开展并购重组，年均并购重组金额达到800亿元以上，主要并购标的为高端技术、人才、品牌和营销渠道等。并购金融服务体系日趋完善，培育和引进一批国内外有一定品牌影响力的并购基金和中介服务机构，并购基金和并购贷款等融资保障年均达到400亿元。

四是产业提升带动明显。到2020年，打造若干以上市公司为龙头、产值超千亿元的现代产业集群，上市公司引领和支撑区域经济发展作用明显增强。培育 80 家市值 200 亿元以上、20 家市值 500 亿元以上、3～5 家市值 1000 亿元以上的上市公司梯度发展队伍。

“凤凰行动计划”实现路径是：一是完善机制、政企联动；二是培育为先、市场对接；三是规范先行、服务实体；四是示范引领、全面推进。

2018 年 3 月，杭州市人民政府出台《关于全面落实“凤凰行动”计划的实施意见》指出，（1）工作思路。充分发挥多层次资本市场在优化资源配置和助推经济社会等各项事业发展中的重要作用，通过推动杭州市更多企业改制、挂牌、上市，促进上市公司、挂牌企业再融资、并购重组和创新发展，提升上市公司、挂牌企业规范治理水平和综合竞争能力，发挥上市公司、挂牌企业的产业引领带动作用，加快培育和做强一批优势产业，实现“腾笼换鸟”“凤凰涅槃”，为加快建设独特韵味别样精彩的世界名城做出更大贡献。（2）主要目标。数量和质量显著提升。到 2020 年，全市境内外上市公司达到 235 家，重点拟上市企业达到 100 家，挂牌企业及浙江股权交易中心各板块挂牌企业合计达到 2600 家，股份公司达到 2700 家；通过资本市场融资累计达到 8700 亿元，直接融资占比 35% 以上；获得多层次资本市场服务的企业，占全市规模以上（限上）企业的比例达到 15% 以上。区域行业布局优化。全市上市公司中属于“1＋6”产业和高新技术产业的企业分别占比 50%、60% 以上。并购重组深入实施。到 2020 年，并购重组活跃度进一步提升，60% 以上的上市公司开展过并购重组，年均并购重组金额达到 300 亿元以上；建设并购特色金融小镇（街区）2 个以上，集聚知名并购基金和中介服务机构 20 家以上，并购融资保障年均达到 150 亿元以上。产业提升带动明显。到 2020 年，全面形成以上市公司为龙头的现代产业集群；培育 40 家市值 200 亿元以上、15 家市值 500 亿元以上、3～4 家市值 1000 亿元以上的上市公司梯队发展队伍。

2. 服务政策：相关助力扶持的辅导规范

相比于浙江省的推进政策，湖北省关于进一步推进企业上市工作的意见，则更侧重于对于 IPO 上市过程及后续的一系列辅助性的服务规范。2018 年 4 月，湖北省人民政府出台《关于进一步推进企业上市工作的意见》。该文件指出要大力推进湖北企业在境内外上市融资，全面提升湖北省企业核心竞争力，加快建设现代产业体系，推动经济高质量发展。明确企业上市总体目标：实施上市公司倍增计划。力争到2022年末，通过5年左右的时间，全省境内外各类上市公司总数达到200家左右，实现上市公司数量倍增。

同时，一系列的辅助性规定，将培育企业上市后备资源作为工作重心，重点包括以下几方面内容。①增加市场主体数量。大力发展各类市场主体，为企业上市奠定良好的主体基础。重点支持一批有品牌、有市场、产业带动性强的民营企业做大做强，推动全省民营经济做大总量、拓宽链条、优化结构，积极为企业上市培育优质后备资源。②建立上市后备企业资源库。深入实施上市后备企业“金种子”“银种子”计划，妥善解决其改制上市过程中遇到的困难和问题。③支持企业进行规范股改。④推动后备企业分层培育。

并且，加大企业上市扶持也是推进政策的延续，主要内容包括：①实施企业上市分阶段奖励。对在沪深交易所首次公开发行股票并上市的企业，省政府奖励400万元。奖励分阶段拨付，对完成企业股份制改造并向湖北证监局办理辅导备案登记手续的，奖励50万元；对经中国证监会正式受理申请材料的，奖励150万元；对获得中国证监会核准并在沪深交易所成功发行的，奖励200万元。对企业在境外证券交易所首次公开发行股票并上市的，省财政一次性奖励300万元。对省内企业按规定异地“买壳”或“借壳”上市后，将注册地迁回我省的，省财政一次性奖励300万元。②政府专项资金优先支持。③加大项目用地支持力度。在境内外交易所每新增1家上市公司，省国土资源管理部门在下一年度建设用地计划分解中，给予上市公司所在地政府300亩新增建设用地计划指标奖励（按项目申报）。④加大金融扶持力度。并将构建最优企业上市服务体系，作为推进企业上市的工作重点，包括完善企业上市“绿色通道”制度，妥善解决上市后备企业历史遗留问题，以及提升证券中介机构服务水平。

与周边省市比较，安徽省在促进企业上市，发展资本市场方面的政策力度较大，具体措施也是比较务实的（见表1）。可以预见，在未来的几年里，安徽将大力扶持资本市场发展，重点抓好上市后备资源的培育，加大资源整合力度，做优做强上市公司，并将培育出利于实体企业发展的良好经济环境。

表1　2016～2020年安徽省与周边省市推进企业上市的发展目标

省市	上市公司(家)	重点拟上市公司(家)	新三板挂牌企业（家）	省股权交易中心挂牌企业（家）	通过资本市场融资累计（亿元）	直接融资占比(%)
安徽省	200	—	650	1000～1500	10000	>30
湖北省	200	—	—	—	—	—
浙江省	700	300	1200	5000	20000	>35
杭州市	235	100	2600	8700	—	>35
衢州市	15	20	70	—	—	—
宁波市	150	—	2000	2800	—	>40
台州市	100	100	800	1500	—	>35

二　安徽省及全国企业IPO上市情况分析

（一）全国市场：近年IPO发行基本情况

1. 发行通过数量不断增长

随着中国资本市场制度的不断完善，以及国家和各区域政府对企业上市的大力扶持和鼓励，中国的资本市场发展迅速。截至2017年底，中国A股市场共有3485家上市公司，其中主板1888家、中小板888家、创业板709家，相比2007年底，近十年累计增长了124.8%（见图1）。

IPO的持续发行带来了中国资本市场的蓬勃发展和持续繁荣，同时也带来了安徽省资本市场的快速发展。另外，在不同发展时期、除了经济背

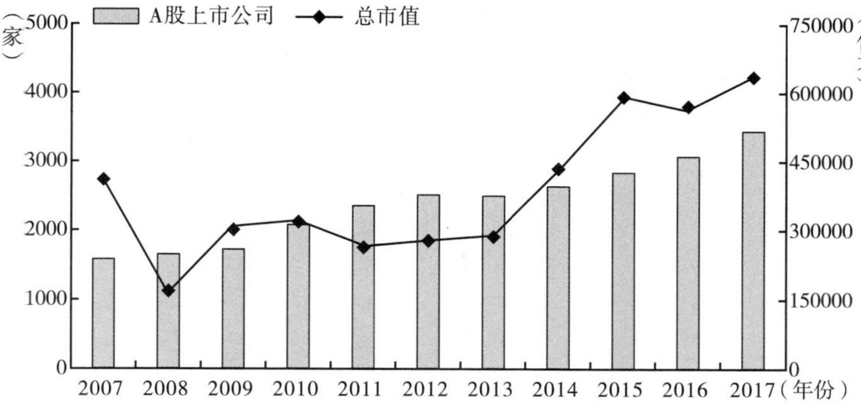

图 1　近十年中国 A 股市场发展迅速

景、市场规律等因素外，政策环境对资本市场的 IPO 发行同样产生着重要影响。

2. 参与范围不断扩大且区域集中度明显

近十年来（2008 ~ 2017 年），随着资本市场的快速发展，中国 A 股市场累计有 1973 家企业实现了 IPO 发行上市，累计募集资金 17543. 4 亿元人民币（见图 2）。从各区域情况来看，广东省、浙江省、江苏省 IPO 发行数量位居前三，分别为 395 家、291 家和 272 家（见表 2）。

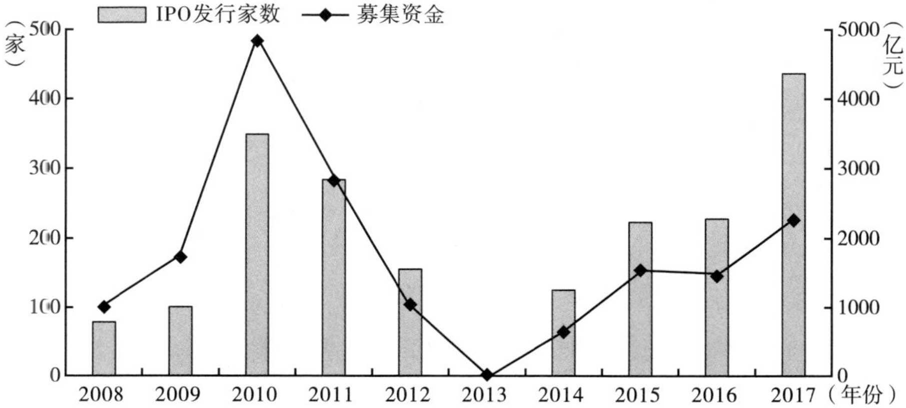

图 2　2008 ~ 2017 年中国 A 股市场 IPO 发行情况

表2 2008～2017年中国各省份IPO累计发行情况

省份	IPO数量（家）	募集资金（亿元）	省份	IPO数量（家）	募集资金（亿元）
广东	395	2638.1	陕西	20	352.8
浙江	291	2067.5	新疆	20	71.4
江苏	272	1960.7	甘肃	13	65.3
北京	194	4142.9	吉林	13	72.4
上海	134	1378.9	江西	13	57.8
山东	111	865.6	黑龙江	11	202.9
福建	82	559.2	广西	11	67.8
湖南	59	435.7	海南	10	123.6
四川	59	388.9	贵州	10	105.9
安徽	49	335.3	云南	9	99.4
河南	41	347.2	山西	7	63.9
湖北	35	214.0	西藏	7	34.3
辽宁	30	205.9	内蒙古	5	46.2
河北	24	259.0	青海	2	14.6
重庆	23	201.2	宁夏	2	11.2
天津	21	154.0	—	—	—

3. 审核速度和通过率受审核环境影响较大

对于IPO发行过程中的审核阶段，近十年来（2008～2017年），中国证监会累计审核公司总家次达到2286次，其中审核通过2022家次，审核通过率为88.5%（见图3）。

从历年的情况来看，随着监管趋严、政策收紧，2017年证监会IPO审核通过率大幅下降，仅为79.3%。而根据Wind最新统计数据，2018年1～7月份的IPO审核通过率进一步下降到53.5%。由此可见政策环境因素对IPO的审核通过至关重要。

（二）省内情况：安徽省企业IPO发行与审核

1. IPO辅导储备企业数量较多

日益趋严的IPO审核给很多即将上会的IPO排队企业带来更高的要求。

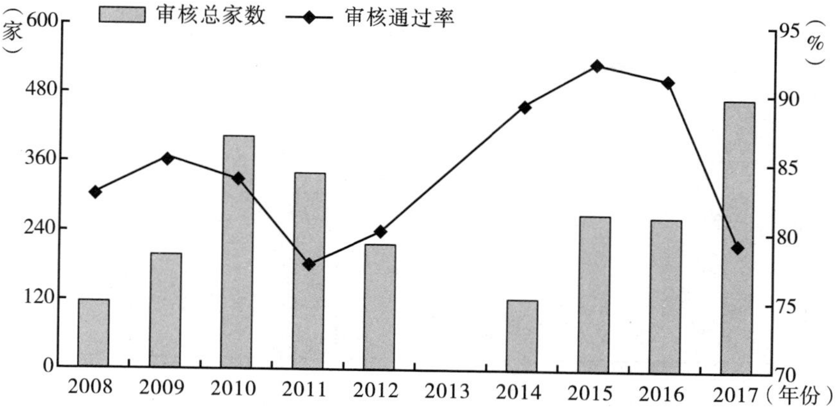

图 3　2008 ~2017 年中国证监会 IPO 审核通过情况

根据 Wind 最新数据，截至 2018 年 7 月底，全国已处于辅导备案登记阶段的企业有 1644 家，按照常规的审核程序这些 IPO 排队企业难以在短期内审核完毕。

从安徽省情况来看，目前安徽省共有 92 家企业处于辅导备案登记阶段，在过去的 10 年时间里安徽省仅有 64 家次的企业上会审核，并有 51 家次审核通过。而在目前的政策环境背景下，大量的 IPO 排队企业，再加上 IPO 审核要求不断提高的审核制度，这对安徽省的优质企业实现顺利上市造成了相当的困难。因此，为了进一步发展安徽省的资本市场就需要安徽省政府、准备上市的企业自身，以及安徽省属证券公司的共同努力。

2. IPO 发行水平中等居前

从发行情况对比不同地区，安徽省在近 10 年期间，整体 IPO 发行水平居全国中等前列。IPO 累计发行 49 家，在全国排名第十，远落后于同属长三角地区的浙江省；对于同属中部区域的湖北省来说，其间累计 IPO 发行 35 家，排名第十二，落后于安徽省（见图 4）。

（三）区域对比：同长三角、中部地区 IPO 横向比较

1. 地区分布具有不平衡性

而由于我国地区分布的不平衡发展，企业 IPO 上市同样也呈现出分

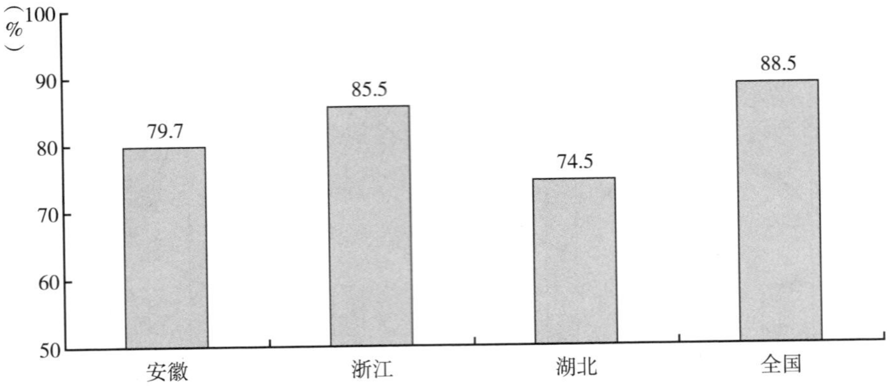

图4　2008～2017年安徽省、浙江省、湖北省等区域企业IPO审核通过率情况

布的不平衡性。而现有的经济不平衡发展和我国地域行政等级的共同作用下，本应对当地经济发展发挥拉动作用的上市公司，由于地区发展的不平衡分布、路径依赖及“马太效应”则会再次加剧各地经济发展的不平衡。从前文数据统计结果不难发现，对比不同地区的现有发行情况，以安徽省为例，在近10年期间，IPO累计发行49家，在全国排名第十，虽然在全国位于中等水平，但同长三角地区比，如江苏省、浙江省依然处于较慢水平；对比之下，同属中部区域的湖北省，10年间累计IPO发行35家，排名第十二，同安徽省发行水平类似，发行水平依然处于缓慢攀升阶段。

2. 通过率仍具上升空间

从区域情况来看，通过Wind统计数据对近十年来中国A股市场、安徽区域市场的IPO发行情况进行分析，并选择与安徽省同属长三角区域的浙江区域市场，以及同属中部区域的湖北市场进行比较分析。2008～2017年，安徽省企业IPO审核累计上会64家次，通过51家次，累计通过率为79.7%，低于全国的平均水平。同时，其间内浙江省企业的IPO审核通过率为85.5%，领先安徽省5.8个百分点；同期湖北省的IPO审核通过率为74.5%，落后安徽省5.2个百分点（见图5）。

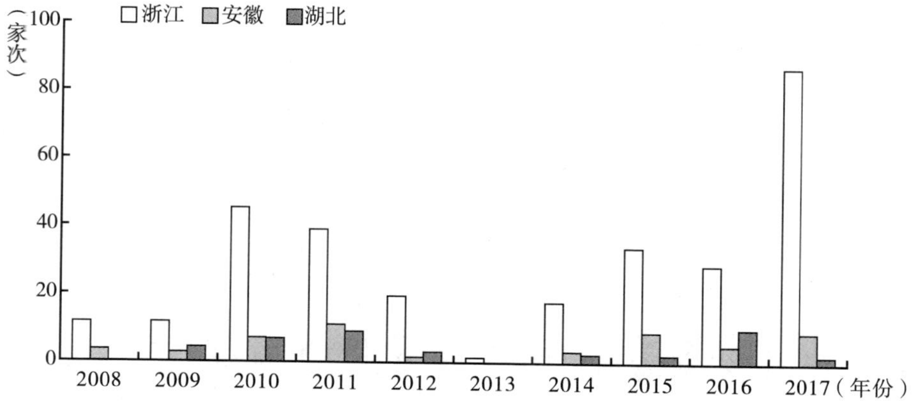

图5　2008～2017年安徽省、浙江省、湖北省等区域IPO发行情况

三　近期IPO审核的共性特征

（一）IPO审核周期缩短，整体过会率大幅降低

从2017年开始至今，发审委审核不断提速，IPO的审核周期相应缩短。但企业IPO上市周期的缩短，并未带来过会率的提高。2017年上会企业498家，其中380家企业通过，全年IPO过会率为76.3%。相比2016年275家上会企业来说，2017年企业上会速度大幅增加。2018年1月延续2017年的上会速度，但IPO审核趋严，1月49家上会企业中，仅18家成功过会，过会率仅为36.73%。2月12家上会，7家过会，通过率达到58.33%。3月上会家数与通过率均与2月份相同，4月共19家企业上会，11家通过，通过率为57.89%，5月16家企业上会，10家过会，通过率62.5%，6月上会10家，过会5家，通过率50%；截至2018年6月30日，上会企业总共112家，通过58家，通过率52%。对比2017年同期数据269家上会，224家过会，通过率高达83.27%。2018年1月后，整体上会速度明显下降，上半年的上会速度大幅放缓，过会率仅52%，通过率也明显下降，每月的数量大体保持在十几家左右的频率（见图6）。

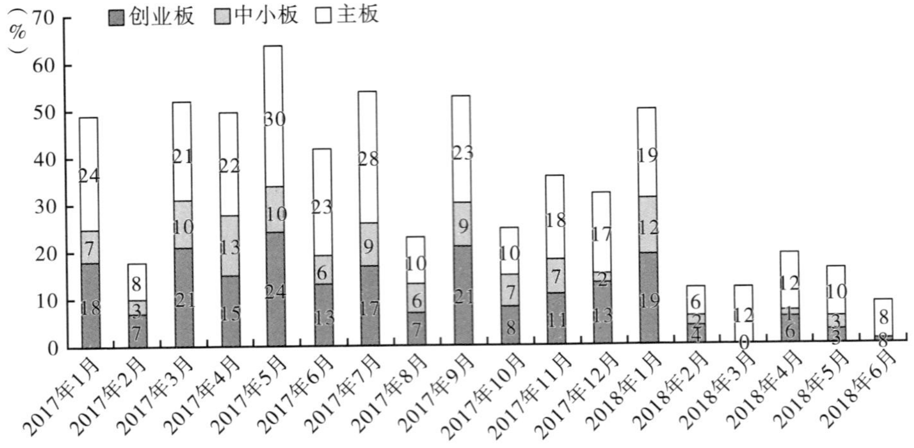

图6　不同板块上会通过率情况（2017年1月～2018年6月）

2016年全年平均过会率高达91.45%，2017年1月到8月，IPO审核过会率收紧，被否率逐渐上涨，但仍在企业预期范围内。2017年9月开始，企业IPO过会率大幅降低。2017年9月，IPO过会率为75%，环比降低9.21%；2017年11月IPO过会率为47.06%，达到了全年最低水平。2018年延续IPO审核趋严的状态，1月份50家上会企业中，仅18家成功过会，过会率仅为36%，2018年后续几个月的过会率均维持在60%左右（见图7）。

（二）IPO首发通过分布不均，被否多聚集于创业板

如果将2017年到2018上半年被否企业的进行具体分析，不难发现210家企业创业板上会被否率为29.52%，被否率居三大板块之首。在2017年到2018年上半年共616家首发上会企业中，主板299家上会，其中50家被否，占比16.72%；中小企业板共107家企业上会，其中18家未通过发审委审核，占比21.95%；创业板共210家企业上会，其中被否企业有62家，占比29.52%，在三个板块中被否率最高。创业板上市所需的主体资格和财务与会计条件相比于主板和中小企业板门槛较低，相比于

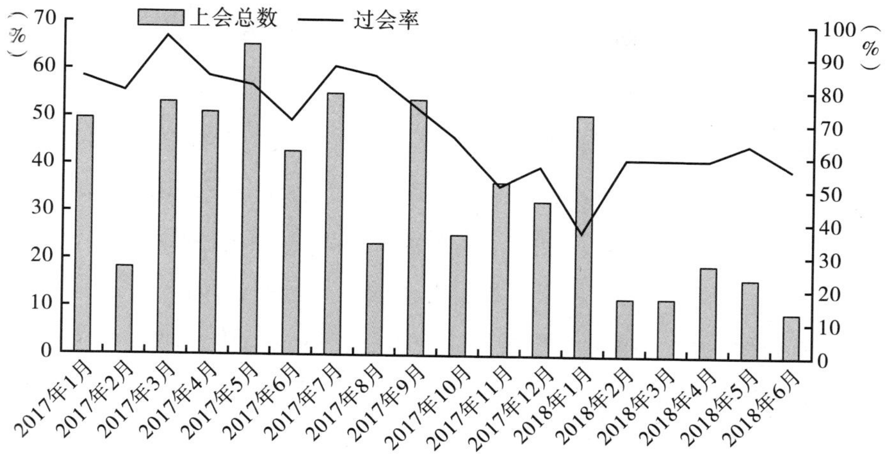

图 7　IPO 上会数量与通过率情况

注：2018 年 1 月后整体过会率维持 60% 左右。

主板和中小企业板上会企业，创业板上会企业内控制度、持续运营能力、抗风险能力等因素不确定性更高，从被否率的结果上来看，创业板的被否率也明显高于主板和中小板（见图 8）。

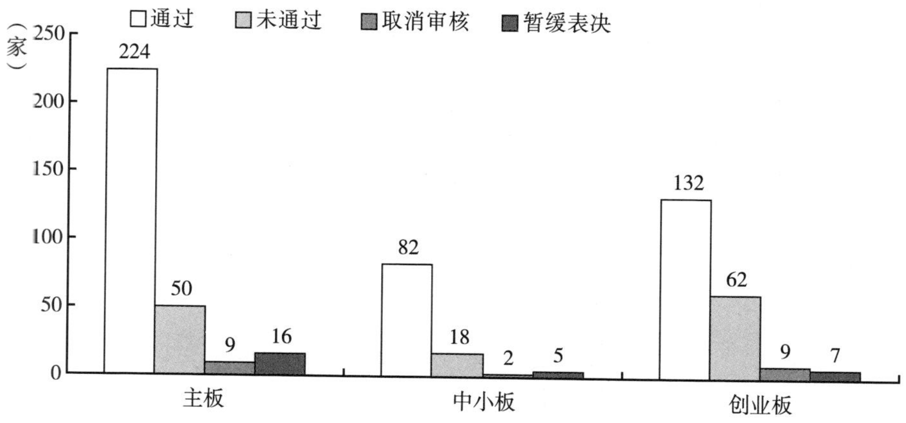

图 8　三大板块审核结果情况

（三）申请集中行业被否率高，保荐机构辅助作用重要

2018 年上半年，IPO 被否较多行业多延续申请比重，即申请上市企业中占比较高的信息技术、医药等行业企业被否比重较高。根据 Wind 数据库，我们统计了 2016 年到 2018 年上半年被否企业的行业分布可以看到，由于信息技术行业以及工业行业是申请上市企业中占比最高的企业，从而导致信息技术和工业行业一直是被否企业数量占比最多的行业，2017 年 24 家工业企业被否，占比 28%，19 家信息技术企业被否，占比 22%。2018 年上半年 44 家 IPO 审核未通过的企业中，信息技术企业被否 10 家，工业企业被否 13 家，分别占比 23% 和 30%（见图 9）。

其次材料和医疗保健行业的被否企业数量也较多，2017 年材料和医疗保健企业分别被否 12 家和 10 家，分别占比 14% 和 12%；2018 年上半年材料行业被否 5 家，占比 11%，医疗保健行业被否 6 家，占比 14%。

而保荐机构在申请中同样具有一定的辅助性影响作用。据 Choice 数据库的统计数据，将 587 家首发上会企业的保荐机构，在 2017 年到 2018 年上半年承办的上会企业数超过 10 家的数据，按照被否率的高低进行排序可以

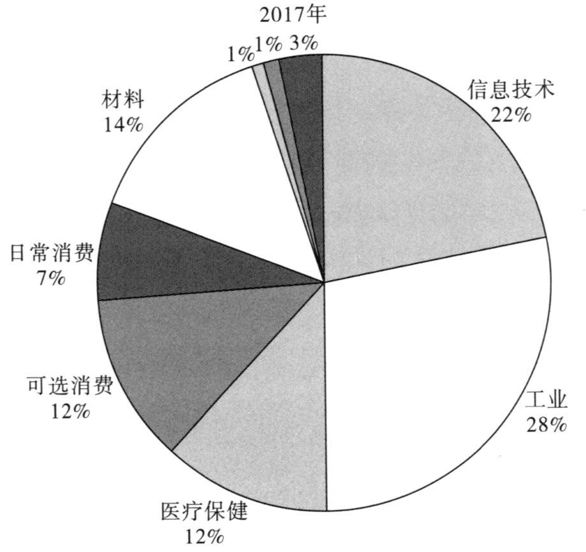

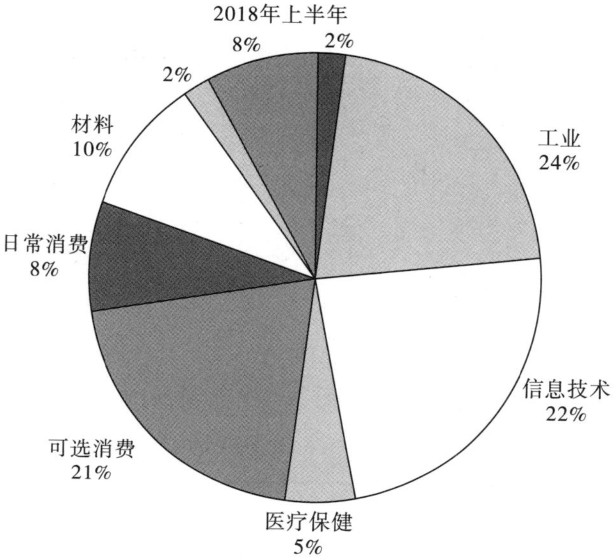

图 9　被否企业行业分布

发现，东方花旗证券表现较好，2017 年到 2018 年上半年共负责 12 家企业上会，11 家发审委审核通过。其次是华泰联合证券，负责的 22 家上会企业中，仅 1 家被否，被否率仅 5%。被否率较高的是中德证券、招商证券、兴业证券，三家保荐机构分别负责上会企业 15 家、32 家、19 家，被否率分别为 33.3%、34.38%、31.58%（见表 3）。

表 3　2017 年到 2018 年 587 家首发上会企业的保荐机构数据

保荐机构	全部上会企业家数	被否企业家数	被否率(%)
东方花旗证券	12	1	8.33
华泰联合证券	22	1	4.55
中国国际金融股份有限公司	17	1	5.88
民生证券	16	2	12.50
中信建投证券	34	5	14.71
中泰证券	11	2	18.18
中信证券	47	7	14.89

续表

保荐机构	全部上会企业家数	被否企业家数	被否率(%)
广发证券	38	5	13.16
国信证券	30	5	16.67
国泰君安	19	3	15.79
东吴证券	12	2	16.67
安信证券	22	5	22.73
海通证券	32	9	28.13
申万宏源	18	5	27.78
国金证券	33	11	33.33
兴业证券	19	6	31.58
招商证券	32	11	34.38
中德证券	15	5	33.33
光大证券	10	4	40.00

42 家被否企业排队时间低于 1 年，占全部被否企业的 34.78%。在 2017 ~2018 年首发上会被否的 130 家企业中，自申报稿首次公告日至发审委会议日的排队时长，时间超过 3 年的企业仅有 3 家，排队时间在 2.5 ~3 年的企业共 7 家。超过 85.38% 的企业排队时间少于两年（见图 10）。因此不难看出，拟 IPO 企业如果过于急切申报 IPO，忽视发审委审核要求及中介机构建议，没有实现提前体检排查，易于出现因自身经营中的问题和瑕疵，导致被发审委审核否决。

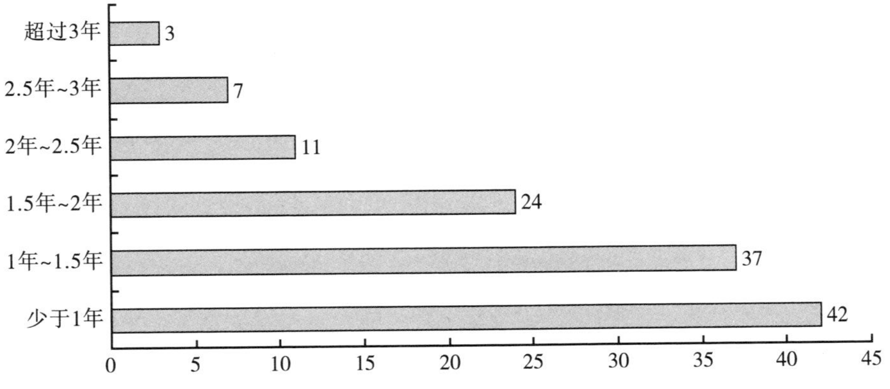

图 10　2017 ~2018 年上半年被否企业排队时间

（四）IPO 被否问题集中，多涉及规范运营与盈利能力

如将 2017 年到 2018 年上半年首发审核被否的 130 家企业的被否问题进行归类，从被否问题性质及参考意义角度，发审委会议提出询问的主要问题可分为六类，分别是规范运营、盈利能力、财务报表、关联交易、信息披露以及募投项目合理性（见图 11）。其中规范运营包括内部控制、操作规范两方面，盈利能力包括财务数据（毛利率、净利润等）的合理性及盈利能力的持续性和稳定性，财务报表方面的问题包括财务报表规范、会计核算的合理性。

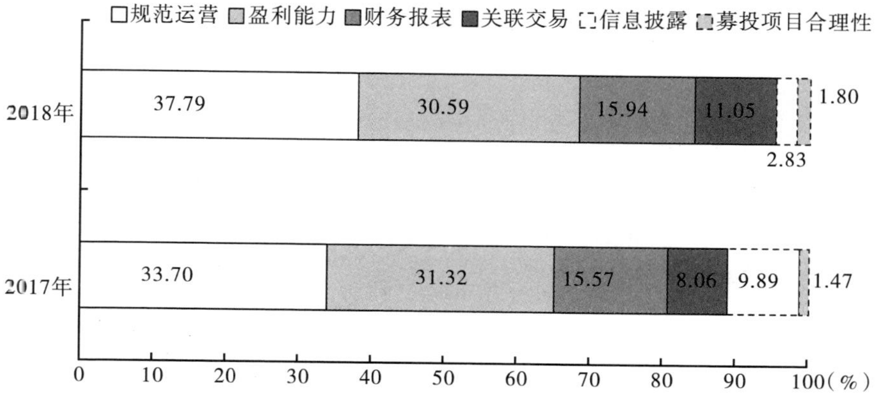

图 11　发审委对被否企业主要关注的问题

分析这 130 家被否企业的六类被否问题被问及的次数占比可以发现，规范运营、盈利能力最受发审委关注，2017 年 86 家被否企业中，规范运营问题被问及 184 次，占全部被否问题的 33.7%，盈利能力问题被问及 171 次，占比 31.32%。2018 年上半年，44 家被否企业在规范运营和盈利能力方面被发审委发问的次数仍居高不下，盈利能力问题被问及 119 次，占比达到 30.59%，规范运营问题被问及 147 次，占比 37.79%。

财务报表问题也是发审委关注核心，2017 年和 2018 年上半年分别被问询 85 次和 62 次，占比分别为 15.57% 和 15.94%。另外，2018 年关联关系问题被问及的次数占比较 2017 年有增多趋势，2018 年上半年，44 家被否企

业在关联关系方面被发审委问询43次，占比11.05%。

分板块分析这130家首发上会未通过企业的六类被否问题被问及的次数占比，可以发现三个板块中六类问题被问及次数占比分布差别不大，规范运营与盈利能力都是发审委审核重点关注的问题，财务报表问题次之。另外值得注意的是，创业板被否企业规范运营和盈利能力问题被问及的次数占比较主板和中小企业板更多。

可见在目前监管趋严的情况下，由于企业上市排队时间在缩短，上市的时间成本降低，建议拟IPO企业不要过于急切申报IPO，而是根据发审委审核要求，结合中介机构建议，借鉴被否企业上会所遇到的问题总结经验，重点关注发审委审核六大类热点问题，提前对自身企业进行体检排查，切实解决自身经营中出现的问题和瑕疵，防范风险，在申报前做好更为严格和全面的准备，以便顺利通过发审委审核。

发审委制度设立其目的之一是切实保护投资者特别是中小投资者合法权益，这就要求发审委严把上市公司准入关。对拟IPO企业来说，完善公司内控制度、规范运行、正确评估企业本身盈利能力、降低甚至消除企业运营中的潜在风险再去IPO申报，反而是稳妥且迅速的安全准备方法。

四　近期我省IPO上市的经典案例分析

（一）案例一：A公司——关注资金拆借与关联关系的规范性问题

案例：XX市A集团股份有限公司创业板首发申请IPO未通过

（2017年5月17日上会）

1. A公司基本情况

××市A集团股份有限公司是一家从事电阻器、电感器等电子元器件的研发、生产和销售的高新技术企业。公司自设立以来一直致力于电阻器、电感器等电子元件的设计研发与产业化，是高新技术企业和安徽省创新型企业，拥有较强的自主创新及研发能力。

公司的产品广泛用于航空航天、船舶军工、通讯、自动控制、仪器仪表、轨道交通、高铁、汽车电子、节能照明、新能源等领域。公司生产的高可靠精密金属膜电阻器多年来一直为“神舟”系列载人航天工程、“嫦娥”探月工程等国家重点工程配套，多次获得国家有关部门嘉奖。公司2014年、2015年、2016年净利润分别1487.13万元、1960.69万元和2375.64万元。

与同行业上市公司相比，2014年度公司毛利率水平为34.89%，低于同行业平均水平3.06%，而2015年度与2016年度分别为38.04%和37.28%，接近同行业38.03%和36.56%的平均水平，趋势与同行业一致（见表4）。另从期间费用率来看，公司的三项费用率在三年期间均高于行业平均水平，公司称这主要是由于公司营业收入规模较小，规模效应不及同行业可比上市公司（见表5至表7）。

表4　同行业上市公司毛利率比较

单位：%

公司	可比上市公司对应的项目	2016年毛利率	2015年度毛利率	2014年度毛利率
北方华创	电子元件	47.18	58.75	58.52
法拉电子	电子元器件制造	41.66	39.48	36.96
风华高科	电子元器件	20.04	17.28	20.28
顺络电子	片式电子元件	37.36	36.62	36.46
平均	—	36.56	38.03	38.06
A公司	—	37.28	38.04	34.89

表5　同行业上市公司销售费用率比较

公司	2016年度	2015年度	2014年度
风华高科	2.57	3.02	2.61
顺络电子	2.96	3.26	3.58
法拉电子	1.95	2.09	2.03
北方华创	6.70	5.22	4.64
平均	3.55	3.40	3.21
A公司	4.92	5.12	4.61

表 6　同行业上市公司管理费用率比较

公司	2016 年度	2015 年度	2014 年度
风华高科	14.64	14.90	11.19
顺络电子	10.90	10.89	11.40
法拉电子	10.53	10.25	10.00
北方华创	—	23.81	18.61
平均	12.02	14.96	12.80
A 公司	16.76	17.11	18.31

注：北方华创由于 2016 年度实施发行股份购买资产重大事项，管理费用大幅增加，不具可比性，所以未选取其数字。

表 7　同行业上市公司财务费用率比较

公司	2016 年度	2015 年度	2014 年度
风华高科	0.46	-1.27	0.61
顺络电子	1.22	1.00	1.20
法拉电子	-1.64	-1.39	-1.26
北方华创	1.69	1.96	1.06
平均	0.43	0.07	0.71
A 公司	0.98	1.28	1.88

2. 发审委关注重点

（1）规范运营方面：资金拆借、内控制度

根据申报材料，报告期内发行人与××电子资金拆借持续发生，主要用于控股股东及其他少数股东、无关联第三方的个人需求。2013 年 5 月后，发行人控股股东李某从顺达电子拆借来源于发行人的资金约 700 万元（含通过穆某拆借 300 万元），主要用于偿还其个人的部分银行借款约 550 万元、女儿留学款（后期）约 100 万元、个人购买车辆款及所欠亲戚款项约 50 万元。李某作为最后一名还款人于 2015 年 12 月 4 日将资金归还××电子，××电子于 2016 年 2 月末清理资金占用完毕，于 3 月末结清资金占用费。借款人刘某至今尚有 350 万元未偿还给发行人管理团队持股的××电子。发行人报告期内仍存在资金占用情况，发审委质疑公司内控制度无法防止资金占用问题。

（2）关联关系方面：质疑第一大客户

发行人报告期第一大客户惠州某相关网站长期介绍自己为发行人子公司驻广东地区办事处，且惠州长瑞2013年11月3日成立，快速成为发行人第一大客户，存在异常，发审委关注是不是有些关联关系没披露，或可能存在关联交易非关联化的处理。

（二）案例二：B公司——关注企业业绩披露的真实性问题

案例：安徽B股份有限公司创业板首发申请IPO未通过（2017年7月31日上会）

1. B公司基本情况

安徽B股份有限公司在精细化工领域专业从事重芳烃氧化系列产品研发、生产与销售，系专业生产精细化学品的高科技企业，长期为包括全球知名的增塑剂生产厂商、绝缘材料生产厂商、国内知名的粉末涂料用聚酯树脂生产企业等大型企业提供产品和服务，是我国最早期从事偏苯三酸酐生产与销售的企业之一，也是我国目前少数能够工业化生产均苯三甲酸的企业，同时还是我国目前少数掌握3，5－二甲基苯甲酸工业化生产技术的企业。公司2014年、2015年、2016年扣非后净利润分别为1761.29万元、2685.62万元和2689.17万元。

与同行业上市公司相比，2014～2016年度公司主要产品偏苯三酸酐毛利率分别为22.86%、26.67%、31.91%，低于同行业可比上市公司24.40%、30.65%、34.35%的平均水平，公司称是由于采购规模较小且运输距离相对较远导致偏三甲苯采购价格高于同行业可比公司（见表8）。另外受外销以及客户分布不同，公司偏苯三酸酐销售价格也略低。而公司另一产品环氧树脂2015年毛利率仅为9.24%，低于同行业14.91%的平均水平，公司称全资子公司××公司经营未达预期，已于2016年6月对外转让（见表9）。

表 8 公司主要产品偏苯三酸酐毛利率对比分析

单位：%

品种	2016 年度	2015 年度	2014 年度
百川股份	—	30.58	28.70
正丹化学	34.35	30.72	20.10
同行业平均水平	34.35	30.65	24.40
B 公司	31.91	26.67	22.86

注：2016 年度百川股份偏苯三酸酐毛利率无市场公开数据。

表 9 环氧树脂同行业可比公司毛利率对比分析

品种	2015 年度(%)	品种	2015 年度(%)
宏昌电子	18.45	同行业平均水平	14.91
天茂新材	11.36	B 公司	9.24

2014～2016 年公司销售费用率分别为 1.75%、1.40%、1.96%，低于同行业公司 2.30%、2.90%、3.10% 的平均水平，公司称是客户较为稳定且分布主要位于华东地区，所发生的客户维护、产品运输等费用较低导致（见表 10）。公司管理费用率分别为 7.71%、6.20%、6.64%，高于同行业公司 2.45%、3.99%、5.08% 的平均水平，公司称是由于加大研发投入所致（见表 11）。

表 10 同行业销售费用率对比情况

单位：%

项目	2016 年度	2015 年度	2014 年度
百川股份	3.79	2.90	2.46
正丹化学	2.41	—	2.13
行业平均	3.10	2.90	2.30
B 公司	1.96	1.40	1.75

表11　同行业管理费用率对比情况

单位：%

项目	2016年度	2015年度	2014年度
百川股份	4.43	3.99	2.77
正丹化学	5.73	—	2.13
行业平均	5.08	3.99	2.45
B公司	6.64	6.20	7.71

2. 发审委关注重点

（1）持续性盈利能力方面：营收下滑且扣非后净利润不及3000万

B公司招股说明书透露，2014年、2015年及2016年，公司营业收入分别为1.70亿元、2.06亿元及1.75亿元，扣除非经常性损益后净利润分别为1761万元、2686万元和2689万元。近两年，B公司扣非后净利润均低于3000万元。并且，2016年B公司的净利润虽基本与2015年持平，但营收规模却出现了下滑。

2017年上半年，B公司的营收规模继续呈现下滑趋势：半年营收7824万元，同比减少27%。归属于挂牌股东的净利润为1722万元，也基本与去年同期的1626万元持平。此外，B公司主要产品偏苯三酸酐销售价格低于同行业可比公司，公司称主要是原材料价格高于同行上市公司。

（2）盈利能力合理性方面：发审会关注其是否通过降低薪酬增加业绩

在发审会上，B公司被问及：董监高中年薪最高的为总经理7.62万元，是否存在刻意压低薪酬增加业绩的情况。并且，公司最近一年银行存款余额仅为597.72万元，但报告期各年均进行大额分红，累计分红5872.5万元，是否存在通过现金分红支付员工薪酬的情况。

2016年，B公司员工人数为138人，比2015年年末的164人少了近30名，公司的解释是“将子公司××有限公司转让，期末不再将××公司员工纳入公司人数”，这同样也引起委员的关注。

五　IPO 监管政策趋严下的新环境与新变化

（一）IPO 政策环境不断趋严

近年来，随着监管层 IPO 监管思路上的趋严变化，审核标准相应提高。自 2016 年新证监会主席上任以来，总体的监管思路是“依法监管、从严监管、全面监管”十二字方针，从 2017 年初开始，资本市场“严监管、调结构”，新股发行实现常态化。证监会提出用 2～3 年时间解决 IPO 堰塞湖问题，这一方面带来新股发行审核飞快提速，但另一方面则是项目否决率大幅提升。发审委过会率从 2016 年的 91.14% 下降到 79.33%，加上撤回材料终止审核的，全年审结 594 家，通过 380 家，申报成功率只有 64%。特别是在 2017 年 10 月新一届大发审委上任后，发审人员的结构方式发生重大变化。在针对性成立的发行监察委监督下，发审委员将被实行终身追责，审核形势更加严峻。

进入 2018 年后，IPO 审核标准依然持续提高，盈利水平成为最重要的门槛。原先一度可以以净利润来衡量 IPO 公司过会的成功率，不再成为有效指标。而市场整体上，被否比例不断增多，甚至出现“7 过 1”“6 过 1”情况，撤回比例更是相应提高。而近期，51 条 IPO 审核红线出炉，涵盖财务和法律两大维度指标，其中财务方面涉及 26 条，法律方面涉及 25 条。其中不仅对“关联交易”“同业竞争”“资产完整性”等此前发审委长期关注问题进行了解释说明，更对“第三方回款比例”“资金占用”“现金交易”“业绩调整”等占比细则进行了重新定义。这次对 IPO 审核标准进行了量化，对此前模糊的标准进行了细化。

（二）IPO 上市政策环境变化特征

1. 过会率创历史新低

自 2018 年初至今，上会企业 102 家，其中 58 家过会，44 家被否，同时有 148 家企业撤材料。不考虑撤回材料的企业，2018 年上半年的过会率仅为 56.86%。若考虑撤回材料的企业，真正过会率仅为 23.20%，已创我国 IPO 历史上过会率水平新低。

从过会率上看，不考虑撤回材料的企业，最近一年归属母公司净利润低于 7000 万元的企业过会率约为 15%，7000 万到 1 亿元利润的过会率为 55.56%，净利润 1 亿元以上的企业过会率为 84.31%，净利润 1 亿元以上企业的过会率显著高于净利润水平较低的企业。

2. IPO 利润门槛大幅提高

虽然证监会没有明确提出要对 IPO 企业的利润水平有硬性提高，但数据显示，实际审核过程中证监会对拟 IPO 企业的利润门槛大幅提高。上会前一年不同利润区间过会率情况具体见表 12（不含撤回材料企业）。

表 12　近期 IPO 企业利润对应过会率

利润区间	过会数量	被否数量	上会总数量	过会率(%)
5000 万元以下	2	11	13	15.38
5000 万~7000 万元	3	17	20	15.00
7000 万~1 亿元	10	8	18	55.56
1 亿元以上	43	8	51	84.31

从过会企业的利润分布来看，2018 年 58 家过会企业中，上会最近一年归属母公司净利润低于 7000 万元的仅 5 家，归属母公司净利润低于 5000 万元的仅 2 家；另外，上会企业净利润低于 5000 万元的仅 13 家，占总上会企业数的比例仅为 12.73%，这说明净利润低于 5000 万元的企业大部分已经撤材料。2017 年的上半年以前我国 IPO 企业过会率超过 90%，大量净利润 3000~5000 万元的企业顺利上市，而净利润低于 5000 万元的企业已经基本不再申报了。

3. 盈利水平成为重要标准

从利润要求的不断严苛，可以发现虽然法规上对 IPO 企业的利润要求没有实质性变化，但在实际操作过程中，审核对利润的要求包含一定的隐形要求。法规对利润的要求为最低要求，而实际审核中利润水平的隐形门槛则由发审部门控制，在市场行情相对较宽松的环境中，3000 万元成为参照标准；但当市场行情偏紧张，5000 万元作为参照标准有时也将失效。而目前，证监会更多情况下，所看好的企业其净利润基本稳定在 1 个亿元以上。毕竟当利润水平较高时，该企业自身的抗风险能力也将相应较强，相应的 IPO 审核风险也会相对降低。在此良性循环中，盈利水平成为 IPO 审核中一项重要的衡量标准。

六　安徽省企业 IPO 上市的策略探索

对于新一轮安徽省企业在 IPO 上市过程中的环境变化及存在的主要问题，结合安徽省具有代表性的 IPO 上市案例进行经验性分析后，可以得出 2018 年的整体监管环境依然趋紧，IPO 审核要求更加严格，规范标准也在不断提高的判断。而 IPO 现场检查工作中，如企业最近一年净利润低于 5000 万元（创业板）或 8000 万元的通过压力较高。而安徽省地处全国的中部腹地，申报企业的盈利水平，普遍与沿海发达地区相比存在一定差距。因此，整体来说未来省内企业 IPO 通过压力普遍较大，对于未来优化 IPO 上市政策环境与通道条件，建设性的策略探索包括合规监管、防控风险、加大扶持、增强协调能力等几个方面。

（一）从企业自身出发提高合规监管

对于企业的 IPO 审核，合规监管需要从“自律”与“他律”两个方面着手。重在申请前的自律审查，而因为其他因素导致审核受阻的在审企业，如行业问题，建议由省政府统一出面与发行监管部门共同协调推进。同时建议密切关注发行监管部门 IPO 审核趋严、净利润标准大幅提高的审核政策变化，各地相关部门也要关注辖区内 IPO 在审企业的审核进展情况。

（二）完善市场监管防控多元化风险

新环境中，市场风险日益多元化，亟待完善监管体系、多管齐下防控上市过程中的风险。新时期下，企业上市的准入门槛不断提高，对于监管的内容和质量相应提出了更高要求。如果准备不足、治理或管理机制不完善，不仅申请过程易被退回，上市之后的持续监管中，也可能面临退市窘境。因此在企业上市将进入“宽进、易出、严管”的新环境之时，对于审核受阻在审企业所出现的问题，不断完善具有区域特点的针对性区域监管细则，也将成为新时期防控风险的主要工作内容。

（三）加大上市进程中的针对性扶持

对于不同阶段的再审企业，提供适应不同阶段的扶持服务。如对于净利润不达标的在审企业，要求其稳步推进，加强与发行监管部门沟通，做好现场检查准备工作；而对于那些暂时不符合条件的企业，应尊重其主动撤回的选择，同时帮助其认识到上会过程中的审核严密性，以及如果被否或者现场检查被处罚的负面后果。对于因业绩问题主动撤回的项目，继续跟踪、制定方案，扶持其做大，待业绩符合条件后，协助其完成继续申报工作。

（四）增强区域内部协调服务能力

对于拟申报项目及辅导中项目，建议各地相关部门强化对中介机构的辅导监管力度，进一步提高申报项目质量，根据自身业绩情况，审慎制定申报时间表。特别是对于区域内，具有新技术、新产业、新业态、新模式特征的“四新”的企业，以及具备“独角兽”潜质的企业进行统一摸排，建立后备企业给予重点扶持。建议由省政府组织相关部门制定出台对此类企业在土地、税收、融资等各方面的优惠扶持政策，建立省级专项扶持基金加大对“四新”企业的扶持力度。

同时，利用安徽省创新高地、科教基地的有利条件，依托人工智能、量子通信等行业领域的绝对优势，进一步加大资金、人才投入，增强区域内部综合协调能力。从而更好地引导扶持相关企业加入产业发展之中，以重点领域为根据，建立产业集群，优化培育以“独角兽”企业为代表的优质企业的土壤条件，以此加大本省对于省外此类企业的招商引资力度，筑巢引凤吸引相关公司来安徽省兴办企业，丰富上下游产业链集群带建设。

B.15
安徽省上市公司市值运营绩效研究

本报告依据上市公司价值管理评分模型，运用来自万得数据库整理的上市公司数据和公司公告，并对安徽省上市公司经营数据进行标准化数据处理，研究分析了安徽省上市公司的盈利能力、成长能力、周转能力、偿债能力、市值表现和市值管理行为等指标。同时，本报告还研究了安徽省上市公司在市值运营绩效管理上的成功案例。根据上市公司价值管理模型的评分结果，得出了安徽省上市公司在评价期内整体表现呈上升趋势且医药、计算机、通信和传媒等行业近几年来整体表现提升较为显著的结论。报告总结出了两大错误的方法，即经营者容易有两种片面的认识。一种片面认识是只重视企业运营，认为管好企业的“供研产销”才是经营企业的唯一正道。对于资本，认为资本都是短视的，不能共同参与企业的长期价值创造，拒绝与资本市场的潜在合作伙伴真诚沟通；另外认为资本是危险的，各种资本的利益目标不同，害怕上当吃亏；再有认为企业的管理者关注资本的表现会影响员工安心本职工作，企业内部人心浮躁，管理难度大大增加。另一种片面的认识在民企更加常见，认为运营好资本运作的重要性优于企业经营。大多数普通企业在实体竞争中处于普通或落后地位，企业的实际控制人不甘于落后，想要转型或跨越式发展，认为先要从资本运作中获取尽可能多的资源，才能给自己后续的企业经营留下充足的发展空间和时间。然而往往企业经营的进展慢于对资本市场伙伴的承诺，造成与伙伴的信任关系破裂，企业衰败。最后，报告提出了未来安徽省上市公司进行全面、有效、与实体经济紧密结合的市值运营绩效管理方法，以及近期值得关注的行业。

一　上市公司市值运营绩效概述

（一）市值运营绩效基本内涵

决定一家公司综合实力的指标有很多，公司市值这一指标尤为突出。公司市值可以说就是一家公司综合实力的体现。因为，公司市值是由公司的股价和其股本数量决定的，即：

股价 × 股本（数量）=（公司）市值
亦即：每股收益 × 市盈率 × 股本数量 =（公司）市值

从图1可以看出，公司市值反映了公司从内在到外在的各项经营指标和财务指标。因此，研究上市公司的市值运营绩效，就是研究一家上市公司的整体价值。

（二）市值运营绩效研究意义

在我国，“市值运营”是一个经常被投资者提及的概念。然而，在成熟的市场经济和资本市场中，并没有专门的“市值运营”概念，在国内常被提及的市值运营在很大程度上更接近于他们“价值管理”的概念。我国资本市场起步较晚，2005年股权分置改革之前，大量国有股、法人股不能流通，大股东没有积极关注上市公司市值的变化。股权分置改革后，股票市场进入全流通时代，市值最大化成为上市公司大小股东共同的利益诉求，于是上市公司及大股东们开始争相学习市值运营的内容和方法，积极参与市值运营实践。在市值运营被越来越重视的今天，我们对市值运营的成功与失败案例进行分析讨论，进而对其进行评估，就显得格外重要。

2014年5月，国务院发布了《关于进一步促进资本市场健康发展的若干意见》（即“新国九条”），明确提出“鼓励上市公司建立市值管理制度”，成为市值运营发展历程上的标志性事件。2015年8月，党中央、国务院《关于深化国有企业改革的指导意见》（中发〔2015〕22号）出台，这

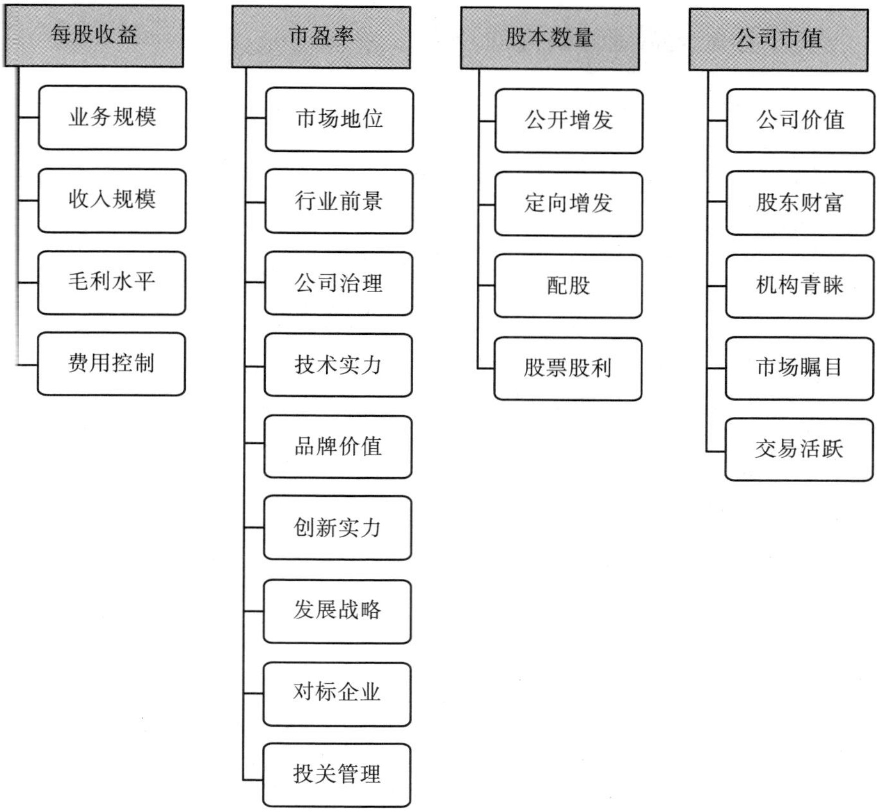

图1　股价与股本

标忑着我国新一轮国有企业改革全面启动。新一轮国有企业改革思路的重大转变在于对国有企业的监管由“管资产”向“管资本”转变，目的在于提高国有资本的价值创造能力。从此，在国有企业监管考核中，“资产证券化”成为一个重要指标，而这一指标与上市公司市值密切相关。上市公司追求企业价值最大化的直观体现，就是市值的不断增长。因此，研究上市公司的市值运营，对于提高国有资本的价值创造能力至关重要，对于我国国有企业改革意义重大。①

① 孙国茂、刘坤：《山东省上市公司市值管理评价报告（2017）》，中国金融出版社，2018。

（三）市值运营绩效研究的方法

在案例研究部分，我们选取了三个安徽省上市公司的案例，构成了一个案例方阵，来研究优良的市值运营对于上市公司的重要意义。在研究每一个案例时，我们采用历史回溯的视角，收集了公司所有的关于资本运营和企业运营的重要节点事件，从而提炼梳理出企业发展的脉络。第一个案例来自海螺水泥。这个案例向我们展示，一家宁国市的小水泥厂，与冀东水泥同时起步，晚于华新水泥上市，是如何卓越的抓住每一轮金融周期的顶部和底部开展资本运作，进行一次又一次地领先于同行的产业前瞻性布局，到目前成长为一家世界级的水泥龙头公司。这个案例说明最优秀的市值运营可以造就世界级企业。第二个案例来自金禾实业。这是一家来安县年产 3000 吨合成氨的小碳铵民营企业。没有什么雄厚的基础，靠自己扎实的技术研发与降本增效意识，抓住资本市场的周期高点于 2011 年上市，在行业的寒冬期稳健经营，并在资本的周期低点做好团队激励体系建设，终于在最近两年迎来了收获期，在部分细分品类上已经占有世界第一的份额，市值一路攀升，带给股东优良的回报。这个案例说明基础薄弱的企业完全可以通过良好的市值运营战胜竞争对手，成长为龙头企业。第三个案例是安纳达。这是一家铜陵市的钛白粉企业，公司在十余年上市进程中，只是随着行业的周期大起大落，并没有抓住时机进行扩张、技改等措施。河南的行业竞争公司比安纳达晚上市 4 年，但不断的技术升级与产能扩张。目前安纳达的市值不足行业龙头的十分之一。这个案例说明，即使是基础较好的企业，没有良好的市值运营意识，只是被动的跟随行业的景气度经营，慢慢地会在竞争中落后，差距会越拉越大。

在绩效指标体系设计部分，我们采用盈利能力、成长能力、周转能力、偿债能力、市值表现以及市值运营行为六个方面对上市公司的管理绩效进行全面评价。在比较安徽上市公司市值运营成果的维度上，我们分别从行业分类、区域、所有制类型等三个维度进行比较，得出排名较高的公司。最后我们对所有安徽省上市公司进行了整体排名，试图描绘出安徽省公司近 5 年来的市值运营的整体状况。

二　我国上市公司市值运营分析

市值运营，更多的被人称为“市值管理”，是在市场中众说纷纭的概念。我们在全面分析目前存在的各种“市值管理”行为的基础上，提出正确的“市值运营”的方法框架。

（一）上市公司市值运营现状

在过去很多年里，市值运营都伴随着错误的做法或是片面的做法。这些做法不仅没有帮助公司把市值长久地做大做强，反而仅着眼于短期利益，伤害了公司与投资者的关系，继而在长期利益上蒙受损失。我们可以见到，在市场上有很多机构宣称自己从事“市值管理”相关业务，这些机构包括并不限于券商（资本市场部、销售交易部）、媒体、公关公司、大宗交易机构、定增机构、过桥融资机构等。不同的机构的出发点和做法都不同，我们在此做以下的归纳：

错误的做法：以快速提升上市公司市值为目标，以股价为经营对象。坐庄或联合他人坐庄以操纵短期股价；为迎合短期炒作，设计各种题材等。

片面的做法：以短期提升上市公司市值为目标，只是将市值运营的某一种手段视作是市值运营的全部，以偏概全，以点带面，仅将短期内的公司市值上涨定为目标，如券商、财经公关公司和管理咨询公司的市值运营模式。

（二）正确的市值运营方式

我们认为，市值运营是公司建立一种长效组织机制，致力于追求公司价值最大化，并为股东创造价值。相关人员通过与资本市场保持准确、及时的信息交互传导，维持各关联方之间关系的相对动态平衡，在公司力所能及的范围内设法使公司股票价格服务于公司整体战略目标的实现。市值运营是建立在价值管理基础上的，是价值管理的延伸。价值管理主要致力于价值创造，而市值运营不仅要致力于价值创造，还要进行价值实现。

因此，正确的做法是以长期提升上市公司市值为目标，以企业价值创造与企业价值传播为经营对象。其中，企业价值创造为先，企业价值传播在后；企业价值创造是根本，企业价值传播是辅助，促进企业进一步以更优良的条件进行价值创造，周而复始地循环。企业价值创造包含企业运营与资本运营，企业价值传播是资本运营不可或缺的环节之一。这些工作的终极目标是公司价值最大化、股东价值最大化、社会利益最大化、投资者利益最大化。从这个意义上讲，公司所有的管理都是“市值运营”，可以在一个完整的市值运营绩效评估获得高分。市值运营长期以来被大家以错误、片面的方法进行操作，引起了股价不正常的波动。

市值运营绩效评估应该全面、系统地对公司的市值运营行为做出评价，不仅要包括短期的市值考核，更要包括公司长期经营情况的改善。

三　安徽省上市公司市值运营经典案例分析

（一）案例一：海螺水泥

1.“九五”期间（1995~2000年）：香港果敢上市融资8亿港元，扩张雏形显现

（1）极具前瞻和果敢的登陆 H 股，融资 8 亿元，管理层智慧显现

公司前身是 1987 年怀宁县宁国水泥厂 1 条 4000TPD 产线（日本引进），水泥年产能仅 140 万吨。到 1995 年，公司迎来较大扩张步伐，安徽省委、省政府决定由宁国水泥厂控股铜陵水泥厂，成立铜陵海螺水泥。1997 年，公司在香港上市（仅仅凭借宁国水泥厂 4000TPD 产线和白马山水泥厂 3 条湿法产线），募得资金 8 亿元。其实，公司港股上市过程也并非完全顺利，公司管理层在这一过程中的果断抉择起到了非常显著的作用。首先，公司上市率先选择 H 股，而非 A 股或者 B 股，充分考虑到中期战略和管理上要与国际接轨；公司上市前夕，当时公司董事长等管理层已经意识到市场环境发生变化，及时于在 1997 年 10 月 3 日果断敲定上市定价为 2. 28 港元/股，并

促使发行顺利完成；随后爆发市场波动，公司股票上市第二天（10 月 21 日），香港恒生指数从 15820 跌到 11000 点，公司此次发行有惊无险完成，不然推迟几天则无法完成成功认购，充分说明管理层的睿智与果敢。

（2）变被动为主动，在这一时期，公司在上海市场巧妙调整战略，形成了 T 型战略雏形

其实，在上市之前，公司主要市场是面向上海，1993～1996 年，上海地区所有工程水泥超 50% 由公司专供（上海市在安徽设立建设的胜利水泥厂，后移交给海螺）；不过 1996 年，长江下游有一家年产 200 万吨企业投产，采取较低的价格策略极大冲击了公司在上海的市场，在这种情况下，公司也主动短暂性收缩了上海市场；不过，公司策略只是避其锋芒，相反，在上海周边开始收购兼并中小企业并将其改造成粉磨站，将铜陵水泥厂的熟料沿江运输到上海周边进行粉磨，如此便具备更强综合竞争优势，并对上海及周边企业形成“农村包围城市”的竞争策略，推动公司重返上海市场；也正是此时，公司 T 型战略雏形显现。

（3）更大规模的融资，支撑公司第一步扩张，更是为后续甩开同行奠定伏笔

借 H 股融资资金，公司开始大肆并购和建立大型熟料生产基地。可作为佐证的是，根据海螺提供的数据，1997 年公司水泥产量仅有 283 万吨，1998 年达到 365 万吨，1999 年为 428 万吨，到 2002 年公司水泥产量已经迅速扩大到 1339 万吨，是 1997 年的 4.7 倍，进一步奠定和巩固了其水泥行业龙头老大的地位。从产能层面看，公司在 1995 年之前产能都没有变化，1995～2000 年，公司熟料产能从 124 万吨陡增至 434 万吨（见图 2）。

从与同行对比角度看，海螺此阶段相比于同行，并不具备显著竞争优势：海螺成立时间并不算早，同行如华新水泥是 100 年前，1907 年即成立，前身为湖北水泥厂，是中国开办的第五家水泥厂；同时，1993 年，华新水泥也选择在 A 股和 B 股上市（融资 2.6 亿元），资料显示，华新水泥 1990 年销量达到 90 万吨（资料来源：华新 IPO 资料），海螺此时熟料产能仅 124 万吨，因此规模上并不具备显著优势。与冀东水泥相比，海螺起步与之是同

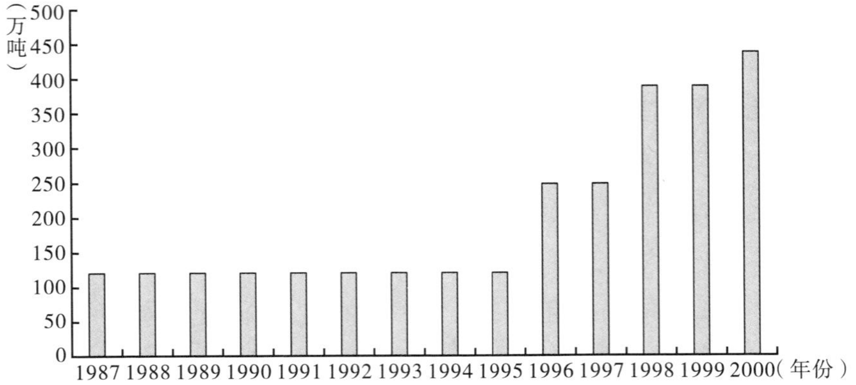

图 2　海螺水泥新干法熟料产能

时发生，均是 20 世纪 80 年代国务院引荐国外先进设备企业，冀东第一条产线是 1981 年开工建设，产能 155 万吨，1996 年 6 月，公司在深圳证券交易所挂牌上市（融资 3.2 亿元），上市时产能 150 万吨，与海螺相当。不过从上市融资力度来看，海螺融资金额和力度比同行要大，这也是为后续进一步扩展埋下了较好伏笔。

2. “十五”期间（2000～2005年）：A/H 两地更大规模资本运作，华东之外，亦锚向华南

（1）全面新建大产线，T 型战略扩展的渐入佳境，5 年产量增长 7 倍

自从 2001 年起，海螺水泥开始限制建设 2500t/d 熟料生产线，取而代之的是以 5000t/d 为主的大型生产线。“十五”期间，海螺水泥在华东共新增熟料产能 3400 万吨，特别是 2004 年，集中投产了代表当今世界最先进技术水平的 3 条万吨生产线，当年合计新增 1150 万吨熟料产能，是海螺在华东地区投产熟料产能的最高峰。大型水泥生产线的建成，进一步巩固了海螺水泥的“T”型发展战略。在大规模建设熟料基地的同时，为和熟料生产基地配合，发挥水运优势，海螺水泥建设粉磨站的步伐也在加快。兼并与新建并举，海螺水泥在江苏泰州杨湾、太仓、淮安、海门、盐城，浙江上虞、温州、台州，江西九江、南昌，安徽蚌埠、马鞍山，福建南平等地区建立了粉磨站，完成了其在长三角水运系统的全面布局。

也正是在此刻，公司确立了“立足省内、巩固华东、拓展华南”的总体发展思路。2003 年，公司开始迅速向华南地区拓展，先后在广西、广东、湖南等地选址建设了大量新型干法水泥生产基地。随着对华南市场的拓展，海螺产能再次进入高速发展期（见图 3）。2004 年，全国水泥市场全面萎缩，而唯独华南市场一枝独秀，足见公司管理层智慧超群。

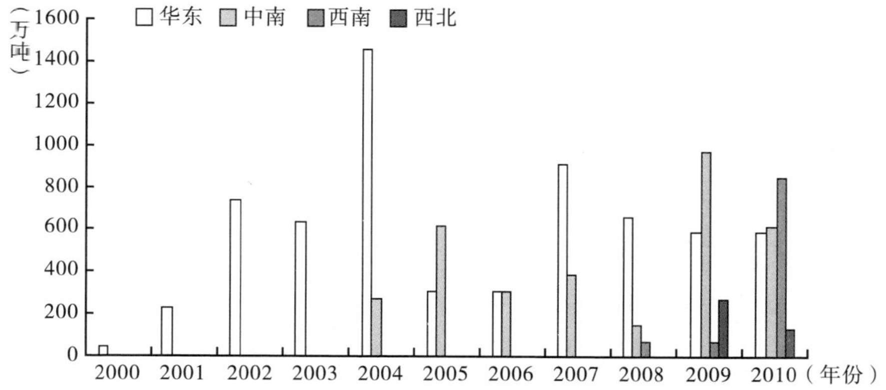

图 3　海螺历年在各区域新增产能

在此 5 年间，公司从销量上看，从 2000 年的 667 万吨增加到 2005 年的 5692 万吨，5 年间增长超 7 倍（见图 4）。

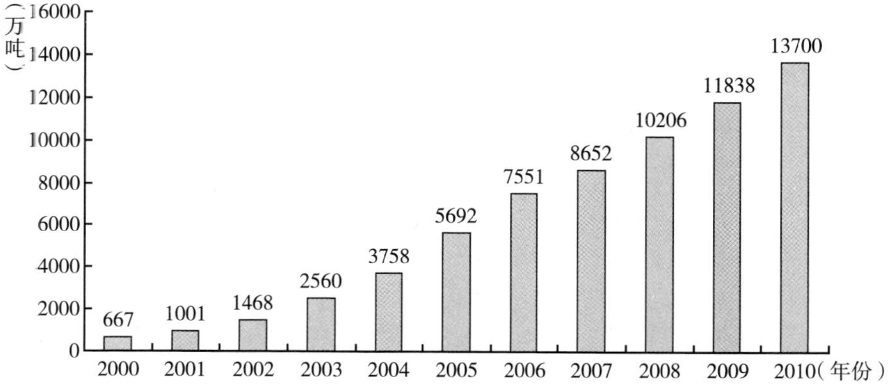

图 4　海螺水泥及熟料销量

（2）大举扩展离不开金融资本的支撑，港股配售、债务融资多管齐下

2002 年，公司正式登陆 A 股，在上交所上市，募集资金 8.2 亿元。2003 年再次登陆香港市场，配股融资 6 亿港元。其实在此后几年间，公司还通过多种渠道进行资本融资。如 2005 年 10 月 10 日，国际金融公司发行了价值人民币 11.3 亿元的 10 年期熊猫债券，而这是境外金融机构首次获准在中国境内发行人民币债券。海螺水泥一家就获得了 6.5 亿元的贷款，占总筹资额的 50%，期限为 10 年。

（3）极具智慧的进行股权改制，激发团队凝聚力

公司在 2003 年，在省政府领导下，公司顺利完成了集团改制，海螺集团由国有独资变成国有控股公司。作为省政府出资人的安徽省投资集团持股海螺集团 51%，由海螺创业代表海螺集团 7367 名员工持股 49%，此后较长一段时间，公司股权结构未发生大的变化。

其实，公司早在 2000 年获港海螺建设过程中，就引入了员工持股，扩增股本中员工持股 49%，海螺水泥持股 51%，同时规定，如果员工离职，只能按照入股的原始价退出，相当于企业骨干被金手铐铐住，进而大大地激发了员工的积极性，在随后的池州海螺、枞阳海螺季度建设中也都创造性地引入了此持股计划。这种方式，一方面降低了产线建设投入，一方面激发了员工积极性。

3. “十一五”（2005～2010年）：2008年 A 股再融百亿元，多元化扩张，同时股权扩张也在进行

（1）A 股市场超百亿融资，股权融资的历史峰值

2008 年 5 月，海螺水泥公开增发 2 亿 A 股，发行价格为 57.38 元/股，募集资金总额为 114.76 亿元，这也是公司历史上最后一笔股权融资，也是规模最大的一笔（见图 5）。

（2）稳打稳扎的做多元化扩张：华东华南继续扩张，西部扩张也开始推进

此次募集资金投向涉及近 30 家企业，主要是建设数条日 4000TPD－5000TPD 水泥熟料生产线，以及配套的余热发电项目。其中华东和华南依旧

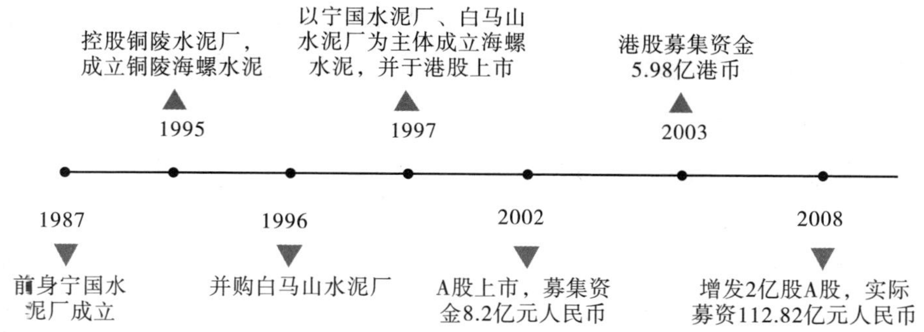

图 5　海螺水泥时间线

是投资的重点，募投金额投向分别达到 34 亿元和 28 亿元（见表 1）。需要注意的是，在这一过程中，公司十分注重自身的工艺水平，拿出约 33 亿元资金对既有产线进行节能改造和配套余热发电项目，进而实现了成本端的进一步降低。

表 1　海螺水泥 2008 年再融资

单位：万元

募投项目	金额
1. 新产能投资	622899
——华东	341835
——华南	281064
2. 循环经济及余热发电	328575
3. 其他	1203752

注：为募投计划项目汇总，后续有小幅变动。

值得注意的是，继南下战略初见成效之后，海螺水泥西进运动也于此时正式拉开大幕，这次增发部分资金变更了投资方向，投入四川、重庆等地的生产线建设中。“十一五”末，海螺借西北市场大发展，在陕西、甘肃投入重兵，携 5000t/d 规模生产线进入市场，生产经营管理、低成本运作方式提升了西北水泥工业水平，让西北企业同行“大开眼界”。其中，海螺西北布局中，进入陕西可谓是一个在市场低谷期抄底布局的经典。海螺入陕不像当年进入华东、华南市场占有进入市场先机之优势，初来乍到就面临市场下行，投产之际市场已进入高峰期尾声，同时还要面对远远强于以往进入新市场所遇到的对手。面对环境变化，海螺为了强势获取市场份额，大刀阔斧直落价格，在短短数月中下降 100 元/吨之多，没有经过市场洗礼的西北水泥企业彻底领教了海螺成本优势的威力，众喜水泥由于资金链断裂不得已忍痛出让，一些中小粉磨企业也迫于成本压力逐步退出市场。海螺收购众喜水泥后，自身新建产能如期释放，在关中和冀东形成两分天下的格局，具备拉升市场的基本条件，时隔 6 个月后市场价格又重新强势回调，成为海螺并购史上“短、平、快”的经典。

同时，公司紧紧抓住大地震带来的契机，迎风而上出手西南。灾后重建和 4 万亿元投资，打开了西南这个相对封闭市场的大门，多年相对稳定的市场格局也发生了急速变化，海螺更是加快了在西南的项目建设步伐。2010 年海螺水泥在川、渝、滇的产能落地，最新统计数据显示，海螺西南熟料产能已达 3800 万吨，其中直接收购产能 850 万吨，自建或收购后扩建产能约 2950 万吨。2014 年是海螺西南产能增长的最高峰期，投放约 1400 万吨熟料产能（见图 6）。

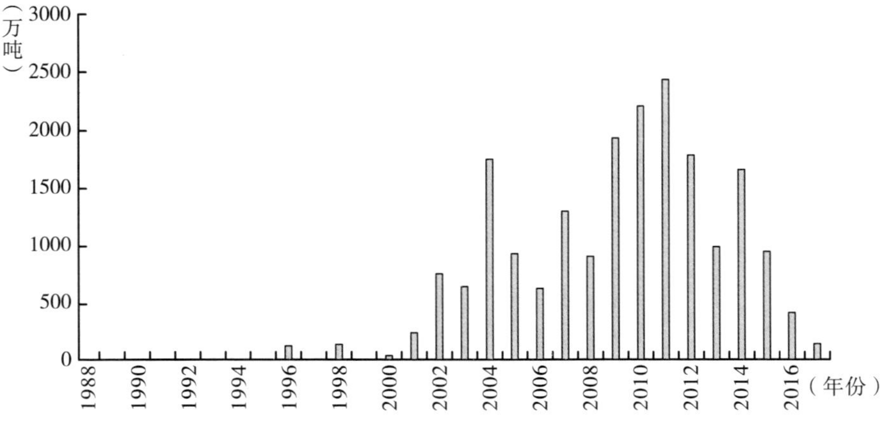

图 6　海螺水泥历年新增熟料产能

不过在公司进军西部的同时，华南市场和华东市场也面临着中建材与华润等龙头企业的竞争，市场竞争有所加剧。

（3）股权扩张也开始推进

在此期间，值得注意的是，公司也在股权投资方面加大了布局，如2006年海螺水泥就曾投资过江西水泥，2007年投资祁连山，2008年投资冀东水泥、福建水泥、巢东水泥、福建水泥、同力水泥、华新水泥。同时对其他跨行业公司也有持股，如鞍钢、中国中铁、常林股份、金发科技、民生银行以及西山煤电，因此对海螺而言，扩张并非简单的产业战略扩张。

4. “十二五”（2010～2015年）：行业需求如过山车，市场渐入低迷，借充沛现金流开展国内并购＋海外“一带一路”新产能扩张渐入峰值

“十二五”的前后几年，公司新增产能规模扩大，2009～2012年的4年间每年新增产能均在2000万吨左右，达到历史峰值。不过在“十二五”的后几年，逐步进入尾声。

同时，自2011年6月，公司与印尼工业部签署投资协议、拉开国际化发展大幕以来，海螺已在印尼、缅甸、老挝、柬埔寨、俄罗斯等国发展水泥项目。

5. 总结

无论看全国还是东南市场，需求都基本保持了较为稳定的水平。2017年全国水泥产量23.1亿吨，与2015年的23.5亿吨相比，同比基本持平。华东表现亦是如此。在此轮行业景气周期过程中，公司再次体现出了自己优质的竞争力和强大的市值运营能力，无论看利润规模还是利润增速都领跑行业。

（二）案例二：金禾实业

金禾实业成立于1975年，是一家主要从事生产基础化工产品和精细化工产品的企业，主营产品包括安赛蜜、三氯蔗糖、麦芽酚等食品添加剂（甜味剂）及原料，以及包括三聚氰胺、过氧化氢（双氧水）和有机、无机化工原料在内的基础化工产品。公司于2011年在A股上市，自上市初期至2015年，公司市值一直保持在20亿～40亿元，其间营业收入年均复合增长率在9.9%，净利润年均复合增长率为3.6%，企业成长较为平稳。随后，在2015～2017年，公司产品产能规模和盈利能力均大幅增长，逐步成

为全球甜味剂产品龙头企业，年净利润从2.1亿元大幅提升至10.2亿元，公司市值亦快速增长至如今的140多亿元。

上市之前，公司发展相对较为缓慢且多有波折，但确立了公司核心发展模式和在精细化工等领域的关键技术积累。公司成立初期只是一家年产3000吨合成氨的小碳铵企业，直至1995年以前，公司均处于传统产品生产阶段；1996~2003年，公司初步确立了以产品创新和技术创新为核心驱动力的发展模式，并明确了产业链延伸、资源综合利用的发展思路。自2006年以来，公司在产品拓展方面进入全面布局阶段，在食品添加剂领域，投资建设了安赛蜜、麦芽酚产线，并通过不断自主研发实现了在行业内的技术优势地位。

上市之后的2012~2015年，在行业筑底时期，金禾实业夯实基础、逆势扩张，为此后的业绩腾飞打下坚实基础。金禾实业于2011年上市，在上市初期几年时间内，公司食品添加剂产能尚未达到很大规模，且行业内竞争逐渐加剧，公司盈利能力受到较大制约。又逢A股市场位于长达数年的熊市底部，公司市值在2012~2015年徘徊在20~40亿元（排除2014年牛市影响）。但正是在此期间，公司在主营业务、内部管理、投融资等方面的良好安排和布局为公司2015年之后的业绩腾飞提供了基础。

主营业务方面，在2011年7月完成IPO后，公司随即又在2012年投资7.9亿元建设包括三聚氰胺和基础化工原料（硝酸、硫酸等）在内的78万吨生产项目。同时，公司特别重视通过内部管理降本增效。如2011年11月，公司专门为子公司华尔泰增资2.7亿元整合其管理团队、完善其内部管理。产业链一体化布局和对内部管控的重视赋予了公司相对于竞争对手相当的成本优势。与此同时，考虑到海外市场对食品添加剂产品的旺盛需求，公司于2014年起在美国等其他国家设立子公司，开拓海外市场。开源与节流相结合，公司得以在行业寒冬仍保持了稳健的盈利能力。特别在2014年前后，因食品添加剂等行业内竞争加剧，厂商间价格战愈演愈烈，安赛蜜等产品价格下跌达50%，直接导致安赛蜜行业重要厂商江苏浩波于2015年破产重组、麦芽酚行业企业由早期的30家左右减少至4~5家。而金禾实业在此期间主要产品价格仍在成本线以上，公司因此得以跨过行业寒冬，并在此后迎来了以公司为主导的寡头垄断格局。

同时，在行业低谷的几年，公司采取多项措施提振内部员工和外部投资者对公司的信心。公司在食品添加剂领域的布局持续十余年，稳定、高效的核心技术团队是公司实现持续扩张的基础。2014 年，公司在行业低谷时，实施面向公司高管和核心技术骨干的股权激励计划，授予的股票数量占公司总股本的 1%；2013 ~ 2014 年，公司控股股东金瑞化工连续多次公布增持计划。公司内部员工士气得以充分鼓舞，企业价值也逐渐得到资本市场认可。

在此数年间，公司同样开始逐渐增加在资本运作方面的实践，积累了充分相关经验和资源。2014 年 3 月，依靠与母公司金瑞化工的密切关系，公司加入以母公司等为主要成员的金瑞投资集团；2014 年底，公司尝试开展规模 1 亿元的对外股权投资，后又扩充至 2 亿元，并认缴 0.47 亿元投资成立上海欣金禾汇，开展实业投资等业务。

2015 ~ 2017 年公司业绩高速成长，公司产业布局日趋明晰，进一步巩固全球甜味剂龙头地位。2015 年来，伴随行业企业的大量淘汰以及下游需求的稳步增长，公司所处食品添加剂行业供需格局大幅改善，公司坚定布局该行业的前瞻性充分显现，公司盈利水平因此实现大幅增长，企业价值逐步被投资者认可。在此基础上，公司持续贯彻此前发展战略，日益向高附加值的精细化工领域倾斜，公司资产结构得到持续优化：2017 年 4 月，公司以 3.4 亿元出售子公司华尔泰全部 55% 股权，剥离盈利能力较弱的基础化工相关资产；11 月，依靠资本运作方面积累的经验，公司成功发行 6 亿元可转换债券，投资建设年产 1500 吨三氯蔗糖项目；同样在 11 月，公司与安徽省定远县政府签订合作协议，约定在定远县工业园内投资 22.5 亿元建设循环经济产业园（见图 7）。贯彻垂直一体化和产能综合利用方针，公司在产业园中利用过剩的氯气资源，扩产包括氯化亚砜、糠醛和双乙烯酮等在内的多种精细化工关键中间体，并再扩产 5000 吨麦芽酚产能。待产能投产后，公司全球甜味剂龙头地位将进一步巩固，资产回报率也将大幅提升。

除关注产品外，公司在近三年具有前瞻性地保持了对副产物综合利用和环保问题的高度重视。2016 年 7 月，公司专门出资 2000 万元设立全资子公司，从事“固体化工废弃物处理、综合利用及环保技术研发”，并在数年间先后完成三氯蔗糖尾气回收利用项目及废水处理项目等。2017 年，行业环保压力逐渐加码，行业内大量企业因环保不达标遭限产停产，其中包括盐城捷康、新琪安等大中型企业，而金禾实业则因在环保上的充分达标而获得了更大的竞争优势。

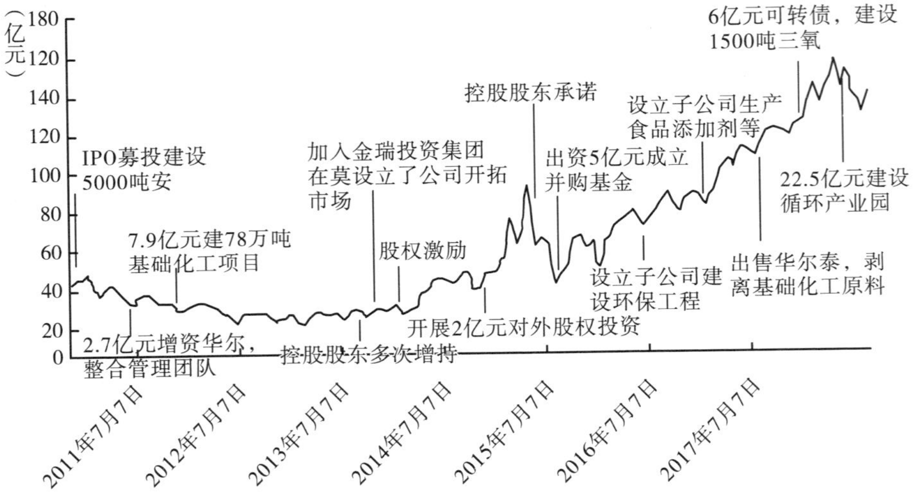

图 7　金禾实业近年市值走势及重大事件

资料来源：Wind，公司公告。

（三）案例三：安纳达

公司为化工行业上市公司，主营产品为各种类型钛白粉。公司于 2007 年在股上市，起初市值为 20 亿元左右。上市之初，公司规模及产品产能位居行业中游，并借助 IPO 取得了相对于行业其他企业的资金和融资渠道优势。但上市至今的十余年间，公司盈利跟随行业周期大起大落，市值始终徘徊在 20 亿 ~40 亿元。相对的，行业龙头公司则在此期间完成了公司规模的大幅扩张，市值一路从不足 100 亿元提升至目前的 360 亿元。公司与行业龙头公司之间的差距日益增大。

内涵与外延扩张的双重滞后直接促成了公司市值增长停滞。自2007年上市以来，公司的技术研发和产能扩张几乎停滞。十余年间，除IPO募投项目较大扩充公司产能外，公司仅有一次在2010年通过非公开发行募集3.8亿元资金，以实施4万吨/年金红石型钛白粉技改。除此之外，公司未曾通过自主扩建或外延收购的方式扩充任何钛白粉产能。在2013年和2015年，公司因看好新能源产业前景而通过设立子公司的方式扩充磷酸铁产能，但项目规模相对于上市公司体量太小，不足以提供公司有力的盈利增长点。在缺少产品升级和产能扩张的情况下，公司盈利在多年间只是随着行业周期而大起大落，盈利中枢未有明显提升，直接导致了公司规模和市值徘徊不前。

钛白粉行业并非没有适宜行业企业扩张的外部条件。过去的十余年中，行业在2011年、2015年、2017年均出现过景气上行，钛白粉的高价大幅增厚了产品毛利率，使得企业现金流大幅改善，给予企业新扩建的资金支持；即使在2010~2011年、2013~2015年的行业低谷，作为行业有一定规模的上市公司，也有机会凭借较充裕的资金水平和融资渠道优势整合经营状况不佳的中小企业，实现逆周期扩张。事实上，行业龙头公司即自2011年上市后，通过不断的内涵和外延扩张，钛白粉产能一路从10万吨/年提升至目前的56万吨/年。尤其是在2016年，行业龙头公司以非公开发行方式募集达百亿元资金，收购另一家国内大型钛白粉企业，公司钛白粉产能借此翻倍，公司市值也因此一举提升约200%，目前，行业龙头公司尚有20万吨钛白粉项目正在建设，且正筹划以现金和发行股票相结合的方式收购另一家行业企业（见图8）。待产能释放后，行业龙头公司在行业内的龙头地位预期将进一步稳固。也正是在行业龙头公司一步步借助融资渠道和资金优势完成产能扩张的同时，公司与行业龙头公司之间的差距一步步扩大，直至目前市值仅为后者的不足十分之一。

公司在资本运作和企业价值传播方面的被动同样阻碍了企业价值的实现和投资者认同。主营业务之外，公司在投融资运作、市值运营、投资者关系等方面也表现得较为被动。投融资方面，公司大股东为某省大型化工集团，有相当融资便利，并有充分整合集团优质资产的机会，但公司上市十余年来少有与集团公司和兄弟企业之间的大规模资产重组或共同出资行为，最为鲜明对比的是，行业龙头公司虽无集团背景，在上市以来却积极探索资本市场融资渠道为公司外延扩张服务，2016 年的百亿元规模收购与公司当时总市值相当，资本运作能力堪称行业典范。

市值运营和投资者关系维护方面，公司同样鲜有主动出击。公司曾在多个时期受到投资者关注，高频率接待机构投资者调研。但受关注的原因几乎均为行业景气上行、公司作为行业企业盈利能力提升。除此之外，公司少有反路演、组织行业或媒体论坛等企业价值传播行为。增减持和股权激励方面，公司除在 2015 年股市剧烈下挫时做出过鼓励高管增持、限制减持等稳定股价行为外，很少进行配股分红、集中增持、激励计划、员工持股等行动；同时，自 2015 年来，还有包括董事长在内的多名公司高管相继减持公司股票，令投资者难以相信公司管理层具备引领公司进一步发展的信心和能力，压低了投资者对企业价值的认可水平。

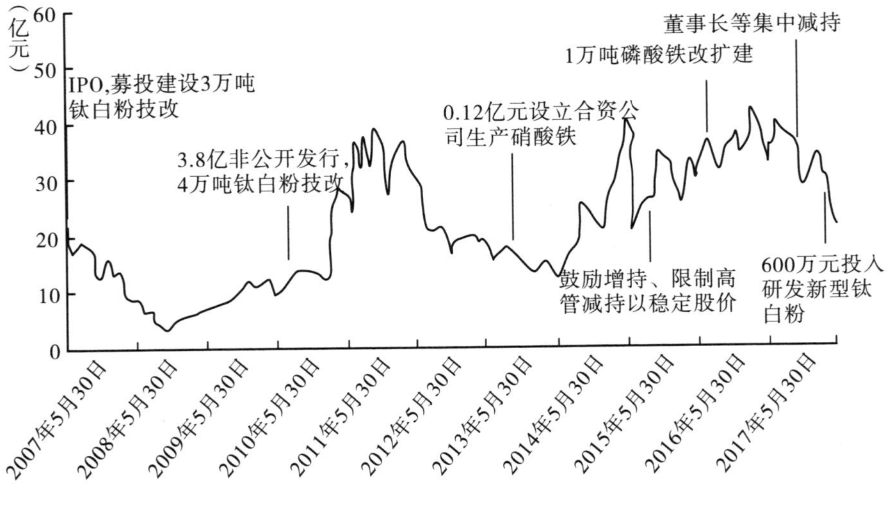

图 8　安纳达上市以来市值走势及重大事件

四　上市公司市值运营绩效评估体系构建与安徽省实例分析

（一）上市公司市值运营绩效评估体系方法论

上市公司的内在价值是决定上市公司市值的根本基础，作为上市公司内在价值的外在表现，市值代表着股东财富的大小，是市值运营的目标。评价一家上市公司的市值运营绩效，主要是评价上市公司的市值运营结果和行为。对于评价上市公司市值运营结果来说，首先，要评价这家上市公司目前的盈利能力，是否盈利以及盈利的规模直接决定着股价的高低；而从动态视角来看，一家上市公司的成长性或者成长能力是反应未来盈利能力的重要指标，影响市场投资者对上市公司价值的预期。

其次，评价上市公司的市值运营水平还需要关注公司的经营运作能力。营运能力主要表现为公司的周转能力以及偿债能力，前者反映了公司运用各项资产获取利润的管理效率，后者则衡量了企业使用资产偿还债务的能力。公司的周转能力及偿债能力越强，就代表了公司的运营水平越强。

最后，由于中国证券市场是一个弱有效市场的新兴市场，公司的市值常常不能准确地反映公司的内在价值高低，低估或高估现象经常存在，因此，评价上市公司的市值运营绩效还要关注其内在价值的实现，即市值表现。对于评价上市公司市值运营行为来说，诸如资产重组、股权激励、大股东或高管增减持股票以及其他一些负面要素（如面临诉讼、受到行政处罚、受到交易所谴责等），反映了企业在市值运营方面的主动性，因此，这些反映上市公司市值运营行为的指标也应纳入绩效评价体系。概而言之，需要从盈利能力、成长能力、周转能力、偿债能力、市值表现以及市值运营行为六个方面对上市公司的管理绩效进行全面评价。根据它们在市值运营中意义的大小，分别赋予上述六个指标20%、15%、30%、10%、10%和15%的权重（见表2）。

表 2　上市公司评价模型指标权重

盈利能力	20%	成长能力	15%	周转能力	30%
投资资本回报率(ROIC)	50%	营收增长率	40%	存货周转率	50%
净资产收益率(ROE)	30%	净利润增长率	30%	总资产周转率	50%
净利润率	20%	总资产增长率	30%	周转能力	30%
偿债能力	10%	市值表现	10%	市值运营行为	15%
流动比率	50%	营业收入	40%	重大资产重组	40%
速动比率	50%	总市值	30%	股权激励	30%
		总市值增长率	30%	大股东/管理层增减持	30%
				其他负面行为	扣分项

（二）安徽省上市公司实例分析

为使上市公司在不同指标之间的评分具备可比性，我们在整个评价时间段内（2006～2017 年）对所有指标进行了标准化处理并计算各类指标值总分。对市值运营方面的指标，我们考察了上市公司在年内的管理行为，存在相关管理行为给满分，反之为 0 分；其他负面影响包括实施 ST 及违规事件，每项扣分 10%。为便于直观的理解，我们在展示评分结果时对指标值进行了标准化平移处理，使评价时间段内各指标得分最大值为 100，平均值为 50。

根据上述模型，可分为以下三类进行考量。

按行业分类比较安徽省的上市公司，评价体系采用中信一级行业分类标准。

按区域分类比较安徽的上市公司，共分为三个区域，包括：皖北（阜阳、宿州、蚌埠、淮南、亳州、淮北）、皖中（合肥、巢湖、安庆、六安、滁州）、皖南（铜陵、黄山、宣城、马鞍山、芜湖、池州）。

按企业所有制分类比较安徽省的上市公司，共分为四类：央企、国企、民企、其他企业（集体企业、公众企业、外资企业等）。

1. 分行业情况

从整体评价得分来看，近年来大多数行业均表现出不同程度的提升，其中，轻工、计算机、通信传媒、医药等行业近几年来整体表现提升较为显著（见表3）。

表3　分行业整体评价

行业＼年份	2006	2007	2008	2009	2010	2011
国防军工	44	41	43	45	42	43
交通运输	44	43	44	42	54	50
基础化工	43	40	43	43	45	43
纺织服装	41	39	39	52	42	44
建材	41	43	40	44	44	46
餐饮旅游	45	45	45	43	44	42
有色金属	50	41	39	40	46	44
汽车	41	43	42	43	45	43
钢铁	44	45	48	43	45	44
食品饮料	41	42	41	44	47	47
商贸零售	42	43	43	43	45	45
建筑	42	42	42	42	48	44
计算机					47	45
家电	43	44	45	46	44	48
机械	44	40	44	37	44	43
房地产			36	49	64	41
医药	41	41	41	47	45	46
非银行金融		50	39	44	41	40
传媒			61	43	45	47
电力设备	46	43	41	39	46	46
电子元器件	41	40	40	40	48	43
煤炭	43	42	44	45	44	43
轻工制造	44	44	44	44	46	45
农林牧渔	39	40	40	42	45	42
公用事业	40	41	39	41	41	41
通信			56	48	47	53

续表

行业 \ 年份	2012	2013	2014	2015	2016	2017
国防军工	41	41	42	41	47	49
交通运输	46	43	43	44	47	43
基础化工	43	42	43	45	44	46
纺织服装	43	45	44	45	44	46
建材	44	45	46	48	44	45
餐饮旅游	42	40	42	43	44	46
有色金属	41	43	53	45	45	48
汽车	43	44	41	44	45	47
钢铁	40	45	44	42	45	53
食品饮料	46	43	43	47	45	47
商贸零售	43	43	47	46	46	43
建筑	45	44	44	46	44	45
计算机	43	43	44	43	48	48
家电	45	44	48	48	46	44
机械	46	46	45	42	50	44
房地产	45	41	45	43	44	34
医药	45	46	48	49	49	50
非银行金融	40	41	44	54	47	45
传媒	50	45	48	53	51	51
电力设备	43	46	47	51	45	50
电子元器件	46	43	44	46	45	45
煤炭	42	40	36	34	41	42
轻工制造	44	48	43	48	50	47
农林牧渔	42	42	42	41	43	45
公用事业	42	47	42	46	44	43
通信	51	52	50	54	55	

2017年整体评分最高的行业为钢铁、传媒、医药（见表4）。

表4　行业评分前三名

排名＼年份	2006	2007	2008	2009	2010	2011
1	有色金属	非银行金融	传媒	纺织服装	房地产	通信
2	电力设备	钢铁	通信	房地产	交通运输	交通运输
3	餐饮旅游	餐饮旅游	钢铁	通信	电子元器件	家电
排名＼年份	2012	2013	2014	2015	2016	2017
1	通信	通信	有色金属	非银行金融	通信	钢铁
2	传媒	轻工制造	通信	通信	传媒	传媒
3	食品饮料	公用事业	传媒	传媒	轻工制造	医药

2. 分地区情况

为考察不同地区上市公司的表现情况，将安徽省上市公司根据所在地分为皖南、皖北、皖中三个地区。可以看出，在评价期内皖南、皖中地区上市公司总体表现呈持续上升趋势，皖南、皖北地区上市公司近两年表现显著改善（见图9）。

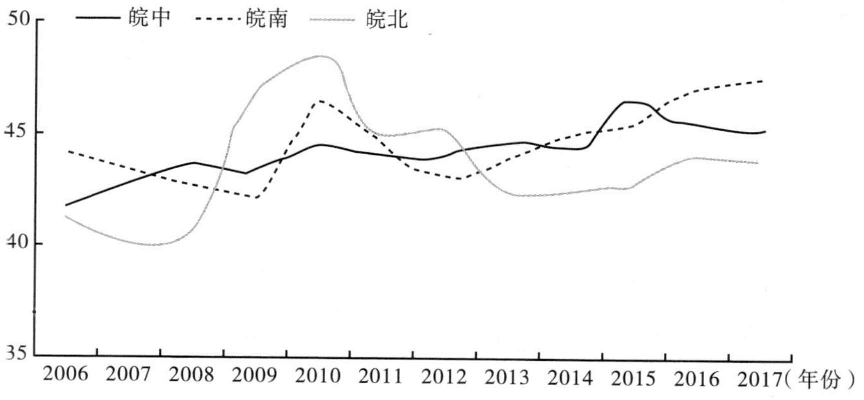

图9　分地区整体评价

从盈利能力、成长能力角度分析，皖中、皖南地区上市公司表现较为稳定；皖北地区波动较大（见图10、图11）。

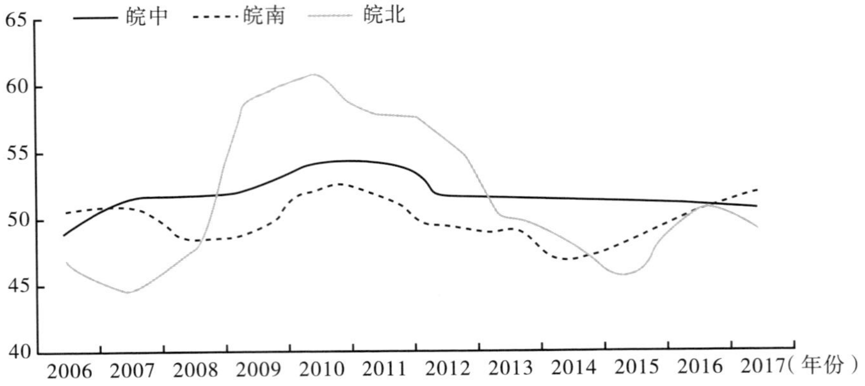

图 10　分地区盈利能力评分对比

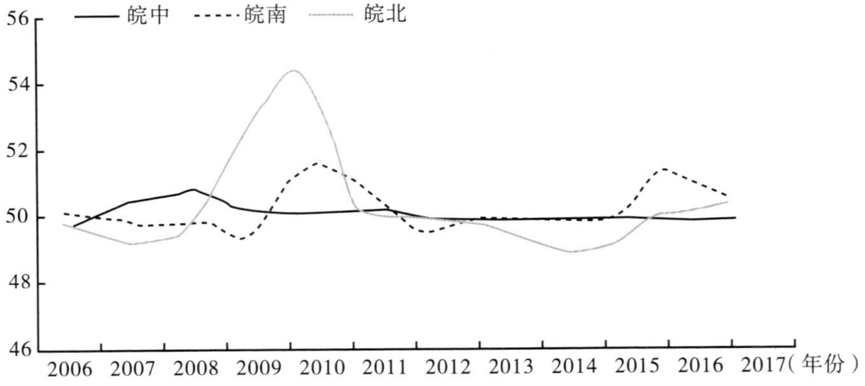

图 11　分地区成长能力评分对比

各地区上市公司周转能力较为稳定；从偿债能力来看，各地区上市公司近年来表现均稳中有升（见图 12、图 13）。

从市值及管理行为来看，各地区上市公司近年来市值表现稳中有升，而市值管理表现均呈现大幅度提升（见图 14、图 15）。

2017 年皖南地区评分前三名为众泰汽车、三七互娱、海螺水泥；皖北地区评分最高的公司为安徽水利、华孚时尚、口子窖；皖中地区评分前三名为欧普康视、阳光电源、辉隆股份（见表 5 至表 7）。

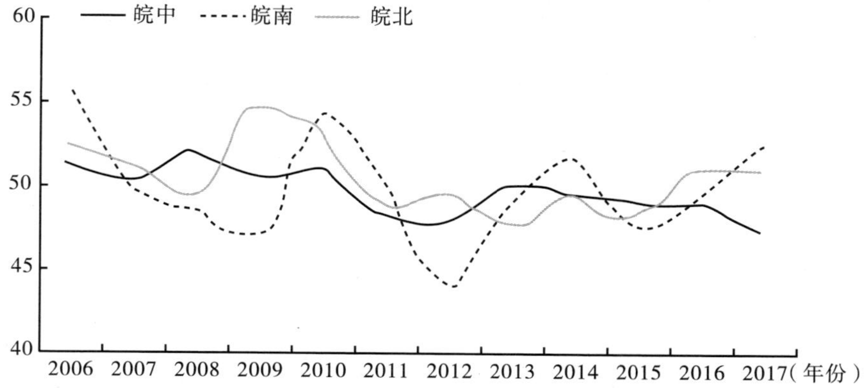

图 12　分地区周转能力评分对比

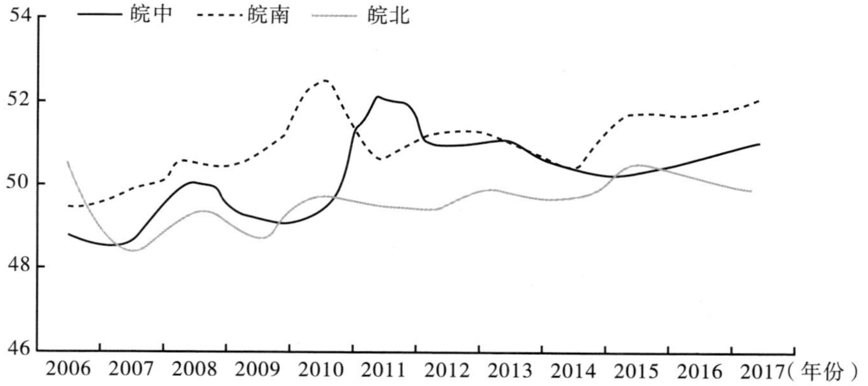

图 13　分地区偿债能力评分对比

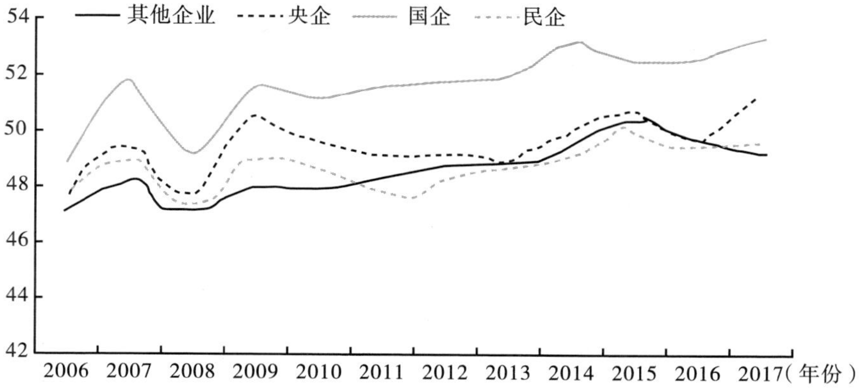

图 14　分地区市值表现评分对比

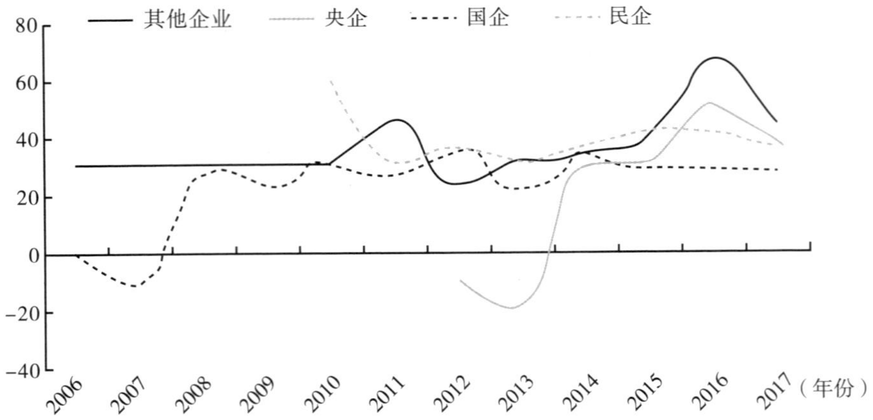

图 15　分地区管理行为评分对比

表 5　皖南公司评分前三名

排名 \ 年份	2006	2007	2008	2009	2010	2011
1	铜陵有色	中鼎股份	江南化工	江南化工	皖江物流	皖江物流
2	梦舟股份	海螺水泥	马钢股份	海螺水泥	长信科技	海螺水泥
3	永新股份	永新股份	永新股份	永新股份	江南化工	永新股份
排名 \ 年份	2012	2013	2014	2015	2016	2017
1	海螺水泥	海螺水泥	铜陵有色	三七互娱	新光圆成	众泰汽车
2	三七互娱	永新股份	楚江新材	永新股份	三七互娱	三七互娱
3	中鼎股份	山鹰纸业	海螺水泥	神剑股份	中鼎股份	海螺水泥

表 6　皖北公司评分前三名

排名 \ 年份	2006	2007	2008	2009	2010	2011
1	雷鸣科化	雷鸣科化	雷鸣科化	华孚时尚	中弘股份	古井贡酒
2	恒源煤电	新集能源	新集能源	中弘股份	古井贡酒	雷鸣科化
3	古井贡酒	古井贡酒	恒源煤电	雷鸣科化	雷鸣科化	金种子酒
排名 \ 年份	2012	2013	2014	2015	2016	2017
1	雷鸣科化	华孚时尚	中弘股份	安徽水利	安徽水利	安徽水利
2	金种子酒	古井贡酒	安徽水利	华孚时尚	华孚时尚	华孚时尚
3	中弘股份	雷鸣科化	华孚时尚	凯盛科技	山河药辅	口子窖

表7　皖中公司评分前三名

排名＼年份	2006	2007	2008	2009	2010	2011
1	安徽合力	国元证券	时代出版	安科生物	精工钢构	乐金健康
2	惠而浦	惠而浦	科大讯飞	科大讯飞	荃银高科	科大讯飞
3	四创电子	安徽合力	安徽合力	惠而浦	安科生物	安科生物
排名＼年份	2012	2013	2014	2015	2016	2017
1	美亚光电	美亚光电	美亚光电	美亚光电	科大讯飞	欧普康视
2	科大讯飞	安科生物	安科生物	安科生物	安科生物	阳光电源
3	皖新传媒	科大讯飞	科大讯飞	国元证券	金禾实业	辉隆股份

3. 按所有制分类制情况

按所有制类型来看，2015 年以来央企表现出现大幅好转，主要受益于盈利能力、成长能力、周转能力以及市值的显著提升（见图 16）。

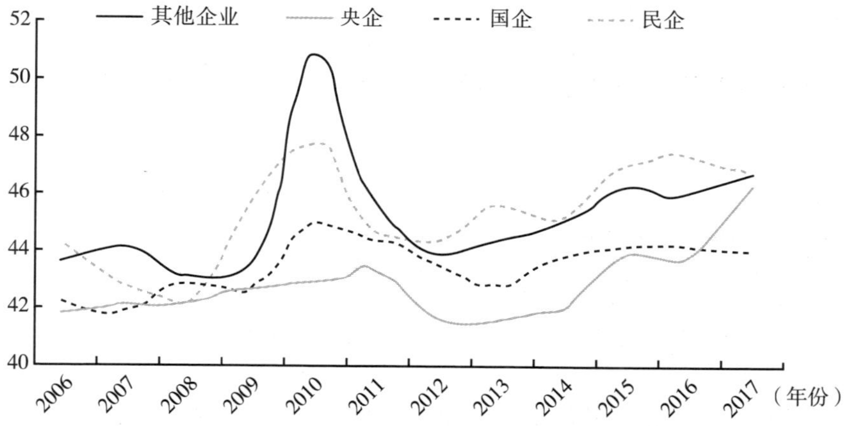

图 16　按所有制分类整体评价

2015 ~2017 年，央企及国企的盈利能力、成长能力表现出小幅提升（见图 17、图 18）。

从周转能力及偿债角度来看，2015 年以来，央企及其他企业的周转能力出现大幅度提升；各类型企业偿债能力保持稳定（见图 19、图 20）。

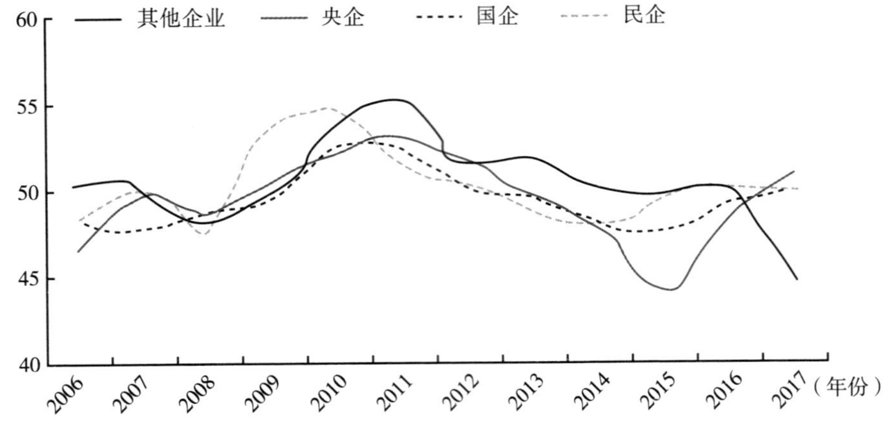

图 17　按所有制分类盈利能力评分对比

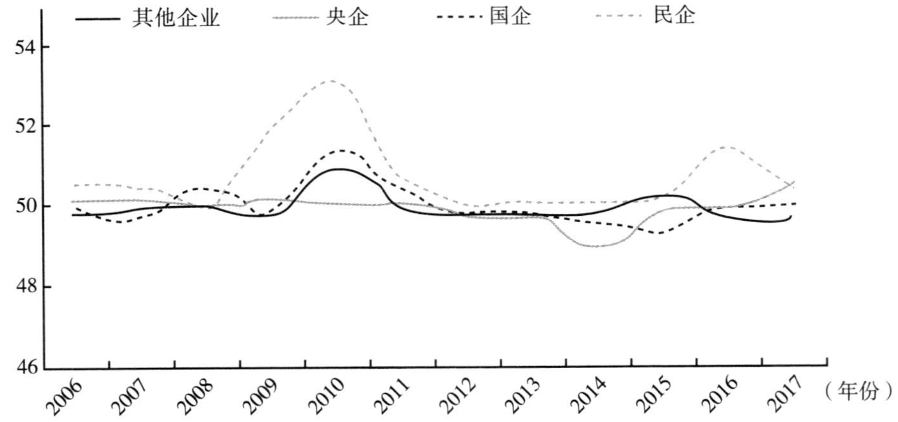

图 18　按所有制分类成长能力评分对比

从市值表现来看，各类型公司均呈稳中有升趋势，且国企的市值表现整体高于其他类型企业（见图 21）。而从管理行为角度来看，尽管 2012 年之前央企的市值管理比较缺位，但近年来水平显著提升；民企在 2010 年以前缺乏市值管理，此后至今保持了较积极的水平（见图 22）。

2017 年央企评分最高的上市公司包括中钢天源、科大讯飞、四创电子；国企评分前三名为安徽水利、海螺水泥、铜陵有色；民企评分前三名为众泰汽车、三七互娱、欧普康视（见表 8 至表 11）。

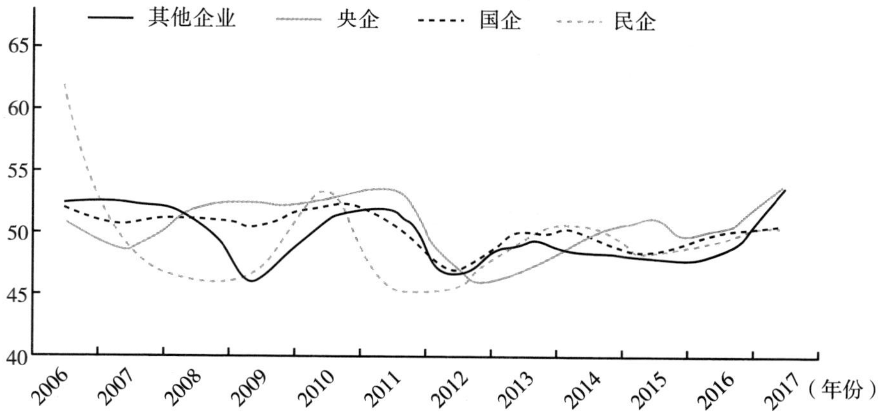

图 19　按所有制分类周转能力评分对比

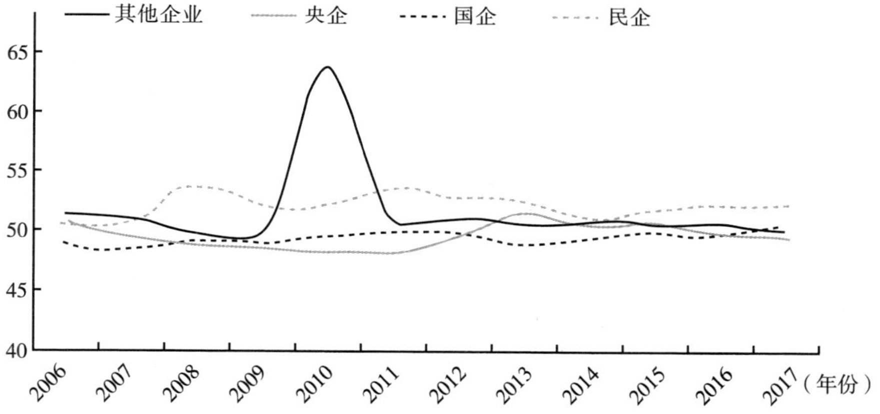

图 20　按所有制分类偿债能力评分对比

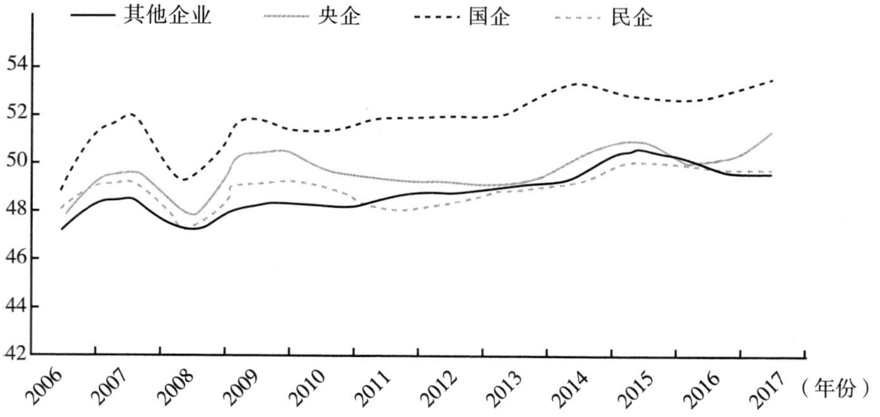

图 21　按所有制分类市值表现评分对比

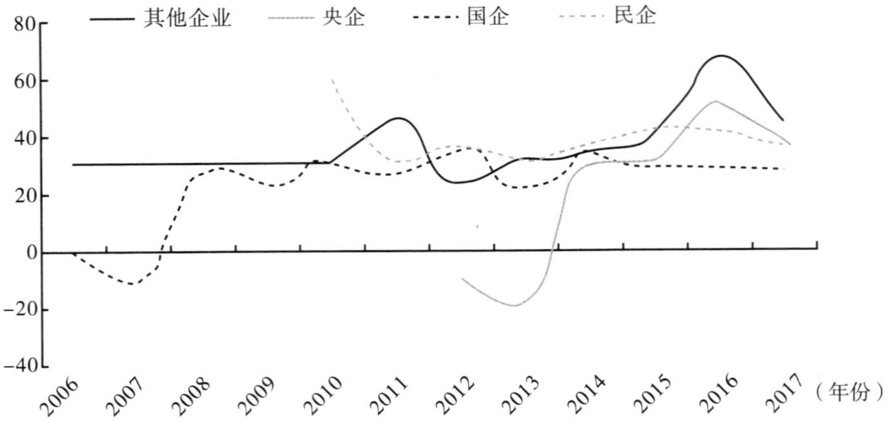

图 22　按所有制分类管理行为评分对比

表 8　央企评分前三名

排名＼年份	2006	2007	2008	2009	2010	2011
1	四创电子	东华科技	中钢天源	四创电子	东华科技	东华科技
2	中钢天源	新集能源	新集能源	东华科技	新集能源	凯盛科技
3	中粮生化	中钢天源	东华科技	新集能源	中钢天源	新集能源
排名＼年份	2012	2013	2014	2015	2016	2017
1	东华科技	中钢天源	科大讯飞	科大讯飞	科大讯飞	中钢天源
2	凯盛科技	东华科技	中钢天源	国机通用	四创电子	科大讯飞
3	四创电子	四创电子	东华科技	凯盛科技	中钢天源	四创电子

表 9　国企评分前三名

排名＼年份	2006	2007	2008	2009	2010	2011
1	铜陵有色	国元证券	时代出版	海螺水泥	皖江物流	皖江物流
2	雷鸣科化	海螺水泥	马钢股份	雷鸣科化	海螺水泥	海螺水泥
3	安徽合力	马钢股份	雷鸣科化	恒源煤电	古井贡酒	时代出版
排名＼年份	2012	2013	2014	2015	2016	2017
1	雷鸣科化	海螺水泥	铜陵有色	国元证券	铜陵有色	安徽水利
2	皖新传媒	江淮汽车	海螺水泥	安徽水利	海螺水泥	海螺水泥
3	海螺水泥	皖新传媒	皖通高速	江淮汽车	安徽水利	铜陵有色

表 10　民企评分前三名

排名＼年份	2006	2007	2008	2009	2010	2011
1	梦舟股份	中鼎股份	江南化工	华孚时尚	中弘股份	乐金健康
2	精达股份	众泰汽车	中鼎股份	江南化工	江南化工	安科生物
3	皖江物流	皖江物流	皖江物流	中弘股份	精工钢构	江南化工
排名＼年份	2012	2013	2014	2015	2016	2017
1	美亚光电	美亚光电	楚江新材	三七互娱	新光圆成	众泰汽车
2	精工钢构	安科生物	美亚光电	美亚光电	三七互娱	三七互娱
3	三七互娱	华孚时尚	三七互娱	安科生物	中鼎股份	欧普康视

表 11　其他公司评分前三名

排名＼年份	2006	2007	2008	2009	2010	2011
1	永新股份	永新股份	永新股份	永新股份	长信科技	永新股份
2	惠而浦	惠而浦	惠而浦	新力金融	荃银高科	新力金融
3	美菱电器	新力金融	新力金融		永新股份	长信科技
排名＼年份	2012	2013	2014	2015	2016	2017
1	永新股份	永新股份	永新股份	永新股份	永新股份	辉隆股份
2	长信科技	荃银高科	惠而浦	荃银高科	荃银高科	荃银高科
3	荃银高科	长信科技	荃银高科	新力金融	惠而浦	永新股份

4. 总结

根据上市公司价值管理模型的评分结果，安徽省上市公司在评价期内整体表现呈上升趋势，其中，医药、计算机、通信传媒等行业近几年来整体表现提升较为显著。2017 年整体评分最高的行业为钢铁、传媒、医药。

分地区来看，在评价期内皖南、皖中地区上市公司总体表现呈持续上升趋势，皖南、皖北地区上市公司近两年表现显著改善。从盈利能力、成长能力角度分析，皖中、皖南地区上市公司表现较为稳定；皖北地区波动较大。各地区上市公司周转能力较为稳定；从偿债能力来看，各地区上市公司近年来表现均稳中有升。从市值及管理行为来看，各地区上市公司近年来市值表现稳中有升，而市值管理表现均呈现大幅度提升。2017 年皖南地区评分前三名为众泰汽车、三七互娱、海螺水泥；皖北地区评分最高的公司为安徽水利、华孚时尚、口子窖；皖中地区评分前三名为欧普康视、阳光电源、辉隆股份。

按所有制类型来看，15 年以来央企表现出现大幅好转，各项指标评分均出现不同程度的改善，其中盈利能力、成长能力、周转能力及市值均表现出显著提升。除此以外，普通国企的盈利、成长、市值表现同样表现出小幅提升，其中国企业市值表现评分显著高于其余企业。2017 年央企评分最高的上市公司包括中钢天源、科大讯飞、四创电子；国企评分前三名为安徽水利、海螺水泥、铜陵有色；民企评分前三名为众泰汽车、三七互娱、欧普康视。

五　研究结论及对策

“市值运营”不是“运用某些手段来管理市值”，而是企业的整体战略行为，是站在企业长期经营的高度上的行为，涵盖了企业的产品、客户、资本等全方位的运营，是牵一发动全身的行为，不能简单理解为用某些手段就能“点石成金”。因此一定要让企业的实际控制人站在总体设计的角度整体运营。任何不具备企业实际控制权的股东，都无法从企业整体高度调动资源。因此大多数不具备控制权的外部股东与各类型的中介机构所主导的“市值运营”所能调动的资源和所做的改变有限，甚至会走到某些短期利益驱使下的错误道路上去。

经营者容易有两种片面的认识。一种片面认识是只重视企业运营，认为管好企业的“供研产销”才是经营企业的唯一正道。对于资本，认为资本都是短视的，不能共同参与企业的长期价值创造，拒绝与资本市场的潜在合作伙伴真诚沟通；另外认为资本是危险的，各种资本的利益目标不同，害怕上当吃亏；再有认为企业的管理者关注资本的表现会影响安心本职工作，企业内部人心浮躁，管理难度大大加大。

另一种片面的认识在民企更加常见，认为运营好资本运作的重要性优于企业经营。大多数普通企业在实体竞争中处于普通或落后地位，企业的实际控制人不甘于落后，想要转型或跨越式发展，认为先要从资本运作中获取尽可能多的资源，才能给自己后续的企业经营留下充足的发展空间和时间。然而往往企业经营的进展慢于对资本市场伙伴的承诺，造成与伙伴的信任关系破裂，企业衰败。

综上，我们提出以下建议。

（1）对于政府管理机构，我们建议主管领导鼓励主管范围内的企业进行长期产业布局，包括国有企业和民营企业。对于国有企业，我们建议既可以在国企领导干部的考核机制上有所变化，从考核产值与税收向考核利润与市值逐渐转变；也可以适当放宽国有企业领导干部的奖惩机制。在这里我们提倡把奖励的频率提高，期限拉长，力度逐年加大；而相对应的惩罚机制，我们建议把惩罚的次数减少，但惩罚的力度要远超奖励的力度，最重要的是有一套保证执行的监督机制。对于民营企业，我们建议要在经济机制上引导民营企业做实利润，对于民营企业操纵市值的行为坚决打击。

（2）对于国有企业，我们建议企业管理层将主要精力集中在经营环节，同时要重视市值创造的传播工作；对于民营企业，我们建议稳健发展，尽量避免高杠杆负债经营。

（3）对于广大的市场投资者，我们建议在投资品种的选择上，要选择经营一贯稳健的企业，尤其要关注盈利能力、成长能力、周转能力、偿债能力等重点指标；在时点的选择上，要注重公司市值运营行为的积极变化。

附件　安徽省上市公司整体评价总评分表

排名	2013 年		2014 年		2015 年		2016 年		2017 年	
1	美亚光电	56.67	铜陵有色	58.85	三七互娱	64.44	新光圆成	86.74	众泰汽车	64.24
2	海螺水泥	54.13	楚江新材	57.77	美亚光电	58.23	三七互娱	61.48	三七互娱	59.42
3	安科生物	52.95	美亚光电	57.44	安科生物	54.52	中鼎股份	60.77	欧普康视	58.38
4	科大讯飞	52.21	海螺水泥	55.25	国元证券	54.09	永新股份	59.71	安徽水利	57.80
5	华孚时尚	50.35	三七互娱	51.98	永新股份	53.92	铜陵有色	56.34	海螺水泥	57.52

续表

排名	2013 年		2014 年		2015 年		2016 年		2017 年	
6	阳光电源	49.59	安科生物	50.58	阳光电源	53.76	科大讯飞	55.14	中钢天源	56.95
7	永新股份	49.21	中电鑫龙	49.75	科大讯飞	53.69	安科生物	54.45	铜陵有色	55.25
8	盛运环保	48.61	科大讯飞	49.52	神剑股份	53.23	金禾实业	53.98	中鼎股份	54.51
9	江淮汽车	48.18	乐金健康	48.95	乐金健康	53.21	乐金健康	53.47	阳光电源	54.12
10	山鹰纸业	48.07	永新股份	48.92	中电鑫龙	52.76	长信科技	53.01	辉隆股份	53.70
11	江南化工	47.63	长信科技	48.64	洽洽食品	52.37	美亚光电	52.77	荃银高科	52.01
12	金禾实业	47.18	阳光电源	48.55	安徽水利	52.29	黄山胶囊	50.91	科大讯飞	51.12
13	三七互娱	47.18	惠而浦	48.10	江淮汽车	51.77	海螺水泥	50.73	皖新传媒	51.09
14	众泰汽车	46.64	中弘股份	48.00	金禾实业	51.77	合锻智能	49.94	黄山胶囊	50.82
15	德力股份	46.52	皖通高速	47.61	皖新传媒	51.34	安徽水利	49.36	金禾实业	50.68
16	荃银高科	46.31	金禾实业	47.25	长信科技	51.21	科大国创	48.48	开润股份	50.32
17	精工钢构	46.30	合肥百货	46.88	国机通用	51.12	皖江物流	48.32	楚江新材	50.17
18	中电鑫龙	46.19	安徽水利	46.79	海螺型材	50.65	洽洽食品	48.17	安科生物	50.11
19	安利股份	46.09	美菱电器	46.55	盛运环保	50.20	皖新传媒	48.16	精达股份	49.96
20	皖新传媒	46.07	鸿路钢构	46.52	华孚时尚	49.44	阳光电源	48.12	马钢股份	49.95
21	鸿路钢构	46.01	江南化工	46.40	迎驾贡酒	49.31	皖通科技	47.66	洽洽食品	49.87
22	马钢股份	45.46	皖新传媒	46.35	聚隆科技	49.29	华孚时尚	47.34	山鹰纸业	49.75
23	长信科技	44.91	时代出版	45.95	海螺水泥	48.73	国元证券	47.11	泰禾光电	49.62
24	铜陵有色	44.83	泰尔股份	45.80	司尔特	48.72	荃银高科	47.02	迎驾贡酒	49.42
25	亚夏汽车	44.54	荃银高科	45.74	亚夏汽车	48.65	山鹰纸业	46.86	四创电子	49.31
26	皖能电力	44.53	安纳达	45.47	凯盛科技	47.75	江南化工	46.82	美亚光电	49.24
27	安徽合力	44.46	安利股份	45.43	荃银高科	47.31	四创电子	46.69	永新股份	48.74
28	中钢天源	44.45	海螺型材	45.37	山河药辅	46.85	富煌钢构	46.68	安纳达	48.38
29	中鼎股份	44.40	华孚时尚	45.25	东华科技	46.71	聚隆科技	46.63	司尔特	48.36
30	时代出版	44.38	中鼎股份	45.16	全柴动力	46.47	亚夏汽车	46.51	黄山旅游	48.23
31	乐金健康	44.29	丰原药业	44.88	合肥百货	46.26	国风塑业	46.31	长信科技	48.14
32	古井贡酒	44.24	中钢天源	44.60	精达股份	46.25	国祯环保	46.25	江淮汽车	48.00
33	皖江物流	44.18	安徽合力	44.46	口子窖	46.19	合肥百货	46.23	华孚时尚	47.97
34	惠而浦	44.14	马钢股份	44.22	山鹰纸业	46.19	开润股份	46.10	乐金健康	47.72
35	合肥百货	43.44	古井贡酒	44.17	中鼎股份	46.08	丰原药业	46.04	国机通用	47.46
36	雷鸣科化	43.31	国元证券	44.07	梦舟股份	45.96	神剑股份	45.95	口子窖	47.42
37	皖通科技	43.30	皖通科技	43.78	楚江新材	45.74	山河药辅	45.94	国元证券	47.26
38	洽洽食品	43.25	东华科技	43.57	皖维高新	45.60	口子窖	45.88	安利股份	47.18
39	精达股份	42.97	雷鸣科化	43.40	新力金融	45.38	安利股份	45.21	皖通科技	47.11

续表

排名	2013 年		2014 年		2015 年		2016 年		2017 年	
40	东华科技	42.79	神剑股份	43.22	安利股份	45.34	文一科技	45.20	国祯环保	47.05
41	美菱电器	42.74	洽洽食品	42.69	美菱电器	45.33	中钢天源	45.07	集友股份	46.73
42	华菱星马	42.74	江淮汽车	42.64	国祯环保	45.15	迎驾贡酒	45.05	亚夏汽车	46.69
43	合肥城建	42.49	金种子酒	42.64	丰乐种业	45.10	古井贡酒	44.88	古井贡酒	46.13
44	神剑股份	42.46	四创电子	42.45	古井贡酒	44.96	皖通高速	44.82	聚隆科技	46.06
45	楚江新材	42.43	梦舟股份	42.40	江南化工	44.83	江淮汽车	44.72	丰原药业	46.01
46	皖通高速	42.42	华茂股份	42.37	鸿路钢构	44.72	马钢股份	44.65	中电鑫龙	45.53
47	金种子酒	42.27	皖能电力	42.25	铜陵有色	44.50	盛运环保	44.60	文一科技	45.51
48	海螺型材	42.07	众泰汽车	42.23	丰原药业	44.19	精工钢构	44.59	广信股份	45.45
49	司尔特	41.98	黄山旅游	42.20	安凯客车	43.98	皖维高新	44.51	富煌钢构	45.28
50	铜峰电子	41.77	盛运环保	42.10	中钢天源	43.96	黄山旅游	44.31	众源新材	44.91
51	泰尔股份	41.64	安凯客车	41.97	德力股份	43.95	安徽合力	44.17	安徽合力	44.90
52	四创电子	41.43	凯盛科技	41.94	合肥城建	43.70	中弘股份	44.16	志邦股份	44.74
53	凯盛科技	41.40	合肥城建	41.57	时代出版	43.64	合肥城建	44.13	安德利	44.65
54	全柴动力	41.38	司尔特	41.55	黄山旅游	43.63	华安证券	44.07	科大国创	44.64
55	新力金融	41.31	国祯环保	41.51	广信股份	43.56	中电鑫龙	43.99	皖通高速	44.62
56	安徽水利	41.20	合锻智能	41.38	皖通高速	43.53	时代出版	43.64	山河药辅	44.57
57	国元证券	41.10	精达股份	41.23	皖江物流	43.53	精达股份	43.63	恒源煤电	44.04
58	丰乐种业	40.84	皖维高新	41.13	皖通科技	43.37	雷鸣科化	43.62	新光圆成	43.59
59	恒源煤电	40.77	辉隆股份	41.09	中弘股份	42.69	凯盛科技	43.54	九华旅游	43.36
60	文一科技	40.68	国风塑业	40.93	雷鸣科化	42.69	九华旅游	43.48	中环环保	43.31
61	华茂股份	40.54	新力金融	40.89	众泰汽车	42.63	司尔特	43.24	泰尔股份	43.27
62	梦舟股份	40.53	精工钢构	40.83	安徽合力	42.56	德力股份	43.03	德力股份	43.14
63	皖维高新	40.34	应流股份	40.74	九华旅游	42.56	广信股份	43.00	时代出版	43.00
64	辉隆股份	40.09	丰乐种业	40.60	惠而浦	42.45	惠而浦	42.89	国风塑业	42.93
65	中弘股份	40.08	亚夏汽车	40.48	皖能电力	42.12	美菱电器	42.89	雷鸣科化	42.84
66	黄山旅游	40.02	德力股份	40.36	辉隆股份	41.84	安纳达	42.18	神剑股份	42.67
67	中粮生化	39.68	山鹰纸业	40.30	合锻智能	41.70	皖能电力	41.69	江南化工	42.66
68	丰原药业	39.67	中粮生化	40.21	泰尔股份	41.61	鸿路钢构	41.65	常青股份	42.49
69	新集能源	39.57	恒源煤电	40.01	金种子酒	41.53	众泰汽车	41.49	皖天然气	42.49
70	六国化工	39.29	全柴动力	39.64	四创电子	41.41	海螺型材	41.37	中粮生化	42.21
71	安凯客车	39.12	铜峰电子	39.19	精工钢构	41.32	泰尔股份	41.37	鸿路钢构	42.03
72	国风塑业	38.97	皖江物流	38.52	六国化工	41.01	全柴动力	41.18	美菱电器	41.90
73	安纳达	36.76	华菱星马	37.31	铜峰电子	40.91	金种子酒	41.17	华安证券	41.89

续表

排名	2013年		2014年		2015年		2016年		2017年	
74			文一科技	37.19	应流股份	40.65	丰乐种业	41.01	合锻智能	41.65
75			六国化工	37.07	凤形股份	40.63	恒源煤电	40.97	梦舟股份	41.63
76			新集能源	31.65	国风塑业	40.40	安凯客车	40.88	合肥百货	41.59
77					华茂股份	40.23	中粮生化	40.84	凯盛科技	41.54
78					富煌钢构	39.44	新力金融	40.81	皖江物流	41.53
79					马钢股份	39.25	梦舟股份	40.69	金种子酒	41.48
80					安纳达	38.05	凤形股份	40.64	海螺型材	41.39
81					文一科技	35.17	安德利	40.42	铜峰电子	41.39
82					新集能源	34.91	新集能源	40.30	东华科技	41.22
83					恒源煤电	33.50	应流股份	40.11	华菱星马	41.12
84					华菱星马	31.66	辉隆股份	39.99	盛运环保	41.07
85					中粮生化	31.47	华茂股份	39.90	全柴动力	41.03
86							东华科技	39.64	皖维高新	40.94
87							楚江新材	39.26	精工钢构	40.85
88							国机通用	39.07	皖能电力	40.82
89							华菱星马	39.01	合肥城建	40.81
90							六国化工	37.92	丰乐种业	40.63
91							铜峰电子	36.87	六国化工	40.47
92									新集能源	40.37
93									华茂股份	40.36
94									应流股份	40.13
95									惠而浦	39.85
96									新力金融	39.29
97									安凯客车	38.93
98									凤形股份	38.39
99									中弘股份	30.72
100									设计总院	21.77

B.16 后　记

本书是安徽省投资集团与国元证券、华安证券、中国科学技术大学管理学院、长盛基金等单位开展的合作课题“安徽省上市公司发展研究”的最终研究成果。全书对安徽省上市公司发展状况进行了系统研究，从不同侧面展示了安徽省上市公司发展质量和水平，探究了上市公司对安徽省经济发展的影响，提出了推动安徽省上市公司发展的对策建议，为加快安徽省上市公司和资本市场健康稳定发展提供了十分有益的参照和启示，具有重要的实用价值和重大的现实意义。

《安徽上市公司发展报告（2018）》由陈翔、蔡咏、章宏韬主编，姚卫东、刘志迎组织编撰，蔡毅、吕海、宫模恒负责编撰协调等工作。总报告B.1和分报告B.2、B.3、B.4、B.5、B.7、B.8、B.9由安徽省投资集团中安研究院和中国科学技术大学管理学院工商管理创新研究中心研究编写，B.2由陈明春、李浩宇、周会云执笔，B.3由付丽华、沈磊、鲁晨、刘华琳执笔，B.4由马朝良、吴瑞瑞、支援援、李欣执笔，B.5由刘天翔、刘杨、龚磊执笔，B.7由张宏云、李源、杨欢、杨静娴执笔，B.8由龚秀媛、吴敏莲、王文琴执笔，B.9由陈侠飞、廖素琴、曹淑平执笔；专题报告B.10、B.13、B.14由国元证券研究编写，其中B.10由路璐、刘涛执笔，B.13由房倩倩、刘涛执笔，B.14由褚杰、虞珂、常格非执笔；分报告B.6、专题报告B.11和B.12由华安证券研究编写，其中B.6由刘杰、方驭涛、洪叶执笔，B.11由徐程晨、杨易、李超齐、高欣宇执笔，B.12由吴海滨、刘伟峰、刘晨执笔；专题报告B.15由长盛基金吴博文研究撰写。全书由刘志迎、梁欣然具体修改和统稿完成，陈翔、蔡咏、章宏韬审阅并定稿。

在本书的编写过程中，得到了安徽省政府金融办何昌顺主任、安徽证监局叶锦伟局长、张文生副局长、蒋诚处长、安徽省政府发展研究中心吕永琦副处长、中国人民大学刘俊海教授、安徽大学荣兆梓教授、华普天健会计师事务所朱宗瑞所长的指导和支持，同时还得到了中国科学技术大学管理学院院长余玉刚教授的大力支持，编委会在此表示衷心感谢。

特别感谢中国社会科学院学部委员、国家金融与发展实验室理事长李扬教授，在百忙中认真研阅报告，并抽出时间为本书作序。

在本书的出版过程中，得到了社会科学文献出版社的鼎力支持，编委会在此致以诚挚的谢意。

受时间与能力所限，本书的缺点和错误在所难免，我们真诚地希望得到社会各界的批评指正，以便我们在下一年的编撰过程中予以改进。

编委会

2018 年 9 月

皮书起源

“皮书”起源于十七、十八世纪的英国，主要指官方或社会组织正式发表的重要文件或报告，多以“白皮书”命名。在中国，“皮书”这一概念被社会广泛接受，并被成功运作、发展成为一种全新的出版形态，则源于中国社会科学院社会科学文献出版社。

皮书定义

皮书是对中国与世界发展状况和热点问题进行年度监测，以专业的角度、专家的视野和实证研究方法，针对某一领域或区域现状与发展态势展开分析和预测，具备原创性、实证性、专业性、连续性、前沿性、时效性等特点的公开出版物，由一系列权威研究报告组成。

皮书作者

皮书系列的作者以中国社会科学院、著名高校、地方社会科学院的研究人员为主，多为国内一流研究机构的权威专家学者，他们的看法和观点代表了学界对中国与世界的现实和未来最高水平的解读与分析。

皮书荣誉

皮书系列已成为社会科学文献出版社的著名图书品牌和中国社会科学院的知名学术品牌。2016 年，皮书系列正式列入“十三五”国家重点出版规划项目；2013~2018 年，重点皮书列入中国社会科学院承担的国家哲学社会科学创新工程项目；2018 年，59 种院外皮书使用“中国社会科学院创新工程学术出版项目”标识。

中国皮书网

（网址：www.pishu.cn）

发布皮书研创资讯，传播皮书精彩内容
引领皮书出版潮流，打造皮书服务平台

栏目设置

关于皮书：何谓皮书、皮书分类、皮书大事记、皮书荣誉、
皮书出版第一人、皮书编辑部

最新资讯：通知公告、新闻动态、媒体聚焦、网站专题、视频直播、下载专区

皮书研创：皮书规范、皮书选题、皮书出版、皮书研究、研创团队

皮书评奖评价：指标体系、皮书评价、皮书评奖

互动专区：皮书说、社科数托邦、皮书微博、留言板

所获荣誉

2008 年、2011 年，中国皮书网均在全国新闻出版业网站荣誉评选中获得“最具商业价值网站”称号；

2012 年，获得“出版业网站百强”称号。

网库合一

2014 年，中国皮书网与皮书数据库端口合一，实现资源共享。

S 基本子库
SUB DATABASE

中国社会发展数据库（下设 12 个子库）

全面整合国内外中国社会发展研究成果，汇聚独家统计数据、深度分析报告，涉及社会、人口、政治、教育、法律等 12 个领域，为了解中国社会发展动态、跟踪社会核心热点、分析社会发展趋势提供一站式资源搜索和数据分析与挖掘服务。

中国经济发展数据库（下设 12 个子库）

基于"皮书系列"中涉及中国经济发展的研究资料构建，内容涵盖宏观经济、农业经济、工业经济、产业经济等 12 个重点经济领域，为实时掌控经济运行态势、把握经济发展规律、洞察经济形势、进行经济决策提供参考和依据。

中国行业发展数据库（下设 17 个子库）

以中国国民经济行业分类为依据，覆盖金融业、旅游、医疗卫生、交通运输、能源矿产等 100 多个行业，跟踪分析国民经济相关行业市场运行状况和政策导向，汇集行业发展前沿资讯，为投资、从业及各种经济决策提供理论基础和实践指导。

中国区域发展数据库（下设 6 个子库）

对中国特定区域内的经济、社会、文化等领域现状与发展情况进行深度分析和预测，研究层级至县及县以下行政区，涉及地区、区域经济体、城市、农村等不同维度。为地方经济社会宏观态势研究、发展经验研究、案例分析提供数据服务。

中国文化传媒数据库（下设 18 个子库）

汇聚文化传媒领域专家观点、热点资讯，梳理国内外中国文化发展相关学术研究成果、一手统计数据，涵盖文化产业、新闻传播、电影娱乐、文学艺术、群众文化等 18 个重点研究领域。为文化传媒研究提供相关数据、研究报告和综合分析服务。

世界经济与国际关系数据库（下设 6 个子库）

立足"皮书系列"世界经济、国际关系相关学术资源，整合世界经济、国际政治、世界文化与科技、全球性问题、国际组织与国际法、区域研究 6 大领域研究成果，为世界经济与国际关系研究提供全方位数据分析，为决策和形势研判提供参考。